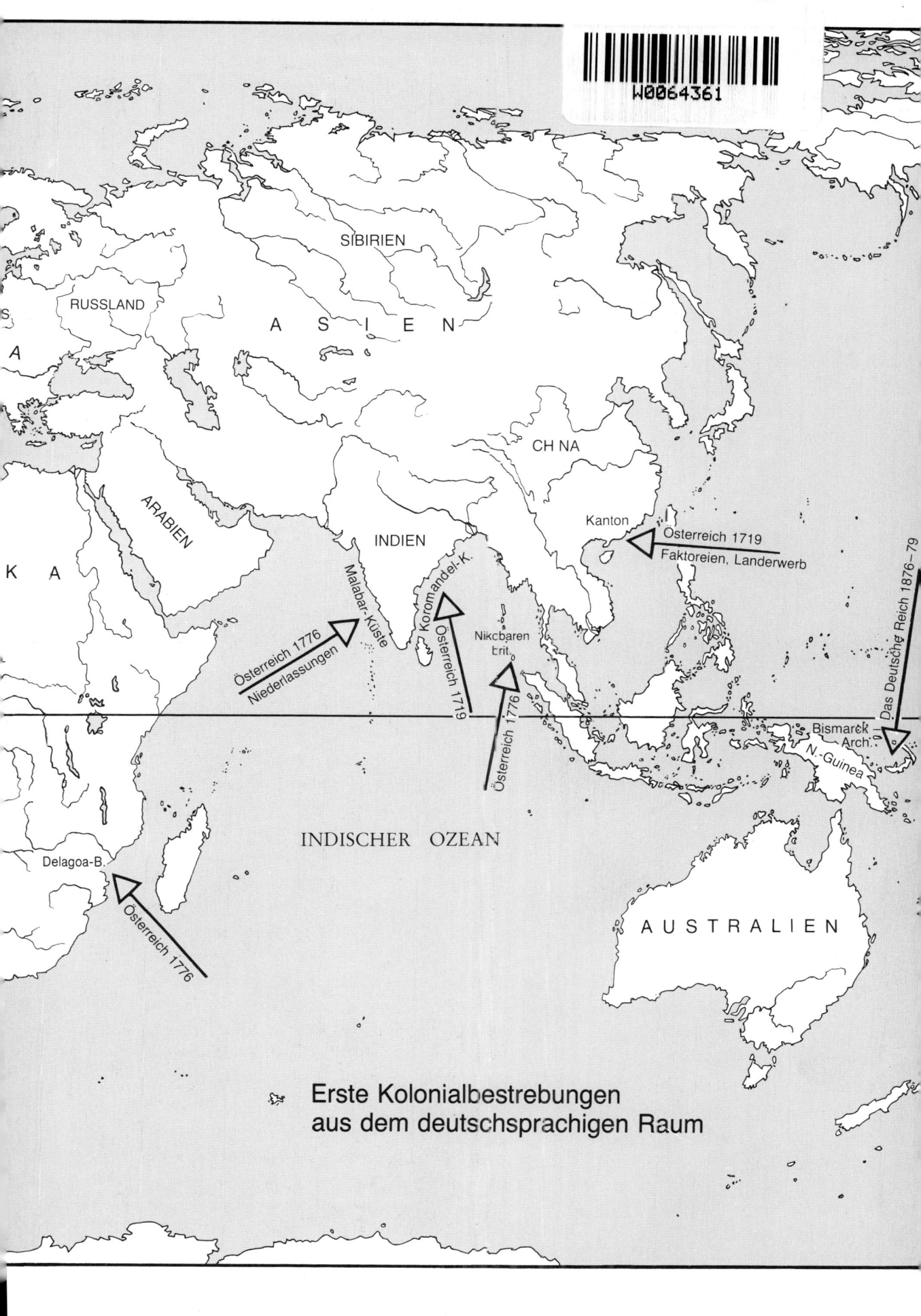

SIBIRIEN

RUSSLAND

A S I E N

CH NA

ARABIEN

INDIEN

Kanton

Österreich 1719
Faktoreien, Landerwerb

Malabar-Küste

Koromandel-K.

Nikobaren
Brit.

Österreich 1776
Niederlassungen

Österreich 1719

Österreich 1776

K A

Das Deutsche Reich 1876–79

Bismarck
Arch.

N.-Guinea

Delagoa-B.

Österreich 1776

INDISCHER OZEAN

A U S T R A L I E N

Erste Kolonialbestrebungen
aus dem deutschsprachigen Raum

DIE DEUTSCHEN KOLONIEN

Karlheinz Graudenz

Die deutschen Kolonien

Geschichte der deutschen Schutzgebiete
in Wort, Bild und Karte

Dokumentation und Bildmaterial
Hanns Michael Schindler

Weltbild Verlag

Vorab ein kurzer Dank all jenen, die sich, teilweise bereits hohen Alters, für freimütige Gespräche mit den Autoren des vorliegenden Buches bereitfanden. Aus der Vielzahl von Gesprächspartnern seien genannt:
- *Missionare, Ärzte, Krankenschwestern und andere im humanitären Bereich tätig gewesene oder noch tätige Persönlichkeiten,*
- *schlichte Eingeborene und farbige Notabeln aus unterschiedlichsten afrikanischen und fernöstlichen Kulturräumen,*
- *Nachfahren einstiger weißer Kolonialherren, die in Nachlässen blätterten und Erinnerungen beschworen.*

Der Inhalt dieser Gespräche hat jedoch seinen Niederschlag nur insoweit gefunden, als er geeignet schien, manches aus heutiger Sicht unverständlich Erscheinende zwar nicht verständlich, so doch erklärbar zu machen.

7. Auflage 1995

© 1994 by Weltbild Verlag GmbH, Augsburg
Alle Rechte vorbehalten

Umschlaggestaltung: Peter Engel, München
Gesamtherstellung: Offizin Andersen Nexö,
Graphischer Großbetrieb Leipzig
Printed in Germany

ISBN 3-89350-701-9

Inhaltsverzeichnis

Togo

Kamerun

Die deutschen Südsee-Schutzgebiete

Das Pachtgebiet Kiautschou

Vorbemerkungen

»Kolonisierung ist immer Aggression, Überwältigung schwächerer Völker und Zivilisationen durch stärkere. Sie ist immer auch Fortschritt, eben weil eine schwächere und primitivere Zivilisation einer stärkeren und höheren weicht. Sie ist also immer aus Bösem und Gutem gemischt und das Urteil über sie immer davon abhängig, ob das Gute das Böse aufwiegt. Am besten ist es natürlich, wenn Fortschritt ohne Kolonisierung erzielt wird, wenn Völker sich also die höhere fremde Zivilisation aus eigenem Entschluß aneignen.«
Sebastian Haffner

Wir nähern uns der einhundertsten Wiederkehr jenes Tages, an dem die Geschichte der deutschen Kolonien begann. Wohlgemerkt – die Geschichte der deutschen Kolonien, nicht die Geschichte der deutschen Kolonialbestrebungen. Diese ist, wie die anderer Völker auch, beinahe zweitausend Jahre alt.

Im Zusammenhang mit dem Begriff Kolonie sind in jüngerer und jüngster Zeit zahlreiche Wortschöpfungen entstanden, die heute zum alltäglichen Vokabular gehören und im großen und ganzen einheitlich definiert werden. Trotzdem ist es zweckmäßig, sich ihres Ursprungs zu erinnern.

Im Lateinischen bedeutete *colonia* in der Einzahl Niederlassung oder Siedlung, in der Mehrzahl Ansiedler oder Kolonisten. (Wir begegnen diesem Wortstamm beispielsweise im Namen der Stadt Köln, die vor rund zweitausend Jahren Colonia (Claudia Ara) Agrippinensis hieß, so benannt nach der in ihren Mauern geborenen Kaiserin Agrippina d. J.). Siedler (Kolonisten) waren sicherlich irgendwann einmal harmlose, zuweilen sogar willkommene Leute – solange sie sich darauf beschränkten, vorhandene Lebensräume ohne Beeinflussung der Interessen Dritter zu erweitern oder neue zu erschließen. Doch die Prozesse friedlicher Kolonisierung wurden schon bald seltener. Vor mehr als zwei Jahrtausenden drangen Kimbern und Teutonen in das Römerreich ein. Noch um 1900 umschrieben kolonialpolitisch engagierte Historiker diesen Schritt wohlwollend als »landheischend«.

Heute, da einerseits der weltweit in Gang gesetzte Prozeß der Entkolonisierung nahezu abgeschlossen ist, zum anderen vereinzelt bereits wieder Anzeichen von Neokolonialismus – dem früheren kolonialen Geschehen allerdings nur teilweise vergleichbar – beobachtet werden, ist die milde Sprachregelung der Vergangenheit durch eine deutlichere ersetzt worden. Wir scheuen uns nicht mehr davor festzustellen, daß die kolonialen Bestrebungen von gestern nur höchst selten so uneigennützig waren, wie sie in der zeitgenössischen Literatur bevorzugt dargestellt wurden. So wird in jüngerer Zeit immer häufiger die Auffassung vertreten, daß der Kolonialismus, insbesondere die zwischen 1850 und 1950 betriebene Kolonialpolitik einiger europäischer Mächte, dem Imperialismus gleichzusetzen sei. Wenn man diesen als das Streben eines Landes nach größtmöglicher Macht über andere Länder – vielleicht sogar mit dem Endziel Weltherrschaft – versteht, dann hat die weltpolitische Entwicklung der letzten Jahre die Richtigkeit dieser Definition mehr als einmal bestätigt.

Erwähnt werden muß jedoch, daß imperialistische Bestrebungen häufig mit weltanschaulichem Sendungsbewußtsein verbunden waren und teilweise noch

Die amtliche Bezeichnung für die deutschen Kolonien in Afrika und in der Südsee (einschließlich des Pachtgebietes von Kiautschou) lautete bis 1918 »Schutzgebiete«. Sie geht auf die ursprüngliche Absicht von Bismarcks zurück, die deutschen Niederlassungen in Afrika in der Form konzessionierter Handelskompanien zu organisieren, um die politischen Belastungen möglichst gering zu halten. Dieser Plan scheiterte jedoch. Das Deutsche Reich ging zur Organisationsform der Kolonien nach dem Vorbild anderer europäischer Mächte über, behielt jedoch die alte Bezeichnung bei.

sind. Als Beispiele mögen genügen: der Bekehrungseifer des Katholischen Spanien, der puritanisch beeinflußte Glaube Englands an die vermeintliche Kulturmission des Angelsachsentums, der Wille französischer Imperialisten, die Zivilisation der »Grande nation« über die Meere zu tragen, die byzantinisch-orthodoxen und panslawistischen Ideen der Russen und die Vorstellung der USA von demokratischer Freiheit. Schließlich war es der deutsche Dichter Emanuel Geibel, dem neben patriotischen Versen und »Heroldsrufen«, neben dem Volkslied »Der Mai ist gekommen«, auch jener verhängnisvolle Zweizeiler einfiel, der noch immer weltweit unvergessen ist: »Und es mag am deutschen Wesen einmal noch die Welt genesen . . .« Da hatte der britische »Kolonialpionier« Cecil Rhodes mehr Glück. »Ich behaupte«, so schrieb er vor gut einhundert Jahren, »daß wir (die Engländer) die erste Rasse der Welt sind und daß es um so besser für die Menschheit ist, je mehr wir von der Welt bewohnen.« Aber daran erinnert sich kaum noch jemand.

Kolonialismus und Imperialismus – in einer Hinsicht ähneln sie sich: Fast ausnahmslos waren (und sind) wirtschaftliche Interessen die auslösenden Faktoren. Zu den sachlichsten, weil nicht mit Emotionen befrachteten Definitionen rund um den Kolonialismus gehört, was Sebastian Haffner in seinem »Preußen ohne Legende« schrieb: »Kolonisierung ist immer Aggression, Überwältigung schwächerer Völker durch stärkere. Sie ist immer auch Fortschritt, eben weil eine schwächere und primitivere Zivilisation einer stärkeren und höheren weicht. Sie ist also immer aus Bösem und Gutem gemischt und das Urteil über sie immer davon abhängig, ob das Gute das Böse aufwiegt. Am besten ist es natürlich, wenn Fortschritt ohne Kolonisierung erzielt wird, wenn Völker sich also die höhere fremde Zivilisation aus eigenem Entschluß aneignen . . .« Der Autor dachte dabei an das Polen von gestern und das Japan von heute. Zurück zu Deutschlands Kolonien.

Als man in Deutschland begann, an Kolonisation zu denken, war die Welt eigentlich schon vergeben. Engländer, Spanier, Portugiesen, Franzosen hatten in Afrika, Asien, Australien und Amerika riesige Gebiete unter ihr Protektorat gestellt und daraus allmählich Kolonien und Kolonialreiche entwickelt. Als Deutschland nach der Einigung 1871, und nicht einmal bald danach, daran dachte, außerhalb Europas Kolonien zu gründen, waren daher sowohl die Besitzergreifung als auch die Auseinandersetzung mit den Nachbarn in Europa wie im Ausland mit erheblichen Schwierigkeiten verbunden. Als Deutschland seine erste Kolonie erwarb, gab es bei uns bereits Ortsfernsprechnetze, und die Berliner fuhren seit drei Jahren mit der »Elektrischen« (gemeint: Straßenbahn). Als es seinen gesamten Kolonialbesitz zu Völkerbundsmandaten werden sah, hatte Albert Einstein noch keinen Nobelpreis erhalten, und noch sang kaum jemand das Deutschlandlied – es war noch nicht unsere Nationalhymne. Deutschland hörte bereits 1920 auf, »Kolonialmacht« zu sein, die es nur 36 Jahre lang gewesen war. Dagegen betrachteten Spanien und Portugal ihre Kolonien noch in den fünfziger Jahren unseres Jahrhunderts als »Provinzen des Mutterlandes«. Frankreich wandelte die »Französische Union« in eine »Französische Gemeinschaft« um, aus der schließlich 1962 Algerien entlassen werden mußte. Großbritannien, zwischen den beiden Weltkriegen noch immer im wahrsten Sinne des Wortes »Weltreich«, hat erst vor wenig mehr als einem Jahrzehnt mit seiner Rückorientierung auf Europa begonnen (und seiner letzten Kolonie Honduras [Belize] im September 1981 ihre Unabhängigkeit zurückgegeben). 1912 erschien in Berlin bei Ullstein ein Buch »Unsere Kolonien«, in dem es u. a. hieß: »Bismarcks Idee beim Erwerb der Kolonien war, ihnen nur den diplomatischen Schutz des Reiches zu gewähren und sie im übrigen privaten Gesellschaften zu überlassen; er glaubte nicht recht daran, daß die koloniale Idee die ganze Nation erfassen werde. Und es gab auch Widerstand genug, Mißgriffe genug, böse Vorkommnisse, die zur Diskreditierung der ganzen Kolonialsache dienen mußten. Und noch im Jahre 1906, als die ungeheuren Opfer für Südwestafrika verlangt wurden, erging die Aufforderung im Reichstage, den Süden von Südwestafrika aufzugeben. Das war aber auch die letzte Anwandlung zagenden Kleinmuts . . . «. Wir erfahren auch die Gründe für den Sinneswandel: »Die Diamantfunde in Südwestafrika wie die wirtschaftliche Erstarkung der Kolonien haben auch Abseitsstehende für die koloniale Sache gewonnen . . . Der koloniale Gedanke reift immer tiefer im Volke, und mehr und mehr erkennen wir, was die Kolonialpolitik sein soll und muß, eine Ergänzung unserer heimischen Wirtschaft, daneben auch Mitarbeit an der Geschichte und weiteren Bildung der Menschheit . . . « Ein weiteres Beispiel für wirtschaftliche Interessen, verbunden mit missionarischem Eifer.

Angeblich, so war zu lesen, sei es immer mehr als verwerflich erkannt worden, fremde Gebiete auszurauben und Raubbau an deren Schätzen zu treiben. Statt dessen müsse endlich damit begonnen werden, zu entwickeln und aufzubauen. Daneben erfahren wir noch etwas (für jene Zeit) Bemerkenswertes: »Mit wachsendem Staunen werden wir gewahr, daß auch viele der so verachteten Naturvölker eine reiche Kultur entwickelt haben, die sich nur nach anderer Richtung entfaltet hat . . . Und in den gesunden und starken Völkern erwacht immer unwiderstehlicher der göttliche Trieb, vom eigenen Wesen mitzuteilen und zu geben, dem großen Menschheitskörper die besten eigenen Züge zu verleihen. Wir stehen vor einer Epoche gewaltiger Kulturarbeit am Leibe der Menschheit . . . und alles, was gut und groß in den einzelnen Nationen ist, drängt mit der Gewalt des Naturgeschehens ins Weite, das Faule und Morsche zertrümmernd. Das ist neuzeitliche Kolonialpolitik. Der Christ sagt: Die Gottheit wandelt sichtbar über unsere erschauernde Erde, und wir müssen folgen.« Die Mitarbeit an der Geschichte und weiteren Bildung der Menschheit hätte früher beginnen, die Verachtung der Naturvölker und ihrer reichen Kulturen früher enden sollen.

Die Periode deutscher Kolonialpolitik, so wird in jüngster Zeit immer häufiger bemängelt, gehöre zu jenen Kapiteln deutscher Geschichte, die noch nicht bewältigt seien. Und es werden Vermutungen laut, daß es an Mut oder rechtem Willen fehle. Das vorliegende Buch will es leichter machen, sich die koloniale Vergangenheit Deutschlands vorzustellen, sie mit Hilfe von Dokumenten in ihre Zeit einzuordnen und damit den Hintergrund zu erhellen, vor dem sie sich vollzog. Den aktuellen Anlaß gab die bevorstehende 100. Wiederkehr des Tages, an dem die eigentliche deutsche Kolonialpolitik begann. Diese Politik soll weder gerechtfertigt noch am kolonialen Wirken einstiger oder heutiger Großmächte gemessen oder mit ihm verglichen werden. Und schon gar nicht geht es um eine Verringerung ihres teilweise negativen Stellenwertes. Ebenso wenig jedoch sind die Verfasser dem politischen Zeitgeschmack einiger anderer Autoren gefolgt, die, oft mehr als nur unterschwellig, die zeitliche Kürze der deutschen Kolonialgeschichte vornehmlich deshalb zu bedauern scheinen, weil andernfalls das mit ihr verbundene Schuldkonto ungleich größer gewesen wäre.

VI. Jahrg. — Nr. 38, Ausgabe A

Preis 10 Pf

Kolonie und Heimat

Unabhängige koloniale Wochenschrift

Organ des Frauenbundes der Deutschen Kolonialgesellschaft

Nachdruck des Inhalts nur nach besonderer Vereinbarung gestattet.

Dem Kaiser!

Dein Tag wird nicht nur in Berlin
Und nur im Reich begangen!
Wo immer Deine Schiffe zieh'n,
Soll heut Dein Name prangen!

Der soll heut stolz und überall
Klingen vor allen Nationen!
Dein Name ist wie ein fester Wall;
Darunter läßt's gut sich wohnen!

Von vielen Stämmen in mancherlei Tracht,
In vielen Farben und Zungen
Wird heute Dir ein Hoch gebracht
Und Dein Kaiserlied gesungen!

M. M.

Die ersten deutschen Kolonisatoren

»Der Wandertrieb ist eine den Deutschen seit Urzeiten eigentümliche Erscheinung, wenngleich er vielfach auch durch die Überbevölkerung bedingt ward, die damals wie heute einen Überschuß brachliegender Kräfte erzeugte. Der wenig entwickelte Landbau vermochte dem Boden nicht genug Erträge abzuringen, und deshalb blieb wegen der außerordentlich raschen Bevölkerungszunahme einem großen Teil der Bewohner nichts übrig, als die heimatliche Scholle zu verlassen.«

Anfänge

Historiker, die uns Deutschen wohlgesonnen sind, wollen herausgefunden haben, daß die ersten deutschen Kolonisatoren – Kimbern, Teutonen und Ambronen – zunächst angeklopft und gefragt hätten, ob sie willkommen seien, bevor sie die Tore zu fremden Gebieten öffneten. So etwa im Jahre 113 v. Chr., als sie, von Norden kommend, die Alpen erreichten und den römischen Konsul Carbo – und durch ihn den Senat zu Rom – um Land baten, wollten sie doch unter Roms Oberherrschaft kolonisieren. Sie wurden in die Gegend der heutigen Steiermark gelockt, wo des Konsuls Mannen über die Fremdlinge herfielen, die daraufhin ihre Spieße umdrehten und jene schlugen, von denen sie sich so schmählich getäuscht sahen. Zwischen 109 und 105 v. Chr. lieferten sie sich mit römischen Heeren noch weitere vier Schlachten, die sie sämtlich siegreich beenden konnten. Ihre Bitte um Land sollen sie stets wiederholt haben. Und erst, als sie einsehen mußten, daß sie ohne Bewilligung des Senats in Rom kein Land erhalten würden, wandten sie sich mit zwei Heeren gegen Italien, um nach Rom zu marschieren. Doch das Kriegsglück hatte sie verlassen. Teutonen und Ambronen wurden in Gallien (in der Nähe des heutigen Aix-en-Provence), die Kimbern auf Oberitaliens Raudischen Feldern geschlagen. Auch sie, so die Geschichte, hatten hier noch vor der Schlacht um Land für sich und ihre Brüder gebeten.

Im vierten nachchristlichen Jahrhundert waren es dann die Westgoten, die, auf der Flucht vor den Hunnen, an der unteren Donau als Kolonisten in das Römerreich eingelassen werden wollten. Auch diese »Bitte« führte zum Krieg. Die Römer wurden bei Adrianopel besiegt (378), ihr Kaiser Valens fiel, sein Nachfolger Gratian schloß den Frieden zu Konstantinopel, die Westgoten erhielten Pannonien, eine römische Provinz zwischen Donau, Save und Alpen, sowie Mösien, ein teils im heutigen Serbien, teils in Nordbulgarien und der rumänischen Dobrudscha gelegenes Gebiet, als Siedlungsländereien. Dies sei, so verschiedene Geschichtsschreiber, die erste deutsche Kolonie gewesen.

Nachbarn der Westgoten waren die ostgermanischen Vandalen. Sie machten in mehrfacher Hinsicht Geschichte. Zunächst überfielen sie im Jahre 409 westgermanische Franken- und Alemannensiedlungen, drangen in Spanien ein und setzten schließlich mit 80000 Menschen nach Nordafrika über (429). Die Gründung eines rasch aufstrebenden Reiches fand in der Eroberung Karthagos (439) und vorübergehend (455) sogar Roms ihre Krönung. Sie beherrschten mit ihren Schiffen das Mittelmeer und waren die erste germanische Seemacht. Ihr afrikanisches Territorium kann als erste überseeische deutsche Kolonie gelten.

Linke Seite: *Titelseite einer Ausgabe der Wochenschrift »Kolonie und Heimat« aus dem Jahr 1913.*

11

Sie wurde 533 von dem oströmischen Feldherrn Belisar zurückerobert. Aber germanische Stämme haben noch mehr vollbracht, wie um die letzte Jahrhundertwende, nicht ohne Stolz, vermerkt wurde: um 450 n. Ch. setzten Jüten, Angeln und Sachsen im Zuge der Wikingerfahrten nach England über und gründeten mehrere noch heute bestehende Grafschaften, unter ihnen Essex, Wessex, Sussex, Kent und Northumberland, womit Britannien zwar der römischen Krone verlorenging, in unserer vaterländischen Geschichtschreibung jedoch als eine »bis heute erhalten gebliebene überseeische Kolonie aus der Völkerwanderung« festgehalten wurde.

Oben: *Wappenschild des Deutschen Ritterordens.*

Oben: *Der Brustpanzer des letzten Ordenshochmeisters Albrecht von Brandenburg.*

Die Ritterorden

»Ein gewaltiges deutsches Kolonisationswerk ist da geschaffen worden, und so wurde Preußen ein Auszug der überschäumenden Tatkraft der besten deutschen Stämme, ein Werk deutscher Kolonisation in der Ostmark.«

Im Zuge der Völkerwanderung waren Slawen und Finnen bis zur Elbe vorgedrungen. Noch vor der Jahrtausendwende begannen die Rückeroberungsfeldzüge und mit ihnen jene langwierigen Kämpfe um das Land zwischen Oder und Elbe, die den Anfang der Geschichte Brandenburgs-Preußens-Deutschlands bildeten. »Immer aber folgte dem Ritter der Kolonist, festhaltend durch Pflug und Städtebau, was das Schwert erwarb.« Zwei Ritterorden gelten als die großen Kolonisatoren des Nordens: der Schwertbrüderorden in Livland und der Deutsche Ritterorden in Preußen, beide seit 1237 miteinander vereint. Der erste Landmeister des Deutschen Ordens hatte wenige Jahre zuvor die Weichsel überschritten und mit der Eroberung des Landes begonnen. Und »den Rittern folgten Städter und Bauern . . . Ein gewaltiges deutsches Kolonisationswerk ist da geschaffen worden, und so wurde Preußen ein Auszug der überschäumenden Tatkraft der besten deutschen Stämme, ein Werk deutscher Kolonisation in der Ostmark.« Zweifellos ist diese »Welle der deutschen Kolonisation . . . immer unter der Flagge der Christianisierung« gesegelt (Haffner), hat Überwanderung und Fremdherrschaft mit sich gebracht und ist nirgends unblutig vor sich gegangen. Und »die Eroberung und Unterwerfung des Preußenlandes an der Weichsel durch den Deutschen Ritterorden (bleibt) eine Greuelgeschichte«, auch wenn der in dem eroberten Land errichtete Staat noch immer als »ein kleines Weltwunder seiner Zeit« gelten muß (Haffner).
Vereinzelt haben Geschichtsschreiber das bereits früher zugegeben. So schrieb Hassert 1899: »Gegen Ende des 13. Jahrhunderts war nach ebenso langen als grausamen Kämpfen, mit denen die Namen des Gründers des älteren deutschen Reiches, des Königs Heinrich I., der Kaiser Otto I. und Friedrich Barbarossa, des Herzogs Heinrich des Löwen, des Markgrafen Albrecht des Bären, . . . des Deutschen Ordens und des Schwertbrüderordens eng verknüpft sind, das ganze Gebiet östlich der Elbe und Saale ein deutsches Land geworden . . . Der Gegensatz zwischen Siegern und Besiegten ging gänzlich verloren, und auf dem fremden Boden entstanden neue deutsche Staaten. Denn teils wurden in erbitterten Kriegen die Slawen ausgerottet, teils danach so gründlich germanisiert, daß heute nur noch einige Sprachinseln . . . an ihre einstige Verbreitung erinnern.«
Das grauenhafte Gemetzel ist in jüngerer Zeit häufig mit der Fast-Ausrottung der nordamerikanischen Indianer durch die europäischen Einwanderer verglichen worden, und nichts ist da zu beschönigen, allenfalls mit dem »Kreuzzugsgeist der Eroberer und dem enormen Zivilisationsgefälle« zwischen Eindringlingen und Unterworfenen zu erklären.

Die Hanse

Oben: *Das Bild einer Kogge auf dem Siegel von Stralsund (um 1350).*

Unten: *Ein typisches Beispiel einer Komturburg aus der Blütezeit des Ritterordens ist die Ruine der Burg Rheden im Weichselland.*

»Freilich war nach heutigen Begriffen der hansische Handel in mancher Beziehung drückend und lief oft auf eine rücksichtslose Ausbeutung und Monopolisierung der wichtigsten Handelszweige hinaus.«

Seit dem 12. Jahrhundert hatten sich vornehmlich norddeutsche Kaufleute in einer Art genossenschaftlicher Vereinigung zur Förderung des Handels zusammengeschlossen – einem Bund, der sich Hanse nannte. Um 1300 übernahmen die Heimstädte der Kaufherren deren Rolle. Unter Führung der Stadt Lübeck entstand ein Verband »der stede van der dudeschen hense«.

»Mit der deutschen Kolonisationsarbeit zu Lande berührte sich aufs fruchtbarste die Handelsthätigkeit der deutschen Hansa zur See. Zwar hat der in der Weltgeschichte einzig dastehende Kaufmannsbund keine eigentlichen Kolonien gegründet . . . dafür umsäumte er die Küsten der Nord- und Ostsee mit blühenden Handelsniederlassungen und zog durch die Anlage zahlreicher außerdeutscher Faktoreien und Kontore in Brügge (später Antwerpen), London, Kopenhagen, Bergen, Stockholm, Moskau, Nishni Nowgorod u. s. w. den ganzen nord- und osteuropäischen Handel an sich. Am Ausgange des Mittelalters, zu Beginn des 15. Jahrhunderts, war die Hansa die Erste Handelsmacht Nordeuropas geworden, um deren Gunst Könige und Fürsten warben« (Hassert). In London, wo die Hanse ihren »Stalhof«, ein Kontor, unterhielt, war ihr Einfluß besonders deutlich: die englische Münze »Pfund sterling« bedeutete »ein Pfund Osterlinge«, d. h. ein Pfund Geld aus dem Osten.

»Freilich war nach heutigen Begriffen«, so ein Chronist um 1900, »der hansische Handel in mancher Beziehung drückend und lief oft auf eine rücksichtslose Ausbeutung und Monopolisierung der wichtigsten Handelzweige hinaus, von denen namentlich der Heringsfang die Grundlage eines ungeheueren Reichtums bildete, weil die Hanse halb Europa mit dem bei den häufigen Fastenzeiten viel begehrten Fische versorgte. Aber man darf nicht vergessen, daß die Eingeborenen jener Länder damals noch nicht imstande waren, die Erzeugnisse ihres Landes selbst zu gewinnen und zu eigenem Nutzen zu verwerten. Das lernten sie erst von der Hanse.« Unbestritten ist deren Verdienst, im nördlichen und östlichen Europa einen einheitlichen Wirtschaftsraum geschaffen zu haben. Als jedoch die Landesfürsten begannen, immer mehr der im Hansebund zusammengeschlossenen Städte zum Austritt zu zwingen, als die Staaten an Ost- und Nordsee immer mächtiger wurden, die von ihnen einstmals gewährten Handelsprivilegien widerriefen und schließlich die Faktoreien, Stalhöfe, Niederlassungen und Kontore teilweise schlossen, teils zerstörten, war der Niedergang nicht mehr aufzuhalten.

Einen letzten Versuch, die Hanse zu erhalten, bezahlte der Lübecker Bürgermeister Wullenwewer 1537 mit dem Leben. Herzog Heinrich d. J. ließ ihn in Braunschweig hinrichten. Nun tauchten in der Ostsee immer häufiger zunächst holländische, dann englische Schiffe auf. Und das, obwohl 1492 Amerika entdeckt worden war und die Erforschung des Seeweges nach Ostindien begonnen hatte. Weder das eine noch das andere fand sonderliche Beachtung. Dazu mögen die religiösen Streitigkeiten nicht unwesentlich beigetragen haben. Während die anderen europäischen Staaten die räumlich erweiterte Welt unter sich zu verteilen begannen, »blieben die Deutschen dem Ringen nach überseeischem Besitz gänzlich fern«. Mit einer Ausnahme.

Die alten Speicher in Lübeck (unten) *und der Artushof in Danzig* (oben).

14

Die süddeutschen Kaufherren

»Die Feldhauptleute und Statthalter führten eine Reihe von Expeditionen ins unbekannte Innere aus, die, dem Zuge der Zeit entsprechend, viel weniger auf die wirtschaftliche Erschließung des Landes, als auf die Erbeutung von Edelmetallen gerichtet waren.«

Je mehr die Hanse an Bedeutung verlor, um so nachdrücklicher begannen süddeutsche Kaufherren, der veränderten Lage Rechnung zu tragen. In erster Linie waren es die Handelshäuser der Welser, Fugger, Vöhlin und Ehinger, die ihren Handel weltweit ausdehnten. Zunächst beteiligten sie sich finanziell an Handelsfahrten in die Neue Welt, später rüsteten sie eigene Schiffe aus. Zwei Vertreter der Augsburger Häuser Fugger und Welser, Balthasar Sprenger und Hans Mayr, waren dabei, als Pedro Alvarez Cabral 1499 mit 13 Schiffen Afrika zu umsegeln versuchte, statt des Fernen Ostens jedoch Brasilien erreichte. Fugger und Welser finanzierten 1505, zusammen mit anderen Augsburger Kaufherren, auch eine »Indien-Expedition«, die unter Francisco di Almeida mit »14 Schiffen und 6 Kraweelen« (Karavellen) tatsächlich ihr Ziel erreichte. Nachdem ihr Geld 1519 geholfen hatte, den Habsburger Karl V. zum Herrscher eines Weltreiches und Begründer des spanischen Imperiums zu machen, kostete es die Fugger und vornehmlich die Welser – in jener Zeit das zweitreichste Kaufmannsgeschlecht Europas – wenig Mühe, sich das kaiserliche Privileg des Handels mit allen überseeischen Ländern zu verschaffen. 1528 schlossen die Vertreter der Welser Verträge mit Spanien ab, aufgrund deren sie 50 deutsche Bergleute nach Venezuela zu schaffen hatten. (Venezuela war 1498 von Kolumbus entdeckt und wegen der Ähnlichkeit eines indianischen Pfahlbaudorfes mit Venedig ›Klein-Venedig‹ – Venezuela – genannt worden.) Und die Welser übernahmen auch den Transport von 4000 Negersklaven aus dem Küstenbereich Guineas nach Amerika.

Mehr als ein Historiker jener Tage bekannte freimütig, daß die von den Welsern eingesetzten Feldhauptleute oder Statthalter eine Reihe von Expeditionen ins unbekannte Innere durchführten, die, dem Zuge der Zeit entsprechend, viel weniger auf die wirtschaftliche Erschließung des Landes, als auf die Erbeutung von Edelmetallen gerichtet waren. Auch einige hundert Einwanderer, die 1529

Oben links: *Jakob von Fugger, der Jüngere, wurde am 6.3.1459 in Augsburg geboren und war der Begründer eines der einflußreichsten Handelshäuser der Welt. Jakob Fuggers Finanzimperium, in heutiger Währung gerechnet, käme auf annähernd 100 Milliarden DM. Er starb am 30.12.1525.*

Oben rechts: *Ein Bild aus dem Reisebericht von Ulrich Schmidt über die im Jahre 1534 für das Haus Welser erfolgte Landnahme am Rio de la Plata. Das »Indianische Schaf« zeigt wohl ein Lama.*

15

Oben: *Eine zeitgenössische Tetradrachme aus Ephesos zeigt ein Portrait Alexanders des Großen.*

Unten: *Vasco da Gama umschiffte 1497 als erster das »Kap der Stürme« und benannte es um in »Kap der Guten Hoffnung«.*

Rechte Seite: *Landkarte der frühen Fahrten, von 1432 bis 1499.*

Folgende Doppelseite: *Übersichtskarte über den Kolonialbesitz der europäischen Mächte im Jahre 1914.*

am Ostufer des Maracaibo-Sees gelandet waren, verwandelten sich sehr bald in Krieger, die das Land plündernd durchzogen und an Kolonisation nicht dachten. Ebenso wenig übrigens wie die kriegerischen Horden des spanischen Konquistadoren Hernando Cortez, der bereits ein Jahrzehnt zuvor mit der Eroberung Mexikos begonnen hatte, die ihre blutigen Höhepunkte in der Zerstörung des Aztekenreiches, der Ermordung des Herrschers Montezuma und der Plünderung der reichen Goldschätze des Landes finden sollte.

Nachdem die Welser für ihre Besitzung zwar Menschenleben und Geld geopfert, sich gleichzeitig aber durch wucherischen Handel höchst unbeliebt gemacht hatten, wurden ihnen 1556 alle Konzessionsrechte in Venezuela entzogen. »So ging nach kaum 27 Jahren die erste deutsche überseeische Kolonie elend zu Grunde. . . . der günstige Augenblick, in Amerika festen Fuß zu fassen, war unwiederbringlich verloren, und der Dreißigjährige Krieg vernichtete vollends den Wohlstand und das Ansehen des Reiches, während die westeuropäischen Mächte die Seeherrschaft der Spanier brachen und im Verein mit Rußland einen Teil der Welt nach dem andern an sich rissen.«

1657 forderte ein »Aufruf zur Gründung deutscher Überseekolonien« (im südamerikanischen Raum): »Wohlauf denn, tapfere Teutsche, schaffet, dass man in der Map (Landkarte) neben einem Neuspanien, Neufrankreich und Neuengland ins künftige auch ein Neudeutschland finde!« Verfasser war eine weitgehend vergessene Figur aus der Vorgeschichte deutscher kolonialer Bestrebungen, der bayerische Finanzmann, »Polyhistor, Arzt, Chemiker und Nationalökonom« Johann Joachim Becher, zu dessen volkswirtschaftlichen Plänen, unter anderen, auch die Erwerbung einer bayerischen Kolonie in Amerika gehört hat. Seine Verhandlungen mit den Holländern schienen zu der Hoffnung zu berechtigen, die niederländische Besitzung Neu-Amsterdam, das heutige New York, werde in bayerische Hände übergehen, doch kamen die Engländer diesem Schritt durch Eroberung der Kolonie zuvor.

Auch mit anderen kolonialen Bemühungen ist der Bayer Becher gescheitert. Weder gelang es ihm, die Abtretung eines Stückes von Holländisch-Guyana an Bayern zu erwirken, noch vermochte er die Gründung einer deutschen Ost- und Westindischen Handelsgesellschaft durchzusetzen.

Impulse aus dem Mittelmeer

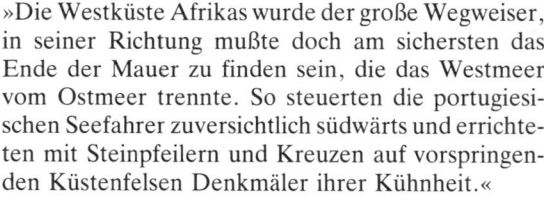

»Die Westküste Afrikas wurde der große Wegweiser, in seiner Richtung mußte doch am sichersten das Ende der Mauer zu finden sein, die das Westmeer vom Ostmeer trennte. So steuerten die portugiesischen Seefahrer zuversichtlich südwärts und errichteten mit Steinpfeilern und Kreuzen auf vorspringenden Küstenfelsen Denkmäler ihrer Kühnheit.«

Ein Raum, von dem ebenfalls bereits in frühester Zeit Impulse ausgegangen sind, die weltweit wirksam werden und den Kolonialismus, ganz allgemein, fördern sollten, war das Mittelmeer. Der Grund: In seinem Süden lag Afrika. Jahrtausendelang hatte diese gewaltige »terra incognita« als unüberwindliches Hindernis zwischen Atlantik und Indischem Ozean dem Handel der Mittelmeerländer den Seeweg nach dem Orient versperrt.

An frühen Versuchen, den dunklen Kontinent zu umsegeln, hat es nicht gefehlt. Die Phöniker waren es, die bereits vor mehr als 3000 Jahren mit ihren seetüchtigen »Biremen« und »Triremen« – Segelschiffe mit zwei oder drei zusätzlichen Ruderdecks – bis in den Atlantik vordrangen, wo sie die Kanarischen Inseln und das nordwestliche Afrika erreichten. Sie waren hervorragende

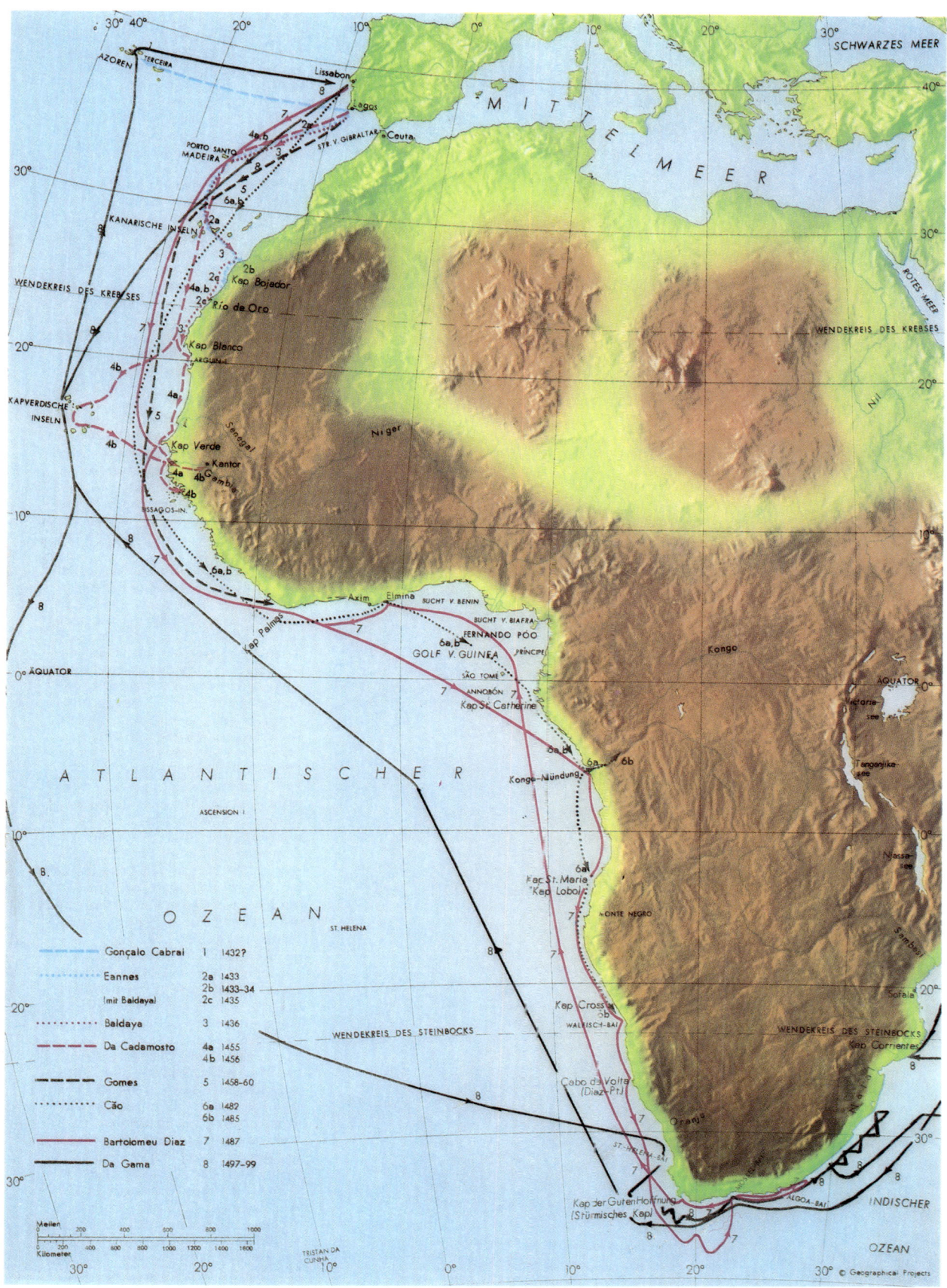

SCHWARZES MEER

MITTELMEER

STR. V. GIBRALTAR · Ceuta

WENDEKREIS DES KREBSES

WENDEKREIS DES KREBSES

ROTES MEER

AZOREN
TERCEIRA
Lissabon
Lagos
PORTO SANTO
MADEIRA
KANARISCHE INSELN
Kap Bojador
Río de Oro
Kap Blanco
ARGUIM
KAPVERDISCHE INSELN
Senegal
Ni ger
Kap Verde
Kantor
Gambia
BISSAGOS-IN.

Axim · Elmina
BUCHT V. BENIN
BUCHT V. BIAFRA
Kap Palmas
FERNANDO PÓO
GOLF V. GUINEA
PRÍNCIPE
SÃO TOMÉ
ANNOBÓN
Kap St. Catherine
Kongo
ÄQUATOR
ÄQUATOR
Victoria see
Tanganjika see

A T L A N T I S C H E R
ASCENSION I.
Konga-Mündung
Niassa see
Sambesi

Kap St. Maria Kap Loboi
MONTE NEGRO
Sofala

O Z E A N
ST. HELENA
Kap Corrientes
WENDEKREIS DES STEINBOCKS
WENDEKREIS DES STEINBOCKS

Kap Cross
WALFISCH-BAI

Cabo da Volta (Diaz-Pt.)

Oranje

ST. HELENA-BAI
INDISCHER
ALGOA-BAI
Kap der Guten Hoffnung (Stürmisches Kap)
OZEAN
TRISTAN DA CUNHA
© Geographical Projects

Meilen
200 400 600 800 1000
Kilometer
200 400 600 800 1000 1200 1400 1600

Gonçalo Cabral   1 1432?
Eannes   2a 1433
                     2b 1433-34
(mit Baldaya)   2c 1435
Baldaya   3 1436
Da Cadamosto   4a 1455
                     4b 1456
Gomes   5 1458-60
Cão   6a 1482
                     6b 1485
Bartolomeu Diaz   7 1487
Da Gama   8 1497-99

Kolonialreiche der europäischen Mächte 1914

| | Belgien | | Dänemark | | Deutsches Reich | | Frankreich | | G |

Franz-Joseph-Land   Nikolaus II-Land   Neusibirische-Ir.   Wrangel.-In.   Kanada   Alaska

S i b i r i e n

R U S S I S C H E S   R E I C H   Aleuten

St.Petersburg
Moskau   Krasnojarsk   Tschita   Wladiwostok
Samara
Äußere   Peking   Pt.Arthur
Mongolei   Weihaiwei   JAPAN
Warschau   brit.
RUM.   Konstantinopel   Taschkent   Sinkiang   C H I N E S I S C H E S   Kiautschou   Tokio
B.   Westturkestan   dt.
GR.   Schanghai   P A Z I F I S C H E R
OSMANISCHES REICH   P   Tibet   R E I C H
Rhodos   E   AFGHANISTAN
ital.   R   Delhi   NEPAL   BH.   Kanton   Formosa
Zypern   S   Hongkong brit.
brit.   Arabien   I   B r i t i s c h   Birma   Macao port.
Kairo   E   port. Diu   I n d i e n   Kwangtschouwan
Ägypten   N   port. Daman   franz.
Oman   Yanaon frz.   Philippinen   Marianen
Anglo-Ägypt.   port.Goa   frz.   Andamanen   SIAM
Sudan   Eritrea   Mahé   Pondichery   br.t.   Guam   deutsch
Frz.   Sokotra   frz.   Karikal   Palau-In.   Karolinen
ABESSINIEN   Brit.-   brit.   Lakkadiven   frz.   Nikobaren
Somali-   brit.   br.t.   O Z E A N
Uganda   land   Kenia   Malaiische   Brit.
Ital.   Ceylon   Föderation   Nordborneo
Belgisch-   Malediven   Sarawak   K.Wilh.   Bismarck-
Kongo   brit.   Sing.   Borneo   Ld.   archipel
Deutsch-   Sansibar   Seychellen   Tschagos-In.   Celebes   Neuguinea
Ostafrika   brit.   brit.   brit.   Niederländisch-Indien
Komoren   Java   port.   Papua
frz.   I N D I S C H E R   O Z E A N   Christmas In.
Nord   Kokos-In.   brit.
rhodesien   brit.
Südrhod.   Madagaskar   Mauritius
Betschu-   brit.
analand   Réunion   Australischer Bund
Sw.   Südafrik.   frz.
Südafrik.   Bas.
Union   Neuamsterdam
St. Paul   Sydney
frz.   Melbourne
Crozet-In.
frz.   Tasmanien   Neuseeland
Pr.-Eduard-In.
brit.   Kerguelen
frz.
Macquarie-In.
brit.

nien   Italien   Niederlande   Portugal   Spanien

Oben: *Prinz Heinrich, der Seefahrer, dritter Sohn von König Johann II. von Portugal.*

Linke Seite: *Kaiser Wilhelm II. verabschiedet in Potsdam die Verstärkung der Schutztruppe für Südwestafrika am 15. Juni 1894. Aquarell von C. Becker.*

Bartholomäus Diaz, um 1450 geboren, portugiesischer Seefahrer aus der Provinz Algarve, wurde am Hofe Johannes II. erzogen und, wie sein Landsmann Cão, von Martin Behaim zu einem hervorragenden Nautiker ausgebildet. Den Anstoß zu jener Reise, die ihn bis zum »Kap der Guten Hoffnung« führen sollte, gab 1486 der Auftrag seines Königs, den sagenumwobenen Priesterkönig Johannes aufzusuchen. Dieser sollte, wie die Europäer damals glaubten, an der Spitze eines geheimnisvollen christlichen afrikanischen Reiches stehen. Bei Angra Pequena errichtete Diaz auf einer breiten Felszunge einen steinernen Pfeiler mit einem Eisenkreuz.

Nautiker und segelten schon frühzeitig nach dem Polarstern. Etwa um 600 v. Chr., vor zweieinhalb Jahrtausenden also, ist ihnen dann die Umschiffung Afrikas gelungen. Diese wohl längste Seereise früherer Zeiten dauerte drei Jahre und ging auf einen Befehl des Pharao Nechos zurück. Ihm konnten die Abenteurer berichten, der Kontinent sei überall von Wasser umgeben, außer an der Stelle, wo »Ägypten an Asien grenzt«. Diese etwa 170 km lange Landbrücke zwischen Afrika und Asien – die heute seit mehr als einem Jahrhundert vom Suezkanal durchzogen wird – gab einen der Anstöße, den Seeweg nach Osten zu suchen. Um 470 v. Chr. machten sich die Karthager auf den Weg. Mit »60 Galeeren zu je 50 Riemen« ruderten sie zur afrikanischen Westküste, um dort weitere Handelskolonien zu gründen. Angeblich sollen die Schiffe Kolonisten in Stärke von 30 000 Männern und Frauen an Bord gehabt haben. (Eine Zahl, die im Hinblick auf damalige Schiffsgrößen Zweifel aufkommen läßt.) Griechen und Römer dagegen scheinen sich mit ihren Kenntnissen des »in der Mitte der Erde gelegenen Meeres« – in media terra situs – lange Zeit begnügt zu haben. Dann aber drang Alexander der Große, Schüler des Aristoteles, nach Zerstörung des Perserreiches auf dem Landweg nach Indien vor, wo er, wie andere mit ihm, das Ende der Welt vermutete. Dort veranlaßte er den Bau einer Flotte, mit der sein Admiral Nearchos den Indus abwärts fuhr und dann durch den Persischen Golf bis an die Tigrismündung segelte. (Alexander selbst trat, von seinen Truppen gezwungen, zu Lande den Rückweg an, gelangte jedoch nur bis Babylon, wo er 323 v. Chr. starb.)

Nach der Zerstörung Karthagos (146 v. Chr.) übernahm Rom die Rolle der führenden Mittelmeermacht. Die von den Römern auf ihren Eroberungsfeldzügen gewonnenen geographischen Erkenntnisse wurden um die Zeitenwende von dem Griechen Strabo (Strabon) in einer 17bändigen »Geographica« festgehalten. Und anderthalb Jahrhunderte später schuf der Alexandriner Ptolemäus »ein in großen Zügen richtiges Bild der im Altertum bekannten Welt von China bis Britannien«. Nach dem 6. Jahrhundert neuer Zeitrechnung waren es die Araber, von denen Anstöße zu weiteren Entdeckungen ausgingen. Sie benötigten kaum mehr als einhundert Jahre, um im Westen ebenfalls bis zum nördlichen Afrika, nach Spanien und nach Frankreich zu gelangen. Im Osten segelten sie vom Roten Meer bis an die Grenzen Chinas, wobei sie dessen bis zu 60 m langen Handelsdschunken begegneten.

Doch vom südlichen Afrika war noch immer sehr wenig bekannt. »Nicht vom Osten, sondern vom Westen aus glückte das Wagnis, Europa mit Asien zur See zu verbinden. Die Handelseifersucht der Venezianer und Portugiesen wurde das treibende Motiv. Venedigs Flotte nahm in Alexandria in Empfang, was von der Ostküste Vorderindiens in den Nordzipfel des Roten Meeres verschifft, von hier auf Kamelen nach Kairo, von da in Booten nilabwärts zur Küste verfrachtet wurde« (Mayer). Diesen Handel Venedigs mit Hilfe der Eröffnung eines direkten Seeweges nach Indien lahmzulegen, stellte sich ein portugiesischer Prinz als Aufgabe: Heinrich der Seefahrer (1394 bis 1460). Er gründete in dem an der Südwestspitze Portugals gelegenen Sagres eine Seefahrerschule und eine Sternwarte. Behutsam tasteten sich seine Schiffe an der Westküste Afrikas entlang nach Süden und umrundeten 1446 Kap Verde, die Westspitze des afrikanischen Kontinents. An der Küste Guineas entstanden portugiesische Handelsniederlassungen. »Die Westküste Afrikas wurde der große Wegweiser, in seiner Richtung mußte doch am sichersten das Ende der Mauer zu finden sein, die das Westmeer vom Ostmeer trennte.«

1485 betrat der Portugiese Diego Cão nördlich der Swakopmündung als erster Europäer südwestafrikanischen Boden und errichtete »im Namen seines erhabenen und glorreichen Königs Johannes II. von Portugal« auf der Landspitze des heutigen Cape Cross ein schlichtes Steinkreuz. (Der deutsche Kaiser Wilhelm II. ließ es 1894 nach Kiel bringen und statt seiner an der Landungsstelle eine Säule errichten.) Die Küste erwies sich als wüst und unwirtlich, Cao stach sofort wieder in See. Zwei Jahre später fand sein Landsmann Bartholomäus Diaz weiter südlich eine vor der stürmischen Brandung schützende Lagune und nannte sie »Angra Pequena« (Kleine Bucht). Auch er markierte seine Landung mit einem Kreuz, ehe er nach Süden weitersegelte. Schwere Stürme trieben ihn

17

Oben: *Der Nürnberger Martin Behaim – »Kosmograph«, Seefahrer, portugiesischer Hofastronom und Erfinder des Globus – begleitete Diego Cāo auf seiner ersten Reise von 1482–1484.*

Unten: *Handelsstation an der Walfischbai (1850), im Vordergrund ein Frachtensegler. Am Ufer Vorbereitung eines Trecks ins Landesinnere (Zeichnung von Thomas Baines).*

weit in den Atlantik. Als er nach 13 Tagen, die Küste suchend, Ostkurs steuerte, lag vor ihm offenes Meer, untrügliches Zeichen, daß er die Südwestspitze Afrikas umrundet hatte. Doch die Mannschaft zwang ihn umzukehren. Auf dem Rückweg sichtete er jene Halbinsel, die seine Einfahrt in die indischen Gewässer flankiert hatte, landete und gab ihrer Spitze in Erinnerung an die auf dem Hinweg überstandenen Stürme den Namen Cabo Tormentoso. Johannes II. von Portugal machte aus dem Kap der Stürme das Kap der Guten Hoffnung (Cabo de Boa Esperança), und die Geschichte sollte ihm recht geben: »Das Kap der Guten Hoffnung wurde im Laufe der folgenden Jahrhunderte der Ausgangspunkt einer langsam, aber mit unaufhaltsamer Hoffnungsfreudigkeit vordringenden Erschließung des dunklen Erdteils von Süden her.«

Als erstem gelang es dann Vasco da Gama, ebenfalls Portugiese, seine Flotte bis nach Indien zu führen, wo er 1498 in Kalikut an Land ging – sechs Jahre, nachdem Kolumbus, »westwärts nach Osten segelnd«, erstmals die Bahamas erreicht und das auf der Weiterfahrt entdeckte Kuba für Japan gehalten hatte. Nun kannte man die geographische Breite des Vorgebirges der Guten Hoffnung und steuerte von der westlichen Spitze Afrikas immer häufiger direkten Kurs zum Kap, vorbei an den unwirtlichen Gestaden des südwestlichen Afrika. »Keiner der Schiffer machte den Versuch, den Strand zu betreten, an dem kein einziger guter Hafen zum Bleiben einlud, und der nur Sand zeigte, nichts als Steine und Sand.« So blieb vor allem die Küstenregion selbst noch lange unberührt.

Dagegen fanden sich *vor* der Küste bereits um die Wende zum 18. Jahrhundert holländische, englische und amerikanische Walfänger ein. 1788 sollen nördlich des Kaps nicht weniger als 36 englische und 6 amerikanische Schiffe Tran geladen haben. Der Walfang gab der Walfischbai den Namen. Nachdem die Wale diese Region verlassen hatten, verlegten sich Engländer und Amerikaner auf die Robbenjagd. Gegen 1830 entdeckte der amerikanische Kapitän Morrell auf den vorgelagerten Inseln riesige Guanofelder. Dort, wo die Vögel seit Urzeiten ungestört gebrütet hatten, lag der Guano meterhoch. 1843 kehrte erstmals ein englisches Schiff »mit einer überraschend reichen Ladung wohlbehalten« in seinen Heimathafen zurück. Bereits zwölf Monate später ankerten nicht weniger als 300 Schiffe mit 6000 Mann gleichzeitig vor der Insel Itschabo: dort fand sich Guano in einer Mächtigkeit bis zu 12 m.

(Den unmittelbaren Anstoß für den plötzlichen Sturm auf die Guanovorkommen hatte der deutsche Chemiker Justus von Liebig gegeben, der 1840 die Brauchbarkeit des Guanos als Dünger nachweisen konnte. Die Engländer faßten hier in kleinen Ansiedlungen festen Fuß, was später mit der Eingliederung jener vorgelagerten Inseln in die Kapkolonie endgültige Bestätigung fand.)

Friedrich Wilhelm, der Große Kurfürst (von Brandenburg), wurde am 16. 2. 1620 in Cölln bei Berlin geboren und regierte von 1640 bis zu seinem Tode am 9. 5. 1688. Mit seiner Flotte besiegte er zum Erstaunen der ganzen Welt die Spanier, die ihm zwei Millionen Taler schuldeten. Doch die brandenburgische Flotte unternahm es nicht nur, im Kanal spanische Handels- und Kriegsschiffe aufzubringen, sondern bestand auch im Golf von Mexiko »ehrenvolle Gefechte«.

Die Pläne des Großen Kurfürsten

»Der gewisseste Reichthumb und das Aufnehmen eines Landes kommen aus dem Kommercium her. Seefahrt und Handel sind die fürnehmsten Säulen eines Estats, wodurch die Unterthanen beides zu Wasser als auch durch die Manufakturen zu Lande ihre Nahrung und Unterhalt erlangen.«

Friedrich Wilhelm, der Große Kurfürst – der dieses »volkswirtschaftliche Bekenntnis« ablegte – war es, der nicht nur den Grundstein zur brandenburgisch-preußischen Macht legte, sondern auch den kolonialen Gedanken erneuerte und gewisse Erfolge verbuchen konnte. Gewonnen hatte er die Erkenntnis von der Bedeutung des »Kommerciums« in Holland, das mit Hilfe seines Kolonialbesitzes zu Macht und Reichtum gekommen war. Tatsächlich zieht sich das Bemühen um die Gewinnung einer Seeküste, um den Bau einer Flotte, um Teilnahme am Welthandel und um die Gründung von Kolonien wie ein roter Faden durch die von Friedrich Wilhelm betriebene »Großmachtpolitik . . . ohne Großmacht« (Haffner). Noch während des Dreißigjährigen Krieges gewann er einen ehemaligen holländischen Admiral, Gijsels van Lier, als

Otto Friedrich v. d. Groeben (1657–1728), Offizier des Großen Kurfürsten, kämpfte in Polen, Palästina, Italien und Frankreich. Erhielt 1682 den Auftrag, an der Küste Guineas eine kurbrandenburgische Kolonie zu schaffen, und gründete 1683 Groß-Friedrichsburg (unten). Von 1684 an Stadthauptmann von Riesenburg und Marienwerder.

Berater für die Gründung einer Brandenburgisch-Ostindischen Handelskompanie – ein Unternehmen, das infolge Geldmangels nicht zustande kam, obwohl die Dänen für Fahrten durch den Sund weitgehende Vergünstigungen zugesagt und ihre vorderindische Niederlassung Tranquebar zum Verkauf angeboten hatten. 13 Jahre später scheiterte, ebenfalls aus finanziellen Gründen, ein zweiter Versuch, der in die gleiche Richtung zielte.

Erst nach seinem Sieg über die Schweden in der Schlacht bei Fehrbellin (1675) gelang dem Großen Kurfürsten der Aufbau einer Kriegsflotte. Und wieder war ein Niederländer sein Ratgeber und Helfer: der Schiffsreeder Benjamin Raule. Er wurde Schöpfer der brandenburgischen Kriegsmarine und zugleich Vater des bedeutendsten kurbrandenburgischen Kolonialunternehmens. Am 17. September 1680 schickte Raule zwei Schiffe – »Wappen von Brandenburg« und »Morian« – unter kurbrandenburgischer Flagge an die Westküste Afrikas. Während die »Wappen von Brandenburg« den Holländern in die Hände fiel, kehrte die »Morian« mit »100 Pfund Gold und 10 000 Pfund Elfenbein glücklich heim«. Daraufhin erließ der Große Kurfürst 1682 das »Edikt wegen Oktroyierung der aufzurichtenden Handelskompagnie auf denen Küsten von Guinea«, wobei mit »denen Küsten« die »Gold-« und die »Elfenbeinküste« gemeint waren. An dem 48 000 Taler betragenden Kapital der »Guinea-Kompagnie« war der Kurfürst mit 8000, Raule mit 24 000 Talern beteiligt.

Noch in demselben Jahr lief eine »Expedition«, aus zwei Schiffen bestehend, nach Westafrika aus. Am 1. Januar 1683 konnte der Leiter des Unternehmens, Major und Kammerjunker v. d. Gröben, trotz Widerstandes der Holländer »unter Flaggenhissung den Grundstein zum Fort Groß-Friedrichsburg« legen und nur wenige Tage später »Verträge« abschließen: Drei – nach anderen Quellen 14 – Negerhäuptlinge stellten ihr Gebiet »unter brandenburgischen Schutz«, gestatteten die Anlage einer Befestigung und versprachen, ausschließlich mit brandenburgischen Schiffen in Handelsbeziehungen zu treten. »Damit hatte Brandenburg-Preußen festen Fuß in Afrika gefaßt.« Die Brandenburgisch-Afrikanische Handelsgesellschaft wurde mit weitgehenden Vorrechten ausgestattet und durfte auch Sklavenhandel betreiben, der bei allen europäischen Staaten bis ins 19. Jahrhundert als ein ehrenwertes und vor allem gewinnbringendes Gewerbe galt. Brandenburgs koloniale Geschäftigkeit erreichte in den folgenden Jahren erstaunliches Ausmaß. Nicht nur, daß die Goldküstenkolonie durch »Landankauf und Schutzverträge« erheblich erweitert wurde, daß drei zusätzliche Forts entstanden und die Brandenburger eine wichtige Stellung im afrikanischen Gummihandel erlangen konnten – der Große Kurfürst pachtete von den Dänen sogar einen Teil der westindischen Insel

Oben: *Besitzergreifung der Guineaküste am 1. Januar 1683, mit Hilfe der fürstlichen Kriegsschiffe »Kurprinz« und »Morian«.*

St. Thomas. Er schuf ferner, mit Blick auf »Überseeische Angelegenheiten«, in Berlin als oberste Marinebehörde die Admiralität und verlegte Kriegshafen und Sitz der Brandenburgisch-Afrikanischen Kompagnie von Königsberg nach Emden, nicht zuletzt angesichts der »krämerhaften Kurzsichtigkeit der Königsberger Kaufleute«. Insgesamt aber blieb das brandenburgische Kolonialunternehmen ein wirtschaftlicher Mißerfolg, weil trotz des lebhaften Handels die Ausgaben meist größer als die Einnahmen waren, woran angeblich »die unausgesetzten Feindseligkeiten der Holländer« schuld gewesen sein sollen, »die damals dieselbe widerwärtige Rolle spielten wie in unserer heutigen (gemeint: um 1910) Kolonialpolitik die Engländer . . . «

Unter den Nachfolgern des 1688 verstorbenen Großen Kurfürsten fand sich niemand, der aus dessen Doppelwerk – der Kriegsflotte und den Kolonien – etwas zu machen verstanden hätte: Sein Sohn, Kurfürst Friedrich III. von Brandenburg, seit 1701 als Friedrich I. erster preußischer König, beschränkte sich auf »reges Interesse« an der kolonialen Sache. Trotzdem verschuldete die Brandenburgisch-Afrikanische Kompagnie immer mehr, im Hafen von Emden verfaulten unfertige Schiffsrümpfe, Gläubiger ebenso wie die Witwen und Waisen der umgekommenen Soldaten und Beamten drängten, was Friedrich I. schließlich bewog, die Rechte der Gesellschaft für erloschen zu erklären.

Sein Sohn, der sparsame »Soldatenkönig« Friedrich Wilhelm I., verkaufte die afrikanischen Besitzungen 1717 »für 7200 Dukaten und 12 Mohren« an die Holländer. Ihn störte auch nicht, daß Preußens Anteile an der westindischen Insel St. Thomas einschließlich der Faktorei von den Dänen beschlagnahmt wurden. Damit war die Schöpfung des Großen Kurfürsten nach kurzem Bestand zerfallen, Deutschland aus der Reihe der Kolonialmächte ausgeschieden, zumal sich der nächste preußische Herrscher, Friedrich II. – »der Große« –, letztlich als Gegner kolonialer Unternehmungen erweisen sollte, obwohl er sich an der 1751 in Emden mit einem Kapital von 270 000 Talern gegründeten Asiatisch-Chinesi-

21

The Village Pocquesöe.

Groß-Friedrichsburg, von der See
aus gesehen, nach einer zeitgenössischen Darstellung.

1683 schließen Major v. d. Groeben
und Kapitän Blonck im Namen des
Großen Kurfürsten mit dem Neger-
könig Argyn und drei Negerhäuptlingen einen Vertrag über den Kauf
eines Teilgebietes der heutigen
Goldküste.

1717 verkauft der preußische »Soldatenkönig« Friedrich Wilhelm I.
die Festung Groß-Friedrichsburg
für 7200 Dukaten und »12 Mohren«, die als Pfeifer und Trommler
bei seiner »Langen Garde« eingestellt werden, an Holland.

schen Handelsgesellschaft beteiligt hatte. Bereits ihr erstes Schiff, die »König
von Preußen«, segelte mit 700000 Gulden Bargeld nach Kanton und kehrte mit
Waren zurück, die gewinnreich veräußert werden konnten. 1754 verfügte die
Gesellschaft über »vier Schiffe mit 172 Kanonen«, eine regelrechte kleine
Seemacht. Der Ausbruch des Siebenjährigen Krieges (1756) bedeutete das
Ende der Handelskompanie. Und als 1763 der Friede von Hubertusburg
geschlossen war, richtete Friedrich II. sein ausschließliches Interesse auf die
Besiedlung »der weiten unbebauten Flächen im eigenen Lande«: »Aus den
verschiedensten Gegenden Deutschlands, vor allem aber aus Österreich, Böh-
men und aus Polen selbst zog er über 300000 meist um ihres Glaubens willen
vertriebene Ansiedler ins Land und verteilte sie vornehmlich auf die östlichen
Provinzen«. Es war sein Staat, in dem nun jeder, der eine neue Heimat suchte,
diese Heimat finden und in ihr »nach seiner Façon selig werden« konnte. Mehr
noch als im 17. wurde Preußen im 18. Jahrhundert »eine Freistatt und ein
Rettungshafen für die Verfolgten, Beleidigten und Erniedrigten ganz Europas«
(Haffner). Selbst der später als Verteidiger Kolbergs berühmt gewordene
Kapitän Nettelbeck fand bei Friedrich II. kein Ohr für seinen Plan, in Guyana
eine Pflanzungskolonie zu gründen und sie von der Guineaküste aus mit Sklaven
zu versorgen.
Nach Beendigung der Napoleonischen Kriege und der Gründung des Deutschen
Bundes (1815) setzte wirtschaftlicher Aufschwung ein. Mit ihm verbunden war
ein starker Bevölkerungszuwachs, der die deutsche überseeische Auswanderung nach sich zog, wobei vor allem die deutschen Ansiedlungen in Amerika den
Mangel an eigenen Kolonien ersetzen mußten, hatte doch der nordamerikani-
sche Kontinent seit anderthalb Jahrhunderten als gelobtes Land gegolten, offen
für Einwanderer aus aller Welt, so auch aus dem deutschen Sprachraum. Seit
1820 hat es auch nicht an erneuten Versuchen gefehlt, in Mexiko, Mittel- und
Südamerika deutsche Niederlassungen zu gründen. Sie sind fast ausnahmslos
gescheitert. Zu den Erfolglosen gehörte auch eine Hamburger Kolonialgesellschaft unter Karl Sieveking, die bei Neuseeland Inselbesitz zu erwerben suchte.
Erfolgreicher war der 1849 gegründete Hamburger Kolonisationsverein. Ihm
gelang es, im klimatisch begünstigten südlichen Brasilien blühende Kolonien
anzulegen und die dort schon zu Beginn der 1820er Jahre gegründeten deutschen
Siedlungen erheblich zu verstärken, wobei die einwandernden Bauern vorwiegend Rheinländer, Pommern und Schwaben waren.
Schlechte Erfahrungen dagegen mußten die in das tropische Brasilien Gekommenen machen. Soweit sie nicht dem Klima erlagen, hatten sie Schwierigkeiten,
die Bedingungen des »Parceria« – (Halbpacht)systems zu erfüllen, das ihnen die

Abgabe der Hälfte aller aus dem Grund und Boden – der nicht einmal ihr Eigentum war – erwirtschafteten Erträge auferlegte. Die in die Alte Welt gelangenden Berichte veranlaßten die preußische Regierung 1859 zum Erlaß einer Verordnung – »von der Heydt'sches Reskript« –, die praktisch einem Auswanderungsverbot für ganz Brasilien gleichkam. Damit hatte man natürlich vorschnell gehandelt, denn das Reskript hätte nur für die tropischen, nicht aber für die gemäßigten Klimazonen gelten sollen. Später ist dieser (erst 1896 aufgehobene) Erlaß als schwere Schädigung der im besten Zuge befindlichen deutschen Kolonisation eingeschätzt und scharf kritisiert worden. Trotzdem haben zwischen 1820 und 1900 mehr als fünf Millionen Deutsche ihr Reich verlassen. 4,6 Millionen fanden in den USA eine neue Heimat. Der Rest verteilte sich auf Mexiko, Südamerika, Südafrika und Australien. Vereinzelt siedelten sich Deutsche schließlich in den Donauländern und in Rußland – St. Petersburg, Bessarabien, Südrußland, Kaukasus und an der Wolga – an.

Preußens Flottenpläne

»Die Deutschen mögen den Boden pflügen, mit den Wolken segeln oder Luftschlösser bauen; aber nie seit dem Anfang der Zeiten hatten sie den Genius, das Weltmeer zu durchmessen oder die hohe See oder auch nur die schmalen Gewässer zu befahren.«

1751 wurde unter Mitwirkung Friedrichs des Großen (unten) in Emden die Asiatisch-Chinesische Handelsgesellschaft gegründet. Mit Ausbruch des Siebenjährigen Krieges und der Besetzung Emdens durch die Franzosen 1757 wurde diese vorerst letzte preußische Kolonialunternehmung beendet.

Immer wieder ist das Wort von der »Machtlosigkeit zur See« als Grund für die Abneigung der einzelnen deutschen Staaten gegen koloniales Engagement gefallen. Der Beginn des deutsch-dänischen Krieges (1848) gab den Anstoß, aus freiwilligen Beiträgen verschiedener Nationalvereine eine Kriegsflotte zu schaffen, wobei sich der kurz zuvor gegründete Deutsche Frauenverein besonders hervortat: Seine Mitglieder brachten die Kosten für den Bau der »Frauenlob«, eines Kriegsschoners, auf. Hamburger Reeder stellten drei Segelschiffe zur Verfügung und spendeten Geld. Die Frankfurter Nationalversammlung bewilligte »6 Millionen Thaler«. Eine technische Kommission unter Prinz Adalbert von Preußen begann mit der Ausarbeitung der Flottenpläne. Das Ergebnis war eine deutsche Bundeskriegsflotte, aus neun Dampfern, zwei Segelfregatten und 27 Kanonenbooten bestehend, die unter Admiral Karl Rudolf Bromme den Dänen bei Helgoland ein siegreiches Gefecht lieferte.
Was dann 1852 geschah, ist verschiedentlich auf ein »charakteristisches deutsches Erzübel«, die innere Zwietracht, zurückgeführt worden: die junge Flotte wurde im Auftrage des Bundes meistbietend versteigert, besser gesagt, verschleudert. Nicht nur, daß mehrere Bundesstaaten ihre Marinebeiträge nicht bezahlten – die meisten, allen voran Hannover, waren auch nicht bereit, sich damit abzufinden, daß die Leitung der Marineangelegenheiten bei Preußen lag. Der preußische Staat entschloß sich daraufhin, eine eigene Kriegsflotte zu schaffen. Er erwarb einen Küstenstrich am Jadebusen, gründete dort 1859 den Kriegshafen Wilhelmshaven und konnte noch in demselben Jahr eine Expedition von drei Schiffen zur Abschließung von Handels- und Schiffahrtsverträgen nach Ostasien entsenden.
Diese Entwicklung veranlaßte den damaligen englischen Premierminister Lord Palmerston, nicht zuletzt im Hinblick auf Schleswig-Holstein, zu folgender Erklärung: »Preußen sehnt sich nach dem Besitz von Kiel. Einmal im Besitze dieses prachtvollen Hafens würde eine ehrsüchtige und gewissenlose Macht Schleswig zu erwerben versuchen. Darum eifern die deutschen Professoren und Propagandisten, die den Kreuzzug gegen Dänemark predigen, so sehr für die Vereinigung Schleswigs mit Holstein. Sie wissen wohl, daß Preußen oder

Deutschland im Besitze der Herzogtümer nicht nur einen Hafen ersten Ranges, sondern auch ein Land besitzen würde, dessen Küsten von Fischern und Matrosen wimmeln. Wir vertrauen jedoch, daß die politische Ehre, die gemeinsame Rechtlichkeit, der gesunde Menschenverstand Europas und der Großmächte einschreiten, bevor es zu spät ist und solch' einen verwegenen Raubversuch verhindern werden.« Und er warnte Preußen vor dem »Unsinn einer deutschen Flotte«: »Die Deutschen mögen den Boden pflügen, mit den Wolken segeln oder Luftschlösser bauen; aber nie seit dem Anfang der Zeiten hatten sie den Genius, das Weltmeer zu durchmessen oder die hohe See oder auch nur die schmalen Gewässer zu befahren.«

Was Kiel anging, so sollte der Engländer recht behalten. Der Ostseehafen wurde 1865 preußisch-österreichischer, 1866 rein preußischer Marinestützpunkt.

Bismarcks Niederlage in der Kolonialfrage

»Leider glaubte man, der deutschen Eigenart entsprechend, die Kolonialfrage durch Wort und Schrift lösen zu können, und kam dabei über unfruchtbare und unerquickliche Erörterungen nicht hinaus, so daß die Kolonialbewegung wieder ins Stocken geriet.«

Der deutsch-französische Krieg 1870/71 hätte dem deutschen Kolonialgedanken eigentlich starken Auftrieb geben müssen, war doch bereits während der Friedensverhandlungen französischer Kolonialbesitz als Kriegsentschädigung im Gespräch. Bremische Großkaufleute hatten vorgeschlagen, von Frankreich die Abtretung Cochinchinas, eines Teils Französisch-Indochinas (Vietnam) mit der Hauptstadt Saigon, zu fordern. Bismarcks Stellungnahme: »Ich will auch gar keine Kolonien, sie sind bloß zu Versorgungsposten gut. Diese Kolonialgeschichte wäre für uns genau so wie der seidene Zobelpelz in polnischen Adelsfamilien, die keine Hemden haben.« Die Regierung beschränkte sich letztlich darauf, zum Schutze der heimischen Absatzmärkte mit den wichtigsten Staaten der Erde Meistbegünstigungs-, Handels- und Konsularverträge abzu-

1. April 1815.　　　1. April 1885.

Amtsantritt 1835.

Bundestag 1851

Ministerpräsident 1862

Graf 1865

Bundeskanzler 1867

Kaiserproclamation in Versailles 1871.

IN TRINITATE ROBUR

Skierniewice 1884

Congress Berlin 1878

Dreikaiser Zusammenkunft 1872

Reichskanzler 1871

Friedensschluss in Frankfurt 1871

*Der erfolgreiche Erforscher Mittel-
afrikas Henry Morton Stanley
(eigentlich James Rowland)
(oben) wurde am 28.1.1841 in Wa-
les geboren, verbrachte seine Jugend
im Armenhaus, ging mit 13 Jahren
als Schiffsjunge nach New Orleans,
wo er von einem Kaufmann namens
Stanley adoptiert wurde.*

*Als Korrespondent des »New York
Herald« bereiste er Abessinien, Per-
sien und Indien und erhielt dann den
Auftrag, den verschollenen Dr. Livingstone zu finden. Nach Überwindung vieler Schwierigkeiten traf
Stanley am 10.11.1871 in Udjidji
mit dem Gesuchten zusammen.
Von 1874–1877 durchquerte er
Afrika von Osten nach Westen,
1882–1884 erforschte er das Kongogebiet, und von 1887–1889 leitete er
eine Expedition zur Rettung Emin
Paschas.
1891 heiratete Stanley, 1895 wurde
er Mitglied des englischen Unter-
hauses. Er starb am 10.5.1904
in London.*

schließen und auf die Durchführung unbedingter Handels- und Verkehrsfreiheit
mit gleicher Behandlung der Angehörigen aller Nationen hinzuwirken. Selbst
als 1874 der Sultan von Sansibar aus freien Stücken um die deutsche Schutzherrschaft nachsuchte, glaubte Bismarck das Ansinnen zurückweisen zu müssen, da
ihm die Zeit noch nicht gekommen schien.

Was die deutsche Kolonialfrage endgültig in den Blickpunkt des Interesses einer
breiten Öffentlichkeit rückte, war der deutsch-englische Streit um die ertragreichen, von hanseatischen Kaufleuten auf den Fidschi-Inseln angelegten Pflanzungen, die 1874 anläßlich der Annektion des Archipels von den Engländern
beschlagnahmt worden waren, ungeachtet der, wie es damals hieß, wohlver-
brieften und wohlerworbenen Rechte der Deutschen. Doch noch immer lehnte
der Kanzler Pläne für Kolonisierungsvorhaben ab und nahm auch die Möglichkeit, den Sulu-Archipel und Nordost-Borneo zu erwerben, nicht wahr. Dagegen
schloß er 1876 »Freundschaftsverträge« mit dem König von Tonga (Südwestpo-
lynesien) und 1879 »den Eingeborenen der Samoa-Inseln«, so daß der deutschen
Flotte nach dem Erwerb zweier weiterer Häfen im Marschall- und Neubritannia-
Archipel insgesamt drei Bunkerstationen zur Verfügung standen, in denen
deutsche Schiffe mit Kohle versorgt werden konnten.

Die immer deutlicher werdenden englisch-australischen Bemühungen, möglichst alle noch unabhängigen Südsee-Inseln in Besitz zu nehmen, waren einer
der Gründe, die Bismarck veranlaßten, seine koloniale Zurückhaltung aufzugeben. Direkten Anstoß gaben die um 1880 auftretenden Zahlungsschwierigkeiten
des seit 1865 auf Samoa ansässigen Hamburger Handelshauses Godeffroy, das
sich gezwungen sah, seine Pflanzungen zu veräußern. Um deren Übergang in
englische Hände zu verhindern, brachte der Kanzler im Reichstag die »Samoa-
Vorlage« ein, die das Reich zur Übernahme gewisser Zinsgarantien veranlassen
sollte. Sie wurde mit knapper Mehrheit abgelehnt, was den Kanzler aufs tiefste
verstimmte. Im Gegensatz zu der Meinung des Reichstages hatte jedoch, wie
zahlreiche Flugschriften zeigten, »der koloniale Gedanke bei der großen
Mehrheit der Nation tief und dauernd Wurzeln gefaßt«. Als »fernerer Anstoß zu
thätiger Stellungnahme des Volkes« erwies sich die 1882 in Frankfurt vollzogene
Gründung des *Deutschen Kolonialvereins*, dessen Mitgliederzahl innerhalb von
drei Jahren auf 15 000 anstieg. Trotzdem blieb es bei unfruchtbaren Erörterungen. Inzwischen nutzten alle Nachbarstaaten die deutsche Unentschlossenheit
und richteten ihr Augenmerk auch auf solche Gebiete, die sie früher für wertlos
gehalten hatten. Italien setzte sich in Abessinien fest, Frankreich begann den
Krieg mit Tonkin (Tongking, nördliches Teilgebiet Indochinas), die Engländer
erlitten in Südafrika empfindliche Niederlagen gegen die um ihre Selbständigkeit ringenden Buren und hielten sich an Ägypten schadlos. Immer zahlreicher
wurden die Stimmen jener, die da meinten, der Worte habe man genug
gewechselt, »und es ward höchste Zeit, ihnen auch Thaten folgen zu lassen«.
In diese Zeit fiel ein Ereignis, das mit Deutschlands Kolonialpolitik in keinem
direkten Zusammenhang stand, jedoch Erwähnung verdient, weil es deutlich
machte, daß Bismarck trotz seiner Zurückhaltung in der eigenen kolonialen
Frage die entsprechenden Aktivitäten anderer Mächte durchaus kritisch beobachtete, insbesondere solcher an der afrikanischen Westküste. Am 26. Februar
1884, also noch vor dem Erwerb der ersten deutschen Kolonie, wurden die
meisten seefahrenden Nationen durch den Abschluß eines *Vertrages zwischen
England und Portugal* aufgeschreckt, der den Engländern in dem riesigen, an
Rohstoffen und Erzeugnissen jeder Art reichen Kongobecken erhebliche
Privilegien sichern sollte und alle anderen in diesem Raum aktiven Nationen
erheblich benachteiligte. Die Unruhe war verständlich: Acht Jahre zuvor, 1876,
hatte Leopold II., König der Belgier, (er sollte sich schon bald zu einem der
rücksichtslosesten, ausschließlich auf persönlichen Profit bedachten Kolonial-
herrscher entwickeln) für das Kongobeckengebiet die »Internationale Afrikanische Gesellschaft« gegründet, als deren Ziele die Erforschung Mittelafrikas, die
»Zivilisierung seiner Bewohner«, die »Gewöhnung derselben an Handel und
friedliche Beschäftigung« und die Unterdrückung des Sklavenhandels genannt
wurden. An diesem Unternehmen hatten sich fast alle großen Nationen
beteiligt, ausgenommen England. Nach der Erforschung des Landes, vornehm-

Herzog Carl Alexander von Sachsen-Weimar, einflußreicher Gönner von Adolf Lüderitz und Befürworter der deutschen Kolonialmacht.

lich durch den Amerikaner Henry Stanley – der praktisch Angestellter König Leopolds war –, gelang es der Gesellschaft, mit den am Kongo ansässigen Stämmen »Verträge« abzuschließen, Herrschaftsrechte über weite Gebiete zu erwerben, längs des Flusses Niederlassungen anzulegen »und dadurch die Grundlage für ein neues Staatswesen zu schaffen«. Zu jenen, die sich »beträchtliche Landstrecken« zulegten, gehörten auch deutsche Kaufleute (z. B. die Firma C. Woermann). Handel und Verkehr nahmen eine »ungeahnte Entwicklung«.

Der unerwartete Vertragsabschluß zwischen England und Portugal löst erhebliche Unruhe aus und veranlaßt mehrere Staaten, ihre Bemühungen um den Erwerb weiterer Gebietsteile zu verstärken. Hinzu kommt, daß Frankreich, gestützt auf »Souveränitätsansprüche« am Nordufer des unteren Kongo, aufgrund angeblicher Erwerbungen des Reisenden de Brazza weitere Gebietsansprüche erhebt. Portugal will plötzlich Eigentümer beider Ufer des unteren Kongo sein und wird in dieser Forderung von England unterstützt. Holland, Amerika, Italien und Deutschland fürchten um die Aufrechterhaltung ihrer Handelsbeziehungen und sonstiger Rechte. Tatsächlich sieht der englisch-portugiesische Vertrag vor, Portugal die Oberhoheit über beide untere Kongo-ufer zuzusprechen und ihm damit die Berechtigung zu verleihen, alle ein- und ausgeführten Waren mit hohen Zöllen zu belegen. England und Portugal wollen gemeinsam »Vorschriften über Schiffahrt, Polizei und Beaufsichtigung des Kongo innerhalb portugiesischen Gebietes erlassen«. Ein solcher Vertrag hätte den Kongostrom weitgehend an Portugal ausgeliefert und England eine Vorzugsstellung eingeräumt.

Die meisten deutschen Handelskammern, allen voran die hamburgische, wiesen in Eingaben an Reichskanzler Bismarck darauf hin, »daß der deutsche Handel durch diesen Vertrag schwer geschädigt werden würde . . . «. Bismarck erkannte die Beschwerden als berechtigt an und ließ in Lissabon mitteilen, daß die deutsche Regierung den portugiesisch-englischen Vertrag »als für das Reich und seine Angehörigen verbindlich anzusehen nicht in der Lage wäre und das Fortbestehen der (bisher auch von England anerkannten) Handelsfreiheit für alle Nationen fordern müsse«. Frankreich schloß sich der Nichtanerkennung an. Kontakte des Reiches mit Italien, den Niederlanden, Spanien und den Vereinten Staaten ergaben »von dort ebenfalls befriedigende und zustimmende Erklärungen«, worauf Bismarck auch die Engländer offiziell von der Ablehnung des Vertrages in Kenntnis setzte. Dieses Vorgehen hatte zur Folge, daß England seinerseits den Portugiesen »die Einsetzung einer internationalen Kommission anstatt der projektierten englisch-portugiesischen« nahelegte. Schließlich konnte der Kanzler, von den beteiligten Mächten aufgefordert, die Regierungen Belgiens, Dänemarks, Italiens, der Niederlande, Österreich-Ungarns, Portugals, Rußlands, Schwedens, Norwegens, Spaniens, der Vereinigten Staaten und, etwas später, der Türkei zu jener Zusammenkunft nach Berlin bitten, die als *Kongokonferenz* bekanntgeworden ist. Auf ihr verpflichtete sich die Internationale Gesellschaft des Kongo u. a., in ihrem Bereich auf ein- oder durchgehende Waren und Handelsartikel keinerlei Zölle zu erheben und Angehörigen des Deutschen Reiches in dem fraglichen Gebiet zu gestatten, sich niederzulassen, Grundstücke zu erwerben, Handelshäuser zu errichten sowie Handel und Schiffahrt unter deutscher Flagge zu betreiben.

Zu den folgenden beiden Seiten: Die Kongokonferenz wurde auf Anregung Bismarcks von den Regierungen Frankreichs und Deutschlands einberufen und vom 15. 11. 1884 bis zum 26. 2. 1885 in Berlin abgehalten.
Die Bevollmächtigten der beteiligten Staaten nahmen eine Generalakte an, in der sie das gesamte Gebiet des Kongo und seiner Nebenflüsse zur neutralen Freihandelszone erklärten. 1908 übernahm Belgien den Kongo als Kolonie.

v. Lambermont. de Courcel. Marquis v. Penafiel.   Graf de Launay.   Kasson.   v. Kusserow

Graf Kapnist.   Said Pascha.   Graf Hatzfeldt.   v. d. Straten.   Raindre.   Graf

Die Kongokonferenz in Berlin.

Henry Sanford.   Fürst Bismarck.   v. Vind.   Freiherr v. Bildt.   Graf Wilhelm Bismarck.
Graf Szechenyi.   Unterstaatssekretär Busch.

ginalzeichnung von A. v. Rößler.

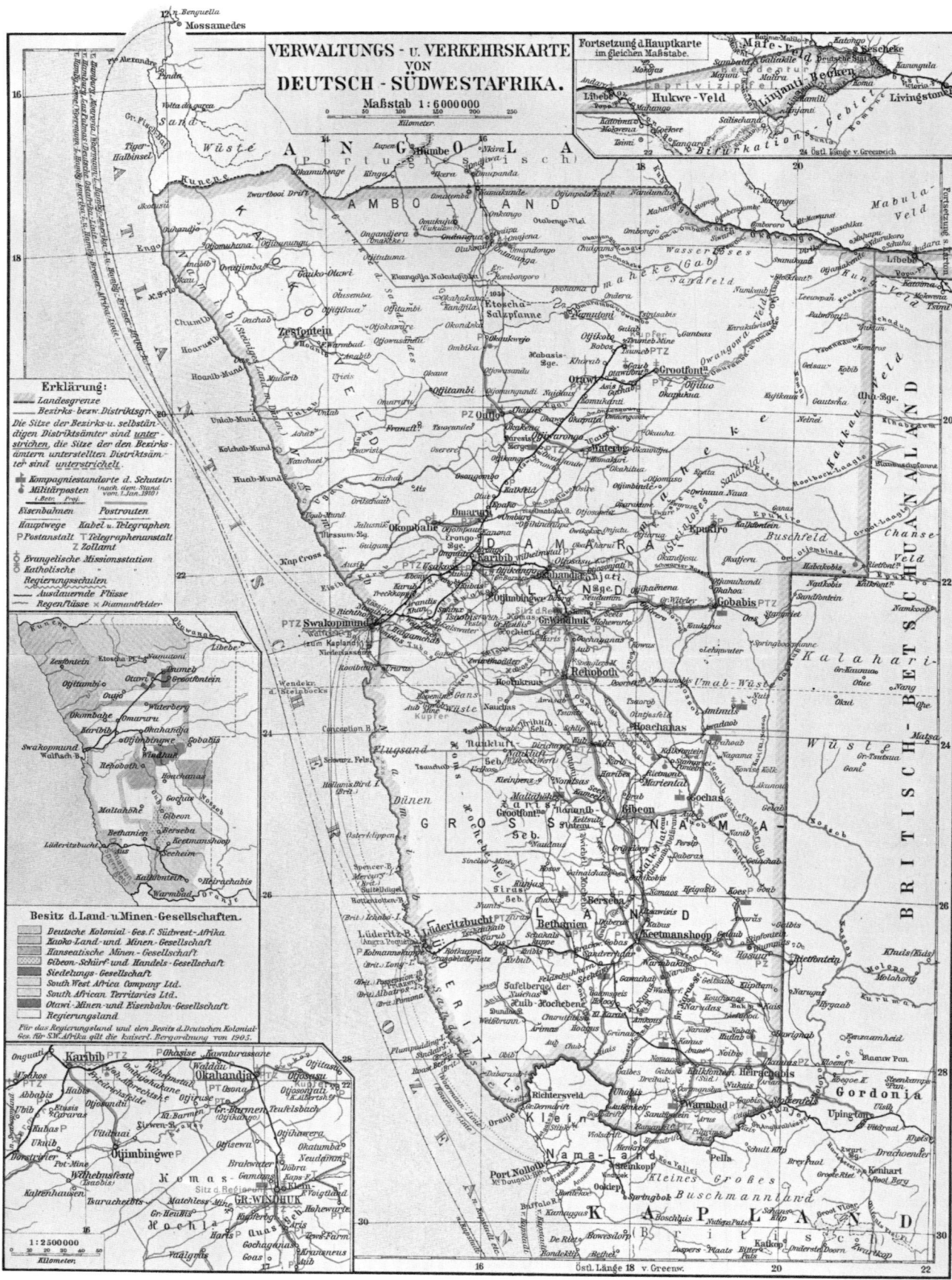

VERWALTUNGS- u. VERKEHRSKARTE
VON
DEUTSCH-SÜDWESTAFRIKA.

Maßstab 1 : 6 000 000

Deutsch-Südwestafrika

Franz Adolf Eduard Lüderitz, Großkaufmann und Begründer der ersten deutschen Kolonie in Südwestafrika, geboren 16. 7. 1834 in Bremen, gestorben (vermutlich 24. 10.) 1886, erlernte im väterlichen Haus das Tabaksgeschäft, bereiste 1854–1859 Nordamerika, übernahm 1878 die Leitung des väterlichen Hauses und wandte sich dann überseeischen Unternehmungen zu.

Er gründete 1881 eine Faktorei in Lagos und erwarb 1883 Angra Pequena sowie das dahinterliegende Gebiet, nach ihm »Lüderitzland« genannt. Das Gebiet wurde 1884 unter deutschen Schutz gestellt, 1885 von ihm an ein Konsortium abgetreten, bei dem Lüderitz sich selbst mit einem Sechstel beteiligte. Von einer Expedition ins Mündungsgebiet des Oranje kehrte er nicht mehr zurück und galt seither (1886) als verschollen.

Linke Seite: Verwaltungs- und Verkehrskarte von Deutsch-Südwestafrika aus dem Jahre 1909.

Adolf Lüderitz

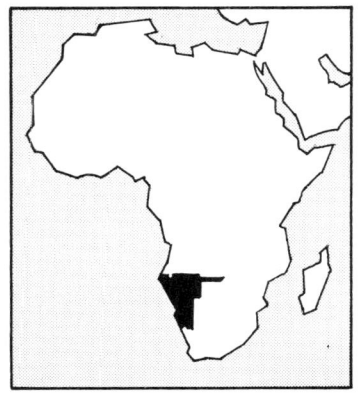

»Unser Vaterland hatte die kolonialen Überlieferungen Kurbrandenburgs wieder aufgenommen und den ersten Schritt zur Weltpolitik getan; und man erzählt sich, daß der alte Kaiser Wilhelm I. aus diesem Anlaß gesagt haben soll, nun erst könne er wieder dem Standbild des Großen Kurfürsten offen ins Auge schauen.«

Am 1. Mai 1883 ließ der Bremer Kaufmann Franz Adolf Lüderitz, nachdem er zuvor dem Kaiserlichen Auswärtigen Amt Mitteilung gemacht und um »Reichsschutz« gebeten hatte, durch seinen Beauftragten Vogelsang an der Südwestküste Afrikas von einem Kapitän Joseph Fredericks die Bucht Angra Pequena »samt ihrer . . . Umgebung (von fünf Meilen) in allen Richtungen und sämtli-

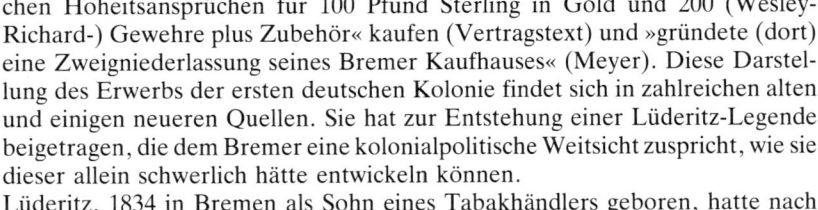

Oben: *Der erste aktenkundige Verkauf von Landrechten im heutigen Südwestafrika erfolgte auf der Grundlage eines am 1.5.1883 geschlossenen Vertrages.*

Unten: *Kapitän David Christian von Bethanien, Oberhäuptling im Süden und Herr über das von Lüderitz erworbene Land. Auf einer Fotografie von Palgrave aus dem Jahre 1876.*

chen Hoheitsansprüchen für 100 Pfund Sterling in Gold und 200 (Wesley-Richard-) Gewehre plus Zubehör« kaufen (Vertragstext) und »gründete (dort) eine Zweigniederlassung seines Bremer Kaufhauses« (Meyer). Diese Darstellung des Erwerbs der ersten deutschen Kolonie findet sich in zahlreichen alten und einigen neueren Quellen. Sie hat zur Entstehung einer Lüderitz-Legende beigetragen, die dem Bremer eine kolonialpolitische Weitsicht zuspricht, wie sie dieser allein schwerlich hätte entwickeln können.

Lüderitz, 1834 in Bremen als Sohn eines Tabakhändlers geboren, hatte nach dem Besuch einer Handelsschule und dreijähriger Lehrzeit im väterlichen Geschäft als 20jähriger den Alten Kontinent verlassen, die Tabakmärkte in Virginia und Kentucky bereist und schließlich an der Westküste Mexikos in einem Bremer Handelshaus Anstellung gefunden, wo er »das Leben eines jungen Auslandsdeutschen« führte, »der sich unter Farbigen als Herr fühlt und im Reiten . . . seine Ausspannung sucht«. Nach dem finanziellen Zusammenbruch des Unternehmens versuchte sich Lüderitz als Rancher, anfänglich nicht einmal ohne Erfolg. Dann aber wurde »während einer der üblichen Revolutionen« seine Ranch geplündert, er selbst konnte, angeschossen, entkommen. Der Abenteurer, »Glücksritter und Kaufmann« kehrte 1859 nach Bremen zurück, nunmehr notgedrungen bereit, ein »ehrsamer Kaufmann zu werden« – in des strengen Vaters Augen viel zu spät. Die Ehe mit einer reichen Bremerin machte ihn finanziell unabhängig. 1878 erbte er nach des Vaters Tode dessen Geschäft, erwarb ein Landgut und führte nun ein Leben »halb als Tabakhändler und halb als Gutsherr«. Als dann das Bremische Handelshaus Bellois für seine Faktoreien an der Goldküste und an der Sklavenküste Geld brauchte, beteiligte er sich sofort »und durfte schon 1882 die Faktorei in Lagos so gut wie sein Eigen nennen«.

In demselben Jahr lernte er den 20jährigen Kaufmannsgehilfen Heinrich Vogelsang und, wenig später, einen Kapitän namens Karl Timpe kennen, der mehrmals die afrikanische Westküste befahren hatte. Auch Vogelsang kannte sich trotz seiner Jugend in West- und Südafrika aus. Er schlug dem fast 50jährigen Lüderitz vor, dieser solle ihn in Westafrika »eine gewinnbringende Faktorei« anlegen lassen. Lüderitz lehnte ab. Einen anderen Vorschlag machte Kapitän Timpe. Lüderitz möge »eine schmucke Brigg kaufen und ihn mit ihr an die Küste von Südwestafrika senden, damit er von den Wilden Landesprodukte gegen billige europäische Waren eintauschen« könne. Und der Seemann fügte hinzu, das Land dort sei doch sehr trocken, und »durch Mitnahme von Bier und Genever lasse sich diesem Übelstand befriedigend abhelfen«. Nach einem Blick

Heinrich Vogelsang (oben) *und Kapitän Josef Fredericks von Bethanien* (unten) *sind Mitunterzeichner des ersten Kaufvertrags für Angra Pequena.*

auf die neueste Afrikakarte beschloß Lüderitz, dort eine deutsche Kolonie zu gründen, »damit der jährlich wachsende Auswandererstrom seines Volkes nicht auf fremdem Boden verlorengeht. Eine Siedlungskolonie, nicht eine Faktorei – ein Volksunternehmen, nicht ein Geschäft«.

Vogelsang erklärte sich bereit, nach Südwest zu gehen »und den dortigen Häuptlingen Land abzukaufen«. Im Dezember 1882 reiste er über London nach Kapstadt, wo er sich als wohlhabender Weltenbummler ausgab und schon bald erfuhr, daß der gesamte Küstenbereich zwischen den Flüssen Oranje und Kunene, angeblich, niemandem gehöre – mit Ausnahme der englischen Walfischbai. Was er sonst noch in Erfahrung brachte, war wenig ermutigend. Die Handelsaussichten in Nama- und Damaraland seien schlecht, zwischen Hottentotten und Hereros herrsche Krieg. Elefanten und Strauße seien fast ausgerottet. Allenfalls im Viehhandel und in der Gewinnung von Kupfer böten sich einige Aussichten. Der beste Hafen für Namaland sei die Bucht von Angra Pequena, die zwar einem Hottentottenkapitän in Bethanien gehöre, aber wohl käuflich zu erwerben sein werde. Ein Dr. Hahn riet dem jungen Vogelsang zu Waffenlieferungen an die Hottentotten, um diesen zum Siege zu verhelfen und dadurch »friedliche Zustände« herbeizuführen. Noch besser aber sei es, in Kapstadt zu bleiben und sein überflüssiges Geld in einer Schnapsfabrik anzulegen. Vogelsang jedoch hatte nur ein Ziel: Angra Pequena.

Inzwischen war Kapitän Timpe mit der von Lüderitz erworbenen und mit Tauschwaren beladenen 260 t-Brigg »Tilly« in Kapstadt eingetroffen. Vogelsang heuerte eine Schar junger Abenteurer an, ließ Ochsenwagen, Zelte, Wasser und Proviant laden und stach am 5. April 1883 in See – Richtung Süden. Niemand in Kapstadt kannte das Ziel seiner Reise. Erst außer Sichtweite nahm die »Tilly« Nordkurs und ging vier Tage später in der Außenbucht von Angra Pequena vor Anker. Vogelsang begab sich unverzüglich ins Landesinnere und traf nach fünftägigem Ritt den Hottentottenkapitän Joseph Fredericks von Bethanien, mit dem er am 1. Mai und am 25. August zwei »Verträge« schloß, nach denen »ein Landstreifen an der Küste in der Breite von 20 Meilen vom Oranjefluß bis zum 26. Grad südlicher Breite, die Bai von Angra Pequena einbegreifend, . . . seinem Herrn Adolf Lüderitz, Kaufmann in Bremen, zu erb und eigen gehörte«. Anstelle einer Unterschrift trugen die Verträge ein schlichtes Kreuz als »Handzeichen des Kapitäns«. Am 15. Juni 1883 traf in Bremen ein Telegramm Vogelsangs aus Kapstadt ein: »Land von Chief gekauft gegen einmalige Zahlung.« »Jetzt fühlte sich Lüderitz im Sattel und beeilte sich, den Schutz des Reiches für seine Erwerbung zu erlangen.« Den Schutz der Niederlassung, so ließ Berlin den Bremer wissen, werde er erhalten, sobald er einen Hafen erworben habe, auf den keine andere europäische Nation Ansprüche erhebe. Bismarck wollte sich in London vergewissern, ob England etwaige Forderungen geltend mache, und erhielt nach zweimaliger Anfrage am 21. November 1883 die Antwort des Foreign Office, in der es u. a. hieß: » . . . Nunmehr habe ich die Ehre, Ew. Exzellenz mitzuteilen, daß, obwohl die Souveränität Ihrer Majestät (gemeint: der Königin von England) nicht längs der ganzen Küste, sondern nur an bestimmten Punkten, wie Walfischbai und auf den Inseln von Angra Pequena, proklamiert worden ist, die Königlich großbritannische Regierung doch der Ansicht ist, daß irgendwelche Souveränitäts- oder Jurisdiktionsansprüche einer fremden Macht auf das Gebiet zwischen der südlichen Grenze der portugiesischen Oberhoheit am 18. Breitengrad und der Grenze der Kapkolonie in ihre legitimen Rechte eingreifen würde . . . «

Auf deutscher Seite erregte man sich: »Mit anderen Worten, kraft eines lediglich den Briten zustehenden ›Besitznaturrechts‹ sollte schon die Nähe englischen Gebietes die Besitzergreifung herrenlosen (!) Nachbarlandes durch ein anderes Volk verbieten«. Immerhin hatte Bismarck bereits am 18. August 1883 den Kaiserlichen Konsul Lippert in Kapstadt von den Lüderitzschen Unternehmungen in Kenntnis gesetzt und ihn ersucht, Lüderitz mit seinem Rat beizustehen »sowie seinem Unternehmen konsularischen Schutz« zu gewähren. »Bezüglich der Grenzen«, so (nach Hassert) Bismarck an Lippert, »welche Sie in letzter Beziehung einzuhalten haben, bemerke ich, daß Herr Lüderitz auf den Schutz der Kaiserlichen Regierung wird rechnen können, soweit sein Unternehmen

sich auf wohlerworbene Rechte stützt und nicht mit früheren Rechtsansprüchen,
sei es der einheimischen Bevölkerung, sei es der benachbarten Engländer,
kollidiert.« Als Bismarck schließlich im Januar 1884 von dem Kommandanten
des nach Angra Pequena entsandten Kanonenbootes »Nautilus« erfuhr, daß die
– in engem Kontakt mit Cecil Rhodes stehende – Kapregierung höchstwahr-
scheinlich nicht nur »Lüderitzland«, sondern die gesamte Südwestküste Afrikas
bis hinauf zu den portugiesischen Besitzungen annektieren wolle, sandte er am
24. April 1884 an den deutschen Konsul in Kapstadt jenes denkwürdige
Telegramm, das den Beginn der deutschen Kolonialgeschichte markierte.

Hasserts Kollege von der Universität Leipzig, Hans Meyer – Verleger,
Geograph, Afrika- und Andenforscher, Erstbesteiger des Kilimandscharo und
Enkel jenes Joseph Meyer, der ›Meyers Konversations-Lexikon‹ schuf – hat
Bismarcks Kontakte mit London und damit die Vorgeschichte des »Kolonial-
Telegramms« anders dargestellt: »Eine vorhergegangene Anfrage des Deut-
schen Reiches an das Londoner Auswärtige Amt, ob England deutschen
Ansiedlungen in Südwestafrika Schutz zu gewähren in der Lage sei, war verneint
worden; das mußte trotz allen Tobens der Engländer am Kap als politischer
Verzicht des Mutterlandes (England) auf Ausdehnung seines Besitzes in das
innere Herero- und Namaland (d. h. den südlichen Teil Südwestafrikas) gelten,
und da sah Bismarck die Stunde der Tat gekommen.« Sein an den deutschen
Konsul in Kapstadt gerichtetes Telegramm lautete: »Nach Mitteilung des Herrn
Lüderitz zweifeln die Kolonialbehörden (des Kaplandes), ob seine Erwerbungen nördlich vom Oranje(fluss) Anspruch auf deutschen Schutz haben. Sie
(gemeint: der Konsul) wollen amtlich erklären, daß er (Lüderitz) und seine
Niederlassungen unter dem Schutze des Deutschen Reiches stehen. gez. v.
Bismarck.« Diese Depesche ließ den im allgemeinen um Sachlichkeit bemühten
Leipziger Professor denn doch ins Schwärmen geraten: »Mit diesem Telegramm
vom 24. April 1884 . . . schenkte der Kanzler Deutschland die erste Kolonie
und gab der Welt das Alarmsignal zu jenem beispiellosen Wettbewerb, der
innerhalb weniger Jahre einem ganzen, bisher (mit Ausnahme von Küstengebie-

Zum besseren Verständnis der zwiespältigen Stimmung im Burenvolk: Der erste englische Versuch, Transvaal zu annektieren, war 1881 am energischen Widerstand der Buren gescheitert. In den 80er und 90er Jahren eroberte der britische »Kolonialpionier« Cecil Rhodes Betschuanaland und die Matabele-, Maschona- und Barotsegebiete, aus denen später Rhodesien wurde. 1895/96 versuchte Rhodes, seit 1890 Ministerpräsident der Kapkolonie, die Burenrepubliken im Handstreich nehmen zu lassen, wurde jedoch von den Buren unter Führung des legendären »Ohm Krüger« [Ministerpräsident Paulus Krüger] zurückgeschlagen. 1899 begann dann der »Burenkrieg«. Er endete 1902 mit dem Sieg der Engländer, der Eingliederung der Freistaaten Oranje und Transvaal in den britischen Kolonialbesitz und der Bildung des Dominions »Union von Südafrika«.

ten) fast neutralen Erdteil jetzt bis tief ins dunkle Innere mit den Farben aller konkurrierenden Kolonialmächte ein politisches Gesicht gab. Dabei ist festzuhalten, daß unsere Initiative nach völligem Fiasko aller freihändlerischen Ideen von offenen Türen in herrenlosem Besitz, nach trübsten Erfahrungen unserer ersten Handelshäuser im atlantischen und im Südseegebiet, von dem eisernen Zwang diktiert wurde, unseren überseeischen Handel mit dem Schild des geeinten Vaterlandes zu decken. Dem Ruf des Kaufmanns ist das Reich gefolgt.«

Dieses Reich demonstrierte seine Schutzbereitschaft zunächst mit der Entsendung dreier Kriegsschiffe. Am 7. August 1884 gingen an der Küste des ersten deutschen Kolonialgebietes S.M.S. (»Seiner Majestät Schiffe«) »Elisabeth« und »Leipzig« vor Anker. Unter Führung des Kapitäns zur See Herbig – der den erkrankten Kapitän z. S. Schering vertrat – landete eine Abteilung Marinesoldaten, hißte »im allerhöchsten Auftrag« die deutsche Reichsflagge auf schwarz-weiß-rotem Pfahl und stellte damit das »Territorium Lüderitz unter den Schutz und die Oberherrlichkeit Sr. Majestät Kaiser Wilhelms I.«. S.M.S. »Wolf«, das dritte Schiff, setzte gleichzeitig die deutsche Flagge an der ganzen weiter nördlich gelegenen Küste bis Kap (heute: Kaap) Frio – mit Ausnahme der in englischem Besitz befindlichen Walfischbai. Lüderitz selbst hatte seine über Vogelsang erworbenen Besitzungen erstmals im Oktober 1883 besucht. Er war über Kapstadt nach Angra Pequena gereist und mit dem Ochsenwagen bis Bethanien vorgedrungen, wobei er »sein Reich in 14tägiger mühseliger Wanderung kennenlernte«. Die Hottentotten sollen ihn gebeten haben, »einen Kaufladen anzulegen«, und schenkten ihm sieben Morgen Land, damit er »durch einen Sachverständigen die Eingeborenen im Landbau unterrichten lasse«. Auf dieser Reise erkannte Lüderitz, daß sich »Südwest nicht als Siedlungskolonie großer deutscher Auswanderermengen eignete«, weshalb er »seinen Blick . . . auf Sululand« (heute als »Bantu-Heimatland« zum südafrikanischen Natal gehörend) und die an dessen Küste liegende Bai Santa Lucia richtete, die er beide für Nobody's Land hielt. Der Erwerb scheiterte letztlich, weil Bismarck sich entschlossen hatte, zugunsten englischer Zugeständnisse in Kamerun und Neuguinea auf St. Lucia zu verzichten.

Steuermann Steingröver, der Adolf Lüderitz auf seiner letzten Reise begleitete und ebenfalls nicht mehr wiederkehrte.

Der Namakapitän Jan Jonker Afrikaaner residierte schon lange vor der deutschen Landnahme in Windhuk. Am 10. 8. 1889 fiel er in einem Kampfe gegen seinen Nebenbuhler Hendrik Witbooi.

Lüderitz, »auf Südwestafrika zurückgeworfen«, schickte schon 1884 mehrere Expeditionen aus, die einerseits weitere Kaufverträge mit Häuptlingen abschließen, zum anderen nach nutzbaren Rohstoff-Lagerstätten forschen sollten. »Laut Vertrag« erwarb er am 19. August 1884 von dem Topnaer Kapitän Piet Habib einen zwischen dem 22. und 26. südlichen Breitengrad gelegenen Küstenstreifen von 20 Meilen Breite, am 16. Mai 1885 von dem Kapitän Jan Jonker Afrikaaner dessen bis Windhuk reichendes Gebiet und am 19. Juni bzw. 14. Juli 1885 von den Kapitänen Cornelius Zwartbooi und Jan Uichimab das sog. Kaokofeld.

Weitere Landkäufe folgten, so daß Lüderitz schließlich »dem Reiche ein Gebiet von etwa 580 000 qkm mit 200 000 Einwohnern zugebracht« hatte. Doch er wurde darüber ein armer Mann. Der Tauschhandel mit den Eingeborenen brachte keinerlei Gewinn, zumal die deutschen Waren den englischen an Qualität erheblich nachstanden. Die letzten Hoffnungen des Bremers stützten sich auf die Entdeckung und den Abbau nutzbarer Mineralien. Doch keine seiner aufwendigen Expeditionen wurde fündig. Zudem traf ihn 1885 mit dem Untergang seiner Brigg »Tilly«, die Waren und kostspielige Bohrgeräte geladen hatte, ein weiterer schwerer Schlag. Schließlich mußte er »seine Kolonie«, in die er fast eine Million Goldmark gesteckt hatte, am 4. April 1885 für 300 000 Mark in bar und 200 000 Mark in Anteilscheinen an die neu gegründete Südwestafrikanische Gesellschaft abtreten. Das Bargeld entsprach genau der Summe, die er von seinen Verwandten geliehen hatte. Daß er ein Milliardenvermögen verloren hatte, ahnte er wohl nicht.

Trotzdem reiste er im Mai 1886 – mit geliehenem Geld – ein zweites Mal nach Südwest, entschlossen, im Süden des Landes zwischen Angrabucht und Oranje selbst nach Mineralien zu suchen, zugleich die Oranjemündung auf Schiffbarkeit und das nördliche Flußufer auf seine Eignung als Siedlungsgebiet zu prüfen. Im Zuge dieses Unternehmens versuchte er, gemeinsam mit einem Seemann, in einem kleinen Boot von der Oranjemündung nach Angra Pequena zu segeln. Die beiden blieben verschollen, wobei nie geklärt wurde, ob sie am 24. Oktober 1886 einem aufkommenden Nordweststurm zum Opfer fielen oder aber – so ein Jahre später verbreitetes Gerücht – die Küste zwar erreichten, jedoch von Eingeborenen getötet wurden.

Allgemeines über Geographie und Geologie

Die wissenschaftliche Betrachtungsweise der geographischen Merkmale Südwestafrikas ist in vielen Punkten bis heute unverändert geblieben. Sie ging bereits um die Jahrhundertwende davon aus, daß das Relief Südwestafrikas sich nur als »ein Glied im Gesamtbau der südafrikanischen Landmassen« verstehen lasse.

Die Nordgrenze Südafrikas (gemeint: das gesamte Südafrika) bildet die Wasserscheide des Kongo- und des Sambesisystems. Insgesamt stellt sich Südafrika als annähernd dreieckiges Plateau und hoch ansteigendes Tafelland dar, dessen im Nadelkap »konvergierende Flanken« sich steil aus dem Meer erheben. Die Randpartien des Gesamtplateaus sind erhöht. Das beckenförmig eingelassene zentrale Gebiet, ein Sandbecken, ist die *Kalahari*, die kranzförmig von Hochgebieten umgeben wird. Teils sind dies Berge (bis zu 3 600 m hoch) oder endlose Hochflächen, teils Tafelgebirge oder zerklüftete Urgesteinsmassen. Auf drei Seiten hat die Natur dem ehemaligen Schutzgebiet seine Grenzen gegeben: im Westen der Atlantik, im Norden das Kunene-Flußbett (Nourse River), im Süden das Oranjetal. Nur seine Ostgrenze knüpfte weder an Landschaftsmarken noch an reale Wirtschaftsinteressen, sondern wurde mit Lineal und Winkelmaß schnurgerade durch die Kalahari gezogen. In ihrem nördlichsten Teil stieß ein bleistiftdünner Landstreifen, der wunderliche »Caprivizipfel« – den wir später kennenlernen werden – bis an den Sambesi vor.

Die charakteristischen Merkmale Südwestafrikas entsprechen im großen und ganzen denen des gesamten Südafrika. Doch lassen Klima- und Reliefzonen ebenso wie der Wechsel von Völker-, Tier- und Vegetationsprovinzen eine zusätzliche Gliederung in natürliche Landschaften erkennen. Klimatische Kräfte grenzen eine Zone des Aufstiegs vom Meer zum Hochgebiet als Wüste ab, den Küstenstreifen der *Namib*. Im Hochgebiet hatte das schwarzbraune Bantuvolk der Hereros oder Viehdamara dem *Damaraland*, das gelbhäutige

Links: *Anfang Mai 1884 verläßt die Kreuzerfregatte »Elisabeth« den Kieler Hafen zu ihrer letzten, zwei Jahre dauernden Weltumsegelung, in deren Verlauf der größte Teil des einstigen deutschen Kolonialbesitzes unter den Schutz des Deutschen Reiches gestellt wird (Südwestafrika, Ostafrika und mehrere Plätze in der Südsee).*

Rinder auf der Farm Spitzkopje der Deutschen Kolonialgesellschaft, Foto aus dem Jahre 1910.

Oben: *Die natürliche Grenze im Süden des Schutzgebietes war der Oranje. Aufnahme von 1909 bei Ramansdrift.*

Volk der Hottentotten dem *Groß-Namaland* Namen und Wirtschaftscharakter gegeben. Das *Kaokofeld* (neuere Schreibweise: Kaokoveld), ein wüstenähnliches Gebirgsland, war damals fast unbekannt und ist auch heute noch schwer zugänglich. Die Bewohner einzelner, noch immer unbekannter Gebirgsgegenden hausen, wie 1964 zufällig entdeckt wurde, in Höhlen und benutzen Knochen- und Steinwerkzeuge. Das *Amboland*, obwohl ein fruchtbares Ausläufergebiet der Kalaharisenke, mußte lange auf seine Erschließung warten. Die Kalahari selbst geht am Ostrand aus der extremen Steppentrockenheit ihres Südens in die Fiebersümpfe ihres äußersten Nordostens über. Der Landschaft schließlich, die vom Damaraland, vom Kaokofeld, von der Kalahari und dem Amboland umschlossen wird, hat Meyer der zahlreichen Höhlenbildungen ihres Kalkbodens wegen den Namen *Karstfeld* Südwestafrikas gegeben.

Die Riviere

Über die Grenzen der Landschaften hinweg bahnen sich, fast ausschließlich in »Rivieren« (d.s. periodisch abflutende und trockenliegende Rinnsale), die Wasser ihren Weg und gliedern Südwestafrika in drei Hauptentwässerungsgebiete (s. Karte): Das Gebiet der Kalahariverrieselung, so genannt, weil deren Riviere abflußlos im Sand verlaufen. Es erstreckt sich über die gesamte breite Ostzone Südwestafrikas. Ein ergiebigeres Entwässerungssystem ist das Feld der wegsamen Oranje-Zuflüsse, dessen stärkste Ader, der Große Fischfluß, das Groß-Namaland von der Windhuker Gegend ab südwärts zwischen dem 16. und 18. Längengrad dräniert. Als Feld direkten Abflusses zum Atlantik bezeichnete man den ganzen Westen des Schutzgebietes, dessen größte Riviere, der Swakop und der Kuiseb, zwischen Oranje und Kunene die einzigen bedeutenden Lebensadern bildeten.

Für wirtschaftlich ungleich wertvoller als die oberirdische Rivierflut wurde das Wasser gehalten, das in der Tiefe, unter Sand und Kies verborgen, »zum Meere sickert und in wechselnder Tiefe (dort) zu graben ist, wo es nicht freiwillig zutage tritt«. Der äußerste Norden Südwestafrikas nimmt eine Sonderstellung ein: er bezieht einen beträchtlichen Teil des Wassers nicht aus den Niederschlägen des eigenen Gebietes, sondern aus dem Überschuß, den ihm der Kunene in die nach Süden geneigte Senke schickt.

Allgemeines zum Klima

Mit dem gründlichen Studium der klimatischen Verhältnisse war es damals noch nicht weit her. Während das Mikroskop in anderen Kolonien über Malaria, Schlafkrankheit und Viehseuchen bereits aufgeklärt hatte, schien in Südwestafrika kaum jemand zu begreifen, »was Barograph[1], Aneroid[2] und Thermometer in sachkundiger Hand dem Lande leisten können«. Zweifellos hätten lückenlose Temperatur- und Regenbeobachtungsreihen auch die Aussichten des Anbaus

[1] Luftdruckschreiber
[2] Luftdruckanzeiger
(Aneroidbarometer)

C. A. E. von Pestalozzi, Teilnehmer der ersten Expedition unter Heinrich Vogelsang ins Landesinnere und Mitunterzeichner des ersten Kaufvertrags für die Besitzungen von Angra Pequena.

bestimmter Kulturpflanzen vorhersehbarer gemacht. Immerhin hatte eine bescheidene Witterungskunde herausgefunden, daß die Temperaturen des Südwinters (Juli) im ganzen Schutzgebiet niedriger lagen, als es der steilen Sonneneinstrahlung entsprochen hätte. Und Gleiches galt im Westen Südwestafrikas für den Südsommer (Januar). Der Gesamtcharakter wies also eine »negative Anomalie« auf. Als eine ihrer Ursachen wurde die am Kap der Guten Hoffnung von der Westwinddrift nach Norden abzweigende »Benguelaströmung« ermittelt, eine kühle Meeresströmung, die entlang der Küste Südwestafrikas bis über die Kongoströmung hinaus wirkt. Als zweiter temperaturmindernder Faktor erwies sich die Erhebung des Landes auf durchschnittlich 1300 m, was nicht nur die Mittelwerte, sondern auch den täglichen Gang der Temperaturen beeinflußt: tagsüber ungehinderte, stärkste Sonneneinstrahlung, nachts erheblicher Temperaturabfall. Äquator- und Meeresnähe halten jedoch die großen Wärmeschwankungen in bestimmten Grenzen. So herrscht in den Küstenländern ein gleichmäßiges, weit landeinwärts wirkendes Seeklima mit jährlichen mittleren Schwankungen um 15° C. Nur der Osten Südwestafrikas weist ausgeprägtes Landklima mit einer Schwankungsbreite von mehr als 20° C auf.

Schwierigkeiten hatten die Meteorologen jener Tage, die Entstehung von Niederschlägen zu erforschen. So mußte man sich damit begnügen, die Luftdruckverteilung über Festland und Ozean zugrunde zu legen, Windbahnen zu konstruieren und dann, je nach Ausdehnung der vom Wind bestrichenen Wasserfläche, den Regenreichtum abzuleiten. Dieses Verfahren führte zu höchst wunderlichen Widersprüchen: Ein Forscher (der Engländer Buchan) schrieb den Hauptwinterregen im Gebiet um Kapstadt südwestlichen, ein anderer (der Deutsche Passarge) nordwestlichen Winden zu. Nicht selten wurde der Südostpassat als Regenbringer für Ost- und Zentralafrika gepriesen, obwohl die Regenfälle in Kimberly (so der Engländer Sutton 1904) von Nord- und Nordostwinden herangeführt werden, wohin »schon jeder Hottentott weist, wenn man ihn nach dem Regenwind fragt«. Einig waren sich die Forscher jedoch, was die Ursachen der Regenarmut Südwestafrikas betraf. Sie rechneten dieses Gebiet jenem Trockengürtel zu, der sich auf der Südhalbkugel (wie, entsprechend, auch auf der Nordhalbkugel) in der Nähe des Wendekreises um die Erde zieht.

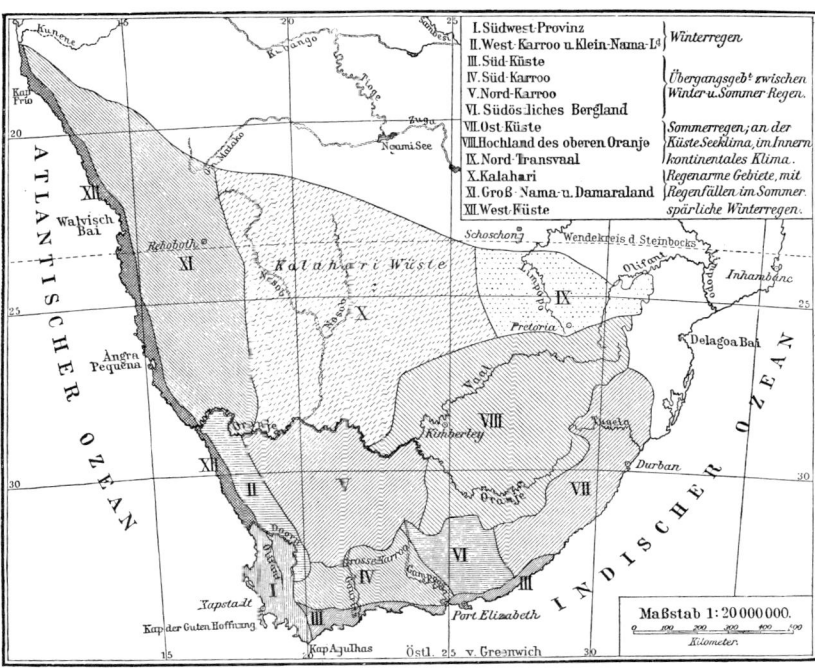

Klimakarte des südlichen Afrika aus dem Jahre 1890.

Die Pflanzenwelt

»In den Rivierbetten streckt die Flora des Binnenlandes lange Arme in die ödeste Namib hinein, in ihre Blendung und Glut, in ihren Staub und ihr totes Schweigen legt sie Oasen voller Erquickung aller Sinne, mit Schatten und Kühlung, mit Blütenduft, Vogelstimmen und mit Wasser, dem größten Labsal.«

Die Pflanzenwelt im Küstenstreif wird von einigen wenigen Gewächsen bestimmt, die sich vom Klima unabhängig gemacht haben, indem sie, obwohl echte Landpflanzen, in den Flutbereich des Meeres einwanderten (Chenopodiaceen und verschiedene Gräser). In der regenarmen Namib aber beginnt der Kampf der Vegetation mit dem Klima. Die Pflanzen versorgen sich hier auf höchst unterschiedliche Art mit Wasser. Einige speichern den Wasservorrat in dicken, saftigen Blattkeulen, stark salzhaltiger Blattsaft sorgt dafür, daß »kein Tier den Versuch, . . . den Durst zu löschen, wiederholt«. Andere Arten schützen sich mit bepelzten Blättern vor Austrocknung. Geraniaceén erzielen mit ihren wachsimprägnierten Korkgewebepanzern eine Festigkeit, die sie den stärksten Stürmen aufrecht widerstehen läßt. (Die gedörrten Wachspanzer abgestorbener Pflanzen dienten den Eingeborenen als »Buschmannskerzen« zur Unterhaltung des Lagerfeuers.) Zu den merkwürdigsten Pflanzen dieses von Laubarmut gekennzeichneten Vegetationsbereiches gehört die *Welwitschia mirabilis Hooker*, eine seltene Gnetacee, deren glänzendgrüne, »wie zerschlissene Bänder am Boden hingerollte« Blätter zwei Meter lang werden. Eine lange Pfahlwurzel senkt sich in härtesten Schotter oder Fels. Statt eines Stammes ragt ein seitlich zusammengedrückter Holzbecher aus dem Boden, von dessen Rändern, je nach Geschlecht, kätzchenförmige oder tannenzapfenähnliche Blüten entspringen. Umbelliferen kriechen platt vor dem Wind über den Boden, andere Gewächse treiben aus den schnell wachsenden Flugsandhügeln, die sie zu ersticken drohen, ständig neue Zweige, bis diese schließlich auf meterhohen

Gebirgslandschaft in der Nähe von Swakopmund mit Welwitschien, die zu den interessantesten Pflanzen überhaupt gehören und noch heute typisch für Südwestafrika sind.

Polstern sitzen. Nebel und Tau müssen allen Namibpflanzen den Regen ersetzen, weshalb die in Meeresnähe gedeihenden leuchtendbunten Flechtenarten als typische Glieder einer »Nebelvegetation« klassifiziert wurden.

In der Übergangszone von der Namib zum Binnenland erheben sich, wo immer Regenwasser in kleinen Felskesseln zusammenläuft, kleine gelbblühende Bäume – Lebeckien – und bilden versteckte Paradiese für Bienen, Wespen und Schmetterlinge. Die Vegetation entfaltet sich um so reichhaltiger, je mehr landeinwärts mit zunehmender Meereshöhe die Luftfeuchtigkeit steigt. Jenseits der Namibgrenze wächst eine 4–5 m hohe Liliacee, von den Buren »Kokerbaum« genannt, weil die Hottentotten früher aus dessen jungen Stämmen die Köcher für ihre Pfeilspitzen schnitten. Immer häufiger treten Wolfsmilchgewächse auf, bis sich dann mit Grasfluren und Buschwerk die Savanne ankündigt, eine Flur der Trockengräser mit verstreutem Gehölz. In der Trockenzeit ein trostloser Anblick, ändert sich das Bild mit dem ersten Regen in wenigen Tagen. Im Dezember sprießt überall helles Grün, zu dem sich wenig später zahlreiche Kräuter und Narzissen gesellen – von gelb und weiß über blau bis violett. Allgemein gelobt wurden einst die »herrlichen Weidegründe« im südlichen Namaland und in den Hochgebieten des Damaralandes und des Kaokofeldes. Was die Forscher jener Tage erstaunte, war die Tatsache, daß in der Kalahari das Gras auf sandigem Boden am üppigsten gedieh. Analysen ergaben, daß der Gehalt des Kalaharisandes an den wichtigsten Pflanzennährstoffen nur einen Bruchteil der vergleichbaren Werte des Wesermarschlandes aufwies, das Vieh auf den Weiden jedoch trotz dieses vermeintlichen Mangels »so fett wie in jenen Marschen« war. Des Rätsels Lösung: Im Steppensand bleiben die wachstumswichtigen Bestandteile des Steppensandes »mundgerecht« als feinster Staub erhalten. Die gehölzarme Steppe des südlichen Kalahurisaumes geht nach Norden hin zunächst in dornige Buschsavanne über, deren Baumbestand bis hin zu den Trockenwäldern des Nordens immer dichter wird. Die westlichen Regionen des Groß-Namalandes haben teils reinen Steppencharakter, teils bildet niedriges, dornenloses Buschwerk eine insbesondere für die Schafzucht geeignete Weide. Bekanntester Baum ist die Giraffenakazie, auch Kameldorn genannt, deren termitenfestes Hartholz als Brennmaterial geschätzt wird, während die Schoten zum Gerben dienen.

Im Damaraland dominieren Dornsträucher aus der Familie der Akazien, unter ihnen der »Hakjesdorn«, von den Buren wegen seiner scharfen Kralldornen sinnigerweise »wacht een beetje« (warte ein bißchen) genannt. Eine Vielzahl nützlicher Sträucher des Damaralandes liefert Früchte, Samen oder süßstoffhaltige Wurzeln. Stattlichster Baum ist der etwa 15 m hohe, eichenähnliche, schattenspendende *Omumborombonga*, Ahnenbaum der Hereros. Auffallend ist auch die ebenso hohe Sykomore, ein wilder Feigenbaum, der eßbare, walnußgroße Früchte trägt.

Nördlich des 20. Breitengrades finden sich Affenbrotbäume (Baobabs), Leguminosenbäume und Fächerpalmen. Eine besondere Rolle spielt die Vegetation der Rivierläufe. Diese bieten dem Boden – »im Gegensatz zum Himmel« – Gewähr für regelmäßige Wasserversorgung, so daß die Pflanzen bleibende dichte Bestände entwickeln können. Als König der südwestafrikanischen Rivierbäume gilt der vornehmlich im Swakopbett heimische Anabaum. Er übertrifft alle anderen an Kraft des Wuchses, an Alter und an Fruchtreichtum. Sein Stamm erreicht mehr als 2 m Durchmesser, im Schatten seiner 20–25 m hoch ragenden Krone konnten »5–6 Ochsenwagen ausspannen«. Seine 15 cm langen Schoten bedeckten den Boden »wie Korn die Tenne« und wurden vom Weidevieh mehr geschätzt als Gras. Längs aller Riviere leuchten die goldgelben, duftenden Kugelblütenstände des Dornbaumes oder -busches, die das Vieh trotz der 10 cm langen Dornen annimmt. Außer den genannten Akazienarten gibt es noch eine Reihe anderer Rivierbäume: Tamariske, Ebenholzbaum und den Tabakbaum. »In den Rivierbetten streckt die Flora des Binnenlandes lange Arme in die ödeste Namib hinein, in ihre Blendung und Glut, in ihren Staub und ihr totes Schweigen legt sie Oasen voller Erquickung aller Sinne, mit Schatten und Kühlung, mit Blütenduft, Vogelstimmen und mit Wasser, dem größten Labsal.«

Der Jäger und Händler
Andersson unter einem
Elefanten

Die Tierwelt

»Das einstmals vor allem in Südafrika weit verbreitete kostbarste afrikanische Großwild war der Elefant.
Noch Kapitän Harris traf sie in abgeschiedenen Tälern zu Hunderten. Doch bereits nach 1850 begann
das große Schlachten.«

Die Tierwelt Südwestafrikas war vor der Jahrhundertwende nur in großen
Zügen bekannt. Die niedere Tierwelt fand längs der Küste alle erforderlichen
Lebensbedingungen vor. Unter den Felsenbewohnern fanden sich Stachelhäu-
ter, in flachen Felsbecken leuchtete das Bunt der Seenelkenkolonien, das
Rotbraun der Kalkalgen, das Hellgrün der Tangwälder. In tiefen Felsspalten
hausten Manteltiere und Schwämme gemeinsam mit dem achtarmigen Polyp
und der Languste. Alle Kapitäne, die ihren Weg längs der südwestafrikanischen
Küste nahmen, berichteten vom Reichtum an eßbaren Fischen wie Meerbras-
sen, Meeräschen und Kabeljau. Während die großen Wale in der ersten Hälfte
des 19. Jahrhunderts noch in Scharen vor die südwestafrikanische Küste zogen,
um dort zu kalben, begannen sie sich zurückzuziehen, als der Mensch ihnen
immer intensiver nachstellte. Ungestört dagegen blieben die Delphine.
In der Übergangszone zwischen Wasser und Land hatte sich eine vielseitige
amphibische Fauna angesiedelt – von Krebsen über Pinguine bis zu Robben. Zu
der heute weltweit geächteten gnadenlosen Jagd auf die wertvollen Pelztiere
sind die Robbenjäger nicht erst in jüngerer Zeit angetreten. So ist überliefert,
daß Kapitän Morrell auf Hollam's Vogelinsel an einem einzigen Tage 1 400 Tiere
erschlagen ließ. Zu den verschiedenen Pinguinarten gesellten sich häufig der
weiße Malagasvogel (»Seegans«) und der Kormoran, auch Taucher genannt.
Als zeitweilige Strandgäste erschienen Flamingos und Pelikane. Der »Goliath«

Springböcke.

aus der Gattung der Lurche war der wegen seiner Größe und seines Gebrülls bekannt gewordene Ochsenfrosch.

Mannigfaltig bot sich damals die *Vogelwelt* dar, bereits in den 60er Jahren in mehr als 425 Arten. »Wertvollstes Federwild in allen offenen Ebenen von der Namib bis zur Kalahari« war der wilde Strauß, dessen Federn wegen ihrer Größe geschätzt wurden, weshalb denn auch »die Jagd auf den wilden Vogel als der beste Weg, mit eigenem Export am Welthandel sich zu beteiligen«, empfohlen wurde. Doch war man sich darüber klar, daß mit fortschreitender Besiedlung – wie in der Kapkolonie – die Zucht an die Stelle der Jagd treten müsse. Als stattlichstes Flugwild galt die große Trappe, von den Buren »Paauw« (Pfau) genannt. Bekanntester Raubvogel war der große Aasgeier, während der würdevoll durch das hohe Gras schreitende Sekretär wegen seiner Scharfsichtigkeit bewundert wurde, als ausgezeichneter Schlangenvertilger galt und deshalb halbzahm als Kükenwächter gehalten wurde. Perlhühner überraschten die ersten Ornithologen durch ihr diszipliniertes Verhalten an kleineren Wasserstellen. Die wunderlichen Lebens- und Verhaltensweisen der Vogelwelt zeigten sich auch an den Kasernenbauten des Siedelsperlings und an den in Wassernähe aufgehängten Nestern des Webervogels. Noch war die südwestafrikanische Vogelwelt nicht übersichtlich dargestellt. In großen Zügen jedoch kannte man die unübersehbare Vielfalt: Adler, Weihen, Falken, Bussarde, Eulen, Ziegenmelker, Segler, Schwalben, Raben, Eisvögel, Bienenfresser, Wiedehopfe, Honigsauger, Meisen, Bachstelzen, Drosseln, Pirole, Stare, Lerchen, Bananenfresser, Nashornvögel, Tauben, Klettervögel, Sumpfvögel und Enten.

Die *Säugetierwelt* des Schutzgebietes wurde in erster Linie durch Huftiere, speziell Antilopen, und durch Raubtiere gekennzeichnet. Kostbarstes Großwild war der Elefant. Noch Kapitän Harris traf sie in abgeschiedenen Tälern zu Hunderten. Doch bereits nach 1850 begann das große Schlachten. Von dem Forscher Charles John Andersson ist überliefert, daß er im nördlichen Betschuanaland an einem einzigen Tage mehr als 100 Tiere erlegt habe. Noch 1870 wurden in der Walfischbai zahllose Wagenladungen Elfenbein verschifft. Der zu damaliger Zeit erfaßte Weltverbrauch an Elfenbein erforderte das Erlegen von jährlich 100 000 Elefanten. Im Damaraland wurden die letzten Elefantenspuren 1870 ausgemacht. »Die Hoffnung besteht«, so ein damaliger Wissenschaftler, »wenigstens in den unberührten Wildnissen des äußersten Nordens und Nordostens den Elefanten zu erhalten.« Das Flußpferd tummelte sich im Unterlauf des Oranje, im Kunene, im Okawango und im Sambesi. Die Reste der einst großen Bestände an Nashörnern suchten und fanden Schutz im Kaokofeld. Die riesigen Büffelherden der siebziger Jahre wurden teils von Jägern, teils von der Rinderpest dezimiert. Die Giraffe war um die Jahrhundertwende ebenfalls nur noch im Kaokofeld und in der nördlichen Kalahari anzutreffen. Warzenschwein und Flußschwein bevorzugten ausschließlich den wasserreichen Norden.

Das Gnu, auch Wildebeest genannt.

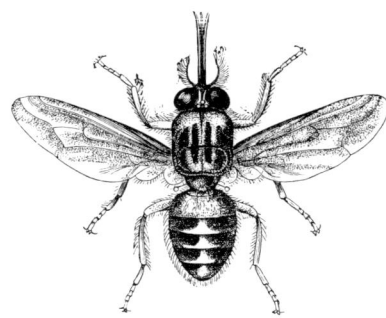

Die Tsetsefliege, Überträgerin der Schlafkrankheit.

Robert Koch, geboren 1843, gestorben 1910, auf seiner letzten Afrika-Reise (1906/07), die als »Schlafkrankheits-Expedition« in die Geschichte seiner wissenschaftlichen Arbeiten eingegangen ist.

Edelstes gehörntes Wild der südafrikanischen Savanne war – und ist noch immer – der im ganzen Groß-Nama- und Damaraland heimische Kudu, die Schraubenantilope, von beeindruckender Schönheit und in der Größe unserem Rothirsch gleich. Seinem nächsten Verwandten dagegen, dem Eland, fehlten Eleganz und Schönheit völlig. Daß sich, allen Verfolgungen zum Trotz, die Antilope zu erhalten vermochte, hatte materielle Gründe. Der einzelne Schuß erbrachte auch nicht annähernd so viel Gewinn wie ein Treffer auf Großwild. So fanden sich im Gebiet des nordöstlich gelegenen Fluß- und Sumpfterrains verschiedene Spielarten wie Wasserbock, Rooibock, Wasserkudu und Riedbock, ferner der rehkitzgroße Steenbock, die eigentümliche Duckerantilope – die sich bei Gefahr duckt und kriechend vorwärtsbewegt –, der Klippspringer, die Gemse Südwestafrikas, und schließlich neben dem roten Hartebeest das angriffslustige Wildebeest. Im Grenzgebiet der Namib weidete zu Hunderten der »Gemsbock«, die Oryxantilope, mit einer schwarzbraun-weißen Gesichtsmaske unverwechselbar gezeichnet und mit einem Gehörn aus zwei meterlangen Spießen bewehrt. Der rehgroße Springbock, Urbild der zierlichen Gazelle, bewohnte die offenen Flächen zu Tausenden und Abertausenden. Den Namen gab ihm seine zweidimensionale Springtechnik. Gefürchtet waren die von den Tieren in Dürreperioden unternommenen Massenwanderungen. Der Strom dieser »Trekkbokken« wurde zuweilen so breit und dicht, daß er menschlichen Siedlungen nicht ausweichen konnte, sondern die Gehöfte überrennen mußte – wie ein 1896 beobachteter Springbockzug »von mindestens einer halben Million Köpfe«. Das Zebra entging dem Schicksal seines Artverwandten, des Quagga, das einem Vernichtungsfeldzug ausgesetzt war, denn: »Die Buren jagten das Quagga, um ihre Hottentotten- und Buschmannssklaven zu füttern und so ihr Vieh zu sparen.« Um 1880 war diese Spezies endgültig ausgerottet.

Die Klasse der *Raubtiere* Südwestafrikas wurde von den zu jener Zeit noch reichlich vertretenen Löwen angeführt. Ebenso stark verbreitet war der Leopard, »Tijger« genannt und wegen seiner Vorliebe für Jungpferde gefürchtet. Zu beiden gesellten sich der schnelle Gepard, die Wildkatze, der »Rooikat«, ein Luchs, das Stinktier und der Honigdachs. Die Familie der Hunde, zu den mittelgroßen Raubtieren gezählt, lieferte die meisten Pelze. Der Gold- oder Schabrackenschakal, so genannt wegen eines schabrackenähnlich aussehenden, schwarzweißmelierten Rückenstreifens, soll einst, so eine Hottentottensage, die Sonne, die ihm als schönes Mädchen begegnete, Huckepack getragen haben und zur Strafe für diese Aufdringlichkeit versengt worden sein. Der wilde Hund, die raubgierige gefleckte Hyäne – auch »Tijgerwolf« genannt – und der hyänenähnliche Erdwolf mögen die Klasse der Raubtiere beschließen. Die *Nager* waren durch das Stachelschwein, den Springhasen, eine Vielzahl von Kletternagern und das Erdeichhörnchen vertreten. Den tiefen, weichen Boden der Kalahari durchwühlte das als Fleischkost geschätzte Erdferkel.

Südwestafrika ist häufig als »Affenland« bezeichnet worden. Überall in felsigem Gelände war der Pavian zu finden, ein Harzfresser, Zwiebelgräber und Skorpionjäger, der »kunstgerecht wie ein Entomolog« auf Insektensuche Steine wendet, der Lämmer tötet, in seiner Herde Posten aufstellt und sogar den Leoparden angreift, sobald seine Jungen bedroht sind.

Zur *niederen Tierwelt* nur kurz: Damals bereits erkannte man die Gefährlichkeit bestimmter Zeckenarten als Überträger gefährlicher Viehkrankheiten wie des Texasfiebers der Rinder. Verhängnisvoller waren und sind für Mensch und Wirtschaft noch immer die Heuschrecken, deren in endlosen Heerzügen vordringenden Larven sogar Schutzfeuer, die sie aufhalten sollen, löschen. Im Norden des Schutzgebietes fielen ganze Viehherden dem Stich der Tsetsefliege zum Opfer, die zudem Trypanosomen auf den Menschen übertrug und so die Schlafkrankheit auslöste. Im Süden dagegen drang die Anopheles-Mücke als Überträgerin der Malaria vor. Der Erforschung dieser und anderer Geißeln von Menschheit und Tierwelt – Tuberkulose, Milzbrand, Cholera, Pest, Typhus – galten seit 1876 die Arbeiten Robert Kochs, dessen letzte Afrika-Reise (1906/07) als »Schlafkrankheits-Expedition« in die reiche Geschichte seiner wissenschaftlichen Arbeiten eingegangen ist. Stellen wir an das Ende der niederen Tierwelt Termiten, Ameisen und Honigbienen.

Landschaften und Bevölkerung

Hottentott.

Hottentottenfrau.

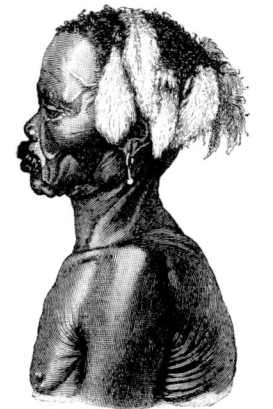

Buschmannfrau.

»Der allgemeine Aufbau des Schutzgebietes bietet das eigenartige und fesselnde Bild gewaltiger Terrassenlandschaften, die von der Küste an rasch und stetig ansteigend etwa in der Mittellinie des Landes ihre größte Seehöhe erreichen, um dann nach Osten – nach der Kalahari-Depression zu – ebenso rasch wieder abzuflachen.«

Sieben Landschaften bildeten das deutsche Schutzgebiet Südwestafrika: Küstenstreif, Groß-Namaland, Damaraland, Kaokofeld, Karstfeld, Amboland und Kalahari.

Der Küstenstreif

Zum Küstenstreif wurden die Küstenlinie mit den ihr vorgelagerten Inseln und die Namib gerechnet. An der felsigen und abweisenden Sandstrandküste tobt während des ganzen Jahres eine schwere Brandung, deren zerstörende Wirkung nur streckenweise durch Schwemmsand gemildert wird. Die bereits erwähnte Benguelaströmung beeinflaßt nicht nur die Temperaturen des Meeres und der Küstenregion, sondern hat auch zu deren ständigem Konturwechsel beigetragen. Mehr als ein Hafen versandete. Der bei Cape Cross gelegene Ogdenhafen, in dessen 13 m tiefer Bucht noch 1829 Kapitän Morrell geankert hatte, war genau 50 Jahre später nahezu spurlos verschwunden. Vor die Sierrabai der Walfänger schob sich in nur sechs Jahrzehnten ein 600 m breiter, 16 km langer Sandwall. Eine Ausnahme bildete nur die immer wieder als »schönster Hafen des Schutzgebietes« gepriesene Lüderitzbucht.

Zur Küstenlinie gehörten die ihr vorgelagerten, in englischem Besitz befindlichen Inseln: im Norden Itschabo, Hollam's Vogelinsel (Bird Island) und Mercury Island, im Bereich der Lüderitzbucht die Seehund- und Pinguininsel Halifax, weiter südlich Possession, Long Island, Pomona und die Plumpuddinginsel, im äußersten Süden schließlich die Sinclair- und Roastbeefinseln. Sie alle wurden von den Briten wegen ihres reichen Guano- und Pelzrobbenertrages streng gehütet und waren den Deutschen Südwestafrikas weitgehend unbekannt. Die zum Küstenstreif gehörende Namib – eine Wüste, der die Hottentotten den Namen gaben – wird durch Sanddünen und Felsöden gekennzeichnet. Sie erstreckt sich zwischen Oranje im Süden und Kunene im Norden in einer mittleren Breite von 60 km über eine Entfernung von 1400 km. Ihr größtenteils mildes Seeklima kann in Juni/Juli durch die »Gesichtswinde« empfindlich gestört werden, Föhnwinde, die von den Hottentotten so genannt wurden, weil sie aus dem Osten, dem »Gesicht der Welt«, bliesen. Auch hier war »unser Land als Stiefkind der Natur zwischen zwei Wiegen gelegt«, die regenreichen Gebiete im Norden (Tropen) und im Süden (Kapland). Was die nördliche Hälfte der Namib von der südlichen unterschied, war die stattliche Zahl ihrer bis zum Meer führenden »wegsamen« Riviere. Demgegenüber rieselten zwischen Kuiseb und Oranje höchstens unterirdische Wasseradern westwärts.

Der Küstenstreif, insbesondere die Namib, wurde von *Nomaden* bevölkert, ursprünglich Buschmännern, denen sich Hottentotten angeschlossen und mit ihnen vermischt hatten. Nach Aufzeichnungen des Kapitäns Morrell müssen die Hottentotten einst ein reiches Volk gewesen sein, das mit seinen Herden Jahr für Jahr im Juni nach Westen in die Winterregengebiete des Namib-Randes aufbrach. Gegen Ende des 10. Jahrhunderts blieben die Hottentottentrecks aus, die Herden waren verschwunden, und nur noch verarmte Reste ihres Volkes hatten sich erhalten.

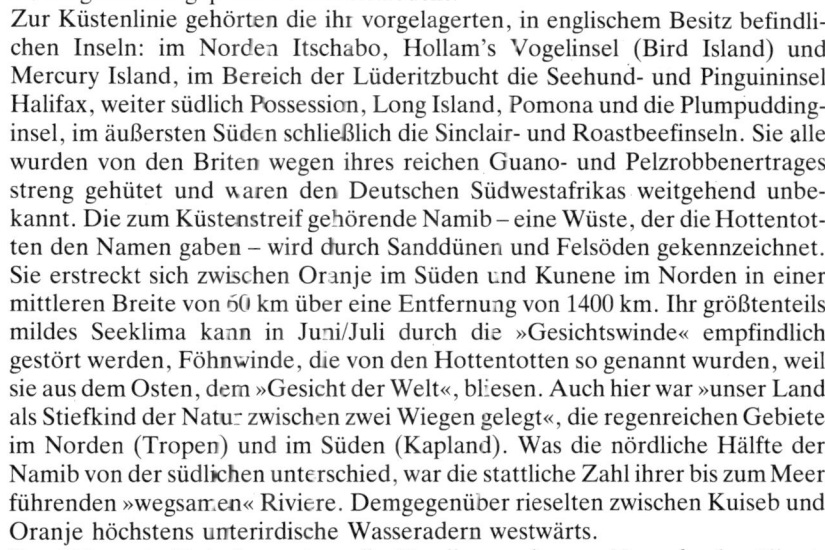

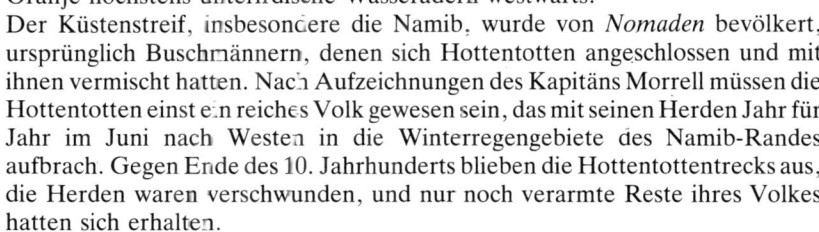

Buschmann.

45

Das Groß-Namaland

Oben: *Landschaft im Groß-Namaland.*

Darunter: *Namamädchen.*

Wie andere Landschaften Südwestafrikas auch, stellt das Groß-Namaland einen Ausschnitt des Hochgebietes aus dem Gebirgskranz Südafrikas dar. Seine westliche Grenze bildet die Namib, östlich dient der 20. Längengrad als Landesgrenze. Im Norden schließen sich die Gebirgsmassive des Damaralandes an, die Südgrenze zieht der Oranjelauf. Den Karten nach scheint das Namaland von einem weit verzweigten Flußnetz durchzogen. Tatsächlich aber ist die Zahl der oberflächlich fließenden Gewässer wegen des Niederschlagsmangels gering. Sie sind überwiegend Regenflüsse. Eine Ausnahme bildet nur der Oranje.

Das Klima wird mit zunehmender Höhe von dem wachsenden Gegensatz zwischen Tages- und Nachttemperaturen gekennzeichnet. »Mit Recht singt der Hottentott, wenn ihm vom wolkenlosen Himmel die Frühsonne seine erstarrten Glieder wärmt: ›Der Wolkenschatten ist des Schakals Sohn, die Sonne ist meine Tochter.‹« Auf den Höhen kann die Temperatur im Juli (Südwinter) nachts unter −8°C sinken. Die Sommerwerte schwanken zwischen 34° am Tage und 13°C in der Nacht.

Die eingeborene *Bevölkerung* des Namalandes gehörte derselben Rasse an, der die Holländer um 1650 am Kap der Guten Hoffnung begegnet waren und, ihrer Sprache wegen, den Namen Hottentotts (Stotterer) gegeben hatten. Soweit sich diese nicht damit abfanden, in die Dienste der weißen Herren zu treten, zogen sie, je weiter die weißen Siedler ihre Farmen ausdehnten, über den Oranje-Fluß nach Norden, wo andere Hottentottenstämme noch freie Herren des Landes waren. Die Vielfalt dieser Urstämme war groß: Topnaars, Zwartbois, Bondelzwarts, Veldschoendragers und Fransmanhottentotten waren Schlüsselnamen. Zu ihnen gesellten sich, etwa von 1800 an, die »Eindringlinge« aus dem Kapland: Witbois, Hottentotten von Berseba, Bethanier und die einst gefürchteten »Afrikaner«, die unter ihrem Führer Jager nach Norden vorstießen und unter Jagers Sohn Jonker die letzte »Glanzperiode des Hottentotten-Kriegsruhms« einleiteten.

Um Vieh, Weiden und Wasser lieferten sich die Hottentotten des Groß-Namalandes erbitterte Stammesfehden. Vieh mußte, sollte es am Leben erhalten werden, oft wochen- und monatelang über weite Strecken getrieben werden. Ganz im Gegensatz zu den Hereros jedoch gaben sich die Hottentotten mit der Viehzucht keine allzu große Mühe: »Lieber treibt er seine Herde an die Tränke des Nachbarn, als daß er die seinige vertieft; lieber sucht er mit kühnem Handstreich Vieh zu rauben, wenn ihm das seine krepiert, als daß er mit Bulle und Kuh von neuem anfängt. Zu frohem Beutezug findet sich die Familie schnell bereit . . . «Kennzeichen der nur mittelgroßen Hottentotten waren das gekräuselte Büschelhaar, die faltige Haut, die auf starke Sonnenblendung zurückzuführenden Schlitzaugen und der bei älteren Frauen auftretende Fettsteiß (Steatopygie).

46

Oben: *Bergdamara.*

Unten: *Hottentottenfrauen vor ihrem Pontok (Hütte aus Zweigen und Lehm).*

Das Damaraland

Das Damaraland geographisch einzuordnen, fiel seinerzeit schwer, liegt der Süden doch im Mischgebiet zweier Völker, der schwarzen Maman und der gelben Hereros oder »Viehdamara«. So wählte man als Grenzen im Süden den Swakop-Unterlauf, im Norden das kalkige Otavi-Bergland, im Osten die Kalahari, im Westen Kaokofeld und die Namib. Das Relief zeigt im Westen das Bergland des Aufstiegs. Die zentralen, teilweise mehr als 2000 m hohen Gebirgsmassive bilden den Hochlandbuckel. Weiter nördlich macht das Gebirge Platz für das von drei größeren Rivieren durchzogene und entsprechend fruchtbare Berginselflachland. An mehr als an einer Stelle, teilweise sogar in den Sandbetten einiger Riviere, sprudeln 64° bis 75° C heiße, mineralhaltige Quellen. Die Temperaturen weisen im Mittel höhere Werte als das namaländische Klima auf: 23° im November, 22° im Februar, 13° im Juli. Auch mit seinen Niederschlägen, für die Ergiebigkeit der Viehweiden und -tränken von größerer Bedeutung als die Temperaturen, war das Damaraland besser gestellt als das Namaland. Die Kennzeichen: Kräftiger und regelmäßiger Frühlingsregen, frühzeitig einsetzende sommerliche Niederschläge und Gleichmaß der Regenmengen über Jahre hinaus. »All diese klimatischen Vorzüge«, so ein Forscher um die Jahrhundertwende, »haben . . . auf unermeßlichen Weidefeldern ein Hirtenleben aufblühen lassen, wie es materiell reicher und im Seelenleben der Eingeborenen charakteristischer gespiegelt in ganz Südafrika nicht wiederzufinden ist.«

Was die *Bevölkerung* anging, so wurden die Hereros »körperlich sowohl als auch in ihrem Geistesleben« der Bantufamilie zugeordnet. Während ihrer Einwanderung, etwa um 1600, stießen sie auf dem Zug nach Süden und Südwesten zunächst auf die Bergdamara, die sie sich mühelos zu unterjochen verstanden. Als gefährlichste und erbittertste Feinde dagegen erwiesen sich die Hottentotten. Die äußere Erscheinung der Hereros »beeindruckt durch die hohe Gestalt. Die Länge der Schenkel gibt der Figur . . . eine herrliche Schlankheit.« Die Physiognomien näherten sich zuweilen der damals so genannten »edlen, europäischen Norm«. Was jedem Hererogesicht jedoch eine ungewöhnliche Note

Junger Herero.

Ein Herero berichtete kaltblütig: »Auf dem Rückweg fanden wir noch einige Hottentotten, die wir natürlich töteten. Bei einem habe ich geholfen. Wir schnitten ihm erst die Ohren ab und sagten: ›Du sollst keine Damara-Ochsen mehr brüllen hören‹. Dann schnitten wir ihm die Nase ab: ›Du sollst keine Damara-Ochsen mehr riechen‹. Dann blendeten wir ihn: ›Du sollst auch keine Damara-Ochsen mehr sehen‹. Dann schnitten wir ihm die Lippen ab: ›Du sollst auch keine Damara-Ochsen mehr essen‹. Zuletzt schnitten wir ihm die Kehle ab.«

gab, war das Zahnzeichen: die künstliche Zuspitzung der oberen Schneidezähne. Sämtliche unteren Schneidezähne wurden zwischen dem 8. und 10. Lebensjahr bei einer kultähnlichen Zeremonie ausgebrochen.

Trotzdem war, hier wie in anderen Landschaften, über Sitten und Gebräuche nur wenig bekannt. Kaum jemand wußte etwas von Opferdienst und Ahnenkult, von Verwandtschaftsnormen und Familienleben der Eingeborenen. Und das mit Überheblichkeit gepaarte Überlegenheitsgefühl des weißen Mannes tat ein übriges: »Nicht böser Wille, sondern beschränkte Geringschätzung, mit dem Wohlgefühl unserer kulturellen Übermacht gepaart, hat uns über die elementare Gewalt eines Naturvolkes, das um seine Freiheit von je her eifersüchtig besorgt war, völlig im unklaren gewiegt, bis die Katastrophe von 1904 (gemeint: Krieg der deutschen Schutztruppe gegen Hereros und Hottentotten) uns weckte.« Diese Einsicht kam zwanzig Jahre zu spät.

Die Rinderzucht, Schwerpunkt im Wirtschaftsleben der Hereros, und die abgöttische Liebe zu ihren Tieren erklärten den glühenden Haß gegen die viehraubenden Hottentotten, einen Haß, der die Bestohlenen zu bestialischen Grausamkeiten gegenüber ertappten Dieben hinriß. Das Land war nach Hererorecht Eigentum des ganzen Volkes, jedermann zur Nutznießung der Weiden und des Wassers freigegeben, ließ sich also nicht erwerben. »Unsere Unkenntnis des Hererorechts« hatte zur Folge, daß »jede uns geläufige Eigentumserwerbung . . . durch einen Weißen dem Herero als Rechtsbruch erscheinen mußte.«

Das Kaokofeld

Das Kaokofeld erstreckt sich zwischen der Namib im Westen und dem Damara-, dem Amboland und dem Karstfeld im Osten/Nordosten bis an den nördlichen Grenzfluß Kunene. Gegen die Kunene-Niederung fällt es steil ab. Flüsse haben aus dem Gebirgsland verschiedentlich Massive herausgeschnitten, einzelne Gebirge, damals noch unerforscht, erheben sich im Westen bis zu 900 m, im östlichen Bergland bis zu 1200 m und als steiles Massiv über dem letzten Kunene-Katarakt bis zu 1700 m Höhe. Die Landschaft gehört zum Gebiet des Frühlingssommerregens. Reichlich fallende Niederschläge, Wärme und guter Bodenwasserstand prägen ihr Bild. Vegetation und Tierleben weisen tropischen Charakter auf. An den Rivieren stehen Palmen. Giraffen und Elefanten belebten diese Oasen, die allerdings durch weite, trockene und unzugängliche Gebiete getrennt wurden. »So ist das Kaokofeld die Zuflucht der schwächeren, anderweitig unterlegenen Volkselemente Südwestafrikas geworden, ein Asyl der Freiheit, mit Armut erkauft.«

Das Karstfeld

Eingekeilt zwischen dem Damaraland im Süden, dem Kaokofeld im Westen und der Kalahari mit dem Amboland liegt das »Karstfeld Südwestafrikas«, eine Landschaft, die ihren Namen wegen der zahlreichen Einsturz- und Höhlenbildungen ihres Kalkbodens trägt. Buschleute kletterten unter Lebensgefahr durch 50 bis 60 m tiefe Schlote, um aus unterirdischen Seen zu schöpfen. Höhlen, in denen abbauwürdige Erzvorkommen vermutet wurden, vervollständigten das Bild des damals bekannten Karstfeldes. Die Bewässerungsverhältnisse erwiesen sich dank reicher unterirdischer Wasservorkommen als günstig. Leicht zu erschließende Quellen mit Sekundenleistungen von 30 Litern waren keine Seltenheit. Was seine *Bevölkerung* betraf, so beschränkten sich die Forscher auf die Feststellung, daß »auch hier . . . unstete Buschmänner die Herren des unbegehrten Feldes« seien.

Das Amboland

Die ersten Forscher, die, aus dem Karstfeld kommend, das nördlich angrenzende Amboland betraten, sahen sich angesichts dichter Wälder tropischen Charakters von einer neuen Welt umgeben. Eigentlich schien diese Landschaft nicht mehr als eine weit nach Westen reichende Zunge der Kalahari zu sein.

Oben: *Sechsspänniger Ochsenkarren am Waterberg.*

Unten: *Medizinfrauen der Owambos.*

Doch die Gunst der natürlichen Wasserversorgung hatte das Amboland zu einem abflußlosen Sonderfeld im Gebiet der Kalahariverrieselung, mit der Etoschapfanne als Sammelbecken, werden lassen. So ergaben sich als Grenzen im Süden das Karstfeld, im Osten die Bodenwelle, auf der sich die Etoschazuflüsse von denen des Okawango scheiden, im Westen die Felsen des Kaokofeldes, im Norden die »politische Linealgrenze« etwa zwischen dem 14. und 18. östlichen Längengrad.

Das Klima hat der eingeborenen Bevölkerung den Daseinskampf mit der weißen Rasse verhältnismäßig lange erspart. Hitze mit Temperaturen von mehr als 30° C einerseits, periodische Überschwemmungen und Austrocknungen andererseits machten das Land zu einer Brutstätte schwerer Fieber. Allerdings kamen die Wassermassen der zweimal jährlich anschwellenden Niederschläge tropischen Charakters dem Boden an Ort und Stelle zugute, da kein Rivier sie abführte. Inmitten des nördlichsten Hochlandteils erstreckte sich, etwa 1050 m hoch, das »Etoschabecken«, ein dreieckiges Bassin mit einer Ausdehnung von rund 120 km in ostwestlicher und 70 km in nordsüdlicher Richtung. In seiner »großen Pfanne« fließen periodisch alle größeren Rinnsale des Ambolandes zusammen, verdampfen während der Trockenheit und hinterlassen Salzrückstände.

Bewohner des Landes waren die Owambos, die den Hereros in Körperbau, Hautfarbe und Gesichtszügen sehr nahestanden. Verwechslungen waren nur dann ausgeschlossen, wenn man sich an der unterschiedlichen Kleidung orientierte: dem an schmalem Riemen getragenen Vorder- und Hinterschurz der männlichen Hereros und dem aus gegerbtem Ochsenmagen gefertigten Vorderschutz der Owambo-Männer. Die Missionare, »erste Kundschafter des Ambolandes«, stellten schon bald fest, daß die Owambos, anders als die Hereros, auf ihren Äckern nur Lehnsleute des jeweiligen Häuptlings waren. Ihm gehörten Grund und Boden, ohne seine Erlaubnis durfte Land nicht urbar gemacht werden. Wollte er sich eines unbequemen Nachbarn entledigen, so war das denkbar einfach: Er entzog dem Unerwünschten die Hacke.

Die Kalahari

Um die Jahrhundertwende verstand man unter Kalahari das ganze zentrale Becken Südafrikas, »soweit es von Sand bedeckt« war, ein Gebiet also, das im Norden bis an die Sambesiquellen, im Süden bis nahe an den Oranje, im Westen bis an das Amboland, im Osten bis zum Matabeleland reichte. Dieser »Große Sand« Südafrikas gliederte sich in das große Nordbecken als Haupteinzugsgebiet des Sambesi und das kleinere Süd- oder Oranjebecken. Ein größerer Teil des Oranjebeckens und ein kleinerer des Sambesibeckens bildeten als wech-

49

Oben: *Händler bei Verhandlungen in einem Kral im Owamboland.*

Rechte Seite, oben: *Farm im Auasgebirge,*

unten: *Eingeborenenhütte im Bau am Fuße des Waterberges.*

Während das Verhältnis des Weißen zum Hottentotten und zum Herero sehr bald . . . in ständig steigender empfindlicher Schärfe unter dem Zeichen der Daseinskonkurrenz stand, ein abwechselnd friedfertiges und blutiges Ringen um den Besitz des Landes darstellte, ist einem Volke Deutsch-Südwestafrikas, den *Bergdamara*, doch in vollem Maße die Schutzherrschaft in dem Sinne zuteil geworden, wie sie bei jenen anderen in der Vertragsurkunde stand, in praxi sich aber in ihr Gegenteil verkehrte. Die Bergdamara sind unter deutschem Schutz der Knechtung ihrer Hereroherren entrissen und zu einem menschenwürdigen Dasein gehoben worden.

selnd breiter Streifen den östlichen Rand der »deutschen« Kalahari. In die Landschaft senken sich kesselförmig Kalksteinpfannen, in denen sich Regenwasser, je nach Stärke der Niederschläge, tage-, wochen- und manchmal sogar monatelang halten kann. An das südliche Sandfeld grenzte, nur undeutlich markiert, der deutsche Anteil am Sambesibecken, mit dem wasserlosen Sandfeld Omaheke als einem der Haupttrockengebiete. Auch wenn die Karten jener Tage einen nicht unbeträchtlichen Reichtum an Rivieren zeigten, konnte Wasser doch nur vereinzelt erschlossen werden. Hunderte von Kilometern lange Strecken mit nur einer Wasserstelle machten das Reisen beschwerlich. Näher zum Okawango hin wurde die Wasserversorgung besser. Dort führten langgestreckte Betten auch während eines Teils der Trockenmonate Wasser. Im Nordosten des Schutzgebietes, dem »Caprivizipfel«, bildeten die Flüsse Sambesi und Kwando ein riesiges Überschwemmungsgebiet.

Die *Bevölkerung* der Stromgebiete wurde seinerzeit unter dem Begriff Sambesivölker zusammengefaßt. Zu ihnen rechneten die Bewohner der Sumpfländer, eine Mischung aus Buschmännern und Bantus, die in den unzugänglichen, kaum erforschten Gebieten Elefanten, Rhinozerosse, Büffel, Antilopen, Löwen und Hyänen jagten und dem Fisch- und Otternfang nachgingen. Ihnen folgten in der Übergangszone zwischen Sumpfland und Sandfeld die kulturell höherstehenden Massubia und Mambukuschu, die zusätzlich Ackerbau und Viehzucht trieben. Bunt zeigte sich das Völkerbild der sandigen Kalahari: im nördlicheren Teil waren die Hereros ansässig. Weiter südlich lebten verschiedene Hottentottenstämme, durchsetzt von Bastardgemeinden. Das mit dem Sandfeld am längsten verwachsene Volk waren die kleinwüchsigen Buschmänner (nicht zu den Pygmäen gehörend!), die ihren Namen nach den von ihnen aus Zweigen geflochtenen Windschirmen erhielten. Bemerkenswert, daß die Buschmänner trotz ihres harten Daseinskampfes Muße zu künstlerischer Betätigung fanden, wie Höhlenwandzeichnungen beweisen. Erstaunlich aus damaliger Sicht auch deshalb, weil »kein einziger der viel höher stehenden Stämme ihn (diesen Trieb) in dieser Eigenart besitzt«.

Glücklicherweise ist nicht Wirklichkeit geworden, was einige um Objektivität bemühte Forscher zur Jahrhundertwende voraussagten.: »Die Reste, die heute noch in der südafrikanischen Wildnis streifen, werden bald von der Erde verschwunden sein. Die Vergangenheit zeigte uns den Buschmann einerseits, die Hirtenvölker andererseits (mögen es Bantu oder Buren sein) in blutige Kämpfe verwickelt, in denen Recht und Unrecht, Schuld und Sühne in wechselseitiger Überbietung sich ablösten. Das Ende kann nicht zweifelhaft sein. Der Buschmann als der schwächere nicht nur, sondern auch, weil er hoffnungslos jeder Kultur unzugänglich ist, muß unterliegen.« Noch gibt es ihn, wenn auch kulturell verarmt, von Bantustämmen und Europäern dezimiert.

Forscher, Händler, Missionare

»Wir schulden den Missionaren in Südwestafrika Dank, denn sie hielten mit ihrer überlegenen Kenntnis des Charakters der Eingeborenen in der kritischen Zeit vor der Besitzergreifung uns Deutschen den Trumpf in der Hand, gegen den die Konkurrenten nichts auszuspielen hatten.«

Ganz oben: *Die erste Rheinische Herero-Missionsstation Otjikango oder Groß-Barmen im Jahre 1870.*

Oben: *Friedrich Fabri, Inspektor der Rheinischen Missionsgesellschaft, gehörte zu den leidenschaftlichsten Vorkämpfern für eine deutsche Kolonialpolitik. Die Mission besaß bereits Mitte des 19. Jahrhunderts zahlreiche Niederlassungen in Namaland, dem späteren Deutsch-Südwestafrika.*

Im Gegensatz zu der südwestafrikanischen Küstenregion hatte das Landesinnere bereits um das Jahr 1700 Forscher, Händler und Missionare angezogen. 1681 brachten Hottentotten dem südafrikanischen Gouverneur Simon van der Steel mehrere Stücke kupfererzhaltigen Gesteins, das sie in den Bergen ihrer Heimat gefunden haben wollten. Tatsächlich gelang van der Steel vier Jahre später ein Vorstoß in die Kupferberge des Klein-Namalandes.
Klare kolonisatorische Ziele verfolgte eine 1760 von Hendrik Hop, »Hauptmann der Burenmiliz«, geleitete Expedition, die in das Groß-Namaland vordrang, begleitet von einem Botaniker, einem Arzt – der die Mineralien prüfen sollte – und einem Landmesser. Sie dürfte über Warmbad hinaus bis in die Gegend von Keetmanshoop gelangt sein. Neben wertvollen geschichtlichen Daten – Einwanderung von Hottentottenstämmen, Pockenpest in Groß-Namaland und die Wohngebiete der Betschuanen östlich der Kalahari – lieferte sie sichere Erkenntnisse über reiche Kupferlager, die von den Hottentotten zur Schmuckherstellung genutzt wurden.
Eine 1791 von den Kapholländern gestartete weitere Expedition galt der Goldsuche. Sie führte bis in die Nähe des heutigen Windhuk und war insofern aufschlußreich, als sie die Bekanntschaft mit den viehhaltenden Hereros vermittelte, Aufschluß über deren Kämpfe mit den Hottentotten gab und die erste Begegnung mit dem rätselhaften Volk der Bergdamara erbrachte. Auch stießen die Forscher in der Namib auf Kupfervorkommen. Nur – Gold wurde nicht gefunden.
Diese ersten Vorstöße in das spätere Deutsch-Südwestafrika halfen den Bergbau erschließen, der um die Mitte der 1850er Jahre ernstlich in Angriff genommen wurde. Forschung und Mission haben, wechselseitig wirkend, den Boden bereitet, auf dem sich Handel und Siedlungswesen entwickeln sollten.

1805 gründete die London Mission Society im Süden die Station Warmbad, 1844 wurde von der Rheinischen Missionsgesellschaft in der Landesmitte die Station Otjikango ins Leben gerufen. 1871 folgte der Finnländische Missionsverein im nördlichen Landesteil mit der Station Omandongo. Um die Mitte des 18. Jahrhunderts begannen mehrere Forscher, unabhängig voneinander, mit der systematischen Erkundung des inneren Südwestafrika. Eine 1879 von Theophilus gezeichnete Karte offenbarte den Wissensstand jener Tage. Ihr lag zugrunde, was Männer wie James Edward Alexander, Francis Galton, Karl Johan Andersson, der Missionar Hugo Hahn und ein Jäger namens Green erkundet und festgehalten hatten.

Ermutigt durch die Ergebnisse der landeskundlichen Forschung und durch die Friedensbürgschaft der Rheinischen Mission, ging 1855 eine englische Bergwerksgesellschaft daran, die Kupferlager im Komashochland auszubeuten, scheiterte jedoch an den Transportschwierigkeiten. 1858 erwarb K. J. Andersson die Mine. Unter seinem Einfluß trat nun der Handel des Schutzgebietes in ein Abenteurerstadium, das mit der Führerrolle des Schweden als eines Feldherrn der Hereros gegen die Hottentotten einen unrühmlichen Höhepunkt erreichte. Auf seinen Wanderzügen, so berichtet Meyer, habe Andersson zwar

Oben: *Der Hottentotten-Diener des Sir James Edward Alexander (Foto von W. C. Palgrave, 1876).*

Rechts: *William Coates Palgrave, Sonderbeauftragter der Engländer für die Gebiete Herero- und Namaland, überprüfte 1876 die Wirtschaftlichkeit des nördlich des Oranjeflusses gelegenen Gebietes. Die Kargheit des Landes und die ständigen Stammesfehden der Eingeborenen ließen ihm das Land wertlos erscheinen. Lediglich ein Naturhafen, die spätere Walfischbai, erschien ihm wertvoll. Dieses Stück Land wurde 1878 offiziell von der englischen Krone in Besitz genommen.*

als Jäger ein reiches Handelsfeld eröffnet, dieses aber so gewissenlos ausgebeutet, daß »ein nennenswerter Handel mit Wildfellen und Elfenbein . . . wohl nie wieder aufkommen wird«. Demgegenüber habe der Viehhandel in den riesigen Rinderherden der Hereros eine unerschöpfliche Quelle gehabt und in der Kapkolonie einen guten Absatzmarkt gefunden. Dennoch verlor Andersson Vermögen, Ansehen und Einfluß. Der Grund: Die Hottentotten vergalten seine Verbrüderung mit den Hereros, indem sie seine Viehtransporte überfielen. Damit war, so die Kolonialliteratur, die Stunde der deutschen Missionare gekommen.

»Mit der Übernahme des Andersson'schen Besitzes durch die Station Otjimbingwe der Rheinischen Missionsgesellschaft im Jahre 1865 erhielt der Handel, der bisher auf skrupellose Ausbeutung der Eingeborenen abzielte, eine Richtung, die ihn in dem Streben, gegenseitig Nutzen zu stiften, zum Kulturfaktor machte. Vor allem wurde die Branntweineinfuhr bekämpft und mit dem Verkauf von Werkzeugen, Geräten und Rohwaren zu Handwerkerarbeit den Eingeborenen auch materiell ein Weg zu menschenwürdigerem Dasein gewiesen. Die (1868 gegründete) deutsche Missions-Handelsaktiengesellschaft . . . hätte den ganzen Handel im (späteren) Schutzgebiet an sich ziehen und zu einem kulturellen wie politischen Machtmittel des Mutterlandes ausgestalten können . . .«. Offensichtlich fehlte es an einem »weltklugen und energischen Organisator«.

»Trotzdem schulden wir den deutschen Missionaren in Südwestafrika Dank, denn sie hielten mit ihrer überlegenen Kenntnis des Charakters und der Bedürfnisse der Eingeborenen . . . uns Deutschen einen Trumpf in der Hand,

Oben: Der Schwede Karl Johan Andersson (1827–1867) erreichte 1853 den Ngamisee. 1858 erforscht er den Kunenefluß und entdeckt 1859 den Okawango. Er stirbt während einer Kunene-Expedition.

gegen den die Konkurrenten nichts ausspielen konnten.« Wer die Konkurrenten waren, lag auf der Hand. 1876 streckten »England und die Regierung der Kapkolonie ihren Arm über den Oranje«, den Grenzfluß zwischen Süd- und Südwestafrika. Kommissar Coates Palgrave formulierte, sehr geschickt, eine Petition der Hererokapitäne um englischen Schutz, das Londoner Kabinett wurde aufmerksam, und am 12. März 1878 erklärte Kommodore Sullivan die Walfischbai und das Land 15 Meilen im Umkreis für britischen Besitz.

Obwohl die Missionshandelsgesellschaft bereits 1873 aufgelöst worden war, blieb die Vorherrschaft der deutschen Mission im Lande bestehen. Die Engländer versuchten zwar, Händler, die zu den Deutschen hielten, mit hohen Steuerlasten, Waffen- und Munitionseinfuhrverboten und Branntweinlizenzen zu bestrafen, doch müssen sie infolge mangelnder Kenntnis der Eingeborenenlage bei der Agitation unter den Herero- und Namakapitänen schwere diplomatische Fehler begangen haben, denn letztlich verdarben sie es sich gleichzeitig bei Weißen, Schwarzen und Gelben. Immer lauter werdende Klagen und Schutzforderungen gegen Übergriffe der Eingeborenen veranlaßten England und die Kapregierung im Jahre 1880 – nicht zuletzt unter dem Eindruck der gewaltsamen Vertreibung Palgraves durch die Hottentotten –, ihre Beamten zurückzuziehen und sich lediglich die Walfischbai vorzubehalten.

Oben: *Karl Hugo Hahn (1818–1895), rheinischer Missionar und Afrikaforscher, begleitet den Jäger Fr. Green 1857 durch das Herero- und das Amboland. Er trug 1870 wesentlich zur Befreiung der von Hottentotten und Hereros unterdrückten Bergdamara bei.*

Rechts: *Karte der Missionsstationen aus dem Jahre 1900.*

Links: *Seinerzeit ähnelten die Verhältnisse in Südwestafrika mit ihrem Bandenunwesen denen des »Wilden Westens« (der USA): Skrupellose Händler tauschten Alkohol, Gewehre und Schießpulver gegen gestohlenes Vieh und schufen damit den Boden für Raubüberfälle und Morde. Das Bild zeigt eine Szene in der Walfischbai, dem von Händlern bevorzugten Anlaufhafen.*

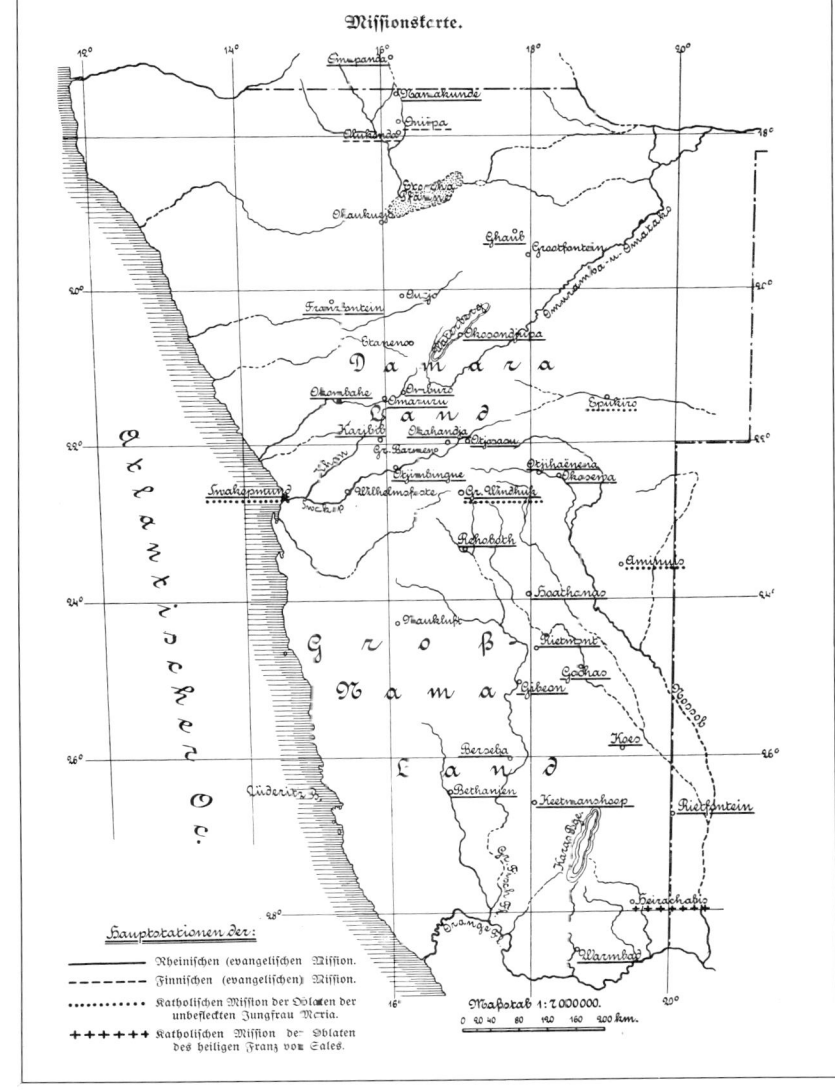

Der Schutz- und Freundschaftsvertrag

»Das Bild von der Lebenshaltung der Eingeborenen vermittelte immerhin die Erkenntnis, daß man es nicht mit Kindern zu tun hatte, die sich an Glasperlen und ähnlichem Tand erfreuten.«

Gustav Nachtigal (1834–1885).

Am 28. Oktober 1884 wurde zwischen dem Deutschen Reich und Josef Fredericks der erste Schutz- und Freundschaftsvertrag geschlossen, dessen Artikel I. die »Bitte« des Herrschers von Bethanien enthielt, der Deutsche Kaiser möge über das von Fredericks beherrschte Gebiet die Schutzherrschaft übernehmen. Des weiteren wurde vertraglich festgelegt, daß Fredericks ohne Zustimmung des Deutschen Reiches weder Land an andere Nationen abtreten noch Verträge mit fremden Regierungen schließen dürfe. Das Reich verpflichtete sich, »früher abgeschlossene und zu Recht bestehende Handelsverträge und Kontrakte zu respektieren«. Obwohl der Schutzvertrag vom Tage der Unterzeichnung in Kraft treten sollte, behielt sich das Reich einseitig ein Rücktrittsrecht vor, falls »die Ratifikation seitens der deutschen Regierung innerhalb von 18 Monaten . . . nicht erfolgt sein sollte«. Unterzeichnet wurde das Dokument deutscherseits von dem in Tunis stationierten Kaiserlichen Generalkonsul und »Kommissär für die Westküste von Afrika«, Dr. med. Gustav Nachtigal, ferner von Graf Spee, einem Marineoffizier, und Heinrich Vogelsang. Als Dolmetscher unterschrieben I. H. Bam und Christian Goliath. Für die bethanische Seite setzten Josef Fredericks und seine »Ratsherren« Adam Lambert, Ruben Fredericks , Klaas Saul und Daniel Fredericks in Form von Kreuzen ihre »Handzeichen« unter den Vertrag.

Inzwischen hatten sich in der Kolonie »ganz verwickelte Rechtsverhältnisse« ergeben, zu deren Untersuchung der Landgerichtsrat Dr. H. E. Goering (der Vater des späteren NS-Reichsmarschalls Göring) als Reichskommissar nach Südwest geschickt wurde. Seine Reise in das Landesinnere führte zunächst zu Zacharias von Otjimbingwe, einem der mächtigsten Stammesfürsten des Damaralandes, dessen Wohlwollen mit mehreren Flaschen »Eau de Brême«, einem als Parfüm getarnten Weinbrand, nicht schwer zu erringen war. (Dieses angebliche Parfüm hatte Lüderitz der Missionare wegen erfunden, die jede

Warenlager an der Walfischbai (nach einem Palgrave-Foto von 1876). Am 7. März 1878 hißten die Engländer in Walfischbai die britische Flagge und erklärten die Bai, die Rooibank und die Nordküste bis zur Swakopmündung über 15 Meilen landeinwärts zum Besitz der englischen Krone.

Dr. jur. Heinrich Ernst Göring
(1838–1913), Vater des späteren
NS-»Reichsmarschalls« Hermann
Göring, nahm an den Kriegen von
1866 und 1870/71 teil, war später
Kreisrichter, Friedensrichter,
Landgerichtsrat und, von
1885–1891, erster Reichskommissar für Deutsch-Südwestafrika. Dr.
Göring spielte in Verhandlungen
mit Negerhäuptlingen und bei der
Sicherung der ersten deutschen Kolonie, die das Deutsche Reich bereits Ende 1885 an Größe erheblich
übertreffen sollte, eine entscheidende Rolle. Die Aufnahme zeigt ihn
als Konsul für Haiti und San Do-
mingo.

Oben rechts: Der Geschäftsträger
der Firma Adolf Lüderitz, Heinrich
Vogelsang (links), mit den ersten
Angestellten Franke und Wagner.

Alkoholeinfuhr unterbunden wissen wollten.) Im Oktober konnte Goering mit
dem Oberhäuptling der Hereros, Maharero Katjamuaha, einen Schutz- und
Freundschaftsvertrag abschließen, dem sich wenig später der mächtige Häuptling Manasse-Tjiseseta in Omaruru anschloß.
In einem an Bismarck gesandten Bericht über Land und Leute nahm der
Reichskommissar ausführlich zum Thema Handel Stellung und betonte, daß
»nur gute Sachen, . . . nur Waren von Prima-Qualität, gesucht und von Hereros
wie Hottentotten teuer bezahlt werden . . . « Den Irrtum, für die Eingeborenen
sei alles gut genug, habe die Firma Lüderitz schwer büßen müssen. Die
besitzende Klasse des verhältnismäßig reichen Hererovolkes sei schon seit
Jahren mit den besten Gewehren neuester Konstruktion vertraut. Als »gangbar-
ste Handelsartikel« nannte Goering, neben Waffen und Munition, Sattel- und
Zaumzeug, vor allem Männerkleidung, Kleiderstoffe, Kopftücher, Schuhwerk,
Küchengeschirr, dazu Nahrungs- und Genußmittel wie Reis, Mehl, Kaffee, Tee
und Tabak. Und er betonte, daß »die reicheren Leute auch anfangen, mehr
Luxusartikel, Möbel, Spiegel, Lampen usw. zu konsumieren. Alle diese Sachen
werden mit Vieh so hoch bezahlt, daß ein schwerer Schlachtochse etwa 22 – 40
Mark, ein Schaf 5 Mark und eine Ziege etwa 3 Mark dem Händler kosten
würde«. Das Bild von der Lebenshaltung der Eingeborenen vermittelte immerhin die Erkenntnis, daß man es nicht mit Kindern zu tun hatte, die sich an
Glasperlen und ähnlichem Tand erfreuten, sondern »gediegene Sachen verlangten . . . und Bedürfnisse hatten«.

Oben: *von links nach rechts: Kamaherero (Oberhäuptling), William Kamaherero, Amadamap, Kommandant. Reihenfolge und Namen nach der Originalunterschrift Palgraves aus dem Jahre 1876.*

Goering bereiste noch einmal das gesamte südwestafrikanische Kolonialgebiet, wobei er in Warmbad ohne Schwierigkeiten mit Bondelzwarts und Veldschoendragern Schutzverträge schließen konnte, wogegen sich der aus Kapstadt finanziell unterstützte Kapitän William Christian diesem Schritt erst nach längerem Widerstand anschloß. 1886 riefen ihn die Buren zu Hilfe, die im Gebiet des Ortes Grootfontein mit etwa 20 Familien eine Republik Upingtonia gegründet hatten, nachdem sie, nicht ohne Grund, 1884 von den Portugiesen aus deren Kolonie Mossamedes über den Kunene nach Süden abgeschoben worden waren. Die heimtückische Ermordung ihres Führers Jordan veranlaßte sie, »den Schutz des deutschen Reichskommissars Goering einzuholen«. Mit dieser Burensiedlung wurde dem deutschen Schutzgebiet »ein wertvoller Teil Südwestafrikas einverleibt«.

Ein – nach den meisten Quellen – vermutlich von Cecil Rhodes gegen Goering ins Werk gesetzter »ganzer Intrigenfeldzug« veranlaßte diesen schließlich, seinen Amtssitz in Otjimgbingwe zu räumen, was ihm seitens der Kolonialgesellschaft den Vorwurf eintrug, er habe deren Interessen »preisgegeben«. Goering reichte seinen Abschied ein und wurde später Ministerresident in Domingo/Haiti. Sein Nachfolger war Hauptmann von François.

Die ersten Jahre

«Hoffentlich gelingt es, die vielfachen Schwierigkeiten zu überwinden und die Kolonie, die wegen ihrer stockenden inneren Entwicklung und ihrer geringen wirtschaftlichen Hilfsquellen bisher das Schmerzenskind unter unseren Schutzgebieten war, dem Mutterlande nutzbar zu machen. Ist sie auch kein reiches Land, so ist sie ebensowenig ein wertloses Sandloch und hat ebenfalls Zukunft . . . Setzen wir unser Schutzgebiet nur in den Sattel, reiten wird es schon können.«

Mit dem Bismarck'schen Telegramm vom 24. April 1884 hatte »die alte treue Mutter Deutschland . . . Südwestafrika an Kindesstatt« angenommen. Doch »das angenommene Kind war unmündig und unerfahren und mußte von seiner Mutter erst auf die Beine gestellt werden«. Und so sollte sich der Ritt in eine hoffnungsvolle Zukunft als schwierig erweisen. Das junge Schutzgebiet umfaßte schon bald eine Größe von 835 000 qkm, mehr als das Anderthalbfache des (damaligen) Deutschen Reiches. Die Schätzungen der Eingeborenenzahl schwankten zwischen 200 000 und 300 000, während die weiße Bevölkerung kaum mehr als 500 Köpfe umfaßte. Die dünne Besiedlung des Gebietes war nur einer der Faktoren, die dazu beitrugen, daß sich die hochgesteckten kolonialen Erwartungen nur sehr langsam und zudem unvollkommen erfüllten.

In der gesetzgebenden Körperschaft zu Berlin herrschte die Anschauung vor, Kolonien hätten nur dann einen Sinn, wenn sie etwas einbrächten. »Sie sollten Warenabsatz- und Rohstoffbezugsgebiete sein und nicht erst dazu gemacht werden müssen; keineswegs durften sie Geldausgaben erfordern.« So wichen denn die Begeisterung und der Optimismus, auf deren Wogen die ungeduldigen Anhänger einer weltweiten deutschen Kolonialpolitik schwammen, nach dem Erwerb Südwestafrikas schon bald der ersten Ernüchterung. »Wir kamen in unterentwickelte Gebiete, die von vornherein ihrer Entwicklung große Schwierigkeiten entgegenstellten, und zwar als Neulinge, denen jede eigene Erfahrung fehlte . . . « Obwohl die in englischen Besitzungen beobachtete Kolonialpolitik als unerreichtes Vorbild galt, setzte sich »die deutsche Art und Lebensanschauung . . . unserer Beamten (und Offiziere)« durch. Diese Art war vorwiegend

Rechte Seite unten: *Ein Foto aus dem Jahre 1888 zeigt auf der Veranda des Landungsagenten Koch zu Walfischbai von links nach rechts – hintere Reihe: von Quitzo, Pohlmann, Grimm, Blimery, (?), Koch, Rosenbauer, Duft, Dr. Heinrich Ernst Göring, Shad, Maurer, (?). Mittlere Reihe: Grundmann, Rauch, (?), Schlimm, Franken, Sichel, Böhsel, Höpfner, zwei Buren und im Vordergrund zwei Hottentotten.*

Oben: *Major Kurt von François,
Geograph und Gefährte Wiss-
manns bei der Erforschung des
Kongo-Nebenflusses Kassai, ab
1889 erster Kommandant der
Schutztruppe für Deutsch-Südwest,
Gründer Windhuks und Reichs-
kommissar von 1891–1894.*

preußischer Prägung und führte zu »Mißverständnissen«. Hinzu kam »die Unfähigkeit der meisten von Deutschland Kommenden, im Wildlande wirklich auf eigenen Füßen zu stehen«. Noch ehe die eigentliche Problematik der deutschen »Kolonisation« – nämlich die alles andere als uneingeschränkte Bereitschaft der Eingeborenen, sich »kolonisieren« zu lassen – deutlich wurde, ergaben sich Schwierigkeiten, die wir nach heutigem Sprachgebrauch den Bereichen Infrastruktur und Logistik zuordnen würden.

An der gesamten rund 1500 km langen Küste des jungen Schutzgebietes gab es nur zwei Häfen: die in Küstenmitte gelegene Walfischbai und, 300 km weiter südlich, die »kleine Bucht« Angra Pequena, später Lüderitzbucht genannt. Walfischbai, der einzige Naturhafen Südwestafrikas, war seit den 1850er Jahren englischer Besitz. Die Briten hatten ihn zum Freihafen erklärt und kontrollierten den gesamten, damals noch bescheidenen Überseehandel, wobei sie den kolonialen Start des Deutschen Reiches nicht ohne Mißtrauen verfolgten. Die Lüderitzbucht sollte deutsche Handelsschiffe von der Walfischbai unabhängig machen. Das gelang zwar, erwies sich jedoch zunächst als recht umständlich. Die an Klippen und Untiefen reiche Felsbucht war äußerst schwierig anzusteuern, ihre Wassertiefe für größere Fahrzeuge zu gering, so daß die Schiffe hinter der vorgelagerten (bei Ebbe mit dem Festland verbundenen) Haifischinsel, etwa drei Seemeilen von Land, vor Anker gehen mußten, um dann unter schwierigen Bedingungen geleichtert zu werden. Ein weiterer Nachteil war der empfindliche Mangel an Trinkwasser. Er wurde zunächst durch entsprechende Versorgung von See her, später mit Hilfe von »Kondensierungsapparaten« ausgeglichen. Alles deutete auf eine unvermeidliche Abhängigkeit von der Walfischbai hin, mit der die Engländer »den Schlüssel zum fremden Hause« besaßen. Da machten 1891 deutsche Kriegsschiffe weiter nördlich, vor der Mündung des Swakop (hottentottisch: Tsoachaub), eine geeignetere Landungsstelle aus. Sie war zwar vorerst noch eine offene Reede, doch versprach die Anlage einer Landungsbrücke, diesen Nachteil wettzumachen. Im Gegensatz zur Walfischbai, in deren Umgebung es weder Trinkwasser noch Weideland gab, bot sich in der Nähe von Swakopmund beides. Das waren zwei unschätzbare Vorteile, brauchte doch jeder der mächtigen Ochsenwagen, die dem zeitaufwendigen An- und Abtransport von Waren dienten, 14 – 20 Zugtiere. Hinzu kam, daß »Tsoachaubmund« dank seiner erhöhten Lage nie in Gefahr war, überschwemmt zu werden – im Gegensatz zur flachen Uferlandschaft der Walfisch-

Leutnant Hugo von François, Bruder und »rechte Hand« des Reichskommissars. Hier als Kommandeur der Schutztruppe.

Die Gegend von Hoornkrans ist berühmt geworden, seit Hendrik Witbooi sie zur Festung gemacht hatte mit einer Gemeinde von 2–3000 Seelen, für deren ewiges Heil der große Prophet christliche Gottesdienste abhalten ließ, während er für ihre irdischen Hüllen auf Raubzügen in die fetten Herden der verhaßten Hereros sorgte, bis endlich am 12. April 1893 unsere Truppe das Nest aushob.

bai. So konnte Swakopmund allmählich einen großen Teil des Walfischbai-Umschlages an sich ziehen, was dazu führte, daß die Engländer vorübergehend bereit waren, ihren Hafen für die bescheidene Summe von 600000 Mark abzutreten. Als jedoch zur gleichen Zeit das Gerücht von Goldfunden auftauchte, zogen sie dieses Angebot zurück und erklärten sich statt dessen bereit, eine Eisenbahn ins Landesinnere zu bauen. Dieser »sehr durchsichtige Vorschlag, der im Falle des Gelingens den Überseehandel Deutsch-Südwestafrikas noch fester ans englische Gebiet gekettet hätte, fand indes kein Gehör . . . «.
1887 hatte der Vertreter des Reiches in Südwest, Goering, in Berlin über die ersten (unbedeutenden) Goldfunde der Deutschen Kolonialgesellschaft und des mit ihr zusammenarbeitenden Australia Prospecting Syndicate berichtet und erreicht, daß dem deutschen Unternehmen zur Sicherung künftiger Minenausbauten die Aufstellung einer *Schutztruppe* zur Pflicht gemacht wurde. Es war dies eine von der Kolonialgesellschaft unterhaltene »Gesellschaftstruppe«, die mit einer Stärke von zwei Offizieren und fünf Unteroffizieren begann und, durch 20 Bastards und Hottentotten verstärkt, in Otjimbingwe stationiert wurde, wo seit 1865 auch die Rheinische Missionsgesellschaft tätig war. Die Truppe vermochte jedoch weder den einträglichen Waffen-, Munitions- und Alkoholhandel des Kapengländers Lewis mit den Eingeborenen zu überwachen, noch die zum Schutze des Bergbaus erlassenen Verordnungen durchzusetzen. Ihre Hilflosigkeit ging soweit, daß Reichskommissar Goering noch in demselben Jahr gezwungen wurde, sich im Hinblick auf die immer offener zutage tretende feindselige Haltung der Hereros – nach übereinstimmenden Berichten zahlreicher zeitgenössischer Autoren eine Folge Lewis'scher »Hetze« – mit seinen Männern und den Angestellten der Kolonialgesellschaft nach Walfischbai zurückzuziehen. Dort wurde die Truppe aufgelöst. Nach Otjimbingwe zurückzukehren, wäre ohne jeden Schutz nicht möglich gewesen. So wurde in Deutschland 1889 die erste »staatliche Truppe«, aus 21 Unteroffizieren und Mannschaften bestehend, angeworben. Sie bildete merkwürdigerweise eine »Privattruppe unter staatlicher Führung«, die aufgrund eines Privatvertrages dem Offizier verpflichtet war, der sie angeworben hatte. Es entbehrt nicht einer gewissen Ironie, daß die 21 »Schutztruppler« als angebliche Forschungsreisende auf englischen Schiffen eintrafen und Südwestafrika über die britische Walfischbai betraten.
Ihr Kommandant war Hauptmann v. François. Eine ausdrückliche Anweisung Bismarcks ging dahin, daß die Truppe »nicht zu kriegerischen Unternehmungen bestimmt« sei. Auch als sie 1890 auf 50 Mann verstärkt worden war, fielen ihr noch keine militärischen Aufgaben zu. Vielmehr hatte der Reichskanzler in seinem Erlaß vom 9. November 1889 den polizeilichen Charakter des Verbandes unmißverständlich definiert: »Zum tätlichen Eingreifen ist die Truppe nur insoweit bestimmt, als es sich um Zuwiderhandlungen gegen unsere Anordnungen und unsere Autorität durch einzelne Individuen handelt. Einzuschreiten ist daher namentlich gegen solche Weiße, welche die Eingeborenen gegen deutsche Behörden und die deutsche Schutzherrschaft aufzuwiegeln versuchen. Sind diese Agitatoren entfernt, so ist damit auch die Grundlage für geordnete Zustände geschaffen.«
Noch im Jahre 1890 wurde der inzwischen wieder in Otjimbingwe aufgeschlagene Regierungssitz in das 300 km von der Walfischbai entfernt landeinwärts gelegene, damals noch unbedeutende Windhoek (Windecke) verlegt, die Truppe in den Überresten der vor Jahren von den Hereros zerstörten Missionsstation Klein-Windhoek untergebracht, deren Ausbau zu einer »für Eingeborene uneinnehmbaren Festung« die einheimische Bevölkerung mit unverhohlenem Mißtrauen verfolgte. Aus Klein-Windhoek wurde dann das eigentliche Windhuk, die spätere Hauptstadt Deutsch-Südwestafrikas, 1625 m hoch inmitten eines wechselvoll gestalteten Berglandes gelegen und wegen ihrer Oberflächenbildung und der Wasserverteilung schon bald das Herz des Schutzgebietes genannt. Von hier aus unterhielt die Schutztruppe einen regelmäßigen Patrouillendienst, der sich vornehmlich auf das Hererogebiet erstreckte. Was die Truppentätigkeit mit ihrem ausschließlich »polizeilichen Charakter« erschwerte, waren die seit Jahren andauernden Stammesfehden, insbesondere

Oben: *Januar 1890 übergibt Leutnant Maercker die ersten Verstärkungen an Hugo von François im Sandwichhafen.*

Unten: *Der Oberhäuptling aller Hottentotten, Hendrik Witbooi (auf Stein sitzend) mit seinen Kriegern. 1893/94 stand er im Kampf gegen die Schutztruppe, wurde besiegt und versprach den Deutschen Heeresfolge. Sein Versprechen hielt er zehn Jahre lang.*

jene zwischen Hottentotten und Hereros, die bis 1892 anhielten und von der Truppe »gemäß Instruktion« mit strikter Neutralität verfolgt wurden. Trotz geringer Stärke gelang ihr jedoch, was wenige Jahre zuvor der »Gesellschaftstruppe« nicht gelungen war: über die Einfuhr von Waffen, Munition und Alkohol eine gewisse Kontrolle auszuüben, die allerdings das Verhältnis der Eingeborenen zu den Deutschen nicht gerade positiv beeinflußte. Dementsprechend scheiterten denn auch alle Versuche des inzwischen als Nachfolger Goerings zum Reichskommissar ernannten Kommandeurs v. François, den Hottentotten-Kapitän Witbooi zur Einstellung der Feindseligkeiten gegenüber den Hereros zu bewegen. Und noch weniger ließ sich Witbooi für den Abschluß eines Schutzvertrages mit dem Deutschen Reich gewinnen. Schließlich aber gelang es dem Reichskommissar 1892, an dem in Otjimbingwe vollzogenen Friedensschluß zwischen Hereros und Hottentotten mitzuwirken, ohne daß er erkannt hätte, welche Folgen die plötzliche Beendigung der jahrelangen Stammesfehden für das Schutzgebiet haben sollte: den ersten massiven Aufstand gegen die ungeliebte deutsche Herrschaft. Die Schlüsselfigur hieß Hendrik Witbooi.

Unruhen, Aufstände, Kriege

»Daß dieses Land der Besitzergreifung durch die Weißen einige Schwierigkeiten machen würde, war von vornherein zu erwarten. Intime Kenner der Eigenschaften der verschiedenen Völkerstämme hatten bereits mit Bestimmtheit vorausgesagt, daß einmal ein Zusammenstoß dieser Völker mit den eindringenden Weißen stattfinden würde, und sie haben sich darin nicht geirrt.«

Oben: *Kapitän Hendrik Witbooi.*

Unten: *Moses Witbooi von Gibeon, Vater Hendrik Witboois. Er wurde im Februar 1888 nach einer Gerichtsverhandlung durch den Häuptling von Berseba zum Tode durch Erschießen verurteilt und sofort danach hingerichtet.*

Erstmals war es 1870 dem angesehenen Missionar Hahn gelungen, Hottentotten und Hereros in Okahandja zum Abschluß eines Friedensvertrages zu bewegen und den blutigen Unruhen für die Dauer eines Jahrzehnts ein Ende zu bereiten. Inzwischen war ein anderer Nama-Stamm, die aus Südafrika eingewanderten Witboois, zu Einfluß und Bedeutung gelangt. Nicht wenige der Stammesangehörigen, auch zahlreiche Kapitäne, hatten den christlichen Glauben angenommen, allen voran Hendrik Witbooi, der als zweiter Häuptlingssohn keine Anwartschaft auf eine führende Stellung hatte und sich ausschließlich um seine Herden kümmerte. Als jedoch 1880 der Kampf zwischen Gelb (Hottentotten) und Schwarz (Hereros) erneut ausbrach, Hendriks älterer Bruder fiel und sein Vater Moses ermordet wurde, »schlug Hendriks Wesen in das Gegenteil um. Er wurde ein grausamer und verwegener Räuber, . . . für viele Jahre der Schrecken des ganzen Landes . . .«.

Daß es Witbooi gelang, zum anerkannten Oberführer der Hottentotten aufzusteigen, obwohl ihm militärische Erfolge gegen die Hereros versagt blieben, erklärte sich einmal aus seinem persönlichen Mut, zum zweiten aus seinem überzeugend zur Schau gestellten religiösen Sendungsbewußtsein, nicht zuletzt aber aus seiner bedingungslosen Ablehnung der deutschen Herrschaft. Mit dem unerwarteten Friedensschluß zwischen Hereros und Hottentotten zu Otjimbingwe (1892) war seine Taktik aufgegangen, beide Stämme »zu einem großen Schlag gegen die Weißen zusammenzubringen«. Hauptmann v. François entschloß sich daraufhin, »die Waffen entscheiden zu lassen«, und stürmte mit seiner auf 250 Mann verstärkten Schutztruppe im April 1893 die Festung Hoornkrans, wohin sich Witbooi mit den ihm nach seiner Niederlage gegen Kamaherero verbliebenen 500 Mann zurückgezogen hatte. Der Sieg wurde teuer erkauft, die Verluste auf deutscher Seite waren schwer, während Witbooi mit dem größten Teil seiner Leute entkommen konnte, um dann überall und nirgends aufzutauchen und teils die Deutschen, teils vereinzelte Karawanen zu überfallen. Als eines Tages ein Witbooi-Trupp sogar bis Windhuk vordrang, sandte das Reich abermals Verstärkungen. Mit ihrer Hilfe schloß der neue Kommandeur, Major Leutwein, den Gegner in der südlich von Hoornkrans gelegenen Naukluft ein, wo sich Hendrik Witbooi am 15. September 1894 ergab und in einem Friedensvertrag nicht nur die deutsche Schutzherrschaft »unbedingt« anerkannte, sondern sich gleichzeitig verpflichtete, »auf den Ruf des Landeshauptmannes gegen alle inneren und äußeren Feinde mit seinen waffenfähigen Männern . . . Heerfolge zu leisten«.

Witbooi, der im Besitz sämtlicher Waffen bleiben durfte, stimmte sogar dem Plan Leutweins zu, in Gibeon eine Garnison zu errichten. Beide Gegner sicherten einander »freundliches entgegenkommendes Verhalten« zu. Tatsächlich folgte nun eine Periode friedlicher Koexistenz. Der inzwischen völlig verarmte Witbooi-Stamm sammelte sich »unter der wohlwollenden Führung der (deutschen) Regierung« und ließ sich, mit Zuchtvieh versorgt, in Gibeon nieder. Die Erschließung Deutsch-Südwestafrikas ging nun »mit Riesenschritten« voran. Die Zahl der ansässigen Weißen stieg von 539 im Jahr 1891 über 2025 (unter ihnen 1500 Deutsche) im Jahr 1896 auf mehr als 4500 im Jahr 1904, neben Regierungsbeamten und Schutztrupplern vorwiegend Farmer und Händler. Doch gerade dieses Wachstum sollte unvorhergesehene Folgen haben. Zwar

Oben: *Theodor Leutwein (1849–1921), seit 1894 Reichskommissar und von 1898–1905 Gouverneur von Deutsch-Südwestafrika.*

Unten: *Hendrik Witbooi mit seinen Söhnen und Unterhäuptlingen. Rechts von ihm Samuel Isaak, links Isaak Witbooi.*

schien es zunächst, als ob »der erste freundliche Sonnenstrahl auf das unter Nöten erworbene Schutzgebiet fallen, als ob die ruhige, günstig fortschreitende Entwicklung keine schweren Störungen mehr erfahren sollte«. Windhuk hatte einen »schönen Aufschwung« genommen, 1892 war Swakopmund gegründet worden, die Stammesfehden hatten aufgehört, das Ansehen der deutschen Verwaltung schien gefestigt. Da breitete sich 1897 die große Rinderpest aus und vernichtete in kurzer Zeit nahezu den gesamten Viehbestand der Eingeborenen. Damit versiegte plötzlich die »allein aussichtsvolle Grundlage des weißen Wirtschaftslebens«, der Viehhandel mit den Eingeborenen. In den Herden der weißen Siedler hatte die Pest dank frühzeitiger Schutzimpfungen weit weniger gewütet. So wurde nach ihrem Rückgang die Rinderzucht in der Hand des Weißen »notwendig und lohnend« zugleich. Notwendig, weil die Versorgung des Binnenlandes mit Proviant ohne Zugvieh lahmgelegt worden wäre, lohnend, weil »mit der Beseitigung des Rinderüberflusses der Eingeborenen die Viehpreise jetzt auf das Drei- bis Vierfache stiegen«. Vorübergehend schien es, als sollten die Hereros wieder zu Rinderwohlstand gelangen, hatten doch die Häuptlinge das überlebende Vieh im Lande so geschickt verteilt, daß überall guter Nachwuchs gedieh. Doch dieses Gedeihen stand und fiel mit der Größe des zur Verfügung stehenden Weidelandes.

Daß die Deutschen kamen und Handel trieben, daß sie Minenrechte erwarben und mit dem Bergbau begannen, hätten die Eingeborenen hingenommen. Als sich jedoch immer mehr weiße Farmer niederließen und sich auf Viehzucht verlegten, mußten sie zwangsläufig um Weiden und Wasser fürchten. Gouverneur Leutwein berichtete dem Kolonialamt in Berlin über diese Sorgen der Hereros, so auch von einem Brief Samuel Maهereros an den »Hochwohlgeborenen Kapitän H. Witbooi«, in dem sich jene beklagten, »daß die Deutschen um nichts Leute erschießen« und daß aller Gehorsam nichts nütze. Der Brief schloß: » . . . machen Sie schnell, daß wir Windhuk stürmen, dann haben wir Munition . . . «. Verzweifelte Herero-Großleute wandten sich auch an Leutwein persönlich: »Aber nun, geehrter Herr Gouverneur, wo sollen wir bleiben, wenn unser ganzer Fluß und alles Land uns abgenommen wird? Anbei legen wir ein Verzeichnis aller Werften, welche im Gebiete von Otjituepa bis Omitava liegen. Diese alle tränken ihr Vieh im weißen Nossob. Und so fragen wir nochmals, wo sollen alle diese Leute hin? Wir sehen mit Entsetzen, wie ein Platz nach dem andern in die Hände der Weißen übergeht, und bitten wir daher unsern Herrn Gouverneur untertänigst, doch keinen weiteren Verkauf hier im Gebiet des weißen Nossob zu genehmigen und alles Land, welches noch nicht verkauft ist, zu einem großen Hereroreservat zu machen.«

Diese Klagen über die Besetzung des Landes und der Wasserstellen waren nur allzu gerechtfertigt. So mußte es zur Auseinandersetzung mit den Hereros kommen, die ihr Land freiwillig nicht aufgeben wollten. »Das Feuer des Aufstandes loderte zuerst im äußersten Süden des Schutzgebietes empor, wo Teile der Bondelzwarts-Hottentotten, eines Namastammes, im Oktober 1903 Warmbad zu belagern begannen, während andere sich in den Karasbergen sammelten.« Obwohl beide innerhalb weniger Wochen teils völlig geschlagen, teils versprengt werden konnten, setzte Leutwein zwei Feldkompanien und die Gebirgsbatterie nach Süden in Marsch, während er selbst nach Keetmanshoop aufbrach. Im gesamten nördlichen Gebiet verblieben lediglich eine Feldkompanie und eine kleine, in Grootfontein stationierte Abteilung.

Am 12. Januar 1904 brach in Okahandja, dem Sitz Samuel Mahereros, der »offenbar seit langem geplante Aufstand der Hereros« los und breitete sich in wenigen Tagen über das gesamte Hererogebiet aus, um schon bald auf das Damaraland überzugreifen. Alle befestigten Plätze wurden eingeschlossen, Bahn- und Telegrafenverbindungen unterbrochen, 123 Weiße, fast ausnahmslos Deutsche, »grausam ermordet«. Bemerkenswert, daß die Hereros zwar gefangene deutsche Soldaten »unter viehischen Martern zu Tode brachten«, Engländer und Buren sowie Missionare und Frauen dagegen zumeist ungeschoren ließen. Gouverneur Leutwein übertrug die militärische Führung gegen die Hereros dem Hauptmann Franke, der mit seiner Kompanie »in einem beispiellosen Siegeszuge« eingeschlossene Ortschaften entsetzte, Bahnverbindungen wieder herstellte und schließlich mit der Erstürmung des Kaiser-Wilhelm-Berges bei Okahandja »die glänzendste Waffentat des Hererokrieges« vollbrachte. Trotz örtlicher Teilerfolge ließen an anderen Stellen schwere, verlustreiche Gefechte »sehr bald die traurige Wahrheit erkennen, daß der Feind nicht nur zahlreich, sondern auch kriegskundig und wohlbewaffnet war«. Immer neue Verstärkungen mußten herangezogen werden. Schließlich waren »bald über 15000 Mann auf dem Kriegsschauplatz versammelt«, von denen allerdings kaum mehr als 3000 an der Front eingesetzt waren.

Das Oberkommando über die relativ bedeutende Truppenmacht war inzwischen von Major Leutwein, dem Gouverneur, auf Generalleutnant v. Trotha übergegangen. Leutwein, unterstützt von anderen höheren Militärs, riet dringend, den Krieg auf dem Vermittlungswege zu beenden, doch zeigte die

Oberleitung keinerlei Verständnis für Leutweins Anschauung, daß »die Hereros . . . genug bestraft« seien und es nun darauf ankäme, dem Schutzgebiet »die überaus wichtige Arbeitskraft dieses Volkes zu erhalten«. Trothas Ehrgeiz war, den Widerstand des Gegners »durch einen großen Schlag zu brechen«. Nach den Schlachten von Okanjira und Oviumbo vollzog sich im Augsut 1904 am Waterberg, einem mächtigen Sandsteinmassiv im Norden des Hererolandes, »das große Drama . . . , das den Untergang einer Nation bedeutete«. Nach einer »mörderischen zweitägigen Schlacht« zogen sich die Hereros, »auf einem Raum von etwa 40 km im Umkreis zusammengedrängt« und von vier Seiten angegriffen, in Richtung Osten zurück – vor sich die wasserarme Omaheke, das große, fast unerforschte Buschfeld.

Und so las sich die militärische ›Würdigung‹ dieses Waffengangs später im Generalstabsbericht: »Die Verfolgung der Hereros, insbesondere der Vorstoß . . . in das Sandfeld, war ein Wagnis gewesen, das von der Kühnheit der deutschen Führer, ihrer Tatkraft und verantwortungsfreudigen Selbsttätigkeit ein beredtes Zeugnis ablegte . . . Diese kühne Unternehmung zeigte die rücksichtslose Energie der deutschen Führung bei der Verfolgung des geschlagenen Feindes in glänzendem Lichte. Keine Mühen, keine Entbehrungen wurden gescheut, um dem Feinde den letzten Rest seiner Widerstandskraft zu rauben; wie ein halb zu Tode gehetztes Wild war er von Wasserstelle zu Wasserstelle gescheucht, bis er schließlich willenlos ein Opfer der Natur seines eigenen Landes wurde. Die wasserlose Omaheke sollte vollenden, was die deutschen Waffen begonnen hatten: die Vernichtung des Hererovolkes . . . Das Drama spielte sich auf der dunklen Bühne des Sandfeldes ab. Aber als die Regenzeit kam, als sich die Bühne allmählich erhellte und unsere Patrouillen bis zur Grenze des Betschuanalandes vorstießen, da enthüllte sich ihrem Auge das grauenhafte Bild verdursteter Heereszüge. Das Röcheln der Sterbenden und das Wutgeschrei des Wahnsinns . . . sie verhallten in der erhabenen Stille der

Unten: *Die von umherstreifenden Hereros zerstörte und ausgeraubte Farm Etiro, zu Beginn des Aufstandes (1904).*

Oben: *Eine in Verteidigungszu-
stand gebrachte Farm während des
Hereroaufstandes 1904/1905.*

Unten: *Hererohäuptling Bandjo,
1905 auf der Flucht nach Betschuanaland verdurstet.*

Unendlichkeit! Das Strafgericht hatte sein Ende gefunden. Die Hereros hatten
aufgehört, ein selbständiger Volksstamm zu sein.«
Tatsächlich schien die Hereronation dem völligen Untergang geweiht, und das
mittlere Südwestafrika drohte, zur Wüste zu werden. »Da trat zum Glück für das
Land ein Umschwung in der Auffassung der leitenden Stellen ein.« Der 1905
nach Südwest beorderte neue Zivilgouverneur v. Lindequist setzte sich mit der
Rheinischen Mission in Verbindung und erließ eine Proklamation, in der allen
Hereros, die sich in bestimmten, von Missionaren geleiteten Lagern einfänden,
das Leben zugesichert wurde, sofern sie nicht nachweisbar einen Mord begangen hätten. Auch das noch in ihrem Besitz befindliche Vieh sollte ihnen belassen
werden. 14000 Hereros, Männer, Frauen und Kinder, »konnten gesammelt
werden«. Was sie mitbrachten, waren drei Pferde. Ihre Viehbestände lagen
verdurstet in der Omaheke. Unterstaatssekretär v. Lindequist schätzte im
Dezember 1905, daß zwei Drittel des Hererovolkes umgekommen seien, eine
Größenordnung, die mit ziemlicher Sicherheit zu niedrig gegriffen war, wurden
doch am 1. Januar 1908 im Schutzgebiet nur 16360 Hereros gezählt. Folglich
mußten drei Viertel des Volkes dem Vernichtungskampf zum Opfer gefallen
sein.
In Deutschland glaubte man nach der Schlacht am Waterberg, »eine friedliche
Entwicklung der mit so viel Opfern an Blut und Geld erworbenen Kolonie
erwarten zu können«. Da brach im Oktober 1904, völlig unerwartet, »ein neues
Kriegswetter herein«. Dem Aufstand des Nordens folgte die Erhebung des
Südens. Zum zweiten Male erhob sich Hendrik Witbooi, nachdem er sich ein
Jahrzehnt lang an den im September 1894 in der Naukluft geschlossenen
Friedensvertrag gehalten und zu Beginn des Herero-Feldzuges den Deutschen
sogar Hilfstruppen geschickt hatte. Über die Gründe dieses Sinneswandels sind
zwei Theorien aufgestellt worden. Die eine unterstellt Witbooi, daß er sich
plötzlich in einem Anfall religiösen Wahnsinns zur Vertreibung aller Weißen aus
Afrika berufen glaubte, die andere geht von der Annahme aus, daß er sich
ausschließlich seinem Bezwinger von einst, mit dem er Frieden geschlossen
hatte, Major Leutwein, verpflichtet gefühlt habe, nicht aber dessen Nachfolger,
Generalleutnant v. Trotha.
Am 3. Oktober 1904 übersandte Hendrik Witbooi dem Bezirksamtmann von
Gibeon, Hauptmann v. Burgsdorff, eine förmliche Kriegserklärung, worauf sich
dieser, dem die Nachricht unglaublich erschien, nach Rietmont in Marsch setzte,
unterwegs jedoch erschossen wurde. Damit begannen die letzten großen

66

Oben: *Ludwig von Estorff,*
(1859–1943) von 1907–1911 Kom-
mandeur der Schutztruppe in
Deutsch-Südwest.

Unten: *Häuptling Nikodemus, An-*
führer der Khauas-Hottentotten, als
Gefangener in Okahandja. Am
12. Juni 1896 wird Nikodemus hin-
gerichtet (unten rechts).

Kämpfe in Südwest. Die berittenen, gut bewaffneten Aufständischen sammelten sich »in der Stärke von 500–600 Gewehren« bei Rietmont und Kalkfontein, wo sich ihnen die Rote Nation, die Fransman-Hottentotten von Gochas, ferner ein Teil der Bethanier und schließlich die zunächst als treu gemeldeten Veldschoendrager anschlossen. Die Kriegsführung erwies sich als äußerst schwierig. Die Schauplätze verlagerten sich in unwegsame, wenig bekannte Gebiete des Südens, was den Nachschub außerordentlich erschwerte. Zudem war der Hottentottenkrieg »nicht ein Kampf mit zusammengeballten Kriegermassen«. Vielmehr gliederte er sich in eine Anzahl kleinerer Abschnitte, so daß an der Naukluft, am Fischfluß, in den Hochebenen an den Karasbergen, in der Kalahari und sogar in der Nähe des Oranje, des Grenzflusses zum Kapland, gekämpft werden mußte, wobei nicht nur die Witbois schwere Verluste erlitten. Als Hendrik Witbooi schließlich in der Nähe Bersebas am 29. Oktober 1905 einen Verpflegungstransport angriff, wurde er verwundet und starb wenig später. Mit dem »ehrlichen Soldatentod« des »alten Kämpen« war die Widerstandskraft der letzten Witbooi-Hottentotten gebrochen, die Nation vernichtet. Trotzdem sollten die Kämpfe andauern, standen doch Witbois »Anhänger mit ihren Banden fast noch ein Jahr lang im Felde, neue Führer traten an die Spitze: so zuletzt der berüchtigte Morenga«, ein nicht ungebildeter ehemaliger »Kapboy, der sich zu Großem berufen glaubte«. Er hatte bereits Ende 1904 eine Art Eingeborenentruppe zusammengestellt und den Deutschen zwischen Karasbergen und Oranje vereinzelt Gefechte geliefert. Noch aber stand er im Schatten des legendären Witbooi. Erst nach dessen Tod wuchs die Zahl seiner Anhänger schlagartig. Von den Engländern in mehrfacher Hinsicht unterstützt, glaubte er sich als kriegführende Macht anerkannt. Aus deutscher Sicht war er nicht mehr als ein Viehdieb und Bandenführer. Am 19. Mai 1905 von Hauptmann Siebert bei Leukopp, dicht an der englischen Grenze, »glänzend geschlagen«, setzte er sich ins Kapland ab, wo er angeblich entwaffnet wurde. Doch bereits am 17. Juni griff er bei Narus die Abteilung des Majors v. Kamptz an und brachte ihr einen Verlust von 17 Toten und 30 Verwundeten bei. Die Kamptz'sche Truppe konnte nur mühsam entsetzt werden. Einen vorübergehenden Waffenstillstand nutzte Morenga zur Stärkung seiner Kräfte, um dann am 7. Oktober mit Einnahme der Station Jerusalem den Kampf von neuem zu beginnen. In dem Gefecht bei Hartebeestmund hatte »unsere Abteilung . . . 21 Tote und 34 Verwundete«, was Morenga abermals zu großem Zulauf verhalf.

Oben: *Hauptmann Friedrich v. Erckert fiel am 16. März 1908 bei Gunab in der Kalahari nach siegreichem Kampf gegen die Simon Kopper-Hottentotten. Bekannt geworden durch die Erzählung von Hans Grimm »Der Zug des Hauptmann von Erckert«.*

Unten: *Gefangene Hereros.*

Am 28. Dezember 1905 setzte sich »einer unserer erfahrensten Afrikaner«, Major v. Estorff, mit 13 Kompanien, 11 Geschützen und 6 Maschinengewehren gegen Morenga, der im Begriff war, sich mit dem Hottentottenführer Morris und dessen Kräften zu vereinigen, in Marsch. Im März 1906 wurden »Teile seiner Bande gestellt und geschlagen«. Morenga, »überall gejagt«, verlor immer mehr Leute. Im Mai verfolgte ihn eine Einheit unter Hauptmann Bech auf englisches Gebiet und vernichtete seine Kolonne bis auf Morenga selbst und 10 Mann. Was dann geschah, ist in zeitgenössischen Berichten zumeist mit der lakonischen Feststellung umschrieben worden, Morenga habe im Jahre 1907 vom Kapland aus erneut versucht, »die Fahne des Aufruhrs zu erheben«, sei jedoch von der Kappolizei (C.M.P. = Cape Mounted Police) »ereilt und im Kampfe getötet« worden. Aus dieser Darstellung geht nicht hervor, daß Morenga, der in die Kalahari ausgewichen war, einer gemeinsamen militärischen Aktion deutscher und englischer Streitkräfte erlag, fürchtete man auf englischer Seite doch, daß weitere Erfolge des von allen Schwarzen Südafrikas hoffnungsvoll und gläubig verehrten Freiheitskämpfers auch im Kapland Unruhe stiften würde. So erklärt sich, daß Morengas Tod (20. September 1907) in Upington, auf englischem Boden also, gemeinsam gefeiert wurde. Und nicht nur das Hissen der deutschen Flagge deutete an, daß sich Engländer und Deutsche nähergekommen waren.

Obwohl sich die im Südosten kämpfenden Bondelzwarts bereits im Dezember ergeben hatten, waren die Unruhen mit dem Tode Morengas noch immer nicht beendet. Vielmehr versuchte nun Simon Copper, mit seinen Khauashottentotten in der Kalahari die Rolle seines Rivalen zu übernehmen. Er wurde »nach höchst langwierigen und blutigen Kämpfen mit seinen Banden« 1908 von einer Truppeneinheit unter Führung des Hauptmanns v. Erckert, der im entscheidenden Gefecht fiel, geschlagen. Nun war das Land »beruhigt«. Der Preis: Drei Viertel des Hererovolkes und nahezu die gesamte Witbooi-Nation vernichtet, dazu 800 im Kampf gefallene, 700 an Typhus und anderen Krankheiten zugrunde gegangene deutsche Soldaten. Der finanzielle Aufwand: eine halbe Milliarde Mark.

Oben: *Windhuk 1905 von Süden aus gesehen.*

Unten: *Der Oberstkommandierende in Südwestafrika (1904/1906), Generalleutnant Lothar v. Trotha, erfolgreicher Führer der deutschen Schutztruppe gegen die aufständischen Hereros.*

Hauptniederlassungen, Ansiedlungen, Stationen

»Mit der Verlegung des Regierungssitzes von Otjimbingwe nach Windhuk und dem gleichzeitigen Ausbau Klein-Windhuks zu einer stark befestigten Station hatte der damalige Landeshauptmann v. François im Herbst 1890 günstige Voraussetzungen für die Gründung einer Hauptstadt Südwestafrikas geschaffen.«

Versuche, sich hier am Nordfuß des Auasgebirges niederzulassen, hatten Missionsgesellschaften ebenso wie einzelne Siedler bereits um die Mitte des 19. Jahrhunderts unternommen. Aus mehreren Gründen: Im Norden lag Okahandja, wo sich Wege aus den nördlichen und östlichen Bezirken Südwestafrikas kreuzten. Nach Süden führte eine Straße über den Auaspaß direkt in das Bastard- und Groß-Namaland. Nach Osten hin gab es, an einem Rivier gelegen, mehrere Wasserstellen und einzelne Farmen. Und nur in Richtung Westen versperrte das Komashochland den direkten Weg zur Küste und machte einen Umweg über Okahandja notwendig, wogegen der nahe gelegene Teil des westlichen Bastardlandes durch das Olifantrivier, den Oanob, mit mehreren Farmplätzen, die als Stationen dienten, verbunden war.

Die in den Tälern um *Windhuk* mit ihren »prächtigen Weiden« ansässigen Hottentotten waren 1880 von den viehzüchtenden Hereros angegriffen worden. Diesen Stammesfehden fielen die Ansiedlungen um Windhuk und die dortige Missionsstation zum Opfer. Unter dem Schutz der mit Hilfe von Hottentotten und Bergdamara durchgeführten Errichtung einer festen Station »entwickelte sich der Platz ziemlich rasch«. Zwar konnten ins Land gekommene Farmer im Hinblick auf die Unruhen zunächst keine Farmen übernehmen oder errichten, sondern waren gezwungen, sich als Handwerker, Händler, Kaufleute oder Gastwirte in Windhuk selbst niederzulassen, wo ihnen »die anständig besoldete Schutztruppe . . . Unterhalt und Verdienst versprach«. Als jedoch Frieden herrschte, die Ansiedlung fortschritt und mit erweiterter Verwaltung der Ort selbst immer größer wurde, entwickelten sich von hier aus auch Handel und Geschäftsverkehr mit den Eingeborenen. Seinen Namen verdankte Windhuk einem fast während des ganzen Jahres herrschenden »spürbaren kräftigen

Oben: *Swakopmund in den ersten Jahren, von der Namib aus gesehen.*

Unten: *Blick auf Swakopmund von der Seeseite, 1910.*

Luftzug«, aus dem in der Trockenzeit – September bis November – Wirbelwinde wurden, die massenweise Staub und feinen Sand aufwirbelten und nicht selten sogar Häuser abdeckten. Der Ort mit seinen 2000 weißen und 6000 farbigen Einwohnern zeigte teilweise städtischen Charakter und war erstaunlich weitläufig gebaut, wollte doch niemand »den Rauch seines Nachbarn sehen«. Im Laufe der Jahre hatte der Regierungssitz Windhuk nicht nur eine Bahnstation erhalten. Nun gab es auch eine Schutztruppenkommandantur, den »Gouvernements«- und Truppengarten, villenartige Häuser, zahlreiche Beamtenwohnungen, eine Anzahl leistungsfähiger Handelshäuser, eine Realschule, ein Postamt (blaue Flagge: Heimatpost angekommen, rote Flagge: Postschluß für Europa), das »Elisabeth-Haus« für Wöchnerinnen aus den Farmgebieten, ein Lazarett, Hotels »1., 2. und 3. Kategorie«, ein Ortsviertel der »kleinen Frachtfahrer, Händler und Buren«, eine deutsch-evangelische Kirche und einen großen »Ausspannplatz«. In dem nahegelegenen breiten, grünen, an Wasser, Gärten und Weinpflanzungen reichen Tal von Klein-Windhuk hatten sich Kleinfarmer angesiedelt, denen Obst- und Gartenbau eine solide Existenzgrundlage boten, unter ihnen der alte Farmer Ludwig, »dessen Anlagen entschieden . . . ein Schulbeispiel dafür bilden, was in Südwest mit Fleiß und Unternehmungslust auch für kleinere Kapitalisten zu erreichen ist . . . «.

Oben: *Von Lindequist, Gouverneur von 1905–1907.*

Unten: *Station im Swakoptal bei Goanikontes.*

Auch *Swakopmund* ist eine Gründung des ersten Landeshauptmanns v. François. Auf seine Veranlassung markierten Matrosen des deutschen Kriegsschiffes »Falke« 1892 nördlich der Mündung des Swakop mit Hilfe einer Bake jene Uferstelle, an der sich die Brandung als am besten passierbar erwiesen hatte. Die ersten Bauten waren ein Schuppen für Brandungsboote und ein paar wellblechgedeckte Hütten. Auch fünfzehn Jahre später war der Ort alles andere als ein Paradies, »und es gehörte schon eine anständige Portion Lokalpatriotismus dazu, das Leben hier begehrenswert zu finden . . . Vielleicht liegt (seine) Schönheit im Geldverdienen . . . «. Weit und breit gab es nichts als den vegetationslosen Sand der Namib. Die Trink- und Brauchwasserversorgung erwies sich als nicht so einfach wie ursprünglich erhofft. An Kanalisation war vorerst nicht zu denken, so daß Typhus auch noch nach der Jahrhundertwende heimisch blieb. Auch hatten die Männer der ersten Stunde den starken Mineralgehalt des Grundwassers übersehen, der Neuankömmlingen stets längere Zeit zu schaffen machte.

Die Verwirklichung zweier technischer Planungen während der Jahre 1897 bis 1903 leiteten die eigentliche Entwicklung Swakopmunds ein: der Bau einer Eisenbahn nach Windhuk und die Anlage einer Mole, obwohl sich deren Bau schon bald als Fehlschlag erwies, da sie ihre Aufgabe als Leichteranlegeplatz bereits zwei Jahre später infolge starker Versandung nicht mehr erfüllen konnte. Bis zur Fertigstellung einer von Eisenbahnpionieren errichteten hölzernen Landungsbrücke mußten die anlaufenden Schiffe auf Reede geleichtert werden, wobei sich das Aus- und Einschiffen von Passagieren mit Hilfe von Korbsesseln besonders aufregend gestaltete. Das moderne Swakopmund entstand nach Beendigung des letzten Feldzuges gegen die Eingeborenen. 1906 wurde das erste Bankinstitut, die Deutsche Afrikabank, eröffnet. Drei Jahre später gab es auch hier Warenhäuser, Kneipen, öffentliche Gebäude, Bezirksamt, Post, Gericht, Gefängnis, Hospital. Und Swakopmund begann, »auch an den Diamantenfunden . . . einen unvermuteten, wenn auch vorläufig noch bescheidenen Anteil zu nehmen«. Um 1910 wurde die Stadt von 1500 Weißen und »einigen tausend Farbigen« bevölkert. (Anders als in Windhuk und den meisten übrigen Orten des Landes wohnten die Eingeborenen nicht auf besonderen Werften, sondern ebenfalls in der Stadt.) Und jedermann hoffte, »ein erleichterter Verkehr mit dem schönen Innern und mit Windhuk« werde das Leben erträglicher gestalten, gesteigerten wirtschaftlichen Aufschwung und den weiteren Ausbau der Stadt, »namentlich auch in sanitärer Richtung«, bringen.

Oben: *Kaiser-Wilhelm-Straße in Windhuk, rechts das alte Postgebäude.*

Mehr noch als von den Menschen wird das Bild beherrscht von den Tieren; Herden von Ochsen, Pferden, Mauleseln und Eseln, die zur Tränke nach dem großen Ausspannplatz ziehen; Lastfuhren, die trotz zwanzigfacher Ochsenbespannung sich nur mühsam durch den Sand quälen; Pferde, die vor dem Store oder dem Gasthause ihres Reiters harren; Reiter, die nichts zu versäumen haben, aber im Galopp durch die Straßen fegen, um möglichst bald zum nächsten Wirtshause zu kommen. Frühmorgens ist die regste Zeit. In dichten Gruppen kommen die Eingeborenen träge und schwatzend zur Arbeit. Zur Winterszeit herrscht den ganzen Tag Leben in den Straßen; ganz besonders beleben sie sich, wenn um 12 Uhr die Amtsstuben ihre zahlreichen Insassen zum Mittagstisch entlassen.

Älteste deutsche Ortschaft in Südwestafrika war *Lüderitzbucht,* deren Gründung mit dem Beginn der Schutzherrschaft (1884) zusammenfiel. Bis zum Ausbruch des Hottentottenaufstandes (1904) gab es dort außer einer Zoll- und Regierungsstation kaum Häuser. Während in Deutschland phantasievolle Zeichnungen die Szene der Flaggenhissung in Angra Pequena als buntes Spektakulum mit Palmenstränden, an denen es von Eingeborenen nur so wimmelte, darstellten, lebten in dem vegetationslosen Ort kaum 150 Schwarze und 10 Weiße. Der Grund: Wassermangel. Damals kostete ein Kubikmeter Wasser 20–30 Mark. Immerhin hatte Lüderitzbucht gegenüber Swakopmund mit seiner offenen Reede den Vorzug eines natürlichen Hafens, der, wenn auch nicht ganz einfach, durch eine zweieinhalb Kilometer breite Einfahrt angelaufen werden konnte. Daß alle Felseninseln, die den eigentlichen Hafen bildeten, bereits vor der deutschen Inbesitznahme der Bucht englisches Gebiet waren, hat nie ernstlich gestört.

Der Hottentottenaufstand erforderte größere Maßnahmen zur Sicherung des wachsenden Truppen-, Proviant- und Materialnachschubs über Lüderitzbucht und den südlichen Baiweg ins Landesinnere. So entstand, wenn zunächst auch nur provisorisch, eine Vielzahl neuer Anlagen. In diese Zeit fiel der Beginn des Baus der Südbahn nach Keetmanshoop und Kalkfontein. Mit der Entdeckung von Diamanten nahm Lüderitzbucht einen raschen Aufschwung. In nur zwei Jahren wuchs an den vegetationslosen Felsenhängen rund um die Bucht »eine ganz ansehnliche junge Stadt empor«, die jedoch immer unter mangelnder Wasserversorgung litt, so daß Typhus und Ruhr zum Alltag gehörten. Noch war das Projekt des Baus einer Wasserleitung von den 35 km nördlich gelegenen Anichabquellen nicht in Angriff genommen worden. Die 1904 mit Ausbruch der Kämpfe nach Lüderitzbucht geströmten Abenteurer und Glücksritter, die von dem »goldenen Segen« profitieren wollten, waren wieder abgezogen, zumal auch »die Organisation des Diamantenabbaus und -handels nur wenig Aussicht auf mühelose Erwerbung von Reichtümern« bot. Um 1910 belief sich die Bevölkerung der Hafenstadt auf 1400 Köpfe, unter ihnen 1200 Deutsche. Zu den etwas verloren wirkenden Gebäuden gehörten neben Bezirks- und Postamt das schlichte Kapp'sche Hotel und das Geschäftshaus der Woermann-Linie. Während die drei südwestafrikanischen »Großstädte« – Windhuk, Swakopmund und Lüderitzbucht – auch äußerlich das Gepräge geschlossener Ortschaf-

Die Eingeborenen, mehrere tausend an der Zahl, sind am Abhange eines an die Stadt unmittelbar angrenzenden Hügels angesiedelt, und zwar nach ihren Nationalitäten, in nebeneinander gesonderten Reihen, so daß die Hottentotten, die Kaffern, die Hereros und die Bastards ihre eigenen Werften haben, die Gesamtheit der Werften aber als einheitliche Eingeborenenniederlassung erscheint. Der Ort ist mit Einschluß der Wohnstätten der Eingeborenen sauber gehalten. (Aus einer Stadtbeschreibung des Jahres 1910)

Der erste Landesrat von Deutsch-Südwestafrika.

ten aufwiesen, deren Anlage Planmäßigkeit verriet, waren die meisten anderen Ansiedlungen Farmplätze mit mehr oder weniger verstreut liegenden einzelnen Anwesen – in jeweils verschiedenen Stadien der »Stadtwerdung« begriffen. *Grootfontein*, 1884 als Burensiedlung entstanden, wurde 1896 deutsche Militärstation, erhielt 1902 eine Regierungsschule und 1908 Anschluß an die Otavibahn. Auf einem Areal von 600000 Hektar gab es etwa 120 Farmen, vorwiegend von Deutschen betrieben, mit insgesamt 10000 Rindern, ebenso vielen Stück Kleinvieh, 600 Pferden und Maultieren sowie 700 Schweinen »bestockt«. Die teilweise recht günstigen Boden- und Bewässerungsverhältnisse erlaubten ausgedehnten Acker- und Gartenbau, wobei vornehmlich Mais, daneben Tabak, Gemüse, Kartoffeln und Obst geerntet wurden. Was anfänglich in Kauf genommen werden mußte, war die infolge tropischen Klimas nicht selten auftretende Malaria. Erst Entwässerungs- und andere Sanierungsarbeiten schufen Abhilfe. Im südwestlichen »Stationsstil« präsentierte sich auch die Feste *Zesfontein*, nördlichster Farmplatz der Kolonie, in der Übergangszone des Kaokofeldes zum Owamboland gelegen und zum Bezirk Outjo gehörend, der insgesamt 319 weiße Einwohner hatte. »Unsere nördlichste Station«, *Namutoni*, diente ausschließlich dem Zweck der militärischen Sicherung des Nordens gegen die Owambos.

Herz der Kolonie, in dem auch die Landeshauptstadt Windhuk lag, war das am engsten besiedelte Damaraland, dessen Farmplätze Okahandja, Omaruru und Karibib, ebenso wie Hauptstadt und Hafenplätze, fast geschlossene Ortschaften mit mehreren hundert Häusern bildeten. Zu ihrer Entwicklung hat viel die Eisenbahn beigetragen. *Okahandja*, auf die Rheinische Mission zurückgehend

Oben: *Diamantenstadt Lüderitzbucht 1912.*

Die Stadt gehört sonntags den
Schwarzen. Auf allen Wegen
kauern sie im heißen Sand. Einzeln und in Trupps ziehen sie
schnatternd und Instrumente
blasend daher, die Weiber in
zinnoberroten Röcken mit gras-
grüner Schürze und gelbem Tur-
ban. Unter den Männern sieht
man Gigerl, hochmodern, mit
dem neuen Strohhut auf einem
Ohr und geschwungenem Spa-
zierstöckchen; andere haben sich
ungenähte, bunte Stoffstücke
malerisch um den schlanken Leib
drapiert, in der Mitte mit breitem
Goldgürtel zusammengehalten;
einige tragen schwarze Kaiser-
mäntel und schwarzen Schlapp-
hut (schwarz gilt bei den Negern
als die vornehmste Farbe).
Männer und Weiber sind mit
Schmuck beladen; Halsketten
von Glas- und Bleiperlen.
(Aus einer Stadtbeschreibung,
1911)

und einst Heimat der Hereros, lag inmitten einer fruchtbaren Landschaft mit
vorzüglichen Weidegründen und hatte sich zu einem Ausgangsplatz für den
bedeutenden Tauschhandel mit den Eingeborenen entwickelt. 430 der hier
lebenden 475 Weißen waren Deutsche, unter ihnen 70 selbständige Farmer mit
in die Zehntausende gehenden Viehbeständen.

Noch größere Bedeutung hatte *Omaruru*, eine der ältesten Siedlungen des
Landes, nordöstlich des Erongogebirges gelegen und ehemals Sitz eines Bergda-
marastammes, 1894 Militärstation geworden, 1904 während des Hereroaufstandes von Hauptmann Franke nach verlustreichen Gefechten entsetzt. Auch hier
bildeten Deutsche (710) die Mehrzahl der insgesamt 760 weißen Einwohner. 120
selbständige Farmer verfügten über einen beträchtlichen Bestand an Rind- und
Kleinvieh, Pferden und Schweinen.

Am Südfuß des Erongogebirges hatte die Staatsbahn zur Entstehung des Bezirks
Karibib geführt. Der Ort selbst war während des Aufstandes, obwohl wichtiger
Depotplatz, von den Kämpfen verschont geblieben. Verwaltungs- und Eisen-
bahnbeamte, Gewerbetreibende und Kaufleute stellten den größten Teil der
1000 Einwohner (900 Deutsche). Den Namen des freundlichen Städtchens
hatten teils mehrere Musterbetriebe, teils die bei Karibib und bei Kubas
entdeckten wertvollen Marmorlager bekanntgemacht.

Südlich von Karibib lag am Swakoprivier, umgeben von hohen Bergketten, die
einstige Missionsgründung *Otjimbingwe*, Handelsplatz und wichtige Durch-
gangsstation in Richtung südliches Damaraland. Die Verlegung der Landesverwaltung nach Windhuk und »erst recht die Umgehung des Platzes durch die
Eisenbahn« ließen die einstige »Hauptstadt der Kolonie« zur »entthronten
Königin« werden. Östlichste Siedlung, im trockenen Grenzgebiet der Kalahari
gelegen und deshalb nur dünn bevölkert, war *Gobabis* mit seinen 85 selbständigen Farmern (insgesamt 300 weiße Einwohner). Die Mehrzahl der im nördlichen und mittleren Groß-Namaland gelegenen Hauptplätze ging, wie die
biblischen Namen erkennen ließen, auf Missionsgründungen zurück. Klein und
bescheiden *Gibeon*, dessen Einwohner (500 Deutsche, 300 Buren) auf die
Fertigstellung der Nord-Südbahn warteten, von der sie sich ein neues Leben

versprachen. In diesem Bezirk dominierte die Kleinviehzucht: 9000 Woll-, fast 40000 Fleischschafe, 35000 Ziegen, aber nur wenig mehr als 7000 Stück Rindvieh. Im mittleren Groß-Namaland hatten *Rehoboth*, eine Bastardsiedlung, und die weiter südlich gelegene *Maltahöhe* dank der Wollschafzucht eine gewisse Bedeutung. Auf die insgesamt 25 Farmen verteilten sich 150 Weiße. Wirtschaftlicher Mittelpunkt des südöstlichen Teils der Kolonie war nach dem letzten Aufstand Keetmanshoop geworden, das seinen Namen einem früheren Präsidenten der Rheinischen Mission, Keetman, verdankte. Im Laufe der Jahre war der Ort wichtiger Handelsplatz geworden, insbesondere für den von englischer Seite aus betriebenen schwunghaften (und einträglichen) Waffenschmuggel. Dieser hatte die Deutschen 1894 zur Anlage einer Station veranlaßt. 1910 wohnten im Bezirk Keetmanshoop etwa 1700 Weiße: 1180 Deutsche, 450 Engländer und Buren. Hier hatte der Kommandeur des Südbezirks seinen Sitz, es gab ein Bezirksamt, ein Bezirksgericht, eine Regierungsschule und ein »Heimathaus für junge Mädchen«, von dem aus die Kolonie mit weiblichen »Hilfskräften für den Haushalt« versorgt wurde. Mehrere große und zahlreiche kleinere Warenhäuser und Geschäfte florierten, die Wasserversorgung war gesichert, alle Vorzüge eines Einkaufszentrums für die im Osten und Süden angrenzenden Gebiete waren gegeben.

In *Bethanien* und *Warmbad* bereitete »die Lage des Deutschtums« gewisse Sorgen: von den 500 weißen Bewohnern waren 400 »Kolonialengländer«, also zumeist Buren. Ein Wandel sollte von dem mit der Selbstverwaltung eingebrachten »bewußt deutschen Staatsleben« ausgehen. Dementsprechend war das *Schulwesen* auf der Grundlage der deutschen Volksschule aufgebaut und überwiegend in die Hände der Regierung gelegt worden. Der ersten in Windhuk errichteten Schule für Weiße (1894) folgten weitere Schulen, so die Realschulen in Windhuk und Swakopmund und die Volksschulen in Okahandja, Omaruru, Karibib, Grootfontein, Gibeon, Lüderitzbucht, Keetmanshoop und Warmbad, deren Besuch kostenlos war. Die Schülerzahl betrug (um 1908) 181 Knaben und 196 Mädchen, insgesamt 377 Kinder, von denen 31 katholischer, 21 jüdischer, die übrigen evangelischer Konfession waren. Außerhalb geschlossener Ansiedlungen gründeten Farmergemeinschaften »Farmschulen« mit angestellten Privatlehrern.

Die *medizinische Versorgung* des Schutzgebietes hielt sich auch noch nach der Jahrhundertwende in bescheidenen Grenzen. In Swakopmund hatte die erst seit

Unten: *Das Fort Namutoni im Norden von Deutsch-Südwestafrika. Sieben deutsche Schutztruppler wehrten am 28. Januar 1904 die Angriffe von über 500 aufständischen Owambos ab.*

Oben: *Bahnstation am Khanrivier, einem Nebenrivier des Swakop.*

Bei einem Frachtsatz von 30 Mark pro Zentner für den Transport nach Keetmanshoop waren die notwendigsten Lebensmittel, die Geräte und Baumaterialien derart verteuert, daß es dem Farmer aufs äußerste erschwert war, sich finanziell selbständig zu machen.

1896 in Südwestafrika tätige katholische Missionsgesellschaft der »Oblaten der heiligen und unbefleckten Jungfrau Maria« ein Krankenhaus errichtet. In Windhuk gab es außer dem Wöchnerinnenheim ein Lazarett, ein weiteres befand sich auf der Haifischinsel. Insgesamt praktizierten im Schutzgebiet um 1911 nicht mehr als 15 Ärzte, eine im Hinblick auf die Landesgröße verschwindend geringe Zahl.

Die *Rechtspflege* innerhalb des Schutzgebietes stützte sich, soweit es um die weiße Bevölkerung ging, auf das Bürgerliche Gesetzbuch und das Deutsche Straf- und Prozeßrecht, »modifiziert durch eine Reihe von Verordnungen, die den Bedürfnissen und Notwendigkeiten südafrikanischen Lebens Rechnung« trugen. In Windhuk, Swakopmund, Lüderitzbucht, Keetmanshoop und Omaruru waren Bezirksrichter, gegebenenfalls von zwei bis vier Beisitzern unterstützt, tätig. Ein in Windhuk sitzendes Obergericht übte die Funktion einer oberen Instanz und Dienstaufsichtsbehörde aus. Die zwölf im Schutzgebiet niedergelassenen Rechtsanwälte und der einzige Notar hatten offenbar über Arbeitsmangel nicht zu klagen: 1907 waren in der Kolonie nicht weniger als 22 750 Gerichtssachen anhängig. Die *Eingeborenen-Rechtspflege* mußte zwangsläufig im Zeichen unterschiedlicher Rechtsauffassungen stehen. Im allgemeinen wurden »die kleineren Sachen der Eingeborenen unter sich den eingeborenen Behörden zur Entscheidung überlassen, natürlich, wo wir schon die nötige Macht besitzen, unter Kontrolle der deutschen Behörden . . .« Altes Stammesrecht fand Berücksichtigung, »soweit wir es eben schon kennen«. Der Arzt Dr. Sanders berichtete 1906, die »Stammesgenossen« hätten zumeist den Urteilsspruch eines weißen Richters dem eines eingeborenen Beamten vorgezogen, einmal im Hinblick auf die angeblich »größere Gerechtigkeit der Weißen«, zum andern, weil die von Weißen gefällten Urteile stets milder ausgefallen seien. Das hätten Beispiele wie die von manchen Stämmen für bloßen Diebstahl verhängte Todesstrafe belegt. Als folgenschwer dagegen sollten sich die aus deutschem Rechtsempfinden korrekten, in den Augen der meisten Eingeborenen jedoch unrechtmäßigen »Landerwerbungen« erweisen.

Nach der Zerschlagung ihres staatlichen Verbandes und ihres Besitztums war von den Hereros »nicht viel mehr als nacktes Menschenmaterial übriggeblieben«. Und da ihnen »gegen alle Arbeit, die nicht in glänzenden Rindern und gefüllten Kalabassen ihren Lohn findet«, aus der Zeit ihres freien Hirtenlebens nicht nur Unlust, sondern »tiefe Verachtung innewohnte«, war es einzig »bitterste Not«, die sie in den Dienst der Weißen trieb. »Jetzt« so schrieb Meyer in seinen Betrachtungen über ‚Das Verhältnis der weißen Kultur zur eingeborenen Bevölkerung', »gilt es vor allem, sie kräftig, gesund und in genügender Zahl als willige Arbeiter zu halten«, weshalb man sie »in Lokationen sammeln«, den Angesehenen unter ihnen kleine »Magistratsbefugnisse« übertragen müsse, um das Vertrauen in den Lohn geregelter Arbeit zu wecken. In diese Richtung zielten die Lindequist'schen Verordnungen vom August 1908, in denen sowohl Dienst- und Arbeitsverträge mit Eingeborenen als auch Paßpflicht und Kontrollmaßregeln festgelegt waren.

Verkehrs- und Nachrichtenwesen

»Da Südwest ein Viehzuchtland ist, so ist es nur natürlich, wenn der größere Teil des Verkehrs, namentlich der Lokalverkehr abseits der Eisenbahnen, von den Zug- und Reittieren übernommen wird. Kamele haben sich besonders bewährt bei der Durchkreuzung der weiten wasserlosen Steppen und Wüsten, die sich im Osten und Westen des Landes finden, der Kalahari und der Namib. Vor allem aber ist das Pferd, dieser treue Diener des Menschen in allen Erdteilen, von Bedeutung für den Verkehr.«

Unten: *Eingeborener Postläufer (Neujahrskarte von 1902).*

Ganz unten: *Der Ochsenwagen war in den Anfängen in der unwegsamen Landschaft das effektivste Transportmittel.*

Bis über die Jahrhundertwende hinweg waren die beiden für den Transport von Personen und Frachten vorwiegend benutzten Verkehrsmittel der von den Buren eingeführte Ochsenwagen, ein ungefedertes, hochgebautes Gefährt, mit dem auch unebenes, klippiges Gelände überwunden werden konnte, und die beweglichere, zweirädrige Karre. Das größere der beiden Vehikel wurde, je nach örtlichen Gegebenheiten, von 10–20 Ochsen, die zu zweit an eine lange Zugkette gespannt waren, gezogen, während vor der zweirädrigen (später gefederten) Karre Pferde oder Maultiere gingen.

Im Verlauf des Hereroaufstandes, der 1904 ausbrach, mußte die Leistungsfähigkeit dieses Frachtfahrersystems »ad maximum« gesteigert werden. Für Provianttransporte zwischen Lüderitzbucht und Kubub wurden von den Kanarischen Inseln 500 Dromedare eingeführt, die Versorgung von Keetmanshoop erforderte 5000 Maultiere, auf dem Baiweg zogen elf- bis zwölftausend Ochsen ihre Spur. Täglich verendeten zahlreiche Ochsen und Maultiere.

Die Verproviantierung der kämpfenden Truppe kostete monatlich zwei Millionen Mark. Obwohl allein die während eines halben Jahres aufzubringenden Kosten ausgereicht hätten, schon damals eine Bahn mit Kapspurweite bis Kubub zu legen, kam dem deutschen Reichstag erst im Dezember 1905 »die erste«, im März 1907 »die zweite Rate der Erleuchtung«, daß es endlich an der Zeit wäre, die im »altväterlichen Ochsenwagenbetrieb« vergeudeten Summen besser in einen erweiterten *Eisenbahnbau* zu investieren. 1911 endlich konnte Südwest »sich rühmen, von allen unseren Kolonien das vollkommenste Eisenbahnnetz zu besitzen«.

Oben: *Der Bahnhof von Windhuk 1910.*

»Am 12. April 1914 ist ein Doppeldecker der Automobil- und Aviatik-AG. Mühlhausen im Elsaß nach Deutsch-Südwestafrika abgegangen, um dort, gesteuert von dem Flieger Trück, Flüge auszuführen.« (Aus einer Meldung der »B.Z. am Mittag« vom 25. April 1914)

Um die Jahrhundertwende war eine Feldbahn mit 60 cm Spurweite, stolz »Staatsbahn« genannt, nach Jakalswater gelegt und bis 1902 über Karibib und Okahandja nach Windhuk weitergeführt worden. Ihre Bauzeit: 5 Jahre, ihre Länge: 382 km, die Kosten: 15 Millionen Mark. Obwohl viel geschmäht und häufig belächelt, hat sie wesentlich zur Entstehung zahlreicher Farmplätze beigetragen. In den Jahren zwischen 1903 und 1906 ließ die 1900 gegründete Otavi-Minen- und Eisenbahngesellschaft ihre Otavibahn bauen, die in direkter Linie Swakopmund mit Tsumeb verband, ebenfalls 60 cm Spurweite hatte und vornehmlich dem Abtransport des von der Gesellschaft gewonnenen Kupfers diente. Ein anderes Unternehmen, die South-West-Africa-Company, schuf 1908 mit der 90 km langen Linie Otavi-Grootfontein die Voraussetzungen für die Erschließung seines Landbesitzes. Der Ankauf beider Linien – Otavibahn und Otavi-Grootfontein – im Jahre 1910 durch die Kolonie ermöglichte die Anpassung des Verkehrsbetriebes und der Tarifpolitik an die Bedürfnisse der Farmwirtschaft. Die 1905 in Angriff genommene Südbahn mit der Strecke Lüderitzbucht-Keetmanshoop und deren Abzweiger Seeheim-Kalkfontein (Süd), der das wichtige Farmgebiet des Bezirks Warmbad erschloß, konnten nach heftigen Reichstagsquerelen 1908 in Betrieb genommen werden. Was den Bau der Südbahn erschwerte, waren der 100 km breite wasserlose Dünengürtel der Namib, wo Wanderdünen umfangreiche Befestigungsanlagen erforderten, ferner die Trinkwasserversorgung und schließlich, zwischen Kuibis und Keetmanshoop, die im Bereich des Fischflusses und seiner Nebenflüsse notwendigen Brückenbauten. 1910 wurde mit dem Bau der Nord-Südbahn Windhuk-Keetmanshoop begonnen, die aussichtsreiche Farmbezirke am und um den Großen Fischfluß – etwa Gibeon und Rehoboth – erschließen half. Wo die Eisenbahnen endeten und abseits der von ihnen erreichten Gebiete traten »Ochsenwagen und Eselskarre in ihr altes Recht«, wobei von allen Verkehrsstraßen jenseits des Eisenbahnbereiches die nach dem »fernsten Nordosten« führende als schwierigste galt, waren dort doch Durststrecken zu überwinden und Flüsse ebenso wie Sumpfgebiete zu durchqueren.

Das *Nachrichtenwesen* in einem Lande, »das erst der Kultur erschlossen« werden sollte, stützte sich vornehmlich auf Telegrafie und Telefonie als »hochentwickelte Werkzeuge unserer Kultur mit der Garantie augenblicklicher Leistungsfähigkeit«. Wesentlichen Anstoß zu seinem beschleunigten Ausbau hatte der Witbooi-Krieg (1904-1908) gegeben, in dessen Verlauf »das Bedürfnis schnellster Benachrichtigung die alltäglichen Normen« überschritt und die

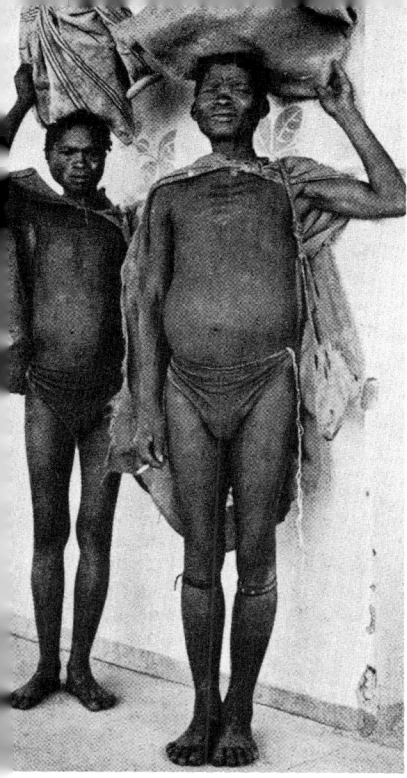

Oben: *Buschleute als Postabholer in Gobabis, einer Niederlassung am Rande der Kalahari.*

Unten: *Das alte Postamt in Windhuk an der Kaiser-Wilhelm Straße, 1911.*

»Feldtelegraphie auf den Plan« rief. So waren von der 2. Feldtelegraphenabteilung 1905 inmitten des feindlichen Groß-Namalandes mehr als 1000 km Feldkabel verlegt und 22 Morseschreibapparate sowie 49 Fernsprecher angeschlossen worden. Chiffrierte Telegramme – 621 Chriffregruppen und 2600 Ziffern – stellten die Verbindung mit dem Schutztruppen-Oberkommando in Berlin her. Erschwert wurde das Telegrafenwesen teils durch feindlicherseits verursachte Betriebsstörungen, teils durch Schwierigkeiten, die in der Natur des Landes begründet lagen: zu tiefes Grundwasser, das die Bodenrückleitung unmöglich machte, örtlicher Mangel an Stangenmaterial, Regengüsse, die Boden und Kabel aufweichten, Wanderdünen, die teilweise ganze Leitungsabschnitte verschütteten. Die Grenzen direkter Mikrofonverständigung lagen zwischen 80 und 130 km.

»Zu erstaunlicher Leistungsfähigkeit« erwachte in Südwest das uralte Prinzip der Verständigung über große Entfernungen mit Hilfe von Lichtzeichen. Anstelle der einst auf Höhen angezündeten Feuer »brennt in unseren Tagen die Signallampe, und tagsüber wirft der Heliographenspiegel das Sonnenlicht von Station zu Station«. Ihre Feuerprobe bestand in Südwest die im Gegensatz zur Heliographie in Prinzip und Technik moderne »Funkentelegraphie«. Funksprüche waren es denn auch, die wesentlich zum Erfolg in der Schlacht am Waterberg beitrugen.

Mit zwei *Postämtern* (Windhuk und Swakopmund), 14 Postagenturen und 18 Posthilfsstellen verfügte das Postwesen über insgesamt 34 Postanstalten. Die Postverbindung mit Europa wurde von Schiffen der Woermann-Linie hergestellt. Sie verkehrten monatlich und hielten auch Anschluß an die Postdampferlinie England-Kapstadt. Der südliche Teil des Schutzgebietes war mit der Heimat über einen via Kapstadt führenden *Landpostdienst* verbunden. Alle an den Bahnlinien gelegenen Hauptorte waren Ausgangspunkte von Landpostkursen, beispielsweise: die wöchentlichen Botenposten Swakopmund – Walfischbai, Karibib – Otjimbingwe und Karibib – Omaruru – Outjo (letztere teilweise mit Ochsenkarren betrieben) oder die vierzehntägig eingesetzten Karrenposten von Windhuk über Rehoboth, Gibeon, Keetmanshoop, Warmbad bis nach Romansdrift. Über das Fernkabel Kapstadt-Mossamedes (portugiesische Kolonie) war das Schutzgebiet von Swakopmund aus an das Welttelegrafennetz angeschlossen. Eine »in Bronze ausgeführte Reichstelegraphenleitung« verband alle größeren Orte miteinander, und Windhuk wie Swakopmund zählten stolze 31 bzw. 33 Haupt- und diverse Nebenanschlüsse.

Wirtschaftsleben

»Die Wanderhändler drängten vielfach den Eingeborenen weit über deren Bedarf hinausgehende Mengen von Waren auf Kredit auf, um hinterher ihr Guthaben in rücksichtsloser Weise einzutreiben. Diese Mißbräuche erzeugten natürlich bei den Eingeborenen Erbitterung, so daß die Verwaltung sich genötigt sah, die Kreditgewährung an Eingeborene zu verbieten. Nach dem Aufstande wurde dieses Verbot erneuert.«

Zwischen dem Zeitpunkt der Besitzergreifung Südwestafrikas durch das Deutsche Reich und dem Beginn des großen Aufstandes (1904) war ausschließlich der von Wanderhändlern betriebene *Tauschhandel* üblich. Aus diesem Warenhandel wurde schon bald ein zweifelhafter »Borghandel«, dem die Behörden schließlich ein Ende setzten. Hauptartikel waren ursprünglich Vieh, Straußenfedern und Felle auf der einen, die schon bald verbotenen Feuerwaffen und Spirituosen auf der anderen Seite. Zunehmende Besiedlung ließ den Handelsumsatz mit den Weißen steigen. In mehrmonatigen Abständen besuchten diese mit Ochsenwagen die Kaufläden der Hauptsiedlungsplätze und deckten ihren Bedarf an europäischen Waren, wobei Nahrungsmittel, Konserven, Zucker, Kaffee, Haushaltsgegenstände, Kleider und Wäsche die Hauptrolle spielten. Die wachsende *Eigenproduktion* des Landes schuf allmählich insofern einen Wandel, als das verbreitete Angebot gehobene Lebenshaltung verriet: Luxusgegenstände ebenso wie Baumaterialien und landwirtschaftliche Maschinen

Oben: *Tunneleingang zur Kupfermine in Guchab.*

Rechts: *Karte der Bodenschätze und Erzeugnisse in Deutsch-Südwestafrika.*

Rechte Seite: *Hauptmann Frankes Angriff auf die Stellungen der Hereros bei Omaruru am 4. Februar 1904. Aquarell von C. Becker.*

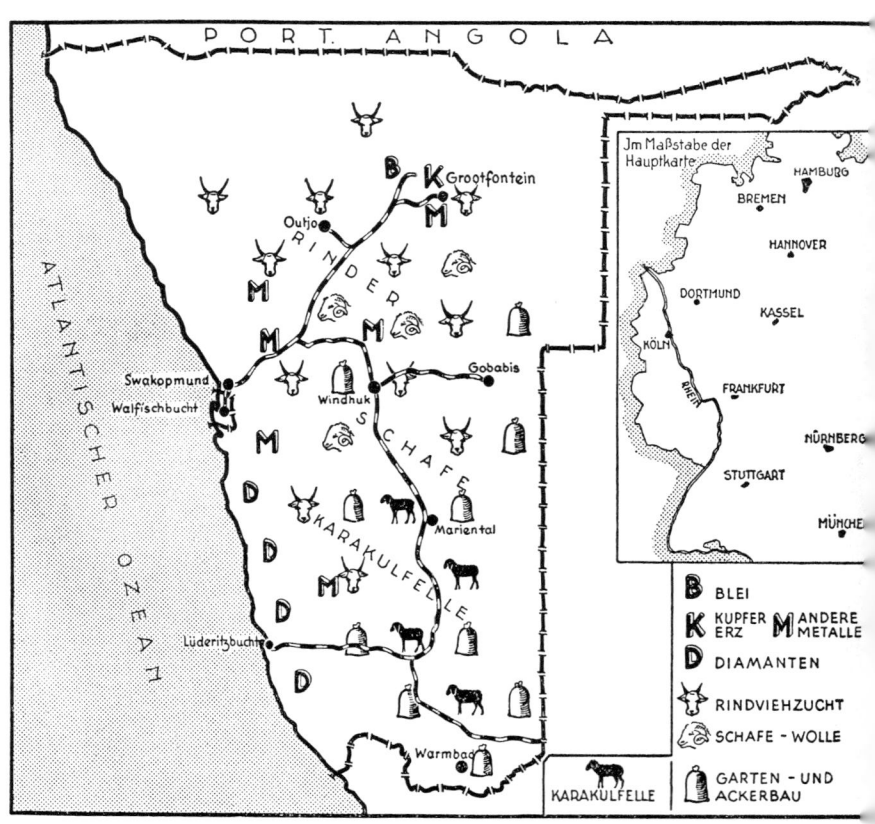

80

Schutztruppe für Ostafrika.

Feldwebel.   **Zahlmeister-**   **Ober-**   **Ober-**   **Unter-**   **Unteroffiziere.**   Sudanese.
Ordonnanz-Anzug.   **Aspirant.**   **Feuerwerker.**   **Büchsenmacher.**   im Mantel. Ordonnanz-Anzug
               Ausgeh-Anzug.   Ordonn.-Anzug. Ausgeh-Anzug.

Schutztruppe für Kamerun und Togo.

Zahlmeister.   **Zahlmeister-**   **Ober-**   **Arzt.**   **Offiziere.**   **Unteroffizier Gefreiter.**
Kl Dienst-Anzug.   **Aspirant.**   **Feuerwerker.**   Dienst-Anzug. Dienst-Anzug. Kl Dienst-Anzug.   Ausgeh-Anzug.
               Ausgeh-Anzug.

Oben: *Ein schwarzer Gehilfe des Bahnbeamten August Stauch, dessen Aufgabe es war, einen bestimmten Gleisabschnitt der Bahn nach Lüderitz von Wanderdünen freizuhalten, fand 1908 die ersten Diamanten. August Stauch erhielt das erste Claimschild für Diamanten und wurde zu einem der reichsten Männer der Welt.*

Linke Seite: *Uniformenübersicht für die Schutztruppen in den afrikanischen Kolonien.*

fanden stetig steigenden Absatz. Im Handel mit den Eingeborenen traten Lebensmittel und Kleidung in den Vordergrund. Um 1911 belief sich die Gesamteinfuhr auf ca. 33 Millionen Mark. Ihr stand – abzüglich der Ausfuhr von Bergbauprodukten – eine Exportsumme von nur einer Million Mark gegenüber. Mehrere Banken wickelten den Geld- und, in bescheidenem Maße, den Kreditverkehr ab.

Vielversprechende Anfänge zeigte das *Gewerbe.* An vorderer Stelle stand die Wagenbauerei, die vornehmlich den trotz des wachsenden Schienennetzes noch immer unentbehrlichen, robusten Ochsenwagen – »Kapwagen« – herstellte. »In zweiter Reihe marschiert ein urdeutsches Gewerbe, die Bierbrauerei.« Auch das Gastwirtsgewerbe entwickelte sich rasch aufwärts. Die Schuhwarenherstellung wurde schon bald zu einer kleinen Industrie, während das eigentliche Handwerk in allen Sparten, vom Bäcker bis zum Zimmermann, vertreten war. Anfänge einer »richtigen Industrie« wurden in Sandstein- und Marmorwerken, Kalkbrennereien und den Fleischverwertungsanlagen einer Liebig-Tochter sichtbar.

Die planmäßige Entwicklung der *Farmwirtschaft* konnte erst nach Beendigung des letzten Aufstandes einsetzen und machte auch dann nur langsam Fortschritte. Die Wirtschaftsmethoden waren, klimatisch und geographisch bedingt, auf große Flächen angewiesen. Die Schwierigkeiten der Beschaffung ausreichend großer Viehbestände taten ein übriges. Die wenigen bereits ansässigen Farmer hatten noch kein Überschußvieh, das abzugeben gewesen wäre, so daß die Neuankömmlinge gezwungen waren, sich von den ansässigen Handelsfirmen Tauschwaren und Transportmittel zu borgen, um dann monatelang umherzuziehen und von den Eingeborenen Vieh zu erwerben. Dann erst konnte an die Errichtung einer Farm gedacht werden.

Soweit Farmwirtschaft bereits vor dem letzten großen Aufstand betrieben worden war, hatte der Krieg sie nahezu völlig vernichtet. Allerdings hatte das Reich den Siedlern für die erlittenen »Aufstandsschäden« Ersatz geleistet und dabei teilweise auch auf die von den Eingeborenen »erbeuteten« Viehbestände zurückgegriffen. Rührige Farmer beschränkten sich nicht auf extensive Viehzucht, sondern steigerten die Farmerträge, indem sie, je nach Lage und Beschaffenheit des Landes, zusätzlich intensive Betriebszweige erschlossen: den Anbau von Luzerne für die Straußenzucht, von Mais für Milchwirtschaft und Schweinemast, ergänzt durch den Anbau von Wein, Gemüse, Kartoffeln, Obst oder Tabak.

Das »Rückgrat der Kolonie« blieb jedoch die extensive Viehwirtschaft mit Farmeinheiten von 5- bis 20000 Hektar und einem Kapital von 30- bis 50000 Mark. Als Anfangsviehbestand waren in der Rinderzucht 50 Muttertiere, für den vollen Farmbetrieb 250 Stück erforderlich, letzteres eine Zahl, die nach etwa acht Jahren erreicht war. Volle Rentabilität setzte jedoch zusätzlich einen gewissen Bestand an Kleinvieh (Ziegen, Schafe) voraus. Der Viehbestand des Schutzgebietes betrug 1910: 121140 Stück Rindvieh, 344000 Fleischschafe, 30000 Wollschafe, 320000 gewöhnliche und 8100 Angoraziegen. Um jedoch jährlich 100000 Stück Rindvieh ausführen und sich einen Platz auf dem Weltmarkt erobern zu können, so war errechnet worden, hätte der Viehbestand verdoppelt werden müssen. Eine besondere Rolle begann einige Jahre vor Ausbruch des Ersten Weltkrieges die Zucht der ursprünglich im nördlichen Pamir beheimateten Karakulschafe zu spielen, deren Lämmer die begehrten Persianerfelle liefern. 1907 ließ der damalige Gouverneur von Deutsch-Südwestafrika, v. Lindequist, einige auf abenteuerlichen Wegen aus dem mittleren Asien nach Deutschland geschaffte Karakulschafe in das Schutzgebiet weitertransportieren, dessen klimatische Bedingungen denen ähneln, die in der Gegend des Karakulsees herrschen. Der kleine Stamm von weniger als einem Dutzend Tiere begründete eine Entwicklung, die Südwestafrika, gemeinsam mit Südafrika, eine führende Stellung auf dem Persianermarkt verschaffen sollte. Die Zucht von Pferden, Maultieren, Schweinen und Geflügel ergänzte den farmwirtschaftlichen Betrieb, während die Straußenzucht kaum über bescheidene Versuche hinauskam, nicht zuletzt infolge des hohen Bedarfs an Anfangskapital, kostete doch ein Küken »von guten Eltern« 250 bis 300 Mark.

Bodenschätze

»Die Suche nach Bodenschätzen war wohl eine der Haupttriebfedern, die den Gründer der Kolonie, Adolf Lüderitz, veranlaßten, an der südwestafrikanischen Küste Land zu erwerben, denn die Unwirtlichkeit und Menschenleere Südwestafrikas, namentlich im Süden, wo die ersten Landerwerbungen erfolgten, ließen wenig Hoffnung auf deren Nutzbarmachung durch Landwirtschaft oder Erzielung von nennenswerten Erträgen im Tauschhandel mit den Eingeborenen zu.«

Die Erwartung, in dem öden Lande wertvolle *Mineralien*, insbesondere Gold und Diamanten, zu finden, war nicht unbegründet, wie die Funde im übrigen Südafrika gezeigt hatten. Was das *Gold* anbetraf, so erwies sich jedoch keine der Lagerstätten als abbauwürdig. Dagegen versprachen, wenn auch auf lange Sicht, die hochwertigen *Marmor*vorkommen bei Kubas, Etusis, Abbabis und Karibib Gewinn. Gleiches galt für die bei Keetmanshoop entdeckte *Kohle*. Die größte Rolle aber spielten vorerst die zahlreichen *Kupfererzlager*, in allen Teilen des Landes gefunden und teilweise bereits vor Beginn der deutschen Herrschaft vorübergehend abgebaut, so z. B. die Windhuker Matchless-Mine, die Hope- und die Gorob-Mine am Kuiseb, die Sinclair- und die Pomona-Mine im Süden des Landes. Als in hohem Maße ergiebig jedoch erwiesen sich die im Norden um Otavi gelegenen Vorkommen, insbesondere die der Tsumeb-Mine, für deren Abbau die Otavi-Minen- und Eisenbahngesellschaft gegründet worden war. Die von diesem Unternehmen ab 1905 geförderten hochprozentigen Erze – Kupferglanz und Bleiglanz – wiesen in oberer Tiefe einen Durchschnittsgehalt von 12,6 % Kupfer, in tieferen Schichten sogar von 18 % Kupfer und 25 % Blei auf. Das Erz wurde anfänglich vor Ort verhüttet, später, mit steigender Fördermenge, als Roherz ausgeführt. Im Laufe der Jahre erwarb die Gesellschaft weitere Erzlager, so daß in den Otavi-Minen 1907/08 25 000 t, 1909/10 fast 50 000 t gefördert werden konnten. »Zur planmäßigen Erforschung des Landes« wurde von mehreren deutschen Großfirmen das »Südwestafrikanische Minensyndikat« gegründet, das in Swakopmund ein bergtechnisches Laboratorium unterhielt und seine Bemühungen auf die Erschließung »wertvoller, reicher Kupfererzvorkommen« konzentrierte. Aus gutem Grund: Deutschlands Anteil an der Weltproduktion betrug nur 3,5 %, sein Bedarf jedoch 23 %, was

Oben: *Zacharias Lewala, er fand die ersten Diamanten.*

Unten: *Blick auf die Anlagen der Kupfermine Tsumeb, 1911.*

Oben: *Gewinnung der Diamanten durch Handwaschbetrieb in der Nähe von Lüderitzbucht.*

Unten: *August Stauch, zur Zeit seiner geschichtemachenden Entdeckung von Diamanten bei Colmanskop.*

praktisch die totale Abhängigkeit von Nordamerika (60 % der Weltproduktion) bedeutete.

Im Sommer 1908 fand »ein Kaffer, der als Streckenarbeiter am Bahnbau beschäftigt war, hinter Lüderitzbucht im Kiessand ein glitzerndes Steinchen«, das er als *Diamanten* erkannte, hatte er früher doch in einer südafrikanischen Diamantenmine gearbeitet. Seine Master wurden über Nacht reiche Leute. Über den Finderlohn ist nichts bekannt geworden. Schon bald hatte in und um Lüderitzbucht »auch der Schwerfälligste« begriffen, daß es hier hieß, das Glück beim Schopfe zu fassen. Jedermann wurde vom Diamantenfieber gepackt, der Wettlauf um Besitzanteile an dem neuen »Schatzland« begann.

1910 befanden sich die ausgedehnten Diamantenfelder – der Wüstensand erwies sich zwischen Lüderitzbucht und der Oranjemündung als durchgehend diamantenführend –, von vier kleineren Gesellschaften abgesehen, im Besitz

1. der Deutschen Diamantengesellschaft (sie schürfte in dem der Deutschen Kolonialgesellschaft reservierten Gebiet),
2. des Fiskus, der südlich von Colmanskop einen bis zur Elisabethbucht reichenden Streifen als Claim abgesteckt hatte,
3. der Kolonial-Bergbaugesellschaft (ihr Gebiet grenzte westlich an den fiskalischen Besitz) und
4. der Colmanskop Diamond Ltd.

Die Technik der Diamantengewinnung war im ersten Stadium höchst einfach: Zunächst wurden die Steine aus dem Sand aufgelesen, anschließend, bei vermuteter Abbauwürdigkeit, mit Hilfe von Schüttelsieben gefördert. Schließlich kamen neuentwickelte Waschmaschinen zum Einsatz.

Die Diamantenverwertung lag in Händen der »amtlichen« Diamantenregie für das südwestafrikanische Schutzgebiet, deren Aufgabe es war, »die Verschleuderung der deutschen Diamanten . . . zu verhindern und den Handel in einer Hand zu vereinigen«. Alle in Südwest gewonnenen Diamanten waren der als Vertretung der Regierung tätigen, in Lüderitzbucht ansässigen Afrikabank auszuhändigen, die dem Einlieferer ein Fünftel des Wertes sofort, ein weiteres Fünftel nach Eintreffen der Steine in Berlin, den Restbetrag nach deren Verkauf auszahlte. Die große Mehrzahl der gefundenen Steine wog zwischen $1/4$ und $1/2$ Karat. Die beiden größten bis 1910 in Südwest gewonnenen Rohdiamanten hatten 11 bzw. 17 Karat Gewicht, wobei »der 17karätige den stattlichen Wert von 5000–6000 Mark« aufwies. (Heute wäre er etwa 300000 DM wert.) Die jährliche Produktion auf den Feldern bei Lüderitzbucht betrug mehr als 800000 Karat (5 Karat = ca. 1 Gramm). 1910 wurden 160 Kilo im Werte von etwa 22 Millionen Mark gewonnen.

Der Erste Weltkrieg

»Die fast allgemein vertretene Auffassung über die Verteidigung der Schutzgebiete in einem auswärtigen Kriege wurden häufig in dem Satz zusammengefaßt: Die Schutzgebiete werden in der Nordsee verteidigt.«

Bei der Mehrheit des Deutschen Reichstages ebenso wie in weiten Kreisen der Regierung war es »streng verpönt, auch nur anzudeuten, daß die Schutztruppe einmal dazu berufen sein könnte, gegen einen auswärtigen Feind kämpfen zu müssen«. Im Frühjahr 1913 forderte die Budgetkommission des Reichstages sogar eine Verminderung der Schutztruppe – Stärke 1914: knapp 2000 Aktive und 3000 Reservisten – um drei Kompanien. Der Mann, der sich diesem Ansinnen auf das Entschiedenste widersetzte, war Dr. Seitz, seit November 1910 Gouverneur von Deutsch-Südwestafrika. Er hatte gute Gründe.

In Deutschland wußte man nur wenig von den veränderten Verhältnissen in Südwest, außer, daß da eine weiße Truppe bestand, die »den großen Eingeborenen-Aufstand« erfolgreich niedergeworfen hatte (1907). Jene Kämpfe blieben der Maßstab für das, was man »von Südwestafrika in diesem (Ersten Welt-) Kriege erwartete«. Wenige Zahlen belegen, warum diese Rechnung falsch sein mußte: 1904 zählte die weiße Bevölkerung Südwestafrikas, Frauen und Kinder einbegriffen, 4600 Köpfe, das Land befand sich im wesentlichen noch in den Händen der Eingeborenen, nur wenige weiße Farmer lebten verstreut in dem großen Territorium, einziges Transportmittel war (von der leistungsschwachen Schmalspurbahn Swakopmund–Windhuk abgesehen) der Ochsenkarren, Straßen gab es kaum, alles in allem ein schwer anzugreifendes, jedoch leicht zu verteidigendes Land. 1914 dagegen: Die weiße Bevölkerung auf 15000 Köpfe angewachsen, darunter 5000 Frauen und Kinder, und 2000 Nichtdeutsche, »meist feindliche Untertanen«. Vornehmlich in der Mitte und dem Norden Farm an Farm, ein Eisenbahnnetz, das sich ein überlegener Angreifer leicht zunutze machen konnte. Und dann die Schutztruppe: 1904 bis 1907 der Angreifer, zeitweise einschließlich aller Versorgungseinheiten mehr als 15000 Mann stark, mit nur geringen Nachschubsorgen. Und der Gegner: 8000 schlecht bewaffnete Eingeborene. 1914 dagegen auf 2000 Aktive und 3000 Reservisten reduziert, einem Angreifer gegenüberstehend, der »60000 Mann mit allen modernen Hilfsmitteln ausgestatteter Engländer und Buren ins Feld stellte«. Sowohl Gouverneur Seitz als auch Oberstleutnant v. Heydebreck, Kommandeur der Schutztruppe, hatten in ihren Berichten mehrfach betont, »daß wir bei einem etwaigen Kriege mit England einem Angriff durch die Südafrikanische Union entgegensehen müßten«, ferner, daß für eine einigermaßen erfolgreiche Verteidigung im Kriegsfalle die Befestigung von Lüderitzbucht, die Vermeh-

Oben: *Gouverneur Dr. Theodor Seitz, 1910–1915.*

Unten: *4. Kompanie unter Hauptmann von Boemcken.*

Oben: *Major von Heydebreck,*
Kommandeur der Schutztruppe
von 1912–1914.

Oben rechts: *Truppenverladung*
auf dem Bahnhof in Windhuk,
1914.

Unten: *Um dem Gegner das Vor-*
dringen durch die wasserlose Na-
mibwüste zu erschweren, wurde die
Eisenbahnlinie von Lüderitz ab von
den Deutschen an zahlreichen Stel-
len gesprengt.

rung der Verkehrstruppen, die Einrichtung eines Fliegerkorps und die Verstärkung der Truppe um zwei Bataillone Infanterie erforderlich seien.
In Berlin hatte sich der Reichstag zwar bereits 1913 entschlossen, ein entspre-
chendes »Wehrgesetz« zu erlassen, doch ließen die Ausführungsbestimmungen
so lange auf sich warten, daß bei Ausbruch des Krieges in Südwest noch kein
fertiger Mobilmachungsplan vorlag und »wir militärisch gänzlich unvorbereitet
von dem Krieg überrascht wurden«. Mehr noch: Obwohl General Botha, seit
1910 Ministerpräsident der Südafrikanischen Union, in seinem Parlament
keinen Zweifel daran gelassen hatte, daß er im Falle eines Krieges an Englands
Seite stehen würde, traf noch am 2. August 1914 in Windhuk ein Telegramm des
Reichs-Kolonial-Amtes ein: »Schutzgebiete außer Kriegsgefahr, beruhigt Farmer.« Und das, obwohl sich die Kriegserklärungen bereits zu überschlagen
begannen: Deutschland/Rußland (1. Aug.), Deutschland/Frankreich (3. Aug.),
Belgien und England/Deutschland (4./5. Aug.).
Am 7. August beginnt im Schutzgebiet die allgemeine Mobilmachung, »absolut
ungenügend vorbereitet«, wie Gouverneur Seitz 1920 bekannte. Aufgrund des
Wehrgesetzes waren im April 1914 endlich »Reservisten, Landwehrleute und
Landstürmer« eingetroffen, die den einzelnen Truppenteilen infolge mangelnder Organisation »recht regellos« zugewiesen wurden. Nicht wenige gefährde-
ten denn auch bereits nach kurzer Zeit beispielsweise den Eisenbahnbetrieb, der
erst nach Einsatz von »Linienkommissaren« zu funktionieren begann. Trotzdem
blieb es um das *Transportwesen* »ganz übel bestellt«. Zwei eigene und zwei
Landespolizei-Kraftwagen stellten den ganzen motorisierten Fuhrpark dar.

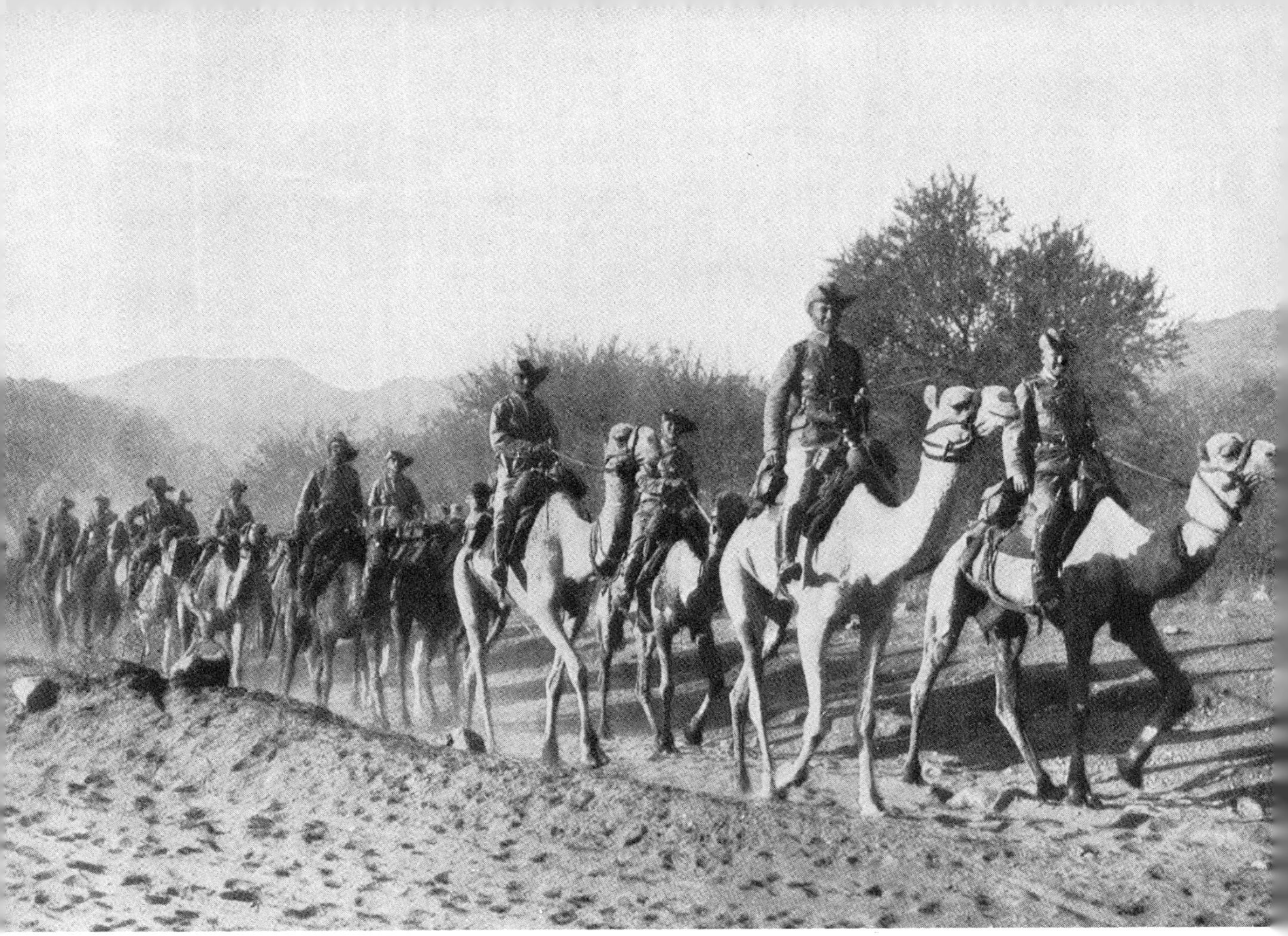

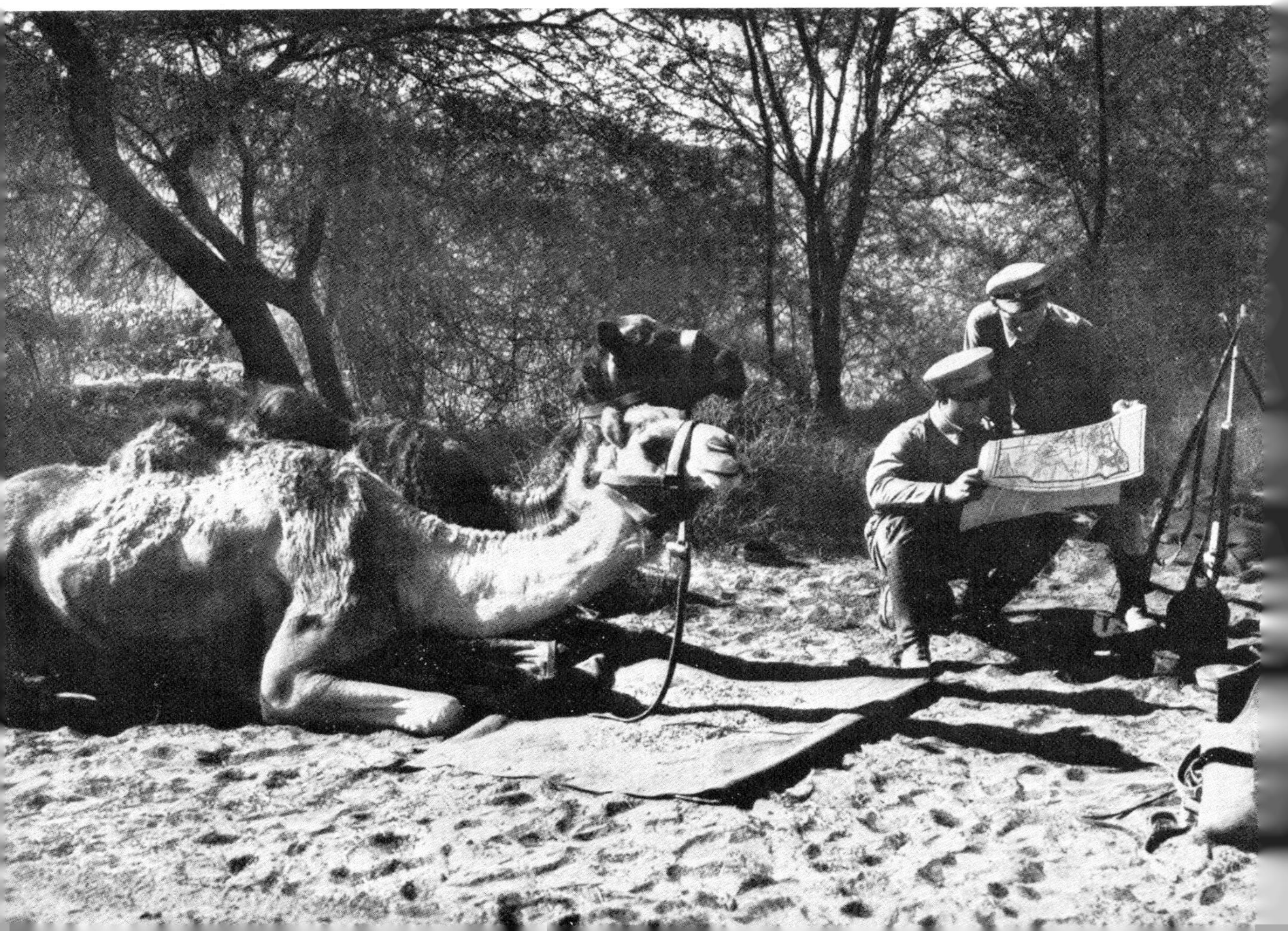

Oben: *Der letzte Kommandeur der Schutztruppe, Oberstleutnant Franke, 1914–1915. Auf dem Foto als Hauptmann.*

Links oben und unten: *Über 700 Kamele wurden teils als Reittiere, teils für den Transport von Verpflegung, Munition und Trinkwasser eingesetzt.*

Unten: *Karte zur Truppenverteilung und Bewegung in DSWA.*

Darüber hinaus gab es nur Ochsenwagen. Der Fahrzeugmangel hatte im Frühjahr 1915 zur Folge, daß die Maisernte aus dem Bezirk Gobabis nicht abtransportiert werden konnte und den Buren in die Hände fiel. Daß es dennoch gelang, zu Kriegsbeginn die gesamte Schutztruppe im Süden zu konzentrieren, war den Eisenbahnen zuzuschreiben. Die waffentechnische Ausrüstung der Truppe wäre als gut zu bezeichnen gewesen, wenn sich nicht »bei der Artillerie . . . die Mannigfaltigkeit des Materials und der Munition in recht störender Weise« bemerkbar gemacht hätte: 70 (!) Geschütze für 2000 Aktive, »10 verschiedene Typen, eine aus der ganzen Armee und Marine zusammengestellte Sammlung verschiedener Modelle«. Völlig unzureichend war ferner auf deutscher Seite die Organisation des Nachrichtenwesens – im Gegensatz zu den Unionstruppen, deren Abteilungen ausnahmslos ihren eigenen Nachrichtendienst unterhielten. So blieb die deutsche Führung auf Informationen angewiesen, die der Einsatz zweier alter Flugzeuge, einiger Patrouillen und der Funkstationen erbrachte.

Auf südafrikanischer Seite trat Botha nach eigenen Angaben mit 60 000 Mann »ins Feld«, die er »im Notfall auf 120 000 Mann hätte bringen können«. Dank des südafrikanischen Wehrgesetzes, das für 17–60jährige die Wehrpflicht vorschrieb, konnte Botha über fünf verschiedene Formationen verfügen: 1. die berittene Infanterie (Permanent Force oder South African Mounted Riflemen), 2. die Küstengarnison, 3. die Bürgerwehr, 4. die freiwillige Marine-Reserve und 5. eine Spezialreserve. Entsprechend vollständig war auf südafrikanischer Seite der Nachschub organisiert. Wo immer die Deutschen auf den Gegner trafen, wurden sie von dessen unglaublicher Beweglichkeit überrascht. Mit seinen Troßfahrzeugen gelang ihm »die spielende Überwindung aller Schwierigkeiten, welche die Beschaffenheit des Landes dem Angreifer bot«, während auf deutscher Seite die Beweglichkeit der Truppe von Tag zu Tag geringer wurde. Über den Krieg in den Deutschen Schutzgebieten hat das Reichs-Kolonial-Amt zwischen 1914 und 1918 insgesamt neun »Mitteilungen« veröffentlicht. Sie waren »notwendigerweise lückenhaft . . . und teilweise auch unzuverlässig«, lag ihnen doch Material zugrunde, das »Privatbriefen oder aber der feindlichen Presse entstammte«. Der direkte »funkentelegraphische Verkehr« mit Südwest war Ende August 1914 zusammengebrochen. Dementsprechend dürften die vom Gouverneur Seitz vor Ort gemachten Beobachtungen – bei aller Subjektivität der Darstellung – als zuverlässigere Quelle angesehen werden.

Was der Union, neben der numerischen Überlegenheit ihrer Truppen, einen uneinholbaren Vorsprung gesichert hat, war die Perfektion ihres Spionagesystems, das sich bereits während des großen Eingeborenenaufstandes 1904/07 hervorragend bewährt hatte. Dementsprechend übertraf das im Dezember 1914, also vor Beginn des Hauptangriffs auf Südwest, von der topographischen Sektion des Generalstabs in Pretoria herausgegebene detaillierte Kartenmaterial über Deutsch-Südwestafrika die Genauigkeit deutscher Unterlagen um ein Vielfaches. Und eine grobe technische Panne auf britischer Seite – rechtswidrige Öffnung eines Postsackes und versehentliche Abstempelung eines entnommenen Briefes – hätte deutscherseits eigentlich richtig gedeutet werden müssen: daß nämlich die gesamte für Südwest bestimmte deutsche Post, soweit sie zwecks rascherer Beförderung über England ging, »in London von kundiger Hand geöffnet, durchgesehen und wieder verschlossen wurde«. So dürften denn die Engländer tatsächlich »über alle Verhältnisse des Schutzgebietes auf das Eingehendste unterrichtet« gewesen sein.

Ein anderes Problem warfen zu Kriegsbeginn die Geldverhältnisse auf. Der Ansturm auf die Banken brachte diese in größte Verlegenheit. Zudem mußten »die nach Tausenden zählenden, bei den Eisenbahnen und in den Minenbetrieben beschäftigten Arbeiter aus Südafrika abgelohnt und abgeschoben werden«. Noch schwieriger gestaltete sich die Frage nach der Ernährung der weißen und der eingeborenen Bevölkerung, denn »jetzt rächte sich bitter, daß wir in den ersten Jahrzehnten . . . den Ackerbau gänzlich vernachlässigt und in dem Lande nur das klassische Land der Viehzucht gesehen hatten«. Eine am 3. August 1914 durchgeführte Erhebung ergab, daß die meisten größeren Orte auf fünf, einige wenige, darunter Windhuk, auf drei Monate mit Lebensmitteln

Oben: *General Louis Botha,
Führer der südafrikanischen
Unionstruppen, im Feld.*

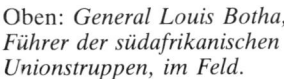

Oben rechts: *Das Kommando der
Schutztruppe: links Major Grau-
toff, sitzend mit Stock, Major von
Heydebreck, ganz rechts Major
Franke.*

versorgt waren. Anfang Oktober gingen die privaten Vorräte zu Ende, die
Ausgabe der amtlichen Bestände begann. Ab 1. Januar 1915 wurden die
folgenden monatlichen Zuteilungen bekanntgegeben: Für erwachsene, nicht-
eingezogene Personen: 2 kg Reis, 2 kg Weizen- oder Roggenmehl, 2 kg Maismehl, 0,25 kg Salz, 0,25 kg Kaffee, je Haushalt 1 Paket Zündhölzer. Für Kinder
unter 12 Jahren: 1 kg Reis, 2 kg Weizen- oder Roggenmehl, 2 kg Maismehl, je
0,25 kg Salz und Kaffee, 0,5 kg Zucker. Für Eingeborene: 8 kg Maismehl.
Am 6. August 1914 wurde für den Bereich des Schutzgebietes der Kriegszustand
erklärt, einen Tag später die Mobilmachung der Reserve, der Landwehr und des
Landsturms II verfügt. Die Sperrung der Grenze ebenso wie Massenverhaftun-
gen der in Südafrika anwesenden Deutschen waren unübersehbare Anzeichen
für einen bevorstehenden Angriff der Südafrikanischen Union. Über die Buren
hatte Gouverneur Seitz erfahren, daß diese zwar einem eventuellen deutschen
Angriff auf die Union »unbedingt entgegentreten«, sich andererseits aber
keinesfalls an einem Einmarsch der Engländer in das Schutzgebiet beteiligen
würden. Und ein kleiner Teil, so die Information, »neige dazu, für Transvaal
und den Oranjefreistaat die alte Unabhängigkeit wieder zu erlangen«.
Die deutsche Führung wußte, daß Südwest ohne Hilfe von außen oder einen
»erfolgreichen Aufstand« in der Union selbst nicht zu halten sein würde, zumal
aus Deutschland »nicht eine einzige Mitteilung« eintraf, »die darauf hingedeutet
hätte, daß man sich auch nur mit dem Gedanken beschäftigte, uns von
irgendwoher Unterstützung zu senden«. Als dann auch noch die Nachricht
eintraf, daß das unter dem Kommando des Grafen Spee stehende ostasiatische
Geschwader der deutschen Kriegsmarine bei den Falklands-Inseln nahezu
vollständig vernichtet worden war, »stand außer Zweifel, daß es für uns, wenn
der Krieg nicht in ganz kurzer Zeit zu Ende war, nur eine Rettung gab: Aufstand
in Südafrika«, weil dieser »einen wirksamen Angriff auf das Schutzgebiet
verzögern« müsse.
Englandfeindliche Buren informierten Gouverneur Seitz am 26. August dahingehend, daß General Botha auf Drängen der britischen Regierung Deutsch-
Südwest angreifen wolle, um die »Großfunkenstation Windhuk« in die Hände
zu bekommen. Doch hätten sich sämtliche burischen Kommandanten der
»Defence Force«, ausgenommen Smuts, geweigert, an einem solchen Angriff
teilzunehmen. Ihr General de la Rey hatte sogar gedroht, im Falle eines Angriffs
auf Südwest den »Vierkleur«, die alte Fahne Transvaals, zu hissen und den
Aufstand zu proklamieren. Die auf burischer Seite bestehende Bereitschaft, von
Südafrika abzufallen, ging so weit, daß Gouverneur Seitz von einem der
Burenkommandanten, General Beyers, ersucht wurde, einen Vertrag auszuar-
beiten, der für den Fall des Gelingens der Rebellion »die Unabhängigkeit der
alten Burenrepubliken« sicherte und ihnen die Annektion der Delagaobay und
damit den Zugang zum Meer erlaubte. Dieser Vertrag wurde am 21. September
geschlossen. In diesen Wochen vollzogen sich, infolge mangelnder Nachrichten-

Unten: Der südafrikanische General Louis Botha (rechts) begrüßt den Gouverneur und Oberbefehls-haber der deutschen Truppen in Südwestafrika, Dr. Seitz, nach Beendigung der Kampfhandlungen.

verbindungen auf deutscher Seite häufig zu spät bemerkt, in allen Teilen Südwestafrikas Ereignisse, deren Summe deutlich machte, daß die deutsche Truppe tatsächlich auf verlorenem Posten stand.

Am 8. und 13. August, wenige Tage nach der Kriegserklärung Englands an Deutschland, brechen die Deutschen ihre Küstenfunkstationen Lüderitzbucht und Swakopmund ab. Am 9. September erklärt die Südafrikanische Union Deutsch-Südwestafrika den Krieg und eröffnet vier Tage später mit einem Angriff auf die an der Südgrenze gelegene deutsche Polizeistation Ramansdrift die Feindseligkeiten – »ohne die (damals noch übliche) vorherige Ankündigung«. Die Deutschen reagieren prompt, indem sie – nach vorheriger Benachrichtigung des englischen Kommandanten – die britische Grenzstation Nakab einnehmen. Am 10. September besetzen Schutztruppen die Walfischbai, worauf die Engländer mit 2 Kreuzern, 4 Torpedobooten und 12 Transportschiffen vor Lüderitzbucht aufkreuzen und 8000 Mann ausschiffen. »Die gesamte Zivilbevölkerung wurde als kriegsgefangen behandelt und nach Gefangenenlagern in der Kapkolonie geschafft.« Abermals zwei Wochen später beschießt ein britischer Hilfskreuzer Swakopmund. Fast zur gleichen Zeit reibt Oberstleutnant v. Heydebreck im Gefecht von Sandfontein drei südafrikanische Schwadronen auf und macht 215 Gefangene. Trotzdem haben sich bis Anfang Oktober die Unionstruppen nicht nur im Süden (Ramansdrift) und an der Küste (Lüderitzbucht), sondern auch im Norden (Caprivizipfel) festgesetzt. Das inzwischen aufgestellte Burenfreikorps liefert den Südafrikanern teils im Süden des deutschen Schutzgebietes, teils im Kapland selbst kleinere Gefechte, die letztlich ohne Bedeutung bleiben, zumal es General Botha in geschickten Verhandlungen mit einzelnen Kommandanten und Politikern versteht, »einen gleichzeitigen Ausbruch des Aufstandes in Transvaal, im Oranjefreistaat und in der Kapkolonie zu verhindern und dadurch . . . die Stoßkraft der Rebellion zu brechen«. Der »Spaziergang nach Kapstadt« blieb ein Traum.

Nun sieht sich Deutsch-Südwest – im Süden und Osten von englischem Gebiet umschlossen, im Westen von See her durch britische Kriegsschiffe und Hilfskreuzer blockiert – plötzlich an der Nordflanke einem »neuen Feind« gegenüber. Das portugiesische Angola, obwohl offiziell noch neutral, beschlagnahmt auf englischen Druck hin nicht nur alle für das Schutzgebiet bestimmten Lebensmitteltransporte, sondern duldet, daß der zum Empfang mehrerer Wagenladungen an der Grenze erschienene deutsche Bezirksamtmann Dr. Schulze-Jena und seine Begleiter in das benachbarte Fort Naulila eingeladen und im Augenblick des Eintreffens verhaftet, bei einem Fluchtversuch erschossen und die Leichen völlig ausgeraubt werden. Der Versuch, am Okavango stationierte Polizeibeamte zu gleichem Zweck »einzuladen«, scheitert an deren Wachsamkeit. Die Nachricht, daß in Mossamedes mehrere tausend Mann

Oben: *General Louis Botha in Windhuk.*

Oben rechts: *Am 9. Juli 1915 unterwarfen sich unter ehrenvollen Bedingungen bei Tsumeb Dr. Seitz (zweiter von rechts) und Oberstleutnant Franke (links) General Botha (rechts) mit dem Rest der Streitmacht:*
3497 Mann und 204 Offiziere.

portugiesischer Truppen gelandet und nach Süden in Marsch gesetzt worden wären, veranlaßt Oberstleutnant v. Heydebreck, die Abteilung Franke nach Norden zu schicken. Am 12. November verunglückt v. Heydebreck tödlich, sein Nachfolger, Oberstleutnant Franke, stürmt am 18. Dezember mit 600 Mann das Fort Naulila und schlägt dessen 800 Mann starke Besatzung vernichtend. Und »bis zu unserem Untergange wagte sich kein Portugiese mehr über die Grenze«. Am 11. Februar 1915 übernimmt General Botha den Oberbefehl über die Unionstruppen. Am 20. März muß die Schutztruppe den Süden, am 7. April die Landesmitte und Windhuk zu räumen beginnen. Anfang Mai zieht General Botha in Karibib ein. Mit 35 000 Mann treten die Unionstruppen am 19. Juni den Vormarsch nach Norden an. Am 9. Juli 1915 wird »bei km 500 der Otavibahn ein Waffenstillstandsvertrag mit den für die Schutztruppe ehrenvollen Übergabebedingungen von Dr. Seitz, Oberstleutnant Franke und General Botha unterzeichnet«. Fünf Wochen später ist ganz Südwestafrika von der Südafrikanischen Union besetzt.

»General Right Honourable Louis Botha, Oberkommandierender der Streitkräfte der Union«, zeigt sich verhältnismäßig großzügig. Zwar verlangt er, daß ihm die Streitkräfte der Schutztruppe übergeben werden. Doch dürfen aktive und Reserveoffiziere Waffe und Dienstpferd behalten und sich, »im Falle sie ihr Ehrenwort geben wollen«, an einem Platz ihrer Wahl niederlassen. Die anderen Dienstgrade der aktiven Truppe seien unter angemessener Bewachung an einem von der Unionsregierung im Schutzgebiet auszusuchenden Platz zu internieren. Einem jeden wird auch hier sein Gewehr belassen, allerdings ohne Munition. Reservisten aller Unteroffiziers- und Mannschaftsdienstgrade dürfen nach Hause zurückkehren und ihren Zivilberuf wieder aufnehmen. Die Polizei des Schutzgebietes wird, soweit sie mobilisiert war, wie die aktive Truppe behandelt. Ihre auf abgelegenen Stationen diensttuenden Mitglieder werden dort vorläufig belassen, »um Leben und Eigentum der Nichtkombattanten« zu schützen. Schließlich versichert General Botha auf Verlangen des Gouverneurs Dr. Seitz im Laufe der Verhandlungen mündlich, daß die Bestimmungen der Haager Konvention eingehalten würden und das Privateigentum der Deutschen unangetastet bliebe.

Die Unionsregierung hat sich an alle Vertragsbedingungen gehalten: Zivilpersonen wurden entlassen und konnten frei ihrem Beruf nachgehen. Die gegen alle Grundsätze des Völkerrechts nach Südafrika deportierten Deutschen – darunter

Oben: *Amtsblatt für das durch die Unions-Truppen besetzte Südwest-afrika.*

Oben rechts: *Franke auf seinem Lieblingspferd.*

die gesamte Bevölkerung von Lüderitzbucht – kehrten in das Schutzgebiet zurück. Deutsche Schulen blieben unter deutscher Leitung, die Selbstverwaltung der Gemeinden und der ländlichen Bezirke konnte »unter Aufsicht von englischen Bezirksbeamten« fortgeführt werden, der Betrieb aller deutschen Krankenhäuser und des Rotkreuzheimes in Swakopmund lief ungestört weiter. »Das Land behielt seinen Charakter als deutsches Land, der Zweck des Übergabevertrages wurde erreicht: selbst die Eingeborenen verloren sehr bald die hie und da aufgetauchte Neigung zur englischen Herrschaft und sehnten die deutsche Verwaltung zurück.« Mit dem Waffenstillstand im November 1918 geschieht etwas, womit kein Südwester gerechnet hat: Der Vertrag vom 9. 7. 1915, geschlossen zwischen Botha und Seitz, wird in Deutschland vergessen. Die Engländer behaupten, auf jene »Bedingungen der Übergabe der Streitkräfte des Schutzgebietes von Deutsch-Südwestafrika« könne sich der von Dr. Seitz als Kommissar für die Vertretung der deutschen Interessen bestellte Finanzreferent Kastl nicht mehr berufen – sie seien »durch den Waffenstillstand hinfällig geworden«.

Fünf Jahre später wird der Gouverneur a. D. Seitz in einem Rückblick vermerken: »Man muß es den Engländern lassen, sie haben die Aufhebung des Vertrages von Khorab gründlich ausgenützt. Über 6000 Deutsche, Beamte, Schutztruppe, Farmer, Kaufleute und fast sämtliche deutschen Arbeiter wurden gewaltsam aus dem Lande weggeführt. Was die englische Politik aber nicht zu vernichten vermochte, das ist der starke Einschlag deutschen Wesens und deutscher Kultur, den unsere dreißigjährige Arbeit dem Lande gegeben hat. Wir haben ein Land verloren, dessen Wirtschaft aufgebaut ist mit dem Schweiße deutscher Arbeit, dessen Boden gedüngt ist mit deutschem Blut und benetzt von den Tränen deutscher Mütter . . .« Noch immer trübten nationales Pathos und koloniale Enttäuschung den Blick dafür, daß das verlorene Land mit fragwürdigen Methoden erworben worden war, daß beim Aufbau der Wirtschaft mehr schwarzer als weißer Schweiß geflossen ist, daß im Laufe der kriegerischen Auseinandersetzungen mit den Eingeborenen ganze Völkerstämme dezimiert wurden und Zehntausende schwarzer Mütter Tränenströme vergossen haben. Der Versailler Vertrag, am 28. Juni 1919 als Diktat unterzeichnet, ohne daß Vertreter Deutschlands an den Verhandlungen teilgenommen hätten, bestimmt u. a. den Übergang Deutsch-Südwestafrikas als Völkerbundsmandat an die Südafrikanische Union.

Südwestafrika heute: Namibia

»Unbestritten ist in den letzten zehn Jahren sehr viel
für die Eingeborenen getan worden. Aber sie sind
erbittert darüber, daß dies noch längst nicht genug ist,
und sie sind erbost, weil kaum etwas mit ihnen
zusammen geplant und verwirklicht wurde. Der
Weiße in Südwestafrika fühlt sich als Herr, der viel
besser zu wissen glaubt, was gut für den Schwarzen
ist.« *Nils Pichner*

Deutsch-Südwest war einst mehr als eineinhalbmal so groß wie das Deutsche
Reich. Die heutige Republik Namibia hat mit 824 290 Quadratkilometer Fläche
fast den vierfachen Umfang Großbritanniens. Noch immer entsprechen die
Grenzen des südwestafrikanischen Landes denen, die vor der Jahrhundertwende mehr oder weniger einvernehmlich mit den benachbarten Kolonialstaaten festgelegt worden waren. Seine Bevölkerung hat sich dagegen vervielfacht:
Sie wuchs, zunächst langsam, von geschätzten 200 000 im Jahr des Beginns der
deutschen Schutzherrschaft (1884) auf rund 225 000 zum Zeitpunkt der Man-
datsübernahme durch die Südafrikanische Union (1920) und stieg dann bis 1992
auf 1,53 Millionen. 86 % der Bevölkerung sind schwarze Afrikaner (rund 50 %
davon gehören den Owambos, 9 % den Kavangos an), 8 % Mischlinge und 7 %
Weiße. Die weiße Bevölkerung spricht zu 60 % Afrikaans, 33 % Deutsch und
7 % Englisch. Die afrikanischen Sprachen lassen sich in die zwei Hauptgruppen
Bantu und Khoesan einteilen. Die Lingua franca von Buren und Farbigen ist
Afrikaans, das auch von den Rehoboth-Baster gesprochen wird, einer selbständigen Mischlingsgruppe, deren Vorfahren väterlicherseits Weiße und mütter-
licherseits Nama waren. Ursprünglich am Kap beheimatet, siedeln die Baster
seit 1870 um Rehoboth, südlich von Windhoek.
In Namibia herrscht Religionsfreiheit, es gibt eine Fülle von Kirchengemein-
schaften. Aufgrund der bereits früh einsetzenden Missionsarbeit gelten rund
90 % der Bevölkerung als Christen, der Rest hängt traditionellen Naturreligionen an.
Die Schwäche der Bevölkerung Südwestafrikas, so Nils Pichner 1979, besteht
darin, »daß kein Stamm mit dem anderen zusammenarbeitet und zudem jeder in
sich selbst zersplittert ist«. Dem Führungsanspruch der stärksten Gruppe, der
Owambos, widersetzen sich die zahlenmäßig unterlegenen Hereros, deren
Interessen mit denen der Namas kollidieren, »denen wiederum die Owambos
mißtrauen«. Abseits stehen die Damas, die noch nicht vergessen haben, daß sie
einst sowohl von den Hereros als auch von den Namas versklavt worden sind.
Trotz aller Schwierigkeiten, die sich aus der dünnen Besiedlung des Landes
ergeben, ist es, insbesondere während des vergangenen Jahrzehnts, gelungen,
auf dem *Erziehungssektor* beträchtliche Fortschritte zu erzielen. 1980 waren
228 000 Schüler und Studenten registriert: etwa 200 000 Volksschüler, davon
rund 13 000 Weiße, und fast 23 000 Mittelschüler mit einem weißen Anteil von
6 600. Europäerkinder sind schulpflichtig, auch Mischlingskinder besuchen fast
ausnahmslos die Volksschule. Die Regierung gab 1991 22,2 % ihres Haushalts
für das Erziehungswesen aus. Schwierigkeiten bereiten, besonders im Owamboland, nicht selten die Stammeshäuptlinge, denen es lieber wäre, wenn die Kinder
ausschließlich auf den Feldern arbeiteten.
Das Gesundheitswesen ist für afrikanische Verhältnisse gut, es gibt private,
Missions- und Staatskrankenhäuser. Die Lebenserwartung unter Männern lag
1992 bei 59, unter Frauen bei 61 Jahren.
1991 wurde ein Bruttosozialprodukt von $ 2,05 Milliarden erwirtschaftet mit
einer realen Zuwachsrate von 1,6 %. Von 537 000 wirtschaftlich aktiven Personen waren 1992 43,5 % in der Landwirtschaft, 21,9 % in der Industrie und
34,8 % im Dienstleistungsgewerbe beschäftigt. Die Landwirtschaft, in der die
extensive Weidewirtschaft (Rinder und Karakulschafe) überwiegt, ist besonders

Zwischen den Weltkriegen – Meldungen und Meinungen

1919 Ausweisung von 6000 Deutschen

»Das Deutschtum (hat) schwer um die Erhaltung seiner Sprache und seiner Schulen zu kämpfen«, da die Unionsregierung die Buren begünstigt, sie »sogar aus Angola einwandern lasse.«

1924 Samuel Maharero wird von seinen Stammesgenossen »mit schwarz-weiß-roter Flagge« begraben.

»Aufgrund des Londoner Abkommens behalten Südwester Deutsche . . . auch als Bürger der Südafrikan. Union ihre deutsche Reichsangehörigkeit.«

1930 Besuch des Kreuzers »Karlsruhe«.

1931 Der Junkers-Flugdienst eröffnet die Linie Windhuk – Kimberly.

»Die deutschen Korpsstudenten stiften eine Werkschule für die deutsche Oberrealschule in Windhuk.«

1932 Die deutsche Sprache wird als dritte Amtssprache eingeführt.

in den traditionellen Siedlungsgebieten häufig der einzige ökonomische Faktor. Sie trägt allerdings nur 10 % zum Bruttosozialprodukt bei. Ackerbau spielt nur eine unbedeutende Rolle. *Agronomen* sprechen von Namibia als von einem Land, das seine Wüsten, seine Steppen mit ihren unkalkulierbaren Trockenperioden, sein ständiger Wassermangel, seine riesigen Entfernungen und seine geringe Siedlungsdichte zu einem »Grenzraum landwirtschaftlicher Aktivität« machen. Fischerei, Langustenfang und Pelzrobbenschlag werden betrieben, spielen jedoch keine bedeutende Rolle. Zu den wichtigsten Ausfuhrgütern gehören die Produkte des Bergbaus. An der Spitze stehen die Diamantengewinne, gefolgt von Kupfererz, Blei, Zinn, Uranerz, Zink und anderen Mineralien. Die Möglichkeiten einer weiterverarbeitenden Industrie sind aufgrund des kleinen Markts und dem Mangel an Rohstoffen gering.

Südwestafrikas Infrastruktur weist, verglichen mit der anderer Wüstengebiete Afrikas, ein beträchtliches Niveau auf, nicht zuletzt aufgrund erheblicher südafrikanischer Investitionen. Die Wasserversorgung, erste Voraussetzung wirtschaftlicher Entwicklung, erfordert infolge begrenzter Vorkommen und der Notwendigkeit weiträumiger Transportsysteme einen hohen Finanzaufwand (1980: 100 Mio/Rd). Der Bedarf an elektrischer Energie ist seit 1972 jährlich um mehr als 20 % gestiegen. Ein Kraftwerksprojekt, das die Wasserkraft der grenznah auf angolanischem Gebiet liegenden Ruacana-Fälle nutzt und 320/400 Megawatt erbringt, konnte die Versorgung Namibias mit elektrischer Energie zeitweise nicht übernehmen, da sich Angola 1977 weigerte, die zwischen beiden Ländern 1964 und 1968 getroffenen Vereinbarungen zu erfüllen und das Kunene-Wasser über die Grenze zum Ruacana-Kraftwerk zu leiten. Das gesamte Projekt verschlang 230 Mio/Rd (knapp 600 Mio. DM). Namibia war daraufhin gezwungen, die Leistung des Windhoeker Kohlekraftwerkes auf 220 Megawatt zu erhöhen.

Das Straßennetz, mit Ausnahme von 4120 km ungeteerte Allwetterstraßen und proklamierte Farm- und Distriktstraßen, umfaßt 54400 km. Das Eisenbahnnetz, an das südafrikanische angeschlossen, mißt 2390 km, das gesamte Busdienstnetz weitere 8731 km. 1986 waren insgesamt 103715 Kraftfahrzeuge registriert. Wichtigster Hafen mit 90 % des Gesamtumschlags ist Walvis Bay. Vom internationalen Flughafen J.G. Strijdom aus (etwa 40 km von Windhoek entfernt), bedienen verschiedene Fluggesellschaften Europa, darunter die Namib Air. 1989 hatte das Land fünf Tageszeitungen, auf 1000 Einwohner kamen 133 Radio- und 15,7 Fernsehapparate.

Als Südwestafrika 1946 verwaltungsmäßig zum integralen Bestandteil Südafrikas – nicht aber dessen fünfte Provinz – wurde, beeilte sich die Regierung in Pretoria, die damals bereits umstrittene Apartheidpolitik auf Südwest zu übertragen. Diese Politik stieß weltweit auf wachsende Kritik, ohne daß sich die Mandatsmacht beeindruckt gezeigt hätte. Auch der 1966 erfolgte Entzug des Mandats über Südwestafrika durch die UN-Vollversammlung blieb papierne Entscheidung, obwohl sie 1968 vom UN-Sicherheitsrat und 1971 vom Internationalen Gerichtshof bestätigt wurde (demselben Gerichtshof, der 1966 eine von Liberia und Äthiopien gegen Südafrika wegen dessen in Südwest betriebener Rassenpolitik eingebrachte Klage auf Unterlassung abgewiesen hatte).

Das Jahr 1971 beschert der linksradikalen SWAPO (South West African People's Organization) die Anerkennung als »einzige rechtmäßige Vertreterin des Volkes von Namibia« durch die UN-Vollversammlung. 1973 wird mit dem South West Africa Advisory Council ein Gremium farbiger südwestafrikanischer Politiker geschaffen, das als Beirat des südafrikanischen Ministerpräsidenten in Fragen, die Südwest betreffen, fungieren soll, insbesondere solchen der Selbstverwaltung.

Am 1. September 1975 beginnt in Windhoek – der einzigen Stadt Südwestafrikas mit überwiegend weißen Einwohnern – die Konferenz der »Demokratischen Turnhalle Allianz« (DTA), an der Vertreter aller elf Volksgruppen mit 156 Delegierten teilnehmen. Sie arbeitet einen Verfassungsentwurf aus, der eine gemischtrassige Übergangsregierung und einen ebensolchen Staat vorsieht: er soll zum Jahresende 1978 unabhängig werden. Diese »Turnhallenkonferenz« – ihr Führer ist der Bure Dirk Mudge –, deren Ziel die Rassenintegration ist, stößt

1933 Der »Fliegende Pater« Schulte gründet das »fliegende Missionshospital« Miva (Missions-Verkehrs-Arbeitsgemeinschaft).

1934 Die Südafrikanische Union erläßt ein Anti-Nazi-Gesetz. NSDAP und Hitlerjugend werden verboten.

1939 In Swakopmund wird ein deutscher Segelflugverband gegründet. Der Caprivizipfel wird Bestandteil der Union. »Eine deutsche alteingesessene Mission« eröffnet bei Windhuk die erste höhere Schule für Herero- und Owambokinder. Internierung der Reichsdeutschen nach Beginn des Zweiten Weltkrieges.

auf mehrfachen Widerstand. Die SWAPO beruft sich auf den ihr von der UN-Vollversammlung zuerkannten Alleinvertretungsanspruch und boykottiert die Konferenz. Die fünf westlichen Mitglieder des Sicherheitsrates der Vereinten Nationen – USA, Kanada, Frankreich, Großbritannien und die Bundesrepublik Deutschland – bezeichnen sie als »irrelevant« und vereinbaren statt dessen mit Südafrika die Ernennung eines General-Administrators, der das Land im Auftrag Südafrikas verwalten und »freie Wahlen zur verfassunggebenden Versammlung garantieren soll«. Richter Marthinus T. Steyn tritt dieses Amt am 1. September 1977 an. (Seit September 1980 steht an seiner Stelle Danie Hough.) Gleichzeitig endet, offiziell wenigstens, die Apartheidpolitik. In der ACTUR (Action Front for the Retention of Turnhalle Principles) wiederum vereinigen sich weiße burische Nationalisten mit Basters und anderen (jedoch ohne Deutsche) zu einer Widerstandsbewegung, die in Windhoek »vor der Nationalversammlung mit (deutschen) Plakaten ›Reine Rasse – starkes Volk‹ und ›Hängt Mudge‹ gegen eine entsprechende Gesetzgebung Sturm läuft« (der 1983 in Südafrika verstorbene Hans Germani im Juli 1979).

Am 31. Dezember 1980 hätte Namibia in die Unabhängigkeit entlassen werden sollen. Auf der am 14. Januar 1981 in Genf gescheiterten Namibia-Konferenz erklärt SWAPO-Chef Nujoma, seine Organisation werde ihre Anerkennung durch die UNO als einzig legitime Repräsentanz »nicht über Gebühr ausnutzen«. Genfer Beobachter fühlen sich erneut in ihrem Urteil bestätigt, daß es sich bei dem UNO-Beschluß des Jahres 1971 um eine »diktatorische und sicher gegen den Willen einiger Völker in Namibia« gerichtete Entscheidung gehandelt habe, die sich den Vorwurf einer »fragwürdigen Neutralität der Vereinten Nationen« gefallen lassen müsse. Auf der in Südwest mit Spannung erwarteten neuerlichen UNO-Debatte über Namibia geht Anfang März 1981 »Mehrheit . . . vor Recht« (WDR-Sendung ›Politik am Mittag‹ v. 3. März): Südafrika wird, obwohl Mitglied der UNO, von der Debatte ausgeschlossen. Der Vorwurf: Es blockiere »den Weg Namibias in die Unabhängigkeit«. In dem Ausschluß sehen auch engagierte Gegner der Apartheidpolitik einen »Rechtsbruch« und stellen fest, daß der gegen die UNO erhobene Vorwurf der »Parteilichkeit zugunsten der SWAPO nicht ganz zu Unrecht« erfolgt sei.

Ende August macht Südafrika erneut Schlagzeilen. Von Namibia aus stoßen seine Truppen »in zwei Kolonnen, mit 32 Panzern und 82 Transportfahrzeugen, die aus der Luft unterstützt werden« (SPIEGEL Nr. 36/81), Hunderte von Kilometern auf angolanisches Gebiet vor: aus der Sicht Pretorias eine »Strafexpedition gegen SWAPO-Terroristen«, von Angola dagegen als »Invasion von Apartheidstruppen« bezeichnet. Nach 14 Tagen beenden die Südafrikaner zögernd ihre Operation (450 Tote, darunter zehn südafrikanische Soldaten und zwei sowjetische Offiziere). Der angolanische Präsident Eduardo dos Santos wendet sich an die Vereinten Nationen, Bonn und London legen bei den südafrikanischen Botschaftern scharfen Protest ein, Schweden spricht von einer »schockierenden Herausforderung der Völkergemeinschaft«, deren sich Pretoria schuldig gemacht habe.

Mitte September fordert (laut Bericht von Gitta Bauer aus New York) eine über die Namibiafrage einberufene Sondervollversammlung der UNO den Sicherheitsrat mit großer Mehrheit auf, gegen Südafrika bindende Sanktionen zu verhängen – mit dem Ziel, Pretoria politisch, wirtschaftlich, militärisch und kulturell »total zu isolieren«. 117 Staaten stimmen für die Resolution, 25 (unter ihnen die EG-Mitglieder) enthalten sich »aus prozeduralen Gründen« der Stimme. Ein weiteres Mal wird die SWAPO als »einzige und authentische Vertretung des Volkes von Namibia« anerkannt, weshalb sie von den UNO-Mitgliedstaaten in jeder Weise, vornehmlich militärisch, zu unterstützen sei.

Inzwischen gehen in New York (wie Bernt Conrad berichtet) die Bemühungen dahin, die SWAPO »in der Übergangsphase vor einer Wahl in Namibia« zur Aufgabe ihrer »Privilegien als einzige von der UNO anerkannte politische Vertretung des Landes« zu bewegen. Über den Inhalt eines in Zürich zwischen dem Abteilungsleiter für afrikanische Angelegenheiten im US-Außenministerium, Chester Crocker, auf der einen und Vertretern der südafrikanischen Regierung auf der anderen Seite geführten Geheimgespräches wird zunächst

Stillschweigen bewahrt. Erst Tage später deuten Regierungskreise in Washington an, daß »die Position Pretorias ... eine Grundlage für weitere Fortschritte« in der Namibia-Frage biete. Und auch der kenianische Präsident Moi hält nach einem Gespräch mit Ronald Reagan den Konflikt »für lösbar«. Schließlich meldet Bernt Conrad, daß sich der deutsche Außenminister und der »maßgebliche Vertreter Schwarzafrikas« bei einem in New York geführten Gespräch zwar darin einig gewesen seien, daß Namibia 1982 unabhängig werden müsse, daß dieses »gemeinsam anvisierte Datum« jedoch eine »Kehrseite« habe: Die Außenminister von Angola und Tansania, der Generalsekretär der Organisation für afrikanische Einheit (OAU) und die UNO-Botschafter von Kenia, Botswana, Moçambique, Nigeria, Simbabwe und Ruanda verlangen die Bekanntgabe des »erwünschten Zieldatums für die Unabhängigkeit Namibias«, bevor über »Modalitäten der UNO-Resolution 435« gesprochen werden könne. Pretoria dagegen strebt die umgekehrte Reihenfolge an: vor der Festlegung des Unabhängigkeitsdatums seien die Modalitäten (sprich: vertrauensbildenden Maßnahmen) zu verwirklichen.

Ein totaler Boykott Südafrikas würde niemandem nutzen, müßte er doch »hart auf die Volkswirtschaften der anderen Länder im südlichen Afrika durchschlagen, vor allem in Botswana, Lesotho, Zwaziland, Zaire, Sambia, Moçambique und Malawi« (Klaus Jonas). Südafrika treibt mit nicht weniger als 49 der 52 afrikanischen Staaten Handel (Volumen 1980 rund 2,2 Milliarden Rand). Zwaziland und Lesotho (zu den ärmsten Ländern der Welt zählend, ohne Zugang zum Meer und gegebenenfalls gezwungen, Importwaren auf dem Luftweg ins Land zu bringen) beziehen 90 % ihrer Einfuhren aus Südafrika (wo etwa 500 000 Gastarbeiter aus den Nachbarländern mit rund 1,5 Millionen Familienangehörigen beschäftigt sind, die im Falle einer Wirtschaftsdrosselung möglicherweise nach Hause geschickt würden). Die meisten Staaten des südlichen Afrika wickeln, da ohne Zugang zur Küste, einen großen Teil ihrer Ex- und Importe über südafrikanische Häfen ab (Zimbabwe 90 %). Daressalam, Beira oder Maputo sind kapazitätsmäßig zu beschränkt, als daß sie einspringen könnten. Maputo (Moçambique) kann zudem »auf südafrikanische Techniker, Ersatzteile und Wartung nicht verzichten«.

Der Versuch einer Delegation der fünf zur »Kontaktgruppe für Namibia« gehörenden Staaten (unter ihnen die Bundesrepublik Deutschland), die Namibiafrage auf dem Verhandlungsweg zu lösen, blieb lange erfolglos. Noch 1982 erteilten die »prosowjetischen« Frontstaaten in Lusaka der Forderung der USA nach Abzug der Kubaner aus Angola eine Absage. Die zunehmende Isolierung Südafrikas und die Sanktionen des Westens, die hohen Kosten der südafrikanischen Präsenz in Namibia, aber auch die weitgehende Zerschlagung der SWAPO-Truppen zu beiden Seiten der Grenze Angolas führten dann doch zu einer politischen Lösung.

Die Verhältnisse begannen sich mit dem Genfer Abkommen (August) und dem Protokoll von Brazzaville (Dezember) 1988 zu klären. Südafrika, Angola und Kuba bekannten sich zur UN-Resolution 435 aus dem Jahre 1978, was einer Garantie für freie und faire Wahlen zur Unabhängigkeit SWA/Namibias entsprach. Die internationale Gemeinschaft wurde aufgerufen, »die Durchführung einer friedlichen Lösung finanziell zu unterstützen«. Unter Aufsicht der Vereinten Nationen wurde die Staatsgründung eingeleitet. Nach dem offiziellen Waffenstillstand zwischen SWAPO und Südafrika kamen UNO-Friedenstruppen ins Land.

Nach langen und blutigen Auseinandersetzungen erhielt Namibia am 21. März 1990 die formale staatliche Unabhängigkeit gemäß des UN-Lösungsplans von 1978. Das Experiment Namibia, das im Prinzip durch politische Einsicht zustande kam, hat sich seither weitgehend bewährt. Die Fehler, die anderswo in Afrika gemacht wurden, haben sich hier nicht wiederholt. Premierminister ist heute Hage Geingob, Präsident Sam Nujoma.

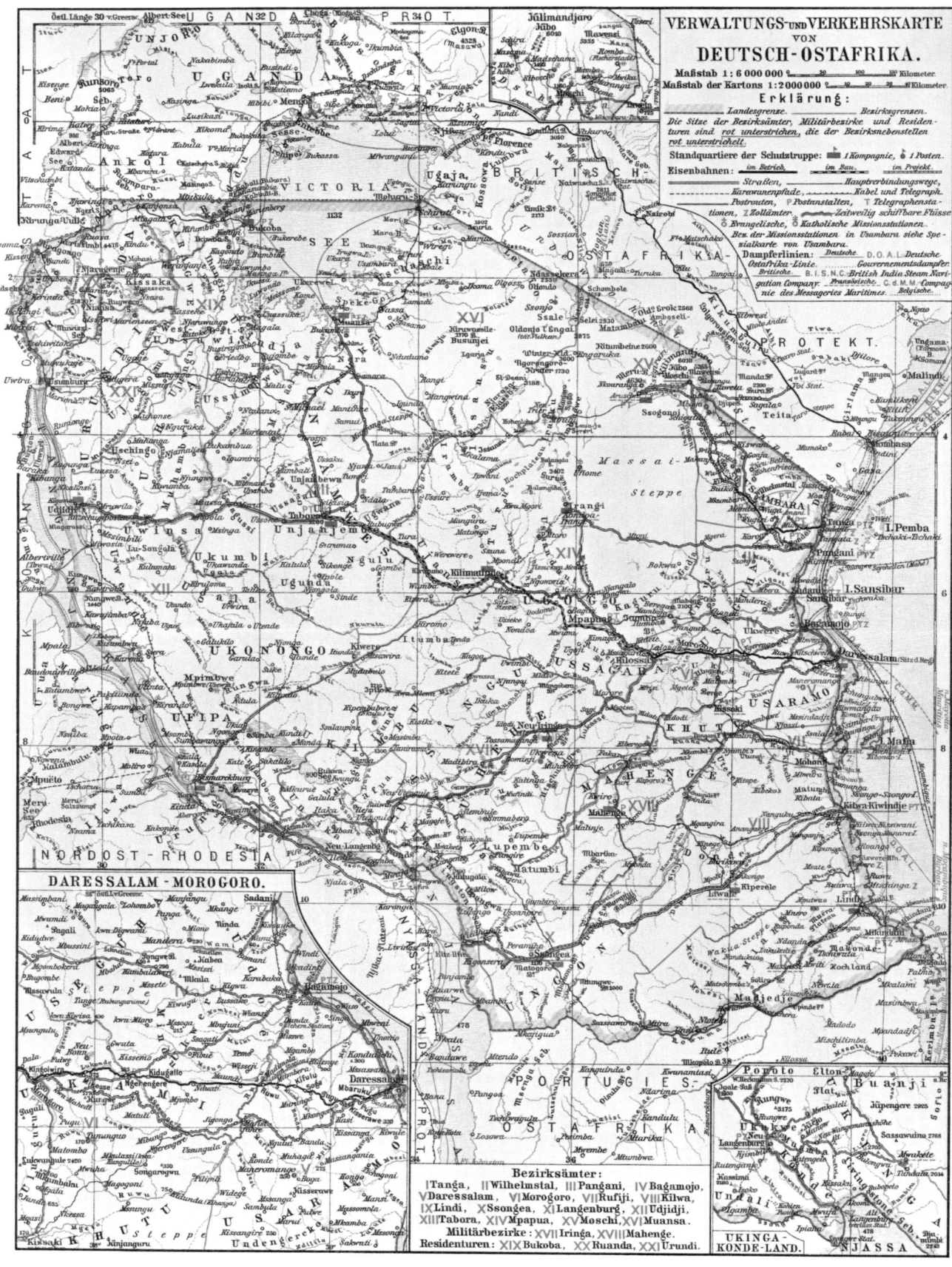

VERWALTUNGS- UND VERKEHRSKARTE VON DEUTSCH-OSTAFRIKA.

Maßstab 1 : 6 000 000

Maßstab der Kartons 1 : 2 000 000

Erklärung:

Die Sitze der Bezirksämter, Militärbezirke und Residenturen sind rot unterstrichen, die der Bezirksnebenstellen rot unterstrichelt.

Standquartiere der Schutztruppe: 1 Kompagnie, 1 Posten.

Eisenbahnen: im Betrieb, im Bau, im Projekt.

DARESSALAM - MOROGORO.

NORDOST-RHODESIA.

PORTUGIES-OSTAFRIKA.

UKINGA-KONDE-LAND.

Bezirksämter:

I Tanga, II Wilhelmstal, III Pangani, IV Bagamojo, V Daressalam, VI Morogoro, VII Rufiji, VIII Kilwa, IX Lindi, X Ssongea, XI Langenburg, XII Udjidji, XIII Tabora, XIV Mpapua, XV Moschi, XVI Muansa.

Militärbezirke: XVII Iringa, XVII Mahenge.

Residenturen: XIX Bukoba, XX Ruanda, XXI Urundi.

Deutsch-Ostafrika

Carl Peters

»Für uns war das deutsche das kriegsstärkste Volk der Erde. Und wenn wir dann auf die Landkarten sahen und fanden, daß von allen europäischen Staaten dieses mächtige Land fast allein ohne jeden Kolonialbesitz war, oder, wenn wir ins Ausland kamen und fanden, daß der Deutsche der Mindestgeachtete unter den Völkern Europas war, daß selbst Holländer, Dänen, Norweger mit Verachtung auf uns heruntersahen, dann mußte tiefe Beschämung unser Herz erfüllen, und in der Reaktion sich auch bei uns der Nationalstolz aufbäumen.«

Linke Seite: *Verwaltungs- und Verkehrskarte von Deutsch-Ostafrika aus dem Jahre 1910.*

Rechts: *Dr. Carl Peters (1856 – 1918), der 1884 im Auftrage der »Gesellschaft für deutsche Kolonisation« im ostafrikanischen Raum innerhalb von sechs Wochen ein 140 000 Quadratkilometer großes Gebiet erwarb und trotz fragwürdiger Methoden lange als »Schöpfer von Deutsch-Ostafrika« bewundert wurde.*

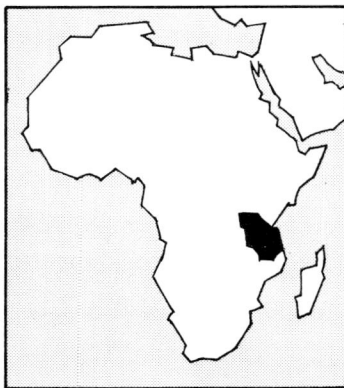

»Wir, Wilhelm von Gottes Gnaden Deutscher Kaiser, König von Preußen tun kund und fügen hiermit zu wissen: Nachdem die derzeitigen Vorsitzenden der ›Gesellschaft für deutsche Kolonisation‹ Dr. Karl Peters und Unser Kammerherr Felix Graf Behr-Bandelin, Unseren Schutz für die Gebietserwerbungen der Gesellschaft in Ostafrika westlich von dem Reiche des Sultans von Sansibar außerhalb der Oberhoheit anderer Mächte, nachgesucht und Uns die von besagtem Dr. Karl Peters zunächst mit den Herrschern von Usagara, Ngura, Useguha und Ukami . . . abgeschlossenen Verträge, durch welche ihm diese Gebiete für die deutsche Kolonisationsgesellschaft mit den Rechten der Landeshoheit abgetreten worden sind, mit dem Ansuchen vorgelegt haben, diese Gebiete unter Unsere Oberhoheit zu stellen, so bestätigen Wir hiermit, daß Wir . . . die betreffenden Gebiete . . . unter Unseren Kaiserlichen Schutz gestellt haben . . .«

Gegeben Berlin, den 27. Februar 1885.

(gez.) W i l h e l m
(ggez.) v o n B i s m a r c k

Mit der Erteilung dieses Schutzbriefes begann die Geschichte der vierten Kolonie Deutschlands, die schon bald seine »nicht nur wichtigste, sondern auch . . . größte« werden sollte, wenn auch unter absonderlichen Umständen. Am 28. März 1884 hatte der 27jährige Historiker und Geograph Dr. Carl Peters, gemeinsam mit dem Grafen Behr-Bandelin, in Berlin die »Gesellschaft für deutsche Kolonisation« gegründet, eine Körperschaft, deren Aufgabe es sein sollte, etwas den alten englischen »Abenteurergesellschaften« Vergleichbares zu werden: eine »Kapitalistengruppe zur Annexion und später zur Verwaltung möglichst großer Kolonialländer unter deutscher Flagge«. Weitere Mitglieder waren »mein alter Schul- und Universitätsfreund Dr. jur. Carl Jühlke und Dr. Friedrich Lange, damals Redakteur der Täglichen Rundschau«.

In einem Aufruf an das Deutsche Volk, der »unsere Ziele klar darstellte und zur Unterstützung aufforderte«, erinnerte Peters daran, daß die deutsche Nation bei der Verteilung der Erde leer ausgegangen, jeder deutsche Auswanderer auf ausländischem Boden ein Fremdling geblieben, der große Strom deutscher Emigranten seit Jahrhunderten in fremde Rassen eingetaucht und in ihnen verschwunden sei – womit jährlich »die Kraft von 200000 Deutschen unserem Vaterlande« verlorenginge, ebenso wie viele Millionen deutschen Kapitals. Und diesem nationalen Mißstande gelte es abzuhelfen. Deshalb habe sich die Gesellschaft für deutsche Kolonisation die Aufgabe gestellt, »Kolonisationskapital« zu beschaffen, »geeignete Kolonisationsdistrikte« auszumachen und zu erwerben und die deutsche Auswanderung in diese Gebiete zu lenken. »Jeder Deutsche, dem ein Herz für die Größe unserer Nation schlägt, ist aufgefordert, unserer Gesellschaft beizutreten.« Daß er sich mit diesem Appell den bereits 1882 gegründeten Deutschen Kolonialverein zum Gegner machen mußte, hat Peters offensichtlich nicht bedacht, obwohl ihm zuvor dessen Vorsitzender, Fürst Hohenlohe-Langenburg, hinsichtlich seiner Pläne deutlich die kalte Schulter gezeigt hatte.

»Die Rückwirkung einer großen Kolonialpolitik« war Peters in England »positiv aufgegangen«, wo er »nach Beendigung meiner Studien und Absolvierung aller Examina einige Jahre in finanzieller Unabhängigkeit« verbracht hatte. Beeindruckt von der handelspolitisch und volkswirtschaftlich bedeutungsvollen »Wechselwirkung zwischen Mutterland und Kolonien«, von dem jährlichen Verlust, der Deutschland dadurch entstehe, daß es »alle seine Kolonialartikel von fremden Völkern sich kaufen müsse« – Kaffee, Tee, Reis, Tabak, Gewürze –, von der Möglichkeit, daß in England »ein jeder in den Kolonien Gelegenheit finden könne, sich ein unabhängiges Vermögen zu machen«, von der dort

»Wenn ich selbst auf meinen Lebenslauf zurückblicke, so wundert mich viel mehr, als daß ich Deutsch-Ostafrika gegründet habe, die umgekehrte Tatsache, daß ich nicht viel weitere Länderstrecken dem Deutschen Reiche zuführen konnte und daß es mir nicht gelungen ist, mir persönlich ein Reich nach meinem Geschmack zu erwerben. Von Kindheit auf war meine Phantasie mit solchen Plänen beschäftigt. Meine Vorbilder in der Geschichte waren Perikles, Hannibal, die Gracchen bis zu Cortez, Sir Walter Raleigh, Nelson . . .«
Zitat Carl Peters

Carl Peters ist in die deutsche Kolonialgeschichte durchaus nicht nur als Schöpfer Deutsch-Ostafrikas eingegangen. Dreimal stand er im Mittelpunkt von Untersuchungen, die seinem brutalen Vorgehen gegen Eingeborene galten. Zweimal freigesprochen, wird er schließlich wegen wiederholter Dienstvergehen verurteilt und entlassen. Besonderes Aufsehen erregte er, als er 1891 zunächst seinen Diener Mabruk wegen Diebstahls, wenige Monate später seine »schwarze Konkubine« Jagodja wegen zweier Fluchtversuche hängen ließ, was ihm endgültig den Namen »Hänge-Peters« eintrug.

Vier Jahrzehnte später wird es in Ewald Banses Loblied auf »unsere großen Afrikaner« heißen: »Die (englische) Mission liebte den energischen Mann von vornherein nicht, denn er behandelte den Neger nicht als schwarzen Bruder, sondern er schoß ihn bei dem geringsten Widerstande über den Haufen.«

beobachteten »freien und stolzen Entwicklung«, die im Gegensatz stünde zu der »Engherzigkeit und dem Strebertum, auf die man in Deutschland auf Schritt und Tritt« stoße – die Summe dieser Erkenntnisse habe seinen Patriotismus geweckt und »zur deutschen Kolonialpolitik« getrieben, obwohl ihn sein Instinkt gewarnt habe, »nach meiner Heimat und zu meinem Volke zurückzukehren«. Tatsächlich hat Peters die Adoption durch seinen vermögenden englischen Onkel Carl Engel, dessen Erbschaft und den Erwerb der englischen Staatsbürgerschaft ebenso abgelehnt wie die damit verbundene Möglichkeit, ein Protegé des britischen Handelsministers Joseph Chamberlain, der wiederum ein Neffe Engels war, zu werden. »Ich sagte ›nein‹, und mit diesem Entschluß habe ich all das Unglück und das Leiden meines Lebens mir selbst zugezogen. Ich meinte damals aber . . ., daß es zweierlei für mich dabei gäbe: entweder Untergang oder vollen Erfolg. Ich konnte nicht (mit der Möglichkeit) rechnen, daß ich zwar vollen Erfolg haben werde, aber dennoch mein eigenes Volk mir den Untergang bereiten würde, wie es hernach gekommen ist.«

Peters beschloß, »das mir vorliegende Kolonialproblem« nach englischem Muster zu lösen: »Adventurers«, unternehmende Männer mit Betriebskapital, rüsteten Schiffe aus, die »unter schneidigen Führern in die ins Auge gefaßte Weltgegend« fuhren. »Die Regierung erteilte, wo nobodys country (Niemandsland) in Frage kam, wohl vor dem Auslaufen der Flotille ein grant (Bewilligungsurkunde) oder eine charter (Frei- oder Schutzbrief), oder aber auch erst nachträglich, auf Grund nachzuweisender Rechtstitel.« Mit seinem Aufruf an das deutsche Volk, »das Versäumnis von Jahrhunderten gutzumachen, der Welt zu beweisen, daß (Deutschland) mit der alten Reichsherrlichkeit auch den alten deutschnationalen Geist der Väter« wiedergewonnen habe, stieß Peters bei der »radikalen deutschen Presse« auf scharfe Kritik.

Im Winter 1883/84 hatte Peters dem Auswärtigen Amt einen »südost-afrikanischen Kolonialplan« übersandt – in der Hoffnung, »Fürst Bismarck persönlich dafür zu gewinnen«, erhielt jedoch zunächst »überhaupt keinerlei Antwort«. Der Plan sah vor, »in den oberen Ländern zwischen dem Sambesi und dem Transvaal« eine Kolonie zu gründen. Erst im Sommer 1884 ließ Bismarck Peters mitteilen, daß er »alles Land südlich des Sambesi als britische Interessensphäre« ansehe, und warnte ihn, »in jenen Gebieten für deutsche Besitzergreifung vorzugehen«. (Später wird Peters empört darauf hinweisen, daß Cecil Rhodes zu jenem Zeitpunkt »noch nicht in diesen Gebieten aufgetaucht war, (sondern) seine Charter für Rhodesien erst 1889« erhalten habe, so daß es nicht den

Linke Seite: *Sinathal, erste deutsche Station in Ostafrika. (Nach einer Zeichnung des Grafen Pfeil, April 1885)*

Unten: *Drei Männer, deren Namen eng mit der deutschen Kolonialgeschichte verbunden waren. Von links: Dr. Karl Jühlke, Dr. Carl Peters, Joachim Graf Pfeil (Berlin, August 1884).*

geringsten Grund gegeben hätte, »weshalb sich nicht ein Deutscher in den Besitz dieses vielversprechenden Gebietes setzen sollte«.)

Inzwischen war Peters jedoch »die Finanzierung von Deutsch-Ostafrika« gelungen: durch Ausgabe von 5000-Mark-Anteilen »auf eine von uns zu gründende deutsche Kolonie hin«. Die Gesellschaft konnte im September 1884 »fünfunddreißig Zeichner für die von mir vorgeschlagene Zeichnung zu je fünftausend Mark« registrieren, so daß »das Projekt demnach vollkommen gesichert war«. Nach Lektüre des Schilderungen Stanleys »Through the Dark Continent« schlug Peters dem Ausschuß der Gesellschaft vor, »an der Ostküste, Sansibar gegenüber, in Usagara, falls dies nicht möglich, an einem anderen Punkte der Ostküste die Landerwerbung . . . vorzunehmen . . . behufs Anlegung einer deutschen Ackerbau- und Handelskolonie«. Eine Expedition mit Peters als verantwortlichem Leiter, Dr. Jühlke und Graf Pfeil setzte sich nach Sansibar in Marsch, nicht ohne daß der Ausschuß »die feste Erwartung« ausgesprochen hätte, »daß die Herren keinesfalls, ohne den Ankauf von geeignetem Land irgendwo vollzogen zu haben, nach Deutschland zurückkehren werden«. Das Auswärtige Amt wurde nicht informiert. Nach eigener Bekundung las Peters aus der Weltgeschichte ab, daß alte und neuere Konquistadoren ihre Rechtstitel auf Verträge stützten, die sie mit eingeborenen Häuptlingen abschlossen, und sogenannte Abtretungsurkunden erhielten. Die Schwierigkeit solcher »Rechtsverfahren« bestand darin, daß die Häuptlinge weder lesen noch schreiben konnten, was sich mit Hilfe von Dolmetschern oder »einwandfreien Weißen« zwar »zum guten Teil beseitigen« ließ, trotzdem jedoch nicht genügte, um »notariell unanfechtbare Dokumente zu schaffen«. Dem Beispiel anderer Länder, die Besitzergreifungen durch Hissung ihrer Flagge anzeigten, hätte Peters eigentlich auch nicht folgen dürfen, »da ich von der Kaiserlichen Regierung nicht zu einem solchen Akt . . . bevollmächtigt war. Indes nahm ich an, daß fremde Staaten vor der deutschen Reichsflagge immerhin so viel Respekt haben würden, um sie anzuerkennen, bis der deutsche Kaiser und Fürst Bismarck sie verleugneten.« Peters beschloß also, sich beider Arten des Landerwerbs zu bedienen: »Abtretungsverträge mit den eingeborenen Häupt-

lingen abzuschließen und daneben jedesmal die internationale Form der deutschen Flaggenhissung zu vollziehen, . . . welche für den modernen Kampf um die Aufteilung Afrikas international angenommen« worden sei.

Erste Etappe der Expedition bildete die Insel Sansibar, wo de jure der Sultan Said Bargasch, de facto der britische Generalkonsul Sir John Kirk die auswärtige Politik bestimmte, was um so leichter war, als ein weiterer Engländer, General Matthews, die Truppe des Sultans kommandierte und vor der Insel drei britische Kreuzer lagen, »den Sultanspalast direkt unter ihren Kanonen«. Der Status Sansibars als »politische Dependenz Ostindiens« sollte nicht Peters' einzige Sorge bleiben. Da hatte der Sultan, Jahre zuvor, dem Direktor der British India Steam Navigation Co., William Mac'Kinnon, vertraglich die »volle wirtschaftliche Kontrolle über das Hinterland bis zu den Seen« (Victoria-, Tanganjika- und Njassa-See) übertragen. (Allerdings war dieser Vertrag von britischer Seite nicht ratifiziert worden.) Des weiteren mußte Peters feststellen, daß er sein Hotel mit einem belgischen Offizier namens Bekker teilte, der im Auftrage des Königs der Belgier, Leopold II., »das ganze Zentralafrika von Sansibar bis zur Mündung des Kongo mit einem Netz von Stationen überzog«. Am schwersten aber fühlte sich Peters durch eine Nachricht des – von ihm nicht informierten – Auswärtigen Amtes zu Berlin getroffen. Der Deutsche Konsul in Sansibar, William O'Swald, legte ihm »zur Kenntnisnahme« einen Erlaß des Reichskanzlers vor, in dem dieser mitteilen ließ, daß, »falls der p.p. Peters wirklich in Sansibar eintreffen sollte, . . . er weder Anspruch auf Reichsschutz für eine Kolonie, noch auch Garantie für sein eigenes Leben habe«. Obwohl dies das Ende zu sein schien, entschloß sich der Mann, der Deutschland ein riesiges Kolonialreich »zuführen« wollte, »vor dem scheinbar Unmöglichen nicht zurückzuweichen, sondern, alles gegen alles setzend, bis an die Grenzen des physisch Möglichen zu gehen«. Sein bei Horaz entlehntes Lebensmotto »Aequam memento rebus in arduis servare mentem« (etwa: Bewahre auch in schwierigen Fällen/Lagen/Dingen Deinen Gleichmut) habe ihm die Kraft

Unten: *Parade der Garde des Sultans von Sansibar, Said Bargasch bin Said, vor dessen Palast anläßlich des Ramadan-Festes 1888.*

Oben links: *Sir John Kirk, englischer Generalkonsul in Sansibar und Berater des Sultans, veranlaßte Said Bargasch, auch das ostafrikanische Hinterland für sich zu beanspruchen, und wurde deshalb aus deutscher Sicht zum »großen Quertreiber«.*

Oben rechts: *Der Sultan von Sansibar (erste Reihe Mitte, umgeben von seinen Ministern) protestierte vergeblich gegen den kaiserlichen Schutzbrief für das von Peters »rechtmäßig erworbene« Gebiet. (Aufnahme aus dem Jahre 1887)*

gegeben, sich am 9. November 1884, allen Warnungen zum Trotz, in Richtung auf die ostafrikanischen Steppen in Marsch zu setzen: »Vorwärts mit der sinkenden Sonne!«. Zwischen den Horden plündernder Massais »war ich wenigstens vor einem sicher, . . . weiteren Schikanen und Intrigen von Berlin«. Jenes Telegramm Bismarcks. durch das er sich – wieder einmal – im Stich gelassen und in seinen Motiven verkannt fühlte, veranlaßte ihn, vor Expeditionsbeginn an den Kanzler zu telegrafieren, daß er sich nicht bewußt sei, um deutschen Reichsschutz nachgesucht zu haben, und darum bäte, »in Zukunft mit dem Abschlagen einer Sache zu warten, bis ich um etwas bitte«.

Die erste Expedition – Teilnehmer: Peters, Jühlke, Graf Pfeil und August Otto, begleitet von 36 mit Speeren bewaffneten Trägern und sechs persönlichen Dienern – dauerte vier Monate und endete mit dem »Erwerb« von Gebieten, deren Größe etwa der Süddeutschlands entsprach. Über das Zustandekommen der »großen Abtretungen an uns Deutsche« berichtete Peters nicht viel mehr, als daß man von ihm keine detaillierte Darlegung seiner Verhandlungstaktik erwarten könne. Immerhin hat er einige Gründe seiner Erfolge angedeutet: so die »an allen Orten herrschende Not, . . . welche die Eingeborenen besonders geneigt machte, an weiße Männer sich anzuschmiegen«, ferner den geschickten Einsatz von Geschenken aller Art, Alkohol eingeschlossen, das Hissen der Reichsfahnen, das »Hoch auf Seine Majestät den Deutschen Kaiser« und schließlich das Abfeuern mehrerer Salven, womit die Expedition »den Schwarzen ad oculos« demonstrierte, »was sie im Falle einer Kontraktbrüchigkeit zu erwarten hätten«. Stets war ein Dolmetscher zur Stelle, der dem jeweiligen eingeborenen »Herrscher«, »Sultan« oder »Herr« klar machte, welche »Rechte« mit dem Vertragsabschluß »für ewige Zeiten und zu völlig freier Verfügung an Herrn Dr. Peters als den Vertreter der Gesellschaft für deutsche Kolonisation« übergingen: »Farmen, Straßen, Bergwerke usw. anzulegen, . . . Grund und Boden, Forsten und Flüsse usw. in jeder ihm beliebigen Weise auszunutzen, . . . Kolonisten in das Land zu führen. eigene Justiz und Verwaltung einzurich-

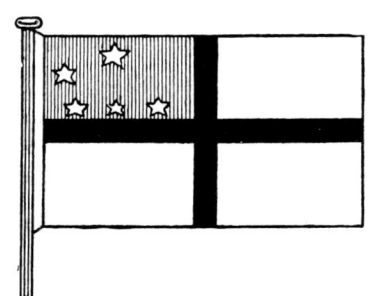

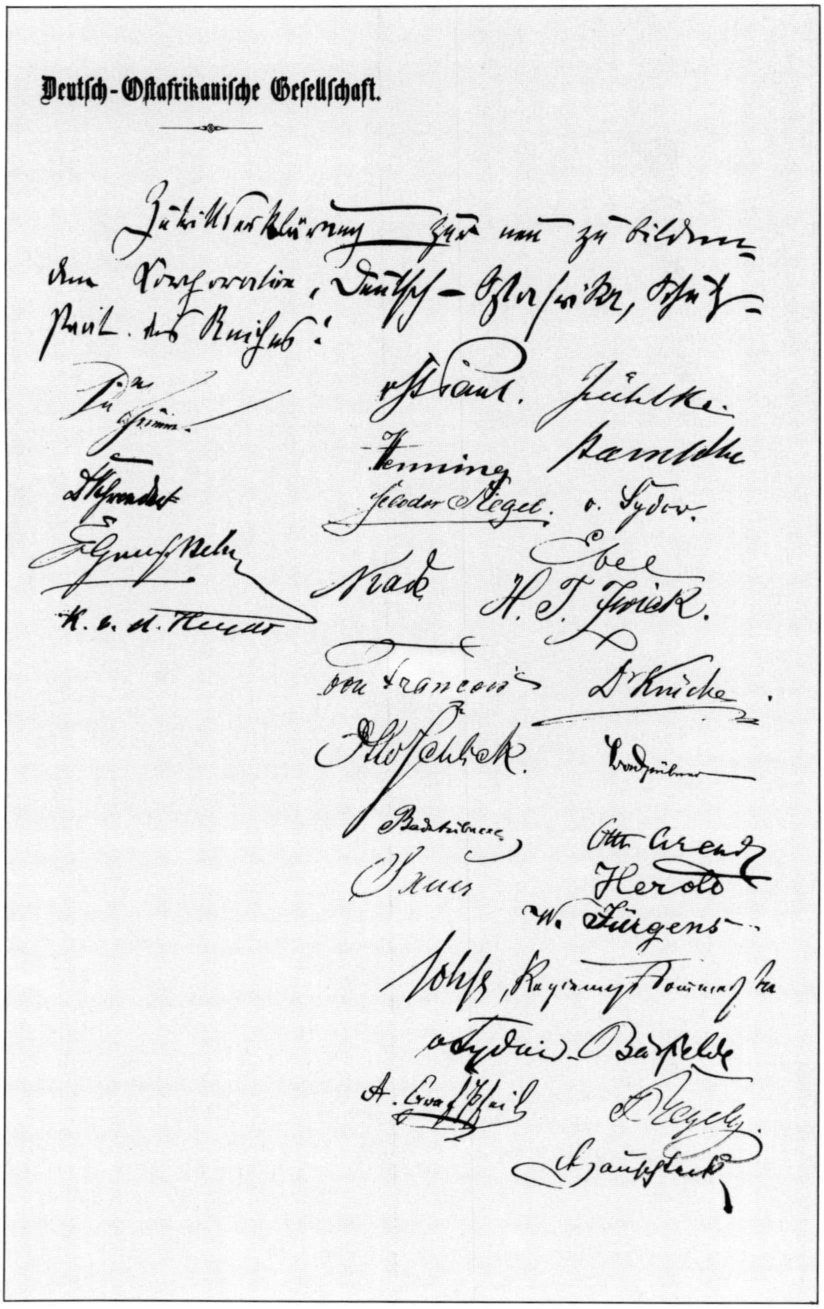

Deutſch-Oſtafrikaniſche Geſellſchaft.

Oben: *Die Flagge der Deutsch-Ostafrikanischen Gesellschaft.*

Mitte: *Münzen und Siegel der
Deutsch-Ostafrikanischen Gesellschaft zeigen als Symbol den Löwen
mit erhobener Pranke.*

Rechts: *»Zutrittserklärung« der ersten Mitglieder der »neu zu bilden-
den Korporation ›Deutsch-Ostafrika, Schutzstaat des Reiches‹«.*

ten, Zölle und Steuern aufzulegen.« Die Gegenleistung der Gesellschaft: den
jeweiligen Herrscher und sein Volk, »soweit es in ihren Kräften steht«, gegen
jedermann zu schützen, sein »privatrechtlich reserviertes Eigentum . . . zu
respektieren« und ihm »außer den am heutigen Tage übermittelten Geschenken
eine jährlich mündlich vereinbarte Rente, in Vieh und Handelsartikeln zahlbar,
zu gewähren«.

Peters hat kein Hehl daraus gemacht, daß es ihm häufig auch um »die
Ausnutzung der prachtvollen Arbeitskraft, welche ich in diesem Lande fand«,
gegangen sei. Dementsprechend fehlte denn auch in keinem Vertrag ein Passus
mit dem Versprechen der Gegenseite, den »Bruder Dr. Peters . . . mit allen
Mitteln . . . zu unterstützen (und) auf Wunsch Arbeitsleistungen und militärische Gefolgschaft« zu erbringen. Da Peters wußte, daß in den weiteren

Oben: *Der deutsche Generalkonsul Dr. Gerhard Rohlfs (1831–1896) überbrachte dem Sultan von Sansibar die Nachricht von der Erteilung eines Kaiserlichen Schutzbriefes für die durch Peters erworbenen Gebiete.*

Unten: *Der britische Afrikareisende Sir Henry Morton Stanley (Mitte) und seine Offiziere.*

internationalen Verhandlungen »die sogenannten Anrechte des Sultans von Sansibar eine Hauptrolle spielen würden«, bestach er kurzerhand dessen Handelsagenten Salim Bin Hamid, »einen vornehmen Araber«, und ließ diesen vor einer »Reihe rechtsgültiger Zeugen« bestätigen, »daß der Sultan von Sansibar auf dem Kontinent von Ostafrika, speziell in Nguru und Usagara, Oberhoheit und Schutzrecht nicht besitzt«. Nicht nur, daß der vornehme Araber verspricht, die Bestrebungen der Gesellschaft um deutsche Kolonisation nach Kräften zu unterstützen, er erbittet darüber hinaus ausdrücklich »die Freundschaft von Dr. Peters . . . und erhält sie«.

Aus der Gesellschaft für deutsche Kolonisation wurde im März 1885 – Peters war inzwischen zwecks Berichterstattung nach Berlin gereist – die »Deutsch-Ostafrikanische Gesellschaft Carl Peters und Genossen«, ausgestattet mit einem Kapital von vier Millionen Mark. Ihre Ziele laut Statut: »Erwerb, Besitz, Verwaltung und Verwertung von Ländereien, Ausbeutung von Handel und Schiffahrt . . . sowie deutsche Kolonisation im Osten Afrikas.« Bevollmächtigter wird Carl Peters, der diese Ziele durch seine in Sansibar zurückgelassenen Männer, unter ihnen sein Stellvertreter Dr. Jühlke, auch prompt verfolgen und »auf ewige Zeiten« weitere Verträge abschließen läßt, deren wichtigster jener war, mit dem sich Sultan Mandara, »unumschränkter Herr und rechtmäßiger Besitzer des gesamten Dschaggalandes Aruscha, Ugueno usw. . . . unter den Schutz der Deutsch-Ostafrikanischen Gesellschaft« stellte und dafür »sein Land mit allen Rechten . . . an Dr. Jühlke als Vertreter der . . . Gesellschaft« abtrat. Insbesondere wurden auch hier wieder »nach ausdrücklicher Verdolmetschung . . . folgende (Rechte) hervorgehoben«: Einführung eigener Justiz und Verwaltung, Erhebung von Zöllen und Steuern, das Recht, Berge, Flüsse, Seen und Forsten beliebig zu nutzen. Ferner gestattete Sultan Mandara, »um die völlige privatrechtliche Ausbeutung des Dschaggalandes zu ermöglichen«, weiße Kolonisten ins Land zu holen.

Als Gegenleistung wurde dem Herrscher der Titel eines »Sultans von Mandara« belassen und »sein, seiner Familie und seiner Untertanen Privatbesitztum . . . garantiert«. Unter der Voraussetzung rasch fortschreitender Kolonisation wollte Jühlke außerdem »die Erziehung der Söhne des Sultans . . . in deutscher Weise bewirken«. Dieser Vertrag wurde am 19. Juni 1885, wie üblich »in legaler Form und vor rechtsgültigen Zeugen für ewige Zeiten gültig und beide Parteien bindend geschlossen« und mit den Unterschriften des Dr. Jühlke und eines Premierleutnants Weiß einerseits, den Handzeichen des Sultans und dreier Dolmetscher andererseits versehen. Insgesamt brachte diese Jühlkesche Expedition der Deutsch-Ostafrikanischen Gesellschaft die Länder Usambara, Pare, Dschagga und »das Paradies Ostafrikas, die prachtvollen Landschaften um den Kilimandscharo« ein. Jühlke selbst wurde 1886 am Juba von Somalis ermordet. Zu gleicher Zeit erwarben andere von Peters berufene Expeditionsführer »Ansprüche« im Tangagebiet und an der Somaliküste (Hörnecke und Leutnant v. Anderten), in Usaramo (Leutnant Schmidt) und auf den Komoren (Dr. Schmidt), so daß »das gesamte Gebiet von Kap Guardafui im Norden bis zu den portugiesischen Besitzungen im Süden« – ausgenommen der schmale Küstenstreifen des Sultans von Sansibar – »im Besitz der DOAG« war, und »Ende 1886 die Flagge der Gesellschaft über einem Gebiet von 56000 Quadratmeilen wehte«, wobei nicht zuletzt ein Ende 1886 zwischen Deutschland und Portugal geschlossener Grenzregulierungsvertrag »den deutschen kolonialen Bestrebungen größeren Spielraum« eröffnete.

Bereits 1885 hatten die Bemühungen, der Gesellschaft eine «Küstenbasis« zu schaffen, prompt zu jenen Schwierigkeiten geführt, denen Peters mit der von dem Araber Salim Bin Said erkauften Erklärung hatte zuvorkommen wollen. Insbesondere die dem Sultan Said Bargasch durch den deutschen Generalkonsul Dr. Rohlfs – dieser war demonstrativ mit einem Kriegsschiff angereist – überbrachte Mitteilung von der Erteilung eines Kaiserlichen Schutzbriefes erregte den Zorn des Sansibar-Herrschers, der seine Zollinteressen im Küstenbereich gefährdet sah. Einem nach Berlin gesandten Protesttelegramm ließ er unverzüglich mehrere Expeditionen in die Küstenländer folgen, um seinen Herrschaftsanspruch zu demonstrieren. Doch aus Berlin kam nicht nur umgehend »eine sehr energische Antwort« – wenig später tauchte vor Sansibar ein aus sieben Kriegsschiffen und zwei Tendern bestehendes deutsches Geschwader auf, das »auf den Sultan und auf die arabische und die eingeborene Bevölkerung einen tiefen Eindruck« machte. Bargasch erkannte nicht nur die deutsche Schutzherrschaft »im vollsten Umfange an«, sondern überließ der DOAG außerdem das Mitbenutzungsrecht für die Häfen Pangani und Daressalam.

Inzwischen war in Berlin ein anderes Konsortium gegründet worden, dessen Interessen dem den Besitzungen der Petersschen Gesellschaft benachbarten Wituland galten. Die Brüder Clemens und Gustav Denhardt hatten am 8. April 1885 vom Sultan von Wituland etwa 25 Quadratmeilen Land »mit allen ihm daran zustehenden Hoheits- und Privatrechten« erworben und ihn gleichzeitig veranlaßt, sich auch »hinsichtlich seines übrigen Gebietes unter deutschen Schutz zu stellen«, ein Schritt, den Said Bargasch ebenfalls zu verhindern suchte. Das Ziel der Denhardts war die Gründung einer Niederlassung in Wituland. (Dieses Gebiet wird fünf Jahre später in einem englisch-deutschen Tauschgeschäft eine entscheidende Rolle spielen.) Am 1. November 1886 wird in London ein deutsch-englisches Abkommen geschlossen, in dem die Interessensphären der beiden Mächte abgegrenzt und »die Souveränität des Sultans von Sansibar über die Inseln Sansibar, Pemba, Lamu, Mafia und einen zehn Meilen breiten Küstenstreifen« anerkannt werden. Insgeheim ist Peters enttäuscht, hätte er es doch lieber gesehen, wenn »die Forderung des Reiches gleich auf ein Protektorat über das Sultanat Sansibar selbst« ausgedehnt worden wäre. Seiner Meinung nach hätte Englands Duldung eines solchen Schrittes ohne weiteres mit Deutschlands »rückhaltloser Unterstützung« der britischen Politik in Afghanistan erkauft werden können. Doch Bismarck, darauf angesprochen, winkte ab: das könne Peters nicht beurteilen.

Mittlerweile ist Peters »Präsident der Deutsch-Ostafrikanischen Gesellschaft« geworden und hat nun »die ganzen Sorgen und Wirren . . . allein zu tragen«.

Oben: *Dr. Paul Kayser, 1890–1894 Ministerialdirigent, 1894–1896 Ministerialdirektor in der Kolonialabteilung des Auswärtigen Amtes, Berlin.*

Unten: *Der deutsche Arzt Dr. Eduard Schnitzer, der sich nach seinem Übertritt zum Islam Emin Pascha nannte und von den Ägyptern im südlichen Sudan als Gouverneur eingesetzt wurde.*

Immerhin erhält die Gesellschaft – dank Bismarcks Einfluß in der Berliner »Haute-Finance« – nicht unerhebliche Geldmittel. Am 27. März 1887 wird die DOAG aufgrund königlicher Order »juristische Person« mit Peters als »Vorsitzendem Direktor . . . auf fünfzehn Jahre«. Der Kanzler hat in ihm längst einen jener maßlos ehrgeizigen, persönlich furchtlosen und darüber hinaus von wenig Skrupeln geplagten »Kolonialpioniere« erkannt, die man gewähren läßt, ohne sich um die Wahl ihrer Mittel zu kümmern. Wenige Tage nach seiner Berufung zum Vorsitzenden Direktor schifft sich Peters mit einem »tüchtigen Kreis von Männern« ein, »um in Ostafrika die Grundlagen für ein emporblühendes deutsches Gemeinwesen zu legen«, wobei er davon ausgeht, daß ihm »zunächst bis zum Jahre 1900 hin ein reiches Arbeitsfeld draußen in der Kolonie beschieden sein werde«.

Doch schon kommen ihm, dem ständig zwischen übersteigertem Selbstbewußtsein und dem Gefühl des Verkanntwerdens Schwankenden, erneut Zweifel. Überall wittert er, und häufig zu Recht, Feinde: »Auf eine eigentliche Rückendeckung aus Berlin« habe er nicht rechnen können, da der Vertreter des Auswärtigen Amtes, Geheimrat Dr. Kayser, »kein vornehm denkender Mensch« gewesen sei, vielmehr ein »Meister der Intrige und der Hintertüren-Politik«, zudem ein Mann, der »als Exzellenz sterben« wollte und zu diesem Zwecke Peters' »Eliminierung aus der deutschen Kolonialpolitik« für erforderlich gehalten habe. Trotz der ihm in Sansibar vom deutschen Generalkonsul in den Weg gelegten Steine gelingt es Peters am 31.7.1887, den Engländern zuvorzukommen und mit Mohamed Bin Salim, dem Premierminister des Sultans von Sansibar, einen Vertrag zu schließen, der »uns für fünfzig Jahre die Verwaltung mit allen Hoheitsrechten, einschließlich des Münz-, Zoll- und Steuerrechts, Ausnutzung des Bodens über und unter der Erde an der ganzen Küste von Umba bis zum Rowuma« übertrug, was zugleich den Zugang zu neun Häfen bedeutete. Dieser Vertrag wurde zunächst von Berlin nicht ratifiziert, sondern »erst später in verballhornter Form von der Reichsregierung beim Sultanat durchgedrückt« (28. April 1888). Wieder war aus Petersscher Sicht die Personalpolitik jenes Dr. Kayser, »der mir den großen diplomatischen Erfolg . . . nicht gönnen konnte«, an dieser Verzögerung schuld. Peters wurde nach Berlin gerufen, zu seinem Nachfolger »ein völlig unerfahrener Kaufmann aus Westafrika« bestellt. Verbittert schied er aus der DOAG, zutiefst davon überzeugt, daß seine »Eroberung der Küste die eigentliche Gründung von Deutsch-Ostafrika . . . und die glänzendste Leistung« gewesen sei, »welche mir in meiner kolonialpolitischen Tätigkeit beschieden gewesen ist«, wobei er an die von ihm oder seinen Stellvertretern abgeschlossenen weit über einhundert »Verträge« gedacht haben wird.

Trotz des Bruchs mit der von ihm gegründeten Gesellschaft macht sich Peters noch einmal an die Lösung einer kolonialen Aufgabe. Ihre Vorgeschichte beginnt 1865. In diesem Jahr tritt ein 25jähriger deutscher Arzt, Dr. Eduard Schnitzer, in türkische Dienste, wechselt zum islamischen Glauben und nennt sich nun Emin Pascha. 1875 machen ihn die Ägypter zum Gouverneur der äquatorialen Provinzen des südlichen Sudan. Wiederum zehn Jahre später ziehen sich Ägypter und Engländer offiziell aus dem Sudan zurück, womit, nach damaligem Sprachgebrauch die Länder »von Lado bis zu den Quellen des Nil« ›Nobody's Country‹ werden. Emin Pascha nutzt diese Gelegenheit, »sich selbst durch direkte Vereinbarung mit den Eingeborenen . . . die Hoheitsrechte der Äquatorialprovinz anzueignen«. Südlich lagen Uganda und dessen Nebenländer »offen für jeden, der zugreifen wollte«.

Da bricht 1888 auf Paschas »Hoheitsgebiet« der Mahdistenaufstand (Mahdisten: Anhänger des Araberführers Muhammad Ahmad) aus, den Pascha blutig niederschlägt und nun »mit seinen Truppen ein letztes Bollwerk europäischer Kultur festhält«. Diese Kämpfe rufen in Europa die Hoffnung wach, Emin Paschas Provinzen könnten »Ausgangspunkt für die Zivilisierung Mittelafrikas« werden, zumal die Gebiete am oberen Nil als »die prachtvollsten Länder (gelten), die eine europäische Großmacht in Afrika nur haben konnte, speziell ganz unbezahlbar für Deutschland, welches . . . sicherlich an vier bis fünf Millionen seiner Auswanderer dort ansiedeln konnte und mit dem Wasser des

Im Juni 1890 trifft Carl Peters (untere Reihe Mitte rechts) in Mpapua mit Emin Pascha (untere Reihe Mitte links) zusammen, dem verschollen Geglaubten, den er gesucht, den jedoch Stanley gefunden hatte. In zeitgenössischen Berichten wurde die Peters'sche Rettungsexpedition als »heroisch und waghalsig« gepriesen.

oberen Nil das Schicksal Ägyptens wesentlich in seine Hand bekommen hätte«. Auch die Engländer erkennen die dort gegebenen Möglichkeiten und rüsten – unter Stanley und Jackson – zwei Expeditionen aus, um dem inzwischen wegen Mangels an Munition und Vorräten in Bedrängnis geratenen Emin Pascha zu Hilfe zu kommen.

In der gleichen Absicht reist am 25. Februar 1889 auch Carl Peters nach Ostafrika. Und wieder sieht er seine hehren Ziele von seiten des »offiziellen Deutschland« verkannt. Seine Selbstüberschätzung geht so weit, die inzwischen verhängte deutsch-englische Seeblockade der Sansibar-Küste – sie soll Sklavenhandel und Waffenschmuggel eindämmen – für ausschließlich gegen sich gerichtet zu halten.

Tatsache war allerdings, daß der deutsche Generalkonsul in Sansibar von Peters' Ankunft keine Notiz nahm, daß der Sultan öffentlich drohte, jedem zur Petersschen Expedition stoßenden Schwarzen »den Kopf abschlagen« zu lassen, daß das Auswärtige Amt in Berlin ihm »jede Vermittlung und Unterstützung« verweigerte, daß ihm der Marsch »quer durch die von mir gegründete Kolonie« verboten wurde, daß die Engländer seine für die Expedition bestimmten Waffen (»fünfhundert Vorderlader und einige hundert Remingtons und Mauserrepetiergewehre«) konfiszierten, daß der von ihm gecharterte Dampfer »Neera« mit allen »Handelsartikeln« in Lamu beschlagnahmt, später jedoch vom Prisengericht wieder freigegeben wurde, und daß Peters schließlich mit nur einem weißen Begleiter (v. Tiedemann), 17 Somalis und 60 Trägern nach Uganda marschierte (»anstatt einer Expedition von hundert bewaffneten Somalis, acht Weißen und 600 Trägern«). Ihren Weg haben sich Peters und seine Leute freigeschossen. Er wird später schreiben, er habe während seines Marsches zum oberen Nil »hier und da schroffer auftreten müssen, als mir selbst lieb war« und sei gezwungen gewesen, »in Selbstverteidigung unter anderen die Gallas, die Massai, die Wajogo niederzuschlagen, mit denen ich so gern friedlich verkehrt hätte«. Außerdem solle man gefälligst nicht gleich von Krieg reden, »wenn es gilt, Wahehe, Hottentotten oder Mahareros zu züchtigen«. Hätte man ihm, so Peters später, nicht seine Tauschartikel genommen, ihm nicht den »friedlichen Zugang« zur Küste verwehrt und ihn damit gezwungen, sich eine »Kriegskolo-

Dr. Carl Peters (1856–1918)

nie« zu organisieren, dann wäre es nach seinem Verständnis nicht zu dem von »diesen Herren in Berlin und Sansibar . . . mit offenen Augen (bewirkten) Blutvergießen der Emin-Pascha-Expedition« gekommen. »Auf ihren Gewissen bleibt es ruhen.« Stolz auf die Vielzahl der von ihm erworbenen »Rechtstitel«, stellt er fest, die Deutsche Emin-Pascha-Expedition habe dem Kaiser einen »Komplex von Ländern, Flüssen und Seen« zu Füßen gelegt, der an »Großartigkeit und Zukunftsausblicken« alles überböte, was Afrika sonst in sich berge, und sei »wohl ein Dutzend des gegenwärtigen Deutsch-Ostafrika wert«.

Mitte Juni 1890 erreicht Peters den Hauptort von Ugogo, Mpapua, in dem er endlich dem kurz zuvor eingetroffenen Emin Pascha begegnet, dem Mann, den er gesucht, den jedoch Stanley gefunden und aus der Äquatorialprovinz in Sicherheit gebracht hatte. In Mpapua erfährt er auch von der drei Monate zuvor erfolgten Entlassung Bismarcks, an dessen Stelle nun General v. Caprivi getreten ist. In Sansibar endet seine Expedition. Sie hat genau ein Jahr, einen Monat und einen Tag gedauert. 1897 wird Carl Peters wegen Mißbrauchs seiner Amtsgewalt aus dem Staatsdienst entlassen. Nach einer Sambesi-Expedition (1899–1901) lebt er bis Ausbruch des Ersten Weltkrieges in London, kehrt dann nach Deutschland zurück und wird schließlich, noch vor seinem Tode (1918), rehabilitiert.

Allgemeines
über Geographie und Geologie

»Deutsch-Ostafrika ist ein zwischen dem Indischen Ozean und dem Tanganjikasee einerseits, dem Victoriasee und Rowuma anderseits gelegener Abschnitt aus dem großen ostafrikanischen Hochland, das sich ununterbrochen von Abessinien im Norden bis zum Sambesi im Süden ausdehnt und jenseits der Sambesiniederung westwärts bis zum westafrikanischen Plateau von Bihé, südwärts in mehrfacher Unterbrechung bis zur Südspitze Afrikas reicht« (Meyer). Dementsprechend wurde das Schutzgebiet in den Jahren seiner Entstehung auch als politisches Teilstück jenes geographischen Ganzen verstanden, das als tropisches Ostafrika galt.

»Genau wie Deutschland nach der aktiven, so ist Ostafrika kolonisationsbedürftig nach der passiven Seite hin. Die üppigen Landschaften, verödet durch jahrhundertelange Sklavenjagden, liegen da wie die Obstbäume der Frau Holle und harren der Hand, die bereit ist, den reichen Segen zu ernten. Selbst in den Schwarzen dämmert die Erkenntnis auf, daß es besser mit ihnen werden wird, wenn Weiße als Herren des Landes unter ihnen wohnen. Heute leben sie dahin wie Fabrikarbeiter ohne Beschäftigung; sie fühlen selbst, daß es der organisierenden Tätigkeit jener unheimlichen Rasse bedarf, als deren Repräsentanten wir bei ihnen erschienen, damit auch sie ein wenig mehr von den Schätzen ihres eigenen Landes genießen können.«

Mit seiner *Größe* von fast einer Million Quadratkilometern war es nahezu doppelt so groß wie das damalige Deutsche Reich und erstreckte sich vom 1. bis nahe an den 12. südlichen Breitengrad und vom 41. bis zum 29. östlichen Längengrad. Drei Faktoren kennzeichneten seine Lage:

1. Sein Charakter als ein in der Äquatorialzone gelegenes Land mit ausgesprochen tropischem Klima und entsprechender biogeographischer Ausstattung wie etwa der »den Tropen angepaßten Negerbevölkerung«;
2. seine ozeanische Randlage mit ihrer dem Indischen Ozean und dessen Küstenländern zugewandten Hauptfront, ihrer tiefen Einkerbung in Richtung auf das Innere Zentralafrikas und ihrem Reichtum an Buchten und Inseln;
3. sein von einem schmalen Küstenland ansteigendes riesiges, vorwiegend aus Gneis und Granit bestehendes Hochplateau mit Senken und Seen. Größtes dieser tektonischen Senkungsgebiete war der von Norden nach Süden verlaufende »zentralafrikanische Graben«.

Hohe Gebirgsketten wie etwa der Atlas in Nordafrika fehlen dem ostafrikanischen Gebiet völlig. Überhaupt weist der afrikanische Kontinent nirgends ein »orographisches Rückgrat« auf, wie es für Europa mit den langen, hohen Bergketten der Alpen, für Asien mit dem Himalaja und für Amerika mit den Kordilleren charakteristisch ist. *Aufbau und Oberflächengestaltung* führten um die Jahrhundertwende zu einer verhältnismäßig einfachen Gliederung des Gebietes in große, natürliche Landschaften:

Oben: *Träger einer der insgesamt
drei von Dr. Hans Meyer durchgeführten Kilimandjaro-Expedi-
tionen.
In einem am 20. August 1889 zwischen Dr. Meyer und dem indischen
Kaufmann Sewah Hadschi geschlossenen Vertrag verpflichtete
sich dieser, »für Dr. Hans Meyer
eine Karawane von zwei Hauptleu-
ten und 62 Mann zu stellen, von
denen jeder eine Last von 60 engl.
Pfund tragen soll. Diese Leute haben Dr. Hans Meyer oder seinem
Stellvertreter nach dem Kilimandja-
ro-Gebiet zu folgen und . . . unter
allen Umständen gehorsam zu
sein.« Für jeden »der genannten 64
Mann« zahlte Meyer an Sewah
Hadschi »einen Monatslohn von elf
Mariatheresienthalern« und verpflichtete sich, »die übliche Nahrung und Medizin an die Leute« zu
verteilen und die Wegzölle zu be-
gleichen. Für eventuelle, »durch
Tod oder Krankheit oder Deser-
tion« entstehende Ausfälle hatte
Hadschi zusätzlich 11 Ersatzleute
zu stellen.*

1. Das Küstenland mit den vorgelagerten Inseln, unter ihnen drei größere: Sansibar, Pemba und, als einzige zum deutschen Gebiet gehörend, Mafia.
2. Das Küstenhinterland (auch: Gebirgsvorland), zwischen Küstenzone und dem Ostrand der innerafrikanischen Hochländer gelegen, vom Rufidji, dem größten Fluß des Schutzgebietes, in einen nördlichen und einen südlichen Teil getrennt.
3. Das Ostafrikanische Randgebirge, bestehend aus einer langen Reihe getrennt verlaufender, östlich des Njassasees von Süden nach Norden, dann von SO nach NO ziehender Bergländer mit gleichem Klima, gleicher Vegetation und gleicher Fauna.
4. An der Nordgrenze des Pare-Gebietes das (jungvulkanische) Gebiet des Kilimandjaro mit seinen drei Gipfeln: Kibo (5895 m), Mawensi (5355 m) und Schira (4300 m).
5. Das nordöstliche abflußlose Gebiet des Großen Ostafrikanischen Grabens, in dessen Nachbarschaft weitere abflußlose Seen und die abflußlose Massai-steppe liegen.
6. Das nach allen Seiten abfallende Zentralplateau, »Dach Afrikas« genannt, das die größte geographische Einheit Deutsch-Ostafrikas bildete und im Norden in die Randlandschaften des Victoriasees überging.
7. Das flache Senkungsfeld des 1100 m ü. NN liegenden, 66000 km² großen Victoriasees mit seiner am West-, Süd- und Ostufer gelegenen »deutschen Umrahmung«.
8. Das Zwischenseengebiet zwischen dem Victoria-Njansa und dem Kiwusee im Westen bzw. dem Nord-Tanganjika im SW.
9. Der im Zentralafrikanischen Graben gelegene, von Gebirge umgebene Kiwusee.
10. Der Tanganjikasee (795 m ü. NN, 35000 km²) als südliche Fortsetzung des Zentralafrikanischen Grabens mit seinen Randlandschaften an der deutschen östlichen Seehälfte.
11. Das abflußlose Gebiet des Rukwagrabens mit dem Rukwasee.
12. Der Njassagraben mit dem Njassasee (500 m ü. NN, 27000 km²) und den Randlandschaften des deutschen Seengebietes.

Rechte Seite oben: *Windhuk von Nordosten.*

Rechte Seite unten: *Die Avispforte mit Blick auf das Klein-Windhuktal.*

Die meisten *Flüsse* des ehemaligen Schutzgebietes strömen in den Indischen Ozean. Im nördlichsten Bereich verläuft, teilweise durch ehemals englisches Gebiet, der Umba. Der auf dem Kilimandjaro entspringende Pangani bildet zahlreiche Wasserfälle. Weiter südlich erreichen Wami und Kingani gegenüber der Insel Sansibar den Indischen Ozean. Mit nicht weniger als vier Nebenflüssen mündet vor der Insel Mafia in einem breiten Delta der wasserreiche Rufidji. Im Süden strömen der Mbemkuru und, als Grenzfluß gegenüber dem damaligen Portugiesisch-Ostafrika, der Rowuma zur Küste.

Allgemeines zum Klima

Im Gegensatz zu Deutsch-Südwest lagen für Deutsch-Ostafrika bereits um die Jahrhundertwende umfassende Ergebnisse klimatologischer Studien vor. So konnten aufgrund regelmäßiger Temperaturmessungen, die in 48 Stationen erfolgten, Temperaturkarten erstellt werden. Die in 24 Stationen registrierten Luftdruckwerte ermöglichten die Führung von Luftdruckkarten, und in nicht weniger als 70 Stationen wurden die jeweiligen Regenmengen festgehalten, so daß auch Regenkarten angelegt werden konnten, aus denen die jährlichen Regenmengen und deren Verteilung ersichtlich waren.

Das Klima Ostafrikas steht einerseits unter dem Einfluß der von den Zenitständen der Sonne abhängigen tropischen Erwärmung des Landes, zum anderen unter dem der vom Indischen Ozean ins Land wehenden Passat- und Monsunwinde. Die Forscher unterschieden damals bereits drei Klimatypen:
1. den im größten Teil des Landes – ausgenommen Nordosten und -westen – vorherrschenden Indischen oder *Passatklimatypus*;
2. das *Monsunklima* des Nordostens und
3. den im Nordwesten anzutreffenden *Äquatorialen Klimatypus*. Die Grenze zwischen dem Indischen und den beiden anderen Klimagebieten verläuft, von der Rufidjimündung ausgehend, in nordwestlicher Richtung quer durch das ehemalige Schutzgebiet.

Der über dem größten, dem südlichen Teil Ostafrikas verbreitete Indische Klimatypus wird dadurch gekennzeichnet, daß in den von ihm berührten Gebieten vorwiegend der Südostpassat weht, daß diese Gebiete im Jahr nur eine Regenzeit haben (Dezember bis April), und daß ihre heißeste Periode in die Wochen zwischen Ende November und Anfang Dezember fällt. Das im Nordosten des einstigen Schutzgebietes herrschende Monsunklima dagegen weist zwei Regenzeiten auf, eine kleinere beim Übergang des Passats in den Monsun, eine größere beim umgekehrten Wechsel. Heißester Monat ist der Februar. Für den Äquatorialen Klimatypus, wie er im Nordwesten vorherrscht, sind zwei Sommer und zwei Winter mit zwei Regenzeiten charakteristisch, die nur durch vorübergehende Abnahme der Niederschläge voneinander getrennt sind. Die Temperaturschwankungen betragen bei einer mittleren Jahrestemperatur von 24°C lediglich 2,5°C.

Außer den drei horizontalen Klimagebieten wurden sechs *klimatische Höhenzonen* unterschieden:
1. Die Küstenzone (bis 100 m ü. NN) mit hoher Luftfeuchtigkeit, mäßigen Niederschlägen und mittlerer Jahrestemperatur um 25°C.
2. Die heiße, trockene Vorlandzone (100 bis 500 m) mit gegenüber der Küste geringerer Luftfeuchte, weniger Niederschlägen und etwas geringerer Jahrestemperatur.
3. Die Randgebirgszone (500 bis über 2000 m) mit hoher Luftfeuchtigkeit und starken, fast täglich fallenden Niederschlägen an den Osthängen und niedrigerer Temperatur.

»Nicht die Temperatur, sondern die Winde und vor allem die Niederschläge (bilden) die kennzeichnende Eigenart des Klimas von Deutsch-Ostafrika. Nicht ein Mangel oder Überfluß an Sonnenwärme bildet den Übelstand im Klima unserer ostafrikanischen Kolonie, sondern die unregelmäßigen und stellenweise zu schwachen Niederschläge. Weite Gebiete des deutschen Ostafrika harren noch der wirtschaftlichen Erschließung, wenn es gelingt, eine rationale Wasserversorgung einzurichten. Durch immer weiteren Ausbau der meteorologischen Stationen aber wird es der Wissenschaft gelingen, die vielverschlungenen Zusammenhänge der einzelnen klimatologischen Elemente aufzudecken, mit immer größerer Sicherheit das Eintreffen oder Ausbleiben der Regenzeiten vorauszusagen und so, Hand in Hand mit der Praxis, zum Heile Deutsch-Ostafrikas zu wirken.«

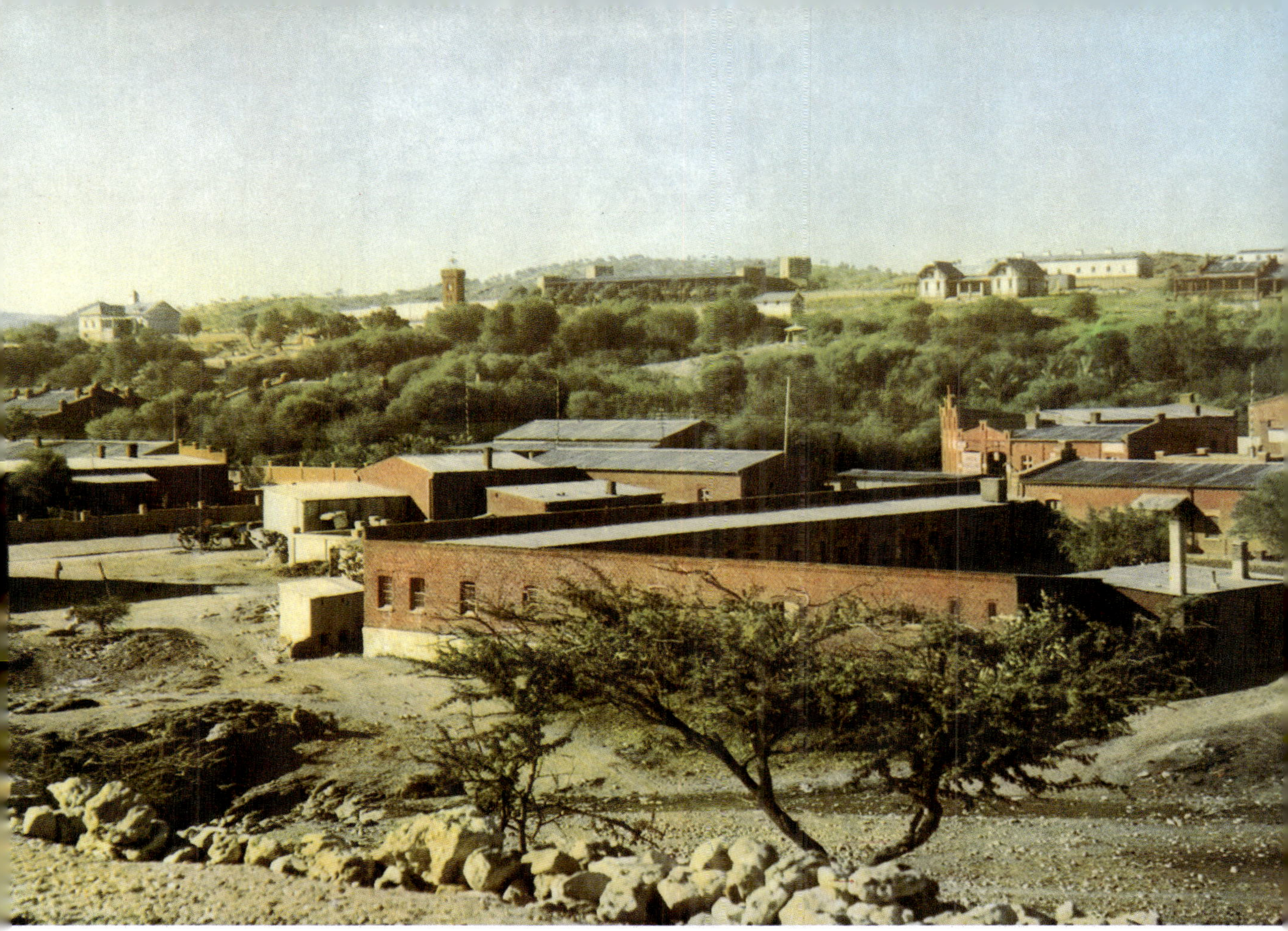

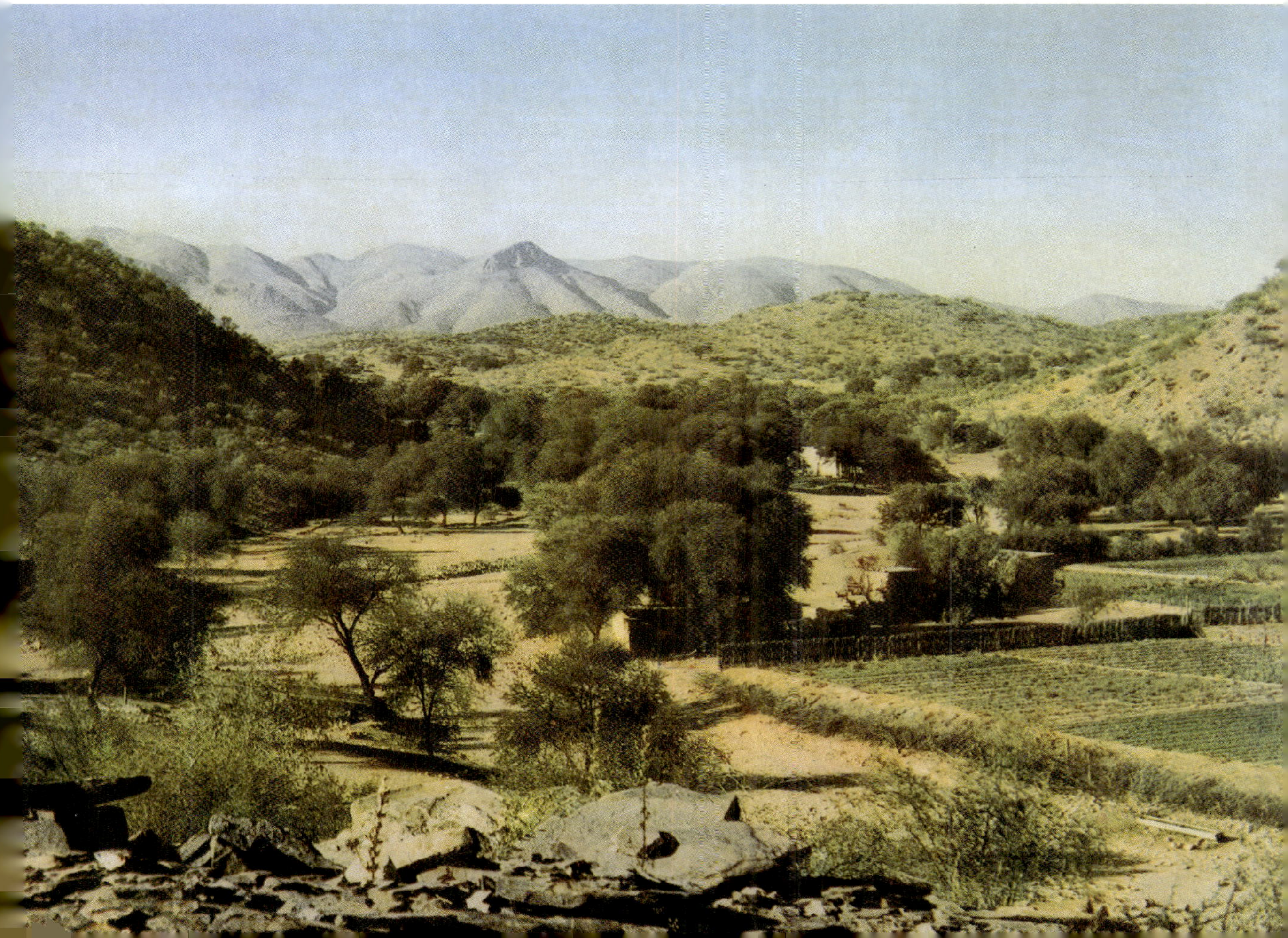

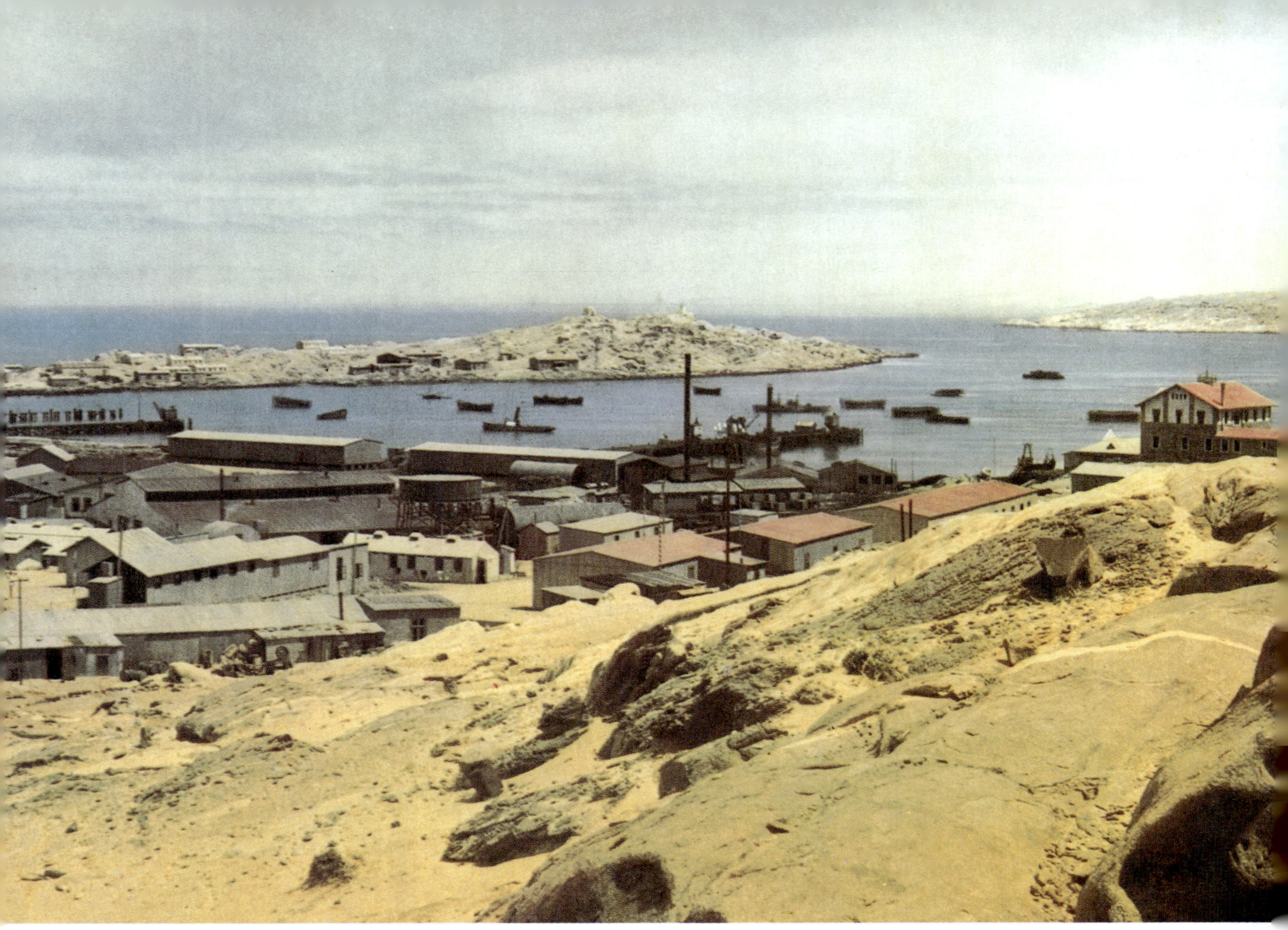

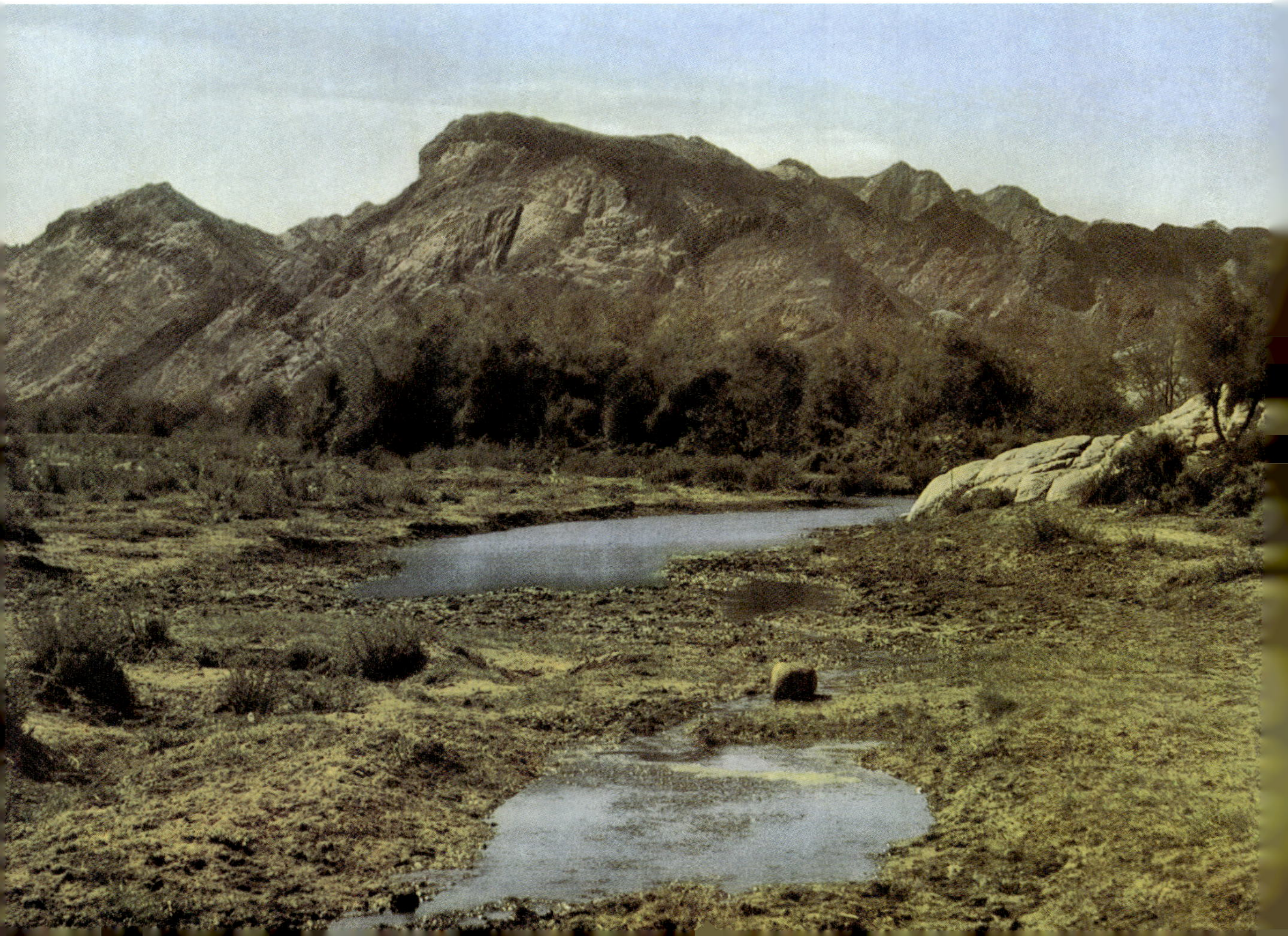

Oben: *Wasserlöcher in den Felsen von Taro. Die Beschaffenheit des in diesen »Ngurungas« gespeicherten Wassers sei, wie Meyer herausfand, »gewöhnlich derartig, daß man in einem Glas die grünliche, schlammige Flüssigkeit kaum für Wasser halten möchte; aber glücklicherweise trinkt man nicht aus durchsichtigen Gläsern, und ein paar Tropfen Essigessenz oder Zitronensäure machen das begehrte Naß wohl genießbar . . .«*

Linke Seite oben: *Lüderitzbucht von Osten.*

Linke Seite unten: *Wasserstelle im Swakop-Rivier bei Goanikontes.*

4. Die trocken-heiße Zone des inneren Hochplateaus (durchschnittlich 1200 m ü. NN) mit geringer Luftfeuchtigkeit (teilweise unter 40 %), geringer Niederschlagsmenge, ziemlich hohen Jahrestemperaturen (bis 25° C) und großen täglichen ebenso wie jahreszeitlichen Temperaturschwankungen (z. B. in Tabora täglich um etwa 20° C).
5. Die kühle, feuchte Zone der subalpinen Höhen (1900 bis 3000 m) mit hoher Luftfeuchtigkeit, häufigen Nebeln und niedriger Jahrestemperatur.
6. Die kalte, trockene alpine Zone in Höhen über 3000 m, wie sie nur der Kilimandjaro, die Vulkane Meru, Karissimbi, Muhawura, Lomalasin und einige kleinere Berge aufweisen. Diese alpine Zone geht auf den höchsten Gipfeln, soweit sie 4000 m übersteigen, in eine hochalpine Wüste über, in der die Niederschläge als Schnee fallen. Klimatische Merkmale der alpinen Zone sind sehr geringe Luftfeuchtigkeit, wenig Regen, niedrige Jahrestemperatur und, in größeren Höhen, feste Niederschläge. Forscher ebenso wie Ärzte waren sich darin einig, es dürfe »als erwiesen gelten, daß auf den inneren Hochländern der Europäer ohne Schaden für seine Gesundheit leben kann«.

113

Die Pflanzenwelt

Oben: *Hochstämmiger Melonen-baum.*

»Begreiflicherweise hat sich Ostafrika wegen des periodisch total veränderten Aussehens seiner meisten Landschaften die widersprechendsten Urteile von Leuten gefallen lassen müssen, die nicht erwägen, daß auch die Tropen ihren Sommer und ihren Winter haben. Der eine, der das Land nur in der grauen Trockenzeit sah, verdammt es als eine ›wasserlose Wüste‹, während der andere, der es in der blütenfrohen und saftgrünen Regenzeit durchzog, es als ein allen anderen Tropenländern an Üppigkeit gleichwertiges Gebiet preist. Die Wahrheit liegt in der Mitte.«

Die Pflanzengeographie pflegte bereits zur Jahrhundertwende zwischen »hygrophilen« (feuchtigkeitsliebenden) und »xerophilen« (trockenheitsliebenden) Formationen zu unterscheiden, die wiederum in Gehölze, Grasfluren und Mischformen gegliedert wurden. Da zudem die Einwirkung der Temperatur zusätzliche Modifikationen entstehen läßt, war es fast selbstverständlich, daß die Wissenschaft in einem Land wie dem äquatorialen Afrika, das von der tropischen Meeresküste bis zu 6000 m hohen Bergen ansteigt und verschiedene Klimate mit sehr unterschiedlichen Feuchtigkeitsverhältnissen aufweist, eine »große Mannigfaltigkeit von Vegetationsformationen« registrierte. Und den Forschern entging auch nicht die hochgradige künstliche Verfälschung des natürlichen Bildes großer Gebiete Ostafrikas durch die Eingeborenen, die es seit Jahrhunderten gewohnt waren, teils für die Feldwirtschaft, teils für die Viehweide große Flächen niederzubrennen und dann so lange Hackbaufrüchte zu kultivieren, wie es der Boden ohne Düngung erlaubte, gewöhnlich für zwei bis drei Jahre. »Dann brennt der ostafrikanische Hackbauer ein anderes Stück Wald oder Busch ab und überläßt das verlassene der neuen Bestockung, bis es nach einer Reihe von Jahren wieder . . . in Angriff genommen wird.« Und ebenso verfälschte das für die Viehhaltung vorgenommene »Wildbrennen« (Niederbrennen des welken Grases der Weideflächen gegen Ende der Haupttrockenzeit) das natürliche Pflanzenbild.

Laubabwerfende Gewächse bestimmten die Vegetationsformen der periodisch trockenen Gebiete. In der Nordhälfte Ostafrikas, in der südlichen Massaisteppe ebenso wie östlich und südöstlich des Victoriasees bedeckte die offene Grassteppe mit bis zu 2 m hohen Gräsern riesige Flächen. Die Baum- und Buschgrassteppe (nach Schimper auch »Savanne« oder »Strauchsavanne«) fand sich in der Mitte des Schutzgebietes. Sie trug auf grasigem Grund verschiedene Sträucher. Unter den Bäumen dominierten die Akazien, vereinzelt wuchsen mächtige Baobabs. Den Steppenwald (auch: Trockenwald, Miombowald oder Savannenwald) kennzeichneten bis zu 20 m hohe Bäume mit tiefgehenden Wurzeln und »eschenartigem Habitus«. Diese Wälder bedeckten die größten zusammenhängenden Flächen des Schutzgebietes: die eine im Süden gelegen und bis an das portugiesische Ostafrika reichend, die andere zwischen Njassa-Tanganjikaplateau und Victoriasee liegend. Im Nordosten Ostafrikas fanden sich die Gruppen der grasarmen Steppe (»Dornbusch« und »Dornwald«). In den periodisch trockenen Gebieten mit größerer Feuchtigkeit wuchs der dichte, immergrüne Küstenbusch als Strauch und Niederholz, daneben gediehen laubabwerfende Formen, Rankengewächse, Kräuter und Gräser. Diese Buschdickichte haben übrigens als Rückzugs- und Schutzgebiete für verfolgte Eingeborenenstämme in der Geschichte der ostafrikanischen Völkerbewegungen und -kriege eine wichtige Rolle gespielt.

In den immerfeuchten Gebieten vollzog sich der Übergang von der Buschzone zum »immergrünen Regenwald«. Die Idealzone des tropischen Regenwaldes mit bis zu 70 m hohen Bäumen (Ocotea usumbarensis) und dichtem Unterholz,

Oben: *Ostafrikanische Grassteppe, zu deren Merkmalen neben ihrer weiten räumlichen Ausdehnung die geringen Niederschläge und die nur kurze Dauer der Regenzeit gehören.*

Schlinggewächsen und Farner lag zwischen 500 und 1200 m Höhe. Diese Regenwälder »drängten sich als Bäume, Sträucher und andere Gewächse zu einer ungeheuren Laub- und Holzmasse zusammen«. An ihre Stelle trat in etwa 1900 m Höhe der »Nebel- oder Höhenwald« (»temperierter Regenwald«), oft mit einer schmalen Bambuszone beginnend und bis zu 3000 m aufsteigend: mit »baumigen Rosaceen«, »strauchigen Erikagewächsen«, »knorrigen Charakterbäumen« (Auguria salicifolia) und 80 m hohen Riesen (Podocarpus falcata). Der Nebelwald dient im Naturhaushalt als Miterhalter der Feuchtigkeit und als Regulator des Klimas.

Zwei »Vegetationsformen der süßen Gewässer und der Meeresküste« haben für Leben und Wirtschaft besondere Bedeutung: die Galeriewälder mit Schilf- und Papyrusdickichten und die Mangrovenwälder der Küste. Schilf und Papyrus begleiten die Flußufer als schmale Bänder (daher »Galerie«-Wälder) und stehen oft dem üppigsten Regenwald nicht nach. Eine Gehölzformation, die ökologisch wie floristisch von allen Binnenlandformationen abweicht, stellen die Mangroven dar. Sie ziehen sich an Flußmündungen, an den Rändern der Krieks (kleine Flußläufe) und an vielen Stellen des Meeresstrandes entlang und stehen als »lebhafte grüne Bäume« auf hohen Wurzelstelzen oder starken Kniewurzeln im Schlamm des Uferwassers, bei Flut bis an die Krone eingetaucht, bei Ebbe bis auf den Bodenschlamm entblößt. Drei Faktoren machen den Mangrovengürtel wirtschaftlich wertvoll: seine Schutzfunktion gegen Uferabspülung, die Verwendbarkeit der Hölzer als Baumaterial und der Gerbstoffgehalt der Mangrovenrinde.

Die Tierwelt

»In Deutsch-Ostafrika ist eine größere Zahl von Tiergattungen als in irgendeinem anderen deutschen Schutzgebiete vertreten. Außer denjenigen, die an geeigneten Stellen überall südlich der Sahara leben oder sogar noch weiter nach Norden verbreitet sind, kommen dort besonders viele vor, deren Verbreitungsbereich auf kleinere Teile Afrikas beschränkt ist, und zwar deshalb, weil innerhalb der Grenzen von Deutsch-Ostafrika die Einflußgebiete von nicht weniger als fünf Verbreitungsquellen sich nachweisen lassen. Es finden sich in diesem Schutzgebiete Tierformen, die für die Länder des Kongobeckens, der oberen Nilgegenden, der Somali-Hochländer, der Moçambiqueküste und des oberen Sambesigebietes bezeichnend sind.«

Während die zoologische Erforschung des deutschen Schutzgebietes, wie der renommierte Forscher Matschie um 1908 bekannte, »noch nicht gelungen war«, lagen über die Fauna Deutsch-Ostafrikas bereits genaue Erkenntnisse vor. Mehr noch: Jagdschutzverordnungen existierten, mochte ihre Wirkung auch noch beschränkt sein. Erst die »rigorosen Vorschriften« eines 1909 erlassenen Jagdgesetzes sollten die Gefahr der Dezimierung des »prächtigen Wildbestandes der Kolonie« bannen, eine Gefahr, die »nicht nur durch die Schießerei der Eingeborenen, sondern auch durch europäische Nimrode droht«. Darüber hinaus war in nicht weniger als neun Bezirken der Kolonie eine Anzahl großer, tierreicher Gebiete zu Wildreservaten erklärt worden. Die biologische Abhängigkeit der Tiere von der Vegetation beruhte auf der, wie es die Wissenschaftler damals nannten, »weitgehenden Kongruenz der pflanzen- und tiergeographischen Regionen«: Kletternde Tiere, die Feuchtigkeit und Schatten bevorzugen, finden sich stets in Waldgebieten, während Herdentiere, Lauf- und Grabtiere

Unten: Zebras bevölkern gemeinsam mit Antilopen und Gnus zu Tausenden die grasarmen, vielfach dornigen Buschsteppen. (Nach einem Gemälde von W. Kuhnert aus dem Jahre 1912).

116

Oben: *Elefanten, die ihrer Stoßzäh-
ne wegen, »welche das kostbare Elfenbein liefern, . . . sowohl von Negern als von europäischen Jägern
eifrig verfolgt« wurden.*

und solche, die »Sonne und Trocknis« lieben, für offene Gras- und Buschländer
charakteristisch sind. So war denn dieser »faunistische Charakter« der Tierwelt
des zum allergrößten Teil von periodisch trockenen Steppen bedeckten Landes
Ostafrika bereits aus damaliger Sicht sehr einfach: »Ostafrika hat Steppenfauna«, die relativ kleinen Waldgebiete ausgenommen.

Die *Waldfauna* zeigte sich in den westlichen Gebieten Deutsch-Ostafrikas am
zahl- und formenreichsten. Auf dem gebirgigen Ostrand des Zentralafrikanischen Grabens hinauf zum Kiwusee, ferner auf den Kirungavulkanen und auf
den Abhängen des westlichen Victoriasee-Randes beherbergte der Wald die
großen Menschenaffen, das Pinselohrschwein, den Riesenturako (einen Kuk-
kucksvogel), den Bananenfresser, den Zwergpapagei u.v.a. Die beginnende
trockene Steppe zog diesem westlichen Einfluß spätestens am Ostufer des
Victoriasees eine Grenze.

An erster Stelle jedoch tauchte stets der Begriff *Steppenfauna* auf, sobald von
der ostafrikanischen Tierwelt die Rede war. Die Säugetierfauna zeigte eine
breite Palette von Formen, die sich dem Leben in der Steppe angepaßt hatten:
Nagetiere, Wiederkäuer, Fledermäuse und Raubtiere. Den »faunistischen
Charakter schlechthin« bestimmten die in riesigen Mengen auftretenden, durch
Größe und Gestalt auffallenden Tiere wie Elefant, Rhinozeros und Giraffe.
»Den Grundton . . . in der gewaltigen Sinfonie des ostafrikanischen Tierle-
bens« gaben die großen Antilopen an. Zu ihnen gesellten sich Zebras, und nie
fehlten einige Strauße. In den am häufigsten beobachteten Tiergemeinschaften
fanden sich Kuh- und Leierantilopen, Gnus und Zebras zusammen. Die Zeiten
jedoch, in denen »kolossale« Herden von Büffeln, Flüssen folgend und Tümpel
suchend, die ostafrikanische Steppe durchstreiften, waren damals bereits vorüber. Seuchen hatten ihre Bestände ebenso stark vermindert wie die der riesigen
Elen- und Kuduantilopen. Elefanten fanden sich in starken Rudeln von 50 bis
100 Stück nur noch während der Setzzeit in den weiten Steppen des südlichen
Küstenhinterlandes. Außerhalb dieser Monate zogen sie nur in kleinen Trupps
umher. Auch die Nashörner lebten nur in kleinsten Verbänden. Und paarweise

Oben: *Flußpferde, zu den »größten und unförmigsten Kolossen der Dickhäuter« gehörend.*

Rechte Seite: *Vögel am Tanafluß (1 Stelzenläufer, 2 Kopf einer Wildente, 3 Raubvögel (Adler, Geier, Weihe), 4 Sporner mit seinem Ei, 5 Pelikane, 6 Gold-Webervögel, 7 Reiher, Ibis, Marabu).*

taten sich Buschböcke und kleine Ducker, Klippspringer, Steinzieher und Bleichböcke zusammen. Charakteristische und in der Baumsteppe häufig anzutreffende Affen waren nur die Tumbeli-Meerkatze und, in erster Linie, der Pavian, zu Hunderten dort einfallend, wo Früchte reiften oder Menschen siedelten. Einen wichtigen Bestandteil der Steppenlandschaft bildeten die in allen größeren Flüssen und den meisten Seen »massenhaft« vorkommenden Nilpferde. Seine Tätigkeitsspuren hinterließ überall das Erdferkel. Und die hohen, roterdigen Hügelbauten der Termiten gaben der Steppe oft meilenweit ein bestimmtes Gepräge. Selten zu sehen, doch nachts nicht zu überhören waren in wildreichen Gebieten die großen und kleinen Raubtiere: Löwe, Leopard, Hyäne, Schakal.

Sowohl an und auf den Gewässern als auch in der trockenen Gras- und Buschsteppe überraschte die Vielfalt der Vögel. Um nur einige zu nennen: Gänse, Enten und Reiher verschiedener Art und Größe, Ibisse, Flamingos, Kormorane, Taucher, Regenpfeifer, Wasserhühner, Kraniche und Störche, ergänzt um eine Vielzahl von Flug- und Laufhühnern. Auch gab es Marabus, Trappen und Hornraben und natürlich fehlte dort, wo das Federwild reichlich vertreten war, auch nicht, mit weit über 50 Arten, das Heer der Raubvögel, unter ihnen die für den Naturhaushalt unentbehrlichen verschiedenen Geierarten, der Sekretär, der Schopfadler und der »schönste und stolzeste, . . . der farbenreiche Schreiseeadler«, den Meyer für würdig hielt, »zum Wappentier Deutsch-Ostafrikas erwählt zu werden«.

Die Kriechtierfauna Ostafrikas ebenso wie die Fischfauna unterschieden sich kaum von der des übrigen tropischen Afrika. Ungeheuer zahlreich waren die Wirbellosen vertreten, von denen in der Landschaft jedoch nur Termiten, Heuschrecken und Ameisen hervortraten.

Noch tummelten sich die großen Herdentiere zu Hunderttausenden in den menschenleeren Steppenlandschaften, wobei sie besonders die offene weite »Boga« bevorzugten, eine von lichtem Gebüsch und einzelnen Bäumen durchsetzte reine Grassteppe. Während der Regenzeit, die im mittleren Ostafrika etwa von November bis März anhält, und der bis Mai dauernden Überschwemmungsperiode lebten die Tiere überwiegend paarweise und über weite Gebiete verstreut. Sobald jedoch der Boden austrocknete, das Gras verdorrte und die Eingeborenen mit dem Niederbrennen der Steppe begannen, fand sich alles Wild wieder zu gewaltigen Herden zusammen und wanderte auf der Suche nach genießbar gebliebenen Nährpflanzen oder frisch sprießendem Gras über weite Strecken, wobei Elefanten, Giraffen, Zebras und Büffel die größten Entfernungen zurücklegten. Diese Wanderungen gewaltiger Tierkarawanen ließen das entstehen, was Wissenschaftler die in den einzelnen Jahreszeiten »total verschiedene faunistische Physiognomie« einer Landschaft nannten.

Landschaften und Bevölkerung

»Ostafrika gehört zu den lange Verkannten. Noch vor wenigen Jahren konnte man hören, daß diese Kolonie als Jagdgebiet für den ›Bana mkuba‹ ja ganz gut sei, sonst aber keinen Wert hätte. Der ›Bana‹ ist der Herr in der Suahelisprache, der Umgangssprache des deutsch-ostafrikanischen Schutzgebiets; Bana ist für den Neger alles, was ein weißes Gesicht trägt. Der Bana mkuba ist der große Herr, der Beamte und Offizier, der in Begleitung von Askari (schwarzen Soldaten) durch das Land zieht.«

Die Vielgestaltigkeit des deutschen Schutzgebietes Ostafrika veranlaßte die Forscher, wie bereits erwähnt, nicht weniger als zwölf Landschaften zu unterscheiden und diese nochmals mehrfach zu gliedern. Wir beschränken uns auf eine allgemeine Übersicht und folgen dabei der bereits vorgestellten Einteilung.

Das Küstenland

Zum Küstenland gehörte (nach Stuhlmann) nur ein relativ schmaler, wenige Kilometer breiter Landstreifen, der gegen das Hinterland durch eine 400 m (im N) bis 800 m (im S) hohe Geländestufe abgegrenzt war. In ihrer gesamten Länge zeigte die Küste einen flach ins Meer hinausgehenden Sandstrand und landeinwärts gelegene Korallenriffreste. Eine Vielzahl von Buchten bot zahlreiche geschützte Ankerplätze. Mit Ausnahme einiger Strecken des Rufidji und des Rowuma waren die über Schnellen und Fälle zum Küstengebiet absteigenden Flüsse als Transportwege unbrauchbar.

Die *Bevölkerung* war bunter gemischt als in irgendeinem Teil der ostafrikanischen Kolonie. »Mischung ist die Signatur seiner Ethnographie«, schrieb Ratzel 1895 in seiner ›Völkerkunde über Ostafrika‹. Die Vermischung von Arabern mit Negerstämmen der Küste, die Einfuhr von Sklaven aller Stämme, das Seßhaftwerden vieler, die mit Karawanen ins Binnenland gekommen waren, die »Bastardisierung der Neger mit Europäern, Persern, Indern und anderen« ließen ein »Amalgam« entstehen. Europäer nannten die Angehörigen dieser bunten Völkerfamilie Wasuaheli (Suaheli, Swaheli) und lobten deren Munterkeit, Lebenslust, Freundschaftsbedürfnis und »der Sympathie entspringende« Bereitschaft, sich dem europäischen Herrn anzuschließen, sofern er sie »gut, d.h. freundlich, streng und gerecht behandelt«. Diese wollköpfigen Bantu hatten, weil geistig höher veranlagt und kraftvoller als die Nachbarstämme, der Bevölkerung allmählich Sprache und Sitten gegeben. Sie galten als außerordentlich reinlich und kannten weder Zahndeformationen noch Tätowierungen. Die Männer trugen den langen, nachthemdartigen, weißen oder braunen »Kansu«, auf dem Kopf eine weiße Mütze oder das rote Fes. Die Frauen gingen unverschleiert. Nur vermögende Männer konnten sich mehrere rechtmäßige Frauen leisten. Die weniger Bemittelten mußten sich mit einer Hauptfrau und einigen »Surias« bescheiden, Nebenfrauen, die wie Sklavinnen gekauft wurden. Neben den suahelischen Eingeborenen waren noch Somali, Oman- und Hadramaut-Araber, Beludschen, feueranbetende Parsi und mehrere Inder-Gruppen vertreten.

Die im Schatten großer Mangobäume, Tamarinden und Kokospalmen liegenden Hütten waren, ebenso wie ihre Umgebung, von auffallender Sauberkeit. Auf den Feldern gediehen Orangen, Limonen, Kürbisse, Melonen, Tomaten, Pfeffer und andere Nutz- und Genußpflanzen. Die Erträge dienten nicht nur der Eigenversorgung, sondern wurden auch verkauft. Wichtigste Feldfrucht jedoch waren Sorghum (Kaffern- oder Mohrenhirse) und Mais. Während der Fischfang erhebliche Bedeutung hatte und intensiv betrieben, wenn auch nur mangelhaft genutzt wurde, spielte die Viehzucht, von wenigen Kleintieren abgesehen, kaum eine Rolle.

»Von Bagamoyo an beginnen längs des Ufers Mangrovewaldungen. Während der Fahrt bilden diese sonderbaren Bäume, welche den salzigen Ufersümpfen und dem Meeresstrande eigen sind, mit ihren immergrünen Wipfeln einen herrlichen Anblick. Man fährt in der Barke an ihrem Saume hin, kann im leichten Kahne zwischen ihren Stämmen durchschlüpfen, und die Meervögel flattern schreiend darüber weg, so daß man in den Ruf ausbricht: ›Das ist schön!‹«

Oben: *Karawanenpfad und Fluß-
übergang in der Regenzeit. (Nach
einem Gemälde von R. Hellgrewe,
o. D.)*

Die *Sprache*, das Kisuaheli, galt als »ungemein wohllautendes, vokalreiches
Idiom«, in seiner reinsten Form »Kingosi« genannt, auf Sansibar jedoch völlig
»verwelscht und zu einem Konglomerat von Bantu, Persisch, Arabisch, Hindo-
stanisch, Portugiesisch und Englisch geworden«. Daß Kisuaheli immer nur
gesprochene Sprache war und nie »eigene Schriftzeichen ausgebildet« hatte,
wurde von Forschern als Beweis für »mangelhaften konstruktiven Sinn dieses
geistig so beweglichen Volkes« gedeutet. Trotzdem hat diese Sprache als Lingua
franca gute Dienste geleistet, und niemand wäre auf den Gedanken gekommen,
Kisuaheli als Verkehrssprache durch Deutsch bzw. Pidgin-Deutsch verdrängen
zu wollen, obwohl sie diverse Germanismen enthielt.

Die Küstenhinterländer

Das *nördliche Küstenhinterland* erstreckte sich nach Norden als wellige Ebene
vom Rufidji bis zur Landesgrenze, nach Westen bis an den Fuß der Hochländer
Ussagara und Unguru. In der Monsunregion gelegen, hatte es zwei Regenzeiten, eine kleinere (November bis Februar) und eine große (März bis Mai), die
sich jedoch nach Süden hin mit geringer werdendem Abstand zur Südostpassat-
region verschieben und in eine Passat-Regenperiode übergehen konnte. Als
jährliche Regenmenge wurden im größten Teil des nördlichen Küstenhinterlandes 1000 bis 1500 mm registriert. Die Temperatur lag im Mittel um 25°C und
zeigte nur geringe Schwankungen.
Die Bevölkerung galt ethnographisch und anthropologisch als »homogene
Masse der Urbantu«, in der sich zwei größere Gruppen »fremdartiger Eindringlinge« erhalten hatten: die der Wangoni im Bezirk Kissaki und die der Wakomba
in Usaramo. Im übrigen trugen die Stämme die Namen der von ihnen bewohnten Landschaften (z.B. Wasaramo, Wakwere u.a.)
Das nach Süden immer breiter werdende *südliche Küstenhinterland* reichte vom
oberen Terrassenabsatz des Küstenlandstreifens in westlicher Richtung bis an
die Bergrücken von Uhehe und Ungoni, in Südnordrichtung vom Rowuma bis
zum Ruaha-Rufidji. Zu seinen Kennzeichen gehörten weite, wellige Ebenen mit

kleinen Plateaus und Gebirgsstöcken. Klimatisch zählte es zum Passatklimagebiet mit einer Trockenzeit (Mai/Juni bis November) und einer Regenzeit (Dezember bis April/Mai). Die jährlichen Regenmengen waren mit etwa 900 mm in Südosten am niedrigsten, mit 1865 mm im Nordwesten mehr als doppelt so hoch. Die mittlere Temperatur betrug im heißesten Monat (November) 28°C, im kühlsten (Juni) 20°C. Die Vegetation wurde teils von grasarmer Baumsteppe, teils von lichtem Steppenwald, vorwiegend aus Miombabäumen bestehend, bestimmt. Die ursprüngliche *Bevölkerung* des südlichen Küstenhinterlandes stellten mehrere Urbantustämme. Sie wurden zunächst von den während der ersten Hälfte des 19. Jahrhunderts eingedrungenen Wamakua und Wajao – zwei Bantustämmen, die ihrerseits auf der Flucht vor den aus Süden und Westen anstürmenden Sulu waren – überflutet, teilweise regelrecht fortgeschwemmt. Um die Jahrhundertmitte drängten dann die Sulu selbst mit verheerender Gewalt in diesen Bereich, dessen Bewohner nach Osten flohen oder in den Bergen Schutz suchten. Horden der kriegsgewohnten Wangoni vernichteten ganze Stämme, führten andere in die Sklaverei und machten die weite Ebene des südlichsten Küstenhinterlandes zu einer menschenleeren Wildnis, besiedelten selbst jedoch nur das an ihre Hochländer grenzende obere Rufidjigebiet.

Das Ostafrikanische Randgebirge

Zwei Flüsse, Ruaha und Pangani, dreiteilten das von Süden nach Norden und Nordosten verlaufende Ostafrikanische Randgebirge. Südlich des Ruaha lagen, zum südlichen Randgebirge gehörend, die Berge und Plateaus der Landschaften Ungoni, Ubena und Uhehe. Zwischen sich eingeschlossen hielten die beiden Flüsse die Landschaften Ussagara und Unguru. Nördlich des Pangani erstreckten sich Usambara und Pare. Ungoni teilte sich, nach früheren Häuptlingen benannt, in Mharulis Land im Süden und Schabrumas Land im Norden. Das hügelige Plateau wies im Vorland Bergrücken bis zu 900 m, im Hochlandteil Randhöhen bis 1500 m auf.

In der *Bevölkerung* dominierten als Herrenvolk die bereits erwähnten Wangoni, »große wohlgestaltete Menschen«, intelligent, selbstbewußt, tapfer, und nach dem Tode der großen kriegerischen Häuptlinge »ein arbeitsames Volk von Ackerbauern und Karawanenträgern« geworden, dessen Begabung für den Bodenbau ihr Land zur Kornkammer des südlichen Deutsch-Ostafrika gemacht hatte. Neben Hirse und Mais wurden Bohnen, Maniok, Erdnüsse, Gurken und andere Früchte angepflanzt. Während die Männer baumwollene Togen trugen, hüllten sich die Frauen in Schaf- oder Ziegenfelle. Beide Geschlechter pflegten die Ohrläppchen zu durchlöchern und in dem Schlitz »die geliebte Schnupftabakdose« zu tragen. Die ursprüngliche Sprache, das Kingoni, hatte sich im Laufe des Wandels der Wangoni in ein Völkergemisch stark verfremdet. Ungoni war ein Land, in dem es nur vier Monate, dann allerdings ununterbrochen regnete (Dezember bis April). Die Temperaturen schwankten, je nach Höhenlage und Jahreszeit, zwischen 17° und 25°C.

Ubena war jener teilweise bis zu 2000 m Höhe aufsteigende Teil des Ostafrikanischen Randgebirges, der das Wangoniland mit Uhehe verband. Seine Bewohner, die Wabena, hätten, so ein zeitgenössisches Urteil, »einen guten Arbeiterstand für europäische Kolonisatoren« abgegeben. Das Hochland Uhehe gliederte sich in drei Landschaften: das aus der Ussanganiederung bis 1500 m aufsteigende Hügelland, das zentrale Hochplateau (bis 1700 m) und die teilweise mehr als 2000 m hohen Randberge. Dem Unterschied der Landschaftscharaktere entsprach auch die Verschiedenheit des Klimas und der Vegetation. Die Extreme der Jahrestemperatur reichten von 6° bis 30°C, die Tagesschwankungen lagen um 10°C. Steppenvegetation wechselte mit Savannen, Büschen und Wäldern. Die Bevölkerung setzte sich aus den im Gebirge ansässigen Watschungwe und den auf dem Plateau und in den Niederungen lebenden Wahehe zusammen, zu denen sich weitere Stämme und Mischvölker gesellt hatten.

Unten: *Morogoro, Hauptstadt von Usigova, vor der Kulisse einer mehr als 2000 m hohen Bergkette.*

123

Die zwischen den Flüssen Ruaha im Süden und Pangani im Norden eingeschlossenen Landschaften Ussagara und Unguri zählten (ebenso wie die jenseits des Pangani gelegenen Regionen Usambara und Pare) zum nördlichen Ostafrikanischen Randgebirge. Die Bevölkerung dieser Randgebirgshälfte, Wassagara und Wanguru, gehörte in der Mehrzahl zur großen Familie der »Grund-Bantu«. Eine Vielzahl von Fremdlingen, die aus allen Richtungen eingedrungen waren (z.B. Massai, Wahehe und sklavenjagende Waseguha), hatte »die meisten ihrer Stämme zu einem armseligen, scheuen Geschlecht degenerieren« lassen, das sich im Ackerbau betätigte, dessen Viehzucht jedoch von niedrigem Stand war, eine Folge der ständigen Angst vor Überfällen. In Aussehen, Sitten und Sprache glichen die Wanguru völlig den benachbarten Waseguha.

Das an Ussagara grenzende Ungurugebirge wurde als »das vielleicht schönste (Gebiet) in ganz Ostafrika« gelobt, zeichnete es sich doch durch vielgestaltige Gliederung, Wasserreichtum, landschaftlichen Reiz und riesige Waldungen aus. In »bezaubernder Fruchtbarkeite« standen seine Felder voller Bananen, Mais, Sorghum, Tabak und Zuckerrohr.

Nahe der Nordgrenze des Schutzgebietes zogen sich zwischen Pangani-Tangaküste und dem Kilimandjaro das Usambaragebirge und die Pareberge von SO nach NW, ein Gebiet, das wegen seiner küstennahen Lage, seiner üppigen Tropenwälder und des europäischen Charakters seiner kühlen Höhen »sehr früh das Interesse der deutschen Kolonisatoren wachgerufen hat«. Seine große Regenzeit beginnt im März und erreicht im Mai ihren Höhepunkt. Eine kleine Regenzeit fällt in den August, während sich eine kleine Trockenzeit vom Dezember bis in den Februar erstreckt. Die Vielfalt der Vegetation in Usambara und Pare entsprach der ebenso vielfältigen Gliederung beider Landschaften und reichte von Steppenvegetation über untere und obere Regenwälder, Hochweideland und Höhenwald bis zu alpiner Grasflur. Die Bevölkerung setzte sich in Usambara vornehmlich aus Angehörigen des Bantustammes der Waschambaa, in Pare aus solchen des Mischvolkes der Wapare zusammen.

Oben: *Hans Meyer (1858–1929), der u. a. das Gebiet des Kilimandjaro erforschte und das Gebirgsmassiv, gemeinsam mit L. Purtscheller, 1889 als erster bestieg.*

Unten: *Markt in Tarveta.*

Oben: *Der Kibo, vom 4330 m hohen Kibolager aus SO gesehen.*

Darunter: *Ludwig Purtscheller,
dem zusammen mit Hans Meyer
1889 die Erstbesteigung des Kilimandjaro gelang.*

Das Kilimandjaro-Gebiet

Das größtenteils aus geflossener Lava gebildete doppelgipfelige Gebirge des
Kilimandjaro »schwingt sich in einer langen, flachen konkaven Kurve von
geradezu architektonischer Schönheit zum Himmel auf«. Hans Meyer, gemeinsam mit L. Purtscheller Erstbesteiger des höchsten afrikanischen Berges, hat
den Kilimandjaro einen »zusammengesetzten Stratovulkan« genannt, aus dem
Kibo, dem Mawensi und dem Schiragebirge bestehend.
Das indische Monsunklima bescherte dem Kilimandjaro, wenn auch mit lokalen
Abwandlungen, in der einen Jahreshälfte Nordost-, in der anderen Südwest-
monsun. Der Aufstieg des Massivs aus tropisch-heißem Unterland bis in eine
polarkalte Hochregion ließ verschiedene vertikal gestaffelte Klimastufen entstehen, die sich durch beträchtliche Schwankungen der Tagestemperatur und der
Luftfeuchtigkeit voneinander unterschieden. Die große Regenzeit fiel in die
Monate März bis Mai. Ihr schloß sich bis Oktober die kleine Trockenheit an, der
dann im November/Dezember die kleine Regenzeit folgte, die ihrerseits von der
bis März andauernden großen Trockenzeit abgelöst wurde.
Die *Bevölkerung* des Kilimandjarogebietes setzte sich aus Wadschaggas zusammen, die sich, gemeinsam mit anderen Bantustämmen, vor hamitischen Ein-
dringlingen aus dem Norden (z.B. Massai) in das Gebirge zurückgezogen
hatten. Da aber »Bantuweiber . . . Gefallen an den Massai« fanden und
Massaifrauen sich mit Wadschaggas paarten, wurden aus den ursprünglichen
reinen Bantu-Wadschaggas Bantuhamiten. Haartracht, Schmuck, Kleidung und
Waffen der Männer ähnelten denen der Massai. Die Stoßspeere trugen breite
Blätter und lange Eisenspitzen. Die nach Massaiart schwarzweißrot bemalten
Lederschilde markierten die Stammeszugehörigkeit, die zweischneidigen
Schwerter waren armlang.
Zwar oblag die Viehzucht den Männern, während der Ackerbau Aufgabe der
Frauen war, doch »galt auch hier der afrikanische Grundsatz, daß alle schwere
Arbeiten den Weibern aufgebürdet sind«. Hauptkulturfrucht war die Banane,

Oben: *Hof und Hütte in Marangu.*

Darunter: *Junger Massai-Krieger.*

daneben wurde eine Vielzahl von Feld- und Gartenfrüchten angebaut: von Mais und Bohnen über Taro (eine Knollenfrucht) und Bataten bis zu Tomaten, Kürbissen, Tabak und der für das Brauen des beliebten Pombebieres verwendeten Eleusinehirse.

Der 70 km westlich vom Kilimandjaro aufsteigende Meru (4630 m), im klimatischen Jahresverlauf seinem östlichen Nachbarn ähnlich, war nur auf den unteren Berghängen der Südost- und Südseite bewohnt. Dort fanden sich bis etwa 1800 m Höhe die Felder und Gehöfte der Wameru (Bantu) und der »massaihaften« Wakuari.

Massailand und das abflußlose Gebiet des Großen Ostafrikanischen Grabens

Das zwischen Useguha und dem Victoriasee liegende weite Plateauland wurde seinerzeit als ein aus zwei Teilen bestehendes Gebiet betrachtet: dem östlich gelegenen Ost-Massailand (auch Massaisteppe genannt) und dem im Westen liegenden Großen Ostafrikanischen Graben mit dem West-Massailand.

Ost-Massailand gehörte zur Monsunzone und hatte dementsprechend zwei Regenzeiten. Temperaturschwankungen bis zu 25°C waren keine Seltenheit. Der Ungunst des Klimas entsprach die dürftige Vegetation, die eine Nutzung der Massaisteppe als Viehweideland weitgehend ausschloß. Trotzdem trieben die Massai bis 1892 ihre Herden durch das Land. Dann begann mit der großen Wild- und Rinderseuche zu Beginn der 90er Jahre das »große Hungern und Sterben« dieses Stammes. Noch um 1910 hatte sich das Volk »von diesem schweren Schlag . . . nicht erholt«.

Westlich grenzte an die Massaisteppe die Senke des Großen Ostafrikanischen Grabens, jene »tiefe Narbe im Anlitz der Erde«, die als eine der größten tektonischen Bruchzonen vom Roten Meer in nordsüdlicher Richtung bis in das Schutzgebiet reichte, das Land zwischen der ostafrikanischen Meeresküste und dem Victoriasee durchschnitt und durch eine Vielzahl erloschener Vulkane gekennzeichnet war. In den zahlreichen Senken und Mulden des etwa 120000 Quadratkilometer großen Gebietes sammelte sich Regenwasser und ließ abflußlose Salzseen entstehen, deren Wasserstand je nach Regen- oder Trockenzeit schwankte, deren Größe jedoch beträchtlich war, wie etwa die des im Norden gelegenen Natronsees mit 55 km Länge und 24 km Breite. In der Nordhälfte des Gebietes wurde Äquatorialklima mit zwei Regenperioden, in der Südhälfte Passatklima mit einer Regenzeit beobachtet. Das Jahresmittel der Regenmenge lag bei nur 612 mm.

West-Massailand, der Nordwestteil des abflußlosen Gebietes, gehörte zu den heißesten und wasserärmsten Landschaften der Kolonie. Die Massai selbst hatten es lange verlassen, geblieben waren die »vereinsamten Jagdgründe armseliger Wandorobbo«. Dagegen sproß auf den in den Norden reichenden Weiden mit ihren kühlen, wasserreichen Hochplateaus dichtes, saftiges Gras. Die *Bevölkerung,* größtenteils Bantuhamiten, lebte in rechteckigen, flachen Temben aus lehmverputztem Pfahl- und Flechtwerk. In einigen Landschaften (Ussandaui, Ufiome und Iraku) wohnten Stämme, die »von den Massai physisch metamorphosiert« worden waren: Wassandaui, Wafiome und Waniraku. Kriegerischer Sinn und straffe Organisation hatten den Massai sehr schnell zu einer »Herrenstellung« verholfen. Die ackerbauenden Bantu brachten den »kühnen, umherstreifenden Räubern« nicht nur Respekt entgegen, sondern paßten sich ihnen auch in Tracht, Sitten und Bewaffnung an. Die vorwiegend in Lederüberwürfe (Männer) und -mäntel (Frauen) gekleideten Massai trieben Groß- und Kleinviehzucht, wobei der Weidebetrieb ausschließlich Aufgabe der Männer war. In vielem wichen die Gebräuche der Massai von denen anderer Völker ab. So genossen die Männer fast nur Milch, Fleisch und Blut ihrer Haustiere. Pflanzenkost durften ausschließlich Frauen und verheiratete Männer essen. Und da kein Wildfleisch verzehrt, also auch kein Wild gejagt wurde, »weideten mit den Massaiherden in geradzu paradiesischer Gemeinschaft große Rudel von Gnus, Zebras, Antilopen und anderen Herdentieren«. Als vornehmste Aufgabe der jungen Männer – der ehedem so gefürchteten Massaikrieger (El Móran) – galt die Vergrößerung der Herden durch Raub. Ihre mit einem bis zu 1 m langen Blatt versehenen Speere, zugleich gefährliche Stoßwaffen, ließen sie bei den geschickten Wadschagga schmieden. Im Gegensatz zu den El Móran waren die älteren Männer (El Moruo) nur mit einem leichten Bogen und Pfeilen bewaffnet.

Südlichstes der abflußlosen Länder war Ugogo, über dessen Ebenen in den Trockenmonaten stürmische Winde fegten und das ganze Land rot-grau einfärbten. Im Norden und Westen bedeckten riesige Salzsteppen den Boden, im Osten lag eine von den Karawanen gefürchtete Buschwildnis, wegen ihres natronhaltigen Wassers »Marenga Mkali« (bitteres Wasser) genannt. Die Bewohner Ugogos, die Wagogo, ein Bantustamm, kleideten und bewaffneten sich wie ihre geschworenen nördlichen Feinde, die Massai.

Das zentrale Tafelland

Die größte der natürlichen Landschaften Deutsch-Ostafrikas war das vorwiegend aus Granit bestehende zentrale Tafelland von Unjamwesi, auch als Groß-Unjamwesi bezeichnet, bei einer durchschnittlichen Höhe von 1100 bis 1300 m in der größten Nordsüdlänge 600 km, in der Breite 360 km messend. Aus seinem Zentrum, dem »Dach Ostafrikas«, flossen die Gewässer nach allen Seiten ab: durch Victoriasee und Nil zum Mittelmeer, durch den Kongo zum Atlantik, durch den Rufidji zum Indischen Ozean. Trotz seiner Größe zeigt das Gebiet in bezug auf Oberflächengestaltung, geologischen Bau, Klima, Vegetation und Bevölkerung ziemlich einheitlichen Charakter. Zum größten Teil dem Bereich des Passatklimas angehörend, wies es nur eine, sechs Monate anhaltende Regenzeit auf (Ende Oktober bis Ende April), die jedoch nicht einmal 1000 mm Niederschlag erbrachte. Während des gesamten Südwinters (Mai bis Oktober) traten tägliche Temperaturschwankungen von mehr als 20°C auf. Der Gleichartigkeit des Klimas entsprach auch die Ähnlichkeit der Vegetationsformation: Steppen- und Miombowälder mit plumpen Baobobs, Grasfluren als Kultursteppen und Parklandschaften, »schlimme Wüsten« und »häßliche Dornbüsche«.

Die *Bevölkerung* bestand, von Ausnahmen abgesehen, aus hellgelben bis rotbraunen Wanjamwesi, die ihre alten Trachten, wie in anderen Ländern auch, durch Baumwollkleidung ersetzt hatten. Als Behausung dienten Rundhütten von 15 m Durchmesser und zuweilen mehr als 20 m Höhe. Hauptbetätigung war der Ackerbau, an dem sich die gesamte Familie beteiligte. Die Viehzucht beschränkte sich auf Kleintiere und Federvieh.

Unten: *Häuptling Mareale von Marangu.*

Oben: *Massai-Krieger.*

Unten: *Massai aus Deutsch-Ost.*

Zentrum Unjamwesis war Unjanjembe mit der »Haupt- und Großstadt« Tabora, einer 1820 von den Arabern gegründeten Niederlassung, die in ihrer Glanzzeit, um 1860, jährlich von mehr als einer halben Million Karawanenleute durchzogen wurde.

Im Nordwesten des Tafellandes lagen dessen »eigenartigsten Landschaften«, Ussumbwa und Uha. Ihr äquatorialer Klimatypus mit zwei Regen- und zwei Trockenzeiten bescherte Ussumbwa gute Wachstumsbedingungen auf den weiten Flächen des von den Eingeborenen, überwiegend Wassumbwa, bebauten Ackerlandes. Im Gegensatz zu den wenigen, nicht höher als 400 m aufsteigenden Bergen Ussambwas erhob sich West-Uha bis auf 1700 m Höhe mit entsprechend kühlen Tagen und kalten Nächten. Die Vegetation des größten Teils Uhas unterschied sich nicht wesentlich von der Ussambwas.

Ost- und Südost-Uha waren kaum, West- und Nord-Uha dagegen dicht bevölkert. Die fleißigen Waha, ebenfalls ein Bantu-Stamm, pflanzten vor allem Sorghum, Mais, Bataten, Maniok und Bohnen an. Die Viehzucht konzentrierte sich neben Ziegen auf langhörnige Watussirinder.

Der Victoriasee

Im Norden des zentralen Tafellandes von Unjamwesi lag, 1132 m über Meereshöhe, der Victoriasee (Victoria-Njansa), durchschnittlich 75 m tief und mit 65000 Quadratkilometern Flächeninhalt etwa so groß wie das damalige Bayern (ohne Pfalz). Sein größerer, südlicher Teil gehörte zum deutschen Schutzgebiet, der kleinere, nördliche, zum britischen Protektoratsgebiet Uganda. Etwa in Höhe des 1. südlichen Breitengrades, der den See durchschneidet, strömte als einziger bedeutender Fluß der an seiner Mündung 100 m breite Kagera in den See. Nach John H. Speke galt der Victoriasee als Ursprung des Nils.

Wichtigste der deutschen Randlandschaften des Sees war Ugaia, am nördlichen Ostufer gelegen und bis an die englische Grenze reichend, eine fast baumlose Steppenlandschaft, die zu den extremen Trockengebieten Deutsch-Ostafrikas gehörte. Ihre Bewohner, die Wagaia – »die Männer Modelle für Bildhauer, die Weiber hübsch und zierlich« – trieben Ackerbau und Viehzucht und waren zudem ausgezeichnete Schmiede.

Oben: *Landungsbrücke in Muansa am Victoriasee, dessen südlicher Teil zum deutschen Gebiet gehörte. Der in der fruchtbaren Landschaft Ussukama gelegene Ort verdankte seine blühende Entwicklung dem Bau der Ugandabahn.*

An der östlichen Ufermitte erstreckte sich, in den See ragend, die fruchtbare und dicht besiedelte Landschaft Uschaschi, deren Bevölkerung, die Waschaschi, lange Zeit in Furcht vor den »rindergierigen« Massai gelebt und sich deshalb auf den Ackerbau beschränkt hatten.

In der Höhe Uschaschis lagen eine größere und eine kleinere Insel, Ukerewe und Ukara. Die Bewohner des »gesegneten Eilands« Ukerewe, die Wakarewe, pflanzten Bananen, Mais, Maniok, Bataten und Hirse. Daneben trieben sie Groß- und Kleinviehzucht sowie Fischfang. Auf Ukara gedieh zusätzlich in erheblichem Umfang Getreide.

Südlich des Speke-Golfs breitete sich, nach der Regenzeit frisch, grün und üppig »wie die fruchtbaren Marschen Norddeutschlands«, die Landschaft Ussukama aus, die zu Deutsch-Ostafrikas dichtest besiedelten Ländern gehörte. Die rotbraunen Verwitterungsschichten aus Sand, Grus und Lehm waren ungewöhnlich fruchtbar. Auch hier trieben die Bewohner, die Wassukama, Viehzucht jeder Art, vielseitigen Ackerbau und Fischfang.

Um den südwestlich gelegenen Emin-Pascha-Golf schwang sich Usindja, dessen Schiefergebirge bis zu 1300 m aufstiegen. Die Bevölkerung, Wasindjas, widmete sich ebenfalls dem vom Klima bevorzugten Ackerbau und züchtete neben Schafen und Ziegen Zebu- und großhörnige Sangarinder. Im Norden schloß sich an Usindja die Landschaft Ost-Ussuwi an, die vom Bantuvolk der Wassuwi bewohnt wurde, mit Bananenhainen und Batatenpflanzungen reich bebaut war und sich dank zahlreicher Eisenerzvorkommen zu einem Gebiet blühenden Schmiedehandwerkes entwickelt hatte. Mit dem Kisibagebiet schloß sich auf der westlichen Seite des Victoriasees der Halbkreis deutscher Randlandschaften. Hier wurde als klimatische Besonderheit die Vielzahl der zumeist von schweren Regenfällen begleiteten morgendlichen Gewitter registriert. Den großen Niederschlagsmengen entsprach die üppige Vegetation, die ihrerseits wiederum Grundlage intensiver Rinderzucht war.

Das Zwischenseengebiet

Unter dem Zwischenseengebiet wurde jener im Norden bis nach Uganda reichende Raum verstanden, den im Osten der Victoriasee, im Westen der Albert-Edward-See, der Kiwusee und der nördlichste Teil des Tanganjikasees begrenzten. Geologisch interessant ist sein Stufenbau, der von den 1132 Metern des Victoriasees über die Stufen von Kisiba (1200–1400 m), Karagwe (1400–1600 m) und Hoch-Ruanda (1800–2800 m) bis auf nahezu 3000 m Höhe in Hoch-Urundi steigt. Die Vegetation stellte sich zum überwiegenden Teil als baum- und straucharmes Hochweideland dar, das nur vereinzelt durch Steppenbüsche unterbrochen wurde.

Für die *Bevölkerung* des Zwischenseengebietes galt das gleiche wie für Teile der Randlandschaften des Victoriasees: Die Angehörigen alteingesessener Bantustämme wurden von einer aus dem Norden eingedrungenen hamitischen Oberschicht (Wahinda, Wahuma und Watussi) beherrscht. Meyer bezeichnete sie in ihrer Gesamtheit als Wahuma (»Leute aus dem Norden« oder »afrikanische Normannen«). Sie gehörten zu den »längsten Menschen der Erde«, 1,80 m bis 2,20 m (»mehrfach gemessen«) groß, selbstbewußt und von enormer körperlicher Gewandtheit. Daneben war über das ganze Land eine kleinwüchsige Rasse verbreitet, die jedoch nur zu einem geringen Teil den »Pygmäen« zugerechnet wurde. Watussihäuptlingen dienten sie als Leibwächter.

Im einzelnen gliederte sich das Zwischenseengebiet westlich der Randgebiete des Victoriasees in vier große Landschaften: Karagwe mit seinem südlichen Appendix West-Ussuwi, Mpororó im äußersten Norden des Schutzgebietes, ferner Ruanda, die von einem »Msinga« (König) straff regierte absolute Monarchie, und, südlich angrenzend, das größere Urundi, eine »Monarchie mit bundesstaatlichem Charakter«.

Fast überall wurden Ackerbau und Viehzucht betrieben, wobei an Ruanda bemerkenswert war, daß Dörfer fehlten. Die Familien zogen es vor, sich auf Einzelhöfen niederzulassen, ihre Hütten in Bananenhainen aufzustellen und das terrassenförmig angelegte benachbarte Gelände für den Feldbau zu nutzen.

Unten: *Angehörige des Hamitenvolkes der Watussi, die vor fünf- bis sechshundert Jahren bis in das Zwischenseengebiet vordrangen und dort ansässig wurden.*

Oben: *Der von Vulkanen umgebene, wegen seiner landschaftlichen
Schönheit schon frühzeitig berühmt
gewordene Kiwusee, im äußersten
Nordwesten des Schutzgebietes gelegen.*

Der Kiwusee

Kleinster der vier großen ostafrikanischen Seen mit deutschem Anteil war der
inselreiche, 100 km lange und 50 km breite Kiwusee, in seiner Mitte vom 2.
südlichen Breitengrad durchschnitten und in 1455 m über Meereshöhe in den
Zentralafrikanischen Graben eingebettet. Seine genaue Tiefe war damals noch
nicht bekannt. Vermutet wurden zwischen dem Ostufer und der Insel Kwid-
schwi 700 m. Sein Äquatorialklima war mit großer und kleiner Regenzeit und
ebensolchen Trockenzeiten verbunden. Trotz der äquatorialen Lage hielten sich
die Temperaturen in Grenzen: Zum Jahresbeginn maximal 29° C (die vom
Südostpassat gemildert wurden), 13° bis 23° C um die Jahresmitte. Die
während des ganzen Jahres plötzlich einbrechenden Unwetter machten den See
für Eingeborene wie für Europäer zu einem gefährlichen Fahrwasser. Von den
in den Kiwusee strömenden Zuflüssen galt der an der Südwestküste mündende,
nur 4 m breite Maschutansinsi als »merkwürdig«, weil sein »reißend strömendes
Wasser 50° C heiß war«. An der Ostküste wurden als ansehnliche Wasserläufe
Kalandura, Mkoko, Mschogoro und Sabeja betrachtet. Nach Süden speiste der
Kiwusee über den Russissi den Tanganjikasee.
Die Vegetation der deutschen Ostküste war – im Gegensatz zur kongostaatli-
chen Westseite – von Wald- und Baumarmut gekennzeichnet. Lediglich zwei
typische Steppengewächse, die Kandelabereuphorbie und der Baobab, konnten
als »Charakterbäume« gelten. Während die Westseite des Sees von Stämmen
der Kongovölker bewohnt wurde – »jeder . . . lebt mit seinem Nachbar in
tödlicher Feindschaft« –, waren auf dem Ostufer die Wanjaruanda ansässig.

Der Tanganjikasee

Der 780 m ü. NN liegende Tanganjikasee erstreckt sich von Südost nach
Nordnordwest, ist bei einer Länge von 650 km bis zu 70 km breit und bildet einen
Teil des Zentralafrikanischen Grabens, dessen südliches Ende er füllt. Das
Gewässer zeigte zwei Klimate: Passatklima im Süden, Äquatorialklima im
Norden. Noch 1892 hielt der Engländer Hore nach elfjährigem Aufenthalt in
Zentralafrika das Klima des Tanganjikasees für »by no means unhealthy«. Ein
Jahrzehnt später klassifizierte sein Landsmann Moore beispielsweise die am
Ostufer gelegene Landschaft Udjidji als einen der ungesündesten Plätze des
Seegebiets. Auf der gegenüber dem Westen trockenarmen Ostseite reichte
lichter Savannenwald bis an die Strandzone, in deren Lagunen und sumpfigen
Niederungen ihn Schilfdickicht bis zu 7 m, Ambatschwälder bis zu 12 m Höhe
ablösten.

Oben: *Udjidji am Tanganjika.*

Unten: *Haartracht der Konde-neger.*

Auch für die Völker Innerafrikas war der Tanganjika »ein Sammel- und zugleich Scheidebecken von Bedeutung«. Alle Umwohner gehörten den Ur- und Grundbantu an: Während jedoch die Stämme der Westseite Teil der großen Völkergruppe des südlichen Kongobeckens waren, ließen die an der östlichen Seite ansässigen Stämme deutlich ihre Verwandtschaft mit den Bewohnern des zentralen Tafellandes (Unjamwesi) erkennen. Urundi, hauptsächlich zum Zwischenseengebiet gehörend, war das am weitesten nördlich gelegene der Randländer des östlichen Küstenraumes. Seine Bewohner, die See-Warundi, hatten mit ihren über Felder und Pflanzungen verstreuten Dörfern »eines der hübschesten Landschaftsbilder an der ganzen Seeküste geschaffen«. Im Süden schloß sich an Urundi die bereits erwähnte kleine, trotz ihres ungesunden Klimas stark bevölkerte Landschaft Udjidji an, deren Bewohner die den Warundi und Waha verwandten Küsten-Wadjidji waren. Jenseits des Flusses Mlagarassi, der südlichen Grenze Udjidjis, reihten sich die Randlandschaften Tongwe, Kawende und Ufipa aneinander. Die Bewohner unterschieden sich in ihren Tätigkeiten: Während die Watongwe Küstenschiffer und Fischer waren, neigten die Wakawende mehr zu Ackerbau und Jagd. Und ihnen ähnelten die fleißigen, in großen Dorfgemeinschaften mit »einem ziemlich geordneten Staatswesen lebenden« Wafipa.

Der Rukwasee

In einem der heißesten und sonnigsten Landstriche des deutsch-ostafrikanischen Schutzgebietes, in der tektonischen Senke des Rukwagrabens, lag in 800 m Höhe der 80 km lange und 20 – 30 km breite Rukwasee, durchschnitten vom 8. südlichen Breitengrad. Südliche Randlandschaft war Unjika, ein 1 300 – 1 600 m hohes, mit offenen Wäldern und frischgrünen Grasflächen bedecktes Hügelland, dessen Bewohner, die Wanjika, Feldbau und Viehzucht trieben. Den östlichen und nordöstlichen Grabenrand bildete das Ukimbu-Plateau, eine flache Hügellandschaft, der die Tembenbauten der Bewohner (Wakimbu) ein charakteristisches Bild gaben, wie wir es bereits bei den mit ihnen verwandten Wanjamwesi des großen Zentralplateaus kennengelernt haben. Im Seegebiet und in der Grabensenke waren vier *Volksstämme* ansässig, sämtlich von Ackerbau, Viehzucht und Fischfang lebend: Wasáfua im Süden, Wabungu in der Rukwasteppe, Wuande und Wakuruë am Westufer.

Der Njassasee

Der Njassasee (478 m ü. NN), wie der Tanganjika ein typischer Grabensee (Njassagraben), war der am weitesten südlich gelegene jener vier Seen, die das Schutzgebiet berührten. Etwas weniger als die nördliche Hälfte seines Ostufers, etwa 140 km lang, gehörte zu Deutsch-Ost. West-, Süd- und Südostküste waren britisch-zentralafrikanisches, die Ostküste portugiesisch-ostafrikanisches Territorium.

Die Randlandschaft des deutschen Gebietes trug nach dem Entdecker des Sees den Namen Livingstonegebirge. Diese Berge veränderten den Passatklimacharakter des Landstriches insofern, als sie »Deutsch-Njassaland« trockene Winter, feuchte Sommer und (mit geringen Ausnahmen) eine jährliche Regenmenge von mehr als 1 250 mm brachten. Größter und wasserreichster der Zuflüsse des Njassasees war der an seiner Mündung 400 m breite Ruhuhu. In der Vegetation dominierten Hochweiden mit dichter Grasdecke. In Talschluchten fand sich hochstämmiger Regenwald, der in höheren Regionen von temperiertem Höhenwald abgelöst wurde.

Die *Bevölkerung* des Njassalandes setzte sich aus einer Vielzahl von Stämmen zusammen, denen jedoch ihre Zugehörigkeit zur großen Familie der Urbantu gemeinsam war. Der unfruchtbare Norden war nur schwach bevölkert. Im benachbarten Bundali dagegen, durchschnittlich 1300–1600 m hoch, machten reiche Niederschläge aus dem rotlehmigen Gneisboden fruchtbares Land mit »trefflich gedeihenden Feldern und üppigen Bananenhainen«. Ebenso gut gediehen auf den Bergwiesen die Rinderherden, ganzer Stolz ihrer Besitzer, der Wandali.

Im Südosten grenzte an Bundali das Kondeland, dessen bergigen Teil Ober-Konde der Engländer Elton bereits 1879 »without exception the finest tract in Africa I have yet seen« genannt hatte. Das Familienleben seiner Bewohner, der Wakonde, wich insofern erheblich von dem der meisten anderen Völker Ostafrikas ab, als die Frauen »nicht Sklavinnen fremden Stammes, sondern Landestöchter« (Füllhorn) waren und eine »hohe Stellung« genossen. Konde war das Bananenland Ostafrikas, in dem nicht weniger als »20 verschiedene Varietäten« kultiviert wurden. Und trotz der Rinderpest der 90er Jahre nahm es auch in der Viehzucht eine Spitzenstellung ein.

Die Erforschung Ostafrikas

»Von Menschen sah man wimmeln es am Strande,
Zum Schauen strömte her die frohe Schar;
Von feinem Purpur schimmern die Gewande,
Von reicher Seide glänzet der Talar . . .
Manch farbig-buntes, seidnes Zeltgewinde
Bedeckt ringsum den breiten großen Kahn,
In dem der König und sein Hofgesinde
Nebst allen Großen seines Reiches nah'n.
Mit reichem Kleid der Herrscher von Melinde,
Wie es die Mode heischt, ist angetan;
Von maur'schem Bunde wird sein Haupt umgeben
Aus Seide, Gold und baumwollnen Geweben . . . «
(Luis de Camões in dem portugiesischen Nationalepos ,Lusiaden' über die Ankunft Vasco da Gamas in Melinde 1498)

»Einen gewaltigen Aufschwung nahm die geographische Erforschung Ostafrikas um die Mitte des neunzehnten Jahrhunderts. Es war, als wollte man in wenigen Jahrzehnten all das wieder einholen, was man in langen Jahrhunderten versäumt hatte. Fast in jedem Jahr drangen und dringen bis zum heutigen Tage wissenschaftlich geschulte Männer in das Innere von Ostafrika vor und helfen den Schleier lüften, der so lange über diesem Teile Afrikas gelegen hat.«

Anders als in Südwestafrika, wo Missionare schon frühzeitig das Landesinnere erforscht hatten, war von Ostafrika bis zur Mitte des 19. Jahrhunderts kaum mehr als das Küstengebiet bekannt. Weder die Araber, seit dem Jahre 1000 n. Chr. dort ansässig, noch die 500 Jahre später landenden Portugiesen drangen landeinwärts vor. Angesichts des Reichtums der Küste interessierten sie sich nicht für die Berichte von Eingeborenen, denen zufolge im Hinterland riesige Seen und Berge liegen sollten. Lediglich arabische Händler gelangten auf der Jagd nach Sklaven und Elfenbein bis zum Kongo.

Die Zeit der großen Entdeckungen begann zum einen mit der Tätigkeit christlicher Missionare, zum anderen mit der vornehmlich von der Londoner Geographischen Gesellschaft neu belebten Erforschung des Nilquellenpro-

Von oben nach unten: *L. Krapf,*
J. H. Speke, D. Livingstone.

blems. (Diese Aufgabe des »caput Nili quaerare« hatte bereits Kaier Nero genau 1800 Jahre früher einer Expedition gestellt, allerdings ohne Erfolg.)

Die Entdeckung der Berge Kilimandjaro, Meru und Kenia durch die Württemberger Missionare J. Rebmann und L. Krapf (1848/49) löste in Europa eine Flut von Forschungsreisen aus: Die englisch-indischen Offiziere R. Burton und J. H. Speke durchquerten 1857 auf Geheiß ihrer Regierung das spätere Deutsch-Ostafrika vom Küstenplatz Bagamojo aus über Ussagara und Ugogo bis Unjamwesi und erreichten ein Jahr später bei Udjidji den Tanganjikasee, von wo aus Speke anschließend zum Victoriasee vordrang. Eine im Auftrage der Londoner Geographischen Gesellschaft gemeinsam mit J. A. Grant von 1860–1863 unternommene Forschungsreise führte ihn, am Westufer des Victoriasees vorbei, nach Uganda.

Bereits 1856 war dem schottischen Missionar David Livingstone die erste, nach wissenschaftlichen Gesichtspunkten unternommene Afrikadurchquerung von Südwest nach Nordost gelungen. Seine zweite Reise galt der Erkundung des Sambesi, führte ihn 1859 an den Njassasee, und zwar wenige Wochen vor der Ankunft des über das Rufidjigebiet vordringenden Deutschen A. Roscher (der 1860 ermordet wurde und keine Aufzeichnungen hinterlassen konnte). Von 1861 an war Livingstone noch mehrfach zum Njassa gereist, hatte dort die ersten englischen Missionen gegründet und schließlich 1866 das östliche Quellgebiet des Kongo erforscht, um dann in schlechtem Gesundheitszustand nach Udjidji zurückzukehren. Dort machte ihn Stanley ausfindig. Nachdem beide den nördlichen Teil des Tanganjikasees befahren hatten, ohne einen Abfluß zum Nil oder zum Kongo zu finden, kehrte Stanley an die Ostküste zurück. Livingstone drang ein weiteres Mal in das obere Kongogebiet vor. 1873 erlag er am Bangweolosee den Anstrengungen seiner 17jährigen Forschertätigkeit.

1861 waren der Deutsche C. v. d. Decken und der Engländer R. Thornton gemeinsam von Mombassa aus zum Kilimandjaro gezogen und hatten dessen südliche Hälfte bis an die Urwaldgrenze erforscht. Auf einer zweiten Expedition, die 1862 über das Bergland Ugueno führte, erreichten v. d. Decken und sein neuer Begleiter O. Kersten die Westseite des Berges, den sie bis in eine Höhe von 4000 m bestiegen. Erst neun Jahre später gelangte ein anderer Europäer, der englische Missionar Ch. New, in dieselbe Region.

Die zweite große Expedition Stanleys (1874) galt zunächst den Nilquellen und dem Kongolauf, führte anschließend zu einer 58tägigen Umfahrung des Victoriasees und dessen kartographischer Erfassung, erbrachte 1876 u. a. die Entdeckung des Albert-Edwardsees und endete mit einer Schiffsreise auf dem Tanganjikasee. Von Udjidji aus trat Stanley dann seine große Kongoreise an.

An den drei großen Seen Victoria, Tanganjika und Njassa ließen sich englische Missionare nieder und erweiterten im Zuge ihrer »halb kirchlichen, halb politischen Propagationsarbeit« um die Mitte der 70er Jahre auch die geographischen Kenntnisse, wobei sich besonders J. F. Elton und H. B. Cotterill sowie, von 1877 an, der zur Church Missionary Society gehörende Missionar Hore verdient machten. Die erste große, »nach streng wissenschaftlichen Methoden« durchgeführte Forschungsreise in Ostafrika seit den Expeditionen v. d. Deckens wurde 1880 auf Veranlassung der »Afrikanischen Gesellschaft in Deutschland« (einer Gründung der Berliner Gesellschaft für Erdkunde) unternommen und galt in erster Linie dem Westen des späteren Schutzgebietes. Zur eingehenden Erforschung des Massailandes schickte die Hamburger Geographische Gesellschaft 1882 G. A. Fischer nach Ostafrika, der von seiner Expedition »umfangreiche geologische, botanische, zoologische, ethnographische Sammlungen und kartographische Aufnahmen« mitbrachte.

Mit dem Eintritt Deutschlands in die Kolonialpolitik und der mit ihr verbundenen »Aufteilung Afrikas« begann das, was später die »nationale Periode« der Entdeckungsgeschichte Ostafrikas genannt worden ist. Jetzt erst folgten die Deutschen in ihren jungen Kolonialgebieten dem Beispiel der Engländer, Belgier und Franzosen, die »im Interesse ihrer Mutterländer mit ihren Forschungsexpeditionen schon längst politische und merkantile Nebenzwecke« verfolgt hatten. Trotzdem stand während der ersten »kolonialen Sturm- und Drangjahre« die wissenschaftliche Arbeit – von der geographischen Erfassung

Ganz oben: *Der Forscher und Beamte Graf von Götzen (links),
1900–1906 Gouverneur von
Deutsch-Ostafrika.*

Oben: *Karl Klaus Freiherr von der
Decken, 1865 bei der Befahrung des
Djuba von Somalis getötet.*

des Ulangagebietes und des südlichen Rufidjilandes durch Graf Pfeil (1885)
abgesehen – noch im Hintergrund. Männer wie Peters, Jühlke, Otto, Rochus
Schmidt u. a. führten zwar »eine Expedition nach der anderen« ins Landesinnere
durch, doch ging es ihnen in erster Linie darum, den deutschen Besitzstand
ständig zu vergrößern.

In vollem Umfang konnte die wissenschaftliche, insbesondere die geographische
Forschung erst nach der Niederwerfung des (nachstehend gesondert behandelten) Araberaufstandes aufgenommen werden. 1890 begannen Forscher aller
Disziplinen mit ihren Arbeiten. Ihre Zahl war groß, so daß hier nur die Namen
jener Männer genannt werden können, deren Expeditionen der Erfassung
großer Gebiete galten. 1890 drang der Arzt Emin Pascha (Dr. E. Schnitzer),
begleitet von Dr. F. Stuhlmann und Hauptmann Langheld, von Bagamojo aus
über Ussiwi und die Westküste des Victoriasees (wo Langheld zurückblieb und
die Station Bukoba anlegte) durch Karagwe und Mporo bis in kongostaatliches
Gebiet vor, wo Emin Pascha ermordet wurde. Stuhlmann kehrte über Bukoba,
Irangi und das südliche Massailand zur Küste zurück. Seine Arbeiten, vielseitig
und von wissenschaftlicher Gründlichkeit, lieferten »eine Riesenfülle von
wichtigen Beobachtungen über die Landesnatur Deutsch-Ostafrikas zwischen
Küste und Samwesi«.

Der Geograph und Kartograph Oskar Baumann, vom »Antisklaverei-Komitee«
– einer Organisation, die sich um Verstärkung des deutschen Einflusses auf die
Abschaffung der Sklaverei bemühte – unterstützt, erforschte den Großen
Ostafrikanischen Graben, die östlichen Randländer des Victoriasees, Urundi
und den Tanganjika. Weitere große Forscher- und Entdeckernamen waren Graf
v. Schweinitz, C. W. Werther, Kapitän Spring, v. Wissmann, Bumiller und
Prager. 1893 gelangten Graf v. Götzen und seine Begleiter v. Prittwitz und
Gaffron und H. Kersting im Zuge ihrer Afrikadurchquerung erstmals in das
»sagenhafte Reich Ruanda«. Sie überstiegen das hohe Randgebirge des Zentralafrikanischen Grabens und entdeckten außer dem Kiwusee auch den damals
noch tätigen Vulkan Kirunga tscha Gongo.

Geographische Lage
und politische Nachbarschaft

»Vor allem ist das eine zu beachten: Von Süd- und von Nord-Ostafrika streben die Ausläufer britischer Expansion aufeinander zu, um sich zum ›Backbone‹ Afrikas auf der Linie Kap – Kairo zusammenzuschließen. Für diese gewaltige Tendenz des britischen Imperialismus ist Deutsch-Ostafrika, das westwärts bis an den vormaligen Kongostaat reicht, das einzige machtvoll trennende Hindernis, denn Portugal ist dem Andrang seines großen britischen Freundes schon gewichen, und der belgischen Kongokolonie dürfte die Begehrlichkeit Englands, von der sie schon wiederholt Proben erhalten hat, gefährlich werden, wenn sie nicht in engem Anschluß an Deutschland verharrt.«

In einer politisch-geographischen Studie, die 1906 in Leipzig veröffentlicht wurde, vertrat deren Verfasser die Überzeugung, daß Deutsch-Ostafrikas »doppelte Randlage« zwischen dem Indischen Ozean und den Großen Seen dem Schutzgebiet beachtliche geographische Vorteile beschere: die »starke Wirkungsfront« des »Innenrandes« gegenüber dem afrikanischen Binnenland und des »Ostrandes« gegenüber dem Indischen Ozean und dessen Randländern. Dieser Ostrand sei eine geographisch »vorzügliche Grenze und politisch voll großer Kraft, aktiv zur Erschließung des Nachbargebietes, defensiv zum Schutz des eigenen Landes«, wie andere Autoren ergänzend meinten. Diesen geographischen Vorteilen standen die Nachteile der politischen Nachbarschaft entgegen, wie sie im Vorspann dieses Kapitels aus damaliger Sicht dargestellt sind. So mußte zwangsläufig die Auffassung entstehen, nur Deutsch-Ostafrika könne aufgrund eben seiner Zwischenlage verhindern, daß Englands Flagge über der ganzen Osthälfte Afrikas wehe und damit auch der Indische Ozean ein britisches Meer werde. Obwohl sich die deutschen Kolonialpolitiker über die »ernsten Gefahren« der »doppelten Nachbarschaft« einig waren, nahmen sie diese in Kauf – zugunsten der Rolle Deutsch-Ostafrikas als Träger politischer Macht und als »für die Weltgeltung und Weltgeschichte . . . bedeutungsvoller Faktor«. Wenn dem Deutschen Reich diese weltpolitische Rolle erhalten bleiben solle, so die Überlegungen, müsse das Schutzgebiet in jeder Hinsicht gestärkt werden. Bevor Deutschlands Eintritt in die koloniale Expansion den entscheidenden Anstoß zur Aufteilung Ostafrikas durch die europäischen Mächte gab (1885), »hatte Ostafrika keine Grenzlinien, sondern Grenzsäume«. Das galt für die beweglichen Grenzen der »Negerreiche« ebenso wie für die des Reiches Sansibar, das nur im Süden an fremdes, nämlich das portugiesische Gebiet stieß. Unbestimmt dagegen waren seine Grenzen gegen das nördlich gelegene Gallaland und nach Westen gegen das Kongobecken. Erst die Gründung des Kongostaates (1884/85) schuf eine feste Begrenzung (ohne daß Sansibar befragt worden wäre). Trotzdem beherrschte der Inselstaat dank seiner Schwellenlage an der ostafrikanischen Küste praktisch das gesamte mittlere Ostafrika, ohne daß das Herrschaftsgebiet durch eine Begrenzung eingeengt gewesen wäre.

Mit dem Erwerb der Gebiete Ussagara, Useguha und Ukami durch Carl Peters und der Erteilung des Kaiserlichen Schutzbriefes hatte Deutschland auf ostafrikanischem Boden Fuß gefaßt. Nur ein Jahr später gelang es sogar, seine »nunmehrige ostafrikanische Interessensphäre« durch Verträge mit England nach Norden und mit Portugal nach Süden abzugrenzen. Dennoch blieb zunächst ein Schönheitsfehler: In dem Vertrag zwischen Deutschland und England war gleichzeitig die gesamte Küstenzone bis an den Rowuma ausdrücklich dem Sultan von Sansibar zugestanden worden. Und das hieß: Deutschland hatte in seinem Schutzgebiet zwar buchstäblich den Indischen Ozean vor Augen

und doch keine Küste. Erst am 23. April 1888 konnte die Deutsch-Ostafrikanische Gesellschaft mit dem Sultan jenen von Peters vorbereiteten Vertrag schließen, der ihr zunächst die Verwaltung der Küstenzone erlaubte. Am 1. Januar 1891 wurde dann zwischen Deutschland und der DOAG ein staatlicher Vertrag abgeschlossen, mit dem das Deutsche Reich das Küstengebiet und die Insel Mafia erwarb. Damit war Deutsch-Ost »in Summa . . . das in sich geschlossenste, am besten abgerundete und bestbegrenzte von allen unseren Schutzgebieten« geworden.

Der Araberaufstand

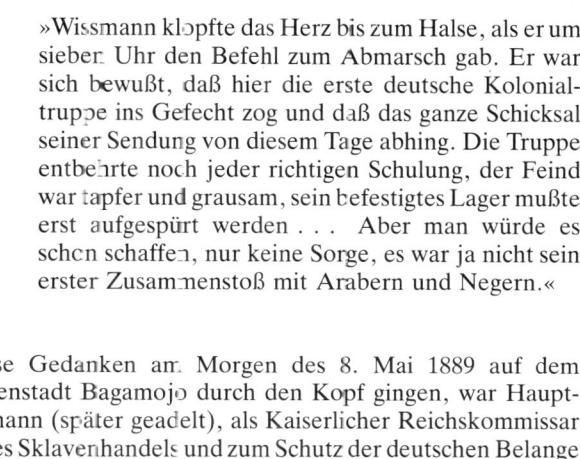

»Wissmann klopfte das Herz bis zum Halse, als er um sieben Uhr den Befehl zum Abmarsch gab. Er war sich bewußt, daß hier die erste deutsche Kolonialtruppe ins Gefecht zog und daß das ganze Schicksal seiner Sendung von diesem Tage abhing. Die Truppe entbehrte noch jeder richtigen Schulung, der Feind war tapfer und grausam, sein befestigtes Lager mußte erst aufgespürt werden . . . Aber man würde es schon schaffen, nur keine Sorge, es war ja nicht sein erster Zusammenstoß mit Arabern und Negern.«

Der Mann, dem diese Gedanken am Morgen des 8. Mai 1889 auf dem Exerzierplatz der Hafenstadt Bagamojo durch den Kopf gingen, war Hauptmann Hermann Wissmann (später geadelt), als Kaiserlicher Reichskommissar »zur Unterdrückung des Sklavenhandels und zum Schutz der deutschen Belange in Ostafrika« eingesetzt.
Die pachtweise Überlassung des Küstengebiets an die Ostafrikanische Gesellschaft hatte einen Aufstand der einheimischen, insbesondere der arabischen Bevölkerung ausgelöst, in dessen Verlauf die Mehrzahl der dort ansässigen Deutschen vertrieben, einige sogar ermordet wurden. Eigentliche Ursache der Rebellion war, »daß die . . . arabische Bevölkerung sich durch das kolonisatorische Vorgehen der Deutschen in der weiteren Ausübung ihres altgewohnten und einträglichen Sklavenhandels bedroht sah«.
Zunächst beschlossen die deutsche und die englische Regierung auf Vorschlag Bismarcks, die gesamte ostafrikanische Küste mit Hilfe eines gemischten Geschwaders zu blockieren. Sehr bald jedoch zeigte sich, daß Beschaffenheit und räumliche Ausdehnung der Küste deren »wirksame Abschließung« unmöglich machten, zumal »die feindlichen Kräfte offenbar schon über reichliches Kriegsmaterial« verfügten, so daß ein durchschlagender Erfolg ohne »Vorgehen zu Lande« nicht zu erwarten war. Dies um so weniger, als der Sultan von Sansibar vorgab, den Deutschen nicht helfen zu können. Daraufhin entschloß sich Bismarck Anfang 1889, den 36jährigen Hauptmann zum Reichskommissar zu ernennen und bei »voller Selbständigkeit der Entschlußfassung« mit dem Recht zur Aufstellung einer Polizei- und Schutztruppe nach Ostafrika zu schicken, finanziell ausgestattet mit zwei Millionen Mark (denen später weitere siebeneinhalb folgten).
Hermann Wissmann, 1853 in Frankfurt/Oder geboren, der während seiner Rostocker Leutnantszeit nur »der tolle Wissmann« hieß, galt trotz seiner zahlreichen Eskapaden als tüchtiger Soldat. Weder eine viermonatige Festungshaft wegen eines Pistolenduells noch verschiedene Trunkenheitsdelikte (einmal verhaftete er nachts sogar den Polizeipräsidenten, der ihn zur Ruhe gemahnt hatte, sich aber nicht ausweisen konnte) haben seiner Karriere geschadet, vielleicht deshalb nicht, weil er andererseits für die Rettung dreier Menschenleben mehrere hohe Auszeichnungen erhalten hatte. 1879 lernt Wissmann den

Rechts: *Hermann v. Wissmann (1853–1905), der aufgrund seiner Verdienste als Forscher, seiner militärischen Erfolge und seiner »klugen Verhandlungsweise« während der Bekämpfung des Sklavenhandels in den erblichen Adelsstand erhoben wurde* (oben links: *das ihm verliehene Adelswappen*).

Darunter: *Seine Frau Hedwig v. Wissmann, geb. Langen.*

Afrikareisenden Dr. Paul Pogge kennen, läßt sich vom Militärdienst beurlauben und begleitet den Forscher auf dessen nächster Expedition, nachdem er sich zuvor in einem »Blitzstudium« Grundkenntnisse in Astronomie und Meteorologie, in Zoologie und Geologie angeeignet hat. Pogge, von der Afrikanischen Gesellschaft finanziert, soll von Angola aus in das »Lundareich« vordringen und den großen, noch unbekannten Teil des kurz zuvor von Stanley entdeckten Kongostromes erforschen. Beide brechen im Dezember 1880 von Sao Paulo de Loanda (heute: Luanda) aus auf und erreichen auf dem Wege über Malange und den Kassaifluß 1882 bei Njangwe den oberen Kongo.

Hier trennen sie sich. Wissmann, mittellos und ohne Medikamente, schlägt sich mit nur wenigen Trägern bis zum Tanganjikasee durch, untersucht sogar noch dessen Abfluß zum Kongo, durchquert die verrufene Landschaft Uha, schließt in Tabora Freundschaft mit dem arabischen Händler Tibbu Tibb und erreicht, buchstäblich in Lumpen, Mitte November 1882 Sansibar. Berlin gewährt ihm einen Kredit von 20000 Mark. Er begleicht seine Schulden und geht für einige Monate nach Kairo, um sich von Asthma, Malaria und Ruhr zu erholen.

Mit seiner ersten Reise wurde Wissmann der erste Deutsche, der das tropische Afrika durchquerte, und der erste Europäer, der es von West nach Ost bereiste. (Kurz zuvor hatten es Cameron und Stanley von Ost nach West durchzogen.) Leopold II., König der Belgier und Herrscher des Kongostaates, beauftragt den Deutschen mit der Erforschung des Kassai, des größten linken Kongonebenflusses. Für die dank großzügiger Geldmittel hervorragend ausgestattete Expedition kann der 31jährige auch vier deutsche wissenschaftliche Mitarbeiter verpflichten: den Anthropologen L. Wolf, den Topographen C. v. François (später Landeshauptmann von Südwest), den Meteorologen F. Müller und den Zoologen und Botaniker H. Müller. Mit dieser Forschungsreise (320 Träger!)

Rechts oben: *Rückkehr von der Kassai-Expedition (v.l.n.r.): v. François, Wissmann, Wolf, H. Müller mit drei eingeborenen Begleitern.*

Rechts unten: *Vor dem Aufbruch zu der von Leopold II. finanzierten Erforschung des Kassai: Wissmann (sitzend) mit (v.l.n.r.) Franz Müller (der während der Expedition verstarb), Hans Müller, Ludwig Wolf, Curt v. François.*

Unten: *Der Afrikareisende Dr. Paul Pogge.*

erschließt Wissmann 1884/85, obwohl abermals ernstlich erkrankt, »dem europäischen Handel ein Netz wichtiger Wasserstraßen«.

Inzwischen hat Deutschland seine ersten Schutzgebiete erworben. Wissmann, jetzt zur Genesung auf Madeira, bittet in Berlin um Verwendung im Kolonialdienst, wird jedoch abschlägig beschieden. Wieder ruft ihn Leopold II. und läßt ihm, »großzügig wie immer«, die Wahl zwischen der Verwaltung des gesamten inneren Kongostaates und der Fortführung seiner Forschungsarbeiten im südlichen Kongobecken: Wissmann entscheidet sich für die Forschung. Diese Reise führt ihn zwischen März 1886 und August 1887 von Leopoldville (heute: Kinschasa) kongoaufwärts in den Kassai bis Luluaburg, von dort ostwärts über Njangwe zu den Seen Tanganjika und Njassa, dann über die Flüsse Schire und Sambesi bis zur portugiesisch-ostafrikanischen Hafenstadt Kilimane. Auf der Heimreise lernt er in Sansibar Carl Peters kennen.

Im März 1889 trifft er ein weiteres Mal auf der Insel ein, diesmal als Reichskommissar. Vom ehemaligen Besitz der Deutsch-Ostafrikanischen Gesellschaft haben sich, mit Marineunterstützung, nur die beiden inzwischen notdürftig befestigten Häfen Bagamojo und Daressalam halten können. Wissmann erfährt zu seinem Erstaunen, daß während seiner Anreise zwischen dem deutschen

Unten: *Admiral Deinhardt, deutscher Geschwaderchef.*

Darunter: *Der gleichermaßen berühmte wie berüchtigte Sklavenhändler Tibbu Tibb.*

140

Oben: *Die deutsche Truppe, aus 300 Weißen und 1100 im Sudan und in Moçambique angeworbenen Farbigen bestehend, mit der Wissmann den Kampf gegen die stark gerüsteten Araber aufnimmt.*

Linke Seite rechts: *Rebellenführer Buschiri, der listenreiche Gegenspieler Wissmanns.*

»In allen Gefechten bewiesen die Araber und Neger den überlegen bewaffneten Europäern gegenüber Mut und Tapferkeit; trotz schwerer Verluste griffen sie die beiden von den Deutschen allein besetzten Hafenorte, Bagamoyo und Dar-es-Salam, immer wieder an, und waren . . . lange Zeit nicht zu vertreiben . . .«

Geschwaderchef, Admiral Deinhard, und dem Anführer der Aufständischen, Buschiri, ein Waffenstillstand geschlossen worden ist, ohne daß der deutsche Regierungsvertreter beteiligt oder auch nur informiert worden wäre. (Wissmann soll den Namen des für diese Verhandlungen deutscherseits Verantwortlichen nie öffentlich genannt haben.) Optimisten sahen in dem Waffenstillstandsabkommen »den Vorläufer friedlicher Zustände«.

Buschiri jedoch stellt »geradezu lächerliche Bedingungen«: Er verlangt für sich nicht nur die Stellung des »Liwali«, des höchsten Beamten in Bagamojo, ausgestattet mit allen »Privilegien, Rechten und Prärogativen«, sondern auch den Gouverneursposten, ferner ein Truppenkontingent und monatlich 5400 Mark als »persönliche Remuneration«. Der am 28. April 1888 von den Deutschen mit dem Sultan von Sansibar geschlossene Zollverwaltungsvertrag soll nur noch insoweit Gültigkeit haben, als dessen Paragraphen nicht »die Rechte des Chefs« (Buschiri) beschneiden. Für die Bevölkerung sei nächtliches Ausgangsverbot zu erlassen, der Hafen dürfe nachts nicht mehr angelaufen werden. Zu verbieten seien ferner die Stationierung von Kriegsschiffen, die Anlage von Befestigungen und die Aufstellung von Geschützen im Stadtinnern. Erlaubt sein solle dagegen »die Verschiffung von Gewehren . . . und anderen Waffen und Munition«. Schließlich seien entlaufene Sklaven ihren Herren »zu den gewöhnlichen Bedingungen zurückzugeben«. Wissmann läßt Buschiri wissen, daß er zwar den Waffenstillstand bis zur Kündigungsfrist einhalten, darüber hinaus aber keine Verhandlungen mit dem Rebellen führen, sondern höchstens dessen bedingungslose Unterwerfung annehmen werde.

Nach Wissmann war Buschiri der Sohn eines Südarabers und einer Galla, einer nordafrikanischen Hamitin, also ein »Halbblutaraber«, der väterlicherseits Grausamkeit und Rachsucht geerbt hatte, »Eigenschaften, die den schwarzen Rassen Afrikas fernstehen«. Buschiris Bedingungen hatten erkennen lassen, wie wenig er sich vor den Deutschen fürchtete. Offensichtlich vertraute er seiner genauen Kenntnis der örtlichen Verhältnisse und seinem Ansehen bei der Bevölkerung. Aufgrund mehrfacher »heimtückischer« Verletzungen des Waffenstillstandes durch Buschiri fühlte sich nun auch Wissmann »frei von jeder Verpflichtung und durfte handeln«.

Für die aufzustellende Truppe hatte er überwiegend Farbige anwerben lassen, »in der Ansicht, daß weiße Soldaten in Masse in den Tropen nicht lange verwendungsfähig bleiben würden«. Drei Viertel der rund 850 »Afrikaner« seiner Streitmacht waren Sudanesen: Wissmann hatte bereits vor deren Anwerbung gewußt, daß diese ehemaligen Soldaten der ägyptisch-türkischen Armee »nach dem preußischen Reglement« ausgebildet und »in allen gefechtsmäßigen Dingen geschult« worden waren. Als »schon recht gut eingeübt« erwiesen sich

Oben: *Matrosenwache der S.M.S. »Leipzig« mit eroberten Kanonen vor dem Stationsgebäude in Bagamoyo.*

»Vor den Angriffen Buschiris und seiner ihm fanatisch ergebenen Anhänger flüchten die Deutschen aus der neuen Kolonie; nur in Daressalam und Bagamoyo können sich kleine deutsche Besatzungen dank dem Eingreifen der deutschen Marine halten.«

auch seine 80 Askaris: Bei den Sulus schließlich vertraute er auf die »von Mutter Natur (mitgegebenen) sehr guten kriegerischen Eigenschaften«. Wissmann, der Afrika immerhin dreimal durchquert hatte, ohne auch nur einen Schuß abzugeben – was auch von den leidenschaftlichsten zeitgenössischen Kritikern des Kolonialismus anerkannt worden war –, verstand sich zwar als pflichtbewußter Soldat. Trotzdem unterschied er sich von den meisten anderen Kolonialoffizieren, gleich welcher Nationalität, in seinem Bemühen, »durch ein richtiges Taktgefühl der weißen Offiziere und Unteroffiziere allmählich aber sicher die schon in den Leuten sitzende Disziplin zu vergrößern«. Er ließ seine »Herren Chefs« ihre Befehle grundsätzlich nur über die schwarzen Offiziere weitergeben, so daß der »schwarze Soldat von Europäern keinen direkten Befehl« erhielt. Mißhandlungen von Farbigen, mangelnder Respekt vor den (schwarzen) »Weibern« und der Stellung der schwarzen Offiziere ebenso wie Verstöße gegen Religion, Sitten und Gebräuche der Sudanesen drohte er, mit »rücksichtsloser Bestrafung« zu ahnden. Das gleiche galt für die Behandlung von Sulus und Askaris.

Am 8. Mai 1889 verließ Wissmann mit seiner Truppe, die (gegen seinen Willen) um 200 Matrosen verstärkt worden war und etwa 900 Mann umfaßte, die Hafenstadt Bagamojo, um Buschiri aufzuspüren, der mit einem Teil seiner etwa zehnfach überlegenen Kräfte irgendwo in einem Lager auf die Deutschen wartete. Weder Kundschafter noch Patrouillen hatten dieses Lager ausfindig machen können. Die mit Buschiri teils sympathisierende, teils von ihm auch nur eingeschüchterte Bevölkerung schwieg. Und ebenso wenig verriet Père Etienne, »der vortreffliche Superior der großen katholischen Mission bei Bagamoyo«, Buschiris Standort, obwohl er den Araberführer dort aufgesucht und die Freilassung eines als Geisel genommenen englischen Missionars erreicht hatte. Er, Père Etienne, fühle sich als Ehrenmann zum Schweigen verpflichtet, habe er doch Buschiris Lager frei betreten und frei verlassen dürfen, eine Einstellung, die Wissmann als »anständig und vornehm durch und durch« bezeichnete.

Nach anderthalbstündigem Marsch konnte das stark befestigte Lager des Gegners ausgemacht werden. Den Plan Wissmanns, die »Boma« Buschiris zunächst beidseitig zu umfassen und erst dann zu stürmen, machte der ehrgeizige Kommandeur des Marinekorps, Korvettenkapitän Hirschberg, zunichte. Dessen vorzeitiger Sturm führte zu einem »blindeifrigen Wettbewerb . . . zweier verschiedener Waffengattungen« und zwang Wissmann, nun ebenfalls zu stürmen. »Der Feind aber, zu seiner Ehre sei es rühmend hervorgehoben, weicht und wankt nicht.« Die Palisaden halten lange. Erst im Nahkampf »entsinken den Arabern Fanatismus und trotziger Mut«. Sie hinterlassen 106 Tote und 20 Gefangene. Buschiri kann mit etwa 650 Mann fliehen. Die deutsche Seite verliert, zusammen mit der Marineabteilung, 12 Tote, unter ihnen drei Offiziere.

Oben links: *Sklavenhändler Hassan bin Omari (rechts) und seine Komplizen nach der Gefangennahme durch Wissmanns Truppen.*

Mitte: *Der Nachfolger Buschiris, Bana Heri, Sultan von Useguha.*

Rechts: *Sheikh Soliman ben Nasr, Wali von Daressalam.*

In Daressalam überwältigt »Chef« Rochus Schmidt den dortigen Führer der Aufständischen, Soliman ben Sef, und dessen Leute, worauf »einzelne Dörfer ihre Unterwerfung anmeldeten«. Nächstes Ziel der Operationen sollte Sadani sein, »Hauptplatz der feindlichen Elemente in Useguha«, in dem das Oberhaupt der Waseguha, Bana Heri, residierte, ein Herrscher, der sich keineswegs als Untertan des Sultans von Sansibar betrachtete. Wissmann verhandelte mit Bana Hari, um eine unblutige Übergabe der Ortschaft mit ihren an der Küste gelegenen Befestigungen zu erreichen, scheiterte jedoch am Widerstand der fanatisierten Söhne des Herrschers.

Daraufhin nahmen die deutschen Kreuzer »Leipzig«, »Schwalbe«, »Pfeil« und »Möwe« am 6. Juni den Ort und die Befestigungen unter Feuer, Wissmanns Truppe griff mit 530 Mann und zwei Geschützen gleichzeitig von der See- und der Landseite an, vertrieb die Verteidiger und beließ es zunächst bei einer kurzen Verfolgung in Richtung Uvindji. Das erstürmte Sadani, in dem ohnehin »nur wenige wertvollere, aus Stein gebaute Häuser« standen, wurde niedergebrannt, ein Akt, von dem sich Wissmann abschreckende Wirkung auf Pangani, das nächste Ziel, versprach. Tatsächlich sahen »die gebildeteren, vornehmen Araber Panganis« die Aussichtslosigkeit eventuellen Widerstandes ein, konnten sich jedoch gegen »die fanatisierte Volksmasse« um so weniger durchsetzen, »als diese Leute nichts verlieren, höchstens etwas gewinnen konnten«. Der Zuzug kampflustiger Elemente aus Sansibar, der »Viroboto« (Irreguläre), erschwerte Wissmanns Bemühungen, das blühende Pangani einschließlich seines Hinterlandes unzerstört zu lassen. Unterstützt wurde er dagegen von dem als oberster Verwaltungsbeamter des Sultans von Sansibar in der Nähe Paganis ansässigen Soliman ben Nasr. Beiden blieb der Erfolg versagt, Soliman ben Nasr wurde von den Aufständischen sogar am Betreten der Stadt gehindert.

Am 8. Juli ging Wissmanns Truppe unter dem Feuerschutz der vor der Flußmündung liegenden Kriegsschiffe auf Leichtern an Land, wo sie das südlich gelegene Felsenkap Ras Muhesa besetzte. Anschließend drangen zwei kleinere Schiffe in die 300 m breite Panganimündung ein. Der Feind konnte, nicht zuletzt dank der präzise schießenden Schiffsartillerie, »überall . . . auf den Fluß zurückgedrängt und die steile Uferhöhe hinabgeworfen« werden. Jetzt richtete sich »die Hauptaufmerksamkeit . . . auf das durch den Strom von den Siegern getrennte Pangani«, das Wissmann unbedingt schonen wollte. Ein langer Schützengraben mit starker Besatzung schützte das jenseitige Ufer. Während die beiden mit Hilfe von Wellblechlagen und Eisenplatten provisorisch »gepanzerten« Dampfer stromaufwärts liefen. landete nördlich der Flußmündung ein Marinekorps, während das Maxim-Gun der Wissmanntruppe von Süden her die feindliche Schützengrabenstellung mit einer Genauigkeit beschoß, die den »auf die große Entfernung wehrlosen Gegner« zum Rückzug zwang und die Flußüberquerung möglich machte.

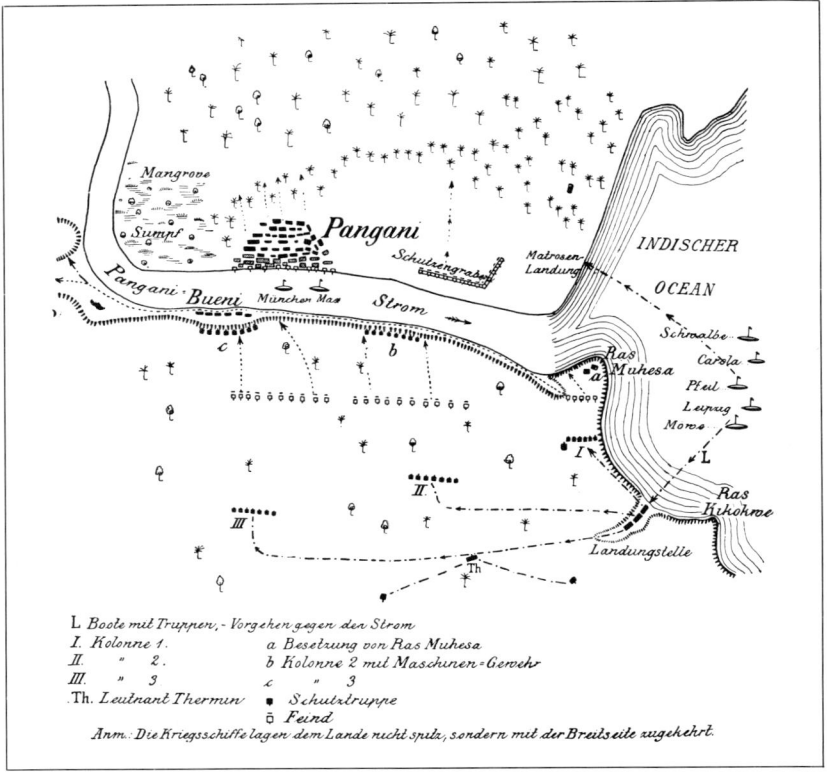

Pangani war in deutscher Hand. Noch am selben Tage führte Wissmann mit einer arabischen Abordnung erste Verhandlungen über friedliche Zusammenarbeit. Dann übergab er »die weitere Pflege« Panganis an den »Chef« Dr. Schmidt und zog mit einem Teil seiner Truppe in das während der Zwischenzeit von der Marine besetzte, nördlich gelegene Tanga. Dort fand er »leichtere Verhältnisse« vor, da das Arabertum und die friedliebende Negerbevölkerung (Wadigo und Wabondei) die Rückkehr zu geordneten Verhältnissen begrüßten. An der Hafenbucht ließ Wissmann eine Station errichten.

Der Reichskommissar beschloß, nunmehr tiefer in das Landesinnere vorzustoßen. Seine Truppe hatte er um einige weiße Offiziere und 200 neu angeworbene Sulu verstärkt, zu seinem Stellvertreter den Stationschef von Bagamojo, v. Gravenreuth, ernannt. Mit zehn Offizieren, 15 weißen und 550 farbigen Soldaten, ergänzt um 100 Träger, begann er das später als »Mpapua-Expedition« bekanntgewordene Unternehmen - benannt nach dem Zielort Mpapua, der einzigen Station, die der Deutsch-Ostafrikanischen Gesellschaft im Landesinnern noch verblieben war. Der Expedition hatte sich, auf deren Schutz vertrauend, eine aus Wanjamwesi bestehende Karawane angeschlossen. Was Wissmann noch nicht erfahren hatte: Die Station Mpapua war, ebenso wie eine nahegelegene englische Mission, kurz zuvor von Buschiri überfallen und zerstört worden. Anschließend hatte der Araberführer aus den Stämmen der Mafiti und der Wahehe eine Truppe von 5–6000 Mann zusammengestellt und war in Richtung Küste marschiert. Dort gelang es dem rechtzeitig benachrichtigten Gravenreuth, »nicht zuletzt dank der unerschütterlichen Ruhe der sudanesischen Soldaten«, mit 28 Weißen und 300 Schwarzen, die heftigen Angriffe der Mafiti in einem zweitägigen Gefecht abzuschlagen, wobei auf der Gegenseite 400 Mann fielen.

Daß die Bevölkerung nun »vertrauensvoll . . . auf die deutschen Beschützer« geblickt haben soll, klingt glaubhaft, denn Augenzeugen berichteten übereinstimmend von dem grauenhaften Massaker, das Buschiri und seine Leute unter dem völlig unkriegerischen Bauernvolk der Wasaremo angerichtet hatten. Der Geschlagene, vom größten Teil seines Anhangs verlassen, versuchte, nach Norden in Richtung Britisch-Ostafrika zu entkommen. Ihm zog in Eilmärschen

Oben links: »Buschiri gefangen!«

Oben rechts: Hinrichtung Buschiris durch den Strang am 15. Dezember 1889.

der Chef Panganis, Dr. Schmidt, entgegen. Schließlich lieferten die eigenen Leute Buschiri an Schmidt aus, »aufgebracht durch die unglaublichen Greuel und angestachelt durch die hohe ausgesetzte Belohnung von 10000 Rupien« (etwa 15000 Mark). Das Kriegsgericht in Pangani erkannte, »schon der grauenhaften Hinmordung von Hunderten harmloser Menschen wegen«, auf Todesstrafe, die noch am selben Tage vollstreckt wurde. »Instinktiv fühlte jeder, daß eine neue Zeit heraufzog, eine Zeit, in der wir Deutsche mit daran arbeiten sollten, helles, segenspendendes Licht in den dunklen Kontinent zu tragen.«

Oben: Gefangene arabische Sklavenjäger.

Wissmann, der auf dem Wege nach Mpapua mit einem Teil seines Expeditionskorps eine bei Pangiri gelegene »Rebellenstellung« angegriffen und deren Besatzung »empfindlich geschlagen« hatte, begann nun, Kontakt mit der Bevölkerung zu suchen. In einem Lande wie Ostafrika, meinte er, sei »nur mit ausgiebigster Unterstützung der Eingeborenen« wirtschaftlich vorwärts zu kommen. Eines seiner Nahziele war, Handel und Verkehr zwischen dem Gebiet der Großen Seen und der Küste zu normalisieren. Seine militärischen Erfolge im Küstengebiet waren auch im Landesinnern bekanntgeworden. Auf »Schauris« (Palavern) mit den eingeborenen Häuptlingen knüpfte er mit den Feinden von gestern freundschaftliche Bande, nicht zuletzt auch mit dem Ziel, »die Eingeborenen (von den Arabern) zu emanzipieren«. Immer häufiger wurden Schutzbriefe und deutsche Flaggen »erbeten«. Und der einflußreiche Häuptling Kingo von Morogoro warnte Wissmann sogar rechtzeitig vor einem Überfall auf Expeditionskorps und Karawane, den die aus Pangiri entkommenen Rebellen vorbereiteten, so daß der Reichskommissar dem Gegner zuvorkommen und ihn verlustreich »auseinandersprengen« konnte.

Am 10. Mai wurde das zerstörte Mpapua erreicht, wo Wissmann sofort eine befestigte Station errichtete. 110 Mann wurden zurückgelassen, mit den anderen machte er sich eine Woche später auf den Rückmarsch zur Küste. Unmittelbar zuvor hatte er erfahren, daß sich Stanley mit dem von ihm gefundenen Emin Pascha der nördlichen Grenze des Schutzgebietes nähere, und ließ Stanleys Expedition, die am 10. November 1889 in Mpapua eintraf, von einer deutschen Eskorte nach Bagamojo führen. Die Hoffnung Wissmanns, daß sich Bana Heri nach seiner Niederlage in Sadani doch noch unterwerfen werde, erfüllt sich nicht. Ein Vermittlungsversuch des Groß-Arabers Tibbu Tibb scheitert. In der Landschaft Useguha, so die Gerüchte, soll Bana Heri Karawanen überfallen und Missionsstationen bedroht haben. Und ein Teil seiner Leute sei, bewaffnet, wieder in Sadani eingesickert. Wissmann läßt mit einem Expeditionskorps (vier Kompanien und 600 Wasukuma-Krieger) Küste und Küstenhinterland durchkämmen, wobei fünf befestigte Eingeborenendörfer im Sturm genommen und zerstört werden. Von Bana Heri aber fehlt jede Spur. Mit einer weiteren Kompagnie und einem Marine-Landungskorps wird Sadani erneut gestürmt. Dort vereinen sich beide Kampfgruppen.

Oben: *Häuptling Kingo mkubwa von Morogoro, der Wissmann rechtzeitig vor einem auf dessen Expeditionskorps geplanten Überfall versprengter Rebellen warnte.*

Wissmann, inzwischen zum Major befördert, setzt am 25. Dezember 1889 von der Küste aus ein neues Expeditionskorps »zu einer größeren Rekognoszierung« nach Westen in Marsch. Bei den Höhen von Mlembule entbrennen schwere Kämpfe um mehrere stark befestigte Dörfer, unter ihnen das Quartier Bana Heris, das nicht genommen werden kann, was den Ruf des Rebellenführers wiederherstellt. Die Deutschen müssen sich unter schweren Verlusten zurückziehen. Immerhin wissen sie jetzt, wo sie den Gegner zu suchen haben. Am Morgen des 4. Januar trifft vor dem laut Aufklärung stark besetzten Mlembule erneut ein Expeditionskorps ein, bestehend aus zwei Bataillonen, ausgerüstet mit vier Artilleriegeschützen und einem MG. Nach dreistündigem Artilleriebeschuß wird die Festung genommen – Bana Heri kann erneut fliehen. Doch sein Stern sinkt, die Zahl seiner Anhänger schwindet rapide, zumal v. Gravenreuth im Laufe des Dezember mehrere Waseguhu-Häuptlinge, die noch zu ihm hielten, »bestraft, ihre Dörfer und Vorräte zerstört, ihre Herden weggenommen« hatte.

Erst Anfang März können Wissmanns Leute ein stark befestigtes Dorf in der Landschaft Palamakaa, etwa fünf Marschstunden landeinwärts von Sadani gelegen, als neue Hauptfeste Bana Heris ausmachen. Am Morgen des 9. März läßt der Kommissar »einige Granaten in das Dorf hineinwerfen«, anschließend stürmen Gravenreuth und 200 Sudanesen, und wenig später »loderte das letzte Refugium Bana Heris in Flammen auf«. Er selbst hat mit den meisten seiner Leute ein weiteres Mal in der unübersichtlichen Buschlandschaft verschwinden können. Doch nun arbeitet die Zeit für Wissmann, denn »sämtliche Hütten des Bezirks waren zerstört, sämtliche Vorräte vernichtet«.

Wenige Tage später erscheinen in Sadani Abgesandte Bana Heris »mit der Bitte um Frieden; sie baten flehentlich um sofortige Überweisung von Proviant, da Bani Heri und sein Anhang sonst dem Hungertode ausgesetzt seien«. Wissmann beschließt, die Unterwerfung »unter nicht zu strengen Bedingungen anzunehmen«, da Bani Heri, anders als Buschiri mit seinen Arabern, »sich als angestammter Sultan von Useguha lediglich in Verteidigung seiner Herrschaft gegen die deutsche von ihm absolut nicht gewünschte . . . Schutzherrschaft gewehrt hatte«. Er schickt dessen Abgesandte mit »einigen Lasten Reis« zurück und läßt mitteilen, daß Bana Heris »Unterwerfung unter Zusicherung seines Lebens und . . . Belassung seiner Würde als Sultan von Useguha angenommen würde«, wenn er mit seinem Anhang in Sadani erschiene. Am 6. April stellt sich Bana Heri mit 400 seiner Leute dem Wissmann-Vertreter v. Gravenreuth, der ihm erlaubt, sich in Sadani selbst (d.h. unter den Kanonen der Station) wieder anzusiedeln. Seine Anhänger, die sich in der Umgebung niederlassen dürfen, sollten das zerstörte Sadani wieder aufbauen. Bana Heri holt den Rest seiner Leute »mit den Weibern und Kindern« aus der Gegend von Palamakaa nach und sendet Wissmann »zum Zeichen seiner definitiven Unterwerfung sein Schwert«. Im nördlichen Teil des Schutzgebietes herrscht Ruhe, die Felder werden bestellt, über die alten Straßen ziehen wieder Karawanen, in den Küstenstädten lassen sich erneut indische Kaufleute nieder, »unter deutschem Schutz« entwickelt sich wieder reger Handelsverkehr. Der Sklavenhandel ist unterbunden, auf Menschenraub steht Todesstrafe. Nun steht Wissmann vor der Aufgabe, »auch im südlichen Küstenstreifen . . . die deutsche Macht wieder zur Geltung zu bringen«. Bismarcks Nachfolger v. Caprivi stimmt einer Verstärkung der Schutztruppe zu. Der Reichskommissar proklamiert von Sansibar aus »im Namen Sr. Majestät des Deutschen Kaisers und Sr. Hoheit des Sultans von Sansibar auch für die Küste von Rufidji bis zum Rowuma einschließlich Kriegszustand«.

Die im Süden ansässigen Araber erkennen ihre Schwäche gegenüber den Deutschen. Die »Besonnenen raten zur Unterwerfung«. Wissmann verhandelt und erreicht, daß sich sämtliche Ortschaften südlich von Daressalam bis zur Rufidjimündung unterwerfen. Als Zeichen »der gewährten Verzeihung und des . . . deutschen Schutzes« erhalten sie schwarz-weiß-rote Fahnen. Araberdeputationen aus der Umgebung Lindis, die um Schonung ihres Besitzes bitten, berichten, die dortigen Ortschaften wären zur Unterwerfung bereit, das zur Seeseite hin stark befestigte Kilva dagegen sei zum heftigsten Widerstand

Oben: *Der Nachfolger Bismarcks, Leo Graf von Caprivi, von 1890 bis 1892 Reichskanzler und preußischer Ministerpräsident.*

»Caprivizipfel: Eine 30 bis 100 km breite und 400 km lange ›Antenne‹ im NO von SW-Afrika, wodurch Deutschland – gemäß dem vom Reichskanzler von Caprivi mit England in der Zeit der sogenannten ›Kolonialehe‹ abgeschlossenen Helgoland-Sansibar-Vertrag – Zugang zum Sambesi erhielt. Er trennte . . . Angola vom britischen Protektorat Betschuanaland.«

entschlossen. (Dort waren 1888 zwei Angehörige der DOAG ermordet worden, so daß Angst vor Bestrafung eine Rolle gespielt haben könnte.)

Wissmann geht mit 1200 Mann südlich von Kilva an Land und steht am Morgen des 8. Mai auf einem Hügel westlich der Stadt, die seit dem Vortage von See her unter Artilleriebeschuß liegt und an verschiedenen Stellen brennt. Die Truppe marschiert ein, ohne auf Widerstand zu stoßen. Bis auf einige verängstigte indische Händler ist Kilva menschenleer. v. Zelewski übernimmt die Stadt als Stationschef und beginnt mit seinen 300 Mann die Befestigungsarbeiten. Das Geschwader hat die Wissmanntruppe wieder an Bord genommen und dampft in die Bucht von Lindi. Die »Carola« feuert aus ihren weittragenden Geschützen drei Granaten auf die Stadt, um »die Unschlüssigen aufzumuntern, sich dem Frieden anzuschließen . . . « Als daraufhin die in die Landungsboote gegangene Schutztruppe von beiden Uferseiten her beschossen wird, eröffnet der Kommandant der Korvette »Carola« »ein verheerendes Schnellfeuer auf den dicksten Haufen des Feindes . . . « Nach 25 Minuten gehen unter Wissmanns Führung fünf Kompanien an Land.

Auf einer Friedenskonferenz »verzeiht« Wissmann den Arabern, die künftig »loyale Untertanen« sein wollen. Ihr Besitz wird ihnen ungeschmälert belassen. Mit weiteren »Befriedungsaktionen« längs der Küste beendet der Reichskommissar die Niederwerfung im Süden und tritt im Mai 1890 von Sansibar aus einen Heimaturlaub an. Wenig später wird er in den Adelsstand erhoben.

Am 1. Juli 1890 ereignet sich etwas nicht nur für Wissmann völlig Unverständliches: Bismarcks Nachfolger, v. Caprivi, schließt mit England den »Sansibarvertrag« ab, in dem beide Staaten ihre ostafrikanischen Interessensphären abgrenzen. Deutschland zieht seine Schutzherrschaft über Wituland zugunsten Englands zurück und erklärt sich außerdem mit der künftigen Schutzherrschaft der Briten über die Insel Sansibar, das Zentrum allen Handels mit dem schwarzen Kontinent, einverstanden. Als Gegenleistung erhält das Deutsche Reich die Insel Helgoland.

Dr. Becker, lange Zeit Wissmanns Begleiter als Expeditionsarzt, schrieb 1907, daß »zur Zeit des Vertragsabschlusses . . . das deutsche Ansehen in Sansibar das englische wie der Montblanc den Berliner Kreuzberg« überragt habe und die dort ansässigen deutschen Handelshäuser von jeher bedeutender als die englischen gewesen seien. Tatsächlich schien es 1890 nur noch eine Frage ganz kurzer Zeit zu sein, wann Deutschland offiziell seine Schutzherrschaft über Sansibar erklären würde. Als sich Wissmann dem ihm ohnehin nicht sonderlich gewogenen Kanzler Caprivi gegenüber eine »bescheidene Kritik« erlaubte, wurde das Verhältnis beider zueinander noch kühler, was denn auch schon wenig später Folgen haben sollte. Während sich Wissmann in Deutschland aufhielt, war es in Deutsch-Ost erneut unruhig geworden. Die Wajao verweigerten den Stationen Lindi und Mikindani den Gehorsam, machten die Karawanenstraßen unsicher und gingen erneut auf Sklavenjagd. Rochus Schmidt hatte daraufhin mehrere Strafexpeditionen unternommen.

Wissmann, im November 1890 aus Deutschland zurückgekehrt, fand Nachrichten vor, wonach der einflußreichste Sultan innerhalb des Kilimandjaro-Gebietes, Sinna von Kiboscho, plündernd in das benachbarte Sultanat des deutschfreundlichen Mandara eingefallen sei. Gleichzeitig hätten sich nomadisierende Massai zu einem neuen »Kriegs- und Raubzug« versammelt. Mitte Januar 1891 setzt er sich daraufhin von Pangani aus mit drei Kompanien und 250 Trägern, insgesamt 600 Mann, Richtung Kilimandjaro in Marsch. Dort stellt ihm Mandara ortskundige Wadschagga-Krieger zur Verfügung. Nach mehreren für die Deutschen verlustreichen Angriffen kann Wissmanns Truppe das von 600 Wakiboschos verteidigte, stark befestigte Lager im Sturmangriff nehmen, wobei es diesmal auf der Gegenseite zahlreiche Gefallene und Verwundete gibt. Die Deutschen erbeuten 4000 Rinder und 10000 Stück Kleinvieh. Mandara darf aus diesen Beständen »dreimal den Hof seiner Residenz füllen«. 500 Ochsen tauscht Wissmann gegen Elfenbein, von dessen Erlös er die Expeditionskosten bestreitet. Natürlich gelobt der geschlagene Sinna »feierlich Unterwerfung«, zahlt »Elfenbeintribut« und bittet, die deutsche Flagge führen zu dürfen. Vertreter anderer Landschaften folgen seinem Beispiel.

Oben: *Übergabe von Helgoland durch Sir Arthur Barkly an Staatsminister von Bötticher am 9. August 1890.*

Unten: *Hissung der Reichsflagge auf Helgoland in Anwesenheit Kaiser Wilhelms II. (9. August 1890).*

Auf dem Rückmarsch erhält Wissmann in der Station Masinde am 8. März 1891 die offizielle Nachricht, daß er seines Amtes als Reichskommissar enthoben sei und die Geschäfte am 1. April seinem Nachfolger, Freiherrn v. Soden, zuvor Gouverneur von Kamerun, zu übergeben habe. Unmittelbar nach der Übergabe verläßt er Afrika. Reichskanzler v. Caprivi hatte Wissmanns Kritik am Sansibarvertrag nicht vergessen.

Der neue Gouverneur übernimmt keineswegs, wie Rochus Schmidt später schreiben wird, eine »durch unsern Wissmann zurückeroberte und beruhigte Kolonie«. Zwar hatte dieser den Araberaufstand niederschlagen und an der Küste des Indischen Ozeans eine Operationsbasis für die Verwaltung des Schutzgebietes schaffen können, doch ein Ende der Unruhen war noch längst nicht in Sicht. Die Schutztruppe erlitt sogar mehrfach empfindliche Niederlagen. So geriet am 17. August 1891 ein Expeditionskorps unter v. Zelewski während einer »Strafexpedition« gegen die Wahehe in einen Hinterhalt, wobei keiner der neun Weißen und 150 Askaris überlebte. Ähnlich katastrophal endete im folgenden Jahr ein Unternehmen gegen die Wadschagga des Kilimandjaro. Einigermaßen Ruhe herrschte erst nach den Aufständen 1905/07.

Oben: *Hermann v. Wissmann.*

Inzwischen ist Wissmann wieder nach Deutsch-Ost zurückgekehrt, dem neuen Gouverneur v. Soden als »Reichskommissar« zu dessen Verfügung zugeteilt. Seine Ziele sind jetzt: die deutsche Macht an der Westgrenze der Kolonie längs der großen Seen zu etablieren, gleichzeitig die in diesem Gebiet infolge der Sklavenjagden herrschende Unsicherheit zu beseitigen, den Zusammenstoß der von Nord und Süd gegeneinander ziehenden Sulu und Massai zu verhindern, beiden »die Lust zu weiterer gewaltsamer Ausdehnung zu nehmen« und damit »der Förderung eines uns selbst zugute kommenden Handels, der Hebung der Produktion und der Sicherung eines regen Verkehrs« zu dienen.

Eine bemerkenswerte Leistung gelingt ihm zweifellos mit dem Transport eines in Deutschland gebauten, 26 m langen Dampfers zum Njassasee. Das Schiff wird in Teile zerlegt und teils auf Karren, teils auf Schlitten, teils mit Hilfe einer ebenfalls zerlegbaren Feldbahn ins Landesinnere gebracht, streckenweise über englisches Gebiet, wobei die Briten sogar behilflich sind. Doch noch immer wollen Teile der Eingeborenen, etwa am Tanganjika, nichts von den Segnungen der Weißen wissen. Erneute Kämpfe entbrennen, in deren Verlauf letztlich die Bevölkerung ihre Herden im Stich lassen und flüchten muß. Not ist es schließlich, die sie zwingt, »um die deutsche Fahne zu bitten«. Endlich aber kann dann in dem Seengebiet, »teils auf friedliche Weise, teils durch kriegerisches Einschreiten ... der Respekt vor der deutschen Herrschaft nachhaltig begründet« werden.

Nun könne niemand mehr, so glauben die Deutschen, etwas an der Stabilisierung ihres für friedlich gehaltenen Zivilisationseinflusses ändern, auch künftige »Auflehnungsversuche« nicht, »solange der Neger gewohnt bleibt, in uns den Herrn und nicht den nachgiebigen ›weißen Bruder‹ zu sehen, und solange wir mit einer schnell beweglichen Schutztruppe zur Hand sind, wo es zu gären beginnt«.

Städte, Bezirke, Stationen

»Wer über Port Said und Aden nach Mombassa kommt, den Hafen für die englische Ugandakolonie, auf den wirkt dieser Ort wie eine Offenbarung. ›Es gibt doch auch ein grünes Afrika‹, sagt man sich freudig bewegt beim Anblick der laubumrauschten Küste. Und wenn man auf der Fahrt vom Hafen zur Stadt die herrlichen Mangobäume gesehen hat mit ihren mächtigen Kronen, die prachtvolle Allee frischer Laubbäume vor der Stadt, dann fragt man wohl bangen Herzens: Wird unser Ostafrika auch so aussehen?«

»Sorgen Sie für das Aufblühen der immer noch darniederliegenden, fast zerstörten Stadt, indem Sie die Bevölkerung zur Rückkehr bewegen. Erwerben Sie sich Vertrauenspersonen, durch die Sie erfahren, wie das Volk denkt, was es wünscht oder vielleicht auch plant. Unter den Leuten ist Zucht und Ordnung zu halten, aber bitte stets gerecht und wohlwollend. Seien Sie auch für den armseligsten Schwarzen nie ein unnahbarer, sondern stets ein geduldiger, fürsorgender Herr ...«

1908 lebten in dem (einschließlich seiner Wasserflächen) 955 000 Quadratkilometer großen Deutsch-Ostafrika mehr als sieben Millionen Eingeborene, etwa 10 000 farbige Fremde (Araber, Guanesen, Inder, Paris u. a.) und 2845 Weiße, unter ihnen mehr als 2000 Deutsche. Die *Verwaltung* des Landes lag in Händen des in Daressalam residierenden kaiserlichen Gouverneurs. Das Land war in 22 Verwaltungsbezirke eingeteilt, die in der Mehrzahl (16) als Bezirksämter unter Zivilverwaltung standen. Drei Bezirke (Klimatinde, Iringa, Mahenge) wurden von Militärstationen aus verwaltet, die zunächst von Schutztruppenoffizieren geleitet, im Juli 1907 jedoch, nach Beendigung des letzten Aufstandes, in Zivilbezirksämter umgewandelt wurden. Schließlich gab es noch drei »Residenturen« (Bukoba, Ruanda, Urundi), deren deutsche Residenten mit einer kleinen Polizeimannschaft »dem einheimischen Fürsten attachiert« waren, ohne selbst Verwaltungsakte auszuüben. Die Stärke der landesweit über 15 Stationen

Oben: *Evangelische Kirche in Daressalam.*

verteilten Schutztruppe blieb unverändert: 15 Kompanien mit insgesamt 2982 Mann, darunter 250 Polizei-Askaris und 272 Europäer. Dort, wo die Entwicklung der Wirtschaft und des Verkehrswesens noch zurückgeblieben war, wurden die Funktionen der engeren lokalen Verwaltung farbigen Akiden übertragen. In Gebieten mit »kräftigen angestammten Häuptlingsschaften« durften die Häuptlinge selbst das (bezirksseitig kontrollierte) »Akidat« führen.

Über das ganze Schutzgebiet verteilt lagen die Stationen der *Missionsgesellschaften*, die ihre Aufgabe in der Verbreitung der christlichen Lehre, im Schulunterricht, in der handwerklichen Ausbildung, in der Einführung neuer landwirtschaftlicher Techniken und in ärztlicher Tätigkeit sahen. Die Evangelischen Missionen (unter ihnen zwei englische) unterhielten nicht weniger als 69 Haupt- und 185 Nebenstationen bzw. Außenplätze. Die Zahl der Katholischen Missionen betrug 61.

Nördlichste der ostafrikanischen *Küstenstädte* war Tanga, eine alte Niederlassung, die bereits von den ersten arabischen, später portugiesischen Eroberern gelobt wurde und unter dem Einfluß indischer Kaufleute »zu schöner Blüte« gelangt war. Diese schon um 1860 zwischen 4 und 5000 Einwohner zählende Stadt diente als Ausgangspunkt für Karawanen, die aus dem Kilimandjarogebiet, vom Victoriasee und aus Massailand Sklaven und Elfenbein holten. Deutsche, die es nach der »Befriedung« des Schutzgebietes zum ersten Mal betraten, sollen wie im Traum umhergegangen sein. Die einen wollten es spontan in »Neu-Kiel«, andere in »Neu-Rostock« umbenennen. Schlanke Palmen, gewaltige Mangobäume, üppiges Laubwerk hüllten »stattliche Gebäude« ein, unter ihnen das Bezirksamt, das Krankenhaus, die Kirchen, schöne Hotels, eine Schule und eine große Markthalle, in der die Ananas für 20 Pfennige angeboten wurde. »Selbst das Eingeborenenviertel macht einen sehr guten Eindruck.« Im Kaiser-Hotel mußte man die Kapelle gehört haben, denn »die schwarzen Kerle machen eine ganz anständige Musik«. Sogar einen Trolley-Verkehr gab es: auf Schienen liefen kleine, von Negern geschobene Wagen. Um 1910 zählte die Stadt 6000 Einwohner, unter ihnen 178 Europäer, größtenteils in den dort ansässigen acht europäischen Handelshäusern tätig. 1909 liefen 179 Dampfer der Hafen an. Der Handelsplatz setzte 10 Millionen Mark um, von denen 3,5 Millionen auf die Ausfuhr entfielen. Trotzdem war Tanga, wenn nicht gerade ein Schiff für Abwechslung sorgte, ein »schlafendes Dornröschen«.

Der Hafenplatz Tanga nahm durch den »gewaltigen Handelsverkehr« von und nach Usambara-Pare und dem Kilimandjaro-Merugebiet einen »ungeahnten Aufschwung« und zählte zu den besten Häfen der ostafrikanischen Küste.

Oben: *In der »Europäerstadt« von Daressalam*

Wenn der Tanga-Besucher wie im Traum wandelte, wurde »von einem Rausch ergriffen«, wer in *Daressalam*, dem »Hafen des Friedens«, an Land ging. Aus dem Laub der Palmen grüßten die Pyramiden der Türme zweier Kirchen. Protzig lag am Strand das Hotel Kaiserhof. Mit der Rikscha ging es über breite, nachts beleuchtete Straßen zum Ziel. Stattliche Häuser, das Gouvernementsgebäude, das luftige, »reich ausgestattete Krankenhaus für Europäer«, ein ebensolches für Farbige, mehrere Schulen, Aquarium, Museum und die »recht gut gebaute Eingeborenenstadt« gaben Daressalam sein unverkennbares Gepräge, zu dem auch eine Brücke gehörte, die auf die Halbinsel Kurasini führte. In der Stadt mit ihren 24000 Einwohnern lebten (1908) 500 Weiße, zur Hälfte Regierungsbeamte und Schutztruppenangehörige. »Daressalam ist also immer noch ausgeprägte Beamten- und Soldatenstadt . . . (aber) neuerdings tritt eine Wendung zum Bessern ein; aber leicht wird das strenge Abschließen der Berufe voneinander nicht sein.« 1909 liefen hier 140 Schiffe ein. Vom *Gesamthandel* in Höhe von rund 12 Millionen Mark entfielen fast 11 Millionen auf die Einfuhr. Die übrigen Häfen spielten kaum eine Rolle. In dem südlich von Tanga gelegenen, 1888/89 von den Arabern besetzten Pangani waren zunächst nur zehn der 3200 Einwohner Weiße. Sadani hatte noch geringere Bedeutung. Dennoch lebten dort mehrere deutsche und griechische Unternehmer, die mit der Anlage von Baumwollplantagen begonnen hatten. Von größerer Bedeutung war die erste christliche Kulturstätte an der ostafrikanischen Küste, *Bagamojo*, lange Zeit Haupthafen des gesamten Küstenstrichs, zugleich Bischofssitz. Doch auch hier wohnten unter 5000 Eingeborenen nur 41 Weiße.

Südlich von Daressalam lagen Kilwa-Kiwindje, das nur eine Reede hatte, in dessen Umgebung jedoch umfangreicher Baumwollanbau betrieben wurde, und Kilwa-Kissiwani mit seinem guten Hafen. Schließlich folgten nach Süden noch das an einer malerischen, weit ins Land schneidenden Bucht liegende Lindi mit einer Vielzahl von Plantagen. Und nach Mikindani verirrte sich kaum einmal ein Ozeandampfer, obwohl es der Hafen erlaubt hätte.

Größte ostafrikanische Stadt war in jenen Tagen *Tabora* mit seinen 40000 Einwohnern, unter ihnen zahlreiche Inder – jedoch nur 75 Weiße. Diese in Unjamwesi gelegene, um 1820 gegründete Araberniederlassung wurde bald Zentrum des arabischen Elfenbein- und Sklavenhandels. Mirambo, der aus dem Urundigebiet kommende »Napoleon Ostafrikas«, hatte 1871 die Stadt erstürmt, die Araber verjagt, Stamm für Stamm unterjocht und ein Groß-Unjamwesi geschaffen. Er starb 1886. Von seinem Nachfolger, Häuptling Ssike, mußte sich die 1890 gegründete und mit nur 25 Mann besetzte deutsche Station »noch manche Ungehörigkeiten gefallen lassen«, ehe er »nachdrücklich bestraft« und schließlich gehenkt wurde.

Tabora wurde Sitz eines Bezirksamtes und imponierte durch seine akazien- und mangobaumgesäumten, breiten Straßen. Post- und Telegrafenamt, Gerichtsge-

»Daressalam ist nicht nur das wirtschaftliche und geistige Zentrum Deutsch-Ostafrikas, sondern zugleich die schönste Stadt im ganzen tropischen Afrika. – Ehemals vorwiegend Residenzstadt des Gouverneurs, vornehme Beamten- und Soldatenstadt, hat sich Daressalam in den beiden letzten Jahrzehnten zu einer der bedeutendsten Handelsstädte Ostafrikas entwickelt.«

Oben: *Feste (Bezirksamt) Kilwa.*
Die Stadt Kilwa-Kiwindje konnte
sich trotz ihres »höchst minderwer-
tigen« Hafens, trotz des ungesun-
den Klimas, dank der durch den
Diengera-Matandufluß gegebenen
bequemen Verbindung mit dem
Landesinnern zur bedeutendsten
Handelsstadt an der Südküste ent-
wickeln.

bäude, ein Hospital, das Missionshaus der Weißen Väter, »ansehnliche Gebäude europäischer Unternehmer«, je 30 arabische und indische Handelsfirmen, zwei Dutzend Suaheli-Geschäfte betonten den städtischen Charakter, nicht zu vergessen die Beamtervillen. Kennzeichnend für die Bedeutung des gesamten Bezirks Tabora war die Zahl von einer Million Einwohnern.

Die *Entwicklung* Ostafrikas, seit dem um 1906 einsetzenden Aufschwung »mit Neid und Mißgunst von unseren Nachbarn betrachtet und sorgfältig verfolgt . . . war ohne Zweifel eine im allgemeinen erfreuliche, wenn nicht erstaunliche«. Die Eingeborenen wurden nicht mehr von Sklavenjägern bedroht, und die Einfälle der Mafiti, Wehehe, Sulu und Massai hatten aufgehört. Sie konnten ungefährdet Eigentum und Wohlstand erwerben. Regierung und Missionen gewährten ihnen beträchtliche Mittel und gaben ihnen Gelegenheit, zu lernen und sich fortzubilden, weshalb sie »im allgemeinen auch willig und bereit (waren), die ihnen als Gegenleistung von der Regierung auferlegten Steuern zu zahlen«. Die Regierung hatte in einer dem Reichstag überreichten Denkschrift folgenden »für die Behandlung der Neger und für die Bewirtschaftung und Verwaltung der Kolonie fundamentalen Satz ausgesprochen: ›Die Kolonialverwaltung ist sich bewußt, daß ihr zur Befestigung der deutschen Herrschaft und gleichzeitig zur wirtschaftlichen Entwicklung der Kolonien kein wirksameres Mittel zur Verfügung steht, als die Hebung des Kulturzustandes der Eingeborenen‹«. Tatsächlich war »die Folge dieser einzig richtigen Methode« die Gründung von *Regierungsschulen* und *Fortbildungsanstalten*, die Förderung und Unterstützung aller *Missionsanstalten* und -schulen und die Unterweisung der Eingeborenen auf allen wirtschaftlichen und kulturellen Gebieten. Ganz uneigennützig war diese Fürsorge nicht. Staatssekretär Dernburg hatte »mit vollem Recht . . . die Bevölkerung der Kolonien als deren größten Reichtum bezeichnet«, den es »nicht nur zu erhalten und auszunützen, sondern in jeder Beziehung zu verbessern, zu vermehren und . . . leistungsfähiger zu machen« galt.

Die *Rechtspflege* für die weiße Bevölkerung ebenso wie die Eingeborenen-Rechtspflege wurde wie in anderen Kolonien gehandhabt, d.h. nach den Vorschriften der Konsulargerichtsbarkeit, soweit Weiße betroffen waren, im anderen Falle unter weitgehender Berücksichtigung der jeweiligen Rechtsanschauungen des beteiligten Eingeborenenstammes. Wie in Südwest gab es auch in Südost mehrere Anwälte und einen Notar. Im Jahr 1907 waren 63 Strafsachen gegen Weiße, 12417 gegen Schwarze anhängig.

Um das *Gesundheitswesen* war es im Schutzgebiet Ostafrikas noch schlechter bestellt als in der südwestlichen Kolonie. Zwar gab es in den größeren Städten und Ansiedlungen Krankenhäuser oder Hospitäler. Doch der weitaus größte Teil der medizinischen Betreuung mußte von den Missionen übernommen werden, denn im gesamten Deutsch-Ostafrika – 995 000 Quatratkilometer groß, 10 Millionen Einwohner (1913), davon 3756 Weiße (2703 Deutsche) – gab es

Unten: Bauzug der Frankfurter Firma Philipp Holzmann auf der Strecke Daressalam-Morogoro.

Rechte Seite oben: Wegebaukolonne.

Rechte Seite unten: Der Bahnhof in Tanga.

damals nur 11 Ärzte gegenüber 402 Geistlichen und Missionaren, deren ärztliche Fürsorge, wenn auch zögernd, angenommen wurde, etwa bei der Bekämpfung der Lepra. »Bei inneren Krankheiten halten sich die Eingeborenen aber doch lieber an ihre Zauberer, und neue Forschungen haben ergeben, daß diese manche sehr wirksamen pflanzlichen Heilmittel besitzen.«

Besondere Bemühungen der Missionen und des Gouvernements galten der Bekämpfung einer Seuche, die im Jahre 1908 allein auf den Sesse-Inseln des Victoriasees zwei Drittel der Bewohner, nämlich 20000 Menschen, hinraffte: der Schlafkrankheit (Trypanosoma gambiense), die von der Fliege Glossina palpalis übertragen wird. Die Glossinafliege war im Buschwerk der Küsten heimisch, weshalb sowohl die Missionen als auch das Sanitätspersonal der Verwaltung großangelegte Säuberungsaktionen durchführten, und zwar nicht nur am Victoriasee, sondern auch am Tanganjika bei Udjidji, das als besonders verseucht berüchtigt war. Um die Mitte des Jahres 1909 zählte man allein im deutschen Tanganjikagebiet 1500 Schlafkranke, unter ihnen auch mehrere Europäer. Noch war dem Nobelpreisträger Robert Koch, der sich 1906/07 am Victoriasee mit der Bekämpfung dieser Seuche beschäftigte, der große Durchbruch versagt geblieben. Sein Arsenikpräparat Atoxyl zeitigte zwar im ersten Krankheitsstadium recht gute Erfolge, doch mußten sie mit nicht ungefährlichen Nebenwirkungen, insbesondere schweren Sehstörungen, erkauft werden.

Verkehrs- und Nachrichtenwesen

»Seit altersher ist der Mensch in Äquatorialafrika das einzige Beförderungsmittel. Bei dieser urwüchsigen Beförderungsart sind aber die Trägerlöhne so hoch, daß allein schon die Transportkosten für die notwendigsten Dinge des täglichen Lebens ein kleines Vermögen beanspruchen und die Einwanderung selbst besser gestellter Ansiedler unmöglich machen.«

Die Entwicklung des deutsch-ostafrikanischen Schutzgebietes wäre sicherlich schneller vorangeschritten, »wenn wir dem Verkehrswesen zur rechten Zeit die nötige Aufmerksamkeit geschenkt hätten«. Da es der Kolonie mit wenigen Ausnahmen an schiffbaren Wasserwegen fehlte, blieb der Verkehr, wie eh und je, auf Karawanen angewiesen. Hauptsächlichster »Lastenbeförderer« war der Mensch. Mit einer Last von höchstens 30 Kilogramm legte der Eingeborene täglich maximal 30 Kilometer zurück. Und auch diese Leistung erzielte er nur unter bestimmten Bedingungen: sie setzte gute Witterung, begehbare Wege und ausreichende Verpflegung voraus. Da sich die Verwendung von Zugtieren als nur selten durchführbar erwiesen hatte und der Kraftwagen für den Einsatz im wegelosen Neuland noch nicht taugte, stellte die Gewichtsbeschränkung des einzelnen Frachtstückes vor Probleme besonderer Art, wobei die Verantwortlichen nicht selten ein bemerkenswertes Improvisationsvermögen offenbarten. Der Preis von 1,20 Mark für den Tonnenkilometer oder Trägerkosten in Höhe von 2500 Mark beispielsweise für den Transport einer 1000 Kilo schweren Last vom Victoriasee zur Küste stellten die Wirtschaftlichkeit des Exports vieler Güter in Frage, ausgenommen etwa Elfenbein und Kautschuk. Als einziges schnelles, billiges, von Witterungs- und anderen Zufälligkeiten unabhängiges Transportmitel bot sich die Eisenbahn an, deren Leistungen »vierzigmal so hoch anzusetzen sind als die einer Trägerkarawane«.

Den mißtrauischen Reichstag, der ohnehin »an die Entwicklung von Ostafrika nicht recht glauben wollte«, von der Notwendigkeit des Eisenbahnbaus zu überzeugen, war schwer, und das hatte seinen Grund. 1893 war eine private Gesellschaft mit der von ihr in Betrieb genommenen »Kaffeebahn« Tanga-Muhesa in wirtschaftliche Schwierigkeiten geraten. Das Reich hatte das Unter-

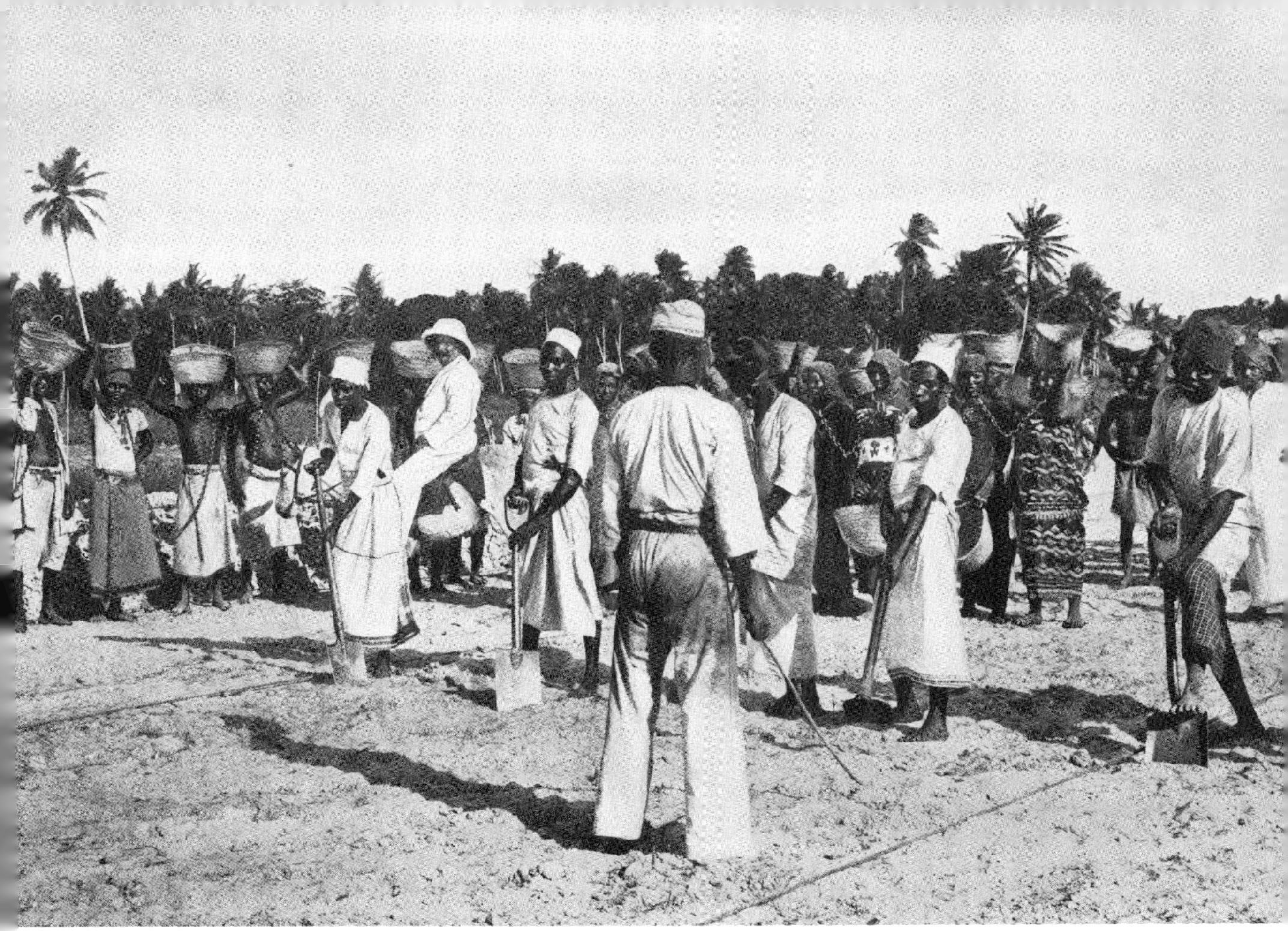

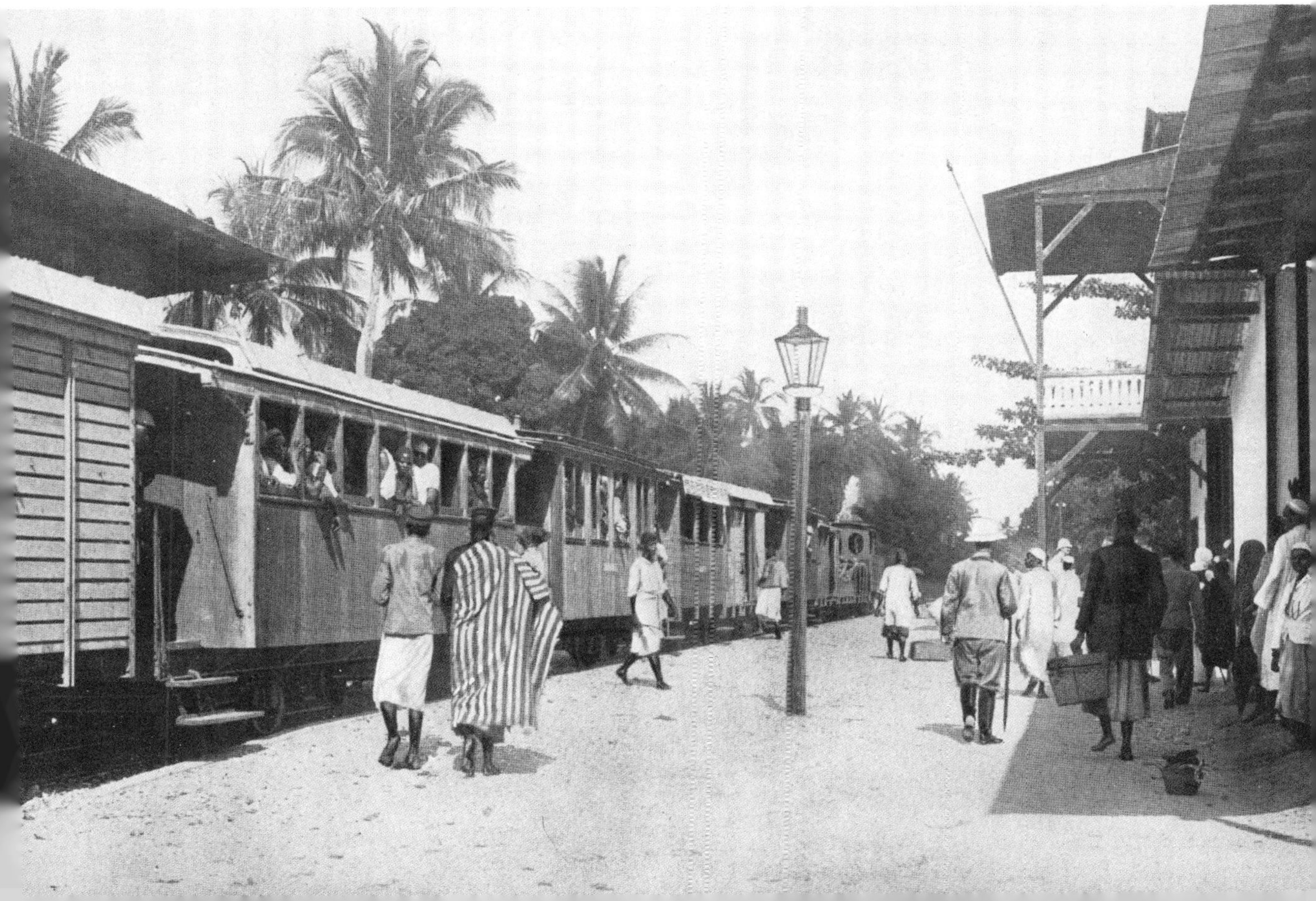

Oben: *Behelfsbrücke auf der Strek-ke Daressalam – Morogoro, dem ersten Abschnitt der späteren Zen-tralbahn, deren Errichtung bereits 1891 als notwendig erkannt worden war, jedoch erst 13 Jahre später begonnen werden konnte, da im Reichstag der eisenbahntechnischen Erschließung des unter deutscher Herrschaft stehenden ostafrikani-schen Raumes lange Zeit nur ge-ringes Interesse entgegengebracht wurde.*

nehmen retten und die Bahn übernehmen müssen, obwohl deren Entwicklung um so aussichtsloser erschien, als die Anfang der 90er Jahre in Usambara angelegten Kaffeeplantagen ein Mißerfolg wurden. Ab 1906/07 jedoch begann die Kultur der Sisalagave und des Kautschukbaumes Usambara neuen Auf-schwung zu geben und ließ auch den Bahnbetrieb endlich rentabel werden. Der Transport einer Tonne Last von Momba bis Tanga (130 km), im Trägerverkehr mit 135 Mark anzusetzen, kostete per Bahn nur ein Viertel. Gleichzeitig sank die Transportdauer von drei bis vier Tagen auf sechs Stunden. 1912 war die Usambarabahn bis Moschi verlängert und so zur »Kilimandjarobahn« erweitert worden. Sie blieb allerdings eine Stichbahn, da die vorgesehene Weiterführung zum Victoria- oder Tanganjikasee nicht mehr verwirklicht werden konnte.

Wie halbherzig sich der Reichstag mit der eisenbahntechnischen Erschließung des Schutzgebietes beschäftigt hat, zeigt die Geschichte der großen »Zentral-bahn«. Bereits 1891 war der Bau eines Schienenstranges von Daressalam nach Morogoro angeregt worden. Doch erst 1904 erhielt eine von der Deutschen Bank geführte Gruppe die Konzession für den Bau dieses ersten Streckenab-schnittes der späteren Zentralbahn (die übrigens in Meterspur gebaut wurde). Die Frankfurter Firma Ph. Holzmann begann am 9. Februar 1905 mit den Arbeiten, erreichte im Oktober 1907 Morogoro, im Juli 1912 Tabora und vollendete bis 1914 den letzten, mehr als 400 km langen Streckenabschnitt Tabora – Kigoma/Udjidji. Die Gesamtlänge der Zentralbahn betrug 1260 km. Der günstige Einfluß des Bahnbaus sollte sich schon bald zeigen. So stieg die Bevölkerungszahl Morogoros, 1907 noch »ein Negerdorf mit 800–900 Einwoh-nern«, in weniger als drei Jahren auf mehr als das Doppelte, wobei in verschiedenen Unternehmen 300 Weiße tätig waren. Ähnliche Entwicklungen vollzogen sich in allen längs der Bahn gelegenen Städten wie Kilossa, Mpapua, Klimatinde und besonders deutlich in Tabora.

Was der Zentralbahn besondere Bedeutung verlieh, war die Tatsache, daß sie die von der englischen »Ugandabahn« (jenseits der Nordgrenze verlaufend) ausgehende verkehrspolitische Einschnürung beendete. Zuvor hatte diese Bahn den gesamten Verkehr des Nordwestens der deutschen Kolonie an sich gezogen. Mindestens zwei Drittel der auf dem Schienenstrang vom Victoriasee zur

Oben links: *Deutsche Postagentur Sansibar, 1890.*

Rechts: *Deutsches Postamt Kilwa, 1912.*

Hafenstadt Mombassa beförderten Güter stammten aus dem Schutzgebiet, und Gleiches galt für die Einfuhren. Zwar waren die deutschen Plätze Schirati, Muansa und Bukoba aufgebläht, doch entstanden den Häfen der deutschen Kolonie beträchtliche Verluste an Zolleinnahmen. Der Einfluß der Uganda-bahn, so Kenner des Landes damals, wäre beendet gewesen, wenn deutscher-seits der *Schiffahrt* mehr Aufmerksamkeit geschenkt worden wäre. So aber war »unsere Flagge . . . dort keineswegs würdig vertreten«, obwohl die Verwaltung deutschen Unternehmen Steuerbefreiungen gewährte, die Anlage moderner Lösch- und Ladeeinrichtungen förderte und die Deutsche Nyansa-Schiffahrts-gesellschaft »mehrere Dampfschiffe, Pinassen und Leichter auf den See ge-bracht« hatte, die ständig Ladung fanden.

Das *Nachrichtenwesen* im Schutzgebiet stützte sich auch 20 Jahre nach der Inbesitznahme noch immer auf ein nur spärlich ausgebautes Netz von Post- und Telegraphenverbindungen. Anders als etwa in Südwest hatten Unruhen und Kriege hier der Technik nicht allzu viele Impulse gegeben. 1904 gab es in Deutsch-Ost insgesamt 30 Postanstalten. Außer dem Postamt in Daressalam waren längs der Küste noch weitere acht, im Landesinnern 21 Postagenturen eingerichtet worden. Nur das »Hauptpostamt« in Daressalam, die Küstenagen-turen in Bagamojo, Kilwa, Pangani und Tanga sowie die Agentur Udjidji am oberen Tanganjika wurden von Post-Fachbeamten geleitet, an allen ande-ren Postplätzen waren, nebenamtlich, Schutztruppen-Angehörige, Gouverne-mentsbeamte oder »farbige Unterbeamte« tätig. Einschließlich der »Leitungsre-visoren« zählte das Postpersonal des Schutzgebietes 23 Weiße und 42 Farbige. Natürlich waren die Hauptplätze im Landesinnern an das Telegraphennetz angeschlossen. Wer jedoch Brief- oder gar Paketpost erwartete, mußte sich in Geduld fassen, denn noch steckte der Bahnbau in seinen Anfängen. Die Verbindungen der Kolonie mit Europa wurden 14täglich von den »Reichs-Postdampfern« der Deutschen Ostafrika-Linie und den französischen, engli-schen und österreichischen Schiffen hergestellt, die allmonatlich Sansibar anliefen. Längs der Küste fuhren die Dampfer des Kaiserlichen Gouverne-ments. Durch die Mitte des Schutzgebietes verkehrte von Daressalam aus vierwöchentlich eine Botenpost via Morogoro, Kilossa, Mpapua, Klimatinde bis

Tabora, wo sie sich teilte: einmal in nördliche Richtung nach Muansa und Bukoba, den beiden am Victoriasee gelegenen Handelsplätzen, einmal in westliche Richtung nach Udjidji am Tanganjika, von wo aus sie »mittels Dampfers, Ruderboots oder Dhau« zur nördlichsten Spitze des Sees, nach Usumbura, transportiert wurde. Von Daressalam bis Usumbura benötigte die Post durchschnittlich 43, bis Muansa 35, bis Bukoba 45 Tage.

Der Südwesten des Schutzgebietes bis zum Njassasee wurde von Daressalam aus, ebenfalls im Vierwochen-Turnus, auf dem Wege über Mahenge, Ssongea bis Wiedhafen und Langenburg (Beförderungsdauer 29 bzw. 31 Tage) bedient.

1909 veröffentlichte die Deutsche Kolonial-Zeitung eine Statistik über Deutsch-Ost, aus der hervorging, daß sich die Zahl der Postanstalten auf 35 erhöht hatte (Jahresleistung 2,8 Millionen Briefe) und daß es 24 Telegraphenanstalten gab, die (1907) 180 000 Telegramme über- und 86 000 Ferngespräche vermittelten.

Wirtschaftsleben

»Am letzten Ende wird die Zukunft dieser wie aller unserer Kolonien in den Gewässern und auf den Schlachtfeldern Europas entschieden werden, falls einmal die eisernen Würfel darum fallen; und dort sehen wir der Entscheidung getrost entgegen. Inzwischen leben wir der Aufgabe, unsere Kolonien zu immer stärker fließenden Kraftquellen für das Mutterland zu entwickeln, und diese Bestimmung wird unsere größte Kolonie Ostafrika an ihrem Teil, wie wir zuversichtlich erwarten können, reichlich erfüllen.«

Oben: *Dr. Richard Hindorf, der 1893 aus Florida die Sisalagave einführte und damit den Aufbau der Sisalkultur sowohl in Deutsch-Ost als auch in der Südsee ermöglichte.*

Einen deutlichen Einblick in die Kolonialwirtschaft des Ostafrika jener Tage vermittelten neben anderen F. Stuhlmanns »Beiträge zur Kulturgeschichte von Ostafrika« (1909). Was die *Produktion* betraf, so unterschied der Autor zwischen Erzeugnissen der Pflanzenwelt, der Tierwelt und des Bergbaus. Unter den Produkten aus dem Bereich der Pflanzenwelt spielten nur die aus Sammeltätigkeit der Eingeborenen gewonnenen Erzeugnisse – Kautschuk und Kopal (ein Baumharz) – eine gewisse Rolle, wobei die wertvollsten Kautschukarten aus Donde-Liwale und Mahende, vom Kilimandjaro und aus den Küstenländern angeliefert wurden (1907 für insgesamt zwei Millionen Mark). Reichhaltiger boten sich die Produkte aus den Feld- und Baumkulturen der Eingeborenen dar, allen voran die Erzeugnisse aus den im Küstengebiet – Kilwa, Pangani, Bagamojo, Mikindani und Insel Mafia – angelegten Kokospalmenhainen, die nicht nur den Eigenbedarf deckten, sondern auch Bargewinn abwarfen. Dagegen wurde die an vielen Stellen der Kolonie wachsende Ölpalme von der einheimischen Bevölkerung zunächst nur wenig genutzt.

Am ausgedehntesten wurden als *Nährfrüchte* der Bevölkerung Mais und verschiedene Hirsearten angebaut, allen voran Sorghum, das trotz »zahlreicher Varietäten« jedoch nur beschränkt ausgeführt, statt dessen vorwiegend zu Pombe verbraut wurde. Die Ausfuhr des vornehmlich im Küsten- und im Zwischenseengebiet reichlich angebauten Mais versprach, niedrige Bahn- und Seefrachten vorausgesetzt, eine günstige Entwicklung, hatte Deutschland doch 1907 für nicht weniger als 136 Millionen Mark Mais eingeführt. Der von den Eingeborenen als »Volkskultur« betriebene Reisanbau reichte nicht aus, um den Binnenbedarf zu decken. Der Neger zeigte »wenig Neigung zum Reisanbau, weil dieser nicht in die Wirtschaft des Hackbaus paßt und hohe Ansprüche an Bodenbearbeitung und Pflege stellt«. Die Wahrnehmung der großen Absatzmöglichkeiten hätte allerdings die Feldbestellung per Pflug vorausgesetzt, wie sie in Indien betrieben wurde.

Oben: *Ankunft einer aus dem Victoria-Nyansa-Gebiet kommenden Karawane in Daressalam, 1895.*

Maniok und Batate, zwei bedürfnislose Knollengewächse, die ohne besondere Pflege fast überall gediehen, wurden kaum über den eigenen Bedarf hinaus angebaut. Bohnen, Erbsen und andere Hülsenfrüchte schlugen in der Ausfuhrstatistik mit spärlichen 20 000 Mark zu Buche. Eine Frucht, die in weiten Teilen des Schutzgebietes das Wirtschaftsleben beherrschte und trotzdem wegen ihrer leichten Verderblichkeit kaum Ausfuhrwert hatte, war die Banane. Daß man sie dennoch »kolonialpolitisch hoch einzuschätzen« wußte, war nach Stuhlmann der Seßhaftigkeit und Ruhe der Bevölkerung zuzuschreiben, ließ sich doch die Banane nur durch Schößlinge verbreiten.

Der Anbau von Weizen in kühleren Höhenlagen blieb, das Kongagebirge ausgenommen, infolge des Hackbauverfahrens vorerst überall erfolglos. Feste Bestandteile der von den ostafrikanischen Eingeborenen betriebenen Hackbauwirtschaft waren dagegen die Genußmittelpflanzen Zuckerrohr, Kaffee und der als Narkotikum und Aphrodisiakum geschätzte Hanf, wobei jedoch nur dem Kaffee auf lange Sicht Exportchancen eingeräumt wurden. Sie erfüllten sich jedoch nicht, obwohl 1900 der Bestand an Kaffeebäumen in Usambara 6,5 Millionen Stück betrug. An die Stelle des Kaffees trat die im plantagenmäßigen Großbetrieb angebaute Sisalagave, 1893 von Hindorf im Auftrag der Deutsch-Ostafrikanischen Gesellschaft aus Florida eingeführt. Vierzehn Jahre später erzeugten insgesamt 29 Plantagen knapp 3000 Tonnen im Wert von 2,2 Millionen Mark und bestritten damit ein Drittel der gesamten Sisaleinfuhr Deutschlands. Die verbreitetste Kultur der europäischen Plantagen des Schutzgebietes war neben Sisal der teils wild wachsende, teils in verschiedenen Sorten angepflanzte Kautschuk. Die Zahl der Bäumchen stieg von 250 000 (1902) auf 7 Millionen (1907). In jenem Jahr importierte allein Hamburg 17 000 Tonnen im Wert von 111 Millionen Mark.

Als zukunftsträchtig für Kolonie und Mutterland galt der auf Plantagen betriebene Baumwollbau, dessen Anfänge auf das Jahr 1886 zurückgingen. Noch waren die nach Deutschland exportierten Mengen (knapp 1000 Ballen jährlich) gegenüber dem Bedarf (3,5 bis 4 Millionen Ballen) unbedeutend. Doch lagen Millionen Hektar besten Baumwollbodens unbebaut. Und noch waren die Bahnen nicht ins Landesinnere vorgedrungen. Der Anbau von Kokospalmen, lange Zeit ganz in Händen der Eingeborenen, galt für Europäer als riskant, weil sie »nur bei guter Pflege reichlich tragen, und weil ohne Aufsicht die Hälfte der Nüsse gestohlen wird«. Der hohe Bedarf Deutschlands an Kopra (800 000 Doppelzentner im Wert von 30 Millionen Mark) bedeutete, daß die Kolonie ihre Produktion auf das Zehnfache steigern konnte. Dementsprechend nahmen

Oben: *Eingeborener Unteroffizier der deutschen Schutztruppe.*

Rechte Seite oben: *»Zebras in blumiger Steppe«.*

Rechte Seite unten: *»Brüllende Löwen«. Beide Gemälde stammen von dem berühmten Tiermaler Wilhelm Kuhnert.*

mehrere europäische Pflanzungsgesellschaften in dem besonders ertragreichen Küstengebiet die Kokoskultur auf und konnten »in nicht ferner Zeit eine beträchtliche Steigerung des Exports erwarten«.

In bescheidenerem Rahmen betrieben europäische Gesellschaften mit künstlicher Bewässerung und Pflug den Reisbau, bemüht, die im Hinblick auf den hohen Import von indischem Reis gegebenen guten Absatzchancen zu nutzen. Zuckerrohranbau blieb für europäische Siedler unrentabel, weil maschineller Betrieb und hohe Löhne das Produkt zu teuer machten, als daß es dem billigen Rübenzucker gegenüber konkurrenzfähig gewesen wäre. »Eine ganz sicher lohnende Kultur« dagegen versprachen drei sehr unterschiedliche Baumarten: die schnell wachsende, anspruchslose australische Gerberakazie wegen des hohen Gerbstoffgehaltes der Rinde, der Kampferbaum (Kampfer war damals unentbehrlich für die Herstellung von Zelluloid und rauchlosem Pulver) und der Chinin liefernde Cinchona-Baum. Zukunftsaussichten hatten, verbesserte Transportmöglichkeiten vorausgesetzt, auch Mais und Ölfrüchte. Mit Tee und Kakao dagegen war trotz weltweiten Bedarfs »in ostafrikanischen Pflanzungen nichts zu machen«, da die Arbeitskräfte zu teuer, die Bahn- und Schiffsfrachten zu hoch waren.

Von den *Produkten der Tierwelt* hatte die größte Bedeutung das Elfenbein, wobei die große Mehrzahl der Elefanten nicht von Eingeborenen, sondern von »europäischen Sportjägern« geschossen wurde, »denen die Bezahlung von 750 Rupien (etwa 1000 Mark) für den sogenannten großen Jagdschein keine Beschwerden« machte. In einer Denkschrift wurde erstmals 1907/08 auf die Notwendigkeit der Errichtung von Reservaten hingewiesen, »in die sich, wie man bereits beobachten kann, die klugen Tiere zurückziehen«. Begehrte Handelsobjekte waren auch Hörner und Haut des Rhinozeros, Zähne und Haut des Nilpferdes, die »Hauer« des Wildschweins, die Decken von Antilopen, Gnus und Zebras. Ein animalisches Rohprodukt, das Tausenden von Eingeborenen etwa seit der Jahrhundertwende gute Einkünfte sicherte, war das Bienenwachs (Exportwert 1907 1,5 Millionen Mark). Wenig genutzt wurde der Reichtum des ostafrikanischen Meeres an Fischen, da der »ostafrikanische Neger weder Schiffer noch Fischer« war und zudem, wenn überhaupt, nur über primitive Boote und ungeeignete Netze verfügte.

Viehzucht wurde, im Gegensatz zum Kulturpflanzenanbau, fast ausschließlich von den Eingeborenen betrieben. Deutsch-Ost hatte, abgesehen von einigen für Kreuzungszwecke eingeführten europäischen Rindern, nur zwei Rinderrassen, das kleine, kurzhörnige Zeburind und das mittelgroße, buckellose Langhornrind, beide ökonomisch nicht sonderlich wertvoll, nur mäßiges Fleisch und wenig Milch abgebend. Nur in Gegenden, wo die Tiere in Stallfütterung gehalten wurden, wie am Kilimandjaro, waren die Zuchtbedingungen besser, die Gewinnung von Dünger und der Schutz vor Seuchen (Küstenfieber, Texasfieber, Tsetsekrankheit, Milzbrand u. a.) intensiver. Das Kleinvieh, die widerstandsfähige und anspruchslose Ziege und das Wolle liefernde Schaf, waren der Hackbauwirtschaft des Eingeborenen besser angepaßt.

Im Gegensatz zum Pferd, für dessen Zucht sich das tropische Ostafrika nicht eignete, gediehen der kleinere Massai-Esel und der aus Asien eingeführte kräftigere Maskat-Esel gut, nicht zuletzt aufgrund ihrer beträchtlichen Widerstandsfähigkeit gegenüber der Tsetsekrankheit. Zebras und Zebroide (aus der Paarung von Pferdestuten und Zebrahengsten gezüchtet) erwiesen sich aus mehreren Gründen (u. a. Unfruchtbarkeit der Zebroide) als nicht tropenfeste Zug- und Reittiere. Die Zähmung wilder Elefanten scheiterte nach Bekundung zeitgenössischer Zoologen unter anderen daran, daß der »empfindliche (und temperamentvollere) afrikanische Elefant« bei der schlechten Behandlung durch die Eingeborenen »nicht bestehen könnte«. Versuche der Kilimandjaro-Straußenzuchtgesellschaft, den ostafrikanischen Strauß zu züchten (womit in Südafrika viel Geld verdient wurde), mißlangen.

Was schließlich den *Bergbau* anging, so blieb es europäischer Schürfarbeit vorbehalten, eine Reihe von Lagerstätten wertvoller Mineralien, Kohle und Metalle, ausfindig zu machen. Als abbauwürdig erwiesen sich, verbesserte Transportverhältnisse vorausgesetzt, die Steinkohlevorkommen im Nordwesten

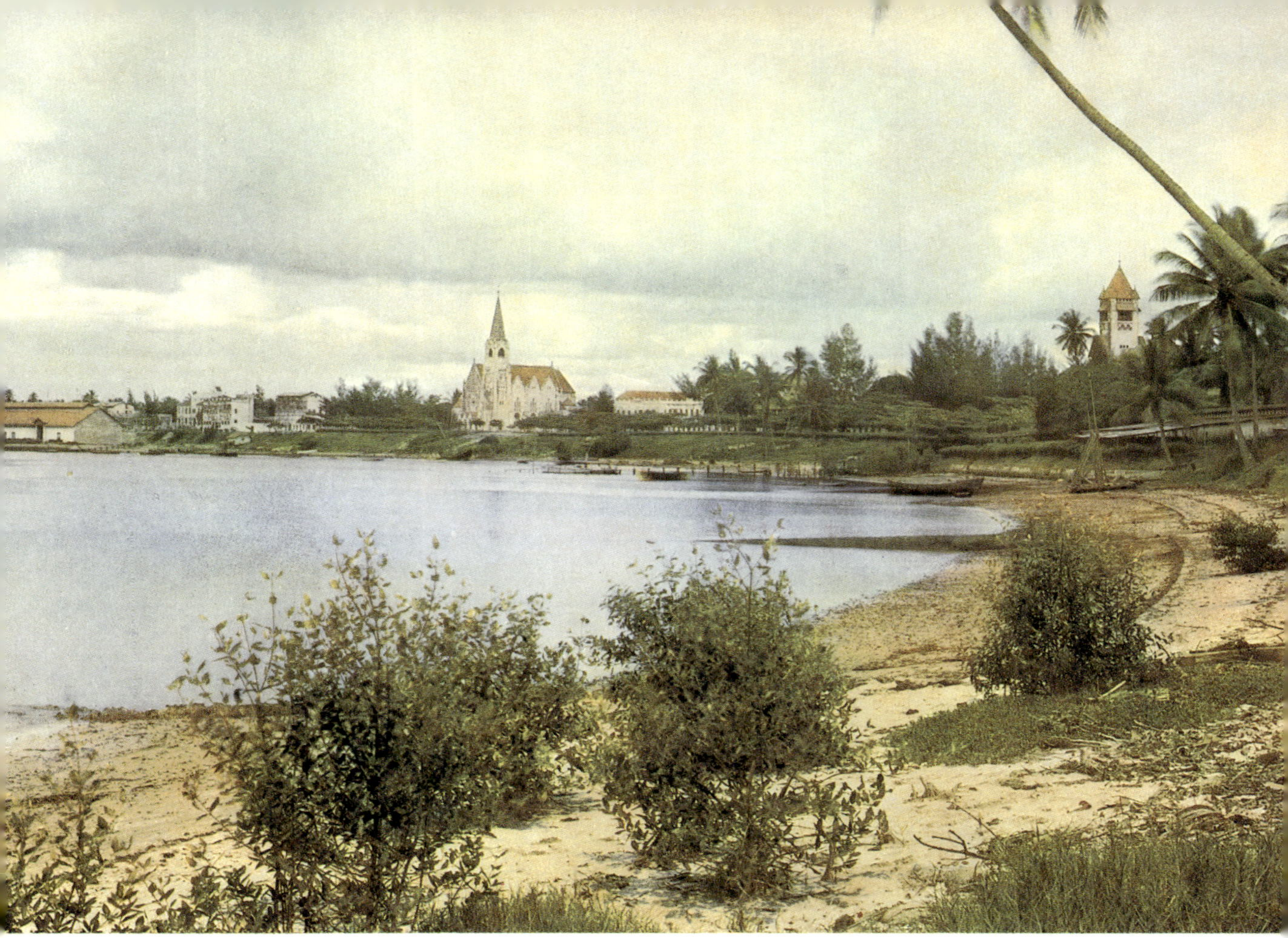

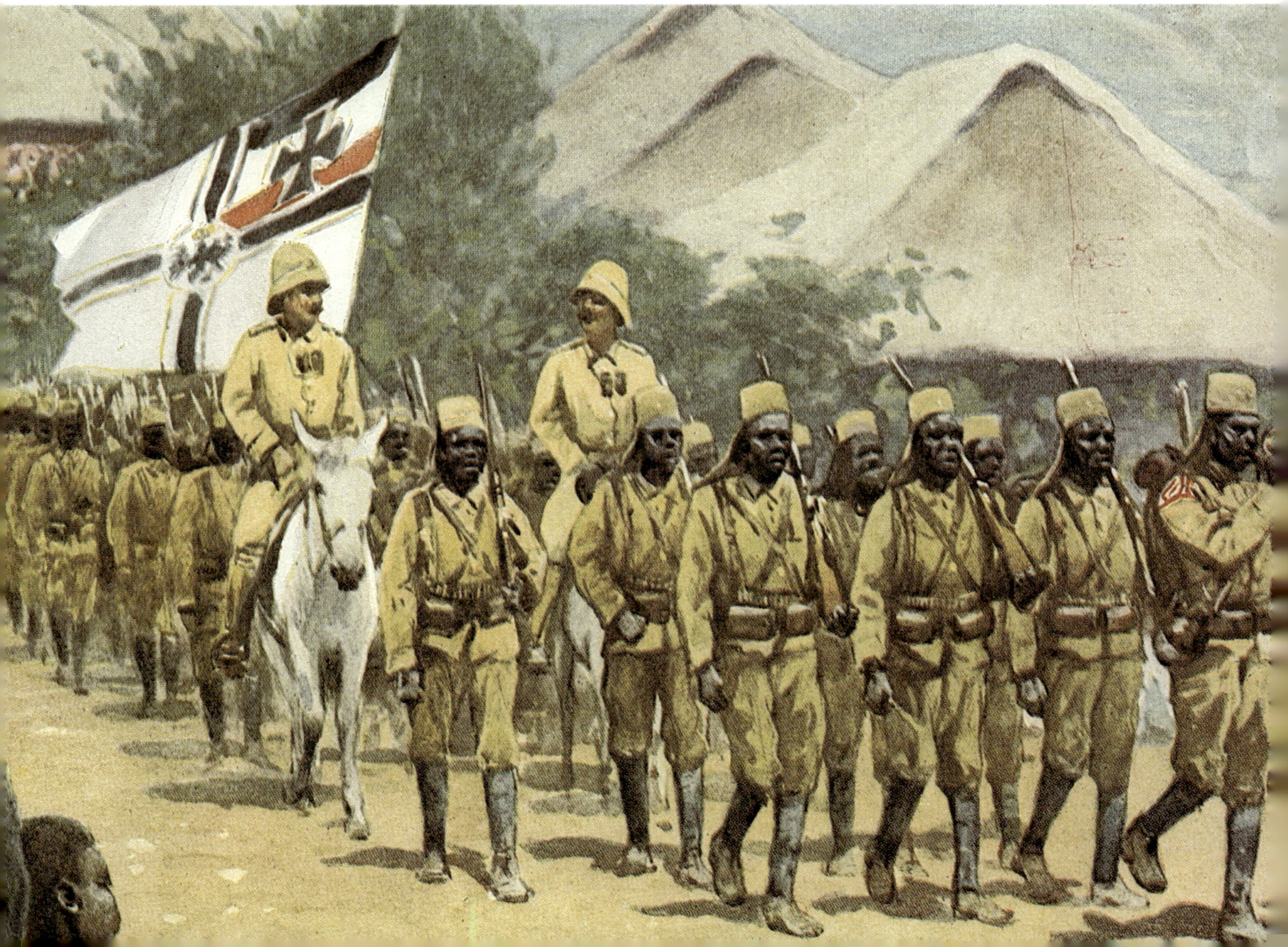

des Njassa. Die Steinsalzgewinnung aus der Saline Gottorp am Mlagarassi erbrachte 1907 über 32 000 Zentner, mußte jedoch wegen der in diesem Gebiet auftretenden Schlafkrankheit vorübergehend eingestellt werden. Granate (Halbedelsteine) wurden bei Massassi (Makondeplateau) in so großer Menge gefunden, daß die Förderung 1909 wegen Überproduktion unterbrochen werden mußte. In den Ulugurubergen standen 38 Glimmerfelder in Betrieb (Jahresförderung 1910 über 90 000 kg Rohware). Schließlich bemühten sich mehrere Gesellschaften um die Ausbeutung der Goldlagerstätten, so etwa am Kirondabach bei Sekenke, wo »die Menge des bisher in Sicht befindlichen (goldhaltigen) Erzes bei einer Schachttiefe von ca. 30 m ungefähr 30 000 Tonnen« betrug, wobei der Goldgehalt je Tonne bei 50 bis 60 g lag. Die mit Hilfe eines Zehnstempel-Pochwerkes erzielte Ausbeute der ersten Hälfte des Jahres 1909 belief sich auf 180 000 Mark. An benachbarter Stelle waren 1906/07 aus 1000 Tonnen Erz ganze 30 kg Gold im Wert von 65 000 Mark gewonnen worden, was zur Einstellung der Arbeiten führte.

Die Aufwärtsbewegung des *Handels* während des Jahrzehnts 1897/1907 zeigte sich in einer Steigerung der Einfuhr von 9 auf 24 Millionen, der Ausfuhr von 5 auf 12,5 Millionen, des Gesamthandels von 14 auf 36 Millionen Mark. Die Einfuhr war gegen Ende der Dekade also doppelt so hoch wie die Ausfuhr. Auch 1908 blieb die »Ausfuhrproduktion der Neger . . . wieder weit hinter den im Vorjahr ausgesprochenen Erwartungen der Regierung zurück«, was zum geringeren Teil der in einzelnen Landschaften auftretenden abnormen Trockenheit, zum größeren Teil jedoch der Tatsache zugeschrieben wurde, »daß die Mehrzahl der ostafrikanischen Neger trotz aller nun schon so lange von Beamten und Pflanzern betriebenen Belehrung, Aufmunterung, Prämienverteilung, Saatverteilung usw. aus Bequemlichkeit nicht mehr anbaut, als die Befriedigung

Oben: *Dr. Heinrich Schnee, von 1912 an Gouverneur in Deutsch-Ostafrika.*

Unten: *Askari.*

ihrer sehr geringen Bedürfnisse verlangt«. Das, was in der Kolonialliteratur die »Erziehung zu höheren Bedürfnissen« genannt wurde, ging auch dort unendlich langsam von statten, wo, wie im Küstenland, »die höhere Kultur mit ihren Lockmitteln schon seit langer Zeit in Wirksamkeit ist«. Der »Negerkonsum« beschränkte sich neben Baumwollstoffen geringster Qualität auf »Petroleum, Salz, Drogen, Zucker, Streichhölzer, Zigaretten, Perlen und Draht«. Als Grund glaubte Zache (Bezirksamtmann) bei dem ostafrikanischen »Durchschnittsneger« das Fehlen des dem Europäer selbstverständlich erscheinenden Dranges zur Kapitalbildung und die Gleichgültigkeit gegenüber »höherem Kulturkomfort« erkannt zu haben.

Lange Zeit wurde darüber gestritten, ob die deutsche Kolonialwirtschaft vorwiegend auf die *Volkskulturen* (der Eingeborenen) oder auf europäische Pflanzungsunternehmen zu gründen sei. Obwohl der »arbeitslustige, kapitalbildende (und) mit ausgesuchten Wirtschaftsmethoden arbeitende Weiße« nach möglichst hochwertigen Qualitätsprodukten strebte, während »der bequeme, bedürfnislose Neger sich mit den leicht zu erzeugenden geringwertigen Massenprodukten des Hackbaus begnügte, stellte sich das Nebeneinander beider Systeme als notwendig heraus, nicht zuletzt im Hinblick auf die hohen Gewinne der Kaufleute, die am Handel mit den Erzeugnissen der Eingeborenenkulturen ebenso gut verdienten wie am Import industrieller Gegenwerte«.

Um 1910 waren in Deutsch-Ostafrika etwa 55 deutsche koloniale Erwerbsgesellschaften verschiedener Art tätig, denen jedoch trotz Erhöhung der Löhne, verbesserter Unterbringung und Verpflegung sowie Gewährung anderer Vorteile nicht genügend »brauchbare farbige Arbeiter« zur Verfügung standen. Die Überlegungen, wie dem abzuhelfen sei, begannen bei »indirektem Zwang« – Einschränkung der von den Eingeborenen betriebenen »ungeheuer ausgedehnten Landnutzung«, Begrenzung der Freizügigkeit (Paßvorschriften), Seuchenbekämpfung und Abtreibungsverbot zwecks »Vermehrung der Menschen« und, als radikalste Form, der von Carl Peters vorgeschlagene »Arbeitszwang in Form einer Arbeitsdienstpflicht« – und mündeten schließlich in die von Gouverneur v. Liebert eingeführte Hüttensteuer in Höhe von 4 Mark je Hütte, die sich zwar »günstig auf die Finanzen der Kolonie« auswirkte, die Arbeitswilligkeit der Eingeborenen jedoch nicht steigerte. Vielmehr erwies sie sich in doppelter Hinsicht als untaugliches Mittel: Sie führte zur Einschränkung des Hüttenbaus und verschlechterte die Wohnverhältnisse, und sie traf nicht den Mann, sondern die Frau, die nunmehr von dem »Herrn der Schöpfung« zu vermehrter Arbeit gezwungen wurde. (Briten, Franzosen und Südafrikaner erhoben statt der Hütten- eine – erheblich höhere – Kopfsteuer für jeden arbeitsfähigen, über 15 Jahre alten Mann.) Um die Eingeborenen zu erhöhten Arbeitsleistungen zu bewegen, schlug der »Wirtschaftliche Landesverband von Deutsch-Ostafrika« vor, dem Beispiel der ehemaligen Burenstaaten und Britisch-Zentralafrikas zu folgen und allen Eingeborenen Steuernachlässe zu gewähren, die sich für eine bestimmte, »von der Behörde festzusetzende Zeit« zur Arbeit bei Europäern verpflichteten.

Wenn uns, schrieb Hans Meyer, die Kolonien ein Stück Überseeisches Deutschland werden sollen, Pflanzstätten deutschen Wesens, Kraftquellen für die Heimat, Stützpunkte deutscher Macht, Siedelzweige deutschen Stammes, dann bedürfe es der Mitarbeit des Negers und seiner Erziehung im Dienste unserer nationalen Zwecke. Damit habe die geistige Erziehung der Eingeborenen Hand in Hand zu gehen. Das aber dürfe nicht bedeuten, dem Neger europäische Kultur anzuerziehen. Wohin das führe, zeige sich in dem »gefährlichen Emanzipationsbestreben der Schwarzen im britischen Südafrika und in den Karikatur-Negerrepubliken Liberia und Haiti«. Und der Leipziger Professor stellte klar, daß »der Rassengegensatz zwischen Schwarz und Weiß niemals überbrückt« werden könne, denn »Schwarz kann niemals Weiß werden«, und »Schwarz gegenüber muß sich Weiß aus Rassenstolz die Oberhand wahren und niemals vom Herrenstandpunkt abweichen«. Immerhin: Nur unsere kulturelle und sittliche Überlegenheit gäbe uns das Recht, der Herr zu sein, weshalb Beamte und Private, die dieses Herrentum unwürdig mißbrauchten – und solche werde es immer geben – von der vollen Strafgewalt der Regierung zu erfassen seien.

Der Erste Weltkrieg

Oben: *Askari beim Exerzierdienst.*

Unten: *General Paul v. Lettow-Vorbeck, Oberbefehlshaber der deutschen Streitkräfte in Ostafrika.*

»Wir wollen nicht leugnen, daß die vorwiegend auf schnellen Gewinn eingestellte materialistische Lebensauffassung des deutschen Volkes den Sinn für die Schaffung von Zukunftswerten nicht genügend aufkommen ließ. In dieser Beziehung waren uns die gleichfalls materialistischen Engländer weit überlegen, auch in der Erkenntnis, daß für jedes große Volk die Kolonialarbeit eine Lebensfrage für die Gesamtheit der Nation sein muß. Zu dieser Erkenntnis hat uns erst die Not geführt, und es wäre unrecht zu glauben, daß in Zukunft die Kolonialfrage in Deutschland zum Spielball von Parteiinteressen herabgewürdigt wird. Verteilt sich doch der Verlust der kolonialen Werte, die nach der geringsten Schätzung um 50 Goldmilliarden angegeben werden, auf alle Schichten des Volkes.«

Nachdem Belgien und England dem Deutschen Reich am 4./5. August 1914 den Krieg erklärt hatten, begann unverzüglich auch der Kampf um Ostafrika. Er sollte in dieser größten, volkreichsten und »am besten abgerundeten« Kolonie wesentlich größere Dimensionen annehmen als in anderen Schutzgebieten. Der Grund: Die Kolonie verfügte über erhebliche natürliche Hilfsmittel und war damit bis zu einem gewissen Grade in der Lage, mangelnde Truppenstärke und veraltetes Kriegsmaterial aufzuwiegen. Zudem erwies sich »als bestes Hilfsmittel . . . natürlich die eingeborene Bevölkerung, die zum Unterschied von den anderen Kolonien restlos der deutschen Sache ergeben blieb«.

Am frühen Morgen des 5. August 1914 trifft in der Küstenfunkstation Daressalam ein via Togo (Funkstation Kamina) übermitteltes Telegramm mit der Nachricht von der belgisch/englischen Kriegserklärung an Deutschland ein. Unverzüglich wird die gesamte Kolonie einschließlich des auf See befindlichen kleinen Kreuzers »Königsberg« informiert. Der Gouverneur, Dr. Heinrich Schnee, erklärt für die Kolonie den Kriegszustand. Die Darstellung des

Ganz oben: *S.M.S. »Königsberg« verläßt den Hafen von Daressalam.*

Oben: *Kapitän zur See Looff, Kommandant der »Königsberg«.*

Geschehens der ersten Wochen ist spärlich und stützt sich vorwiegend auf Nachrichten aus der Presse der Gegner Deutschlands. Nicht nur, daß jeglicher Schiffsverkehr mit den Schutzgebieten unterbrochen ist, daß von den Engländern sämtliche deutschen Überseekabel zerschnitten werden – auch die als einziges Verständigungsmittel übriggebliebene Funktelegraphie fällt schon nach wenigen Tagen aus, teils, weil »Funkenstationen« in feindliche Hände fallen, teils, weil die Deutschen sie, wie Kamina in Togo, selbst zerstören.

Die kriegerischen Ereignisse haben fünf, weit voneinander entfernt gelegene *Schauplätze:* die Küste bei Daressalam, das südwestlich gelegene deutsch-englische Grenzgebiet zwischen Njassa- und Tanganjikasee, das (englische) Ostufer des Victoriasees, die Gegend nordöstlich des Kilimandjaro und einen Raum nordwestlich des Kiwusees, wobei die deutsche Schutztruppe – mit Ausnahme des Kiwusee-Gebietes, wo ihr Belgier gegenüberstehen – überall gegen englische Kolonialtruppen zu kämpfen hat. Die Kriegshandlungen beginnen mit der Beschießung Daressalams durch den kleinen englischen Kreuzer »Pegasus«, der daraufhin von dem deutschen kleinen Kreuzer »Königsberg« vor Sansibar – nach englischen Angaben – »vollkommen gefechtsunbrauchbar gemacht« wird. Der englische Angriff galt mit hoher Wahrscheinlichkeit dem »Funkenturm«, der jedoch nicht getroffen, vielmehr vom deutschen Gouvernement selbst demontiert wurde, »um die offene Stadt Daressalam vor weiterer Beschießung zu schützen«. Die »Königsberg« operiert anschließend bis Ende Oktober im Golf von Aden und im Indischen Ozean, ehe sie sich vor weit überlegenen feindlichen Seestreitkräften in das Rufidjidelta zurückziehen muß, wo sie sich bis Juli 1915 halten kann, ehe sie ihr Kommandant versenkt, jedoch nicht ohne außer der Besatzung auch den größten Teil der Geschütze an Land gebracht zu haben.

Der erste »kräftige Vorstoß des Gegners« beginnt am 2. November 1914 und richtet sich gegen Tanga. Das Landungscorps unter Generalmajor Aitken besteht aus einem englischen (Northlancashire) und acht indischen Regimentern (Kashmir-Rifles) nebst einigen Spezialtruppen. Tanga ist zu diesem Zeitpunkt nur mit einigen Zügen der Schutztruppe besetzt. Der deutsche Kommandeur, Oberstleutnant Paul v. Lettow-Vorbeck, steht mit der Hauptstreitmacht am Kilimandjaro. Zunächst eilen einige Verbände aus dem Innern und das freiwillige Schützencorps aus Usambara zu Hilfe. In der Nacht vom 3. zum 4. trifft auch Lettow ein. Mit seinen 1000 Mann und 21 Maschinengewehren gelingt

Oben: *Posten an der Rufidjimündung.*

»Dank der Treue der Askari, die auch beim Gegner höchstes Erstaunen hervorrief, konnte sich die Truppe vier Jahre des übermächtigen, modern ausgerüsteten Gegners erwehren.«

es ihm, die Engländer »vernichtend« zu schlagen und den Rest ihrer Truppen auf die Schiffe zurückzuwerfen.

Während der dreitägigen Kämpfe um Tanga waren (am 3. November) britische Einheiten auch gegen den nordwestlich des Kilimandjaro gelegenen Longidoberg vorgegangen, von der Abteilung des Majors Kraut jedoch (nach deutscher Darstellung) »zurückgewiesen« worden. Dagegen sprach ein englischer Bericht von einer Besetzung des »bedeutenden« Platzes Longido, in deren Verlauf auf deutscher Seite Verluste in Höhe von 38 Europäern und 84 farbigen Mannschaften eingetreten seien, während man auf eigener Seite 21 Leute verloren habe. Das Deutsche Kolonialamt bestritt später, daß es in jenem Teil der Massaisteppe außer einigen verlassenen Massaikralen und »zeitweilig dem Zeltlager unserer Truppe« überhaupt einen »bedeutenden Platz Longido« gegeben habe, und fügte hinzu, daß nach Angaben des Majors Kraut auch die Verluste auf deutscher Seite sehr viel geringer als von den Engländern angegeben gewesen seien. Mitte Januar endete ein weiterer, mit starken Kräften von Norden her gegen Usambara geführter Landangriff bei Jassini mit einer entscheidenden Niederlage der Engländer gegen v. Lettow, wobei den Deutschen »reiche Kriegsmaterialien« in die Hände fielen, die, gemeinsam mit dem im April 1915 von einem deutschen Versorgungsschiff gelandeten Nachschub, »die Ausrüstung neuer Formationen« ermöglichten. Die Schutztruppe zählt nun 2000 Europäer, 7500 Askari und 2000 eingeborene Hilfskrieger.

Inzwischen haben Engländer und Belgier im Gebiet des Victoriasees, des Kiwu und des Tanganjika mehrere Vorstöße unternommen. Laut Bericht des Gouverneurs Schnee werden die bei Kifumbiro auf westlicher Seite des Victoriasees in den deutschen Bezirk Bukoba eingedrungenen englischen Truppen von Major Stürmer »aus deutschem Gebiet herausgeworfen« und von Kräften der Schutztruppe verfolgt, die das englische Kisiba besetzen. Auch am Tanganjika greifen die Kämpfe mehrfach auf britisches Gebiet über. Selbst englische Berichte bezeichnen belgische Angriffe auf Pambete und Kasakalawe als »Fiasko«, nicht zuletzt deshalb, weil »die Deutschen Telegraphenmaterial im Wert von 30000 Pfund (Sterling) mitgenommen hatten«, das für den Weiterbau der »Cecil-Rhodesschen Transkontinental-Telegraphenlinie Kap–Kairo« bestimmt war. Die deutsche Berichterstattung muß sich auf die Wiedergabe von Nachrichten der (englischen) Agentur Reuter aus Kapstadt beschränken, kann jedoch nicht umhin, den Verlust der nahe der belgischen Tanganjikaküste operierenden »Kingani« zuzugeben, eines (nach deutscher Version) »kleinen Dampfers« von 16 m Länge und 3,5 m Breite, der sich »im Laufe der englischen Berichterstattung allmählich zu einem Kanonenboot ausgewachsen hat . . . « Bestritten wird dagegen die Richtigkeit einer belgischen Nachricht, wonach die deutschen Schiffe »Graf Götzen« und »Hedwig Wissmann« beschädigt bzw. versenkt worden seien. Später wird sich herausstellen, daß es den Belgiern tatsächlich gelungen war, die auf dem Tanganjika operierenden schwachen deutschen Marinestreitkräfte zu vernichten. (Der stark beschädigte große Dampfer »Graf Götzen« wird in der Kigoma-Bucht von der eigenen Besatzung gesprengt.) Erkenntnisse, die aus einem bei Tanga erbeuteten englischen »Orientierungsheft« (»Field Notes on German East Africa«, General Staff India, August 1914) gewonnen wurden, bestätigen den Gouverneur Dr. Schnee und den Kommandeur der Schutztruppe, v. Lettow-Vorbeck, in ihrer Vermutung, daß England seine bereits angelaufenen Kriegsvorbereitungen nicht zuletzt mit Hilfe der Buren erheblich verstärken werde. Beide, Schnee und Lettow, nutzten die ihnen bis zum Beginn der großen Offensive verbleibende Zeit zur Organisation der Verteidigung »unter Aufbietung aller Hilfsquellen der Kolonie«. Dazu gehörte lediglich, »die eigenen Landeserzeugnisse schätzen« zu lernen.

Die Fleischversorgung bereitete ohnehin keine Probleme: Auf eine Bevölkerung von rund 7,6 Millionen kamen 4 Millionen Stück Großvieh und 6,4 Millionen Stück Kleinvieh. (Auf diese Zahlen glaubte man, noch 50 % aufschlagen zu können – »angesichts der Neigung des Negers, seine Viehbestände [weißer] Kontrolle zu entziehen.«) Verstärkter Anbau von Reis führte bald zu »überreichlicher Selbstversorgung«. Die »Eingeborenengemüse« erwiesen sich als durchaus genießbar. Vermehrter Anbau von Mtama (Sorghum = Hirse),

Telegramm

Leitvermerke:

AUS DARESSALAM VOM 9. NOVEMBER 1914

Verzögerungsvermerke:

ERFOLGSBERICHT DER SCHLACHT
VON TANGA, DEUTSCH OST
AFRIKA, VON GOUVERNEUR
DR. HEINRICH SCHNEE.
9. NOVEMBER 1914.

Tag: 9. NOVEMBER 1914

(Aufgabeanstalt)

MELDUNG KOMMANDOS 9. NOVEMBER VORMITTAGS: IN DER SCHLACHT VON TANGA WURDEN
GEFANGEN GENOMMEN 5 ENGLÄNDER OHNE CHARGE. EIN HINDUARZT OFFIZIERRANG, EIN
EINGEBORENENSERGEANT, 4 CORPORALE, 52 INDISCHE SOLDATEN OHNE CHARGE. VER -
WUNDET GEFANGEN AN ENGLÄNDERN: 2 OFFIZIERE, 1 FELDWEBEL, 2 CORPORALE,
13 GEMEINE, AN INDERN 29, RANG UND CHARGEN NOCH NICHT FESTGESTELLT. BEI
TANGA VERWUNDET GEFANGEN UND AUF EHRENWORT, NICHT MEHR GEGEN DEUTSCHLAND
UND VERBÜNDETE ZU KÄMPFEN, DEM FEIND WIEDER ÜBERLIEFERT: AN ENGLÄNDERN:
2 OBERSTLEUTNANTS, 1 MAJOR, 3 HAUPTLEUTE, 2 LEUTNANTS, EIN STERBENDER OFFIZIER,
LETZTERER IN TANGA HOSPITAL ABGELIEFERT, EIN FELDWEBEL, 4 SERGEANTEN,
1 CORPORAL, 9 GEMEINE; AN INDERN: 1 OBERSTLEUTNANT, 2 UNTEROFFIZIERE, 52 IN-
DISCHE SOLDATEN, RANG NICHT FESTGESTELLT. VOM FEIND SIND GEFALLEN NACH MEHR-
FACHER ZÄHLUNG MINDESTENS 150 ENGLÄNDER UND 500 INDER. EINE GROSSE ZAHL
VERWUNDETER ENGLÄNDER UND INDER WURDEN VOM FEIND AN BORD GENOMMEN. ERBEUTET
WURDEN 455 ENGLISCHE GEWEHRE, 1/2 MILLION PATRONEN, ACHT MASCHINENGEWEHRE,
AUSSERDEM 3 MASCHINENGEWEHRLAFETTEN, VIELE AUSRÜSTUNGSSTÜCKE UND VERPFLEGUNG.
EIN BRAUCHBARER LEICHTER ZURÜCKEROBERT.

GEZ. SCHNEE.

Oben: *Telegrafischer Erfolgsbericht des Gouverneurs Dr. Schnee über die Schlacht von Tanga* (linkes Bild), *in deren Verlauf der Gegner schwere Verluste an Menschen und Material erlitt.*

Oben: *General Jan Christian Smuts,*
Oberbefehlshaber der »Streitkräfte
Sr. Majestät in Ostafrika«.

Unten: *»Deutsche Askari« greifen*
die Engländer in Front und Flanke
an.

Mais und Weizen erlaubte unterschiedlichste Brotmehlmischungen. Erd- und
Kokosnüsse lösten alle Ölprobleme. Aus Bienenwachs wurden Kerzen. Die
anfängliche Zuckerknappheit verhalf dem wild wachsenden Zuckerrohr zu
stärkerer Nutzung, der »überreich in den Handel kommende Honig« schloß
Lücken. Auch an Genußmitteln herrschte kein Mangel: Kaffee aus Usambara,
Tabak von griechischen und Eingeborenenpflanzungen, Alkohol aus Tropen-
früchten waren ausreichend vorhanden. Die Baumwolle löste Bekleidungsfra-
gen, zudem gab es genügend Leder.

Die rechtzeitig in Angriff genommene Arzneimittelherstellung hatte um so
größere Bedeutung, als die letzten Kriegsgüter das Schutzgebiet im März 1916
erreichten. Chinarinde lieferte Chininersatz, Salben wurden aus dem Höcker-
fett der Zeburinder gewonnen, Rohbaumwolle ergab Verbandsmaterial, aus
Ölfrüchten ließen sich medizinische Seifen und Rizinusöl, aus Alkohol Desin-
fektionsmittel herstellen. Die Früchte des Affenbrotbaumes dienten als Ver-
sand- und Transportgefäße. Und wer sich die Zähne putzen wollte, wich infolge
Mangels an Schlämmkreide auf Soda aus.

Am 12. Februar 1916 übernimmt der britische Generalleutnant Jan Christian
Smuts den Oberbefehl über die »Streitkräfte Sr. Majestät in Ostafrika«. (Der
1870 in der Kapkolonie geborene Südafrikaner kämpfte 1900/01 im Burenkrieg
mit 15 000 Mann gegen 250 000 Engländer, trat nach dem Sieg der Briten für eine
burisch-englische Zusammenarbeit ein und war 1919–1924 Ministerpräsident
der Südafrikanischen Union. 1939–1948 stand er als Ministerpräsident, Vertei-
digungs- und Außenminister erneut auf seiten der Westmächte.) Am 4. März
1916 hat Smuts seinen Aufmarsch im Norden des Kilimandjarogebietes beendet. Seine Streitkräfte bestehen nach eigener Bekundung aus zwei Divisionen
und drei südafrikanischen Brigaden. Im April gelingt es ihm nach heftigen, für
ihn verlustreichen Kämpfen gegen Lettow-Vorbecks Kräfte, sich in den Besitz
des Kilimandjarogebietes zu setzen. Ein mit berittenen Truppen und diversen
Kraftfahrzeugen am 26. Juni gegen die Zentralbahn gerichteter englischer
Angriff unter General van Deventer wird von der Schutztruppe, der es gelingt,
den Feind von seinen rückwärtigen Verbindungen abzuschneiden, bei Kondoa-
Irandi zunächst abgeschlagen. Erst am 21. Juli kann der Gegner, nachdem ihm
frische Kräfte, Munition und Verpflegung zugeführt worden sind, den Vormarsch fortsetzen und erreicht am 31. Juli bei Dodoma die Zentralbahn.
Wenige Tage später sind seine Umgehungsabteilungen im Westen Dodomas bis
Klimatinde, im Osten bis Kikombo vorgestoßen und haben beide Orte eingenommen.

Oben: *Eine Abteilung Askari der 21. Feldkompagnie.*

Daß sich Lettow nur noch selten Angriffsgefechte leisten konnte, wird angesichts der auch von Smuts nicht ernsthaft bestrittenen vierfachen Überlegenheit des Gegners verständlich. Hinhaltende Verteidigung, die immer wieder in Rückzugsgefechte übergeht, sind die Merkmale seiner Taktik. »Die deutschen Truppen«, so die deutschen Berichte, »gingen allmählich über Mpapua und Kidete auf Kilossa und von da in südlicher Richtung zurück, nachdem sie . . . dem nachdrängenden Gegner heftigen Widerstand entgegengesetzt hatten, bevor sie schließlich der erdrückenden Übermacht weichen mußten.« Tatsächlich traten die Deutschen bei Kilossa den Rückzug erst an, als sie sich vom Gegner aus Richtung Nguruberge/Makala zusätzlich auch in Flanke und Rücken bedroht sahen. Während die feindlichen Streitkräfte weiter nach Süden vordrangen, waren unter Beteiligung des englischen Blockadegeschwaders die wichtigsten Küstenorte besetzt worden: Nacheinander fielen Sadani und Bagamojo, am 4. September die Hauptstadt Daressalam, am 7. September Kilwa-Kisiwani und Kilwa-Kiwindje, Mitte September schließlich Lindi und Mikindani in die Hände des Gegners – kampflos.

Auch im Dezember 1916 waren die Kolonialbehörden in der Heimat noch immer auf die Frontberichterstattung des Gegners angewiesen, weshalb sie fast stereotyp bemerkten, daß diese oder jene Meldung »zur Zeit nicht nachgeprüft werden« könne. Trotzdem aber sei eines klar ersichtlich: »Nicht überlegener Tüchtigkeit der Truppe und Führung verdankt Herr Smuts seine Erfolge, sondern lediglich seiner Überlegenheit an Zahl und Hilfsmitteln.« Sicherlich betrug die Gesamtstärke der deutschen Truppen auch nicht annähernd, wie die Gegenseite behauptete, 16000 Mann, und ebenso wenig dürften in Deutsch-Ostafrika jemals 60 Geschütze und 200 Maschinengewehre gleichzeitig zur Verfügung gestanden haben. Trotzdem hätte zahlenmäßige und materielle Überlegenheit allein nicht ausgereicht, die Schutztruppe zu ständigen Rückzugsgefechten zu zwingen. Dazu bedurfte es zusätzlich doch schon taktischen Geschicks und strategischen Weitblicks, wie die weitere Entwicklung zeigen sollte.

Während sich Lettow mit der von ihm geführten Abteilung auf eine Stellung südlich der Uluguruberge zurückzog, waren von Nordwesten, Westen und Südwesten englische und belgische Truppen zum Marsch auf Tabora, die größte Stadt der Kolonie, angetreten, wurden jedoch zunächst in Urundi und Ruanda von einer unter Hauptmann Wintgens kämpfenden Einheit längere Zeit aufgehalten. Erst nachdem die Angreifer um eine weitere vom Victoriasee anmarschierende englische Kolonne verstärkt worden waren, begann Anfang September der Angriff auf die von General Wahle verteidigte Stadt. Tabora fällt am 17. September. Die Hoffnung der Belgier und Engländer, die Zentralbahn nun

Oben links: *Eine Askarikompagnie am Ufer des Victoriasees. Schon bald nach Kriegsbeginn hatten sich an der Westgrenze des Schutzgebietes kleinere Abteilungen gebildet, die, unabhängig von der Hauptmacht der Schutztruppe, sowohl den vordringenden Engländern als auch den mit ihnen operierenden Belgiern anderthalb Jahre lang in zahlreichen Einzelgefechten Widerstand leisteten.*

Oben rechts: *»Die Schwarzen«* (hier in Schützenlöchern am Longido) *»passen sich dem steinigen Steppengelände ausgezeichnet an.«*

sowohl vom Tanganjika als auch von der Ostküste her für weitere Operationen benutzen zu können, erfüllte sich, vorerst wenigstens, nicht: »Die Bahn selbst und ihre Kunstbauten waren von den zurückgehenden deutschen Truppen gründlich zerstört, das gesamte rollende Material außerdem zum größten Teil im Hafen von Daressalam versenkt« worden.

Bevor sich der zurückweichende General Wahle und seine Truppen mit denen Lettow-Vorbecks, die bei Iringa stehen, vereinigen können, muß zuvor eine von starken feindlichen Kräften gehaltene Sperrlinie durchbrochen werden. Am 11. Oktober 1916 berichtet die in Lissabon erscheinende Zeitung »Capital«, daß »der portugiesische Soldat (in der Frühe des 19. September) seinen Heldengeist offenbart« und den Rowuma von Süden her überschritten hätte. Lettows Truppen werfen die Portugiesen – angeblich 2 000 Mann – über den Fluß zurück und dringen weit in portugiesisches Gebiet vor. In der 8. Mitteilung des »Deutschen Kolonialblattes« von 1917 wird hierzu vermerkt: »Wir hoffen auch, daß es den tapferen und vom Heldengeist beseelten Portugiesen zum Bewußtsein gekommen ist, daß Deutsch-Ostafrika noch weit davon entfernt ist, seinen letzten Atemzug zu tun und daß die Untertanen des Kaisers von ihren Mausergewehren vorläufig noch einen anderen Gebrauch zu machen wissen, als sie den Portugiesen auszuliefern.«

Von nun an verfolgt Lettow eine Taktik der fortgesetzten Verlegung des Kriegsschauplatzes und macht dem Gegner die Einkreisung seiner kleinen Schar immer wieder unmöglich. Die Behauptung der Engländer, Lettow sei nur noch ein »gehetztes Wild«, wird von deutscher Seite, nicht ohne Berechtigung, für »nur bedingt« zutreffend gehalten. Immerhin hat der Schutztruppenkommandeur nach dem Erfolg über die Portugiesen außerdem am 3. Juli 1918 die im südlichen Mozambique gelegene feindliche Hauptverpflegungsbasis Nhamakurra erobern, anschließend wieder »unbehelligt« in Deutsch-Ostafrika erscheinen und schließlich den Kriegsschauplatz nach Nord-Rhodesien verlegen können. Dort erreicht ihn »in strategisch günstiger Lage« am 14. November 1918 aus Berlin der Befehl, »auf Grund des Waffenstillstandes die Waffen niederzulegen«. Am 25. November 1918 wird die Schutztruppe – 30 Offiziere, 125 Unteroffiziere und Mannschaften, 1168 Askari, 1522 Träger und einige hundert »Weiber« – im rhodesischen Abercorn an den englischen General Edwards übergeben. Sie trifft am 8. Dezember in Daressalam ein, von wo aus sie, soweit man weiß, am 17. Januar 1919 an Bord des Dampfers »Feldmarschall« der Deutschen Ostafrika-Linie geht und über England und Holland nach Deutsch-

Oben links: *General v. Lettow-Vorbeck.*

Oben rechts: *Baumverhau im Kampfgebiet des Mahenge-Hochlandes.*

Unten: *10,5-cm-Geschütz der »Königsberg«, auf eine fahrbare Lafette montiert, im Einsatz auf der Lukigurabrücke.*

land transportiert wird. Am 2. März 1919 zieht die einstige Deutsche Schutztruppe mit Gouverneur Schnee, Generalmajor von Lettow-Vorbeck und Kapitän zur See Looff durch das Brandenburger Tor in Berlin ein. Im Jahre 1924 schreibt Dr. Paul Leutwein anläßlich der vierzigjährigen Wiederkehr des Beginns der deutschen Kolonialgeschichte: »Ohne Übertreibung kann man sagen, daß die Verteidigung Ostafrikas der größte wirkliche und moralische Dauererfolg der deutschen Waffen im Weltkrieg gewesen ist. Neben den militärischen Fähigkeiten und der unbeugsamen Energie des Generals von Lettow gebührt der organisatorischen Leitung des Gouverneurs Schnee das Hauptverdienst.«

Den größten Teil des ehemaligen Deutsch-Ostafrika erhält England als Völkerbundsmandat. Der Nordwesten, Ruanda und Urundi, wird 1921 Belgien zugesprochen. Das Kionga-Dreieck im Süden des Rowuma kommt unter portugiesische Mandatsverwaltung.

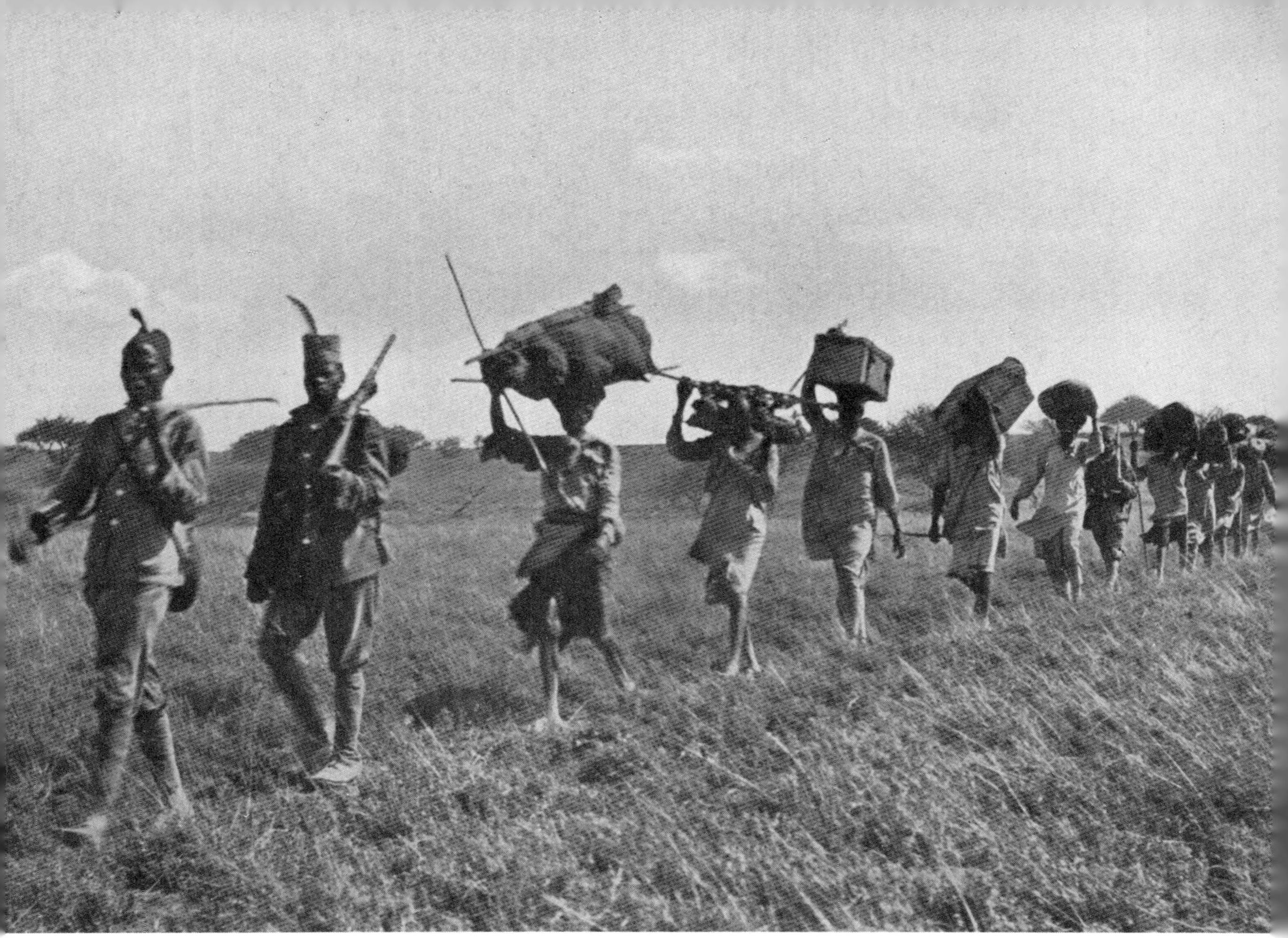

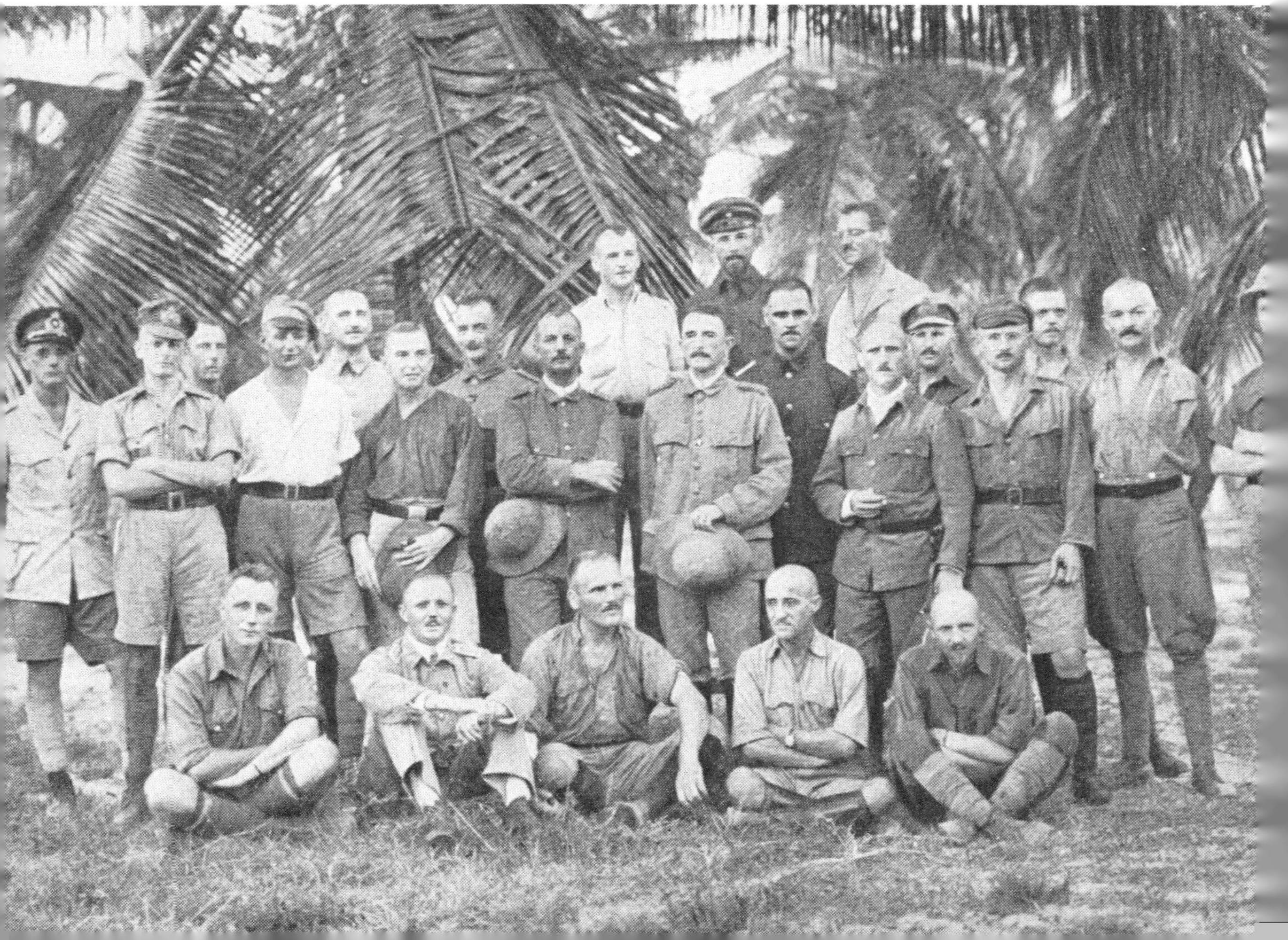

Ostafrika heute:
Tansania, Rwanda, Burundi

>»Während andere junge Staaten noch ihr Heil allein in der Industrialisierung und der Ankopplung an ein Weltwirtschaftssystem sahen, keimte in Tansania die Erkenntnis, daß ein Überleben nur durch die Stärkung und Festigung der eigenen Strukturen möglich sein würde: Ländliche Entwicklung lautete die Devise schon vor knapp 20 Jahren; heute ist das die Grunddoktrin aller ernstzunehmenden Entwicklungskonzepte.‹ *Michael Frank*

Die Wandlung des ehemaligen Deutsch-Ostafrika zum heutigen Tansania lief über zahlreiche Stationen: 1919 wird der größte Teil des deutschen Schutzgebietes als ›Tanganyika Territory‹ unter britische Verwaltung gestellt, Belgien übernimmt die beiden kleinen Monarchien Ruanda und Burundi. (In den Jahren 1920 bis 1943 macht eine Vielzahl ausgezeichneter Tierfilme Ostafrika als »eines der herrlichsten Wildparadiese der Welt« bekannt, um dessen Schutz sich vier Jahrzehnte später der deutsche Zoologe Bernhard Grzimek große Verdienste erwirbt.) 1946 wird Tanganjika Treuhandgebiet der Vereinten Nationen. 1954 entsteht dort als erste afrikanische Massenpartei die TANU (Tanganyika African National Union). Ihr Führer: Julius Nyerere, seit 1962 Präsident des unabhängigen Tanganjika, aus dem 1964 durch Zusammenschluß mit Sansibar die *Vereinigte Republik Tansania* wird, ein (seit 1965) Einparteienstaat, der Staats- und Regierungsform nach eine ›Föderative Präsidialrepublik‹ im Commonwealth.

Tansania hat eine *Gesamtfläche* von 945 000 qkm, von denen etwa 942 500 auf Tanganjika und 2500 auf die Insel Sansibar (Zanzibar) entfallen. Die *Gesamtbevölkerung* beträgt 27,8 Millionen (1992), darunter etwa 1 % Asiaten, Europäer und Araber. Die Bevölkerung setzt sich vorwiegend aus Bantunegern zusammen, die sich jedoch auf mehr als 120 verschiedene Stammesgruppen verteilen und »in Sprache, Kultur, Wirtschafts- und Siedlungsweise große Unterschiede« erkennen lassen. Hinzu kommen u. a. eingewanderte Hirtenstämme wie etwa die Massai. Die Araber, obwohl »statistisch als ›Nichtafrikaner‹« geführt (Stat. Bundesamt Wiesbaden), gelten heute, weil seit Jahrhunderten an der Küste ansässig, als »einheimisches Bevölkerungselement«. (Vorübergehend arbeiteten in Tansania bis zu 20000 Chinesen an der Tansania-Sambia-Eisenbahn.) An *Religionen* sind neben den an erster Stelle stehenden animistischen Glaubensrichtungen noch der Islam, der Hinduismus und, sogar »verhältnismäßig stark«, das Christentum vertreten.

Die politische Führung liegt heute in den Händen von Premierminister John Malecela und Präsident Ali Hasan Mwinyi. Die designierte Hauptstadt ist Dodoma, die Daressalam (Dar es Salaam) ablösen wird. Seit 1967 ist Kisuaheli die offizielle Landessprache, die Englisch als »wichtigste Geschäfts-, Bildungs- und amtliche Sprache« jedoch nicht verdrängen konnte.

Das *Gesundheitswesen* gilt zwar als relativ fortschrittlich, weist jedoch noch Mängel auf. Die Zahl der staatlichen Krankenhäuser ist gering, zudem finden sie sich nur in einigen wenigen größeren Städten. Malaria und Bilharziose sind noch immer weit verbreitet. 1976 wurden auf Sansibar alle privaten Krankenhäuser vom Staat übernommen, 1980 mußten die auf dem Festland unterhaltenen privaten Krankenhäuser und -stationen »ihre Arbeit einstellen«. Neue, verbessernde Impulse erwartete man sich von der Errichtung medizinischer Versorgungszentren auf dem Lande (›rural health centers‹ und ›rural dispensaries‹), verbunden mit einer Verbesserung der im Landesinnern gelegenen Krankenhäuser und der in ihnen gebotenen Ausbildungsmöglichkeiten für medizinisches

Linke Seite oben: *Trägerkolonne auf dem Marsch. Die Träger bildeten das wichtigste Beförderungsmittel.*

Linke Seite unten: *Nach dem Waffenstillstand: »Die letzten Lettow-Offiziere in DOA«*

173

Personal. Und schließlich gehört der Aufbau einer eigenen staatlichen Pharmaindustrie zu den ehrgeizigen Plänen der Regierung. 1992 kamen auf 10 000 Einwohner 0,4 Ärzte. Die Lebenserwartung unter Männern lag 1992 bei 49, unter Frauen bei 54 Jahren.

Auch im Bereich des *Bildungswesens* sind die gesteckten Ziele noch nicht erreicht. Bereits 1977 sollte die Einführung der Grundschule (Lehrerbedarf: 27 000!) abgeschlossen sein, doch besuchten damals erst 30 % aller Fünf- bis Neunjährigen die erste Volksschulklasse. Und: Trotz formaler Aufhebung der Trennung nach Volksgruppen wird noch immer in verschiedenen Sprachen unterrichtet. Besondere Förderung genießt die berufsbezogene, speziell landwirtschaftliche Ausbildung. Für den Ausbau des tansanischen Bildungswesens hat die Internationale Entwicklungsorganisation/IDA 1979/80 insgesamt 37 Millionen US-Dollar zur Verfügung gestellt. In Daressalam besteht eine Universität, in Muansa eine technische Fachschule.

Der *Agrarsektor* trug 1992 mit 40 % zum Bruttoinlandsprodukt bei. Wichtigste Ausfuhrgüter: Kaffee, Gewürznelken, Sisal, Tee, Baumwolle, Cashewnüsse, Tabak. Mehr als 80 % des Landes sind im Besitz von Stämmen »und anderen Gemeinschaften«. In dem Bemühen, an »alte Gemeinschaftstraditionen« anzuknüpfen, förderte die Regierung landwirtschaftliche Genossenschaften, dennoch ist der »Produktionsverfall« kaum aufzuhalten. Die Erzeugung von Grundnahrungsmitteln »reicht vielfach zur Deckung des Inlandsbedarfs nicht aus«. Auch die Erhöhung der staatlichen Abnahmepreise um 15–20 % (1978) – als Anreiz für private Farmer gedacht – hat nicht verhindern können, daß »sich die Landwirtschaft (gegenwärtig) in einer ernsten Krise befindet«. Staatliche Bemühungen gelten der »traditionellen Viehhaltung«, gilt doch »bei manchen Stämmen ... die Kopfzahl einer Herde mehr als ihr Ertrag, selbst wenn durch Überstockung die Weideflächen zerstört werden«.

Auch die Fischerei liegt seit 1974 – »entsprechend dem Vorgehen in anderen Wirtschaftszweigen« – in Händen einer Staatsgesellschaft, die sich eine »Modernisierung der gesamten Fischereiwirtschaft« zum Ziel gesetzt hat: von der Schaffung einer landesweiten Verbundkühlkette bis zur Errichtung mehrerer Werften.

Die *Industrialisierung* »befindet sich noch im Anfangsstadium«. Die Erfolge der ›Tansanisierung‹ ebenso wie der Verstaatlichung zahlreicher Unternehmen, verbunden mit einer Kontrolle durch die National Development Corporation/NDC, bleiben abzuwarten. (Ken Adelman vermerkte im Oktober 1981 über die in zwei Jahrzehnten ›sorgfältig auf die Bedürfnisse des Volkes, nicht auf Profit‹ abgestellte Industrie Tansanias: »Fast die Hälfte der 330 Gesellschaften, die [Nyerere] verstaatlicht hat, war 1975 bankrott, ein Drittel der übriggebliebenen arbeitet mit Verlust, obwohl sie auf ihrem jeweiligen Markt ein Monopol besitzen.«)

Die *Elektrizitätsversorgung* liegt in Händen der staatlichen TANESCO (Tanzania Electricity Supply Company Ltd.). Nur wenige größere Städte haben ein öffentliches Stromversorgungsnetz. Die Leistung wird zu sechs Zehntel mit Hilfe von Wasserkraftwerken erbracht. Die landeseigenen Mineralvorkommen sind unbedeutend. Besondere Anstrengungen gelten (mit Hilfe internationaler Gesellschaften) der Erdölsuche im Küstensockel und der Erschließung von Erdgasvorkommen, die im Gebiet der Songo-Songo-Inseln entdeckt worden sein sollen. Der südlich des Victoriasees betriebene Diamantenabbau droht, wegen mangelnder Rentabilität eingestellt zu werden. Ein 1979 erlassenes neues Bergbaugesetz ist als »Grundlage für die dominierende Rolle des Staates bei der Ausbeutung der Bodenschätze« gedacht, wobei man im Zusammenhang mit der Verkehrserschließung im Süden des Landes die Nutzung größerer Eisenerz- und Kohlevorkommen im Auge hat. Zu den am stärksten entwickelten Zweigen gehört die Textilindustrie.

Das *Eisenbahnnetz* (unter der Regie der »East African Railways Corporation« stehend) umfaßt die Zentralbahn Daressalam – Kigoma (drei Abzweigungen) und die Nord- und Tangabahn Tanga – Aruscha. 1975 wurde außerdem die von Chinesen erbaute und von der »Tanzania-Zambia Railway Authority« verwaltete Tansania-Sambia-Eisenbahn (die 1860 km lange ›Tanzam‹) in Betrieb

Zwischen den Weltkriegen – Meldungen und Meinungen

1919 Der größte Teil Deutsch-Ostafrikas wird »Tanganyika Territory«.

1923 Zollunion Tanganyika/Kenya/Uganda.

1924 Überlegung zur Schaffung einer »closer union« mit Britisch-Ostafrika.

1925 Die ersten deutschen Pflanzer und Missionare kehren zurück. Die Sultanate Ruanda-Urundi werden der belgischen Kongokolonie angegliedert.

1927 Die Engländer bauen das von den Deutschen 1902 geschaffene Biologisch-Landwirtschaftliche Institut in Amani wieder auf. Die deutsche Regierung zahlt den ehemaligen deutschen Askari (bzw. deren Rechtsnachfolgern) rückständigen Wehrsold.

1929 Hungersnot im belgischen Mandatsgebiet Ruanda-Burundi.

genommen. Sie dient auf der Strecke Daressalam – Kidati – Kapiri Mposhi (Sambia) vornehmlich dem Transport sambischer Kupfererze.

Das Straßennetz umfaßt 86 950 km, davon sind 3780 km asphaltiert. Der Kraftfahrzeugbestand belief sich 1983 auf rund 100 000, darunter 45 000 Pkws. *Schiffahrtsverbindungen* werden auf den drei großen Seen (Victoria, Tanganjika und Njassa) unterhalten. Als »neuralgischer Punkt« des tansanischen Verkehrswesens gilt der Hafen von Daressalam, »seit langem dem Verkehrsaufkommen für Tansania, Sambia, Burundi, Ruanda und Zaire nicht gewachsen«. Neben Daressalam werden sowohl von der Linien- als auch der Trampschiffahrt Sansibar, Tanga und Mtwara angelaufen.

Den *Luftverkehr* wickelt die »Air Tanzania« ab. Außer zwei Flughäfen internationalen Standards – Daressalam und Kilimanjaro International Airport – stehen noch 60 Landeplätze und -pisten zur Verfügung, einschließlich solcher auf Sansibar und Pemba. Der Erschließung des Landes für den *Reiseverkehr* steht trotz vieler natürlicher Voraussetzungen und intensiver Bemühungen der Regierung nicht zuletzt die Tatsache entgegen, daß Nationalparks und Kilimandjaro – einschließlich aller Attraktionen der nördlichen Reiseverkehrsroute – »von Kenia aus leichter und billiger zu erreichen« sind. *Amtliche Währung* ist der Tansania-Shilling (T. Sh.) = 100 Cents (Ct.).

Tansania heute: Eines der bemerkenswertesten Bilder dieser Republik hat Gunar Ortlepp im Januar 1981 in der SPIEGEL-Serie »Die lange Nacht der Kinder Afrikas« gezeichnet. Tansania – »hoffnungslos weit von jenen Idealen entfernt, zu deren Verwirklichung sein Präsident in euphorischen Jahren aufgerufen hatte. Ein Tansania ohne Klassen hatte er gefordert, in genossenschaftlicher Arbeit sollte sein 17-Millionen-Volk der 130 Stämme ›Self Reliance‹ üben: Selbstverantwortung bis hinein in die staatlich geplanten Dorf-Kommunen, weitgehende Selbstbestimmung und Selbstgenügsamkeit aber auch als Nation inmitten aller globalen Wirtschafts-Verflechtung.« Doch noch heute, so bekenne Nyerere freimütig, seien Armut und Not, Unterdrückung und Ausbeutung nicht abgeschafft, sei das Land der auf fremde Hilfe – vor allem aus der westlichen Hemisphäre – angewiesene »alte Bittsteller und Fürsorgeempfänger« geblieben.

Die *Republik Ruanda* (République Rwandaise) wurde, nachdem das kleine Königreich seit 1920 belgisches Treuhandgebiet gewesen war, 1962 als »Präsidiale Republik« gegründet. 11 Jahre später, 1973, übernahm nach einem Staatsstreich das Militär die Regierung. Seither steht *Staatspräsident* Generalmajor Juvenal Habyarimana an der Spitze des Landes, dessen Nationalversammlung 1973 aufgelöst und 1978 durch den »Nationalen Entwicklungsrat« (mit eingeschränkten Befugnissen) ersetzt wurde.

Ruanda hat eine *Gesamtfläche* von etwa 26 000 qkm (davon 25 000 qkm Landfläche) und wird von mehr als 7,5 Millionen Menschen bewohnt (1992), die es zu einem der dichtbesiedeltsten afrikanischen Länder machen. 90 % der Einwohner sind Hutu, 9 % Tutsi und knapp 1 % Twa (Pygmäen). Amtssprachen sind Kinja-Ruanda und Französisch, doch wird im Geschäftsleben auch Kisuaheli und Englisch gesprochen. Im Religionsbereich dominierte lange der Animismus, heute gelten knapp 50 % der Bevölkerung als – fast ausschließlich katholische – Christen.

Im Gesundheitswesen kommen 0,1 Ärzte auf 10 000 Einwohner, die Lebenserwartung unter Männern lag 1992 bei 48, unter Frauen bei 51 Jahren. Der Aufbau eines modernen Gesundheitswesens ist bislang aus finanziellen Gründen gescheitert.

Im *Bildungsbereich* vollzieht sich allmählich ein Übergang der Grundausbildung aus den Händen der katholischen Mission in das im Ausbau begriffene staatliche Schulwesen. Seit der Schulreform des Jahres 1979 sind für den Grundschulbesuch acht Jahre vorgesehen.

Der *Agrarsektor* trug (ähnlich wie in Tansania) 1980 mit etwa 46 % zum Bruttosozialprodukt bei. (Seit der blutigen Enteignung der Watussi im Jahr 1960 gibt es in Ruanda kaum noch Großgrundbesitz.) Für den Eigenbedarf werden (auf rund 65 % der landwirtschaftlich genutzten Fläche) Maniok, Yamswurzeln, Hirse, Bohnen, Mais, Bananen, Gemüse und, in bescheidenem Maße, Reis

1930 Besuch des Kreuzers »Karlsruhe«. Der Deutsche Mittelholzer überfliegt den Kilimandjaro. In Daressalam wird eine Deutsche Schule eröffnet.

1931 Deutsche Ärzte erhalten Niederlassungsgenehmigung, ohne ihr Staatsexamen in englischer Sprache wiederholen zu müssen.

In den folgenden Jahren macht sich das Deutschtum wieder stärker bemerkbar, nicht zuletzt aufgrund des politischen Wandels, der sich im Reich andeutet: In Iringa wird ein deutsches Kriegerdenkmal enthüllt. Es folgen 1933/34 die Gründung des Deutschen Bundes, der Wiederaufbau der deutsch-evangelischen Kirchengemeinde in Tanga, die ersten »Feiern für das neue Deutschland unter Adolf Hitler« und die Schaffung von »Schulgruppen« der Hitlerjugend.

1938 Die Friedrich von Bodelschwingh-Schule in Lwandai begeht ihre 30-Jahrfeier.

1939 In Tanga brechen Eingeborenen-Unruhen aus. Nach dem 1. September werden alle Reichsdeutschen interniert.

angebaut. Die Erträge der Restfläche von 35 % – Baumwolle, Ölfrüchte, Pyrethrum, Kaffee, Tee – dienen dem Export, wobei Kaffee etwa die Hälfte des Ausfuhrvolumens erbringt. Im Bereich der Viehwirtschaft steht die Zucht der langhörnigen Watussirinder im Vordergrund. Forstwirtschaft und Fischerei spielen wirtschaftlich kaum eine Rolle.

Nur knapp ein Viertel des Bruttosozialprodukts wird von der *Industrie* erbracht, die neben einigen wenigen Großbetrieben vornehmlich aus handwerklich betriebener »Kleinindustrie« besteht. Vier Wasser- und drei Dieselkraftwerke bestreiten die *Energieversorgung*, deren Verbesserung mit Hilfe neuer Kraftwerksbauten im Gange ist. Der *Bergbau*, im wesentlichen auf Zinnstein und Wolframerz konzentriert, liegt überwiegend in belgischer Hand. Das *Straßennetz* (Eisenbahnen gibt es nicht) umfaßt 12 880 km, davon sind 900 km asphaltiert. 1990 wurden in Ruanda 25 000 Fahrzeuge gezählt, darunter 15 000 Pkws. Der internationale *Luftverkehr* wird von der SABENA und der East African Airways unterhalten (Flughäfen: Kemembe-Kigali und Cyangugu). Im Landesinnern gibt es für den Kurzstreckenverkehr mehrere kleinere Landeplätze. *Amtliche Währung* ist der Franc du Rwanda (F. Rw, FRW) oder Ruanda-Franc = 100 Centimes.

Die *Republik Burundi* (République du Burundi) gehört, wie ihr nördliches Nachbarland Ruanda, zu den kleinsten Staaten Afrikas. Wie Ruanda stand sie bis 1962 unter belgischer Treuhandschaft, um dann ebenfalls 1966 »Präsidiale Republik« zu werden. Und auch in einem dritten Punkt gleichen sich die beiden: Sie gehören zu den »internationalen Entwicklungsländerkategorien« MSAC (Most Seriously Affected Country) und LLDC (Least Developed Country). Im Jahr 1976 übernahm der damals 30jährige Jean-Baptiste Bagaza das Amt des Staats- und Regierungschefs. (Von Bagaza berichtete 1980 Michael Frank, Korrespondent der Süddeutschen Zeitung, er habe »halb im Scherz, halb im Ernst« gespöttelt: »Die Burunder haben praktisch ein halbes Jahrhundert lang Zwangsarbeit geleistet. So war die erste Regung auf die Unabhängigkeit, daß die Leute nicht mehr arbeiten wollten. Die Antwort auf die Frage: Warum arbeiten die Burunder nicht? ist schlicht: Wir sind unabhängig!«)

Die *Gesamtfläche* Burundis beträgt knapp 28 000 qkm (davon 25 000 qkm Landfläche), seine Einwohnerzahl 5,78 Millionen (1992). Die Bevölkerung setzt sich zum größeren Teil aus Bantustämmen zusammen, die Bahutu (Hutu) sind mit 85 % zwar in der Überzahl, werden jedoch von den Watussi (Tutsi, 14 %) beherrscht. Rund 1 % entfallen auf die Twa (Pygmäen).

Ähnlich wie in Ruanda um 1960 die ehedem herrschende Bevölkerungsgruppe der Watussi blutig entmachtet wurde, so kam es 1972 auch in Burundi zu einer, allerdings ungleich blutigeren Auseinandersetzung. Im Verlaufe eines bürgerkriegsähnlichen Aufstandes ermordeten zunächst die Bahutu 4–5000 Watussi, worauf, wie Frank schreibt, »die Herrschenden mit einem Gemetzel antworteten, das mit annähernd 300 000 toten Hutu selbst in Afrika seinesgleichen sucht. Die Massaker dauerten bis 1975 an; sie richteten sich gezielt gegen alle gebildeten Hutu, gegen solche, die einen Beruf erlernt hatten, die lesen und schreiben konnten, die natürlich auch die Ausgangspunkte der Erhebung gewesen waren. Es schien so, als wolle man die gebildete Elite des Mehrheitsvolkes gezielt vernichten, um neue Ansprüche auf ethnische Gerechtigkeit auszutilgen. Skeptiker meinen, wenn die nächste Schicht gebildeter Hutu herangewachsen ist, gehe das Gemetzel von vorne los.«

Einheimische *Landes- und Amtssprache* ist die Bantusprache KiRundi. Daneben werden andere Stammessprachen, ferner Französisch und (als Handelssprache) auch Kisuaheli gesprochen. 62 % der Bevölkerung sind nominell Katholiken, 5 % Protestanten, 1 % Moslem, der Rest entfällt auf Anhänger von Naturreligionen.

Burundis Gesundheitswesen gilt als »verhältnismäßig gut entwickelt und modern organisiert«. 0,5 Ärzte kommen auf 10 000 Einwohner. Die Lebenserwartung unter Männern lag 1992 bei 50, unter Frauen bei 54 Jahren. Das Bildungswesen steht trotz der formal geltenden allgemeinen Schulpflicht für Kinder zwischen 6 und 12 Jahren im Zeichen stark unterschiedlicher Einschulquoten. Immerhin gelten in Burundi heute nur 50 % der Bevölkerung als Analphabeten.

Noch immer bestreiten die vom Staat finanziell unterstützten christlichen Missionsschulen einen beachtlichen Teil der Bildungsarbeit (einschließlich der Erwachsenenbildung). Seit 1973 besteht in Bujumbura die aus drei Instituten (›Ecole Normale Supérieure du Burundi‹, ›Université Officielle de Bujumbura‹ und ›Ecole Nationale d'Administration‹) gebildete Universität von Burundi.

Wirtschaftsgrundlage des Landes ist die landwirtschaftliche Produktion. Die *Agrarproduktion* erbringt 60% des Bruttoinlandsproduktes und stellt 95% der Gesamtausfuhr. 90% der Erzeugung dienen der Eigenversorgung. Angebaut werden Bananen, Manihot (Maniok), Bohnen, Mais, Kartoffeln, Reis und Gemüse. Auf der Exportliste steht an erster Stelle Kaffee, gefolgt von Tee und Baumwolle. Der Anbau liegt fast ausschließlich in den Händen einheimischer Kleinbauern, während europäische Siedler nur zu einem ganz geringen Teil Flächen kultivieren. Die Viehzucht ist wegen Überstockung wenig leistungsfähig. Die ehemals großen Waldgebiete sind nur noch in Resten vorhanden. (Gründe: Überweidung, Brandrodung, übermäßiger Holzeinschlag.) Infolge Mangels an tierischem Eiweiß hat die Fischindustrie besondere Bedeutung. Hauptfanggebiet ist der Tanganjikasee. Ausbau der Fischerei und Entwicklung der Forst- und Landwirtschaft sind Ziele einer 1976 von Zaire, Ruanda und Burundi gegründeten Wirtschaftsgemeinschaft.

Die *Industrie* ist noch wenig entwickelt (8% Anteil am Bruttoinlandsprodukt). Einige wenige Fabriken, dazu Kleinindustrie und Handwerksbetriebe finden sich in Bujumbura. *Elektrische Energie* wird zu einem großen Teil aus Zaire eingespeist. Daneben liefern landeseigene Wärme- und Wasserkraftwerke sowie zahlreiche Dieselzentralen Strom. Die Vorkommen an mineralischen Bodenschätzen sind noch nicht gänzlich erforscht. Wirtschaftliche Bedeutung könnten Nickel-, Kobalt-, Uran- und Kupferlagerstätten erlangen. (Geschätzte Nickelvorkommen: 300 Millionen t.) Prospektionsarbeiten gelten seit längerem dem Zinnerz- und dem Goldbergbau.

Ein ausgebautes *Verkehrssystem* fehlt, Eisenbahnen gibt es nicht. »Für den Auslandsverkehr stehen von der Hauptstadt erreichbare Linien benachbarter Staaten zur Verfügung.« Wichtigste Verkehrsverbindung: Bujumbura – Kigoma (Anschluß an die tansanische Eisenbahn) – Daressalam (Transportzeit 10 Tage). Nach Mombasa (Kenia) besteht eine Verbindung via Kigali (Ruanda) und Kampala (Uganda). Der *Schiffsverkehr* beschränkt sich auf den Tanganjikasee. Das Straßennetz umfaßte 1990 5594 km, davon waren 390 km asphaltiert. Im gleichen Jahr wurden 19500 Fahrzeuge registriert, darunter 8500 Pkws. Dem *Luftverkehr* steht der internationale Flughafen von Bujumbura (angeflogen von Air Zaire, SABENA, Air Tanzania und Cameroon Airlines) zur Verfügung. Flugverbindungen mit Ruanda und Zaire werden von der nationalen Fluggesellschaft ›Société des Transports Aériens du Burundi‹/STAB unterhalten. *Amtliche Währung* ist der Franc Burundi (F.Bu.) oder Burundi-Franc = 100 Centimes.

Die wirtschaftliche Situation Burundis »ist ... durch ernste Probleme gekennzeichnet, die sich vor allem aus der hohen Zuwachsrate der Bevölkerung, deren geringem Ausbildungsstand sowie aus der ungünstigen geographischen Lage des Landes ergeben« (Länderkurzbericht Burundi des Stat. Bundesamtes, 1979), wobei eine anhaltende Inflation erschwerend hinzukommt. Ein Fünfjahresplan (der dritte seit 1968) sah bis 1982 eine allgemeine Wachstumsrate von 5,8 bis 6% vor. Zu den erneut unerreicht gebliebenen Planzielen gehörten Steigerung der Produktivität in Ackerbau und Viehzucht, Erweiterung der Energiequellen im ländlichen Bereich und Verbesserung der Transportverbindungen mit Tansania, Kenia und Zaire. 1977 haben die zentralafrikanischen Staaten Zaire, Burundi und Ruanda die »Wirtschaftsgemeinschaft der Länder an den Großen Seen« (CEPGL) gegründet. Im Rahmen dieser Gemeinschaft sollen die Forst- und Landwirtschaftsgebiete zwischen Kiwu- und Tanganjikasee entwickelt, Mineralvorkommen erschlossen und Industrieanlagen erstellt werden, wobei der Ausbau der Stromversorgung an erste Stelle gesetzt wurde«.

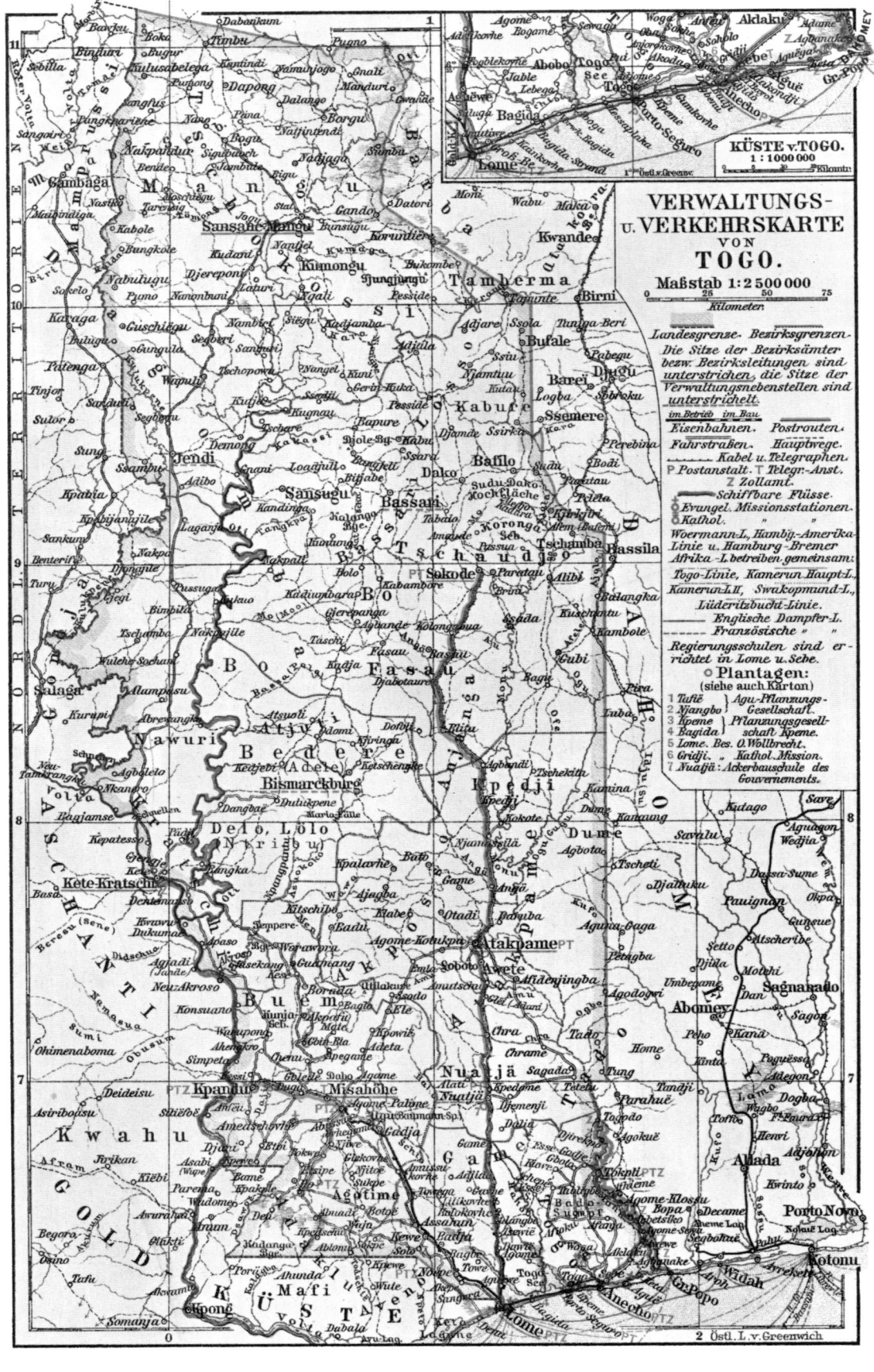

VERWALTUNGS-
u. VERKEHRSKARTE
VON
TOGO.

Maßstab 1:2 500 000

Kilometer

Landesgrenze. Bezirksgrenzen.
Die Sitze der Bezirksämter
bezw. Bezirksleitungen sind
unterstrichen, die Sitze der
Verwaltungsnebenstellen sind
unterstrichelt.
im Betrieb   im Bau
Eisenbahnen.   Postrouten.
Fahrstraßen.   Hauptwege.
            Kabel u. Telegraphen.
P Postanstalt. T Telegr.-Anst.
Z Zollamt.
            Schiffbare Flüsse.
Evangel. Missionsstationen.
Kathol.
Woermann-L., Hambg.-Amerika-
Linie u. Hamburg-Bremer
Afrika-L betreiben gemeinsam:
Togo-Linie, Kamerun Haupt-L.,
Kamerun L.II, Swakopmund-L.,
Lüderitzbucht-Linie.
Englische Dampfer-L.
Französische "
Regierungsschulen sind er-
richtet in Lome u. Sebe.
Plantagen:
(siehe auch Karton)
1 Tafïé   Agu-Pflanzungs-
2 Njangbo   Gesellschaft.
3 Kpeme   Pflanzungsgesell-
4 Bagida   schaft Kpeme.
5 Lome. Bes. O.Wollbrecht.
6 Gridji.   Kathol. Mission.
7 Nuatjä: Ackerbauschule des
            Gouvernements.

KÜSTE v. TOGO.
1:1000 000

Östl. v. Green.   Kilomtr.

2 Östl. L. v. Greenwich

Togo

Rechts: *Gustav Nachtigal, Arzt und Forscher (1834–1885), erhält in seiner Eigenschaft als deutscher Generalkonsul in Tunis 1884 den Auftrag, geeignete Gebiete an der westafrikanischen Küste zu erwerben und unter deutschen Schutz zu stellen.*

Linke Seite: *Verwaltungs- und Verkehrskarte von Togo.*

Gustav Nachtigal

»Unbegreiflich erscheint es, daß Engländer und Franzosen sich nicht schon längst in den Besitz der später deutschen Gebiete gesetzt hatten. Es war dies eine Unterlassungssünde, die nur verständlich wird, wenn man sich die allgemeine Ratlosigkeit vergegenwärtigt, mit der die Kolonialmächte nach Aufhebung des Sklavenhandels der Erschließung des größten Teils von Afrika, wenigstens des tropischen, gegenüberstanden.«

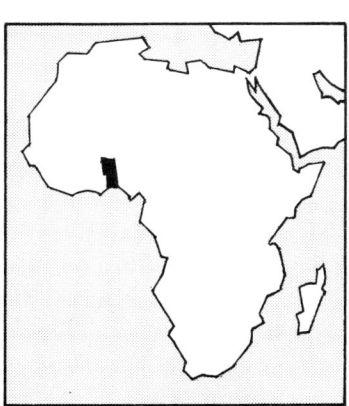

Am 5. Juli 1884 trafen Dr. Gustav Nachtigal, Generalkonsul des Deutschen Reiches, und Mlapa, König von Togo, ein »Übereinkommen«, in dem dieser »um den Schutz Seiner Majestät des Deutschen Kaisers (bittet), damit er in den Stand gesetzt werde, die Unabhängigkeit seines an der Westküste von Afrika, von der Ostgrenze von Porto Seguro bis zur Westgrenze von Lome oder Bey Beach sich erstreckenden Gebietes zu bewahren«. König Mlapa, der sich, seine Erben und seine Häuptlinge »durch Plakko, Träger des Stockes des Königs Mlapa« vertreten läßt, betont bereits im § 1 des Abkommens, seiner Bitte um Schutz läge der Wunsch zugrunde, »den legitimen Handel, welcher sich hauptsächlich in den Händen deutscher Kaufleute befindet, zu beschützen und den deutschen Kaufleuten volle Sicherheit des Lebens und Eigentumes zu gewähren«. An »Zöllen oder Abgaben« werde er, wie schon zuvor üblich, einen Schilling je Tonne Palmkerne und je Tonne Palmöl erheben, zahlbar »an die

179

Häuptlinge des betreffenden Ortes«. Des weiteren sah das Übereinkommen selbstverständlich vor, daß Mlapa fremden Mächten weder Landesteile abtreten noch Verträge mit ihnen schließen werde, während der Deutsche Kaiser alle von König Mlapa früher abgeschlossenen Handelsverträge zu respektieren versprach.

Unterzeichnet wurde dieser »erste Schutzvertrag in Togo« von Chief Plakko (dem Vertreter Mlapas) per »Handzeichen«, von Dr. Gustav Nachtigal, zwei Dolmetschern, vier deutschen und vier einheimischen Zeugen (letztere ebenfalls durch Handzeichen). Gustav Nachtigal war zum Zeitpunkt des Vertragsabschlusses 50 Jahre alt. Hinter ihm lag bereits ein an Abenteuern und wissenschaftlichen Forschungsergebnissen reiches Leben.

Nach dem Besuch der »Pepinière« – des Berliner Friedrich-Wilhelm-Instituts, einer Ausbildungsstätte für künftige Militärärzte – und der Universitäten Halle und Würzburg machte der 1834 bei Stendal geborene Pfarrerssohn schließlich 1857/58 in Greifswald Staatsexamen, wo er auch promoviert wurde. Aus dem 1859 angetretenen militärärztlichen Dienst mußte er infolge Erkrankung an einer Lungentuberkulose ausscheiden. Ein Verwandter finanzierte einen sechsmonatigen Aufenthalt in Bona, einer kleinen algerischen Küstenstadt. Mit der Genesung ging es nur langsam voran, doch nutzte Nachtigal die Zeit zur Erlernung der französischen und der arabischen Sprache. Ein Versuch, in Bona als Arzt zu praktizieren, scheiterte. Auf Anraten eines »englischen Judenmissionars« siedelte er 1863 nach Tunis über, wo er bis 1869 zwar »ein jämmerliches Leben« führte, jedoch zusehends gesundete, was ihm die Kraft gab, sein Arabisch zu vervollkommnen und außerdem noch Italienisch und Englisch zu lernen.

Wesentlicher jedoch dürfte gewesen sein, daß es ihm gelang, »sich zu einem hervorragenden Kenner der arabischen Volksseele« zu entwickeln. 1864 schloß er sich als »freiwilliger Militärarzt« den Truppen des Beis an, deren Aufgabe es war, Steuern einzutreiben und »Aufständische einzuschüchtern«, die gegen Mißwirtschaft und Korruption bei Hofe protestierten. Nach seiner Rückkehr zeichnete ihn der Bei mit der »Offiziersklasse des Nischam Iftichar« aus, ernannte ihn zum Dank für die Heilung eines seiner Söhne zu seinem Haus-, bald darauf zu seinem Leibarzt, beides unbezahlte Ehrenposten, die jedoch der Privatpraxis Nachtigals spürbar zugute kamen, insbesondere während einer schweren Choleraepidemie. Mehrfach begleitete Nachtigal tunesische Delegationen auf deren Auslandsreisen als Dolmetscher, Reisen, die stets das gleiche Ziel hatten: an europäischen Höfen Anleihen für das infolge der Mißwirtschaft des Beis und seines Clans finanziell zerrüttete Land aufzutreiben. Der Zufall wollte es, daß Nachtigal von dem Orientreisenden Heinrich von Maltzan an den

»Die weitaus bedeutendsten Entdeckungen des ganzen Südens knüpfen sich an die Namen Heinrich Barth und Gustav Nachtigal, die größten Afrikaforscher aller Zeiten . . .

Auf beider Forscher Reisen . . . und ihre Ergebnisse sind wir heute noch vielfach angewiesen . . .

Was ein gewissenhafter Forscher vor hundert Jahren geschaut und berichtet, gilt für alle Zeiten. Zum mindesten bezüglich der geographischen Verhältnisse.«

Afrikaforscher Gerhard Rohlfs empfohlen wurde, der einen besonders vertrauenswürdigen, mit dem Kontinent vertrauten Boten suchte, dessen Aufgabe es sein sollte, im Auftrage des Königs von Preußen dem Sultan der westlich vom Tschadsee gelegenen Provinz Bornu Geschenke zu überbringen. Bemerkenswert ist weniger, daß Nachtigal diesen Auftrag korrekt erledigte, vielmehr, was er mit dieser im Prinzip »karawanentechnischen Aufgabe« verband: eine fast sechs Jahre dauernde Forschungsreise. Und das, obwohl er sich weder für wissenschaftlich genügend gebildet hielt, noch etwas von Geologie verstand und schon gar nichts von der »Kunst großer Überlandreisen mit Kamelen« wußte. Nachtigal setzte sich am 18. Februar 1869 von Tripolis aus in Marsch und erreichte im März Mursuk, ein viermonatiger Abstecher brachte ihn in das noch völlig unbekannte Gebirgsland Tibesti. Im April 1870 brach er von Mursuk nach Kuka auf, wo er Anfang Juli eintraf und sich nach Übergabe der Geschenke an den Sultan Omar von Bornu bis 1871 aufhielt. Von dort aus führte ihn eine abenteuerliche Reise in Begleitung des als räuberisch geltenden Beduinenstammes der Aulad Solimann in die nördlich des Tschad gelegenen, zum überwiegenden Teil noch von keinem Europäer betretenen Räume Kanem, Manga, Edgeî und Bodele bis Borku. Im Januar 1872 wieder in Kuka eingetroffen, trat er am 22. Februar eine Reise in das Land Barhimi an und gelangte hier im Schariflußgebiet weiter als sein Vorgänger Heinrich Barth. Den Winter 1872/73 verbrachte er abermals in Kuka, um dann »die große Wanderung gegen Osten zum Nil« anzutreten, die ihn durch Wadai und Darfor nach Kordofan und schließlich bis Chartum führte, das er im August 1874 erreichte. Erst diese Reise »erschloß die Übergangsgebiete vom mittleren zum östlichen Sudan der Kenntnis des Abendlandes«, war doch der 1856 bis Wadai vorgedrungene deutsche Reisende Eduard Vogel ermordet worden, bevor ihm die Übermittlung von Berichten über Land und Leute möglich gewesen wäre.
Mit einer Vielzahl umfangreicher Monographien, nicht zuletzt aber mit seinem mehr als 2000 Seiten umfassenden, dreibändigen Reisewerk »Sahara und Sudan, Ergebnisse sechsjähriger Reisen in Afrika« hat er Biographen und Wissenschaftler gleichermaßen beeindruckt, die ihm bescheinigten, daß auch »der gelehrteste Fachgeograph« kaum in der Lage gewesen wäre, die Genauigkeit der Nachtigal'schen Beobachtungen und deren »Komposition« zu übertreffen. Die Rückkehr in die Zivilisation bescherte ihm ehrenvolle Aufnahme. Um seinen drückenden Geldmangel aber, in dessen Zeichen seine dreizehn Afrikajahre gestanden hatten, kümmerte sich zunächst keine Behörde. Erst als ihm internationale geographische Gesellschaften zahllose Medaillen und Ehrenurkunden verliehen hatten, brachte der Hamburger Verleger L. Friedrichsen auf dem Wege einer an der Börse veranstalteten Sammlung einige tausend Mark auf, die es dem gesundheitlich schwer geschädigten Forscher möglich machten, sich »im heilsamen Klima von Heluan« zu erholen. Jetzt endlich setzte ihm auch der Kaiser eine Unterstützung aus.
1875 übernahm Nachtigal den Vorsitz der »Afrikanischen Gesellschaft in Deutschland«, ein Jahr später war er in Brüssel an der Gründung der »Association internationale« beteiligt und brachte als deren deutschen Zweig die Afrikanische Gesellschaft ein. 1879 trat er die Nachfolge des verstorbenen Chinaforschers und Geographen Ferdinand von Richthofen als Vorsitzender der Berliner Gesellschaft für Erdkunde an. Im April 1882 wurde er auf den Posten eines Generalkonsuls in Tunis berufen, möglicherweise, weil die deutsche Regierung in dem – infolge Einmarsches französischer Truppen von Unruhen geschüttelten – »Beilik Tunesien« einen Vertreter wissen wollte, der den Hof, das Land und dessen Leute kannte und, wichtiger noch, dessen Sprache beherrschte. Kaum zwei Jahre später erfolgte seine Ernennung zum »Reichskommissar für Westafrika«, verbunden mit weitgehenden Vollmachten und dem Auftrag, »an einigen Stellen der afrikanischen Westküste die Errichtung deutscher Schutzgebiete durchzuführen«. Nach Unterzeichnung des bereits erwähnten »Übereinkommens« mit dem König von Togo wird Nachtigal noch zwei ähnliche Missionen erfüllen, ehe er am Morgen des 20. April 1885 auf der Heimreise nach Deutschland an Bord der »Möwe«, 160 Meilen von Kap Palmas entfernt, stirbt.

Oben: *Am Strand von Anécho.*

Allgemeines über Geographie und Geologie

Das einstige deutsche Schutzgebiet Togo erstreckte sich, in der Mitte zwischen dem Nullmeridian und dem 5. östlichen Längengrad gelegen, als schmales Handtuch in ziemlich genau nördlicher Richtung vom 6. bis zum 11. nördlichen Breitengrad. Seine Größe erreichte nach einer Vielzahl von Grenzstreitigkeiten, Vereinbarungen, Verzichtserklärungen, Abkommen und Verträgen mit den benachbarten Kolonialstaaten England (im Westen) und Frankreich (im Osten) innerhalb eines Vierteljahrhunderts 87000 km². Dieses kleinste deutsche Schutzgebiet berührte als schmaler Streifen von etwa 50 km Breite den Atlantischen Ozean und gehörte damit zum östlichsten Teil jenes Küstenbereichs, der sich unter dem Namen Oberguinea in west-östlicher Richtung von der »Grain Coast« (Pfefferküste, heute Liberia/Republic of Liberia) über die »Côte d'Ivoire« (Elfenbeinküste, heute République de la Côte d'Ivoire) und die »Gold Coast« (Goldküste, heute Ghana/Republic of Ghana) bis zur einst »übel berüchtigten Slave Coast« (Sklavenküste, heute Togo/République Togolaise) erstreckte. 20 km nördlich des schmalen Atlantikküstenstreifens schob sich das Hinterland fächerförmig etwa 600 km ins Landesinnere vor, wobei es ziemlich genau in der Mitte eine maximale Breite von 220 km erreichte.

Der im Gouvernement Togo tätige Geologe W. Koert hat aufgrund seiner während der Jahre 1904–1908 im Schutzgebiet durchgeführten Untersuchungen »vom geologisch-morphologischen Standpunkt aus . . . im Oberflächengebilde von Togo folgende große Züge« erkannt:

1. Die längs der Küste gelegenen alluvialen Niederungen.
2. Ein ebenes bis flachwelliges Vorland, zwischen 20 und 50 km breit und aus Quartärschichten bestehend.
3. Eine hauptsächlich aus alten Tiefengesteinen und Gneisen aufgebaute Fastebene und Inselberglandschaft als eigentliches Grundgebirge der Kolonie, das sich über weite Flächen des südlichen und östlichen Togo erstreckt.
4. Das Togogebirge, geologisch ein aus stark gefalteten Schiefern aufgebautes Rumpfgebirge, das die Kolonie überwiegend von Süd nach Nord durchzieht.
5. Das auf dessen Westseite gelegene, nur unwesentlich niedrigere, in mehrere Untergebirge gegliederte Vorgebirge in Form einer Schollenlandschaft.
6. Das Becken des Oti und Volta mit der Mobalandstufe als nördlichem Rand.
7. Die aus kristallinen Steinen bestehende Fastebene im Nordosten Togos.

Im wesentlichen ließen sich zwei Gebirgsstöcke unterscheiden, deren maximale Höhe anfänglich erheblich überschätzt und mit bis zu 3000 m angenommen wurde. Tatsächlich erheben sich beide, der im Landeswesten etwa 100 km nördlich von Lome aufsteigende Stock von Mitteltogo und der 300 km von der Küste entfernt beginnende Gebirgsstock Nordtogos, kaum über 1000 m Höhe.

Meer, Lagunen, Flußsysteme

Daß die Togoküste, wie andere, südlicher gelegene Küstenstriche des westlichen Afrika auch, bis ins 19. Jahrhundert kaum angelaufen und dementsprechend auch nicht »entdeckt« wurde, hatte mehrere Gründe. Dort sank der Meeresboden nur ganz langsam ab, so daß sich Schiffe in respektvollem Abstand zur Küste halten mußten und nur in weiter Entfernung vom Land ankern konnten. Zudem wurde jedes Löschen und Laden zur Zeit des sturmreichen Südwinters durch die »Kalema« (portugiesisch: Calema), eine »mit mächtigem Schwall gegen den flachen Strand anrollende Atlantikdünung«, erschwert.

Atlantikdünung und äquatoriale Gegenströmung haben im Laufe der Zeit Lagunenwälle von zwei Kilometern Breite aufgeworfen, so daß die aus dem Landesinnern kommenden Flüsse aufgestaut wurden und ihrerseits *Lagunen* bildeten, deren Wasser immer höher anstiegen, um dann plötzlich und unerwartet als schlammiger Lagunenwasserstrom in Richtung Meer durchzubrechen.

Als *Hauptstromgebiete* unterschied Meyer das Voltasystem und die Flüsse der Sklavenküste. Von Norden her floß auf englischem Gebiet der aus dem Schwarzen und dem Weißen Volta entstandene Voltastrom in Richtung Atlantik. Sein teilweise felsiges Bett erreichte Breiten zwischen 200 und 500 m und machte ihn trotz zahlreicher Stromschnellen, wenigstens bis hinauf zur Handelsstadt Keta-Kratschi, für kleinere Fahrzeuge befahrbar. Bei Neu-Tankrangki floß dem Volta linksseitig der Kulukpene (auch Daká oder Laká genannt), weiter südlich bei Kwawu der mächtigere »deutsche« Fluß Oti zu. Während der Kulukpene in seinem Unterlauf bis zur Einmündung in den Volta die deutsch-englische Westgrenze Togos markiert hatte, übernahm nun, bis hinunter nach Kpeveo, der Volta diese grenzziehende Funktion. Wichtigste Küstenflüsse auf deutschem Gebiet waren der Schibo und der Haho, beide mit zahlreichen Quellflüssen vom Akpossoplateau kommend und in die große Togolagune mündend. Für größer und wichtiger wurde jedoch der Mónu gehalten, der in seinem Unterlauf die Grenze zu Dahóme (Dahomey) bildete, trotz mehrerer Schnellen bis Togodo schiffbar war und bei Agome, 25 km von der Mündung in den Atlantik entfernt, eine Flutschwelle von 10 m erreichte.

Unten: *Boote in der Atlantikdünung, der »Kalema«.*

Allgemeines zum Klima

Klimatisch zeigte sich das Schutzgebiet als reines Tropenland, südlich des sogenannten Wärmeäquators gelegen, mit dem Juli und dem August als den kühlsten, dem Januar und dem Februar als den heißesten Monaten. An der Küste wurde die *Durchschnittstemperatur* mit 27 ° C gemessen, im Landesinnern und auf den Gebirgen lagen die Werte, der jeweiligen Höhenlage entsprechend, niedriger, doch sanken sie nie unter die + 10 °-Grenze. Frost und Schnee waren auch auf den höchsten Bergen unbekannt, dagegen gingen dann und wann Hagelschauer nieder. »Das feuchtkalte, trübe, neblige Winterwetter Norddeutschlands« war dementsprechend unbekannt. Der »Landregen« trat selbst in der Regenzeit nur vereinzelt auf, »Tage ohne jeden Sonnenschein sind eine Ausnahme«.

Die *relative Luftfeuchtigkeit* war, streng temperaturabhängig, an der Küste mit 80–90 Prozent gleichmäßig hoch. Noch höhere Werte wurden mit 88–96 Prozent in Amedschovhe ermittelt, nur im Januar durch einen Abfall auf 60 Prozent unterbrochen. Extrem schließlich die Schwankungen in Bismarckburg: 80–91 Prozent von April bis Oktober, 49 Prozent im Februar, 69 Prozent im März. Nach Hupfeld (Direktor der Deutschen Togogesellschaft) richtete sich die Verteilung der *Niederschläge* »streng nach dem Stande der Sonne«. Sobald diese im Frühjahr nach Norden, im Spätsommer nach Süden gewandert war, begannen die Regenzeiten, in Südtogo durch einen trockenen August noch scharf getrennt, während weiter nach Norden »die große und die kleine Regenzeit sich immer mehr zu einer fortdauernden verschmelzen«. Die Gesamthöhe der Niederschläge lag im Durchschnitt an der Küste bei 700, landeinwärts bei 1 500 mm. Zu den Eigentümlichkeiten gehörte eine im allgemeinen geringe Regendichte: 50–100 mm in 24 Stunden. In der Regenzeit traten häufig Gewitter auf. So wurden beispielsweise in Bismarckburg 1888–1894 durchschnittlich 164 Gewittertage jährlich verzeichnet, die sich vorwiegend auf die Sommermonate April/Mai und September/Oktober konzentrierten und sowohl im Frühjahr als auch im Herbst in Verbindung mit Tornados von »furchtbarer Gewalt« auftraten.

Die Pflanzenwelt

»Der Mensch hat, um sein Feld bestellen zu können, den Wald gerodet, und zwar das Mehrfache seines Jahresbedarfes, denn da der Neger im allgemeinen Düngung nicht kennt, muß er mit Brache rechnen. Das Gras der Steppe hat dann von den verlassenen Feldern Besitz ergriffen, und die Grasbrände ließen den Nachwuchs nicht aufkommen, zumal dieser bei der Minderwertigkeit des Bodens an sich nicht besonders kräftig war. Wenn wir jetzt daran denken wollen, das wieder gut zu machen, was durch Jahrhunderte gefehlt worden ist, müssen wir allerdings auch mit dem Umstand rechnen, daß im Laufe der Zeiten aller Wahrscheinlichkeit nach eine Verschlechterung der klimatischen Verhältnisse Togos eingetreten ist. Wir können die vorhandenen Waldbestände schonen, und wir können neuen Wald, aber leider nur Trockenwald, schaffen.«

Togo nahm innerhalb des Raumes südlich der Sahara nicht nur mit seinem Gebirgsbau und seinen klimatischen Verhältnissen, sondern auch hinsichtlich seiner Vegetation eine eigenartige Stellung ein. Zunächst fiel den Forschern auf, daß die bei Sierra Leone im Westen beginnende und bis zum Nigerdelta im

Oben: *Steppe mit Butterbäumen.*

Osten reichende küstennahe Urwaldzone mit ihren tropischen Regenwäldern, in denen bis zu 60 m hohe Bäume wuchsen, zwei ineinander übergehende Küstenbereiche übersprang: die Goldküste und Togo.

Über die Entstehung dieser »Bresche« im Urwaldgürtel waren sich die Gelehrten nicht einig. W. Busse vertrat nach der Jahrhundertwende die Auffassung, es handle sich um die Folgen von »Regenarmut im Verein mit der Waldverwüstung durch den Menschen«, der überall bestrebt sei, »den Wald durch Abbrennen und Roden behufs Anlage von Feldern zu vernichten«, wodurch der zuvor feuchte und beschattete Urwaldboden ausdörre und etwaige Humussubstanzen zerstört würden. Nur in sehr regenreichem Klima (Beispiel: Kamerunküste) sei es möglich, daß der Urwald über die Vorstufe eines »sekundären Mischwaldes« nachwachse, wogegen bei mäßigen Niederschlägen, wie in Togo, lediglich ein zwar hochstämmiger, aber lichter Trockenwald entstehen könne. Und das Abbrennen des Grases durch den Menschen bedeute ein zusätzliches Hemmnis in der Entwicklung des jungen Waldes, an deren Ende »nur ein aus verkrüppelten Bäumen bestehender Buschwald, eine Obstgartensteppe« stehen könne. Demgegenüber schob R. Müller die »Waldlosigkeit Togos« nicht dem Menschen, sondern ausschließlich dem Klima zu, eine Theorie, deren Begründung sein Kollege Hans Meyer, ebenfalls Leipziger, für »kaum stichhaltig« hielt. Sein Argument: Ein sekundärer, durch Verschleppung von Samen entstandener Wald müsse unter allen Umständen eine andere Zusammensetzung als der primäre Urwald haben, in dem »zahlreiche Bäume existieren, deren Samen sich gar nicht verschleppen lassen«.

A. Engler hat in seinem Kartenmaterial die »im großen ganzen sehr einheitliche« Verteilung der *Vegetationszonen* in Togo dargestellt. Demnach lag deren größter Teil im oberguineischen Übergangsgebiet, das sich vom westlich gelegenen Conakry bis über den Niger im Osten erstreckte und nur durch die – in Togo unterbrochene – Urwaldzone vom Atlantik getrennt wurde. Lediglich Nordwesten und Nordosten fielen in die südliche Sudanzone der Gras- und Laubbuschsteppe, während das äußerste Nordende in eine Dornbuschsteppe ragte. Kleinere, aber interessante Zonen ließen sich in Küstennähe unterschei-

»Im Gebirge tritt das Kulturland entschieden gegen die wildwachsende Vegetation zurück, und in den bald freundlichen, bald malerischen und wildromantischen Landschaften sprudeln überall klare Bäche und muntere Quellen.«

Oben links: *Tragende Kokospalmen auf der Plantage Kpeme.*

Oben rechts: *Zweijährige Kakaobäumchen unter Ölpalmen auf der Plantage Tafië.*

den. Auf dem gebüschbedeckten Lagunenwall mit seinem salzhaltigen Boden gedieh vornehmlich die Kokospalme. Bei Sebe wuchsen in Hainen auch Öl- und Fächerpalmen. Die freien Wasserflächen der Lagunenzone waren von sumpfigen Mangrovendickichten umrahmt. In der Nähe des neun Monate lang überwiegend trockenen Lome machte sich eine niedrige, krüppelige Obstgarten-(Wüsten)-steppe breit. Sie wurde nach Norden hin von der Ölpalmenregion abgelöst, zwischen deren Feldern sich Reste von Busch- und Waldvegetation fanden. In sumpfigen Niederungen entwickelte sich das 3–4 m hohe Elefantengras. In feuchten Mulden erhoben sich vereinzelt Urwaldbäume wie der Kapok (Ceiba pentranda) oder der riesige Odumbaum (Chlorophora excelsa), »dessen termitensicheres Holz außerordentlich geschätzt wird«. Aus dichten Grasflächen erhoben sich 30–40 m hohe Borassapalmen, die stellenweise sogar über weite Strecken geschlossene Haine bildeten. Als weitere bemerkenswerte Baumarten wurden der Baobab, der Butterbaum, die Akazie und die Tamarinde registriert.

Auf steilen, für den Ackerbau unbrauchbaren Hängen, doch auch in Tälern fand sich Wald, der etwa zwischen Atakpame und Misahöhe 40 % der Bodenfläche bedeckte und teilweise beträchtliche Dichte aufwies. Auf Plateaus jedoch, wie bei Amedschovhe, wurde bereits »über starke Entwaldung durch Brände geklagt«. An den Galeriewäldern fiel auf, daß sie in Richtung Norden nicht nur lichter wurden, sondern auch immer stärker von Ölpalmen durchsetzt waren. In Nordtogo gingen die Galeriewälder an Bächen, die während der Trockenzeit völlig versiegten, in Uferwälder mit »üppig entwickelten Steppenbäumen« anstelle der eigentlichen Urwaldbäume über.

Zur Verbreitung einiger besonders interessanter Bäume noch ein paar Stichworte: Hauptgebiet der Kokospalme war zwar der Lagunenwall, doch zog sie sich bis nach Kete-Kratschi, Bismarckburg und Atakpame hinauf. Umgekehrt gelangte die von Norden kommende Dattelpalme über das Oti-Tiefland hinaus bis Misahöhe. Die Ölpalme war nicht nur in der Ebene Südtogos und am Fuß des Fetischgebirges, sondern auch in einigen Steppengebieten anzutreffen. Der Fächerpalme (Borassus flabelliformis) begegnete v. François bis hinauf nach Gambaga. Aus der Sahelregion schob sich bis in den Norden Togos die Dumpalme vor. Ebenfalls im Norden fanden sich noch die Weinpalme (Raphia vinifera), der Bambus und der Baobab. In den Galeriewäldern des Gebirges und im Süden wuchsen vereinzelt Gummilianen, so etwa zwischen Lome und Atakpame. Schließlich gab es im südlichen Togo den wilden Pfeffer, und, ebenfalls » in wildem oder verwildertem Zustande«, die Baumwolle.

Die Tierwelt

»Die Tierwelt von Togo ist nicht so gut bekannt, daß man ein abschließendes Urteil über sie fällen könnte. Man sollte vermuten, daß mindestens der größere Teil des Schutzgebietes eine ähnliche Zusammensetzung von Arten wie die Küstenländer von Kamerun aufweisen müßte. Das ist aber merkwürdigerweise nicht der Fall; sondern es findet sich bis an die Küste heran ein merkwürdiges Gemisch von Urwaldformen und solchen aus der Steppe, wobei allerdings die ersteren erheblich vorwiegen. Es sieht fast so aus, als ob das Gebiet der eigentlichen westafrikanischen Formen, das z. B. an der Küste Liberias wieder rein in Erscheinung tritt, an der Togoküste ins Meer versunken sei.«

Auch die Fauna Togos zeigte, nicht anders als dessen Flora, eine Reihe von Regionen, die mit der pflanzengeographischen Gliederung weitgehend übereinstimmten: Auf die Fauna der Wüste folgte die der Steppe, die *Sudanfauna*, deren wesentlichstes Merkmal ihr Gegensatz zur Fauna des Waldlandes war. In der Übergangsregion zeigten sich beide Faunen ebenso gemischt wie die Pflanzen der Wald- und Steppenzone. Vertreter der *Waldfauna* fanden sich in Galeriewäldern und regenreicheren Gebirgen, solche der *Steppenregion* im Grasland und im Buschwald. Waldtiere lebten teils auf Bäumen – Affen, Halbaffen, Baumschuppentiere u. a. –, teils verbargen sie sich im Dickicht, wie etwa der Buschbock und das Pinselohrschwein. Ergänzt wurden sie sowohl durch Fledermäuse als auch durch eine Vielzahl von Vögeln, unter ihnen die an Sümpfen und Wasserläufen heimischen zahlreichen Schwimmvögel, ferner Eisvögel, Regenpfeifer und Fischadler, zu denen sich Reptilien, Amphibien und Fische gesellten.

Zu den echten Steppentieren zählten die am Boden lebenden Tiere, ferner die auf freien Grasflächen weidenden Herdentiere und die ihnen folgenden Raub-

Unten: *Afrikanischer Elefant (Elephas africanus). Mehr als ein Forscher jener Tage hat angesichts der »großen, freilich nicht durchaus segensreichen wirtschaftlichen Bedeutung des Elfenbeinhandels« befürchtet, »daß etwa im 21. Jahrhundert (wenn nicht früher) das Aussterben des afrikanischen Elefanten zu erwarten sei«.*

Oben: »Da steht, wie in Erz gegossen, der alte riesige Büffelbulle in überzeugendster, strotzender Urkraft mitten in einem mit kleinblättrigen Wasserpflanzen dicht bewachsenen Tümpel... Der kapitale Körper, zu dem der mächtige Schädel wiederum klein erscheint, trieft vom eben genommenen Schlammbade, und die Morgensonne zaubert grelle, tanzende Glanzflecke drauf.«
Nach einer Zeichnung von W. Kuhnert.

tiere. Im größten Teil Togos südlich des 11. Breitengrades war eine Mischfauna zu beobachten, teils der offenen Steppe, teils den Galeriewäldern und Waldinseln angehörend. Nach den Veröffentlichungen namhafter Forschungsreisender stellten sich die verschiedenen Tierarten Togos, insbesondere jene der Übergangsregion, etwa so dar:

Als Vertreter der zur Waldfauna gehörenden Affen wurden als »bemerkenswert« der Weißnasenaffe (Petaurista), der Weißschwanzseidenaffe (Colobus valerosus), die Monomeerkatze (Cercopithecus mono) und der in der Steppe heimische Husarenaffe (Erythrocebus) eingestuft. Im Gebirge und in der Steppe trat, häufig herdenweise, der Pavian (Papio olevaceus) auf, der sich in Kete-Kratschi »als heiliges Tier sogar ohne Scheu in der Nähe der Stadt« herumtrieb. Fledermäuse gab es in zahlreichen Arten. Im Bassarigebiet beobachtete der Forscher Kling »ungeheuere Mengen Fliegender Hunde«, während v. Doering, der spätere stellvertretende Gouverneur Togos, in Nuatjä einen Baobab mit etwa 2000 riesigen Fledermäusen fand. Insektenfresser wie der Igel (Erinaceus) und die Spitzmaus (Crocidura bowii) bevölkerten die Steppe. Dort fanden sich gleichzeitig, ebenso wie im Wald, in großer Zahl auch Raubtiere: Leoparden, rote Tigerkatzen, Ginsterkatzen und Hyänen. Löwe, Gepard, Hyänenhund und Schakal bevorzugten ebenfalls die Steppe, hielten sich jedoch zuweilen auch in der Parklandschaft auf. Nach v. Doering gab es »in Damadu südlich des Korokogebirges so viel Löwen und Leoparden, daß sie die Viehzucht unmöglich machten«. Nagetiere wie der Siebenschläfer (Graphiurus coupei), mehrere Eichhörnchenarten und das Stachelschwein lebten im Urwald, andere Nager – z. B. Ratten, Mäuse und Erdeichhörnchen – bevorzugten die Steppe. Der Elefant lebte zur Regenzeit im Adele und zog zur Trockenzeit nach Buëm. Überreichlich waren Flußpferde vertreten, und zwar im Volta und »namentlich im Oti, wo sie die Schiffahrt geradezu gefährden«, ferner im Monu. Antilopen gab es sowohl in den Wäldern (Schirr-, Streifen- und Schopfantilope) als auch in der offenen Landschaft (Pferde-, Kuh- und Grasantilope). Sowohl in waldigen Gebieten als auch, allerdings weniger häufig, im Grasland trat der Büffel auf, einmal als großer schwarzer Büffel (Bubalis centralis), zum anderen als kleiner roter Büffel (Bubalis brachyceros).

Die *Vogelfauna* zeichnete sich durch ungewöhnlichen Reichtum aus: Gänse, Enten, Möwen, Strandläufer, Regenpfeifer, Schnepfen, Kiebitze, Ibisse, Reiher, Kronenkraniche und Kropfstörche an der Küste, Trappen und Scharrvögel in der Gras- und Baumsteppe. Zahlreich vertreten waren zudem Raubvögel wie Geier, Adler, Falken, Habichte, Sperber, Milane und Eulen. Im Waldland tummelten sich Klettervögel, unter ihnen der Bananenfresser, der Riesenturako und zahlreiche Papageienarten. Auch Raben, Schwirr- und Singvögel fehlten nicht. Schließlich überwinterten in Togo alljährlich zahlreiche »Europäer«:

Brachschwalbe, Wendehals, Bienenfresser, Fliegenschnäpper, Würger, Baumpieper, Bachstelze und Wiesenschmätzer.

Von *Reptilien* wurde das an Flüssen und Sümpfen reiche Wald- und Küstengebiet besonders dicht besiedelt. Dort fanden sich Fluß- und Sumpfschildkröten. In den Lagunen war das Keilschnauzenkrokodil (Crocodilus niloticus) zu Hause, im Volta lebte das Voltakrokodil, »grau und spitzmäulig«. Von den Krododilen im Daká, einem Nebenfluß des Volta, wurde berichtet, ihr lautes nächtliches Gebrüll sei oft mit dem der Löwen verwechselt worden. Zahlreich waren die Arten der Warane, Eidechsen, Geckonen und, nicht zuletzt, der Schlangen: einerseits die grüne Baumschlange, die Glanznatter und die Riesenschlange (sämtlich nicht giftig), andererseits (giftig) Glanzotter, Brillenschlange, Puffotter und Hornviper.

Die in den Lagunen besonders reich entwickelte und volkswirtschaftlich nicht unwichtige *Fischfauna* wurde vorwiegend durch Welse, Barben, Karpfen und Grundeln vertreten. Im Volta lebte ein Zitterwels, in den Lagunen gab es auch Katzenfische, während sich im Meer zahllose Haie und Stachelrochen tummelten. In den Flüssen gab es zahlreiche Mollusken, in den Lagunen wimmelte es von Krebsen.

Bemerkungen zur Ethnographie

»Sehr angenehm berührt es, daß der Togoneger verhältnismäßig ehrlich ist. Wenn auch die in näherer Beziehung zum Weißen stehenden Eingeborenen, besonders die Dienerschaft, aber auch manche Faktoreinangestellte, sich kleinere und größere Spitzbübereien öfter zuschulden kommen lassen und sich davon auch durch etwaige Strafen, die für ihre Begriffe recht milde sind, nicht abhalten lassen, so ist das doch auf diese kleinen Kreise beschränkt. Wer würde es aber in Deutschland wagen dürfen, wildfremden Menschen ohne irgendwelche Prüfung Waren oder Produkte im Werte von oft Hunderten von Mark auf die Last mit einem baren Vorschuß von etwa einem Drittel des Gesamtlohnes auszuhändigen mit dem Auftrage, sie nach einem andern, oft viele Tagereisen entfernten Platze zu tragen oder auf Wagen zu fahren, um dort den Restlohn von wenigen Mark in Empfang zu nehmen?«

Unten: *Weber in Togo.*

Die Geschichte der Völker Togos stand in den Steinwällen und zyklopischen Mauern geschrieben, wie sie sich im 19. Jahrhundert den in die Gebirge des mittleren und südlichen Togo vordringenden Weißen darboten. Doch noch vermochte niemand, sie zu lesen, und ebenso wenig waren ihre Erbauer bekannt. Immerhin glaubten die Forscher, daß auf Togo von vier verschiedenen Zonen aus »Völkerschübe« erfolgt sein müßten: von Westen und Südwesten her die Mandingo, von Norden her Mossi und Gurma, aus dem Osten Borgu und Dahóme. Schließlich habe »das Auftreten der Europäer und des europäischen Handels an der Küste (ebenfalls) . . . nicht unerheblich« auf die Völkerbewegungen eingewirkt.

Einzelne, teilweise mohammedanische Sippen der Mandingo dürften sich unter die Negerstämme gemischt und »größere politische Reiche« gegründet haben wie etwa, im 16. Jahrhundert, das *Reich Gonja* (auch Ngbangje genannt), das seine Herrschaft weit auszudehnen verstand und »im Jahre 1897 bereits 24 Könige aufzuweisen« hatte. Verhältnismäßig jung dagegen schien das an der Goldküste gelegene *Aschantireich* zu sein, dessen Bewohner die Mandingo

189

kulturell stark beeinflußt haben und für Togo in »hohem Grade verhängnisvoll« geworden sind, indem sie »in großem Stil Sklavenjagden organisierten und infolgedessen zahlreiche Völker teils vernichteten, teils in die Gebirge drängten«. Als Gründung der Mandingo wurde angesichts einer sprachlichen Verwandtschaft und seiner »Mandingo-Organisation« auch das im Norden gelegene *Tschokossireich* mit der Hauptstadt Sansane-Mangu angesehen. Unter dem Einfluß der Mossi und Gurma entstand *Dagbong*, der große Staat der Dagbamba. Die Ewe schließlich waren, so wurde vermutet, ursprünglich nordöstlich ihrer späteren Sitze, wahrscheinlich in Borgu oder Gurma, ansässig, ehe sie sich in mehrere Stämme teilten und teils nach Südosten (Gründung des Reiches *Dahóme* durch Häuptling Takudura), teils an die Küste zogen.

Dort vollzog sich die nicht immer segensreiche Begegnung mit dem europäischen Handel. Die Küstenstämme, eben noch Verfolgte, erhielten Waffen und waren nun den Stämmen des Inlands überlegen, was nicht zuletzt auch dahin führte, daß sie »Sklavenhandel und Sklavenjagden in die Hand« nahmen und außerdem als Händler durch das Binnenland zogen. »So ist nicht nur die Größe der Reiche von Aschanti und Dahóme zum Teil wohl durch den europäischen Einfluß zu klären, sondern . . . auch die Ausbreitung der Tschi- und der Ewesprache« über große Teile des unteren Voltagebietes und des Fetischgebirges. Im südlichen Togo setzte sich das Ewe als Handelssprache durch und breitete sich nach Norden bis Adele aus, wobei allerdings eine Vielzahl voneinander abweichender Dialekte entstand. D. Westermann verzeichnete bereits in seinem 1905 erschienenen »Wörterbuch der Ewesprache« 24000 Wörter.

In der *Südzone* lebten zwei große Gruppen: Die Ewe und die Aschanti, wobei hier nur die eigentlichen Ewe interessieren, da sie überwiegend in deutschem Gebiet, also östlich des Volta, wohnten, während die Stämme der Aschanti-

Linke Seite: *Aus der Bevölkerung Togos.*

Unten: *Fetisch.*

gruppe im wesentlichen westlich des Volta und des Oti, also im Gebiet der Goldküste, ansässig waren. In der *Nordzone* fanden sich hauptsächlich die (mit Ausnahme des von Südwesten aus eingedrungenen Tschokossivolkes) aus Norden gekommenen Sudanvölker: unter ihnen Angehörige der Mossigruppe, der dreigeteilten Tim- und Gjambagruppe (Kabúre, Losso und Tschaudjo) und der Barbavölker. In der *Mittleren Zone* – »Region der verdrängten Völker« – lebten Überbleibsel alter Völker gemeinsam mit Restgruppen, die von den Aschanti, den Ewe und den Dahóme im Kampf um die Voltamündung und deren Salzlagunen aus der Küstenregion verdrängt worden waren.

Die *Einwohnerzahl* wurde – gestützt teils auf Schätzungen der Eingeborenen, teils auf Zählungen der Hütten durch die Behörden – in einer 1908/09 erschienenen Denkschrift mit 942 000 angegeben, von denen 182 000 an der Küste einschließlich der Ölpalmenregion und 194 000 in den mittleren Bezirken lebten, während der Norden 562 000 Seelen zählte. Die unterschiedliche Bevölkerungsdichte spiegelte sich in folgenden Zahlen: Auf Südtogo entfielen 5 % des Landes und 19 % der Bevölkerung, auf Mitteltogo 55 % des Landes und 21 % der Bevölkerung, auf Nordtogo 40 % des Landes und 60 % der Bevölkerung.

Die anthropologischen Forschungen waren auch nach der Jahrhundertwende noch nicht weit gediehen. Aus den »mehr oder weniger laienhaften Beschreibungen« ließen sich jedoch immerhin zwei charakteristische Typen erkennen: der Negertypus, gekennzeichnet durch dunkelbraune Haut, mittelgroße, muskulöse Körperformen und prognathe, breitnasige und dicklippige Gesichter, und der hamitisch-äthiopische Typus, »charakterisiert durch lange, schlanke Gestalten, lange Beine und lange, schmale Gesichter mit hohen Nasen und von kaukasischem Aussehen«. Bei den meisten Völkern überwog der Negertypus, und zwar am stärksten im Süden und in den Gebirgen.

Vereinzelt wurden *Körperverunstaltungen,* unter ihnen »barbarische Verunstaltungen des Gesichts« beobachtet, so z. B. (bei Männern) durchbohrte Nasenflügel und -scheidewände, in die Vogel- oder Raubtierkrallen, Stachelschweinstacheln oder Messingringe gesteckt wurden, (bei Frauen) durchbohrte und mit Steinpflöcken geschmückte Unterlippen. Tätowierungen waren allgemein verbreitet und hatten häufig die Bedeutung von Stammeszeichen. Die Ewefrauen schließlich trugen als Stammestätowierung je drei kleine Schnitte zwischen den Brauen und unterhalb der Augen. Nicht selten soll die Zahnfeilung gewesen sein. Ewe und Kratschi beispielsweise hätten sich die Ecken der mittleren und oberen Schneidezähne ausgefeilt. Bei einigen Stämmen, so auch den Ewe, wurden sämtliche Kinder des Dorfes »im Alter von 2–3 Jahren zu einer bestimmten Zeit von herumreisenden Operateuren« beschnitten.

Was die staatlichen und sozialen Verhältnisse anging, so unterschied S. Passarge zwischen der *Sippenorganisation* als primitivster politischer Organisation, angeführt von einem Häuptling, dem ein Rat aus alten, angesehenen Männern zur Seite stand, und der höherstehenden *Stammesorganisation,* einer Vereinigung mehrerer, ebenfalls von einem Häuptling angeführter Sippen. (Sie dürfte angesichts der bis zu 1000 Einwohner zählenden Dörfer bei den Ewe weit verbreitet gewesen sein.) Die Häuptlingswürde pflegte erblich zu sein, was jedoch heftige Streitigkeiten nicht ausschloß. *Feudalstaaten* entstanden, sobald es einer Sippe oder einem Stamm gelungen war, die Oberherrschaft über andere Sippen oder Stämme zu erringen, wobei die Besiegten tributpflichtige Hörige wurden, häufig des Landes beraubt und zu Sklavendiensten gezwungen. Eine noch höhere Organisationsform bildeten die *Sippenbundesstaaten.* Sie entstanden durch Zusammenschluß benachbarter Sippen eines Volkes mit dem Ziel der Gründung eines gemeinsamen Reiches, wobei »die Königswürde in bestimmter Reihenfolge zwischen den verwandten Sippen des Herrenvolkes« wechselte. Doch machten gerade die nach dem Tode eines Herrschers fast regelmäßig ausbrechenden Thronstreitigkeiten »die große Schwäche einer derartigen Organisation« aus. In Togo waren in den Gebieten der kleinen Sippenorganisationen »unter dem Druck der umliegenden mächtigen sklavenjagenden Staaten, wie namentlich von Dahóme, Aschanti, Taschaudjo, Dagomba und Sansane-Mangu, verhältnismäßig große Organisationen entstanden«. So konnte es »zu einer Vereinigung nicht nur der Sippen zu einem einheitlichen Stamm, sondern

auch der Stämme eines Volkes untereinander, ja sogar verschiedener Völker zu einem Bundesstaat unter der Führung eines Oberhäuptlings« kommen. Beispielsweise war es dem Vater des Häuptlings Akpanja, der Anfang der 1890er Jahre lebte, gelungen, die Völker der Buëm, Akpafu, Santrokofi, Bowiri und zahlreiche andere kleine Volkssplitter zu vereinigen und ein blühendes Reich zu gründen, »das nicht nur die Aschanti zurückzuschlagen vermochte, sondern auch gewaltsam über die umwohnenden Stämme und Völker seine Herrschaft ausdehnte«. Seine Einnahmen pflegte ein Herrscher bzw. König aus den Abgaben zu beziehen, die den vor Gericht streitenden Parteien auferlegt wurden.

Die *sozialen Verhältnisse* wurden, wie in den meisten Teilen Afrikas, durch das Vorhandensein dreier Klassen geprägt: der Freien, der Hörigen und der Sklaven, über denen nicht selten ein von eingewanderten, herrschenden Sippen gebildeter Adel stand. Die Angehörigen der Sippen und Familien politisch unabhängiger Völker bildeten den Stand der Freien. Die Hörigen setzten sich einesteils aus tributpflichtigen unterworfenen Stämmen und Sippen, zum anderen aus Eingewanderten zusammen, die für den ihnen gewährten Schutz bestimmte Gegenleistungen erbrachten, trotzdem häufig jedoch eine gewisse Achtung genossen. Zu den Hörigen gehörten nicht selten auch Kinder von Sklaven. Sie wurden »wie Familienmitglieder gehalten« und durften nicht verkauft werden. Die eigentlichen Sklaven waren entweder Kriegsgefangene oder gekauft.

Oben rechts: *Eisengewinnung mit Hilfe von Hochöfen aus Lehm. Das gewonnene Roheisen verarbeiten die Eingeborenen zu Waffen, Schmuck und Gebrauchsgegenständen.*

Oben links: *Inneres eines Negergehöftes.*

Unten: *Gebirgsdorf Agu (1908).*

Entdeckung, Erforschung, Besitzergreifung

»Bereits im Jahre 1471 erreichten die Portugiesen Oberguinea, bauten 1482 das Fort Elmina, und 1517 begann die regelmäßige Sklavenausfuhr. Im Jahre 1624 faßten die Holländer festen Fuß und vertrieben die Portugiesen, erhielten aber neue Nachbarn in den Engländern und Dänen. Von 1683 bis 1707 hatte auch Brandenburg am Kap der Drei Spitzen mehrere Forts. Alle diese Kolonien lagen westlich der Togoküste; im Osten traf man in Widah die ersten Faktoreien, die Franzosen, Engländern und Holländern gehörten. Der Hauptexport bestand in Sklaven, und als im Jahre 1803 in den dänischen und 1807 in den englischen Kolonien der Sklavenhandel verboten wurde, sank die Bedeutung der Kolonien rapid. Schließlich verkauften die Dänen im Jahre 1850, die Holländer im Jahre 1871 ihre Besitzungen an England. Inzwischen hatte Frankreich seit 1851 im östlichen Oberguinea festen Fuß gefaßt und erwarb 1864 Kotonu und 1882 Porto Novo. Die Togoküste blieb herrenlos.«

Um die Mitte des 19. Jahrhunderts hatten sich an verschiedenen Stellen des späteren deutschen Schutzgebietes Hamburger und Bremer Kaufleute niedergelassen und Faktoreien gegründet, so in Anécho (Aneho = Eidechsenzunge) oder Klein-Popo, »wo ihnen der Häuptling Kwadjowi gegen ein Jahresgehalt Handelsfreiheit gestattete«. Daß ihre Wahl auf die »an sich wenig verlockende« und nach dem Niedergang des Menschenhandels bedeutungslos gewordene »Sklavenküste« gefallen war, hatte seinen Grund in den hohen Einfuhrzöllen, die von den Engländern an der Goldküste erhoben wurden. Die englischen Kaufleute sahen sich in ihrem Erwerb bedroht und begannen, gegen die deutsche Konkurrenz zu »intrigieren«, was zur Folge hatte, daß sich unter den

Unten: Entwurf einer Vollmacht des Fürsten Bismarck für Generalkonsul Dr. Nachtigal.

Oben: *Das Kanonenboot »Möwe«,
mit dem Nachtigal 1884 nach Westafrika reiste, um im Auftrag der
Reichsregierung an mehreren Plätzen die deutsche Flagge zu hissen.*

Eingeborenen eine deutsche und eine englische Partei bildete. Nach dem Tode
des Häuptlings Kwadjowi versuchte ein gewisser William Lawson, ein »Sierra-
Leone-Mann«, die ausbrechenden Thronstreitigkeiten zu nutzen und Anécho
den Engländern in die Hände zu spielen. Aus einer Reihe »kleinlicher Quertrei-
bereien gegen die deutschen Firmen« erwuchsen Unruhen, in deren Verlauf
tätliche Bedrohungen nicht ausblieben. 1883 wandten sich die Betroffenen mit
der Bitte um Schutz an die deutsche Regierung. Zunächst erschien Ende Januar
1884 vor Anécho S.M.S. »Sophie«, dessen Kapitän Stubenrauch »die Ruhe
wieder her(stellte) und . . . eine neue Anerkennung der Handelsverträge«
erzwang. Da jedoch unmittelbar nach Abfahrt des deutschen Kriegsschiffes »die
Hetze von neuem begann« und die »gegnerische Partei« die Deutschen erneut
bedrohte, ritt ein Kaufmann nach Groß-Popo, dem östlich gelegenen französischen Hafen, den die »Sophie« inzwischen angelaufen hatte. Stubenrauch
kehrte unverzüglich zurück, landete am 5. Februar in Anécho 100 Mann und
nahm Lawson mit fünf seiner Freunde gefangen. (Lawson wurde als englischer
Untertan nach Lagos gebracht, seine fünf Anhänger mußten als Geiseln an Bord
bleiben und wurden nach Deutschland transportiert, wenige Monate später
jedoch wieder nach Togo zurückgeführt.) Doch noch immer trat keine Ruhe ein,
denn nicht nur in Anécho, sondern auch in zwei anderen Orten mit den
deutschen Niederlassungen, Lome und Bagidá, »schwankten die Parteien der
Eingeborenen in ihrer Neigung zu Deutschland und England hin und her«.
Am 2. Juli 1884 lief dann S.M.S. »Möwe« mit Generalkonsul Dr. Nachtigal (und
den fünf Geiseln) an Bord »in kaiserlichem Auftrage« die Togoküste an, um,
dem Ersuchen der deutschen Handelshäuser folgend, »mit unabhängigen
Häuptlingen Verträge abzuschließen und deren Land unter den deutschen
Schutz zu stellen«, was in Bagidá und Lome »keine weiteren Schwierigkeiten«
bereitete, so daß dort am 5. bzw. 6. Juli 1884 die deutsche Flagge gehißt werden
konnte. »Damit war gegen das englische Kitta eine bestimmte Grenze gezogen«.
Schwieriger gestaltete sich die Besitzergreifung in Klein-Popo, das, ebenso wie
Groß-Popo, von den Franzosen besetzt gehalten wurde. Zunächst nahmen die
Deutschen am 5. September 1884 Porto Seguro in Besitz. Ein Jahr später konnte
diesen »unangenehmen Verhältnissen« auf dem Verhandlungswege ein Ende
gesetzt werden: In einem am 24. Dezember 1885 geschlossenen Vertrag wurde
Groß-Popo den Franzosen, Anécho den Deutschen zugesprochen.

Oben: »*Eine schwarze Majestät: König Amayaschi von Angli. Als der Reichskommissar Dr. Nachtigal in Bagida die deutsche Flagge hißte, kennzeichnete sich Togo durch die ständigen Stammesfehden und durch die Willkürherrschaft der Machthaber. Vergiftungen und Totschlag waren an der Tagesordnung.*«

Anfang 1886 schloß der in Bagidá residierende deutsche Reichskommissar Ernst Falkenthal mit dem Häuptling der im Hinterland von Kitta gelegenen Landschaft Agotime-Kpeta einen Schutzvertrag, England dagegen sicherte sich in Verhandlungen mit dem Häuptling Kwadjo De in Péki die Landschaften Adaklu, Bo, Kunja und Buëm, die nunmehr britisch wurden. Damit war Deutschland vom Voltafluß abgeschnitten. Erst aufgrund des Sansibarvertrages wurden die Gebiete von Adaklu, Ho und Kpandu sowie das linke Voltaufer zwischen der Mündung des Daji und Daká deutsch. Wie gering damals auf deutscher Seite das kolonialpolitische Verhandlungsgeschick war, zeigte die Tatsache, daß als Grenze statt der Strommitte das linke Ufer festgelegt wurde, womit man Deutschland von der Schiffahrt auf dem Volta ausgeschlossen hatte.

Nach der Besitzergreifung des Küstenbereichs von Togo konnte die systematische Erforschung des Hinterlandes beginnen, von dem bis zu diesem Zeitpunkt noch nicht allzu viel bekannt war. Die Reihe der »größeren amtlichen Reisen« wurde erst 1888 durch C. von François (den späteren Landeshauptmann von Südwestafrika) eröffnet, der zweimal das nordwestliche Gebiet bis tief ins Innere durchzog, während ein anderer Forscher (Wolf) den Nordosten bereiste, nachdem er (gemeinsam mit Kling und Bugslag), ebenfalls 1888 im Adeleland die Station Bismarckburg gegründet hatte. Sie blieb bis 1894 Ausgangspunkt für die Erforschung weiterer Bereiche des Schutzgebietes, wobei die Stationschefs Büttner und v. Döring wesentliche Beiträge leisteten. Ihren eigentlichen Zweck jedoch, »ein Handelszentrum zu werden und den Handel von der (englischen) Goldküste nach dem deutschen Gebiet abzulenken, hat die Station freilich nicht erreicht«.

Große Bedeutung für die Erschließung des Hinterlandes sollte die deutsche *Togo-Expedition* unter Dr. Gruner, v. Carnap-Quernheimb und Dr. Döring erlangen. Sie verließ mit 130 Trägern und 25 Soldaten am 5. November 1894 die Station Misahöhe. (Diese war 1890 von Hauptmann Herold gegründet worden und beherrschte den einzigen über das Togogebirge führenden Paß.) Die Expedition nahm ihren Weg über Kratschi und Jendi nach Sansane-Mangu. Die Nachricht vom gleichzeitigen Aufbruch französischer Missionare nach Pama veranlaßte Carnap, in Eilmärschen vorauszureisen, um den Franzosen zuvorzukommen und vor deren Eintreffen »mit den Sultanen von Pama, Matschakuáli und Kankántschari Schutzverträge« abzuschließen. Bald darauf erreichte die wieder vereinte Expedition bei Say den Niger, doch zwang eine Pockenepidemie zu einer abermaligen Teilung: Während v. Carnap im März 1895 mit den Kranken flußabwärts nach Akassa reiste, schlossen Gruner und Döring in Gando einen weiteren Schutzvertrag und zogen dann durch Borgu und Tschaudjo zurück zur Küste.

Anschließend wurde damit begonnen, »die Stationen weiter in das Innere vor(zuschieben)«. 1894 erfolgte die Verlegung der Station Bismarckburg nach Kete-Kratschi, dem wichtigen Handelsplatz am Voltafluß.

Nächste Schritte waren die Errichtung eines »Postens« in Sugu durch Graf Zech (1895/96) und die Gründung der Station Sansane-Mangu durch v. Carnap und v. Seefried (Anfang 1896). »Leider ließ sich die Besitznahme des Hinterlandes nicht ohne Kämpfe durchführen.« Nicht nur, daß Gruner und v. Massow auf ihrem Marsch nach Sansane-Mangu im November/Dezember 1896 mit den Nanumba und Dagomba, die den Durchmarsch verwehrten, »Kämpfe (zu) bestehen« hatten. 1897 brach »obendrein ein allgemeiner Aufstand der Konkomba aus«. Während Pama besetzt gehalten werden konnte, wurde Gruner nach Bassari abgedrängt. Trotz der Vereinigung mit den Expeditionen Hupfelds und Kloses gelang es erst, »der Aufständischen Herr zu werden, als . . . die Polizeitruppe unter v. Massow eingetroffen war«.

Noch während des Aufstandes in Konkomba waren in Sokode und Bassari Stationen gegründet und das Gebiet unter Verwaltung genommen worden. Die Schaffung der Station Atakpame (1898 durch v. Döring) diente der Sicherung der von Tschaudjo zur Küste führenden Handelsstraße. Die wiederholt ausbrechenden kleineren Aufstände – so lehnten sich die Akpossa, Konkomba, Moba, Barbra, Tamberna und einige Waldstädte südlich von Tschamba auf – »konnten immer schnell unterdrückt« werden, und »dank der hervorragenden Tätigkeit

unserer Beamten . . . herrschen sehr befriedigende und friedliche Verhältnisse«. Trotzdem wird der Direktor der Deutschen Togo-Gesellschaft, Friedrich Hupfeld, später resümieren: »Freilich haben die hochfliegenden Pläne zur Ausgestaltung des deutschen Besitzes sich bei späteren diplomatischen Verhandlungen nicht durchsetzen lassen, besonders seit Bismarcks Abgang in Berlin eine in Kolonialfragen kleinliche und kurzsichtige Auffassung . . . alle Tatkraft lähmte. Das Jahr 1897 brachte die Abgrenzung im Osten und Norden gegen Frankreich und damit den endgültigen Verzicht auf eine Ausdehnung bis zum Nigerstrome, während Frankreich seinem großen afrikanischen Kolonialreiche die Dahómekolonie angliedern konnte. Der Samoavertrag (1899) regelte die Westgrenze und überließ das altberühmte Salaga den Engländern, das Jahr 1912 brachte die endgültige Abgrenzung gegen Frankreich im Osten und Norden. Auf eine Ausdehnung der deutschen Küstenstrecke, sei es nach Osten bis zur Mündung des Mono, sei es nach Westen bis zum Volta, haben wir schließlich verzichten müssen.«

Städte, Ämter, Bezirke, Missionen

»In den ersten Jahren nach der Erwerbung Togos lag hart an der Westgrenze der Kolonie ein kleines, ärmliches Stranddorf, das den Namen Bey-Beach trug und schon damals sieben Faktoreien mit ausgedehnten Handelsbeziehungen nach dem Innern besaß. Heute ist die fremdländische Titulatur glücklich beseitigt und die einheimische Bezeichnung Lome für den mächtig aufgeblühten Ort zu Ehren gekommen. Ja, das anfangs so winzige Lome hat mittlerweile die ehedem vielgenannten Plätze Bagida und Porto Seguro völlig überflügelt.«

Oben: Jesko v. Puttkamer,
1891–1895 Gouverneur in Togo.

Unten: Einsetzung der Häuptlinge und Übergabe der als Abzeichen dienenden Mütze erfolgten »in feierlicher Weise«: Togohäuptling Wilhelm Hossugba leistet im Beisein des Stationsleiters den Treueid auf die deutsche Fahne.

Die *weiße Bevölkerung* Togos machte zum Zeitpunkt der Besitzergreifung durch Deutschland nur einen verschwindend geringen Teil der auf insgesamt 950 000 Seelen geschätzten Einwohner aus. Die Statistik aus den Jahren 1891/92 wies 19 Beamte, 33 Kaufleute und 22 Missionare aus. Zwar nahm die Zahl während der folgenden Jahrzehnte kontinuierlich zu, hielt sich jedoch auch weiter in bescheidenen Grenzen: Um 1910 wurden 77 Beamte, 55 Kaufleute, 62 Techniker,

Oben: *Blick auf Atakpame, die in der gleichnamigen Landschaft gelegene Stadt, in der die Deutschen 1898 zum Schutze der Handelsstraße von Tschaudjo zur Küste eine Station gründeten.*

6 Pflanzer und 52 Missionare registriert. Der Nationalität nach überwog das deutsche Element: 40 Deutsche und 10 »Fremde« in den Jahren 1891/92, 126 Deutsche und 11 Fremde um die Jahrhundertwende, 300 Deutsche und 30 Fremde 1908/09. Die Mehrzahl der Weißen wohnte im Küstenbereich. Missionare und Kaufleute waren bis hinauf nach Kpandu im Westen und Atakpame im Osten tätig. (Weiße, die sich in den nördlichen Bezirken niederlassen wollten, benötigten eine besondere Genehmigung des Gouverneurs.)

Verwaltungssitz des Schutzgebietes war zunächst der im westlichen Küstenbereich gelegene Ort Bagida, später das bei Anécho liegende Sebe und schließlich, von 1897 an, die Hafenstadt Lome. Mehrere Gründe hatten bei dieser Wahl eine Rolle gespielt: Zunächst das gegenüber Sebe wesentlich gesündere Klima Lomes und die Bedeutung des neuen Regierungs- und Verwaltungssitzes als »die natürliche Eingangspforte in das Innere nach Atakpame sowie über die Misahöhe in das Salagatiefland«. Dazu kam noch, daß Lome hart an der Westgrenze lag »und man von hier aus den Einfluß des dem größeren Teile des Schutzgebietes vorgelagerten englischen Keta-Dreiecks am wirksamsten bekämpfen konnte«.

Erstes Ziel der Verwaltung war, »das erworbene Gebiet nun auch wirklich zu besetzen«, zu welchem Zweck eine Anzahl von Stationen als »Stützpunkte der deutschen Herrschaft« entstand. Togo wurde in fünf von Bezirksamtmännern geleitete Bezirksämter und drei Stationsbezirke eingeteilt, an deren Spitze jeweils ein Stationsleiter stand. Das Bezirksamt Lome-Stadt war für die Bedürfnisse der 7000 Einwohner zählenden Stadt (zugleich Haupthafen und Verwaltungszentrale) zuständig. Die Bezirksämter Lome-Land und Anécho (mit Nebenstation Tokpli am Muno) umfaßten im wesentlichen das Küstengebiet einschließlich der Ölpalmenregion. Weiter nördlich folgten die Bezirksämter Atakpame und Misahöhe. Die Stationsbezirke nahmen den Norden bzw. Nordwesten des Schutzgebietes ein. Es waren dies: Kete-Kratschi mit dem

Oben links: *Blick auf Lome, die 7000 Einwohner zählende Hafenstadt, in der auch die Verwaltungszentrale des Schutzgebietes untergebracht war.*

Oben rechts: *Christliche Missionsschwester mit eingeborenen Kindern.*

gleichnamigen Hauptort und der Nebenstation Bismarckburg, Sokode-Bassari im Tschaudogebiet und Sansane-Mangu-Jendi. »Zur Aufrechterhaltung der Ordnung« diente eine aus 2 Offizieren, 5 Unteroffizieren und 550 Farbigen bestehende Polizeitruppe, die vorwiegend im Norden stationiert war. (Zu ihrer vorgesehenen Umwandlung in eine Schutztruppe ist es nicht gekommen.)

Natürlich stellte sich die Verwaltung als eine der weiteren Aufgaben »die Herstellung von Friede und Ordnung«, insbesondere die Beseitigung der »kleinen Fehden«, des »Wegfangens von Menschen« und der »größeren Sklavenjagden der Mohammedaner« – Aufgaben, die im wesentlichen gelöst werden konnten. Nicht zuletzt wohl, weil die deutsche Verwaltung größere »einheimische Staatswesen« aufrechterhielt und sie sich selbst regieren ließ, allerdings nicht ohne Überwachung der *Gerichtsbarkeit,* in der man »alles möglichst beim alten« ließ und den Sippenoberhäuptern bzw. Oberhäuptlingen zugestand, »nach wie vor nach ihren Überlieferungen Recht zu sprechen«, wobei jedoch »Gottesurteile, Menschenopfer, Blutrache und andere kulturwidrige Institutionen (zu) verschwinden« hatten. Die Kontrolle der Häuptlinge erfolgte, indem man den Eingeborenen die Möglichkeit gab, bei dem zuständigen Stationsleiter bzw. Bezirksamtmann jederzeit Berufung einzulegen. Das Bemühen der Verwaltung um »geistige und sittliche Hebung der Eingeborenen« – Kampf gegen Aberglauben, Blutrache und die »schädlichen Einwirkungen der Geheimbünde« – konzentrierte sich auf die »Aufklärung des Volkes, namentlich durch *Schulen*«, die sich überwiegend in Missionshänden befanden. Während es insgesamt nur zwei Regierungsschulen gab (Lome mit 126, Sebe mit 183 Schülern), war die Zahl der Missionsschulen wesentlich höher.

Die Norddeutsche Missionsgesellschaft unterhielt nicht nur in der »Residenz«, sondern auch in landesinneren Orten wie Ho, Amedschovhe, Akpafu und Atakpame Schulen – insgesamt 133 mit 3817 Schülern. Die Weysleyanische Mission betreute in einer Haupt- und sieben Nebenstationen 477 Schüler. Der Schülerzahl nach hatte die katholische Steyler Mission zum Göttlichen Wort mit insgesamt 178 Schulen und fast 6300 Schülern die größte Bedeutung. Während

ursprünglich nur in der Ewesprache unterrichtet wurde, führte die deutsche Verwaltung systematisch den *Deutschunterricht* ein, ein Schritt, der durch Zahlung von Geldprämien an Schüler mit bestimmten Deutschkenntnissen zunächst gewisse Erfolge zu zeitigen schien. Doch schon bald wurden von allen Seiten, einschließlich der Missionare, »Klagen darüber geführt, daß viele der Schüler, die den Unterricht durchgemacht haben, sich im praktischen Leben als anmaßende und faule, unbrauchbare Taugenichtse erweisen«, woraus gefolgert wurde, «daß die europäische Bildung auf den Charakter der schwarzen Rasse sehr ungünstig einwirkt und man das Gegenteil von dem erreicht, was man anstrebt«. Daraufhin wurde beschlossen, »ganz wesentlich praktische Dinge, vor allem Handwerke, zu lehren«.

Die Hebung der *gesundheitlichen Verhältnisse* umfaßte »die Bekämpfung sozialer Übel wie z.B. Kindermord, unvernünftige Ernährung aus Torheit oder Aberglauben, andererseits . . . die Bekämpfung der Seuchen«. Zu den getroffenen hygienischen Maßnahmen gehörten in Lome und Anécho die Anlage breiter, gerader Straßen »durch das Gewirr der Gehöfte . . . , damit die Seebrisen kräftig durchblasen können«, polizeiliche Überwachung der Aborte, Bau öffentlicher Anstalten, Fäkalienabfuhr per Feldbahn, »Sorge für frisches Trinkwasser, für Reinhaltung der Brunnen, für frisches Fleisch und Gemüse . . . « Hinzu kamen der Bau von Krankenhäusern (in Lome und Anécho), die Errichtung von Schlachthäusern mit Schlachtzwang und Trichinenschau (in Lome und Palime), Malariabekämpfung durch Chininprophylaxe, Saprolbehandlung der Sümpfe, Mückenlarvenbekämpfung in »Baugruben und Tümpeln« und schließlich Bachregulierungen. »Dank solchen Maßregeln hält sich die Sterblichkeit der Weißen in erträglichen Grenzen«, vermerkte Meyer 1910 und gab sie mit »im allgemeinen bei 2-4 Prozent« liegend an. »In nassen Jahren, ferner zuzeiten von Epidemien, z.B. des Gelben Fiebers, oder beim Bahnbau, wo besonders die weißen Techniker Gefahren ausgesetzt sind, steigt die Sterblichkeitsziffer erheblich«. 1906/07 erreichte sie 6,2 Prozent. (1895/96 hatte sie sogar bei mehr als 11 Prozent gelegen.) Inwieweit die getroffenen Maßnahmen einen Rückgang der Sterblichkeitsziffer bei den Eingeborenen bewirkte, wurde nicht erwähnt. Tatsache bleibt jedoch, daß für aussätzige Eingeborene ein besonderes Heim geschaffen wurde, daß die Pockenbekämpfung »durch regelmäßige Durchimpfung ganzer Bezirke« erfolgte, daß sich eine besondere Kommission mit dem Studium der Schlafkrankheit beschäftigte, und daß in den Hauptorten fest angestellte Ärzte poliklinisch tätig waren.

Hauptort des Küstenlandes Togo war *Lome*, vor dessen Ufer die wohl gefährlichste Brandung der gesamten südwestafrikanischen Küste stand. Erst die Anlage einer 355 m weit ins Meer reichenden Landungsbrücke erleichterte das

Unten: *Auf dem Markt von Kete-Kratschi.*

Oben links: *Polizeitruppe beim Ausmarsch.*

Oben Mitte: *Fronleichnamsprozession in Lome.*

Unten: *Edmund Brückner, 1911/12 Gouverneur von Togo.*

Löschen und Laden, allerdings nur bis zum Jahre 1911, in dem die Brücke unter der Einwirkung besonders schwerer Seen einstürzte. In den ersten fünfzehn Jahren ihres Bestehens entwickelte sich Lome zu einem vom Handelsverkehr geprägten »stattlichen Gemeinwesen«, dem rote Lehmhäuser und «eine Reihe schöner, moderner Bauten . . . ihr stellenweise fast europäisches Aussehen« gaben: so die Gebäude der Woermann-Linie, der Deutsch-Westafrikanischen Bank, der Deutschen Togo-Gesellschaft und der Südwestafrikanischen Handelsgesellschaft. Das alles ergänzt durch »saubere Beamtenhäuser«, ein europäisches Krankenhaus, das Schlachthaus und den Bahnhof.

Nach einer Zählung aus dem Jahre 1910 wurde Lome von 7415 farbigen *Einwohnern* und 196 Weißen bevölkert. Außerhalb der Stadt lagen auf einem besonderen Gelände Regierungsgebäude, Gericht und das Gefängnis (dem dieser Bereich seinen Spitznamen »Moabit« verdankte). Ein »stattlich emporgewachsener Wald von Eisenholzbäumen« hieß »Grunewald von Lome«. Die schwarze Jugend von Lome fand Aufnahme in der *»Regierungsschule«* (1909 von 126 Schülern besucht). Die Schüler einer Handwerkerschule wurden später in den Regierungswerkstätten als Schmiede, Schlosser, Zimmerleute, Tischler usw. beschäftigt.

Östlich von Lome lagen die Küstenorte Bagida mit seinem Aussätzigenheim, Seguro und Kpeme mit ausgedehnten Kokospalmenpflanzungen und das »ansehnliche« Anécho (Klein-Popo), an dessen Strand nicht nur die Faktoreien großer deutscher Firmen ihre Gebäude errichtet hatten, sondern auch »wohlhabende Neger . . . bereits Häuser europäischer Art« bewohnten. Auch in anderen wichtigeren Städten der Kolonie, »selbst in kleineren Orten sah man – wenn auch in weit geringerem Maße – die ordnende Hand einer zielbewußten Verwaltung«.

Da war die 4000 Einwohner zählende Stadt Atakpame, mit ihrer kaiserlichen Station in dem gleichnamigen Bezirk gelegen, der als Zentrum der Volkskultur des Baumwollanbaus Bekanntheit erlangt hatte. In den südlichen Landschaften lagen der Marktflecken Adima – stolz auf seinen Bahnanschluß – und die Regierungsstation Nuatjä mit ihrer kleinen katholischen Schule. In Sagada, einem Ort in der gleichnamigen Landschaft, unterhielten im Hinblick auf die in viertägigem Abstand abgehaltenen Baumwollmärkte zwei europäische Firmen Niederlassungen. Bis in die letzten 1890er Jahre spielte ein altes, am Voltastrom gelegenes Handelszentrum eine bedeutende Rolle: die Doppelstadt Kete-Kratschi, bestehend aus dem »Königs- und Fetischsitz« Kratschi mit etwa 1000 Einwohnern und dem nahegelegenen Handelsmittelpunkt Kete, der zur Zeit seiner größten Blüte 3000 Hütten und an die 10000 Einwohner zählte.

1888 betrat »als erster Vertreter des Deutschen Reiches« v. François die Hauptstadt Jendi des Dagombareiches, das sich weit über die deutsch-englische Grenze erstreckte. Zum Empfang bot der König von Dagomba 60 Trommler, 500 Krieger und 10000 Zuschauer auf. Der Machtbereich des Herrschers erstreckte sich auch auf Sansugu und Nakpali, zwei volkreiche Orte und

Oben: *Regierungsstation in Ho.*

Unten: *Gerichtsgebäude in Lome, »wo 1915 das deutsche Eigentum beschlagnahmt wurde, um 1916 in London versteigert zu werden«.*

bedeutende Märkte im Bezirk Bassari, inmitten »gut angebauter Felder« gelegen. Der gesamte Norden des Schutzgebietes Togo wurde von dem Bezirk Sansane-Mangu eingenommen, dessen Hauptstadt denselben Namen führte. Sie war Sitz des Königs von Tschokossi und erhob sich in großzügiger Ausdehnung am rechten Ufer des Oti. Ihre ständige Einwohnerzahl lag bei 9000-10000, die zur Mehrzahl Mohammedaner waren. Die Vielzahl der Moscheen verlieh dem Ort das Aussehen einer mohammedanischen Niederlassung.

Verkehrs- und Nachrichtenwesen

»Früher gab es auch in Togo nur schmale, gewundene Negerpfade, die auf primitiven Stegen die Flüsse und Bachläufe überschritten. Jetzt durchziehen auf den Hauptverkehrsstraßen schöne und guterhaltene Fahrwege das ganze Land. Allerdings herrscht auch in den meisten Teilen von Togo die Tsetsefliege, so daß der Fahrverkehr nur mit Automobilen oder mit Menschenkraft möglich ist. Die letztere Methode ist in Togo vielfach eingeführt, und es hat sich herausgestellt, daß mit Hilfe leichter, von Schwarzen gezogener und geschobener Lastwagen der Gütertransport dort, wo noch keine Eisenbahn existiert, der guten Straßen wegen billiger kommt und weniger Kräfte beansprucht, als der primitive urafrikanische Trägerverkehr.«

Die »Hebung des Verkehrswesens« konzentrierte sich zunächst auf den Wege- und Brückenbau. Seitlich angelegte Wassergräben verhinderten, daß die Wege zu Flußbetten wurden. Holzbrücken ermöglichten auch während der Regenzeit die Aufrechterhaltung des Verkehrs. »In der Entfernung eines Tagesmarsches« wurden »staatliche Rasthäuser« erbaut. Die Organisation dieser Arbeiten war Aufgabe der Bezirks- und Stationsbeamten, die dabei auf die »Hilfe« der Eingeborenen zurückgriffen: ». . . und zwar haben die Häuptlinge den durch ihr Gebiet gehenden Weg zu bauen und sauber zu halten.« So konnte Togo mit einem ganzen Netz derartiger Straßen überzogen werden.
Die wichtigsten Handelswege waren:
1. Anécho–Togodo–Sagada–Atakpame
2. Lome–Nuatjä–Atakpame–Sokode–Bassari–Sansane-Mangu
3. Lome–Assahun– (von wo aus eine Abzweigung nach Ho führte) –Agome-Palime–Misahöhe–Kpandu–Kete-Kratschi–Jendi–Sansene-Mandu.
Um die Jahrhundertwende begann der Ausbau der wichtigsten *Verkehrswege* zu Chausseen. Und schon bald überspannten massive, vorwiegend als Drahtseilkonstruktionen errichtete Brücken die großen Flüsse. Auf den »chaussierten

Unten links: *Die neue Postagentur Agome-Palime, 1907.*

Unten rechts: *Die alte deutsche Post in Lome.*

Oben: *Bahndammbau der Strecke Lome–Atakpame. Die »Inlandsbahn« wurde 1911 in Betrieb genommen.*

Wegen« entwickelte sich »lebhafter Wagenverkehr«, wobei «die Fahrzeuge von Männern gezogen« wurden. Der Bau einer mit Zollgebäuden, schienengebundenen Dampfkränen und Befeuerungsanlagen versehenen Landungsbrücke in Lome begann 1900 und war 1904 beendet. Kurz zuvor hatte man mit dem Bau einer Kleinbahn zwischen Lome und Anécho begonnen, die 1905 fertiggestellt war. Ebenfalls im Jahre 1904 war im Reichstag ein Darlehen in Höhe von 7,8 Millionen Mark für die Schaffung einer *Eisenbahnverbindung* zwischen Lome und Agome-Palime, wenige Kilometer südöstlich von Misahöhe gelegen, bewilligt worden. Sie konnte 1907 »zu Kaisers Geburtstag« (27. Januar) eröffnet werden. 1908 erfolgte die Genehmigung zum Bau einer Bahn nach Atakpame, dem bedeutenden Inlandsmarkt. Die Weiterführung der Linie bis Sokode war bereits beschlossen, konnte jedoch nicht mehr verwirklicht werden.

Das *Post-* und *Telegrafenwesen* nahm seinen Anfang mit zwei in Lome und Anécho errichteten Postagenturen, »die sich durch die Sicherheit des Dienstes so sehr auszeichneten, daß viele französische Postsachen aus Groß-Popo in Anécho aufgegeben wurden«. Zwischen den Agenturen verkehrten Postboten, die auch Misahöhe zweimal monatlich postalisch versorgten. Mit dem Telegrafenbau in Richtung Goldküste und Dahóme wurde 1893/94 begonnen. Am 29. August 1895 konnte »Togo an das Kabelnetz des Weltverkehrs angeschlossen« werden. 1900 wurde Lome Hauptpostamt, mit einem weißen »Ober-Postpraktikanten« als Vorsteher, der gleichzeitig Leiter des gesamten Post- und Telegrafenwesens in Togo war. Den beiden weißen »Fachbeamten« des Hauptpostamtes Lome und der Postagentur Anécho standen sechs farbige Hilfs- und neun ebenfalls farbige Unterbeamte zur Seite.

Schiffsverbindungen mit der Heimat wurden viermal monatlich von Schiffen der Woermann-, der Hamburg-Amerika- und der Hamburg-Bremer Afrika-Linie hergestellt. Daneben liefen auch englische und französische Dampfer die deutschen Häfen Lome und Anécho mit Postsendungen an.

Wirtschaftsleben

Oben: *Herzog Adolf Friedrich zu Mecklenburg, 1912–1914 Gouverneur von Togo.*

»Togo hat von Anfang an den Ruf des Musterkindes unter unsern Kolonien gehabt, weil es sehr früh dazu gelangte, seine Ausgaben mit seinen eigenen Einnahmen zu decken, weil seine Entwicklung stetig und ohne merkliche Rückschläge vorangegangen ist, und weil seine Verwaltung ohne Zweifel stets in ausgezeichneter Weise geordnet gewesen ist. Man hat scherzhaft gesagt, der gute Stand Togos komme daher, daß es den geringsten Prozentsatz von Juristen in seiner Verwaltung hat.«

Das Sendungsbewußtsein der deutschen Kolonisatoren erstreckte sich verständlicherweise auch in Togo auf die Entwicklung der wirtschaftlichen Verhältnisse, wobei Plantagenkulturen und Ackerbau, Handel und Verkehr im Vordergrund standen. In bergbautechnischer Hinsicht war »nichts zu melden«. Auch vereinzelte Goldvorkommen erwiesen sich als nicht abbauwürdig.

Dagegen versprachen die regierungsseitig in Angriff genommenen Versuche der *Aufforstung* des Landes Erfolg, hatten doch Versuchspflanzungen ergeben, daß in den öden Steppengebieten durchaus Wachstumschancen für Wälder bestanden, sofern diese nicht, wie zuvor immer wieder geschehen, durch Grasbrände zunichte gemacht wurden. Vielversprechende Aufforstungsarbeiten begannen 1907 zunächst auf einer 5000 Hektar umfassenden Schleife des Hahoflusses. Dieses im menschenleeren Quellgebiet des Flusses gelegene Stück Steppe war verhältnismäßig leicht gegen Grasbrände zu schützen. Außerdem konnten sich die jungen Kulturen »an den bestehenden Galeriewald anlehnen«. Nachdem man Unterkunftshäuser errichtet hatte, wurden Pflanzgärten mit Saatbeeten und Felder mit Mais und Yams (einer stärkereichen Knollenfrucht, die als Kartoffelersatz diente) angelegt.

Die Versuche einer gezielten Entwicklung des *Ackerbaus* gingen in drei Richtungen: europäische Privatanlagen, regierungsseitiger Versuchsanbau und Förderung der Volkskulturen. Im Bereich Plantagenbau standen Bodenverhältnisse und ungünstiges Klima der Errichtung größerer Anlagen entgegen. Die sowohl von der Bremer Firma Vietor als auch von wohlhabenden Negerhäuptlingen begonnenen Anpflanzungen von Kaffeebäumen ließen sich zunächst vielversprechend an. Aus den an der Küste wachsenden 40000 Kaffeebäumen des Jahres 1893 wurden in einem halben Jahrzehnt 105000 Stück. 1898 sank ihre Zahl infolge einer Dürrekatastrophe, verbunden mit Schädlingsbefall und nährstoffarmem Boden, auf 22000 Bäume. Wiederum ein Jahr später »wurde die Kultur als unhaltbar aufgegeben«. Kaum ermutigender waren die Erfolge in den ebenfalls teils von Plantagengesellschaften, teils von Stammeshäuptlingen angelegten Kokosplantagen. Hier richteten neben der Dürre die Nashornkäfer erhebliche Schäden an, so daß im Jahre 1908 von den in europäischem Besitz befindlichen mehr als 100000 Palmen nur 27000 ertragsfähig waren. Der Versuch, Kakao zu pflanzen, erwies sich zunächst als erfolglos. Nur im Gebiet am Agu »mit seinen verhältnismäßig hohen Niederschlägen und den . . . Verwitterungsböden« gelang es der Deutschen Togo-Gesellschaft und der mit ihr verbundenen Agu-Pflanzungsgesellschaft, erfolgreich Kokospalmen, Maniok, Kakao, Sisalhanf und Baumwolle anzubauen.

Als »außerordentlich segensreich und auch für die Nachbarstaaten vorbildlich« galt das Baumwollunternehmen des Kolonialwirtschaftlichen Komitees, das 1900 unter der Mitarbeit dreier »im Baumwollbau erfahrener nordamerikanischer Neger« in Towe am Agu eine 40 Hektar große Versuchsfarm anlegte, deren erfolgreiche Arbeit das Gouvernement veranlaßte, das Unternehmen teils durch Aufkauf von Baumwolle, teils durch Errichtung weiterer Pflanzgärten zu unterstützen. Hauptanbaugebiete waren Atakpame, Misahöhe, Kete, Sokode, Jendi und Sansane-Mangu. Später verlegte das Komitee sein Haupt-

Oben: *Auf dem von typischen Europäerhäusern umgebenen Marktplatz in Lome bieten eingeborene Händler ihre Waren an.*

quartier nach Nuatjä, wo auf einer von ihm gegründeten *Ackerbauschule* »vollständiger Unterricht im rationalen Pflanzenbau und in der Viehzucht erteilt« wurde. Trotzdem blieben die Erfolge auf dem Gebiet der Viehzucht verhältnismäßig gering, woran auch die Einfuhr von Zuchtbullen (u. a. aus Ostfriesland) nichts änderte.

Die Ölpalmenkultur erbrachte keine sonderlich hohen Erträge, da es offensichtlich nicht gelang, die Eingeborenen zur Bearbeitung der Früchte mit Handmaschinen zu bewegen. Was dem Export zugute kam, war die Eröffnung der Palimebahn und die mit ihr verbundene Erschließung größerer Gebiete des Innern. An die Stelle der durch Dürreperioden schwer geschädigten Ölpalmen trat in wachsendem Maße Mais, dessen Anbau und Export nach der Jahrhundertwende einen beträchtlichen Aufschwung nahmen und ihm zu einem »Spitzenplatz« unter den Ausfuhrprodukten verhalfen. Erdnüsse erfreuten sich weder bei den Eingeborenen noch bei den Exporteuren sonderlicher Beliebtheit. Die einen hatten Schwierigkeiten mit der Gewinnung, die anderen vermochten sie nicht trocken nach Europa zu transportieren. Yams dagegen wurden in großen Mengen aus Mitteltogo, der Hauptanbauregion, in die Nachbargebiete exportiert. Die Kokospalmenkultur war, wie die meisten Baumkulturen, bei den Eingeborenen wenig beliebt, da sie erst nach längerer Zeit Gewinn abwarf. Der Export belief sich um 1908 auf etwa 60000 kg, die trotzdem zu 65 % aus Plantagen der Einheimischen stammten.

1890 hatten Händler aus der Goldküstenregion die Eingeborenen mit der ehedem völlig unbekannten *Kautschukgewinnung* bekanntgemacht. Der in

205

Oben: *Adolf Friedrich Herzog zu Mecklenburg, Gouverneur a. D.*

Togo aus Lianen gewonnene Kautschuk gehörte »zu den besten, . . . der überhaupt gewonnen wird«. Da jedoch dem deutschen Handel der Voltafluß als Schiffahrtsstraße nicht zur Verfügung stand, gelangte nur ein Teil an die Togoküste und damit zu den deutschen Firmen. Der in Togo betriebene »Raubbau« war um so bedenklicher, als der Kautschuk fast ausschließlich von Lianen stammte, die nur schwer und langsam nachwuchsen.

Die *Handelsverhältnisse* erfuhren mit der Zunahme der europäischen Aktivitäten eine grundlegende Veränderung. Der einheimische Handel wurde »in der empfindlichsten Weise beeinflußt«. Während ursprünglich mit Elfenbein und Straußenfedern, vor allem aber mit Sklaven gehandelt wurde, begann nun die Verdrängung einheimischer Artikel durch europäische Waren. Das verbesserte Straßennetz und die Eisenbahnen hoben frühere Handelsgrenzen auf. Noch um 1860 hatte Atakpame als südliche Grenze des Sudanhandels – »weiter durften die aus Tschaudo kommenden Händler nicht gehen« – und nördliche Barriere des Küstenhandels gegolten. Nun gelangten die Haussakarawanen ungehindert bis an die Küste, während andererseits die Küstenhändler nach Nordtogo vordrangen. Im Zuge dieser Entwicklung wurde der Tauschhandel durch den Geldverkehr abgelöst. Mark, Fünfzigpfennig- und Fünfpfennigstück – das die Kaurimuschel als Zahlungsmittel verdrängte – wurden gängige Geldsorten. Zu den zwecks Förderung des Handels von der deutschen Regierung getroffenen Maßnahmen gehörten die Errichtung von Zollstationen am Volta und am Monu, die Kündigung der Zollunion mit der englischen Goldküste und die Zollerhebung an der deutschen Togoküste. Händler, insbesondere durchziehende Haussakarawanen, hatten Wegezoll zu zahlen, da sie »den Schutz der Regierung genießen und die von ihr gebauten Wege benutzen«. An Stelle von Steuern hatten die Eingeborenen der Südbezirke jährlich zwölf Tage unentgeltlich zu arbeiten (vornehmlich im Wegebau), doch konnte sich, »wer Lust hat . . . durch Geldzahlung frei machen«.

Der europäische Handel lag 1909 in den Händen von insgesamt 27 Unternehmen, wobei Lome der Haupthandelsplatz war und Anécho an zweiter Stelle stand. Die dort tätigen Firmen hatten (unter weißer Leitung stehende) Faktoreien ins Landesinnere vorgeschoben, die ihrerseits wiederum Verkaufsläden in den noch weiter landeinwärts gelegenen Dörfern errichteten und außerdem Wanderhändler als Aufkäufer für Kautschuk, Baumwolle, Palmöl u. a. ausschickten. Die Läden fanden sich hinauf bis Sokode. Übrigens war die Einfuhr von Feuerwaffen in das nördliche Gebiet verboten. Zwei Zahlen zeigen die Entwicklung des Ein- und Ausfuhrvolumens: Während die Importe von 2,2 Millionen Mark im Jahre 1889 auf 8,5 Millionen im Jahre 1908 zunahmen, stiegen die Exporte in diesem Zeitraum von 1,5 auf 6,9 Millionen Mark. Wichtigste Einfuhrprodukte waren vegetabilische und tierische Lebensmittel, lebende Tiere, Getränke, Textilwaren, chemische und industrielle Produkte, Salz, Petroleum, Stein-, Glas-, Ton- und Eisenwaren, Instrumente, Waffen und Munition. Ausgeführt wurden (1908) in erster Linie Mais, Palmkerne, Gummi, Palmöl und Baumwolle.

Was seine Finanzen betraf, so konnte Togo lange Zeit als Musterkolonie gelten, die mit ihren eigenen Einnahmen auskam und keines Reichszuschusses bedurfte. Das aber ging »nur so lange, als man sich auf die Ausbeutung des Küstengebietes beschränkte und das Hinterland lediglich durch Stationen sicherte«. Dann aber ließ der Eisenbahnbau die Ausgaben erheblich anwachsen und machte einen »wenn auch nur geringen Zuschuß des Reiches« erforderlich. Hinsichtlich der Zukunft des Schutzgebietes blieben die Hoffnungen gedämpft. Sie werde, so die vorherrschende Meinung, »hauptsächlich auf der Entwicklung der Volkskulturen« beruhen. Europäische Unternehmungen hätten »wohl nur bis zu einem gewissen Grade Aussicht auf Erfolg«. Immerhin: »Wohin wir in Togo blicken, nirgends finden wir Faszinierendes, nirgends die Möglichkeit, mühelos Reichtümer zu sammeln, aber überall gesunde, solide Verhältnisse, überall stetigen Fortschritt: ein Land, geschaffen für gründliche, ausdauernde Arbeit, ein Land, das diese Arbeit nicht tausendfältig, aber mit Sicherheit lohnt und lohnen wird, ein Land, dessen weitere Erschließung und Entwicklung eine aussichtsreiche und dankbare Aufgabe ist.«

Der Erste Weltkrieg

»Von allen deutsch-afrikanischen Schutzgebieten bot Togo im Kriegsfall für die Verteidigung die ungünstigsten Bedingungen. Das nach allen Seiten offene, eng zwischen feindliche Nachbarkolonien eingekeilte Land war einem beiderseitigen Überfall durch englische und französische Streitkräfte von Anfang an nahezu wehrlos preisgegeben, zumal nennenswerte Schwierigkeiten für das Vordringen des Gegners nicht vorhanden sind, und letzteres noch dazu durch ein vorzügliches Straßen- und Wegenetz erleichtert wurde.«

Während in den drei anderen deutsch-afrikanischen Schutzgebieten – Südwest, Kamerun und Ost – nach der jeweiligen Besitzergreifung »Schutztruppen« aufgestellt worden waren, gab es in Togo bei Ausbruch des Ersten Weltkrieges noch immer nur eine zwecks »Aufrechterhaltung der Ordnung« geschaffene farbige Polizeitruppe, die im Laufe der Jahre eine Stärke von etwa 550 Mann erreicht hatte und von fünf Weißen (2 Offizieren, 3 Unteroffizieren) geführt wurde. Sie war über die gesamte Kolonie verteilt, überwiegend jedoch im Norden stationiert.

Der stellvertretende Gouverneur von Doering – Geheimer Regierungsrat und Major a.D. – wußte, daß das kaum 600 km lange und 200 km breite »schmale Handtuch« Togo unter diesen Umständen weder gegen die in der westlich angrenzenden englischen Kolonie Goldküste stationierten Truppen noch gegen die im östlich gelegenen Dahóme bereitstehenden französischen Kolonialstreitkräfte zu halten sein würde. Doch seine »alsbald zu Beginn des Kriegszustandes . . . mit dem Gouverneur der Goldküstenkolonie eingeleiteten Verhandlungen wegen Neutralitätserklärung des Togogebietes« wurden britischerseits abgelehnt. Mit seinem daraufhin unverzüglich gefaßten Entschluß, trotz der militärisch aussichtslosen Lage »unter Aufgebot fast aller wehrfähigen Deutschen mit dieser und mit der Polizeitruppe bis zum Äußersten Widerstand zu leisten«, verfolgte Doering das Ziel, »die im Innern des Landes bei Kamina errichtete Großfunkenstation, mittels deren die alltägliche Verständigung nicht nur mit Togo, sondern auch den übrigen Schutzgebieten in Afrika aufrecht erhalten wurde, solange als irgend möglich zu erhalten«.

Am 8. August 1914 verlegte er alle erreichbaren Streitkräfte der Polizeitruppe – insgesamt 400 Mann, vorwiegend Reservisten und Rekruten – nach Kamina, um von dort aus »alle erforderlichen kriegerischen Unternehmungen« zu leiten. Im Zuge dieser Operation ließ er eine bei Togblekofe gelegene kleine Funkstation und mehrere Eisenbahnbrücken sprengen. Zu gleicher Zeit hatten die Engländer die Hafenstadt Lome besetzt, das Kriegsrecht verhängt und alles bis zu einer Tiefe von 120 km landeinwärts reichende Gebiet für englischen Besitz erklärt. »Dabei wurde die feierliche Zusage gegeben, die Ordnung zu wahren und das Eigentum zu schützen.«

Einige Tage später überschritten französische Streitkräfte (die, ebenfalls am 8. August, den weiter östlich gelegenen Hafenplatz Anécho in Besitz genommen hatten) in der Nähe von Tokpli den deutsch-französischen Grenzfluß Monu und besetzten die Landschaft Sagada. Inzwischen waren die Engländer von Lome aus längs der Palimebahn nach Norden vorgestoßen, hatten zwischen dem 12. und 15. August Neope, Assahun und Tsewie eingenommen, um dann in dem ihrer Grenze nahegelegenen Distrikt Ho den angekündigten Nachschub starker Streitkräfte abzuwarten. 200 km östlich, an der Grenze zur französischen Kolonie Dahóme, kam es in diesen Tagen zu mehreren kleineren Gefechten zwischen deutschen Patrouillen und französischen Truppen. Die Vorstöße einzelner Abteilungen der deutschen Streitkräfte dienten ausschließlich dem Zweck, Kamina möglichst lange zu halten.

Oben: *Zur Verteidigung der Großfunkstation Kamina hat sich die
durch waffenfähige Ansiedler ver-
stärkte (80 Gewehre) kleine deutsche Polizeitruppe versammelt.*

Rechte Seite: *Die Briefmarken der
deutschen Kolonien zeigen die SMS
»Hohenzollern«.*

Daß die Einnahme Kaminas nur noch eine Frage kurzer Zeit sein würde,
zeichnete sich ab, als v. Doering erfuhr, französisch-englische Streitkräfte seien
auch von Norden her im Vormarsch auf die Großfunkstation. Dieser angesichts
der militärisch hoffnungslosen Lage der deutschen Seite nur schwer verständli-
che militärische Aufwand des Gegners hatte seinen Grund in einer Fehlinforma-
tion. Auf englisch-französischer Seite glaubte man zu wissen, der deutsche Vize-
Gouverneur habe sich mit einer Streitmacht von 170 Weißen und 1080 (!)
Schwarzen im äußersten Norden der Kolonie festgesetzt. Nachdem die Verbündeten ihren Irrtum erkannt hatten, beschloß der britische Kommandant,
Oberstleutnant Bryant, mit einer gemischten Truppe von 440 englischen
(vermutlich Marine-)Soldaten und einer 160 Mann starken Eingeborenenabtei-
lung, unterstützt von den Kräften des französischen Befehlshabers Maroix, auf
Kamina zu marschieren. (Die »Temps« meldete am 28. November aus Bamako/
Dahóme, daß »gleichzeitig mit der englisch-französischen Expedition im
Küstengebiet von Togo . . . Nordtogo von französischen Eingeborenentruppen
und 500 Mossireitern unter Befehl des Gouverneurs von Französisch-West-
afrika, Arboussier, besetzt« worden sei.)
Am 25. August hatten zwischen dem Kommandeur der deutschen Truppen und
dem Befehlshaber der vereinigten feindlichen Streitkräfte die Übergabever-
handlungen begonnen, in deren Verlauf Major v. Doering »u.a. um Annahme
folgender Bedingungen« ersuchte: »Übergabe der Europäer mit allen militärischen Ehren unter Beibehaltung der blanken Waffe; nicht inbegriffen . . . die
(nicht erreichbare) Kolonne des Hauptmanns von Hirschfeld; Zubilligung von
24 Stunden Frist zur Abwicklung der Geschäfte . . . ; innerhalb der genannten
Frist sollte kein Gefecht mehr stattfinden . . . ; Belassung je eines Europäers
für jede Firma zur Wahrung von deren Privatinteressen; Absendung der
gesamten übergebenen Europäer nach einem Ort, der nicht in den Nachbarkolonien und möglichst überhaupt nicht in Westafrika liegt.« Der britische
Kommandeur, Oberstleutnant Bryant, gab diesem »Ersuchen« nur in einem
Punkte statt: Den in Togo ansässigen deutschen »kaufmännischen Firmen«
wurde zugestanden, je einen europäischen Vertreter vor Ort zu belassen. Damit
war v. Doering gezwungen, »der Übermacht zu weichen und sich mit seinen
Truppen dem Feinde zu ergeben, ohne seine sonstigen Bedingungen erhalten zu
können«.

Deutsch=Südwestafrika

Deutsch=Ostafrika

Kamerun

Togo

Kiautschou

Marianen

Samoa

Deutsch=Neu=Guinea

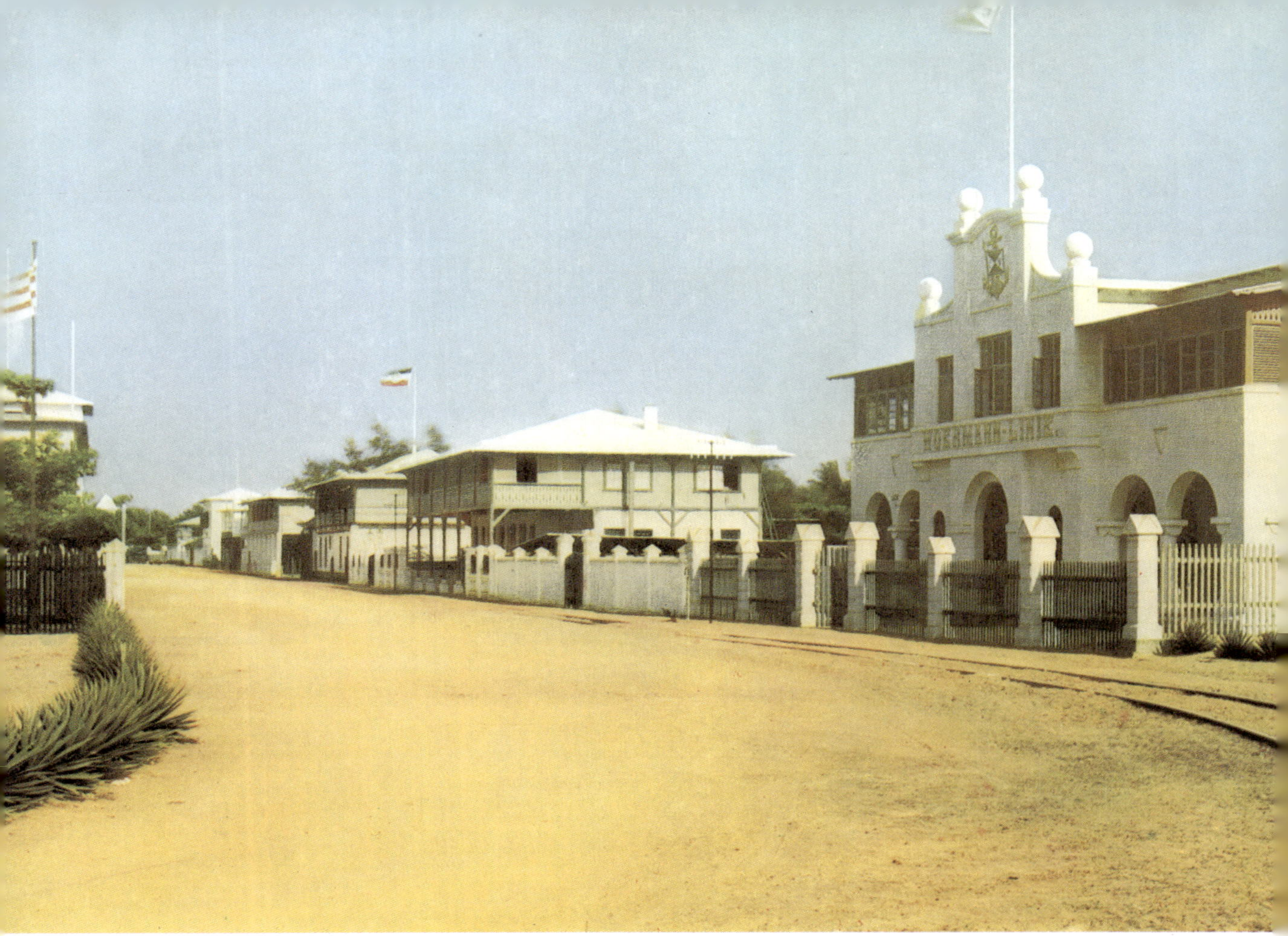

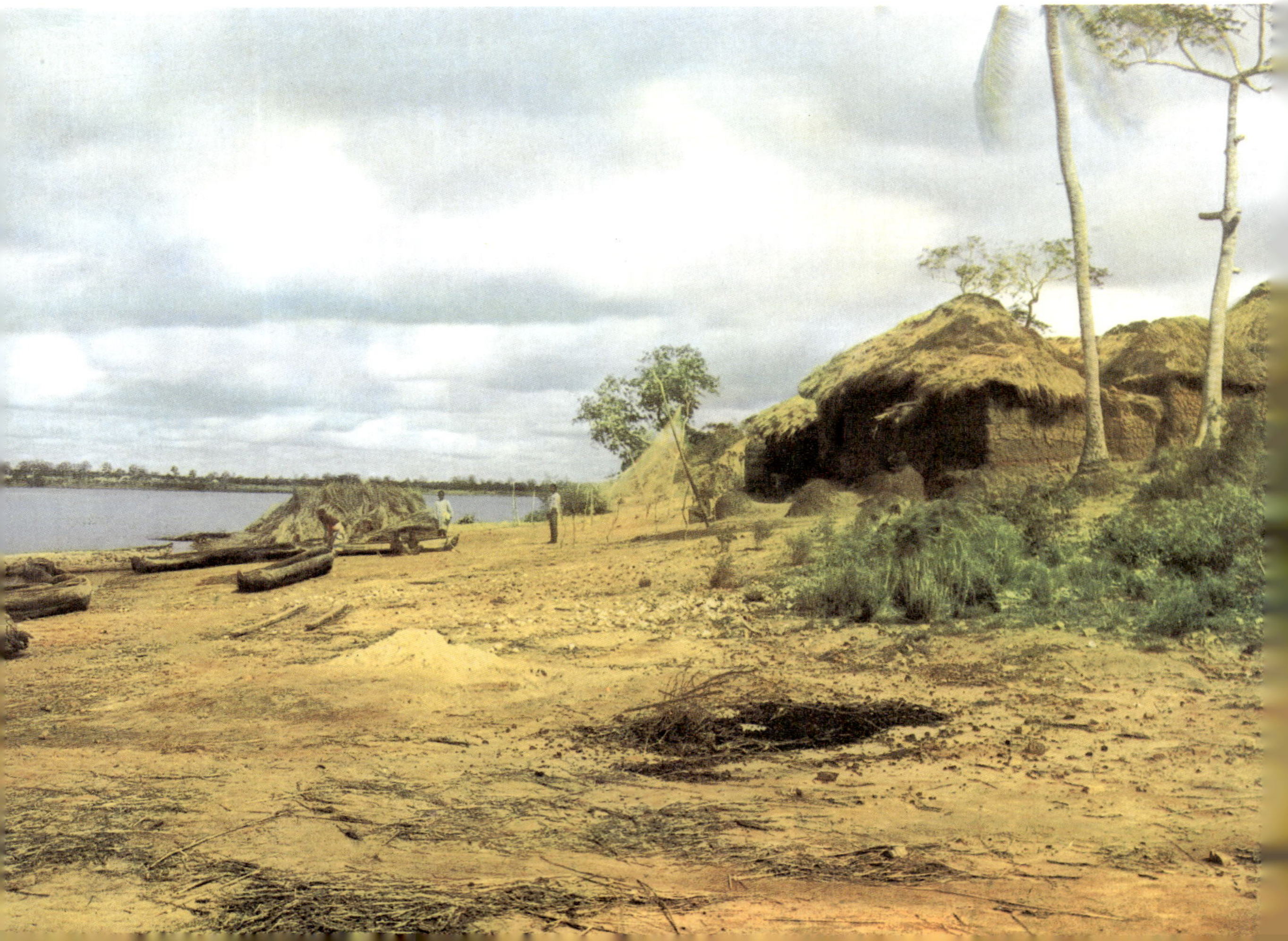

In der Nacht vom 24. zum 25. August wurden dann in Kamina »sämtliche Funktürme umgelegt und das Maschinenhaus total vernichtet und in Brand gesteckt«. Am 27. August fand, morgens 8 Uhr, die Übergabe statt. Der deutsche Unterhändler, Rittmeister v Roebern, hat später bestätigt, daß er »aus den Worten des britischen Kommandeurs den Eindruck gewonnen (habe), daß den gefangenen Europäern eine würdige Behandlung zuteil werden würde«.

Bereits am Vortage hatte der britische Kommandeur Togo unter Kriegsrecht gestellt und angeordnet, daß die Kriegsgefangenen in Atakpame zu bleiben hätten und ihre Quartiere ohne schriftliche Genehmigung nicht verlassen dürften. Ihre Verlegung nach Lome sei für den 28. August vorgesehen, persönliches Gepäck dürfe mitgenommen werden. »Den Angehörigen der Katholischen Mission wird gestattet, in Atakpame zu bleiben und ihre Tätigkeit fortzusetzen.« (Im Gegensatz hierzu hatten, wie die Kölnische Volkszeitung Nr. 827 vom 21. September 1914 berichtete, die Franzosen am 9. August die Mitglieder der Katholischen Mission in Anécho als Gefangene nach Dahóme mitgeführt.)

209

»Die in die Form der Liquidation gekleidete Vernichtung deutscher Geschäfte zusammen mit der zwangsweisen Entfernung der deutschen Kaufleute und Pflanzer ist eine Gewaltmaßregel, die mit Rücksicht auf die bereits Ende August 1914 abgeschlossenen militärischen Operationen nicht . . . vorwiegend durch militärische Notwendigkeiten hervorgerufen war, sondern die, wie aus den . . . Bemühungen der Handelskammer in Manchester hervorgeht, durch Neid gegen die wirtschaftliche Stellung der Deutschen in Togo diktiert wurde. So wird die schon in Kamerun geübte Politik der Austreibung und Vernichtung des Deutschtums auf Togo übertragen.«

Die Gefangenen wurden am 30. August auf den englischen Frachter »Obuassi« gebracht, ausgenommen jene Männer, die mit Genehmigung des englischen Oberkommandierenden unter Polizeiaufsicht zur Wahrung der Interessen ihrer Firmen zurückbleiben durften. In einer vom Oberbefehlshaber der englisch-französischen Streitkräfte am 26. August erlassenen Verordnung über die Neuregelung der Verhältnisse »war den deutschen Firmen die Fortführung ihrer Betriebe sanktioniert« worden. Die Geschäftstätigkeit erfuhr im Januar 1915 eine zusätzliche Erleichterung, als die Beschränkungen des deutschen Handels mit neutralen Ländern auf jenes Maß reduziert wurden, das auch für englische Unternehmen galt.

Um so überraschender mußte deshalb kommen, was im November desselben Jahres geschah: Die Niederlassungen der Deutschen Togo-Gesellschaft wurden »ohne Angabe irgendeines Grundes« geschlossen, deren beide europäischen Angestellten festgenommen. Und dann folgte Anfang 1916 »plötzlich ein völliger Umschwung«. »Im Widerspruch mit dem Völkerrecht und unter Mißachtung der Bestimmungen der angezogenen Verordnung« proklamierte der Befehlshaber der britischen Streitkräfte in Togo, Major Chase E.D.O. Rew, am 29. Januar 1916 die Schließung und Liquidation der deutschen Firmen im englischen Teil Togos. Eine zunächst zugestandene Frist »zum Ausverkauf der Warenbestände (und) des Geschäfts- und Hausinventars« wurde ohne Vorankündigung um vier Tage verkürzt. Ihr folgte innerhalb weniger Stunden »unter schwarzer Bewachung« der Abtransport der Männer per Bahn ins Landesinnere nach Palime, während die Frauen mit ihren Kindern im katholischen Schwesternhaus Lome untergebracht wurden. In den folgenden Wochen versteigerten »englische schwarze Clerks (die Warenbestände) zu Schleuderpreisen«. Der Erlös, soweit nicht der Tilgung »wirklicher oder angeblicher« Schulden oder anderen Liquidationszwecken dienend, wurde an die »Regierungskasse zur Verfügung des Gouverneurs der Goldküste abgeführt«. Die kolonialdeutschen »Dahomey-Gefangenen« waren Mitte 1915 nach Nordafrika gebracht, gesundheitlich schwer Gefährdete nach Frankreich weitergeleitet worden.

»In Nordafrika«, so meldete das Reichs-Kolonial-Amt in seiner vorletzten (8.) Mitteilung, »waren sie, mit Ausnahme der Offiziere und Ärzte, die in Medea (Algier) gefangengesetzt wurden, in den Lagern in Casablanca und Mediouna (Marokko) untergebracht«, wo die klimatischen Bedingungen günstiger gewesen, »Beschimpfungen und Mißhandlungen durch Schwarze« nicht vorgekommen seien. Mitte 1916 wurden die Kolonialdeutschen nach Frankreich verbracht.

Inzwischen war ein deutsch-französisches Abkommen getroffen worden, das »beim Vorhandensein bestimmter Krankheiten die Hospitalisierung der gegenseitigen Kriegs- und Zivilgefangenen« vorsah. Aufgrund dieser Vereinbarung war im November 1916 wiederum eine Schweizer Ärztekommission tätig geworden und hatte in Frankreich mit entsprechenden Untersuchungen der Internierten begonnen und französischerseits Zusagen erhalten, die erwarten ließen, daß »wenigsten der größere Teil der Kolonialdeutschen Ende des Jahres 1916 zur Hospitalisierung in der Schweiz eintreffen würde«. Diese Erwartung, so die Mitteilung weiter, sei nicht in Erfüllung gegangen. »Nur 7 von ihnen kamen im Dezember 1916 in der Schweiz an, etwa 380 werden noch jetzt (31. Januar 1917) in Frankreich festgehalten.«

Und so endete denn diese letzte Mitteilung über das Kriegsgeschehen in Togo mit der Feststellung: »Trotzdem hat die deutsche Regierung noch einmal den gütlichen Versuch gemacht, bei der französischen Regierung zu erwirken, daß sämtliche noch in Frankreich befindlichen Kolonialdeutschen im Austausch mit einer entsprechenden Anzahl Kolonialfranzosen nach der Schweiz verbracht werden.« Falls dieser Austausch nicht zustande kommen sollte, würden deutscherseits »andere Maßnahmen zu ergreifen sein«. Der letzte Satz dieser letzten Mitteilung des Reichs-Kolonial-Amtes lautete: »Über die den deutschen Kolonialgefangenen aus Kamerun und Togo von den Franzosen in Dahomey zuteil gewordene ganz unerhörte, an die Zeiten äußersten Tiefstandes der Kultur gemahnende Behandlung wird seitens des Reichs-Kolonial-Amtes eine besondere Druckschrift veröffentlicht werden.«

Togo heute: République Togolaise

> »Mit Genugtuung können wir feststellen, daß während der dreißigjährigen deutschen Kolonisierungsarbeit die wirtschaftliche und soziale Entwicklung Togos sich stetig in aufsteigender Linie bewegte. Die Kurve ist jäh abgebrochen. Die Mandatare Frankreich und England werden zu zeigen haben, ob sie nicht nur mit Worten die deutsche Kolonialarbeit übertreffen können.«

Zwischen den Weltkriegen – Meldungen und Meinungen

1919 Eingeborene protestieren gegen die englisch-französische Mandatsverwaltung.

1923 Die ersten deutschen Missionare kehren in englisches Gebiet zurück – von den Eingeborenen im »Triumphzug« eingeholt.

1926 Ambroise Got fragt in der »Nation Belge«: »Ist es nicht ein Gebot der Klugheit, Deutschland einen Teil seiner Kolonien zurückzugeben?«

1927 Die Deutsche Togogesellschaft errichtet in Lome eine Faktorei, der Niederlassungen in Anécho, Atakpame und Palime angeschlossen werden.

In Berlin erscheint unter dem Titel »Keine Kolonien!« eine ›Kampfschrift gegen den neuen, deutschen Imperialismus‹, deren Verfasser, M. D. Hoffmann, sich zum Ziel setzt, »der äußerst intensiven Propaganda der (wiedererstandenen) deutschen Kolonial-Organisationen« mit »aktiver Gegenpropaganda« zu begegnen.

Bereits im Jahre 1916 hatten sich England und Frankreich in einem Geheimvertrag darauf geeinigt, die nach dem gemeinsamen Sieg über die deutsche Schutztruppe zwischen beiden Mächten vollzogene Aufteilung Togos in einen französischen (54 000 qkm) und einen englischen Bereich (33 000 qkm) frühestmöglich festzuschreiben. Tatsächlich wird im Friedensvertrag von 1919 eine entsprechende Teilung vorgesehen. Das ehemalige deutsche Schutzgebiet erhält 1922 eine getrennte britische und französische Mandatsverwaltung, kommt jedoch 1946 unter Treuhandschaft der UNO und wird 1960 als Präsidiale Republik unabhängig.

Togo ist mit 56 790 qkm heute kleiner als während der Kolonialzeit, was auf die Grenzziehung zu Ghana und Dahomey zurückgeht. Die Einwohnerzahl, 1908 noch auf weniger als eine Million geschätzt, wuchs bis 1970 auf knapp zwei Millionen, lag 1981 bei rund 2,7 und ist bis 1992 auf 3,763 Millionen gestiegen. Die Zahl der Weißen und Syrer/Libanesen liegt unter 1 %. Die Bevölkerung umfaßt über 40 Volks- und Stammesgruppen, die sich in *Sprache, Sitten und Wirtschaftsformen* unterscheiden. Neben dem Französischen als Amts- und (im Küstengebiet) Handels- und Verkehrssprache werden nicht weniger als 50 einheimische Sprachen und Stammesdialekte gesprochen. Einige – u. a. Haussa, Fulbe, Kotokoli, Mina, Ewe – haben sich zu regionalen Verkehrssprachen entwickelt. Die Regierung ist bemüht, das in der Küstenregion vorherrschende Ewe auch unter den Stämmen Mitteltogos und des Nordens zu fördern. Die *Bevölkerungsdichte* ist zwischen 1970 und 1980 von 34 auf 44 Einwohner je qkm gestiegen. Das Bevölkerungswachstum dagegen sank in diesem Zeitraum von 3,2 % auf 2,5 %. Etwa die Hälfte der Bevölkerung hängt Naturreligionen an, 35 % sind Christen und 15 % Moslem.

Am 13. Januar 1980 wurde die 3. Republik proklamiert. Staatsoberhaupt und Regierungschef (jeweils auf 7 Jahre gewählt) ist seit 1967 Staatspräsident General Gnassingbé Eyadéma (gleichzeitig Oberbefehlshaber der Streitkräfte), Premierminister Joseph Kokov Koffigoh. Die Nationalversammlung, aus 67 auf fünf Jahre gewählten Abgeordneten bestehend, vereint Volksvertretung und Legislative. Einheitspartei ist das »Rassemblement du Peuple Togolais« (Sammlung des Togolesischen Volkes, so genannt in Anlehnung an das 1947 von de Gaulle geschaffene »Rassemblement du Peuple Français«).

Auch in Togo sind *Gesundheitsfürsorge* und ärztliche Betreuung noch entwicklungsbedürftig. Die Ernährung ist einseitig, teilweise auch unzureichend, Wohnverhältnisse und Trinkwasserversorgung bedürfen erheblicher Verbesserung, mangelhafte, wenn nicht gar fehlende hygienische Kenntnisse, verbunden mit dem Mißtrauen weiter Bevölkerungskreise gegenüber der modernen Medizin, beeinträchtigen vielfach den Gesundheitszustand. Der Ärztemangel ist beträchtlich: 1977 praktizierten in Togo 128 Human-, 5 (!) Zahn- und 18 Tierärzte, unterstützt von insgesamt 26 Apothekern. Die Zahl der allgemeinen und regionalen Krankenhäuser belief sich 1977 auf 18 – ergänzt um eine Psychiatrische und zwei Leprakliniken. Für leichtere Fälle ebenso wie für Beratungsaufgaben gibt es ca. 250 Gesundheitszentren bzw. Ambulatorien. Heute kommen auf 10 000 Einwohner 1,1 Ärzte. Die Lebenserwartung unter Männern lag 1992 bei 53, unter Frauen bei 57 Jahren.

Dem *Bildungswesen* liegt eine Verordnung aus dem Jahre 1935 zugrunde, die das öffentliche Schulwesen regelt und weitgehend französischem Muster folgt.

1930 In Lome verweigern die Häuptlinge dem französischen Gouverneur ihre Zustimmung zum Verbleiben der Franzosen.

1931 Die deutsche Fliegerin Elly Beinhorn landet in Togo. Die französischen Blätter »Petit Bleu« und »République« stellen fest, »Gerechtigkeit und Vernunft« verlangten, »Deutschland ebenso gut wie Frankreich Kolonialmandate zu überlassen«, gelte es doch, zu »vermeiden, daß dieses Volk seine Expansion in Europa sucht«.

1933 Die Mißhandlung »deutschgesinnter Häuptlinge« veranlassen den »Bund der Deutsch-Togoleute«, sich mit einem »Notschrei« an die Heimat zu wenden.

Neben staatlichen Schulen, deren Besuch kostenlos ist, gibt es Missions- und Privatschulen. Bis zur Reform des Bildungswesens im Jahre 1975 bestand keine allgemeine Schulpflicht. Trotzdem besuchten 60 % der Jungen und 25 % der Mädchen im schulischen Alter die Grundschule. Seither ist die Besuchsquote erheblich gestiegen. Sie liegt heute bei 80 %, wobei allerdings sowohl zwischen Norden und Süden als auch zwischen Stadt und Land noch immer erhebliche Unterschiede bestehen. Die mit einer Abschlußprüfung endende Grundschulausbildung fällt zwischen das 6. und 11. Lebensjahr. Sowohl der Übergang in eine höhere Schule mit 7jähriger Ausbildungsdauer und abschließender Reifeprüfung (Abitur) als auch der vier Jahre dauernde Besuch berufsbildender (Handels- oder Gewerbe-)Schulen ist möglich. Unterrichtssprache ist in allen Anstalten Französisch. Für den Anfangsunterricht wurden im Süden das Ewe, im Norden das Kabre eingeführt. In Atakpame besteht eine Lehrerausbildungsanstalt, in Lome eine Schule für die Ausbildung medizinischen Personals. Die Regierung gibt heute etwa 21 % des Haushalts für das Bildungswesen aus, die Zahl der Analphabeten lag 1992 bei 56,7 %.

Die Bevölkerung bestreitet ihren Lebensunterhalt zu 64,3 % aus der Landwirtschaft, 6,3 % sind in der Industrie, 19,4 % im Dienstleistungsgewerbe beschäftigt. Eine nationale Statistik gab 1992 die Zahl der Erwerbstätigen mit 1,4 Millionen an. Die Arbeitslosenquote lag 1987 bei 2 %.

Das Bruttosozialprodukt lag 1991 bei $ 1,530 Milliarden, mit einer realen Zuwachsrate von 1,8 %. Obwohl sich Produkte wie Reis, Weizenerzeugnisse u. a. im Lande in ausreichender Menge gewinnen ließen, müssen sie in erheblichem Umfang eingeführt werden. Fehlende mechanische Hilfsmittel, Wassermangel und die Nichtanwendung von Mineraldünger halten die Hektarerträge einheimischer Agrarerzeugnisse noch immer niedrig. Und die unzureichenden Kenntnisse der Bevölkerung tun wohl ein übriges, beruhen doch die Besitzverhältnisse traditionell auf dem *Kollektiveigentum* von Sippen und Großfamilien. Individuelles Grundeigentum ist ebenso ausgeschlossen wie staatlicher Grundbesitz. Grundnahrungsmittel – Maniok, Mais, Hirse, Yamwurzeln, Reis – werden in fast allen Landesteilen angebaut, Exportkulturen dagegen nehmen nur einen kleinen Teil der genutzten Fläche in Anspruch.

Wichtigste *Exportgüter* sind Kakao und Kaffee, die in den westlichen Wald- und Savannenregionen der Hochebene und des Berglandes angebaut werden, während deren östlicher Teil Baumwollanbaugebiet ist. Öl- und Kokospalmenpflanzungen finden sich im Küstengebiet, Erdnußkulturen in Mitteltogo. Die Inangriffnahme einer Bodenreform, verbunden mit der Aufstellung ländlicher Bewässerungsprogramme (landwirtschaftliche Nutzung von Flußtälern) hat die Steigerung der Erzeugung zum Ziel, ebenso wie die mit ausländischer Hilfe begonnenen Großprojekte für den Anbau und die Verarbeitung von Zuckerrohr, Baumwolle, Gemüse, Reis und Früchten. Mit der Errichtung eines Gemüseanbau- und Verarbeitungskomplexes in Nord-Togo ist ein erster Schritt in Richtung auf Diversifizierung der Landwirtschaft gemacht worden.

Viehhaltung dient ausschließlich der Eigenversorgung. Wanderhirten, vornehmlich vom Stamm der Fulbe, betreuen die Herden, deren Erträge infolge periodischen Wassermangels im Landesinnern und veralteter Wirtschaftsmethoden gering sind. Rinderhaltung dient eher sozialem Prestige als ökonomischen Zwecken. Die *Forstverwaltung* ist bemüht, die nach jahrzehntelangem Brandrodungsbau im Süden des Landes noch verbliebenen Waldbestände durch Aufforstungen zu vergrößern. (Das ursprünglich waldreiche Land muß heute seinen Eigenbedarf an Nutzholz überwiegend aus Importen decken.) Im Bereich der *Fischwirtschaft* ist man bestrebt, die mangelhafte Nutzung des beträchtlichen Fischreichtums durch Modernisierung der Fangmethoden und Aufbau einer modernen Fischverarbeitungsindustrie zu verbessern.

Bedeutendster Stromerzeuger des Landes ist das Wasserkraftwerk bei Kpimé. Darüber hinaus werden in der Hauptstadt Lome und in einzelnen Bezirksstädten mit importierten Mineralölprodukten Kraftwerke betrieben. 1973 wurde ein Elektrizitätsverbundnetz fertiggestellt, das auch Togo mit dem Akosombo-Damm in Ghana verbindet. Ebenso lange wird bereits Strom aus dem ghanesischen Volta-Kraftwerk in das südtogolesische Netz eingespeist. Wachsende

1935 Das französische Mandatsgebiet und die französische Kolonie Dahomey werden zu einer Verwaltungseinheit zusammengefaßt.

Die »New Yorker Staatszeitung und Herold« gibt zu bedenken: »Je mehr in Deutschland der Mangel an lebenswichtigen Rohstoffen wächst, um so energischer wird und muß eine Revision der Versailler Bestimmungen betrieben werden. Wenn auch das Dritte Reich bisher offen wenig getan hat, um das koloniale Problem . . . aufzurollen, so lassen die Besprechungen in Genf und vor allem auch in London doch erkennen, daß ›irgend etwas vor sich geht‹.«

1939 Nach Ausbruch des »europäischen Krieges« (1. September) werden alle in Togo anwesenden Deutschen interniert.

Bedeutung kommt dem *Bergbau* zu. Während die Ölsuche vor der Küste bislang erfolglos geblieben ist, erbringen Phosphatlager am Togosee als wichtigste Mineralvorkommen (geschätzte Reserven mehr als 100 Millionen t Rohphosphat). Infolge Mangels an verkehrsmäßiger Erschließung sind die inzwischen bekannt gewordenen Lagerstätten von Eisenerz, Kupfer, Chromit, Dolomit und Bauxit bislang ungenutzt geblieben.

Das *Verkehrswesen* Togos ist noch unzureichend entwickelt, doch werden Verkehrs- und Nachrichtenstruktur laufend verbessert. Für den Ausbau von Straßen und Häfen wurden beträchtliche Mittel bereitgestellt. Die drei wichtigsten Eisenbahnlinien – aus der deutschen Kolonialzeit stammend und noch immer eingleisig mit 1 m Spurweite – verbinden Lome mit Blitta, Palimé mit Anécho. Das Gesamtnetz beläuft sich auf 551 km. Dem Straßenverkehr als bei weitem wichtigsten Verkehrsträger steht ein zwar dichtes, zum überwiegenden Teil jedoch nur während der Trockenzeit befahrbares Netz zur Verfügung. Die Kraftfahrzeugdichte ist gering, 1990 waren 42 000 Fahrzeuge registriert, darunter 26 000 Pkws.

Die *Binnenschiffahrt* beschränkt sich auf lokalen Bootsverkehr. Eine eigene Handelsflotte besitzt Togo nicht. 1968 wurde in Lomé ein für den Güterumschlag über See bestimmter Tiefseehafen in Betrieb genommen. Seit 1977 können Öltanker bis zu 65 000 t, Massengutfrachter bis zu 35 000 t und Fischkutter abgefertigt werden. Im internationalen Luftliniendienst wird Lome regelmäßig von der Air Afrique angeflogen. Togos acht Flugplätze zählten 1991 insgesamt 64 000 Passagiere.

Im Rahmen der wirtschaftlichen Zusammenarbeit hat die Bundesrepublik Deutschland bis 1978 bilaterale Netto-Leistungen in einer Höhe von 388 Millionen DM erbracht. Zu den wichtigsten Projekten der öffentlichen wirtschaftlichen Zusammenarbeit gehören u. a. der Ausbau des Senders Lome, die Bereitstellung von technischem, landwirtschaftlichem, human- und veterinärmedizinischem Personal, die Lieferung zweier Spezialfrachtschiffe und die Durchführung eines landwirtschaftlichen Entwicklungsvorhabens für die Zentralregion.

Die *Währung* ist der Franc C.F.A. (FC.F.A., F) CFA-Franc = 100 Centimes. Die *Entwicklungsplanung* hat ihre Ziele nicht erreichen können. Beispielsweise blieb während der zweiten Planungsphase (1971/75) das jährliche Wachstum des Bruttoinlandsproduktes (5%) hinter der anvisierten Planziffer (7,7%) zurück. Ebenso wenig gelang die angestrebte Steigerung der Ernteerträge. Der dritte Entwicklungsplan (1976/80) stützte sich auf eine Wachstumsrate von 8,1%. Die Gesamtinvestitionen sollten sich auf 250 Milliarden CFA-Francs belaufen, wobei der Landwirtschaft »nach wie vor eine vorrangige Priorität« zugemessen wurde (»Steigerung der Erzeugung von Palmöl, Früchten und Obst, Kaffee, Kakao und Baumwolle durch staatliche Gesellschaften«). Die Investitionen (fertiggestellte Großprojekte u. a.: eine Erdölraffinerie, ein Elektrostahlwerk, eine Zementfabrik) haben jedoch »zu einer erheblichen Verschuldung im Ausland geführt« (1990: $ 1,096 Milliarden). Einem Export von $ 245 Millionen stand 1989 die Einfuhr von $ 472 Millionen gegenüber. Haupthandelspartner Togos ist die Europäische Gemeinschaft, mit der rund 70% des In- und Exports abgewickelt werden.

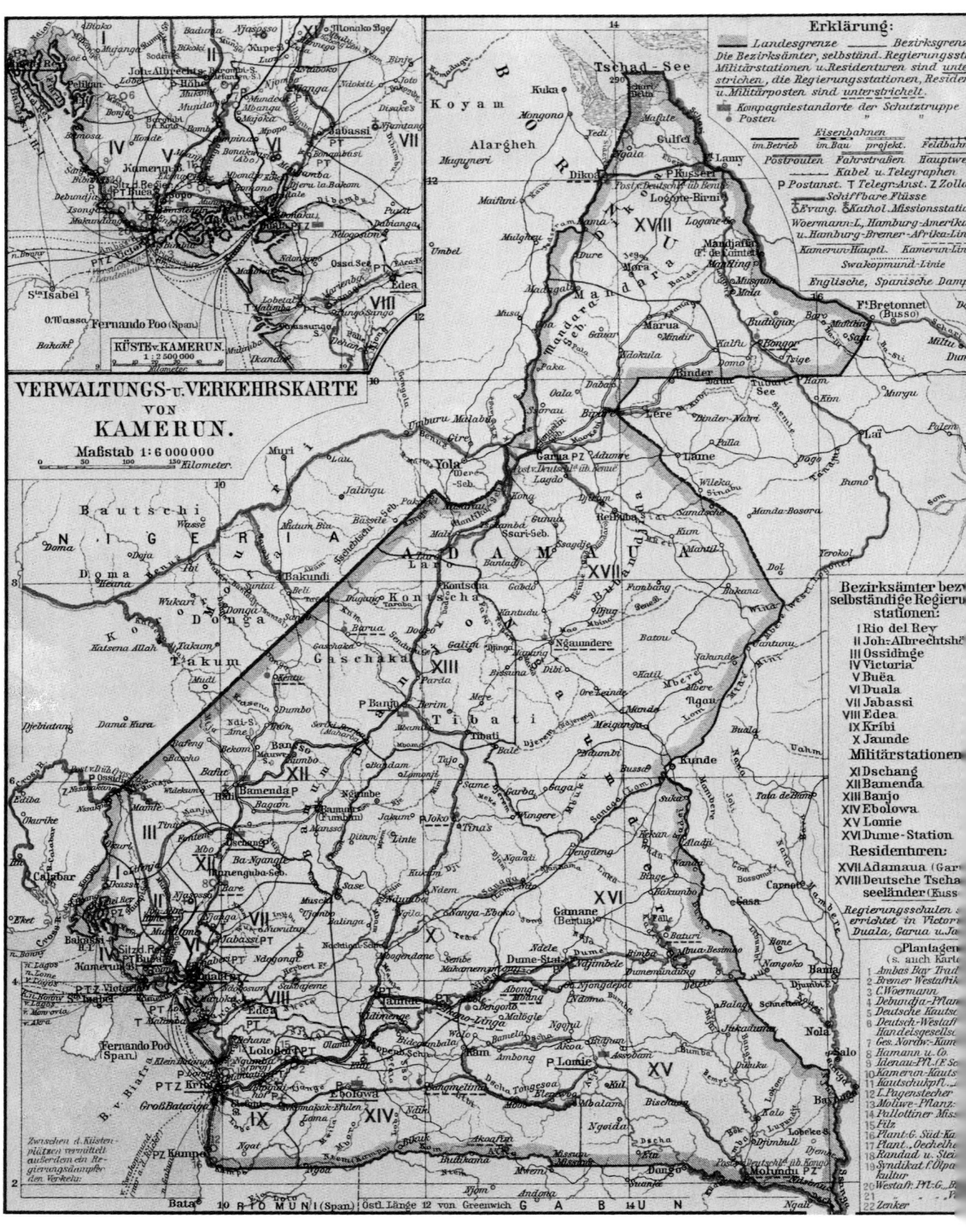

KÜSTE v. KAMERUN.
1 : 2 500 000

VERWALTUNGS- u. VERKEHRSKARTE
VON
KAMERUN.

Maßstab 1:6 000 000

Erklärung:

Landesgrenze — Bezirksgrenze
Die Bezirksämter, selbständ. Regierungssta...
Militärstationen u. Residenturen sind unter...
strichen, die Regierungsstationen, Residen...
u. Militärposten sind unterstrichelt.

Kompagniestandorte der Schutztruppe
Posten

Eisenbahnen
im Betrieb im Bau projekt. Feldbahn
Postrouten Fahrstraßen Hauptweg
Kabel u. Telegraphen
P Postanst. T Telegr.Anst. Z Zoll...
Schiffbare Flüsse
Evang. Kathol.Missionsstatio...
Woermann-L., Hamburg-Amerika-
u. Hamburg-Bremer-Africa-Lin...
Kamerun-Hauptl. Kamerun-Lin...
Swakopmund-Linie
Englische, Spanische Damp...

**Bezirksämter bez...
selbständige Regier...
stationen:**

I Rio del Rey
II Joh: Albrechtshö...
III Ossidinge
IV Victoria
V Buea
VI Duala
VII Jabassi
VIII Edea
IX Kribi
X Jaunde

Militärstationen

XI Dschang
XII Bamenda
XIII Banjo
XIV Ebolowa
XV Lomie
XVI Dume-Station

Residenturen:

XVII Adamaua (Gar...
XVIII Deutsche Tscha...
seeländer (Kuss...

Regierungsschulen s...
errichtet in Victori...
Duala, Garua u. Ja...

Plantagen...
(s. auch Karte...)

1 Ambas Bay Trad...
2 Bremer Westafrik...
3 C.Woermann
4 Debundja-Plan...
5 Deutsche Kautsc...
6 Deutsch-Westaf...
Handelsgesellsc...
7 Ges. Nordw.-Kam...
8 Hamann u. Co.
9 Idenau-Pfl.&Sc...
10 Kameron-Kauts...
11 Kautschukpfl....
12 L.Pagenstecher
13 Moliwe-Planz:..
14 Pallottiner Miss...
15 Filz
16 Plant:G. Süd-Ka...
17 Plant:Oechelhe...
18 Randad u. Stei...
19 Syndikat f.Ölpa...
kultur
20 Westaf: Pfl.-G. B...
21 ...
22 Zenker

Kamerun

Oben: *Adolf Woermann, Hamburger Reeder und Chef des Handelshauses C. Woermann, das bereits um die Mitte des 19. Jahrhunderts »kaufmännische Unternehmungen in Westafrika« eingeleitet und 1868 am Kamerunfluß eine »ständige Faktorei« eröffnet hatte. Seine Handelsbeziehungen trugen wesentlich zur »Festigung der deutschen Vormachtstellung in Kamerun« bei.*

Linke Seite: *Verwaltungs- und Verkehrskarte von Kamerun*

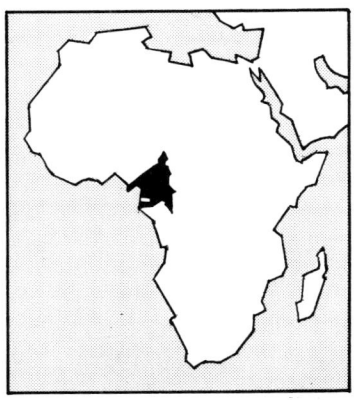

Der Wettlauf

»Man muß den Engländern zugestehen, daß ihre Interessen in Kamerun die älteren waren. Denn englische Kaufleute hatten bereits im Jahre 1841 mit den Häuptlingen des Küstenstammes der Duala einen ähnlichen Vertrag abgeschlossen, wie die deutschen Kaufleute das seinerzeit in Togo getan hatten.«

Um die Mitte des 19. Jahrhunderts hatte auch das Hamburger Handelshaus Woermann an der südlichen Kamerunküste, in Batanga, eine Niederlassung gegründet und war damit das erste in Westafrika tätige deutsche kaufmännische Unternehmen geworden. 1874 erschienen dem Hause dann die deutschen Interessen an der Kamerunküste bedeutend genug, »um die Ernennung eines deutschen Konsuls für diese Gegend zu beantragen; leider ohne Erfolg«. Ein Jahr später ließ sich eine andere Hamburger Firma, Jantzen & Thormählen, ebenfalls an der Küste nieder. Die Deutschen richteten zusätzliche Faktoreien in Viktoria, Bimbia, Malimba und am Campofluß ein. Woermann schuf sogar eine eigene Dampferlinie, die »in regelmäßiger Fahrt« von Hamburg aus »alle Handelsplätze dieser Gegend« anlief, zweifellos ein Wagnis, hatte doch bereits eine englische Linie »dort Fuß gefaßt«. Hinzu kam, daß auch die englischen Häuser nicht untätig blieben und dem wachsenden deutschen Einfluß, zunächst recht erfolgreich, zu begegnen suchten. Dazu mag wesentlich beigetragen haben, »daß häufiger englische Kriegsschiffe vor den Küsten Kameruns erschienen« und bei den Eingeborenen den Eindruck zu erwecken verstanden, England sei der »weitaus mächtigere Staat«. Hinzu kam, »daß auch hier wie in ganz Afrika die Eingeborenen von dem neugegründeten Deutschen Reiche nichts wußten, sondern nur ›Hamburg‹ kannten, als Heimatland der unter ihnen lebenden Deutschen.« Das Ansehen der Briten war schließlich so groß, »daß sie 1882 die Häuptlinge veranlassen konnten, England um Übernahme der Schutzherrschaft zu bitten«. Offensichtlich aber war man sich im britischen Kolonialamt seiner Wertschätzung bei den Eingeborenen so sicher, daß anderthalb Jahre vergingen, ehe aus London Antwort kam. Zu spät, wie sich zeigen sollte, denn die Deutschen nutzten diese Zeit.

Inzwischen hatte nämlich ein Bericht der Hamburger Handelskammer vom 22. Dezember 1883 über die Lage des deutschen Handels an der westafrikanischen Küste, verbunden mit Vorschlägen zu dessen Sicherung und Erweiterung, Reichskanzler v. Bismarck veranlaßt, dem damaligen Generalkonsul von Tunis, Dr. Nachtigal, am 19. März 1884 den Auftrag zu erteilen, sich »behufs Abschließung von Verträgen an die afrikanische Westküste zu begeben«. Nachdem Nachtigal am 5. und 6. Juli an der Togoküste in Bagida und Lome die deutsche Flagge gehißt hatte, dampfte er mit der »Möwe« unverzüglich weiter nach Kamerun. Dort jedoch war am Morgen des 10. Juli das englische Kanonenboot »Goshawk« eingetroffen und in den Kamerunfluß eingelaufen. Schon glaubten die Deutschen, daß »alles verloren sei, doch befand sich glücklicherweise der englische Konsul nicht an Bord«, so daß eine Inbesitznahme britischerseits nicht möglich war.

Nun hatten sich die Sympathien der am Kamerunfluß ansässigen Häuptlinge angesichts des Ausbleibens einer Antwort auf ihre an England gerichtete Bitte

Rechts: *Der deutsche Gelehrte Dr. Gustav Nachtigal, der auch im Ausland häufig als »berühmtester Geograph der Welt« bezeichnet wurde, im afrikanischen Festgewand (Kairo 1875).*

um Schutzherrschaft allmählich den Deutschen zugewandt. Als die ortsansässigen Engländer von den deutschen Plänen Kunde erhielten, ließen sie nichts unversucht, um die von den Deutschen zu erwartende Inbesitznahme Kameruns zu verhindern, doch waren die Eingeborenen nicht mehr umzustimmen, weder durch massive Drohungen seitens des Kommandanten der »Goshawk« noch durch dessen Hinweis, der britische Konsul werde in Kürze eintreffen. Am Morgen des 11. Juli lief das englische Kanonenboot unverrichteter Dinge aus − am Abend traf Nachtigal mit der »Möwe« ein und schloß am folgenden Tage mit »den unterzeichneten unabhängigen Königen und Häuptlingen des Landes Kamerun am Kamerunfluß . . .« einen Vertrag ab, in dem diese die »Hoheitsrechte, die Gesetzgebung und Verwaltung« ihres Landes »vollständig . . . an die Herren Eduard Schmidt und Johannes Voß als Vertreter der Firmen C. Woermann und Jantzen & Thormählen in Hamburg . . ., welche seit vielen Jahren an diesem Flusse Handel treiben«, abtraten. Am 14. Juli wurde die deutsche Flagge gehißt, Dr. Buchner, Nachtigals Begleiter, »provisorisch als Gouverneur eingesetzt«.

Erst fünf Tage später traf auf dem Kanonenboot »Flirt« der britische Konsul Hewett ein. Als Antwort auf seinen Protest gegen die Besitzergreifung hißten die Deutschen auch in Bimbia, Malimba und Klein-Batanga die deutsche Flagge (21./23. Juli). »Somit hatte das Deutsche Reich am Meerbusen von Guinea festen Fuß gefaßt.« Dem Verlierer des Wettlaufs um Kamerun, Hewett, trug seine verspätete Ankunft, die England eine Kolonie kostete, den Spitznamen »too-late-Consul« ein.

Oben: »*Kamerun stellt sich unter deutschen Schutz: Faksimile eines Abkommens zwischen den Vertretern der Firmen Woermann und Jantzen & Thormählen und der Häuptlingsfamilie Dido von Didotown. Mit ähnlichen Verträgen bereiteten deutsche Kaufleute den Boden für Nachtigalsche Flaggenhissungen.*«

Allgemeines über Geographie und Geologie

Die Kolonie Kamerun breitete sich, an der Bucht von Biafra beginnend, fächerförmig nach Norden aus und erreichte in der Nähe des 13. nördlichen Breitengrades mit einem Zipfel den großen Tschadsee. Im Süden erstreckte sie sich bis knapp über den 2. Grad nördlicher Breite. Ihr östlichster Punkt war am 17., der westlichste am 9. östlichen Längengrad gelegen. Die Größe des deutschen Schutzgebietes belief sich 1910 auf 495 000 Quadratkilometer und entsprach damit annähernd der des damaligen Deutschen Reiches. Sie sollte sich 1911 noch einmal um weitere 250 000 Quadratkilometer erhöhen.

Die *orographischen Verhältnisse* waren durch einen »reichen Wechsel von Gebirgen und Hochflächen, die mit steilen Böschungen abfallen, (und) von weiten Ebenen und Tiefländern mit hohen Gebirgsketten« gekennzeichnet. Passarge unterschied vier orographische Gebiete:

1. das Küstenvorland, ein flaches, kaum 50 m hohes Alluvialland, das sich zu beiden Seiten des Kamerunberges hinzog und nur einen schmalen Küstensaum darstellte. Innerhalb des alluvialen Vorlandes erhob sich 4070 m hoch das vulkanische Massiv des Kamerunberges mit dem Dualavorland.

2. das Kamerunplateau, größter und wichtigster Teil der Kolonie, der als 600 m hohes Plateau im Süden begann und im Norden zu Hochländern von 1200−3000 m Höhe anstieg, die dann, ebenfalls in nördlicher Richtung, mehr oder weniger steil in ein 300−600 m hohes Tiefland abfielen.

3. die Massivregion von Adamaua, die das ganze Land zwischen dem Nordrand des Kamerunplateaus und dem Nordende des Mandaragebirges ausfüllte und durch das Benuëtiefland zweigeteilt wurde.

Rechts: *Die Besitzergreifung Kameruns. Im Einvernehmen mit dem deutschen Reichskanzler wurde am 21. Juli 1884 die deutsche Flagge gehißt, was »unter den anwesenden englischen Händlern böses Blut« machte, »und es ist nicht unwahrscheinlich, daß sie die Einwohner der ›Städte‹, welche sich nicht unter den Schutz Deutschlands stellten, gegen die Leute des Königs Bell und seiner Genossen aufgereizt haben«.*

4. das Tschadsee-(Tsadse-)Becken, in dem anstelle des Grundgesteins alluviale Ablagerungen »eine nahezu völlige Ebene herstellen«. Der für Deutschland bedeutende Teil des großen Tschadsee-Beckens war die von Südosten nach Nordwesten verlaufende Scharimulde, so benannt nach dem Fluß Schari.

Was Abdachungen und *Flüsse* betraf, so wurden nach der Jahrhundertwende vier Abdachungsregionen unterschieden: zur Küste, zum Benuë, zum Tschadsee und zum Kongo verlaufend. Zu den wichtigsten Küstenflüssen zählte der teilweise schiffbare Kreuzfluß (Cross River), der zwar nur in seinem Oberlauf über deutsches Gebiet führte, jedoch insofern Bedeutung hatte, als er auch von seiner an der nigerianischen Küste gelegenen Mündung bis hinauf in deutsches Gebiet befahren werden konnte. Größter Küstenfluß war der nur in seinem Unterlauf schiffbare Sanaga. Als nächstgrößter Fluß folgte der Njong, der zwischen seinem Quellgebiet und dem Rande des Hochplateaus sowie kurz vor seiner Einmündung in das Meer befahrbar war.

Der Südosten des Schutzgebietes gehörte dem *Kongosystem* an, dessen Flüsse – z. B. Kadéi und Dume – teilweise schiffbar waren. Von dem aus südlicher Richtung in den Tschadsee mündenden *Scharisystem* spielten aus deutscher Sicht nur der Unterlauf des aus dem französischen Tschadgebiet zufließenden Schari und der in ihn mündende Logone eine Rolle. Zum *Benuësystem* zählten der vom Nordrand des Kamerunplateaus kommende und als einziger schiffbare Benuë einschließlich seiner Zuflüsse sowie eine Vielzahl weiterer Flüsse, die jedoch als Schiffahrtsstraßen nur geringen Wert hatten.

Den *geologischen Aufbau* Kameruns bezeichnete Passarge als »im großen und ganzen . . . höchst einförmig«. Der Mangel an Formationen mit eingeschlossenen Fossilien machte das Alter der meisten Ablagerungen nur ungenau bestimmbar. Am weitesten verbreitet war die archaische Formation mit Gneisen, Graniten, Glimmer- und anderen kristallinen Schiefern. Vereinzelt fanden die Geologen Grauwackenschiefer, nach dem Mao Sidi, der sie durchströmte, auch Sidischichten genannt. Den Kollektivnamen ›Afrikasandsteine‹ trugen »mächtige Sandsteinschichten . . ., die zuweilen in Konglomerate oder in tonige Schichten übergehen und keine Fossilien enthalten . . .«. Marine Ablagerungen wurden im alluvialen Küstengebiet als Untergrund des Vorlandes festgestellt. Schließlich gab es »jungvulkanische Gesteine, (die) stellenweise in großer Zahl und Mächtigkeit hervorgebrochen« waren und das kristalline Grundgestein bedeckten. Die eruptive Tätigkeit hatte sich »stellenweise bis in ganz junge Zeit erstreckt . . .«. Noch 1909 erfolgte ein »Ausbruch mit Lavaströmen und mit Erdbeben, die . . . die Bewohner (Bueas) zur Flucht nach Duala zwangen . . .«.

»Bezüglich der vulkanischen Tätigkeit im Kamerungebiet« wurden zwei Regionen unterschieden: Die Westkameruner Vulkanregion zwischen dem Kamerunberg und dem Benuë bei Yola und die Ostkameruner Vulkanregion, die auf dem Plateau von Ngaumdere nördlich und südlich der gleichnamigen Stadt gelegen war.

Allgemeines zum Klima

Kamerun galt in meteorologischer Beziehung nicht als selbständiges Gebiet. Sein *Klima* wurde von den großen Luftdruckzonen über dem afrikanischen Kontinent beeinflußt: der Sahara einerseits, dem Kongo- und Kalaharibecken andererseits. Als weitere klimatische Faktoren galten »das tiefe Eingreifen des Meerbusens von Guinea und die Oberflächengestaltung des Landes«. Während sich in anderen Schutzgebieten ganze Netze meteorologischer Stationen befanden, ist in Kamerun »das Studium der klimatischen Verhältnisse außerordentlich vernachlässigt worden«, so daß bis zum Ausbruch des Ersten Weltkrieges längere Beobachtungsreihen nur für Duala sowie, wenn auch unvollkommen, für Buea und Debundja erstellt worden waren, und man froh sein konnte, von einigen Orten des Hinterlandes – z. B. Bali und Jaunde – wenigstens Werte für einen Zeitraum von zwei bis drei Jahren vorliegen zu haben.

Oben: *Kurt v. Pavel, 1901–1903 Kommandeur der Schutztruppe.*

Unten: *Stationshof von Fumban, Bamumland.*

Rechte Seite: *Der Benuë war zur Hochwasserzeit sogar für Dampfer mit 2 m Tiefgang bis hinauf nach Garua schiffbar.*

Unten: *Station Victoria, wo Woermann eine Landungsbrücke gebaut hatte, an der Schiffe direkt festmachen konnten.*

Luftdruckverhältnisse und Temperaturen wurden von der im Laufe des Jahres zweimal vertikal über die Kolonie ziehenden Sonne »auf das empfindlichste« beeinflußt. Im Januar strömte die relativ kalte Luft der über der Sahara liegenden Antizyklone (Hochdruckgebiet) in Richtung auf das relativ warme südliche Afrika mit seinem niedrigen Luftdruck und überflutete als relativ kalter, trockener, staubbringender Nordostpassat – in Togo »Harmattan« genannt – das ganze Land. Insbesondere in den höheren Regionen des Kamerunberges machte sich dieser Wind infolge seiner schneidenden Kälte unangenehm bemerkbar. Im Juli dagegen waren die Luftdruckverhältnisse genau umgekehrt. Aus der kühleren Äquatorialregion, insbesondere der Kalahari, strömte der Wind aus Südwesten in den »Glutofen Sahara«. Nur ein Teil des Südostens der Kolonie wurde von dem aus Südafrika strömenden Südostpassat beherrscht.

Im Küstengebiet wurden nur geringe jahreszeitliche Schwankungen der Temperatur beobachtet (25° bis 28°). Auf dem Hochplateau fielen die gegenüber dem Küstengebiet größeren täglichen Temperaturschwankungen auf: in Jaunde 10,5°, in Bali 11,1° (zum Vergleich: in Duala betrugen sie nur 5,3°). Was schließlich die Werte des Tieflandes der Massivregion Adamauas und des Tschadseebeckens wie auch die isolierten Gebirgsmassive betraf, so fiel aus den spärlichen Meßresultaten nur die Erkenntnis an, daß die jährlichen Schwankungen viel größer waren als in anderen Regionen, lagen sie doch zwischen dem absoluten Maximum von 45° und dem äußersten Minimum von 9,6°C.

Die jährlichen *Niederschläge* galten, da von der Küste nach dem Innern abnehmend, als »ziemlich gesetzmäßig verteilt«: in Meereshöhe 3000–5000 mm, auf dem Hochplateau 1500–2500 mm, in Kuka sogar nur 350 mm. Interessant war die Tatsache, daß Niederschläge durchaus auch in fester Form auftreten konnten. Eine »sehr energische Nebel- und Taubildung« kam, insbesondere auf dem Südkameruner Hochland, der Vegetation zugute.

Der *Feuchtigkeitsgehalt* der Luft war, namentlich während der Regenzeit, beträchtlich: in Duala beispielsweise betrug er von Januar bis März 74%, von Juli bis September 85%, in Buea sogar 89%. Der wechselnden Regenmenge entsprach die in den verschiedenen Regionen der Kolonie unterschiedliche Wasserführung der Flüsse. Während die Schwankungen des Wasserstandes im Küstenbereich, wo die meisten Flüsse jahraus, jahrein Wasser führten, mit wenig mehr als 4 m (Duala) relativ unbedeutend war, erreichten sie an anderen Stellen weitaus höhere Werte. So zeigte der Kreuzfluß (Cross River) in Ossidinge zwischen Höchst- und Niedrigststand Differenzen von mehr als 13 m. »Wie bedeutend der Wasserstand z. B. im Benuë wechselt, geht daraus hervor, daß man zur Zeit der Hochflut mit fast 2 m tief gehenden Dampfern bis Garua kommt, während man zur Zeit des Tiefstandes mit kaum einen Meter tief gehenden Fahrzeugen nicht einmal bis Ibi gelangen kann« (Passarge).

Oben links: *Fächerpalme.*

Oben rechts: *Baobab oder Affenbrotbaum.*

Die Pflanzenwelt

»Genauer erforscht sind nur die Gegend um Victoria mit dem Kamerunberg, die Umgebung von Johann-Albrechtshöhe, Lolodorf, Batanga, Bipindi, Kribi und Jaunde, sowie das Land südlich vom Tschadsee. Nur einiges wissen wir über die Gegend von Bali, sehr wenig über Ngaundere und Adamaua. Im übrigen ist das Land botanisch nicht erforscht.«

In der Geographischen Zeitschrift (Leipzig, 1909) wurden als wichtige Pflanzenformationen Kameruns zwei Hauptgruppen unterschieden: die Waldformation und die Graslandformation.

Die *Waldformation* bot sich in mehreren Varianten verschiedener Verbreitung und Bedeutung dar. Der Mangrovewald bestand vorwiegend »aus auf Stelzfüßen stehenden Mangrovebäumen« und wandelte sich, sobald verschiedene Bäume und Sträucher – z. B. Pandanus, Raphia, Phoenix spinosa – »dichtes Gestrüpp und Buschwald« bildeten, zum Sumpfwald (identisch mit dem ›Alluvialwald‹ A. Englers).

Als »großartigste aller tropischen Waldformationen« galt der Hochwald, ein ›tropischer, immergrüner Regenwald‹. Seine gewaltigen Bäume stiegen ohne Äste 20–30 m hoch und entfalteten erst in dieser Höhe eine breite Krone, auf der Epiphyten (d. s. Pflanzen, die auf anderen Pflanzen wachsen, sich jedoch selbst ernähren) einen Wald auf dem Walde bildeten. Was die Botaniker damals erstaunte, waren die »sehr zahlreichen Baumsorten«, und man mußte oft lange suchen, bis man eine gleiche Art wiederfindet. Da zudem die Laubkronen in »unerreichbarer Höhe« schwebten und die Stämme äußerlich einander glichen,

Oben links: *Bananenpflanzung.*

Oben rechts: *Mangrovendickicht bei Ebbe.*

ließen sich die Bäume, wie in Südamerika üblich, »am besten am Geruch des angeschlagenen Holzes« erkennen. Zu den zahlreichen Baumarten gehörten der mächtige Wollbaum, der Gelb- und Rotholzbaum, die Ölpalme und ein Kautschuk liefernder Baum (Kickxia elastica). Voraussetzung für das Wachstum des Hochwaldes war reichlicher Regenfall. Doch entwickelte sich dichter Urwald auch in Gegenden mit geringerem Niederschlag, sobald der Boden feucht und sumpfig war. Diese Sumpfwälder pflegten jedoch nicht die Höhe des Hochwaldes zu erreichen. Was sie außerdem von diesem unterschied, war das zwischen ihren Stämmen wuchernde dichte Unterholz, bestehend aus niedrigen Bäumen, Büschen und Gestrüpp, darunter Wein- und Kletterpalmen, Lianen und, im Gebirge, auch Baumfarne.

Als Abart des Buschwaldes galt der Ölpalmenwald, der in 700−900 m Höhe über NN den größten Teil des zur Küste abfallenden Kamerunplateaus bedeckte. Zwischen 1800 und 2700 m breitete sich der vom Kamerunberg her bekannte Höhen- und Nebelwald aus. In Gegenden mit mehrmonatiger Trokkenzeit gedieh der Steppenwald − auch Obstgartensteppe genannt − mit seinen mäßig hohen Bäumen von knorrigem, »ja selbst krüppelhaftem Wuchs«. Der Laubbuschwald, überwiegend aus Laubbäumen bestehend, die während der Trockenperioden teilweise grün blieben, zeigte sich nicht selten von hohen Bäumen durchsetzt, unter ihnen Butter-, Feigen- und Leberwurstbäume, Tamarinden u. a., wobei der in der Nähe menschlicher Behausungen wachsende Affenbrotbaum besonders auffiel. Laubbäume, die von Dornenbäumen durchsetzt waren, bildeten den gemischten Steppen- bzw. Dornbuschwald.

Kennzeichnend für die zweite Gruppe der Steppenformation, das *Grasland,* waren die in dicken Büscheln wachsenden Gräser, etwa das auf den Hochflächen und im Hochgebirge bis zu 7 m Höhe aufschießende Elefantengras. Zwischen dem Fluß Djerem und der Ortschaft Kunde soll ein Forscher (v. Seefried) gezwungen gewesen sein, »etwa eine Woche lang unausgesetzt durch hohes Gras zu marschieren, ohne etwas zu sehen . . .«.

223

Die Tierwelt

»Die Tierwelt von Kamerun übertrifft an Mannigfaltigkeit der Formen diejenige von Togo und auch von Deutsch-Südwestafrika erheblich; sie wird nur von derjenigen des deutsch-ostafrikanischen Schutzgebietes übertroffen. Nicht weniger als vier verschiedene Verbreitungsquellen machen dort ihre Einflüsse geltend, Gattungen des Sudâns, des Kongobeckens, von Ober- und Niederguinea sind innerhalb der Grenzen von Kamerun nachgewiesen worden.«

Die Abhängigkeit der Tierwelt von den Vegetationsformen war auch in den meisten Gegenden Kameruns klar erkennbar. So unterschieden die Forscher dort eine Fauna des westafrikanischen Waldgebietes und eine solche der Baobab-Savannenregion.

Die *Urwaldregion* stellte sich in erster Linie als »Gebiet verdrängter Tierarten« dar, die »hier eine Zufluchtsstätte gesucht« hatten. Als spezifisch westafrikanische Tiere dieser Region galten: Menschenaffen, Halbaffen und einige »merkwürdige« Insektenfresser. Charakteristisch für die Savannenregion mit ihrem Reichtum an Weiden waren dagegen Wiederkäuer und andere Pflanzenfresser (zahlreiche Antilopenarten, Giraffen, Nashörner u.a.) sowie die von den Pflanzenfressern lebenden großen Raubtiere. Zu den Hauptarten des Waldlandes gehörten Huftiere wie der kleine rote Büffel, der Buschbock und ein »spezifisch westafrikanisches Böckchen« (Hyaemoschus aquaticus). Die Gattung Schweine war durch das Pinselohrschwein vertreten. Ferner lebte auch hier, wie im ganzen tropischen Afrika, das Flußpferd. An Elefanten schien es in ganz Kamerun, »sogar im Urwald selbst«, mehrere »Varietäten« zu geben. Die Raubtiere waren »fast durchweg nur klein und wenig zahlreich«. Größenmäßig stand der Leopard an der Spitze. Des weiteren fanden sich dort die Zibet-, die Schleich- und die Wildkatze. Die Halbaffen kamen den Forschern »sehr eigentümlich« vor und wurden deshalb wohl als »vielleicht einer früheren Zeit (dem Tertiär?) angehörig« eingestuft.

Das Schuppentier vertrat die Spezies der Edentaten (Bezeichnung für alle zahnarmen Säugetiere), das Flugeichhörnchen die der Nagetiere, und zu den auffälligsten Insektenfressern gehörte »ein kleines otterähnliches Raubtier (Potamogale velox)«. Während Stummelaffen, Paviane und Meerkatzen »völlig in den Hintergrund« traten, fanden die menschenähnlichen Affen – Gorilla, Schimpanse und der im Anjangland heimische Mandrill – weitaus größere Aufmerksamkeit. Einige der im Ossidingedistrikt vorkommenden Gorillas erreichten »eine ganz ungeheure Größe«. Im Hamburger Naturhistorischen Museum wurde ein aus Jaunde stammendes Exemplar ausgestellt, das 2,7 m groß war, 500 Pfund wog und Arme mit einer Spannweite von 2,9 m hatte.

In der Vogelwelt, die besonders stark im Buschwald und auf Lichtungen, weniger dagegen im geschlossenen Hochland vertreten war, fanden sich Insektenfresser, Honigsauger, Bienenfresser, Würger, Nashornvögel, zahlreiche Papageienarten, Turakos, Falken, Adler, Reiher, Strandläufer, Rohrdommeln und das große Heer der Schwimmvögel. Vereinzelt wurden, wie in den Rumpibergen, auch Webervögel, Erdpapageien und Krähen beobachtet.

Die Zahl der Reptilien war nicht sonderlich groß: Krokodile, daneben Eidechsen, Schlangen, Schildkröten und mehrere Chamäleonarten. Unter den Fröschen dominierte zahlenmäßig der Baumfrosch. Unter den Fischen erregten die im Kreuzfluß bei Ossidinge entdeckten elektrischen Fische einiges Aufsehen. Überaus reich zeigte sich die niedere Tierwelt des Urwaldes – von Termiten und Ameisen über Zikaden, Blatthornkäfer und Wanzen bis zu Gespenstheuschrecken, Ohrwürmern und Skorpionen.

Die *Savannenfauna* zeichnete sich, wie bereits erwähnt, gegenüber der Waldfauna durch das massenhafte Auftreten der Wiederkäuer und der ihnen

»Die Häufigkeit der Ortschaften« schrieb Nachtigal, »und die Tätigkeit des Menschen in Forst und Flur lassen zwar hier die größeren Raubtiere nicht zahlreich werden wie im dünn bevölkerten Norden, doch weder Löwe noch Leopard, noch Luchs, noch Hyäne fehlen ganz.«

folgenden Raubtiere aus. Groß war die Schar der Antilopen und Gazellen, anstelle des kleinen roten Waldland-Büffels graste in der Savanne der große schwarze Büffel. Zu den Raubtieren des Waldes, die auch in die Savanne wechselten, gesellten sich Löwe, Hyäne, Schakal und wilder Hund. Stark verbreitet waren Nagetiere wie Mäuse und, in mehreren Varianten, Ratten. Das Nashorn, vereinzelt auch das Zebra, tummelten sich ebenso wie das Erdferkel. An die Stelle des Menschenaffen war der Pavian getreten. Eine charakteristische Änderung der Vogelfauna spiegelte sich in einer auffälligen Zunahme der Laufvögel, vertreten durch Feld- und Perlhühner, Trappen und Strauße. Charakteristische Formen zeigten sich auch bei den Raubvögeln (Schlangenadler und Sekretär) und, besonders ausgeprägt, unter den aasfressenden Vögeln (Aasgeier, Marabu und Kropfstorch). Erheblich zahlreicher schließlich als im Waldgebiet traten die Reptilien in der Savannenfauna in Erscheinung, wobei insbesondere die Schlangen, unter ihnen auch Riesenexemplare, auffielen. Verhältnismäßig zahlreich schienen die Wasservögel zu sein. Aus dem Bereich der Fischwelt »wären zu erwähnen die Blaugrundel, ein Süßwasserdelphin . . . und ein ganz merkwürdiger, nur ein einziges Mal . . . gefangener Delphin«, der sich dank seiner mit hornartigen Verlängerungen ausgestatteten Nasenöffnungen »anscheinend immer unter der Oberfläche des Wassers« aufhalten und »so der Beobachtung« entziehen konnte.

Bemerkungen zur Ethnographie

»Herrscht ein Häuptling über mehrere Ortschaften, so legt er sich den stolzen Namen King (König) bei und trägt um seine Würde äusserlich zu kennzeichnen, am Hut oder auf der Brust einen seinen Namen und Stand anzeigenden Zettel. Diese Kings sind beileibe nicht mit europäischen Fürsten zu vergleichen, und ebensowenig sollte man sie mit Majestät anreden oder durch Salutschüsse ehren, wie es mehrmals geschehen ist. Denn solche unangebrachte Ehrenbezeugungen tragen höchstens dazu bei, die den Negern innewohnende Überhebung gegen die Europäer noch mehr zu steigern.«

Unten: *Major Dominik mit einem Eingeborenen-Aufgebot im Kameruner Urwald.*

Aus der Geschichte Kameruns gab es wenig, was schriftlich überliefert worden wäre. Und mündlich Weitergegebenes war »bekanntlich recht trügerisch . . . und überdies häufig in ein sagenhaftes Gewand gehüllt . . .«. Die Ergebnisse direkter Beobachtungen europäischer Reisender wurden erstmals in den zwanziger Jahren des vergangenen Jahrhunderts bekannt, als die Engländer D. Denham und H. Clapperton in London ihren »Bericht über Reisen und Entdeckungen in Nord- und Zentralafrika« veröffentlichten.

Nicht nur Kameruns Lage und Naturbeschaffenheit wurden für »eigenartig« befunden, in noch höherem Maße gilt dies nach Hassert für die zur Jahrhundertwende auf zweieinhalb bis dreieinhalb Millionen veranschlagte *Bevölkerung.* Meyer las aus dem »Charakter der Geschichte Afrikas« heraus, daß Kamerun einst Schauplatz reger Wanderungen gewesen sein müsse, in deren Verlauf sich die Völker aus Norden, Osten und Süden »auf dem Gebiet unserer Kolonie rund um das Kamerunästuar« (Ästuar = trichterförmige Flußmündung) zusammengedrängt hätten, was entsprechend komplizierte ethnographische Verhältnisse geschaffen habe. Passarge machte in einer Völkerkarte von Kamerun den Gegensatz zwischen den Völkern des Südens, den Bantu, und denen des Nordens, den Sudannegern, deutlich. Als Völkerscheide galt, natürlicherweise, die Grenze zwischen Wald- und Graslandregion, »konnten sich doch die nach Süden zurückgedrängten Bantu . . . in dem unzugänglichen Waldlande behaupten«. Die im Süden vorhandenen, lange Zeit unbewohnt gebliebenen Urwaldzonen waren jedoch im Schwinden begriffen, da sich die Kautschuksammler immer weiter ausbreiteten und zur Entstehung fester Siedlungen beitrugen. Auch durchstreifte den Urwald in kleinen Trupps unermüdlich das Pygmäenvolk der Bagielli, »beständig auf Elefantenjagd befindlich«.

Bei den Bantu wurden zwei große Gruppen unterschieden: die ältere Kamerungruppe und die jüngere, aus Süden und Südosten andrängende Fanggruppe. Die Dutzende von Stämmen der Kamerungruppe – von Süden her durch die Fang, aus dem Norden von den Sudannegern bedroht – sahen sich plötzlich versprengt und in unzugängliche Gebiete abgedrängt, teils in östlich gelegenes Sumpfland, teils in das »ungesunde Tiefland an der Küste rund um das Kamerunästuar«. Kaum weniger zahlreich waren die verschieden großen Stämme der Fang.

Kotoko und Musgu im Osten, Wandala in der Mitte, Margi und viele andere Stämme im Westen auf englischem Gebiet hatte Nachtigal als »Völker des sogenannten Südkreises« erfaßt. Als größere Völker galten die im mittleren Adamaua ansässigen Dama, Durru und Tschamba, während auf dem Hochland von Südadamaua die Mbere, Bala, Mbum, Wute und Trikar (sämtlich wieder in

Oben: *Haussahändler.*

Rechts: *Zu den Ureinwohnern Afrikas gehörten die Zwergvölker, die in Kameruns Urwald ebenso mit Giftpfeilen jagten wie die Buschleute der Kalahari.*

Oben: *Kriegsvolk vor dem Sultans-palast in Dikoa.*

Unten: *Haussaneger.*

zahlreiche Unterstämme gegliedert) hausten. Aus Norden, Nordwesten und Nordosten waren andere Völker in das Gebiet der Sudânneger eingedrungen: die hamitischen Fulbe, die Kanuri, die Haussa und die Araber.

Die Araber hatten sich »in mehreren Stämmen und in bedeutender Zahl südlich des Tsadsees« niedergelassen und waren mit einigen Kolonien sogar bis zum Benuë vorgedrungen. Auch die Kanuri, obwohl in der Mehrheit westlich des Tschadsees ansässig, »reich(t)en noch ins deutsche Gebiet bis Dikoa und Ngala«, waren in geschlossenen Dörfern über Nordadamaua und das Benuëge-biet verstreut und lebten mit zahlreichen Familien sogar in Südadamaua, ähnlich wie auch die Haussa. Geschlossenes Hauptgebiet der Fulbe, des herrschenden Volkes der islamischen Welt, war die Gegend am Benuë zwischen Jola und Bubandjidda, von wo aus sie an allen großen Straßen Posten vorgeschoben hatten.

Folgende *Sprachengruppen* ließen sich unterscheiden: Die Sprache der Pyg-mäen, die Bantusprachen, die Sudânsprachen, daneben − als Sprachen »freier Herkunft« − das Kanuri, das Fulfulbe und das Arabische. Eine eigene Sprache völlig unbekannter Natur fand sich bei den vor allem im Urwaldgebiet des Küstengebirges lebenden Bagielli, dem letzten Rest einer einst über ganz Afrika verbreiteten Urbevölkerung.

Am Arabischen hielten »hartnäckig« die etwa 100 000 Schua fest − Araber, die »wahrscheinlich erst in islamischer Zeit . . . eingewandert« waren, während die wenigen nach Adamaua gezogenen Araberstämme diese Sprache verloren hatten. Trotzdem spielte das Arabische als Schriftsprache in der gesamten mohammedanischen Welt des Sudân eine große Rolle, wurde es doch von den »meisten Gebildeten . . . im Anschluß an das Studium des Korans« beherrscht. Nicht weniger fremd als das Arabische stand den Negersprachen auch das Fulfulbe gegenüber, das mit der Somalisprache verwandt und hamitischen Ursprungs war, auch wenn es später »eine starke Beeinflussung . . . durch die Negersprachen« erfahren hatte. Als Mischsprache zwischen einer asiatischen und einer Sudansprache galt das von den westlich und südwestlich des Tschad-sees ansässigen Angehörigen des gleichnamigen Volkes gesprochene Kanuri.

Die Sprachen der Neger wiesen zwei große Gruppen auf: die der Sudân- und die Bantusprachen. Obwohl beide bis zu einem gewissen Grad miteinander ver-wandt waren, unterschieden sie sich doch »sehr deutlich dadurch, daß die Sudânvölker sehr viele Sprachen besitzen, . . . deren Wortstämme . . . derar-

227

Oben: *Der Palast des Bamumherr-schers Joja, eines Sultans, von dem berichtet wurde, er habe eine eigene Schrift entwickelt, die »im Prinzip der altägyptischen Hieroglyphen-schrift« gleiche.*

tig voneinander abweichen, daß man sie nicht ohne weiteres als verwandt erkennen kann. Eine Verständigung zwischen den einzelnen Völkern ist also vollkommen ausgeschlossen.«

Besondere Bedeutung hatte die Haussasprache, von den als Handels- und Industrievolk gleichermaßen tüchtigen Haussa zur Handelssprache gemacht und frühzeitig »als Zukunftssprache für den ganzen Norden« angesehen.

Was die *Einwohnerzahl* Kameruns anging, so schwankten die Angaben beträchtlich. Um 1907 hatte die Regierung mit genaueren Untersuchungen begonnen, »namentlich mit Rücksicht auf die geplante Kopf- und Hütten-steuer«. Der amtliche Jahresbericht 1907/08 nannte die Zahl 991 898. Da jedoch nicht alle Distrikte erfaßt waren, schätzte man kurzerhand (und willkürlich) die Einwohnerzahl der nichterfaßten Regionen auf 350 000 und kam so auf knapp 1,35 Millionen, was Meyer für »viel zu tief gegriffen« hielt. Nach seinen Berechnungen, die sich auf die Berichte zahlreicher Reisender stützten, bewohnten das 487 400 qkm große Kamerun 2 657 200 Menschen, was einer durchschnittlichen Bevölkerungsdichte von 5,4/qkm entsprach.

Die anthropologische Forschung steckte noch in den Kinderschuhen. Selbst nach der Jahrhundertwende, so die Klagen, war »noch kein einziges Volk . . . auch nur einigermaßen gut bekannt und mit Hilfe von Messungen und detaillierten Beschreibungen von Fachleuten wissenschaftlich erforscht«. Noch war man auf »mehr oder weniger oberflächliche und laienhafte Beschreibun-gen« angewiesen. Zu den »interessantesten Rassen« zählten die Bagiélli, die mit den Pygmäen des Kongogebietes verwandten, kleinwüchsigen Jägervölker des Urwaldes. Die Größe der Männer soll zwischen 1,50 und 1,55 m betragen, die der Frauen erheblich darunter gelegen haben. Die eingewanderten Araber Bornus waren »große Leute von schlankem Wuchs, kräftigem Körperbau und dunkler, fast schwarzer Hautfarbe«, wobei man nicht wußte, ob »dies auf Vermischung mit Negern« zurückzuführen war.

Die Fulbe waren »zweifellos Hamiten und haben eine auffallende Ähnlichkeit mit den dunkelfarbigen Elementen unter den Berbern Nordafrikas, wie ich auf Grund persönlicher Beobachtungen wohl behaupten darf«, schrieb Meyer. Als spezifische Rasseneigentümlichkeit galt ihre auffällige Magerkeit. Selbst wohl-habende, »in bestem Ernährungszustand befindliche Fulbe (setzten) niemals Fett an«. Weitere Kennzeichen waren schmale und lange Gesichter, »kaukasi-sche« Gesichtsbildung (»fast wie klassische Statuen«), langer Schädel, Haut-

Oben: *Frau eines Tikar-Edelen.*

Unten: *König Joja von Bamum mit seinem Gefolge.*

farbe »etwa wie heller Milchkaffee« Schließlich wurden auch, wie bei den nordafrikanischen Berbern, blaue Augen und blonde Haare festgestellt.

Die Negervölker hatten »eine sehr bewegte anthropologische Vergangenheit« hinter sich, in deren Verlauf Hamiten und Semiten in den Sudan eingedrungen und in der Negerrasse aufgegangen« waren. Der Wuchs der Neger wurde als mittelgroß beschrieben, der Körper als kräftig und muskulös, im Gegensatz zu den hamitischen Fulbe jedoch stets eine Neigung zum Fettansatz verratend. Auffallend, auch für keinen Geringeren als Virchow, war der »sehr wechselnde Schädelbau«. Sowohl die Bantu als auch die Sudânneger zeigten dunkelbraune Hautfarbe mit einem Stich ins Rötliche.

Unter den verschiedenen Völkern der Sudân- und der Bantugruppe ließen sich zwei Typen unterscheiden, von denen der Sudânneger den eigentlichen Negertypus — klein bis mittelgroß, muskulös, flachnasig und dicklippig — bildete, während der zweite Typus durch hochgewachsenen, schlanken Körperbau, lange, schlanke Glieder, häufig hellere Hautfarbe und »vor allem . . . nicht so negerhafte« Gesichter charakterisiert wurde.

Körperverunstaltungen waren, wie überall in Afrika, auch in Kamerun »sehr verbreitet«, so etwa verschiedenartige, von der Mode abhängige und als Schmuck dienende Tätowierungen, »fürchterliche, von tiefen Schnitten herrührende Narben«, die »an den Knaben ausgeführt (wurden), um ihre körperliche und seelische Widerstandsfähigkeit auf die Probe zu stellen«. Das Durchbohren der Ohrläppchen war allgemein, das der Nasenflügel vereinzelt üblich, und »zwar gerade bei den kultivierten Völkern wie den Haussa, Kanuri und Fulbe . . . «. Die Zirkumzision »kommt anscheinend überall vor«. Bei einigen Stämmen wurden beide Geschlechter beschnitten. Nicht selten war das Gebiß, etwa infolge Herausbrechens oder Spitzfeilens der beiden oberen Schneidezähne, verstümmelt. Trotzdem konnten, was die Zahnpflege anging, »die europäischen Völker viel von den meisten Negerstämmen lernen«. Interessant war die Beobachtung, daß die Frauen im Sudân ihre Augenlider mit gepulvertem Bleiglanz einrieben und die Nägel mit Henna rot färbten.

Vor Betrachtung der bei den verschiedenen Völkern Kameruns gegebenen *soziologischen Verhältnisse* erinnern wir uns noch einmal der nicht nur auf dieses Gebiet beschränkten Entwicklungsstufen: Sie führten von der Familie über die Horde — »einen Haufen zusammenlebender Familien ohne Organisation« — zur

Oben: *Jesko v. Puttkamer, Gouverneur von Kamerun 1895–1906, unter dessen »zielbewußter Leitung (sich) die eigentliche Eroberung des ganzen Landes vollzog«.*

Rechte Seite unten: *Der von Reichskommissar Dr. Nachtigal mit Kameruner Häuptlingen geschlossene Schutzvertrag.*

Sippe, einer Verwandschaftsorganisation mit einem Totem als bestimmtem Abzeichen. Aus mehreren Sippen wurden dann Stämme, aus verschiedenen Stämmen Völker mit einheitlicher Sprache, aus diesen schließlich Völkergruppen.

Über die sozialen Verhältnisse der Bagiélli war wenig bekannt. Vermutlich lebten sie in Horden zusammen und standen politisch in Abhängigkeit von den umwohnenden Negerstämmen, denen sie auch Tribut zu zahlen hatten. Bei den Bantu ließen sich zwei große, sprachlich aus zahlreichen Völkern bestehende Gruppen erkennen, wobei die Organisation eines jeden Volkes die einer »Sippe mit Vaterfolge« zu sein schien, die zugleich Grundlage der politischen Sippenorganisation war. In sozialer Beziehung ließen sich auch bei den Bantu Freie (Abkömmlinge frei gewordener Sippengenossen), Hörige (»uneheliche« Sippenkinder, tributpflichtig und zum Heeresdienst verpflichtet, andererseits jedoch mit beträchtlichen Freiheiten ausgestattet) und Sklaven (Kriegsgefangene, Gekaufte oder in der Sklaverei Geborene) unterscheiden. Junge Leute bestimmten Alters schlossen sich häufig zu (vornehmlich Waffen-)Genossenschaften zusammen, deren Mitglieder nicht selten »den religiösen Kultus an sich (rissen) und religiöse Geheimbünde« bildeten.

Die Sudânneger wiesen den Stamm (die Vereinigung der Sippen) als Grundlage der politischen Organisation auf. »Die Familien und Sippen leben entweder im Lande zerstreut oder innerhalb einer einzigen Stadt vereinigt, und dann entstehen Stadtstaaten mit einer ähnlichen Organisation, wie sie Athen, Rom und andere Städte im Altertum gehabt haben . . . «. Hinsichtlich der sozialen Verhältnisse galt auch für die meisten Sudânstämme das Dreiklassensystem, wie es ähnlich in Togo beobachtet worden war: Zur ersten Klasse gehörten die Angehörigen des herrschenden Stammes, bestehend aus dem Häuptling und seiner Familie, dem reichen Adel und den Freien. Hörige bildeten die zweite Gruppe (Angehörige unterworfener Völker und eingewanderte Fremde, die sich freiwillig einem mächtigen Häuptling unterwarfen und dessen »Heerbann« vergrößern halfen). Sklaven und in der Sklaverei Geborene stellten die dritte, unterste soziale Gruppe.

Die bei den Bantu bestehenden Altersklassen wurden bei den Sudânnegern nicht beobachtet. Wie bei den Bantu und, noch ausgeprägter, bei den Sudânnegern waren auch die Herrscher im Fulbereich um den Aufbau einer möglichst großen, »kriegsfähigen« Gefolgschaft bemüht und nahmen aus diesem Grunde auch zugewanderte Fremde sowie Freie anderer Völker in ihre Dienste, die sog. Kaburras.

Oben: *Ein von Dr. Zintgraff mit seinem Begleiter Leutnant Zeuner als »Basis für den weiteren Vormarsch« ins Innere Kameruns angelegter Stützpunkt, die Barombi-Station am Elefantensee.*

Ein großer Teil der Kolonie Kamerun gehörte zum Emirat von Adamaua (einem altdeutschen Herzogtum vergleichbar), das sich, inmitten zahlreicher Heidenstämme gelegen, »in den weiten, fruchtbaren Ebenen des Benuëtals . . . kräftig entwickeln« konnte, und zwar in einem Ausmaß, das »in dem neueroberten Lande . . . viele – sozusagen – Grafschaften und Markgrafschaften« entstehen ließ. Den Mittelstand bildeten die in großer Zahl nach Adamaua eingewanderten fleißigen, Handel und Gewerbe treibenden Haussa und Kanuri, innerhalb des Reiches zwar Fremdlinge, jedoch genossenschaftlich organisiert und von einem ›Galadima‹ bei Hofe vertreten.

1. Westafrikanischer Fürst. — 2. Lagerschiff „Louise" — 3. Faktoreien am Ogowefluß. — 4. König Acqua mit zwei seiner Frauen. — 5. Canoe eines westafrikanischen Fürsten mit bewaffnetem Gefolge. — 6. Duallafrauen. — 7. Szene aus einer Faktorei in Batanga. — 8. Mädchen aus Gaboon.

Von der Küste Westafrikas: Bilder aus Kamerun. Nach photographischen Aufnahmen.

Entdeckung und Erforschung

>»Im Hinterlande waren schon in den fünfziger Jahren des vorigen Jahrhunderts – abgesehen von Dr. Nachtigal – unsere berühmten Landsleute, die Forscher Barth und Rohlfs erschienen, und auf ihre Reisen und Feststellungen gründeten sich die deutschen Besitzansprüche. Diese kühnen Reisenden waren von der Küste des Mittelländischen Meeres aufgebrochen und in das Herz Afrikas, bis in das heutige Kamerungebiet vorgedrungen.«

Oben: *Dr. Heinrich Barth.*

Linke Seite: *Kameruner Bilderbogen.*

Unten: *Dr. Eduard Vogel.*

Der Leipziger Professor Hans Meyer teilte diese erstmals vor dem Ersten Weltkrieg getroffene Feststellung nicht uneingeschränkt. Aus seiner Sicht waren »die Reisen von Rohlfs und Nachtigal 1869–74, die nur das nördliche Mandaragebirge, resp. das östliche Bornu berührten, . . . von geringer Bedeutung«, soweit es um die Erforschung Kameruns ging. Er verteilte das Verdienst auf viele Schultern. Infolge des kulturellen Nordsüdgefälles im Raum zwischen dem Sudan und der unmittelbar am Äquator gelegenen Region wurde das spätere deutsche Schutzgebiet Kamerun von Norden her erschlossen, ein Prozeß, der sich über mehr als ein Jahrhundert erstrecken sollte. In den auf »ziemlich hoher Kulturstufe« stehenden großen mohammedanischen Reichen des Sudan hatte zwischen den verschiedenen Stämmen bereits frühzeitig reger Handelsverkehr geherrscht. Senegal und Rotes Meer waren durch große Verkehrsstraßen miteinander verbunden. Daher konnte nicht ausbleiben, daß auch zahlreiche Reisende tätig wurden und jene Gebiete verhältnismäßig früh zu den »am besten bekannten Ländern Afrikas« machten. So ist, wenn auch erst später, festgestellt worden, daß es einem Deutschen namens Hornemann bereits 1806 gelungen war, von Tripolis aus in den Sudan vorzudringen, wo er allerdings, ohne Aufzeichnungen hinterlassen zu haben, den Tod fand. Erfolgreicher waren die Engländer Denham und Clapperton, denen 1822 die Erforschung der West- und Südseite des Tschadsees gelang. In den Jahren 1849–1855 bereiste H. Barth Nord- und Zentralafrika, wobei er auch auf Kameruner Gebiet gelangte. Er zog vom westlich des Tschadsees gelegenen Kuka nach Yola »und entdeckte dabei den Oberlauf des Benuë . . .«, drang in die Musguländer bis in die Nähe des Tuburisumpfes vor und zog schließlich durch die südlich des Tschadsees liegenden Gebiete nach Bagirmi.

Auch ein anderer Deutscher, E. Vogel, gelangte bis zu dem zwischen dem Benuë- und dem Scharigebiet gelegenen Tuburisumpf, den er jedoch irrtümlicherweise für einen riesigen See hielt. Etwa zur gleichen Zeit befuhr der Engländer W. B. Baikie den Benuë bis zum etwa 50 km unterhalb Yolas gelegenen Djen und erbrachte mit dieser Expedition den Nachweis der »Identität dieses Nebenflusses des Niger mit dem von Barth entdeckten Flußlauf bei Yola«. Neue Erkenntnisse konnte Eduard Flegel sammeln. Er begann seine Tätigkeit 1879 mit einer Reise auf dem Dampfer ›Henry Venn‹, der ihn den Benuë bis Garua hinaufbrachte. Größere Bedeutung wurde jedoch seinen 1882/83 im Benuëgebiet unternommenen Reisen beigemessen, die ihn auf das Hochplateau bis Ngaumdere und Banjo führten.

Gering dagegen waren zunächst die Kenntnisse vom Küstengebiet. Zwar hatte der Engländer R. F. Burton 1861/62 den Kamerunberg bestiegen, ein Jahrzehnt später waren »drei deutsche Gelehrte« – Buchholz, Reichenow und Lüders – in jener Gegend mit »wichtigen zoologischen Forschungen« beschäftigt, und zur gleichen Zeit gelang es dem Polen Rogozinsky, bis zum Barombisee vorzudringen. Trotzdem reichte, von wenigen Verbindungen abgesehen, das unbekannte Land bis unmittelbar an die Küste. Die Bemühungen, in das Innere vorzudringen, scheiterten aus mehreren Gründen. Zum einen war das teilweise aus unbewohntem Urwald bestehende Küstengebiet ebenso unwegsam wie ungesund. Zum anderen gab es da die »feindselige Haltung der Bewohner, die einen Sperrhandel eingeführt hatten und niemand gestatteten, von der Küste ins

Oben: *Admiral Knorr empfängt König Bell (Panorama-Gemälde von L. Braun und H. Petersen).*

Rechte Seite oben: *K. v. Morgen, dessen »Kampf um die Befriedung des Urwalds . . . ihm unvergänglichen Ruhm« sicherte.*

Rechte Seite unten links: *Dr. E. Zintgraff, der auf unbekannten Pfaden den Urwald des nördlichen Kamerun durchquerte, nach Errichtung der Barombi-Station ins Hochland des Sultans von Bali vordrang und dort die Baliburg baute.*

Rechte Seite außen: *Der »verdienstvolle Kamerunpionier« Hauptmann Kund, der gegen Bakoko und Wute kämpfte und die Jaunde-Station errichtete.*

Innere und umgekehrt aus dem Inneren an die Küste vorzudringen«. Zwischen der Küste und dem Sudan erstreckte sich also ein »im wesentlichen . . . völlig unbekanntes Gebiet, das noch der Erschließung harrte«. Dementsprechend lag der deutschen Regierung viel daran, »möglichst weit in das Land einzudringen, um durch Abschließung von Schutzverträgen die Grenzen der Kolonie in das Innere vorzuschieben«.

1888 gelang es der Expedition von Kund, Tappenbeck und Weißenborn, von der im Süden gelegenen Küstenstadt Batanga aus die unbewohnte Urwaldregion zu durchqueren, das Hochplateau zu ersteigen, die Flüsse Njong und Sanaga zu überschreiten und damit »die Grenze zwischen den Bantu- und Sudânnegern festzustellen«. Dem Versuch, von Jaunde aus das Kamerunästuar zu erreichen, setzten die Bakoko heftigen Widerstand entgegen, so daß sich die Expedition schließlich mit mehreren Verwundeten an die Küste zurückziehen mußte. Erst 1899 konnte in Jaunde »eine Station begründet und damit im Innern fester Fuß gefaßt« werden. Der »unermüdliche Zintgraff« durchquerte von Duala aus das nördlich gelegene, ausgedehnte Waldland, gelangte über das Hochplateau des Balilandes in das Grasland, erreichte »unter unsäglichen Schwierigkeiten« Ibi am Benuë und drang schließlich bis Yola vor. Er war der erste, »der die Küste mit dem Sudan verband«.

Bis Ibi gelangte, nachdem er zuvor von Jaunde aus den Sanaga bis zur Mündung erforscht hatte, auch K. v. Morgen. Zwei andere Forscher, Stetten und Hering, erreichten 1893 ebenfalls Yola, wenn auch auf Umwegen, da ihnen der Sultan von Tibati »sehr feindselig« begegnete. Ein Vorstoß nach Osten und Nordosten glückte nicht − »sehr zum Schaden unserer Kolonie« −, hatten inzwischen doch die Franzosen das Hinterland »unserer Küste« erschlossen. Pierre Graf Savorgnan de Brazza und andere waren vom Kongo aus den Ssanga aufwärts gefahren, Mizon hatte von Yola aus über Kunde und Gasa bis Bania kommen können. Und die Expedition Maistre gelangte 1893 vom Ubangi aus zunächst zum oberen Schari, anschließend, nach Westen marschierend, über Lai und Lame nach Garua, »wo sie überall Verträge abschloß«. Gleichzeitig bereitete Mizon, zum zweiten Male am Benuë eingetroffen, den Engländern »große Schwierigkeiten«. »Noch im letzten Moment« gelang es dem Kamerunkomitee, eine Expedition auszurüsten und »mit Hilfe der Engländer nach Yola zu befördern«. Die Vorstöße dieses unter Leitung von E. v. Uechtritz stehenden Unternehmens blieben aus finanziellen Gründen begrenzt, doch zeigten sich die

Franzosen nunmehr bereit, einen Vertrag über die Abgrenzung der Kolonie abzuschließen, vermutlich aus der Befürchtung heraus, der Sultan von Bagirmi könne sich »unter deutschen Schutz« stellen.

Die Einigung mit den Franzosen erfolgte am 15. März 1894. In dem Vertrag erhielt Deutschland den sog. »Entenschnabel« zugesprochen, ein zuweilen auch als »Entenkopf« bezeichnetes, wunderlich geformtes Teilstück zwischen dem 10. nördlichen Breitengrad und dem Südzipfel des Tschadsees. (Diese Grenzziehung galt bis 1911, dem Jahr, in dem das deutsch-französische *Marokko-Abkommen* geschlossen wurde, »durch welches Deutschland Neu-Kamerun und damit Zutritt zu dem Kongo und seinem größten rechten Nebenfluß Ubangi« erhielt. Aufgrund dieses »Marokko-Kongo-Vertrages« bekam Frankreich ein kleines, im äußersten Norden der Kolonie zwischen Logone und Schari gelegenes Stück, während »zu der alten Kolonie Kamerun noch ein Gebiet von rund 250 000 Quadratkilometer Umfang hinzugefügt« wurde, womit sich der Gesamtflächeninhalt des deutschen Schutzgebietes auf 745 000 Quadratkilometer erhöhte. Die neuerworbenen Gebiete lagen im Süden und Osten des »alten« Kamerun, »so daß die spanische Kolonie Guinea von deutschem Gebiet umschlossen wurde.«) Bereits 1893 war mit den Engländern ein Abkommen über die Grenzziehung zwischen Rio del Rey und dem Tschadsee getroffen worden. So bezeichnete das Jahr 1894 einen wichtigen Abschnitt in der Forschungsgeschichte Kameruns, »indem die Bemühungen, durch Expeditionen möglichst viel Land zu gewinnen, definitiv aufhörten«. Erst »das Jahr 1898 brachte endlich eine Wandlung«, denn nun begann die »wirkliche Erwerbung«.

1 Los-Inseln. — 2. Bagida. — 3. Haus des Königs Velangue. — 4. Lome. — 5. Fernando Po. — 6. "Möve". — 7. Korvette "Leipzig". — 8. Surfboot. — 9. Kriby. — 10. Campo River. — 11. Eloby. 12. König Toko. — 13. Kamerun. — 14. Walfischbai. — 15. Angra Pequena.

Deutsche Kolonieen an der Westküste Afrikas. Nach Skizzen von Chr. Lohmann.

Besitzergreifung und »wirkliche Erwerbung«

»Während in den küstennahen Bezirksämtern die Befriedigung der Eingeborenen ohne erhebliche Schwierigkeiten vor sich ging, machten noch im Jahre 1909 Stämme des südlichen Hinterlandes, die Makas, erhebliche Schwierigkeiten und mußten durch eine energische Strafexpedition in ihre Schranken zurückgewiesen werden. Es war die letzte größere Leistung des bewährten Dominik. Dabei ist freilich zu bedenken, daß diese von der Küste entfernteren Stämme noch der krassesten Menschenfresserei huldigen und dafür bestraft werden mußten, daß sie vor einigen Jahren einen Kaufmann und seine zweiundfünfzig Angestellten aufgefressen hatten.«

Oben: *Der deutschfreundliche Kamerunfürst King Bell von Belltown. Mit ihm, King Aqua und King Dido wurden die ersten Schutzverträge für Kamerun geschlossen.*

Linke Seite: *Bilder von der deutschen Westküste Afrikas.*

Unten: *Konteradmiral Knorr, dessen Geschwader 1884 »einen Aufstand der von fremder Seite aufgehetzten Eingeborenen, die die südlichen deutschfreundlichen Stämme überfallen hatten«, niederschlagen half.*

Der Hinweis auf die »ohne erhebliche Schwierigkeiten« erfolgte Befriedung der Eingeborenen – Makas ausgenommen – darf nicht dahingehend gedeutet werden, daß die Besitzergreifung ansonsten überall friedlich erfolgt wäre. Bereits in den ersten Monaten nach Abschluß der Verträge zwischen Nachtigal und seinem Begleiter Buchner einerseits und den Negerkönigen Bell und Aqua andererseits mußte »ein deutsches Geschwader unter Admiral Knorr . . . die Erwerbung an der ganzen Küste« unterstützen und »den Engländern und den von diesen gegen Deutschland aufgestachelten Negern entgegentreten«. Und in den Weihnachtstagen des Jahres 1884 zwang ein angeblich von den Briten gegen den deutschfreundlichen König Bell angezettelter Aufstand abermals zu einer Aktion von See her. Ein Landungskorps der Kriegsschiffe »Bismarck« und »Olga« stürmte die Joßplatte, auf der sich die Aufständischen verschanzt hatten, und unterdrückten die Unruhen.

An und für sich hätte nun eine Polizeitruppe aufgestellt werden sollen, doch verzögert sich das Vorhaben noch bis zum Oktober 1891. In diesem Jahr wird das 100 m hoch am Kamerunberge gelegene Dorf Buea gestürmt, »dessen Unterwerfung große Mühe« gemacht hat. Dort waren die mit Speeren und Armbrust bewaffneten Bakwiri ansässig, aus deutscher Sicht »schmutzige Wilde, deren einzige Kleidung aus einem Farrengeflechtschurz bestand . . . «. (Zwanzig Jahre später werden sie »von der europäischen Kultur stark beeinflußt« sein und »von den ursprünglich rohen Sitten und Gebräuchen und Kulturgeräten vieles verloren, aber auch manche schlechte Eigenschaft angenommen haben«.)

Am 30. Oktober 1891 wird dann eine *Polizeitruppe* aufgestellt. Zwei Jahre später schlägt sie in sechs Tagen den sog. Dahomeyaufstand nieder, der in Duala von rund 50 ihrer eigenen Soldaten entfesselt worden war, die angeblich wegen unzureichender Bezahlung, in Wirklichkeit aber deshalb gemeutert hatten, weil man sie, wie Gustav Noske berichtete, »nicht anders wie Sklaven behandelt, die für den Herrn, der sie bezahlte, ums Sattessen, ohne Lohn zu erhalten, ihre Haut zu Markt tragen sollen«. Amtlich hieß es, den Dahomeysoldaten könne die Löhnung der Polizeisoldaten »zur Zeit noch nicht zuteil werden, da sie um einen teuren Preis aus der Sklaverei losgekauft« worden seien und »den Kaufpreis . . . erst abverdienen« sollten. Im Dezember 1894 findet eine zweite »Strafexpedition« gegen die Bakwiri statt. Sie endet mit deren Unterwerfung, »womit die friedliche Pflanzungsarbeit am Kamerunberg beginnt«.

1898 werden, nach vier Jahren verhältnismäßiger Ruhe, die besitzergreifenden *Expeditionen* fortgesetzt. Eine Einheit unter ihrem Führer v. Kamptz schlägt den »Ngilla« (Oberhäuptling) des stärksten Volkes der Sanagamulde und stürmt dessen Stadt. Der Emir von Tibati, dessen Vasallen die Wute waren, flieht, wird später gefangengenommen und stirbt in seinem Verbannungsort Duala. 1901 stürmt Hauptmann Kramer v. Klausbruch die Stadt Ngaumdere, zieht nach Garua und schlägt dort den Sultan Suberu. Zur gleichen Zeit erringt Oberleutnant Radtke »in Bubandjidda einen glänzenden Sieg«. Nach Vereinigung mit

den inzwischen in Garua eingetroffenen Kräften Dominiks und v. Bülows gelingt es, »den Sultan von Yola . . . vollständig zu besiegen und so mit einem Schlage die Macht der Fulbe zu brechen«. Die Ermordung eines deutschen Offiziers in der neugegründeten Station Banjo veranlaßt den Kommandeur der Schutztruppe, Oberstleutnant Pavel, »über Banjo nach Garua und Dikoa zu marschieren und offiziell von dem deutschen Tschadseegebiet unter Anlegung von Stationen Besitz zu ergreifen«. Nachdem Dominik und v. Bülow 1902 auch das Scharigebiet, diesmal friedlich, durchquert haben, scheint »die deutsche Herrschaft im Norden gesichert zu sein«. Doch plötzlich wird, aus nicht ganz geklärten Gründen, Graf Fugger mit dem Befehl nach Garua geschickt, den gesamten Norden zu räumen. Da sich zu diesem Zeitpunkt dort jedoch gerade die deutsche Niger-Benuë-Tschadsee-Expedition aufhält, verzögert Fugger die Räumung. Wenige Tage später wird er ermordet, die Regierung zieht den Räumungsbefehl zurück, die Stationen bleiben erhalten.

Seit 1899 war auch der größte Teil der Urwaldregion des Südostens erforscht und »teilweise . . . unterworfen« worden. Große Teile der Kolonie − Südosten, Norden, das Gebiet bei Jaunde und die Küstenzone − »konnten als erschlossen gelten«. Nun ging es darum, auch die dazwischen gelegenen Gebiete »wirklich zu erwerben«. Die Periode dieser 1902 beginnenden Besitzergreifung vollzog sich in drei Gebieten: dem Hinterland zwischen Rio del Rey und Duala, dem Gebiet zwischen Duala und Kampo und dem Benuë- und Tschadseegebiet. In der ersten Region, wo seit 1900 die Gesellschaft Nordwest-Kamerun festen Fuß gefaßt hatte, brachten zwei größere Expeditionen − deren eine das Plateau nordwestlich von Bali erforschte, während die zweite von Bali bis Ngaumdere führte − eine Vielzahl neuer Erkenntnisse. Gleichzeitig hatte die Regierung das ganze Gebiet zwischen dem Baliplateau und der Küste »unterworfen«. In jahrelangen schweren Kämpfen waren am oberen Kreuzfluß die aufgestandenen Ekoi und Keaka niedergeworfen worden, während auf dem Westrand des Manengubahochlandes die Bangwa wegen Ermordung eines Deutschen »bestraft« werden mußten. Nach Gründung der Station Ossidinge am Kreuzfluß (1904) brach der Aufstand erneut aus, »und es bedurfte gewaltiger Anstrengungen, um ihn zu unterdrücken«. Von einer 1902 in Bamenda errichteten Station aus wurde dann »ein großer Teil des Baliplateaus wie des Hochlandes östlich und

Linke Seite oben: *Im Gefecht bei Hickory erringen die Deutschen ihren ersten Sieg auf afrikanischem Boden. (Originalzeichnung von A. v. Rößler)*

Linke Seite unten: *Unterleutnant zur See Scheer, der spätere Sieger vom Skagerrak, nahm an Bord der S. M. S. »Bismarck« an allen Operationen des Geschwaders Knorr teil.*

Oben: *Hans v. Ramsay betrat 1902 als erster Weißer das Königreich Bamum. Rechts im Bild Fumo Bakari, der Sohn des Sultans Garega von Bali.*

südlich der Station unterworfen«. 1905 gelang, ebenfalls »nach heftigem Kampfe«, auch die wegen des geplanten Bahnbaus erforderlich gewordene »definitive« Besetzung des Manengubaplateaus.

Im Gebiet der Südküste mit ihrem Hinterland blieb es ebensowenig ruhig. Zwar hatten die Bakoko 1898 ihren jahrelangen Widerstand »freiwillig« aufgegeben und Händler ins Land gelassen, doch immer wieder war es zu Kämpfen gekommen, »und noch im Jahre 1907 wurde in Jaunde selbst eine Verschwörung entdeckt, aber rechtzeitig unterdrückt − ein recht bedenkliches Symptom«. Auch mit den Wute, die bereits 1899 »völlig geschlagen worden waren«, »gab es . . . noch manche Kämpfe«. 1900 erhebt sich im Hinterland von Kribi »der sehr starke und kriegerische Stamm der Buli« und zieht »plündernd zur Küste«. Die Niederschlagung nimmt nur vier Tage in Anspruch. Zwischen 1903 und 1907 erfolgte »die eigentliche Unterwerfung des Urwaldgebietes, das den Süden Kameruns . . . einnimmt«, wobei sich die Stämme am oberen Dja und Njong − die Njem, Ndsimu und Maká − als die hartnäckigsten Widersacher erwiesen. Bereits 1899 war der Reichtum des Waldgebietes an Kautschukbäumen festgestellt worden. Wenig später drangen zahlreiche Händler in das noch völlig freie Waldgebiet vor und, so die deutsche Lesart, reizten »die Habsucht der kriegerischen Stämme«. Wie sie mit den Eingeborenen Handel trieben oder zu treiben versuchten, deutet der Hinweis an, daß sie »sich auch nicht immer zweckentsprechend« benommen hätten. »So kam es bereits 1903 zu ernsten Unruhen, die mit der Ermordung und Flucht der Händler begannen und mit der Bestrafung der feindlichen Stämme endeten«. Das Erscheinen eines Dampfers der Gesellschaft Süd-Kamerun auf dem oberen Njong 1904/05 hatte zur Folge, daß sich alle Stämme des Dja- und Njonggebietes verbündeten. Der 1905 ausbrechende Aufstand konnte »erst 1907 unter allergrößten Schwierigkeiten und Opfern beendet« werden. Im Norden sollte »von einer wirklichen Pazifizierung . . . vorläufig noch immer nicht die Rede sein«. Die Ermordung des Grafen Fugger zeigte, »daß der Fanatismus unter den mohammedanischen Fulbe nur schlummerte . . . «. 1904 fiel Hauptmann v. Thierry »im Kampfe gegen unbotmäßige Heiden«. Und die von »fanatischen Mekkapilgern« östlich von Marua und von einem »zweiten Propheten« am oberen Benuë angezettelten »religiösen Aufstände« machten »eine schnelle, blutige Niederwerfung« nötig.

Rechts: *Hauptmann Karl Frhr. v. Gravenreuth (zweiter von links), der als »Löwe von Afrika« bekannt geworden ist und am 5. November 1891 im Kampf gegen die Bakwiri fiel.*

Rechte Seite oben: *Der kleine Kamerunberg.*

Unten: *Das Wohnhaus des Gouverneurs in Buea, Kamerun.*

Die Verwaltung

»Kamerun ist zum größten Teil ein sehr ungesundes Gebiet; namentlich die feuchtheißen Tiefländer an der Küste und im Innern sind für Europäer dauernd nicht bewohnbar. Anders steht es mit den Hochländern, die mindestens 1200 m Höhe haben und im großen ganzen wohl malariafrei sein dürften. In diesen Gebieten wäre an sich eine dauernd ansässige, weiße Bevölkerung wohl denkbar; ob sie sich aber im wirtschaftlichen Kampfe mit der eingeborenen Bevölkerung wird halten können, ist freilich eine andere Frage.«

Etwa ein Jahrzehnt nach Übernahme der Schutzherrschaft durch das Deutsche Reich wurde die Zahl der in Kamerun ansässigen *Europäer* mit 253 Seelen angegeben, »größtenteils Deutsche, dann in gleichem Verhältnis Engländer, Amerikaner und Schweden«. Um die Jahrhundertwende lebten in der Kolonie 348 Deutsche (bei insgesamt 425 weißen Bewohnern). Bis 1910 erfuhr die weiße Bevölkerung eine bedeutende Zunahme: sie stieg auf etwa 1150, unter ihnen knapp 1000 Deutsche.

Eine Untersuchung der Zugehörigkeit zu einzelnen *Beschäftigungsgruppen* ergab am 1. Januar 1908 folgendes Bild: 144 Regierungsbeamte, 87 Schutztruppen- und 97 Missionsangehörige, 105 »Pflanzer«, 381 Kaufleute. Es folgten in erheblich geringerer Zahl Techniker, Handwerker, Ärzte, Seeleute und andere Berufe. Insgesamt kamen zu 965 Männern 112 weiße Frauen und 51 Kinder.

Eroberung und Besitzergreifung der Kolonie ließen auch die Verwaltung schrittweise ins Landesinnere vordringen. Verwaltungssitz war Buea, »obwohl es das Naturgemäßeste wäre, wenn sich der Sitz des Gouvernements in Duala befände . . . «. Mit Rücksicht auf die »sanitären Verhältnisse« war »ein gesunder Höhenort als Zentrale gewählt worden«. Entstandene Nachteile wurden »durch telegraphische und telephonische Verbindung mit Duala . . . einigermaßen« ausgeglichen.

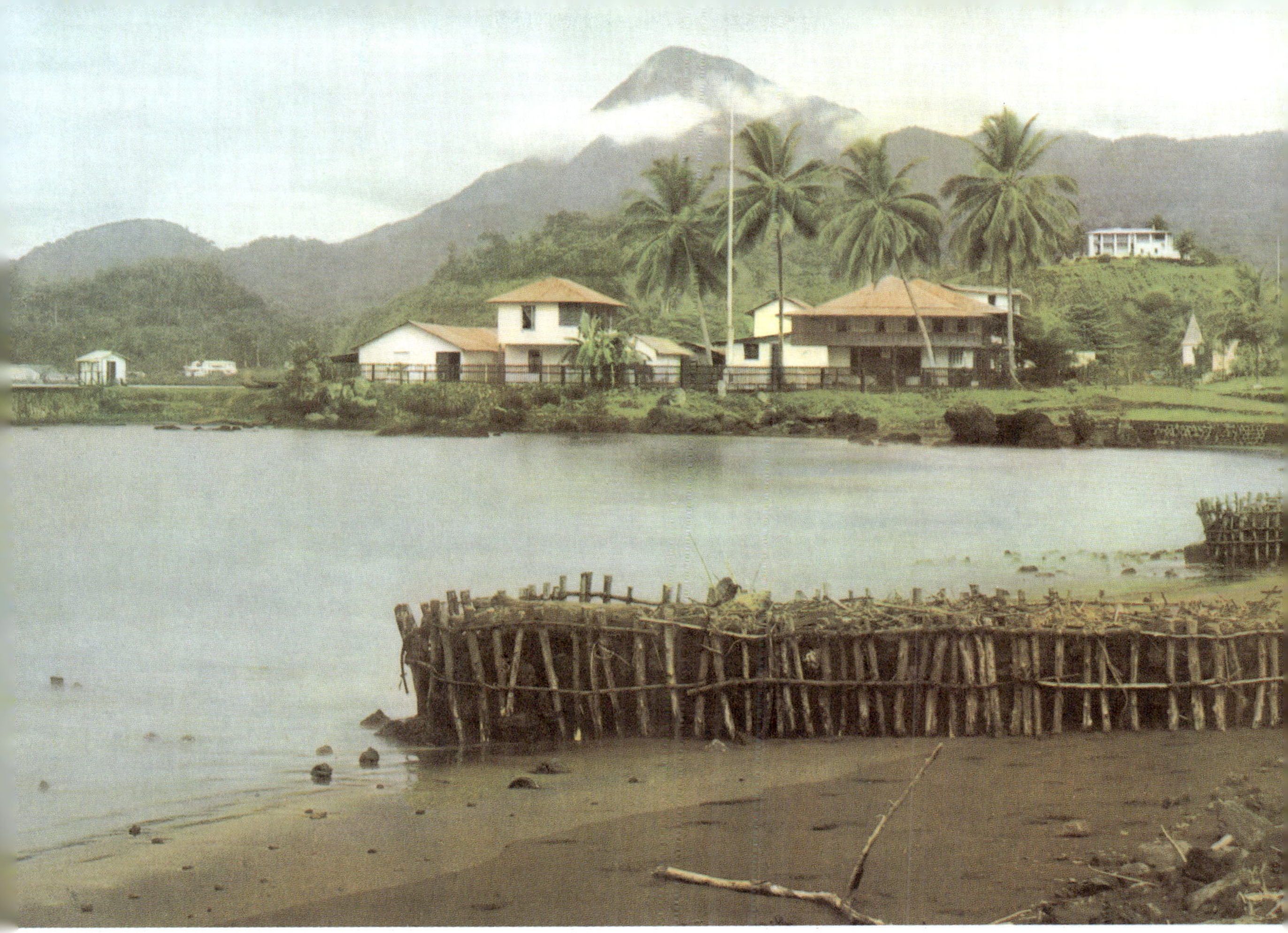

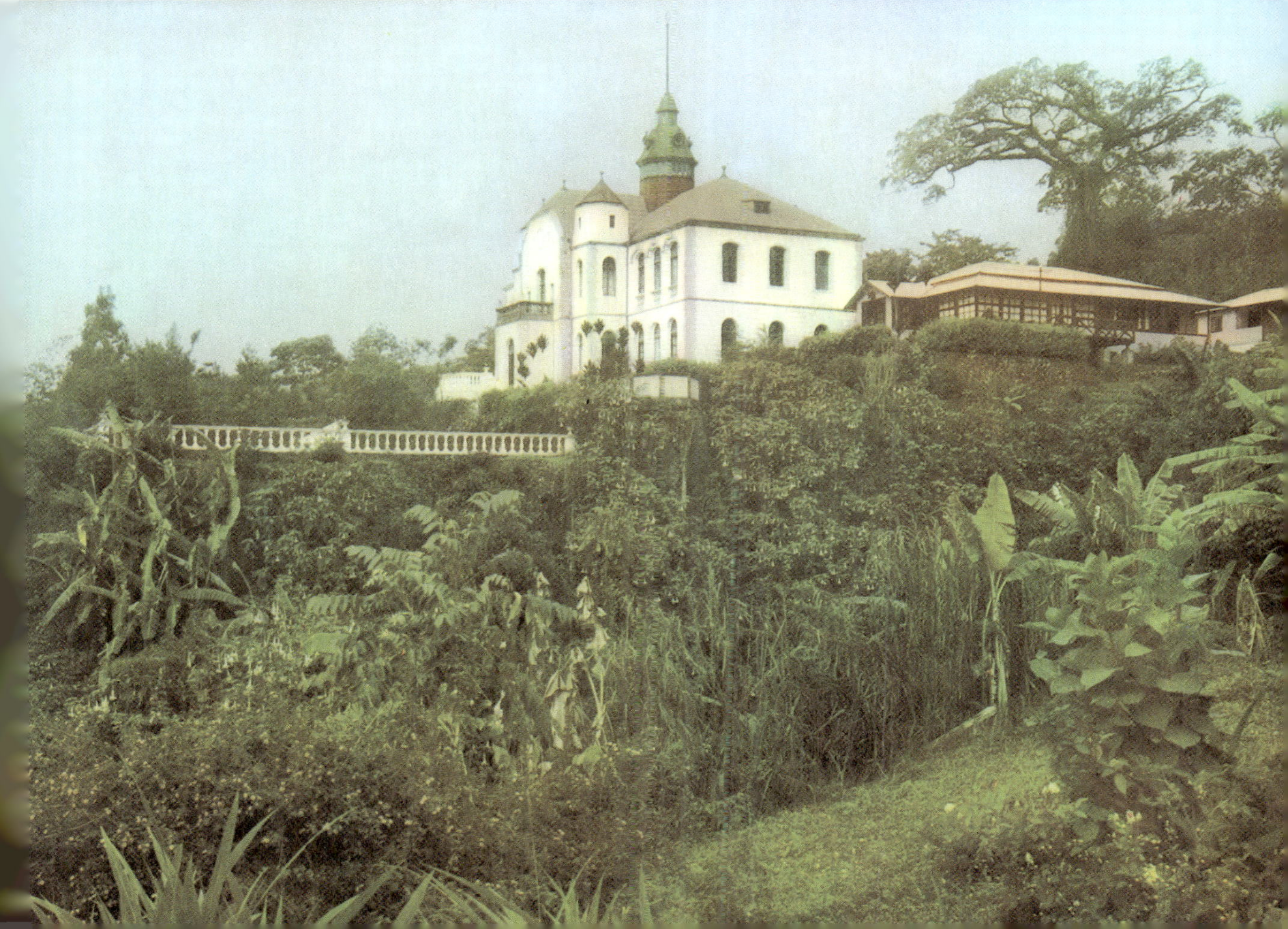

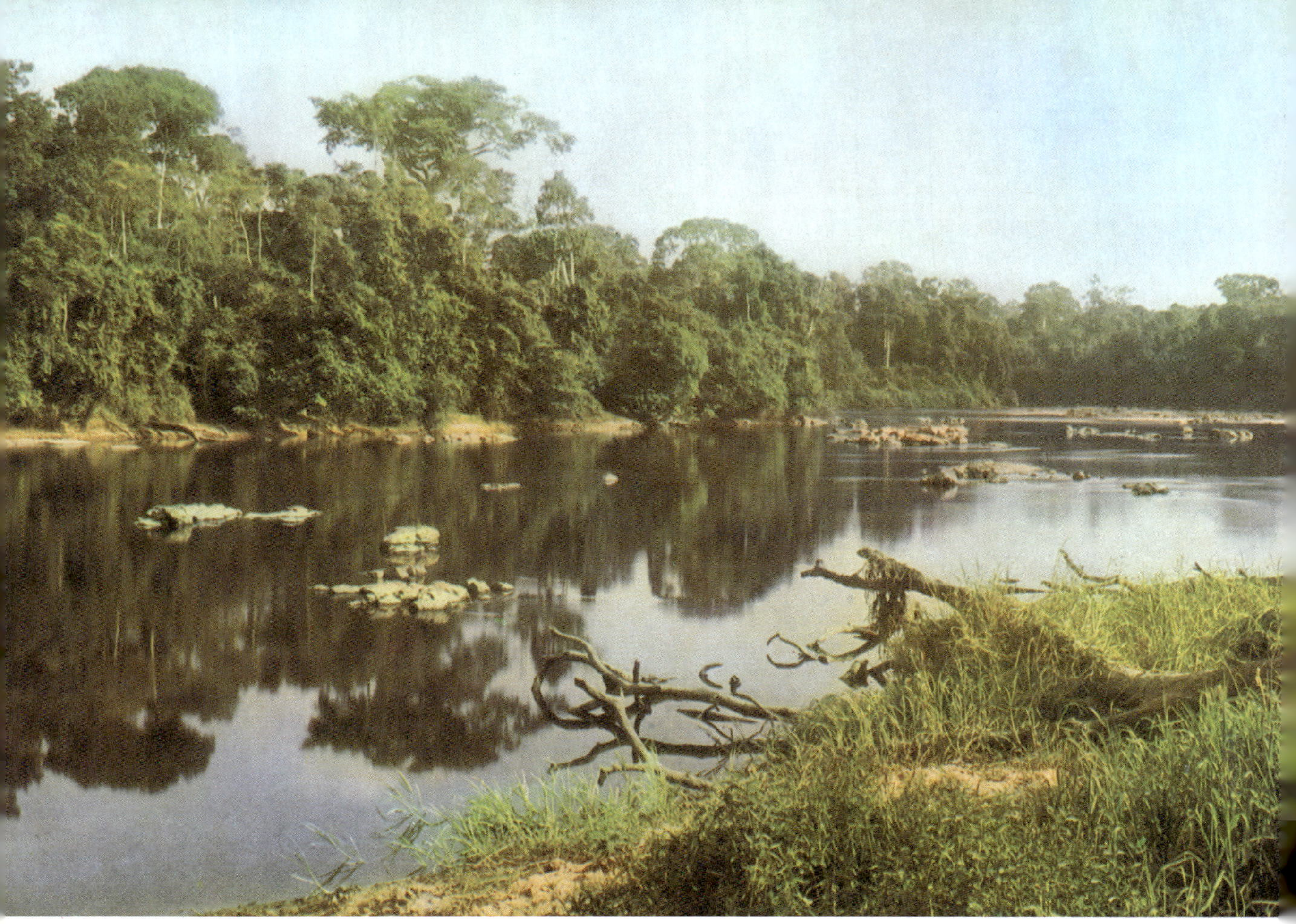
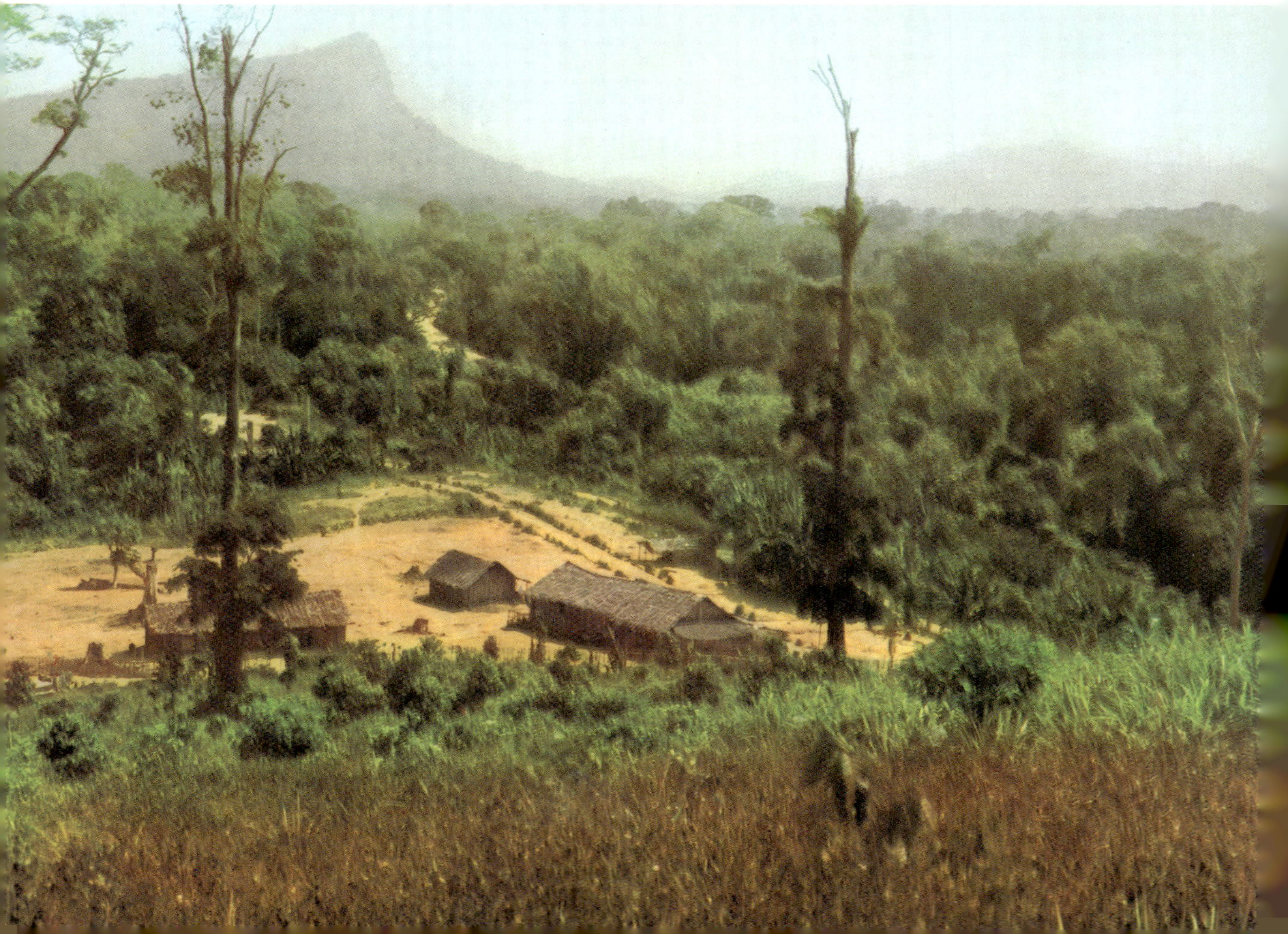

»In erster Linie«, so die damalige Formulierung, »muß man durch die Anlage von Stationen für die Besitzergreifung und Beherrschung des Landes sorgen.« Rund ein Vierteljahrhundert nach der Inbesitznahme, im Jahre 1908, gab es in Kamerun 21 *Verwaltungsdistrikte*, an deren Spitze sich je eine Station befand. Von diesen lagen zehn im Küstengebiet (Rio del Rey, Buea, Victoria, Duala, Edea, Kribi, Kampo, Ossidinge, Johann-Albrechtshöhe und Jabassi), fünf (Lolodorf, Jaunde, Ebolowa, Lomië und, später, Dumestation) im südlichen Waldlande, vier (Dschang, Bamenda, Banjo und Joko) in Südadamaua und zwei (Garua und Kussuri) im gesamten Norden. (Lolodorf wurde 1908 aufgelöst, das Gebiet auf andere Distrikte verteilt.) Die »wichtigste Aufgabe der Stationen« bestand, wie anders, auch in Kamerun darin, die Ordnung aufrechtzuerhalten, Streitigkeiten unter den Eingeborenen zu verhindern und Frieden zu stiften. »In der mohammedanischen Region namentlich müssen Raubzüge und Sklavenjagden beseitigt werden.«

Für die Durchführung dieser Aufgaben standen eine Polizeitruppe und eine Schutztruppe zur Verfügung. Die Polizeitruppe wurde in den Gebieten mit ziviler Verwaltung eingesetzt. Ihre Stärke betrug 550 Mann (Eingeborene), die von zwei weißen Offizieren, fünf Unteroffizieren und sechs »Exerziermeistern« geführt wurden. Ihr Verhältnis zur Schutztruppe ließ zu wünschen übrig, was seinen Grund in unterschiedlicher Auffassung über »zivile« und »militärische« Methoden der Verwaltung gehabt haben dürfte, wie im folgenden sichtbar wird. Die Schutztruppe war in Gebieten mit militärischer Verwaltung tätig und »gleichzeitig zur Unterstützung der Polizei da«. Sie bestand aus 149 Europäern und zehn je 150 Mann starken Kompanien. Ihr Hauptquartier, in dem eine Stammkompanie auch die Rekruten ausbildete, befand sich in Soppo bei Buea. Die neun Feldkompanien mit ihren Artillerieabteilungen waren, teilweise mit zusätzlichen Außenposten, in Duala, Soppo, Fontemdorf, Bamenda, Ebolowa, im Makalande, in Banjo, Garua und Kusseri stationiert, die Stationen teilweise »als Festungen mit hohen Mauern und Ecktürmen ausgebaut«.

Die Art der Verwaltung, insbesondere die Rechtsverhältnisse, unterschieden

241

Oben: *Kriegerdenkmal in Duala.*

Rechte Seite oben: *Palast des Dualahäuptlings Manga Bell.*

Rechte Seite Mitte: *Volkszählung auf einem Dorfplatz.*

Rechte Seite unten: *Altes Gouverneurshaus.*

Unten: *Gouverneur v. Puttkamer.*

sich in den verschiedenen Teilen der Kolonie. So gab es *Bezirksämter mit ziviler Verwaltung* und einem Bezirksrichter als leitendem Beamten und *Bezirke mit Zivilverwaltung*, an deren Spitze ein Bezirksamtmann stand. »Zur Aufrechterhaltung der Ordnung« diente in beiden Verwaltungen die Polizeitruppe. Dem standen Gebiete mit *militärischer Verwaltung* gegenüber. Daneben gab es noch zwei *Residenturen*, ebenfalls militärisch geleitet, jedoch »nicht direkt verwaltet«. Die Aufgaben in den vier Verwaltungsgebieten unterschieden sich erheblich voneinander.

Im Gebiet der mohammedanischen Reiche bemühten sich die Deutschen nach ihrem Verständnis, »möglichst alles beim alten zu lassen«: An die Stelle des vertriebenen Emirs von Yola trat die deutsche Regierung. Gegenüber den Vasallenreichen, die bestehen geblieben waren, verlangte sie »denselben Gehorsam wie einst der Oberherr«. Der von ihr erhobene »Tribut« wurde in Naturalien geliefert. So schickte im Jahre 1904 der Emir von Gulfei »5 Pferde, 34 Rinder, 60 Schafe, nebst Löwen- und Leopardenfellen«, wie das in Berlin erscheinende Deutsche Kolonialblatt berichtete. Selbst die bis zu diesem Zeitpunkt abgabefreien Musgu wurden zu Tributleistungen herangezogen. Um einem deutschen »Residenten« die Erteilung von Befehlen ebenso wie die Auferlegung von Tributen verwaltungstechnisch zu erleichtern, wurden »die kleinen zersplitterten Heidenstämme der Gebirge und des Sumpflandes . . . zu größeren Verbänden vereinigt und unter einen Oberhäuptling gestellt«, mit dem dann verhandelt werden konnte. In die innere Verwaltung pflegte sich die deutsche Schutzmacht nicht einzumischen. Über Streitigkeiten zwischen einzelnen Machthabern entschieden eingeborene Schiedsgerichte – »freilich unter der Kontrolle des Residenten«.

In den Gebieten mit *Militär- und Zivilstationen* bestand die Aufgabe, neben der Aufrechterhaltung der Ordnung, »namentlich auch im Schutz der Unterdrückten«. Beispielsweise wurde im Waldland »rücksichtslos gegen Gottesurteile, Menschenopfer, Kannibalismus und Geheimbünde vorgegangen, ihr Schwindel aufgedeckt, und der Terrorismus verhindert«. Streitigkeiten zwischen Stämmen und Sippen hatte der Stationsleiter zu schlichten. Im Jahresbericht 1906/07 über die ›Entwicklung der Schutzgebiete . . . Teil Kamerun‹ wurde von einem Treffen des Kommandeurs der Schutztruppe mit nicht weniger als 300 Häuptlingen, die nach Ebolowa gekommen waren, berichtet. Und immer wieder schienen sich eingeborene Schiedsgerichte zu bewähren.

Zu den Aufgaben der Stationsleiter gehörte auch die »Erschließung ihres Gebietes durch Wege«. Sie taten dies, indem sie die Häuptlinge mehr oder weniger nachdrücklich anhielten, breite Wege durch den Urwald zu schlagen und diese sauber zu halten, Brücken zu bauen und »außerdem oft Leute für öffentliche Arbeiten (zu) stellen«. In einigen Bereichen hatte man mit der Einführung von Steuern (wie z. B. der Hüttensteuer im Bezirk Johann-Albrechts-Höhe) oder Abgaben (wie im Jaundebezirk) begonnen, »ohne auf verwaltungs- oder kassentechnische Schwierigkeiten zu stoßen«. Innerhalb der Bezirksämter mit Zivilverwaltung sprach, von einem Beirat unterstützt, der zuständige Bezirksrichter über die Weißen ebenso wie über die Eingeborenen Recht, wobei Berufung und Beschwerde beim »Oberrichter« in Buea zulässig waren. Auch die genaue Regelung der Besitzverhältnisse war in Angriff genommen worden, und zwar »nicht bloß die der Weißen, sondern auch die der Schwarzen«. Grundbücher wurden geführt, Grundstücke vermessen. Anläßlich des beginnenden Eisenbahnbaus hatte eine eigens eingesetzte Landkommission »die Zahl der Dörfer, Familien und Einwohner (sowie) Qualität und Umfang des brauchbaren Landes festzustellen«. Ihre Arbeit diente als Grundlage für die Bemessung zuzuweisender Reservate, deren Größe pro 10köpfige Familie zwei Hektar betrug, ein Wert, der sich jedoch schon bald als zu gering erwies. (U. a. empfahl Mansfeld die Zuteilung von zehn Hektar.)

Die Kolonialregierung betonte immer wieder, daß »die Sorge für die Eingeborenen, d. h. der Versuch, sie auf eine höhere Kulturstufe zu stellen«, eine ihrer wesentlichsten Aufgaben sei und dem Ziele diene, »mit ihrer (der Eingeborenen) Hilfe die Kolonien zu verwalten und ihre Hilfsquellen zu erschließen«, wobei sie den *Schulen* und *Missionen* entscheidende Bedeutung beimaß. Die

Oben: *Hafenstraße in Duala.*

Darunter: *Dr. Gleim, 1910–1912 Gouverneur von Kamerun.*

bereits frühzeitig in Duala und Victoria errichteten Regierungsschulen – »der Kursus dauert sechs Jahre« – wurden 1906/07 von 243 (Duala) bzw. 200 (Victoria) Schülerinnen und Schülern besucht. Der Unterricht – Deutsch, Lesen und Rechnen – diente hauptsächlich der Vorbereitung auf die spätere Verwendung der Absolventen als »Faktoristen und Unterbeamte«. Bemerkenswert schien die Tatsache, daß auch zahlreiche »Kinder von Stämmen des Binnenlandes zum Schulbesuch nach Duala« kamen, die allerdings mittellos waren, ein »Übelstand . . ., dem durch Anweisung von Farmland, wo sie sich ihre Bananen usw. selbst pflanzen können«, abgeholfen werden sollte. Zu den beiden ersten Schulen kamen 1906 bzw. 1909 in Garua und Jaunde zwei weitere. Zu den Lehrern gehörten auch Eingeborene. Da »christliche Bestrebungen . . . ferngehalten« wurden, stießen die Schulen von seiten der Mohammedaner auf keinen Widerstand. Besondere Bedeutung maß die Regierung den in Duala und Buea eingerichteten Handwerkerschulen bei, auf denen Maurer, Tischler, Zimmerleute und Schlosser ausgebildet wurden.

Einen beträchtlichen Umfang wies die *Missionstätigkeit* auf, die sich auf drei evangelische und eine katholische Mission verteilte. An der Spitze stand größenmäßig die Baseler Mission, der 43 Männer und 30 Frauen angehörten. Sie zählte 12 Hauptstationen und 243 Schulen, in denen (um 1910) mehr als 8300 Schüler unterrichtet wurden, wobei es gelungen war, die Posten bis an die mohammedanische Grenze – Bali und Bamum – vorzuschieben. Im Küstengebiet zwischen Kamerunberg und Dibambafluß unterhielt die Baptistenmission vier Haupt- und 46 Nebenstationen, außerdem eine Gesundheitsstation. Seit ihrer Gründung konnten etwa 1400 »Leute« getauft werden. Die Schülerzahl lag bei 1450, die Ausbildung erfolgte überwiegend in handwerklichen Bereichen. Von der Südküste und dem Raum um Kribi aus war die amerikanische presbyterianische Mission mit ihren Stationen und ihren Schulen bis in die Mitte der Kolonie, 125 km östlich von Ebolowa, vorgedrungen. Für ihre 2000 Schüler standen 18 Missionare und 15 Frauen zur Verfügung. Die katholische Mission beschäftigte auf ihren insgesamt zehn Stationen in 51 Schulen 64 Lehrende. Ihr Hauptwirkungsgebiet lag zwischen dem Kamerunberg und Groß-Batanga. Sie konnte 2600 Schüler und insgesamt fast 6400 Getaufte verzeichnen.

Die Unterrichtung der Bewohner des südlichen Waldlandes in der Kautschukgewinnung ebenso wie im Anbau bestimmter Kulturpflanzen – für den die Regierung das erforderliche Saatgut lieferte – hatte die Hebung der wirtschaftlichen und damit auch der kulturellen Position der Eingeborenen zum Ziel. Die Bekämpfung der unter den Eingeborenen meistverbreiteten Krankheiten – Malaria, Schlafkrankheit und Lepra – wurde ständig intensiviert, wozu die Errichtung von Krankenhäusern und Hospitälern sowie der Bau eines Lepraheimes ebenso gehörten wie die Durchführung von Schutzimpfungen gegen Pocken.

Verkehrs- und Nachrichtenwesen

»In keinem Teile des gewaltigen afrikanischen Kontinents ist eine ersprießliche wirtschaftliche Entwicklung ohne Ausbau eines Eisenbahnnetzes denkbar. Ist doch überall, selbst bei den Riesenströmen, die Schiffahrt durch Schnellen bzw. durch Barren an der Mündung beeinträchtigt. In der Urwaldregion Zentralafrikas aber kommt als besonderer Nachteil der dichte, unwegsame, teilweise Hunderte von Kilometern breite Urwaldgürtel hinzu, der die Küste vom Innern scheidet. Unter diesem Nachteil leidet auch Kamerun.«

Die Rückständigkeit Kameruns im *Eisenbahnbau* gegenüber den anderen afrikanischen Kolonien (die Eisenbahnnetze betrugen in Südwest mehr als 200, in Ostafrika mehr als 1500, in Togo um 300 km) hatte ihren Grund weniger in einer Unterschätzung seiner Bedeutung als vielmehr in den Geländeschwierigkeiten, vor die der mächtige Urwaldgürtel stellte. Die älteste Eisenbahnverbindung Kameruns war eine nach der Jahrhundertwende vom Hafen Victoria zu den um Buea gelegenen Plantagengebieten der Westafrikanischen Pflanzungsgesellschaft geführte private, 65 km lange 60-cm-Schmalspurbahn. Nach ihrer Errichtung trat man dann mit »zielbewußten Vorlagen« an den Reichstag heran, um die Bewilligung der Kolonialbahnen durchzusetzen.

Unten: *Straßenpredigt in einem Dorf.*

Oben: *Weißes und farbiges Personal des Postamtes in Duala.*

Unten: *Pioniere der Schutztruppe in Kamerun.*

1905 wurde mit einem Kapital von 17 Millionen Mark eine Privatgesellschaft, die Kamerun-Eisenbahnbau- und Betriebsgesellschaft gegründet. Sie erhielt eine auf 90 Jahre befristete Konzession zum Bau einer Eisenbahn in das Manenguba-Bergland, wobei die Regierung ihr eine 3 %ige Reichsgarantie bis zu einer Höhe von 11 Millionen bewilligte. Diese »Nordbahn« — Spurweite 1 m — sollte vom Hafen Bonaberi ausgehen und zunächst in Barsimentu zwischen Nlonaka und den Manengubabergen in 850 m Höhe ü. NN enden. (»Es liegt auf der Hand, daß man diese Bahn als den ersten Schritt auf dem Wege nach dem Tschadsee betrachtet.«) Die Fertigstellung des ersten, 160 km langen Streckenabschnittes war für 1910 vorgesehen. Eine Kolonialeisenbahnvorlage der Regierung wurde vom Reichstag im Mai 1908 bewilligt. Eine Kolonialanleihe in Höhe von 40 Millionen Mark, »bei der das Reich Zinsgarantie leistete«, erbrachte die erforderlichen Mittel. Die Linienführung dieser »Mittellandbahn« sah die Verbindung des Hauptortes der Kolonie, Duala, mit Widemenge, am schiffbaren Oberlauf des Nyong gelegen, vor. In Vorbereitung war ein drittes Projekt, die »Südbahn«, die von Kribi aus »quer durch die Kolonie den Sananga erreichen sollte«. Von den genannten drei großen Bahnlinien waren bis Ausbruch des Ersten Weltkrieges nur Teilstrecken fertiggestellt worden. Die Nordbahn konnte von Bonaberi aus auf 160 km Länge betrieben werden. Die Mittellandbahn war über eine Strecke von 130 km einsatzfähig. Das dritte Projekt, die Südbahn, befand sich noch im Planungsstadium.

Die in dem mächtigen Urwaldgürtel gegebenen Geländeschwierigkeiten haben nicht nur den Eisenbahnbau verzögert. Auch der *Straßenbau* hat unter ihnen gelitten. Trotzdem waren überall, namentlich im Küstengebiet, Wege im Bau, »die zum Reiten und Fahren eingerichtet sind«. Insbesondere im Raum um Kribi hatte ein ausgedehntes Straßennetz angelegt werden können, das teilweise sogar Kraftfahrzeugverkehr erlaubte. Fahrstraßen führten von Victoria sowohl nach Bibundi als auch nach Buea, Wege verbanden Rio-del-Rey mit Ossidinge, das Kamerunästuar mit Bali, Duala mit Edea. Der Reitweg Kribi — Jaunde war zum Fahrweg ausgebaut worden. Weitere Wagenwege befanden sich ebenso im Bau wie massive Brücken. Gleichzeitig mit dem Straßenbau wurden auch die

Oben: *Posthaus in Duala (1903)*.

Flüsse gereinigt, wie etwa Strecken des Njong, »auf dem sich infolgedessen ein lebhafter Kanuverkehr entwickelt hat«. Auch zwecks »Hebung der *Seeschifffahrt*« war manches unternommen worden, so etwa die Ausbaggerung des Kamerunflusses, was den Hafen besser zugänglich machte. Das gesamte Kamerunästuar erhielt eine Betonnung, der Rio-del-Rey eine verbesserte Bojenausstattung, und die Leuchtfeuer am Kap Debundja, am Kap Nachtigal und in Kribi machten die Kamerunküste zur bestbefeuerten Küste Westafrikas. Drei Küstendampfer versahen den lokalen Verkehr. Die bereits 1890 von der Woermann-Linie errichtete Slipanlage in Duala wurde 1905 durch ein Schwimmdock für Schiffe bis zu 1 200 Tonnen ergänzt, Victoria erhielt eine Landungsbrücke. Die besten Landungsbedingungen bot jedoch Duala. Die *Handelsschiffahrt* nahm einen beträchtlichen Aufschwung. Die Verbindung mit Europa stellten die Dampfer der Woermann-Linie her, die in zweiwöchigem Abstand, abwechselnd mit den Schiffen der Hamburg-Amerika-Linie und der Hamburg-Bremen-Afrika-Linie, die Häfen Kameruns anliefen. Außerdem erschienen regelmäßig auch englische Frachter.

Zentrale des *Post-und Telegrafenwesens* war das in Duala stationierte Postamt, geleitet von einem »Ober-Postpraktikanten«, dem Postassistenten, Leitungsaufseher und farbige Hilfsbeamte zur Seite standen. Die über das Schutzgebiet verteilten etwa 20 Postanstalten bzw. -agenturen wurden teils von »Fachbeamten« und farbigen Hilfsbeamten, teils nebenamtlich von Regierungs- oder Schutztruppenangehörigen, zu einem geringen Teil auch ausschließlich von farbigen Postgehilfen bedient. Das Postamt in Duala war über ein Unterseekabel an das internationale Telegrafennetz angeschlossen. Nach der Jahrhundertwende verfügte Kamerun über ein verhältnismäßig dichtes Telegrafen- und Fernsprechnetz, das ständig erweitert wurde. Die Postbeförderung zwischen dem Schutzgebiet und dem Mutterland erfolgte vierzehntäglich durch die Schiffe der Woermann-Linie, der African Steamship Company und der British Steam Navigation Company. Diese Dampfer vermittelten, gemeinsam mit den in Duala liegenden Gouvernementsfahrzeugen »Nachtigal« und »Herzogin Elisabeth«, auch den Küstenverkehr zwischen Rio-del-Rey, Victoria, Duala, Lonji, Plantation, Kribi und Campo. Zwischen Duala und Buea wurden in beiden Richtungen wöchentliche Kanu- und Botenposten unterhalten, zwischen Duala und Edea verkehrten vierzehntäglich Kanus oder Pinassen, regelmäßige »Botenposten des Kaiserlichen Gouvernements« hielten die Verbindung mit den nördlich gelegenen Innen-Postagenturen aufrecht.

Wirtschaftliche Entwicklung

»Die wirtschaftliche Bedeutung Kameruns beruhte auf dem Kautschuk und den Produkten der Ölpalme, Palmöl und Palmkernen. Daneben spielte Elfenbein eine große Rolle. Der Kakao hätte bei weiterer Förderung plantagenmäßigen Anbaus bald eine hohe Bedeutung erlangt, vorläufig war hierin die Produktion der benachbarten Goldküste weit überragend.«

Die Bedeutung der in Kamerun vorhandenen Rohprodukte war höchst unterschiedlich. Das begann bereits bei der Gruppe der Naturprodukte. So fanden sich z. B. verschiedentlich *Mineralien*, jedoch nirgends in einem Umfang, der rentablen Abbau gewährleistet hätte. Glimmer, »ein vorzügliches Produkt, das sehr wohl brauchbar (gewesen) wäre«, erreichten die Platten doch Größen bis zu 60 cm, ließ sich infolge Mangels an Arbeitskräften vorläufig nicht abbauen. Die Gewinnung der vereinzelt gefundenen Magnet- und Roteisenerze war ebenso wenig lohnend zu betreiben wie der Abbau von Brauneisenerzen – trotz deren »ungeheurer Verbreitung«. Gold, obwohl »sicher nachgewiesen«, sollte ein Zukunftstraum bleiben. Die im Bereich des Kreuzflusses sprudelnden salzhaltigen Quellen wurden »seit undenklichen Zeiten« von den Eingeborenen genutzt, die das Salz durch Einkochen gewannen, es im Hinterland verkauften und sich so einen gewissen Wohlstand schaffen konnten. Die von einem gewissen Dr. Guillemain an die Regierung gegebene Empfehlung, »die Salzgewinnung in die Hand zu nehmen«, da sie nicht kostspielig sei und geschulte Arbeiter zur Verfügung stünden, blieb unbeachtet.

Um so größer waren die an das Vorkommen von *Petroleum* geknüpften Hoffnungen, zumal östlich von Duala im Kamerunästuar bis zu 2 m hohe »Ölgeisire« sprudelten. Doch führten die von der Kamerunbergwerk-Aktiengesellschaft bei Duala durchgeführten Bohrungen zu keinem befriedigenden

Unten: *Seit Mitte des vorigen Jahrhunderts unterhielten Hamburger und Bremer Kaufleute in Kamerun Handelsniederlassungen. Das Bild aus dem Jahre 1883 zeigt abgetakelte, fest verankerte Segelschiffe (Hulks), die als Faktoreiläden dienten.*

Oben: *Ölpalme.*

Ergebnis, weshalb sich die Gesellschaft denn auch bald auflöste. Die bei Mamfe entdeckten hochwertigen *Steinkohlenvorkommen* ließen sich vorerst noch nicht nutzen, da sie bei Hochflut unter Wasser lagen.

Unter den *tierischen Rohprodukten* spielten Wildtierfelle praktisch keine Rolle, während anfänglich die »Gewinnung von Elfenbein« eine gewisse Bedeutung hatte. Die im Waldgebiet und im Grasland Südadamauas ebenso wie am Tschadbecken noch reichlich anzutreffenden Elefanten wurden vornehmlich von den Bagielli gejagt, die das Elfenbein an die umwohnenden Negerstämme »verhandelten«, von wo aus es dann »allmählich an die Küste« gelangte. Zu den Elefantenjägern Adamauas gehörten auch die Haussa. 1907/08 überschritt die Ausfuhr erstmals die Grenze von einer Million Mark. Um einer Dezimierung der Elefantenbestände − und auch anderer Großtiere − zuvorzukommen, erließ die Regierung strenge Jagdgesetze − »mit welchem Erfolg, bleibt abzuwarten«. Wilde Strauße wurden südlich des Tschadsees vornehmlich von den Arabern gejagt, die dann die Federn in Yola zum Verkauf brachten. Die Ausfuhr jedoch war unbedeutend. Von Honig und Wachs wußte man nur, daß beide in manchen Gebieten »reichlich gewonnen« wurden, ohne indessen genauere Mengen zu kennen.

Unter den *Produkten wildwachsender Pflanzen*, an denen sich in Kamerun »ein enormer Reichtum« fand, standen Bau- und Nutzholz − z.B. afrikanisches Eichenholz, Mahagoni, Rot-, Eben- und Teakholz, Mangrove u. a. Bäume − an erster Stelle. Die Gewinnung war nicht einfach: die Bäume konnten infolge der Schwere des Holzes nicht geflößt werden (sie wären untergegangen). Auch war der Transport ganzer Stämme angesichts der Länge (bis zu 50 m) und der Dicke (bis zu 3 m) nicht möglich. Mit Hilfe »fliegender Sägen«, die dank ihrer Leichtbauweise einfach zu transportieren waren, gelang die Nutzung letztlich dann doch: die Bäume wurden gefällt und an Ort und Stelle sofort zu Brettern verarbeitet. Die Eingeborenen, in deren Händen der Holzhandel überwiegend lag, trieben jedoch − so die Kolonialberichte − »einen abscheulichen Raubbau«, was die Regierung veranlaßte, sich mehr als zuvor der »forstwirtschaftlichen Frage« zuzuwenden, eine »sachgemäßere Ausnutzung der gewaltigen Urwaldbestände« vorzubereiten, Fachleute nach Kamerun zu entsenden, systematische Wiederaufforstung zu betreiben und Holzschlagkonzessionen zu erteilen. So hoffte man, die Holzausfuhr allmählich steigern zu können. Sie hatte 1906 1,3 Millionen kg betragen.

Was die wildwachsenden Lebensmittel anbetraf, so war der südlich des Tschadsees gewonnene Reis von schlechter Qualität und für den Weltmarkt nicht geeignet. Anders dagegen die wildwachsenden *Ölfrüchte*, allen voran die Ölpalme. Mit ihren Produkten − Palmkernen und Palmöl − verbanden sich große Zukunftshoffnungen. Vorerst jedoch wurde nur ein kleiner Teil des an Ölpalmen reichen Waldgebietes genutzt. Insbesondere am Rande des Hochplateaus standen ungeheure Ölpalmenwälder, deren Früchte ungeerntet blieben. Der Grund: fehlende Transportmittel. Dementsprechend stand die Palmölausfuhr Kameruns in keinem Verhältnis zu den Vorkommen. Im Jahre 1900 − so die Berliner Zeitschrift »Der Tropenpflanzer« − erzeugte man in ganz Afrika für fast 100 Millionen Mark Palmkerne, für 20 Millionen Mark Öl. Während in jenem Jahr allein die Kolonie Lagos (Nigeria) für rund 23 Millionen Mark Ölprodukte ausführte, erreichte Kamerun noch keine 1,5 Millionen. Sieben Jahre später waren es dann zwar bereits mehr als 4 Millionen Mark, doch hätte der Export »bei dem Reichtum des Landes an Ölpalmen ganz andere Werte erreichen« müssen. Während seines vierjährigen Aufenthaltes unter den »Crossflußnegern« hatte der Deutsche Dr. A. Mansfeld am Kreuzfluß einen 20−50 m hohen Baum, den Mfo, entdeckt, dessen pflaumengroße Früchte 67 % Fett enthielten (Palmkerne 48 %), »das ein prächtiges Speiseöl« lieferte (Preis je Liter an Ort und Stelle: 25 Pfennige). Die erdnußgroßen Früchte eines anderen Baumes jener Gegend, des Njore, zeigten einen Ölgehalt von 62 %. Ein drittes, noch nicht für den Export genutztes fetthaltiges Produkt war die Frucht des Butterbaumes (27−30 % Fett), deren Ausfuhr in getrocknetem Zustande möglich gewesen wäre.

Ähnlich reich wie an Ölpalmen war Kamerun auch an *Kautschukbäumen*. Sie

Oben links: *Das in allen Eingeborenendörfern nach jahrhundertealtem Verfahren gewonnene Palmöl diente der einheimischen Bevölkerung als Butter- und Fettersatz.*

wuchsen im Urwald des Küstengebietes, und in den Urwäldern Südkameruns gab es »ungeheure geschlossene Bestände«. Von einiger Bedeutung waren auch die Vorkommen in den Savannen von Südadamaua, im Kumbohochland und im Tschadseebecken. Der Kautschukexport stieg von 1,4 Millionen Mark im Jahre 1904 auf mehr als 7,5 Millionen im Jahre 1907. Doch sollte er schon bald ganz erheblich zurückgehen, da »der Kautschuk zum größten Teil durch Raubbau gewonnen« wurde und »alle Versuche, eine rationale Gewinnung herbeizuführen, . . . bis jetzt ohne Erfolg gewesen sind«. Die in ganz Adamaua ebenso wie im Tschadseegebiet wildwachsende *Baumwolle* war damals noch »ohne Wert«. Anders der Kolabaum, im ganzen Waldgebiet und im Kumbohochland verbreitet, dessen Früchte als wildwachsende Genußmittel im Sudanhandel eine bedeutende Rolle spielten. Völlig belanglos für den Handel wiederum blieben Tabak, Pfeffer und Kaffee, die im Waldgebiet wild wuchsen.

Bei der Betrachtung der Kulturprodukte wurde seinerzeit zwischen den von Eingeborenen erzeugten, mit Gewinn abzusetzenden »billigen Massenprodukten« und den hochwertigen Erzeugnissen der sehr viel teurer arbeitenden Europäer unterschieden. Die Produkte der *Viehzucht* waren, verglichen mit europäischen Verhältnissen, geringwertig und genügten den Ansprüchen des Weltmarktes nicht, was die Verwaltung veranlaßte, in tsetsefreien Gebieten des Waldlandes Zuchtversuche durchzuführen. Sie begannen 1898 in Edea und führten zu einer erheblichen Vergrößerung der Viehbestände. Bemerkenswert war das Interesse der Eingeborenen, nicht zuletzt aufgrund der in ihren Herden erzielten beeindruckenden Zuchterfolge. Insgesamt wuchs die Beteiligung der Europäer an der Rinderzucht, als der Eisenbahnbau begann. In Erwartung der mit ihm verbundenen Verbesserung der Transportmöglichkeiten ließen sich in den Bakossibergen schon bald die ersten weißen Viehzüchter nieder. Für die Pferdezucht eignete sich vornehmlich das Gebiet zwischen dem Tschadsee und den Hochflächen von Tibati und Ngaumdere.

Unter den *Kulturpflanzen*, die im Kameruner Handel eine Rolle spielten, befand sich keine einzige Lebensmittelpflanze – im Gegenteil: Lebensmittel aller Art mußten »in bedeutenden Mengen« eingeführt werden, sogar Reis, obwohl »gerade diese Pflanze in Kamerun ganz ausgezeichnet« gedieh und die Erzeugung genügender Mengen sowohl für die Bevölkerung als auch für den Export möglich gewesen wäre. Doch nur Araber und Kanuri nutzten die im Gebiet des Tschadsees – wildwachsenden – Reisvorkommen. Das Interesse an systematischem Reisanbau nahm zu, als sich in den von der Verwaltung angelegten Versuchsgärten erste Erfolge einstellten und die Waldlandbewohner daraufhin begannen, in größerem Umfange Wasser- und Bergreisfelder anzulegen.

Zu den als »eingeborene Kulturen« für exportfähig gehaltenen Erzeugnissen gehörten neben dem Reis auch Mais, Hirse, Bananen und vor allem die für die

Oben Mitte: *Entfernung der Fasern aus dem abgelösten Fleisch der Ölpalmfrüchte in einer Grube.*

Oben rechts: *Wohnhaus mit Lagerraum in einer Faktorei.*

Konservenverarbeitung geeignete Ananas. Der Anbau von Genußmittelpflanzen dagegen sei, so die allgemein vertretene Meinung, aufgrund ihres verhältnismäßig hohen Wertes, europäischen Plantagen vorzubehalten. Der Kaffeeanbau, auf den in den ersten Jahren der Besitzergreifung größte Hoffnungen gesetzt worden waren, wurde ein Mißerfolg: zum einen infolge der niedrigen Preise (»brasilianische Konkurrenz«), zum anderen wegen der gewaltigen Schäden, die der Kaffeekäfer anrichtete. Die in Buea angebauten Teestauden gediehen zwar »auf das prachtvollste«, doch blieb die Teekultur angesichts hoher Löhne unrentabel. Auch Kakao erfüllte anfänglich nicht die an ihn geknüpften Erwartungen. Zunächst erwies er sich als zu bitter und deshalb der Schokolade nur zu wenigen Prozenten beigabefähig. Die im Laufe eines Jahrzehnts entwickelten verbesserten »Präparationsmethoden« machten ihn schließlich aber doch konkurrenzfähig. So erreichte der Export im Jahre 1907 die 2,7-Millionen-Mark-Grenze.

Enttäuschend verliefen auch die Bemühungen um den Aufbau einer Tabakkultur, obwohl die erzielten Qualitäten »hervorragend« waren. Doch stellte sich der Anbau als zu teuer heraus. Außerdem erschwerte das feuchte Klima die »Präparation«. Trotz der Defizite aus den ersten Anbaujahren unternahm die Regierung 1908 erneute Anbauversuche, und nicht einmal ganz erfolglos. Sie ergaben jedoch, daß es sich »wohl niemals um Eingeborenenkultur, sondern immer nur um Plantagenkultur handeln (könne), da nur bei sorgfältigster Pflege und Zubereitung eine marktfähige Ware« zu erwarten sei. Dagegen erwies sich die Anpflanzung und Kultivierung von Kolanüssen im Wald- und besonders im Kumbohochlande bei den Eingeborenen in guten Händen. Während die Kokospalme als öllieferndes Gewächs so gut wie keine Rolle spielte, stand die Ölpalme in den Ausfuhrlisten immerhin an zweiter Stelle. Eine Exportsteigerung war vornehmlich eine Frage der Erschließung größerer Gebiete durch Eisenbahnen, obwohl Fachleute die Auffassung vertraten, daß die Ausfuhr auch ohne ein erweitertes Bahnnetz steigerungsfähig gewesen wäre. So ermittelte Professor Preuß schon bald nach der Jahrhundertwende, daß die Eingeborenen zwei Drittel des gewonnenen Öls selbst verbrauchten und nur ein Drittel in den Handel kam. Erschwerend wirkte sich aus, daß sie nur das Palmöl, nicht aber die Palmkerne verwerteten, woraus ein jährlicher Verlust an Kernen von mehr als 23 Millionen Mark entstand. Und noch mehr zeigte der Professor auf: Mit verbesserten Transportverhältnissen sei der Export von Öl »leicht« zu verdreifachen, die Ausfuhr von Kernen auf das Sechsfache zu steigern. Auch sei die Methode der Palmölgewinnung bei den Eingeborenen »außerordentlich primitiv«, so daß ein großer Teil des Öls verlorengehe. Es gelte also, leistungsfähige Maschinen einzuführen, mit deren Hilfe eine »stärkere Ausnutzung der Früchte« möglich werde. Schließlich stand noch die Frage der Anlage von Ölpalmenkulturen und deren Ausstattung mit »besten Palmsorten« im Raum,

251

die eine Ertragssteigerung von 1635 Mark/Jahr/Hektar auf 2014 Mark erwarten ließen. Dementsprechend begann allmählich auf einigen Kameruner Plantagen die Anlage von Großkulturen. Im Gegensatz zu anderen Gebieten Afrikas spielten Erdnüsse und Sesam in unserem Schutzgebiet keine Rolle.

Größte Hoffnungen verbanden sich mit der Kautschukkultur, ermuntert durch die von Engländern, Holländern und anderen Nationen erzielten Erfolge. Angepflanzt wurden sowohl einheimische Bäume als auch die Hewea brasiliensis, die speziell auf feuchtem Boden ausgezeichnet gedieh und innerhalb von 20 Tagen 250 Gramm Kautschuk lieferte, wobei die Produktion durch Anzapfung nicht etwa vermindert, sondern gesteigert wurde.

Während die wildwachsende Baumwolle anfänglich »ohne Wert« war, begann nach der Jahrhundertwende auf Veranlassung des Kolonialwirtschaftlichen Komitees ein »kräftiger Anlauf zur Hebung der Baumwollkultur«. 1905 wurden bereits 22 Ballen Baumwolle exportiert und »mit 50 Pfennig pro Pfund bewertet«. Die Zahl der im Schutzgebiet tätigen deutschen Pflanzungsgesellschaften betrug zehn, überwiegend in den am Kamerunberg gelegenen Bezirken Victoria und Buea ansässig. Die Gesamtgröße aller betriebenen Plantagen belief sich 1908 auf etwas mehr als 80000 Hektar.

Ein Blick auf die *Handelsverhältnisse* zeigt, nach ihrem Ausfuhrwert gestaffelt, folgende Exportgüter: Kautschuk, Palmkerne, Kakao, Palmöl, Elfenbein, Hölzer, tierische Erzeugnisse, gewerbliche Erzeugnisse, Kolanüsse, Kopal, Baumwolle, Erdnüsse, Sonstiges. Die Ausfuhr steigerte sich von 10 Millionen Mark im Jahre 1906 auf fast 16 Millionen im Jahre 1907, wobei Kautschuk mit Abstand an der Spitze stand (4,6 Mio/1906, 7,65 Mio/1907). Importgüter waren (ebenfalls nach Wert gestaffelt): Textilwaren, Eisen- und Metallwaren, tierische Lebensmittel, Mineralstoffe (insbesondere Zement, Salz und Kohlen), Getränke (etwa zur Hälfte Branntwein, »meist für Handelszwecke«), pflanzliche Nährmittel (etwa zur Hälfte Reis), Genußmittel (zu 60% Tabak für Handelszwecke), Geld, Instrumente, Bauholz, chemische Erzeugnisse, Stein-

und Glaswaren, Lederwaren, Holzwaren, Seifen u.a., Waffen und Munition, Papier- und Gummiwaren. Die Einfuhr steigerte sich ebenfalls, wenn auch nicht in gleichem Maße wie die Ausfuhr: Sie betrug 1906: 13,3 Millionen, 1907: 17,3 Millionen Mark.

Wichtigste *Umschlagplätze* waren, ihrer Bedeutung nach gestaffelt, für den Export Duala, Kribi und Victoria, für den Import Kribi, Duala und Victoria. Der *Schiffsverkehr* konnte einen dem Handelszuwachs entsprechenden Aufschwung verzeichnen: 1898/99 liefen 24 deutsche und 42 englische Schiffe die Kamerunküste an. Mit Erweiterung der Schiffahrtslinien verschob sich das Bild: 1900 kamen 45 deutsche und 37 englische Schiffe, und 1906 waren es 235 deutsche, 111 englische und 16 spanische Dampfer. Die Zahl deutscher Firmen zeigte stark steigende Tendenz, während die der englischen Unternehmen nur unwesentlich schwankte. Das Verhältnis deutscher zu britischen Firmen entwikkelte sich wie folgt: 26 : 4 (1904), 42 : 5 (1905), 53 : 6 (1906), 52 : 6 (1907). Hierin waren sowohl die Handelshäuser als auch die Pflanzungsgesellschaften und die Handelshäuser der Missionen einbegriffen.

Was die *Finanzen* anbetraf, so bildeten Zölle die Haupteinnahmequelle der Regierung. 50%iger Alkohol wurde mit je 1 Mark/Liter belegt. Der Einfuhrzoll für sämtliche anderen Waren betrug 10% des Warenwertes. Doch gab es auch Ausfuhrzölle, und zwar 40 Pfennige je Kilo Kautschuk und 2 Mark je Kilo Elfenbein. Neben den Zöllen fielen Verwaltungsgebühren (Hafenabgaben, Gewichtsgebühren, Handelslizenzen), ferner Einnahmen aus Werkstätten, aus dem Verkauf von Produkten der Versuchsplantagen, der Viehzucht u.ä. an. Schließlich wurden auch direkte Steuern erhoben wie etwa die im Distrikt Johann-Albrechtshöhe eingetriebene Hüttensteuer (12 Mark je Hütte im Gebiet mit, 6 Mark im Gebiet ohne Kommunalverwaltung).

Im Jahre 1907 wurden die gesamten »wahrscheinlichen« Einnahmen auf 4,6 Millionen Mark, die Ausgaben auf knapp 6 Millionen Mark, mithin das Defizit auf 1,4 Millionen Mark geschätzt. Da jedoch vorläufig noch ein Reichszuschuß von 1,5 bis 2 Millionen gezahlt wurde (vornehmlich für Unterhaltung der Schutztruppe und »notwendige kriegerische Expeditionen« bestimmt), ergab sich letztlich ein Überschuß. Man war denn auch optimistisch: »Voraussichtlich dürfte der Eisenbahnbau und die damit eintretende Steigerung des Handelsumsatzes sowie die Möglichkeit, in größeren Gebieten die Hüttensteuer einzutreiben, in den nächsten Jahren dazu führen, daß trotz der Militärlasten die Kolonie ohne Reichszuschuß bestehen kann.«

Unten: *Am Ufer des Kamerunflusses.*

Der Erste Weltkrieg

Oben: *Dr. Karl Ebermaier 1912–1916 Gouverneur von Kamerun.*

»Um den Erfolg der deutschen Waffen richtig einzuwerten, muß man bedenken, daß die gemeinen Soldaten in Westafrika sowohl bei den Engländern als auch bei den Deutschen aus Eingeborenen des Landes bestehen, und daß nur die Offiziere und ein Teil der Unteroffiziere Europäer sind. Werden die Offiziere abgeschossen, so ist die Widerstandskraft der Truppen meistens gebrochen. Die Soldaten ergeben sich, fliehen oder desertieren.«

Die Nachricht vom Ausbruch des Krieges in Europa veranlaßte den Gouverneur von Kamerun, Dr. Karl Ebermaier (seit 1912 in diesem Amt), über das Schutzgebiet den Ausnahmezustand zu verhängen und wenige Tage später alle militärischen Befehlsbefugnisse auf Major Zimmermann, den Kommandeur der Schutztruppe, zu übertragen, die zu diesem Zeitpunkt 185 weiße und 1550 schwarze Soldaten umfaßte, während die Polizeitruppe 30 Weiße und 1200 Eingeborene zählte.

Die geographische Lage Kameruns, die Beschaffenheit seiner Grenzen und die Verteilung der gegnerischen Truppen ließen erwarten, daß die alliierten Streitkräfte von allen vier Seiten in das Schutzgebiet einzudringen versuchen würden, was dann ja auch schon bald der Fall sein sollte. Über den Ablauf des Geschehens wurde in der Heimat nur wenig, und das Wenige nur auf Umwegen bekannt, insbesondere, nachdem am 25. August 1914 die in Togo betriebene, in direkter Verbindung mit Nauen (nordwestlich von Berlin-Spandau gelegen) stehende Funkstation Kamina von den eigenen Truppen gesprengt worden war und die Blockade auch der gesamten Kamerunküste durch Engländer und Franzosen begonnen hatte.

Aus der »Times« konnte man erfahren, daß die Engländer Mitte August im Norden (dort stieß das Schutzgebiet an die britische Kolonie Nigeria) von dem grenznahe gelegenen Ort Yola aus ein Bataillon ihrer ›West African Force‹ in Richtung Garua in Marsch gesetzt, den deutschen Grenzort Tepe eingenommen hatten und am 28./29. August zum Sturmangriff auf Garua angetreten waren, wobei ihr Kommandeur, Oberstleutnant MacLear, fiel. In heftigen Gegenangriffen der Deutschen wurde »das ganze Offizierskorps außer Gefecht gesetzt und die Truppe gesprengt«, worauf sich die Engländer (nach deutschem Gouvernementsbericht) »in Eile auf Yola zurück(zogen)«. Weiter südlich ist am 25. August eine weitere britische Abteilung entlang dem Kreuzfluß in den Ossidingebezirk eingedrungen, eine dritte Kolonne hat auf dem Akwa-Jafe-River deutsches Gebiet erreicht und steht vor der Station Rio-del-Rey. Knapp 14 Tage später gelingt es Teilen der Kamerun-Schutztruppe, gemeinsam mit der Polizeistammkompanie aus Duala, den Feind in mehreren Angriffswellen trotz dessen »tapferer Gegenwehr« aus dem Ossidingebezirk zu vertreiben.

An der Ost- und Südgrenze des Schutzgebietes beginnen, wie in Paris der »Courier Colonial« im Oktober melden wird, die militärischen Auseinandersetzungen ebenfalls frühzeitig, zeigen doch die Franzosen (nach deutscher Darstellung) »gleich nach Kriegsausbruch große Angriffslust«. Der französische Oberst (bald darauf General) Largeau versucht von Fort Lamy aus vergeblich, die am Logone gelegene deutsche Militärstation Kusseri zu nehmen. Trotzdem ist die Zahl der »glücklichen Gefechte« sowohl an der Ost- als auch an der Südgrenze des Schutzgebietes auf französischer Seite größer als bei der Schutztruppe, die ständig gezwungen ist, »mangelnde Kopfzahl durch erhöhte Tapferkeit zu ersetzen«.

Von einschneidender Bedeutung für die weitere Entwicklung der Lage in Kamerun sollten jedoch die von See aus auf die Kolonie gerichteten Angriffe sein. Engländer und Franzosen warteten zunächst den Ausgang ihrer Operationen in Togo ab, um dann in Kamerun anzugreifen. Als erste gingen französische Einheiten, unterstützt von dem Kanonenboot »La Surprise«, von Libreville aus

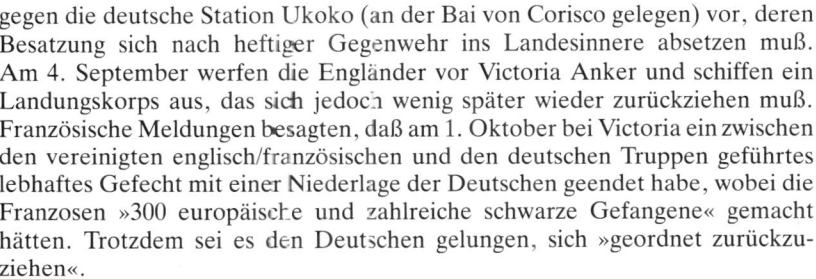

Oben: *Eine der zahlreichen an Bäumen befestigten, geflochtenen Lianenbrücken, wie sie im Küstengebiet als Flußübergänge dienten.*

Unten: *Oberleutnant zur See Wendling, der mit seiner »Nachtigal« dem englischen Kriegsschiff »Dwarf« ein erbittertes Gefecht lieferte.*

gegen die deutsche Station Ukoko (an der Bai von Corisco gelegen) vor, deren Besatzung sich nach heftiger Gegenwehr ins Landesinnere absetzen muß. Am 4. September werfen die Engländer vor Victoria Anker und schiffen ein Landungskorps aus, das sich jedoch wenig später wieder zurückziehen muß. Französische Meldungen besagten, daß am 1. Oktober bei Victoria ein zwischen den vereinigten englisch/französischen und den deutschen Truppen geführtes lebhaftes Gefecht mit einer Niederlage der Deutschen geendet habe, wobei die Franzosen »300 europäische und zahlreiche schwarze Gefangene« gemacht hätten. Trotzdem sei es den Deutschen gelungen, sich »geordnet zurückzuziehen«.

Zuvor jedoch war bereits Entscheidenderes geschehen. Anfang September hatten die englischen Kriegsschiffe »Cumberland« und »Dwarf« sowie die nigerianische Gouverneursyacht »Joy« mit der Blockade des Hafens von Duala begonnen. Versuche, in den inneren Kamerunhafen einzudringen, scheiterten zunächst, da dessen Einfahrt unter deutschem Artilleriefeuer lag und zudem »durch versenkte Schiffe verlegt« war. Die Engländer warteten daraufhin auf Verstärkungen ihres Landungskorps. Am 26. September lief der französische Dampfer »Admiral Fourichon« mit 30 Offizieren, 47 Unteroffizieren, 153 Korporalen und 870 Senegalschützen in den Kamerunfluß ein, wo nun insgesamt vier große und mehrere kleine englische und französische Transportschiffe, zwei englische und ein französischer Kreuzer sowie ein englisches Kanonenboot für Landeoperationen großen Stils bereitlagen. Am 27. September, vormittags 11 Uhr, ergab sich Duala auf Befehl des Gouverneurs Dr. Ebermaier »bedingungslos«. Die unter Brigadegeneral Dobell gelandete englisch/französische Truppe zog in eine Stadt, die unter der Beschießung kaum Schäden erlitten hatte – nur die in der Nähe Dualas gelegene »Telefunkenstation« war von den Deutschen vor dem Abzug zerstört worden. Die Schiffsverluste auf deutscher Seite beliefen sich auf insgesamt 18 Einheiten.

Engländer und Franzosen begannen nun, langsam in das Innere des Landes vorzudringen, wobei sie nach eigenen Angaben »harte Kämpfe« zu bestehen hatten. Dabei erwies sich, daß die Landungskorps den Strapazen eines regelrechten »Buschkrieges« nur mühsam gewachsen waren. Die auf deutscher Seite verfolgte Taktik ging dahin, »die Feinde unter steter Beunruhigung weiter ins Innere Kameruns vordringen zu lassen, um sie dann an einem selbstgewählten Kampfplatze möglichst aufzureiben«. Einen breiten Raum innerhalb der im Dezember 1914 in Berlin veröffentlichten Berichte über die Vorgänge im Süden des Schutzgebietes nahmen die empörten Kommentare zur Behandlung der deutschen Zivilgefangenen ein. Herbe Kritik galt dem englischen Befehlshaber,

Oben links: »*In hingebender Treue und unmenschlicher Wildheit stürzen unsere schwarzen Krieger gegen die Überzahl der Feinde.*«

Oben rechts: *Verbandsplatz im Schützengraben.*

Vorhergehende Doppelseite: *Batterie-Feldgeschütz in einer am Waldrand errichteten Stellung.*

der anläßlich der Flaggenhissung in Duala am 27. September den Schutz des Privateigentums zugesichert und außerdem erklärt hatte, schwarze Truppen würden nicht gelandet. Dennoch hätten sich Engländer und Franzosen »an den Plünderungen durch die Eingeborenen« beteiligt. Als erniedrigend wurde – nicht anders als in Togo – »die zahlreiche schwarze militärische Bedeckung« empfunden, unter der »die deutschen Bewohner Dualas, Männer und Frauen . . . durch eine der belebtesten Straßen . . . unter Drohungen, Hohn und Beschimpfungen der Dualaneger nach dem Hafen . . . « ziehen mußten, woraus ein weiteres Mal »die wohlberechnete Absicht der Feinde, das Ansehen der Deutschen vor der Eingeborenenbevölkerung möglichst zu erniedrigen«, erkennbar gewesen sei.

Am 25. Oktober hatten die Deutschen Edea räumen müssen, zwei Tage später waren die französischen Kolonialtruppen einmarschiert. Ihr angebliches Verhalten veranlaßt Gouverneur Ebermaier – diesmal in seiner Eigenschaft als »Generalkonsul für die spanischen Besitzungen im Golf von Guinea« – zu einem weiteren Protestschreiben, nunmehr jedoch an den Oberbefehlshaber der englisch-französischen Streitkräfte, Brigadier-General A. W. Dobell, gerichtet. Und wieder sind es »Vorfälle«, die nur unter den Umständen jener Zeit Anlaß zu aufwendigem Schriftwechsel geben konnten: Sowohl farbige, unter der Aufsicht Weißer stehende Soldaten, als auch weiße (französische) Truppenangehörige hätten »Privateigentum zerstört«, »in der Kirche der Katholischen Mission Tabernakeltüren und Altartische zerschlagen, Marmorstatuen zerbrochen und seidene Tücher zerschnitten«.

Das Antwortschreiben Dobells an den Kaiserlichen Gouverneur von Kamerun entsprach in der Form britischem Stil. Es begann mit »Euere Exzellenz! Ich habe die Ehre, den Empfang einer . . . Mitteilung zu bestätigen . . . « und endete: »Ich habe die Ehre zu sein, Sir, Ihr gehorsamer Diener . . . «. Der Inhalt jedoch, insbesondere der Schluß des Schreibens, dürfte den Deutschen nachdenklich gemacht haben. Dobell erklärte zunächst, die Anklagen entbehrten jeder Grundlage. Von Belästigungen deutscher Staatsangehöriger habe er in keinem einzigen Falle gehört. Vielmehr seien bei den Offizieren des »Kriegsgefangenen-Bureaus« zahlreiche Dankschreiben der ausnahmslos freundlich und rücksichtsvoll behandelten Kriegsgefangenen eingegangen.

Soweit mag der deutsche Gouverneur, unabhängig vom Wahrheitsgehalt der gegnerischen Stellungnahme, zufriedengestellt gewesen sein. Dann aber erhob Dobell seinerseits schwerste Vorwürfe: Er nehme nun die Gelegenheit wahr, »Euerer Exzellenz Aufmerksamkeit auf die barbarische Weise zu lenken, in welcher die deutschen Truppen die Kriegsführung besonders im Edea-Distrikt betreiben«. Dem Schreiben war ein Bericht über Fälle beigelegt, »welche seitens

der französischen ärztlichen Autoritäten behandelt worden sind«, womit »jedweder Zweifel an den Tatsachen des Falles beseitigt« werde. Schließlich erhob der Engländer noch den Vorwurf, auf deutscher Seite kämpften »mit vergifteten Pfeilen bewaffnete Eingeborene«, was dem Artikel 28 des Haager Übereinkommens widerspreche. Beigefügt war der Mitteilung ein detaillierter chefärztlicher Bericht aus dem Feldlazarett der (britischen) Kamerun-Expeditions-Truppe (Cameroon Expeditionary Force, Field Ambulance) über die am 17. Dezember 1914 bei zehn Frauen, einem jungen Mädchen und zwei Männern festgestellten Wunden. Er liest sich trotz medizinischer Kühle wie ein Statement des Horrors. Die Skala der den »natives« (Eingeborenen) beigebrachten Verwundungen reichte demnach von »amputierten« Fingern, tiefen »Skalpwunden« und durchschnittenen Hals-und Schultermuskeln über ausgerenkte Schultern, abgeschnittene Ohren und »geöffnete Handgelenkknochen« bis zu Bajonett-, Stich- und Säbelverletzungen. In der Mehrzahl trugen die einzelnen Berichte am Ende jeweils den Vermerk »Buschmesserwunden« (matchet wounds).

Der deutsche Gouverneur blieb die Antwort auf diese Vorwürfe nicht schuldig. Er bestritt entschieden, daß von deutschen Truppen, denen »strengste Manneszucht anbefohlen« sei, in Abwesenheit ihrer europäischen Führer Grausamkeiten verübt worden wären. Im übrigen werde jede »zur Kenntnis der Truppenführung kommende Straftat . . . schärfstens geahndet«. Wenn sich trotzdem Übergriffe nicht vermeiden ließen, da nicht jeder farbigen Patrouille ein europäischer Führer mitgegeben werden könne, so träfe die Verantwortung hierfür England und Frankreich, »die es mit ihrer Stellung als europäische Kulturnationen glaubten vereinigen zu können, den europäischen Krieg auch ins Innere Afrikas zu tragen. . . Wenn jetzt Euer Hochwohlgeboren durch Ihr Schreiben zu erkennen geben, daß auch englischerseits man gewillt ist, das Völkerrecht zu achten, so benutze ich gern die Gelegenheit, Ihnen eine kleine Auslese der zahllosen Rechtsbrüche zur Kenntnis zu bringen, die England und Frankreich in diesem Kriege sich fortgesetzt zu Schulden kommen lassen . . .«. In nicht weniger als sechs Anlagen zu seinem an Dobell gerichteten Schreiben rechnet nun der deutsche Gouverneur auf. Einige seiner Vorwürfe: Leichenschändung und Verstümmelung gefallener deutscher Soldaten durch französische Truppenangehörige, Verwendung von Dumdumgeschossen auf englischer Seite, völkerrechtswidrige Wegnahme des Privateigentums der Katholischen Mission der Pallotiner und »unerhörte, jeder Menschlichkeit hohnsprechende Weise« der Behandlung europäischer Gefangener in Kamerun.

Das Jahr 1915 steht auf englisch-französischer Seite im Zeichen mehr oder weniger groß angelegter Angriffsoperationen, während sich die zahlenmäßig weit unterlegene deutsche Kolonialtruppe auf Einzelaktionen kleiner Einheiten beschränken muß. Am 31. Mai beginnt die Beschießung Garuas durch schwere englische Artillerie. Nach einem mißlungenen Ausbruchversuch wird am 10. Juni die weiße Fahne gehißt. Die freigewordenen feindlichen Streitkräfte treten nun auf den von Garua nach Ngaumdere und Kontscha führenden Hauptstraßen den Vormarsch nach Süden an, erstürmen das nur schwach besetzte Ngaumdere

Unten: Der wohlbeleibte, »aber tapfere und hochgeachtete« Feldwebel Mboari mit seinen farbigen Dienstgraden.

Oben: *Inneres der Festung Garua mit Residentenhaus. Im Hintergrund lag, jenseits des Benuë, die Stellung der Engländer.*

Unten: *Schanzenbesatzung in Alarmbereitschaft. Rechts der Maschinengewehrstand.*

und dringen stetig weiter südwärts vor. Wohl können im nordwestlichen Grenzgebiet englische Truppen vorübergehend »in die Flucht geschlagen«, vereinzelt auch »kühne und erfolgreiche Einfälle« in das nordnigerianische Grenzgebiet vorgetragen werden, doch sind die deutschen Kräfte dem Feind zahlenmäßig hoffnungslos unterlegen.

Schauplatz heftigster Kämpfe ist auch das östlich von Edea gelegene Küstenvorland. Die Alliierten überschreiten an mehreren Stellen den Kele und seine Nebenflüsse und drängen schließlich die deutschen Kräfte mit Hilfe frischer Truppen − »deren Mut durch reichliche Alkoholgaben belebt wurde« − auf den Westrand des Kameruner Hochlandes über Matem hinaus zurück. Französische Truppen vertreiben die mit dem Schutz der Mittellandbahn beauftragte deutsche Einheit. Eseka, Endpunkt der Bahn, wird am 11. Mai geräumt, wenig später jedoch wieder besetzt. Vereinzelt gelingt es den Deutschen, im Rücken und in der Flanke der Engländer Entlastungsangriffe vorzutragen, beträchtliche Verpflegungsvorräte zu erbeuten und dem Gegner, wie etwa zwischen dem 19. und 26. Juni am Sanaga, »schweren Schaden« zuzufügen. Doch einen Monat später fällt Nkonga, am 24. Juli muß die Ndupe-Stellung infolge drohender Umklammerung aufgegeben werden. Im Süden steht der Gegner vor Edea.

In dem an Spanisch-Muni grenzenden Teil Südkameruns verzeichnen starke französische Verbände, die teilweise durch englische Truppen verstärkt werden, wenn auch erst nach teilweise erbitterten und verlustreichen Gefechten, unbestreitbare Erfolge, nicht zuletzt weil ein Aufstand der Ntum gegen die Deutschen »ernstere Aufmerksamkeit« erheischt. Vereinzelt können die schwachen

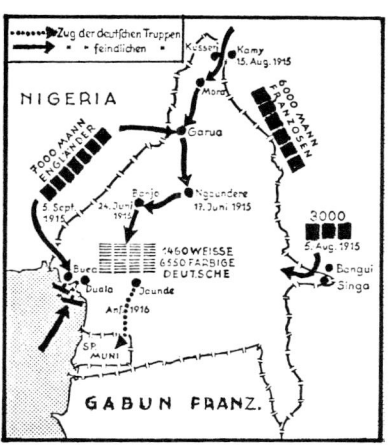

Oben: *Truppenbewegungen im und um das Schutzgebiet. Bei dem ungeheuren, eisenbahn- und fast wegelosen Gebiet Kameruns löste sich der Krieg in eine Anzahl von Kämpfen einzelner Abteilungen oder Kompanien auf, »die einzeln überall dem Gegner ihre Überlegenheit zeigten und besonders die Franzosen im Osten mehrfach zurückschlugen«. Da die Küste gegen die feindlichen Seestreitkräfte nicht verteidigt werden konnte, ging die Seeherrschaft in deren alleinigen Besitz über.*

Kräfte der Schutztruppe Boden gewinnen, feindliche Abteilungen »empfindlich schlagen« und vorübergehend bis in die Gegend von Lomie vordringen, müssen sich dann jedoch wieder über den Dscha zurückziehen. Der Grund: Starke französische und belgische Streitkräfte sind zum Marsch auf Lomie angetreten. Erst nach dem Eintreffen von Verstärkung gelingt es, den Vormarsch zu stoppen. Im Südosten bewegen sich die gegnerischen Hauptkräfte von Molundu aus in Richtung Lomie. Ihr Weg führt zwischen Ngato und Besam durch unbewohnten, teilweise versumpften Urwald, der den schwachen deutschen Truppen günstige Verteidigungsstellungen bietet und den feindlichen Vormarsch erheblich verzögert. Schließlich aber kann der französische Oberstleutnant Hutin doch Ngato einnehmen und wenige Tage später eine von der Schutztruppe vorbereitete Stellung am Monessem-Fluß umklammern. Ein Teil der Farbigen, denen der Durchbruch gelingt, läuft zu den Franzosen über. Ein letzter Versuch, den Gegner auf seinem Marsch nach Lomie 25 km südöstlich von Besam aufzuhalten, mißlingt. Wenig später werden Besam, Assobaum und − »nach völliger Zerstörung« − Lomie aufgegeben. Im Osten kann der bereits bis Bertua vorgedrungene Gegner vorübergehend über den Kadei zurückgeworfen werden. Dann aber drängen starke feindliche Kräfte erneut nach Westen und zwingen die Schutztruppen zum Rückzug, verbunden mit der Aufgabe Bertuas und der südwestlich gelegenen Dume-Station.

Die endgültige Niederlage Kameruns wird Ende August 1915 in Duala vorbereitet. Dort entwerfen die Befehlshaber der in Kamerun operierenden gegnerischen Truppen − auch der Generalgouverneur von Französisch-Äquatorial-Afrika nimmt teil − den Plan einer im Oktober, nach Beginn der großen Regenzeit, zu startenden großangelegten Offensive auf Jaunde, den Sitz des deutschen Gouvernements: Das englisch-französische Expeditionskorps unter General Dobell soll in zwei Kolonnen von Edea aus in Richtung Jaunde marschieren. Unterstützend soll im Norden eine dritte (englisch-indische) Kolonne aus dem Raum Nkonsamba-Bare über Dschang nach Fumban vorstoßen und sich dort mit den aus Ngaumdere, Banjo und Tibati von General Cunliffe herangeführten englisch-französischen Verbänden vereinen. Einer vierten Kolonne schließlich wird die Aufgabe zugeteilt, von dem Hafenort Kampo aus ostwärts zu marschieren und nach Absperrung der Nordgrenze von Spanisch-Nuni auf Ebolowa vorzustoßen. (Bemerkenswert ist, daß die bislang bei Kampo eingesetzten englischen Truppen durch Senegalschützen aus Dakar abgelöst wurden.) Auch den südlich der Flüsse Kom und Ntem stehenden französischen Truppen wird Ebolowa als Operationsziel zugewiesen. Und von Osten her ist ein Vormarsch der französisch-belgischen Truppen des Generals Aymerich von der Linie Dume − Bertua − Dengdeng geplant. Die genaue Stärke der feindlichen Streitkräfte konnte auf deutscher Seite nur geschätzt werden. Danach verfügte General Dobell über drei englische und drei französische Bataillone. Für drei Bataillone stark wurde auch der von Nigeria aus eingesetzte Truppenverband gehalten. General Cunliffes Verbände sollten aus zwei englischen und vier bis fünf französischen Bataillonen, die des Generals Aymerich aus 13 Kompanien bestehen. Die Südtruppen schließlich beliefen sich auf sechs bis sieben Kompanien. In Berlin war man nicht einmal über Verteilung der eigenen Truppen und Stärke der einzelnen Abteilungen unterrichtet. Nur an deren hoffnungsloser Unterlegenheit bestanden keine Zweifel.

Die Offensive beginnt Anfang Oktober 1915. Das englisch-französische Expeditionskorps marschiert auf Jaunde, überschreitet am 9. Oktober nach tagelangen Gefechten an mehreren Übergängen den Mbilafluß, um dann Wumbiaga zu besetzen und stark zu befestigen. Nachdem die Franzosen am 31. Oktober Eseka einnehmen und als Stützpunkt einrichten konnten, hat das Expeditionskorps sein erstes Operationsziel, die Linie Wumbiaga − Eseka, erreicht. Deutsche Einheiten in Kompaniestärke erringen mit Gleis- und Brückensprengungen sowie Unterbrechungen des Telegrafen- und Fernsprechbetriebes »kleinere störende Erfolge«. Erst Ende November nimmt der Gegner seinen Vormarsch wieder auf. Nach viertägigen Kämpfen gegen die bei Makondo stehenden überlegenen französischen Kräfte zwingt Munitionsmangel die Schutztruppenabteilung zu weiterem Rückzug.

Im Nordwesten sind englisch-indische Truppen am 12. Oktober 1915 von Bare aus in nördlicher Richtung vorgerückt, haben sich mehrere Flußübergänge erkämpft und erreichen – nach einer am 24. Oktober bei Fogodong erlittenen »empfindlichen Niederlage«, die zur Heranführung von Verstärkung zwang – am 6. November Dschang. Etwa zur gleichen Zeit nehmen die Engländer, von Ossidinge aus anrückend, die deutsche Station Bamenga. Den Versuch, sofort bis Bagam weiterzumarschieren, vereitelt zunächst bei Bambululae die Nordwestabteilung der deutschen Schutztruppe, die dann jedoch dem Druck des Gegners weichen muß. Die »tapferen Verteidiger der Bergstellung Banjo (hatten tagelang) dem Andrange überlegener englischer Streitkräfte standgehalten«, dann aber infolge Munitionsmangels »unter Zurücklassung der Schwerverwundeten und Kranken« die Einschließungslinie durchbrochen, die nach Ngambe führende Straße gewonnen, auf ihr den Mbam überschritten und sich dort mit einer anderen Abteilung (unter Hauptmann Schlosser) vereinigt. Nach mehreren vergeblichen Versuchen gelingt es General Cunliffe am 23. November, den Mbam bei Bamkin, an der Straße Banjo – Ngambe, zu überschreiten und die Abteilung Schlosser südlich von Ngambe über den Kimfluß zurückzuwerfen. Reste dieser sowie der Nordwest-Abteilung vereinigen sich mit anderen deutschen Einheiten und halten wochenlang den Gegner, Engländer und Franzosen, vor Ditam-Linte und Mwoimana hin. Dann entschließt sich Cunliffe zu einem »allgemeinen Angriff«, findet jedoch die deutschen Stellungen, »von deren natürlicher Stärke, künstlichem Ausbau und starker Besetzung eingeborene Spione so viel den feindlichen Offizieren zugeraunt hatten, geräumt«.

Auch die Straße Tibati – Joko – Nachtigal-Schnellen wird Schauplatz deutscher Absetzbewegungen. Im Norden hatte sich eine »nur 86 Gewehre starke deutsche Abteilung« vor dem von Tingere und Ngaumdere auf Tibati vorrückenden Gegner zurückziehen müssen. Immerhin erreichte sie ohne besondere Verluste das im Wuteland gelegene Joko, wo sich bereits eine andere deutsche Abteilung befand. Doch bereits wenige Tage später waren französische Truppen von zwei Seiten bis auf wenige Kilometer an die kaum auf eine längere Verteidigung vorbereitete Station herangekommen. Am 29. Dezember besetzten die französischen Streitkräfte kampflos den Ort Ngila und erreichten am 5. Januar 1916 den Sanaga bei den Nachtigal-Schnellen. Die Engländer stießen über Ditam und Linte nach Süden vor, worauf der weitere Marsch der Nordtruppen nach Jaunde »in Anlehnung an die Truppen des Generals Aymerich erfolgte«. Nachdem im Osten massierte französische Streitkräfte im September 1915 zunächst auf die Linie Abong -Mbang – Dume – Bertua zurückgeworfen worden waren, traten sie am 29. Oktober »auf der ganzen Linie« erneut zum Vormarsch an – mit drei Kolonnen. Die Deutschen mußten sich trotz zeitweiliger örtlicher Erfolge immer wieder absetzen und ziehen sich teils auf der in westlicher Richtung nach Jaunde, teils auf einer in südlicher Richtung nach Akonolinga führenden Straße zurück, wobei die letztere Gruppe einen Teil der Verfolger in einen Hinterhalt locken, empfindlich schlagen und sich zwischen Angul-Ejenga und dem Selefluß bis Weihnachten halten kann. Dann aber zwingt – so der letzte aus Kamerun in Berlin eingegangene Bericht vom 10.

Oben: *Regierungsgebäude in Duala, im Vordergrund Nachtigals Grabstein.*

Unten: *»Ein treuer Krieger« der deutschen Schutztruppe mit Entlassungsschreiben und Tapferkeitsauszeichnungen.*

Linke Seite oben: *Deutsche Kolonialtruppen überschreiten den Mao Ntelo.*

Unten: *Oberstleutnant Zimmermann, 1914–1916 Kommandeur der Schutztruppe.*

Ganz unten: *Gouverneur a. D. Dr. Carl Ebermaier.*

Januar 1916 – »Mangel an Munition . . . zum Rückzuge an die Grenze und in der weiteren Folge zum Übertritt auf spanisches Gebiet«. Am 31. Dezember 1915 wird Jaunde geräumt. Die dort stationierten deutschen Truppen marschieren in Richtung Spanisch-Guinea. Am Neujahrstag rücken die feindlichen Verbände ein, um dann, nach nur kurzer Rast, die Verfolgung der Deutschen aufzunehmen. Am 19. Januar fällt auch Ebolowa.

Von ausschlaggebender Bedeutung für den endgültigen Ausgang der militärischen Operationen sollten jene »heißen Gefechte« sein, die sich in den Monaten November/Dezember 1915 und Januar 1916 die Südabteilung der deutschen Schutztruppe mit überlegenen französischen Kräften an der Kampostraße und an der Nordostecke von Spanisch-Muno liefert, ging es dort doch darum, die Stellungen zu halten, »bis der letzte deutsche Soldat neutralen Boden betreten hatte«. Das Vorhaben gelang. Anfang Februar 1916 konnten die Schutztruppe »nebst ihrem zahlreichen farbigen Anhang« – 900 Weiße und 14 000 schwarze Soldaten und Träger – und die in Kamerun bislang noch verbliebene deutsche Bevölkerung die spanische Grenze überschreiten. Sie werden zunächst auf die Insel Fernando Poo überführt, wo die Farbigen unter Aufsicht eines kleinen Teils ihrer weißen Vorgesetzten verbleiben, während die Europäer nach Spanien verbracht und überwiegend auf Zaragoza, Pamplona und Alcala verteilt werden. »Mögen sie sich«, schreibt in diesem Zusammenhang das Reichs-Kolonial-Amt, »nun von den großen Anstrengungen und Entbehrungen des Krieges erholen, um dereinst freudig mitarbeiten zu können an dem Wiederaufbau des Schutzgebietes«.

Kamerun heute: République Unie du Cameroun (United Republic of Cameroon)

»So wie Kamerun nach der Fülle und Bedeutung seiner traditionellen Kunstwerke eine eigene, oft beschriebene Kunstprovinz darstellt, so befindet sich auch dieser Staat im ›Erdteilknick‹ am Golf von Biafra mit seiner hohen Einschulungsquote und seiner regsamen Universität von Yaoundé (1962 gegründet, 1969 rund 3000 Studenten und 56 Professoren) nach Aussage aller Landeskenner in der Spitzengruppe der afrikanischen Staaten.«

Heinrich Schiffers

Ähnlich wie Togo, wurde auch Kamerun nach Beendigung des Ersten Weltkrieges (als sogenanntes B-Mandat des Völkerbundes) zwischen England und Frankreich geteilt. Mit der Beendigung des Mandatssystems (1946) verband sich eine Umwandlung der Mandate in Treuhandgebiete der Vereinten Nationen. In Französisch-Kamerun begann 1955 ein von der Volksfront (Union de Population du Cameroun) gegen die ehemalige Mandatsmacht geführter Partisanenkrieg. 1958 gewährte Frankreich dem Lande die Autonomie, 1960 erhielt es die Unabhängigkeit. Britisch-Kamerun wurde bis 1961 als Teil Nigerias verwaltet. Aufgrund einer Volksabstimmung fiel dann der Süden an Kamerun, der Norden an Nigeria. Aus der so geschaffenen neuen Bundesrepublik wurde 1972 die ›Vereinigte Republik Kamerun‹.

Die Einwohnerzahl beträgt 12,24 Millionen (1992), darunter weniger als 1 % Europäer. Die Zahl der Völker, der Volkssplitter und Sprachen ist auch in Kamerun recht groß. Ältestes Volkselement unter den über 200 Stämmen sind (nach Schiffers) die »waldbewohnenden Kleinwüchsigen« (Babinga oder Negrilles). Sie konzentrieren sich auf die Umgebung des Hafens Kribi. Ein weiteres Volkselement bilden die in mehreren Stammesgruppen gegliederten Bantu (Äquatorial-Bantu 19 %, Nordwest-Bantu 8 %), unter denen vor allem die

Zwischen den Weltkriegen – Meldungen und Meinungen

1919 Die Eingeborenen lehnen sich gegen die Mandatsverwaltung auf.

1924 Rückkauf deutscher Pflanzungen auf einer Londoner Versteigerung.

1925 Am Kamerunberg entstehen wieder deutsche Siedlungen.

»Wer englische und französische Kolonien in Afrika gesehen, wer einen Hauch des Lebens verspürt hat, das schon damals in ihnen pulsierte, der konnte sich der Erkenntnis nicht verschließen, daß dort in Afrika sich eine neue Welt entwickelte, die einst für das alte Europa von der größten Bedeutung werden mußte. Davon unserem Volke einen Teil zu sichern, das war gewiß des Schweißes der Edelen wert . . .«

Duala als Händler oder Regierungsangestellte tätig sind. Hinzu kommen die in der Gegend von Jaunde (Yaoundé) lebenden, ehemals kriegerischen Pangwe. Die Mischvölker der Semi- (oder Grasland-)Bantu finden sich in den Baumsavannen Mittelkameruns. Zu den eingewanderten Völkern zählen die islamischen Haussa. »In Abstand von den Herren-Völkern« leben die Stämme der Sudanneger. Die Landessprachen sind Englisch und Französisch (offiziell), daneben werden 24 afrikanische Sprachen wie Fang, Duala und Bamileke gesprochen.

Kamerun hat ein Ein-Partei-System. Präsident der Republik ist Paul Biya, Premierminister Simon Achidi Achu. Hauptstadt ist Jaunde (Yaoundé) mit etwa 425 000 Einwohnern (Duala/Douala zählt über eine halbe Million Menschen). In mehreren der zehn Provinzen herrscht die französische Sprache vor: im Norden (Hauptstadt Garoua), im Osten (Bertoua), im Zentralen Süden (Yaoundé) und in der Provinz Küste (Douala). In den restlichen Provinzen – Westen (Bafoussam), Nordwesten (Bemanda) und Südwesten (Buéa) – dominiert das Englische. Der Verfassung nach sind Staat und Kirche getrennt. Die Freiheit der *Religion* ist jedem Bürger garantiert, »sofern sie die öffentliche Ordnung nicht stört«. Im Norden des Landes herrscht der Islam vor, während »im Westen und Südosten . . . die christlichen Missionen zahlreiche Gläubige gewonnen haben«. (51 % der Bevölkerung Kameruns gelten als animistisch, 33 % als Christen und 16 % als Moslems.)

Das Gesundheitswesen ist, wie in Togo, noch entwicklungsbedürftig. Auf 10 000 Einwohner kommen 0,7 Ärzte. Die Lebenserwartung unter Männern lag 1992 bei 54, unter Frauen bei 59 Jahren, die Kindersterblichkeit bei 118 im Verhältnis zu 1000 Lebendgeburten. Medizinische Einrichtungen und gesundheitliche Betreuung »entsprechen noch nicht den Bedürfnissen der Bevölkerung«. Das feuchtheiße Klima führt in Verbindung mit mangelhaften hygienischen Verhältnissen insbesondere außerhalb der Städte nach wie vor zu seuchenartiger Ausbreitung tropischer Krankheiten. So gehört Kamerun »zu den am schwersten mit Malaria verseuchten Ländern«, wobei insbesondere die Armenviertel von Duala und Jaunde betroffen sind. Dagegen konnte die Schlafkrankheit »auf wenige Rückzugsgebiete« beschränkt, die seit 1971 aufgetretene Cholera schnell und wirksam bekämpft werden. Ursache der noch immer örtlich auftretenden Amöben- und Bazillenruhr ist »die völlig unzureichende Trinkwasserversorgung«. Die Lepra konnte eingedämmt werden. Allgemeine Schutzimpfungen ließen die Pockenerkrankungen zurückgehen. Seit 1969 werden Ärzte, Hebammen und Sanitätspersonal auch im Lande selbst ausgebildet.

Die früheren teils britisch, teils französisch geprägten Schulsysteme sind durch das einheitliche kamerunische *Schulsystem* abgelöst worden. Seit 1980 besteht allgemeine Schulpflicht. Gegenwärtig sind etwa 70 % aller jungen Kameruner eingeschult, wobei die Schulbesuchsquote in den südlichen Landesteilen weitaus höher ist als im überwiegend islamischen Norden. Die an höheren Schulen tätigen Lehrkräfte sind überwiegend im Ausland ausgebildet worden.

Duala besitzt eine höhere technische Lehranstalt, Jaunde (neben technischen und kaufmännischen Lehrinstituten) eine Universität. Der Bildungsstand gilt als recht unterschiedlich. Wenn auch der Anteil von Analphabeten in einigen Gebieten nur noch bei 15 bis 20 % liegt, so wird doch »die Analphabetenquote für die erwachsene Bevölkerung noch immer mit 54,1 % (1992) angegeben«.

Handwerk und Industrie gewinnen zunehmend an Bedeutung. Die industrielle Entwicklung läßt den Bedarf an Facharbeitern steigen. Das Problem: ein großer Teil des beträchtlichen Arbeitskräftepotentials (1992 waren 4,365 Millionen Einwohner im arbeitsfähigen Alter) besitzt noch keine bzw. nur eine mangelhafte Ausbildung. »Um der Landflucht entgegenzuwirken und den landwirtschaftlichen Entwicklungsvorhaben (u. a. Plantagenanlagen, Straßenbau) Arbeitskräfte zu sichern«, ist 1974 ein »Nationaler Arbeitsdienst« (Service Civique National de participation au Développement) geschaffen worden, der auch eine berufliche und vormilitärische Ausbildung umfaßt.

Das Bruttosozialprodukt betrug 1992 $ 11,32 Milliarden, mit einer realen Zuwachsrate von 2,1 %. 74 % der Bevölkerung des Agrarlandes Kamerun sind in der Landwirtschaft beschäftigt, 4,5 % in der Industrie, 21,5 % im Dienstlei-

1926 Deutsche Schiffe dürfen wieder französische Küstenplätze anlaufen, deutsche Staatsangehörige im französischen Gebiet siedeln.

1932 Angehörige der Duala senden »Hilferufe . . . um Rückkehr der Deutschen«. Die Gründe: Hohe Steuerlasten, Vernachlässigung der Schul- und Hygieneverhältnisse.

1933 Die Eingeborenen richten »wegen Rückkehr der Deutschen« Eingaben an den Völkerbund und die Deutsche Kolonialgesellschaft, Berlin.

1939 Internierung aller Reichsdeutschen.

stungsgewerbe. In mehr als einer Million weit verstreut und abseits der »Konsumzentren« liegenden landwirtschaftlichen Kleinbetrieben werden, obwohl Düngung und Bodenpflege noch weitgehend unbekannt, etwa 25 % des Bruttosozialprodukts erwirtschaftet. Einzelne der vor dem Ersten Weltkrieg von Deutschen angelegten großen Plantagen (Bananen, Kaffee) haben noch heute einen erheblichen Anteil an der Erzeugung. Im Verlaufe des dritten Fünfjahresplans 1971/76 entstanden zusätzlich moderne Großplantagen für Kautschuk, Reis und Zuckerrohr. Während der Bananenanbau zurückgeht, werden »Anbau und Export von Tee weiterhin intensiviert«. Die Erzeugung von Kakao (Schlüsselprodukt der kamerunischen Außenwirtschaft) und der Anbau von Ölfrüchten liegen überwiegend in Händen afrikanischer Kleinpflanzer, während die Baumwollplantagen Nordkameruns von einer französischen Gesellschaft kontrolliert werden. (Zu den Kulturpflanzen, die in nächster Zukunft größere Bedeutung für den Export erlangen könnten, gehören nach Meinung der Agronomen Tabak, Ananas, Tee, Sesam, Kopra und Pfeffer.) Ein Teil der Plantagen wird genossenschaftlich genutzt. Auf den etwa 70 000 qkm großen, guten Weideflächen des Adamaua-Hochlandes »dürften künftig . . . die meisten modern geführten Großviehzuchtbetriebe entstehen«.

Zum »ungenutzten Reichtum des Landes« gehören ursprüngliche Urwälder, die etwa ein Viertel der Gesamtfläche des Landes einnehmen.

Trotz reicher Erträge kann der in der Bucht von Guinea und in den Flüssen betriebene *Fischfang* den Bedarf nicht decken.

Die *Elektrizitätsversorgung* des Landes liegt in Händen der staatlichen SONEL (Société Nationale d'Electricité du Cameroun), in der drei Elektrizitätsunternehmen und vier Wasser- sowie mehrere kleinere Wärmekraftwerke zusammengefaßt sind.

Der *Bergbau* spielt infolge vorerst noch mangelhaft erschlossener Vorkommen (Eisen-, Zinn-, Titanerz, Kupfer- und Uranerz, Gold, Diamanten) und fehlender Transportwege noch keine große Rolle – ausgenommen Bauxit und Öl.

Das *Verkehrs- und Nachrichtenwesen* Kameruns zeichnet sich durch einen bemerkenswert hohen Standard aus, auch wenn der Straßenbau zugunsten des Schienen- und Luftverkehrs vernachlässigt worden ist. Zwei Eisenbahnlinien verbinden Duala via Jaunde mit Ngaundere (934 km), zum anderen via Mbanga mit Nkongsamba (172 km).

Das Straßennetz umfaßt 55 249 km (davon 3328 km asphaltiert). Der Kraftfahrzeugbestand betrug 1990 175 000 Fahrzeuge, davon 93 000 Pkws. 1991 wurden 357 000 Flugpassagiere gezählt. Neben dem internationalen Flughafen Duala, der von Cameroon Airlines und mehreren anderen Gesellschaften angeflogen wird, verfügt Kamerun über 43 Binnenflugplätze und eine Vielzahl von Landepisten.

1992 hatte Kamerun 2 Tageszeitungen. Auf 1000 Einwohner kamen 2,1 Fernsehgeräte und 131 Radioapparate, auf je 100 Einwohner 0,6 Telefonanschlüsse. Im Bereich der *Telekommunikation* sind während des vergangenen Jahrzehnts beträchtliche Fortschritte erzielt worden. »Alle Zentren irgendwelcher Bedeutung« sind miteinander durch automatischen Selbstwählferndienst verbunden, Auslandsverbindungen werden in kürzester Frist hergestellt, das internationale Fernschreibsystem »arbeitet reibungslos«. *Amtliche Währung* für die Republik Kamerun ist der CFA-Franc (FCFA), der seit 1974 mit dem französischen Franc floatet.

Zwischen der Vereinigten Republik Kamerun und Deutschland bestehen, teilweise seit 1962, zahlreiche Staatsverträge, die u. a. den Handel, die Förderung von Kapitalanlagen, die wirtschaftliche und technische Zusammenarbeit, die Investitionsförderung, den Luftverkehr und die Entsendung von Entwicklungshelfern betreffen. Nach Mitteilung der GTZ, Eschborn, liefen bis Ende 1977 Kapitalhilfeprojekte mit Gesamtzusagen über 272 Millionen DM (84 % für Infrastrukturprojekte, 14 % für Wasserversorgungsvorhaben). Insgesamt arbeiten – in den Bereichen Düngemittelherstellung, Schiffahrt, Spedition, Bauwesen, Textil, Holzverarbeitung, Versicherung u. a. – etwa 30 Kameruner Unternehmen mit deutscher Beteiligung, sichtbarer Ausdruck »des in die kamerunische Wirtschaftsentwicklung gesetzten Vertrauens«.

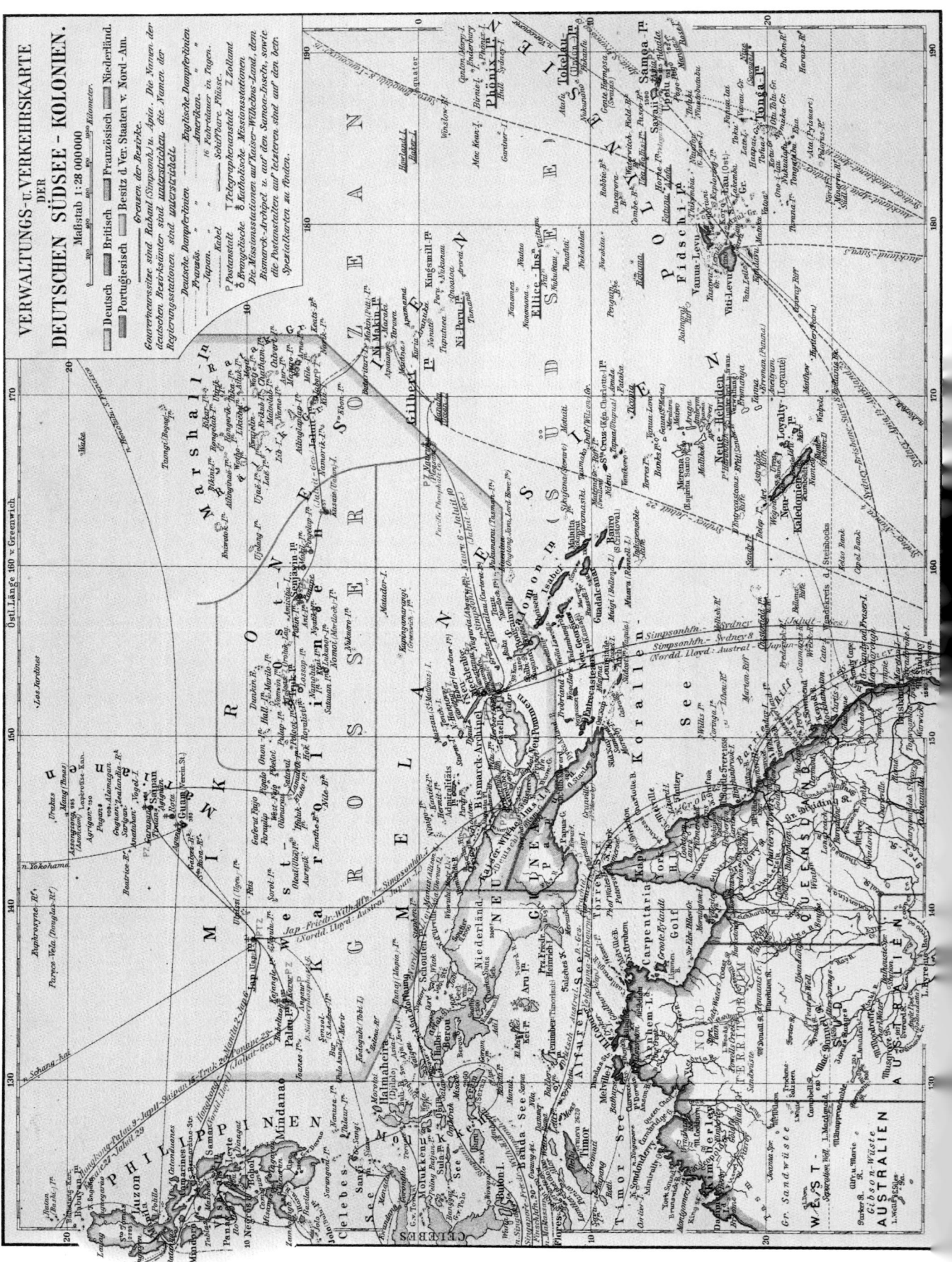

VERWALTUNGS- u. VERKEHRSKARTE
DER
DEUTSCHEN SÜDSEE- KOLONIEN.

Maßstab 1:28 000000

Kilometer.

Deutsch	Britisch	Französisch	Niederländ.
Portugiesisch	Besitz d. Ver. Staaten v. Nord-Am.

Grenzen der Bezirke.

Gouverneursitze sind Rabaul (Simpsonh.) u. Apia. Die Namen der
deutschen Bezirksämter sind unterstrichen, die Namen der
Regierungsstationen sind unterstrichelt.

Deutsche Dampferlinien. ─── Englische Dampferlinien.
Französ. ─── Amerikan.
Japan. ─── 16 Fahrdauer in Tagen.
Kabel. Schiffbare Flüsse.
P Postanstalt T Telegraphenanstalt Z Zollamt
☩ Evangelische ☩ Katholische Missionsstationen.
Die Missionsstationen auf Kaiser-Wilhelms-Land, dem
Bismarck-Archipel u. auf den Samoa-Inseln, sowie
die Postanstalten auf letzteren sind auf den bezw.
Spezialkarten zu finden.

Die deutschen Südsee-Schutzgebiete

Einzug in die Südsee

Oben: *Der Gründer des deutschen Südseereiches, Johan Cesar Godeffroy (1813–1885).*

Unten: *Adolph von Hansemann, Gründer der »Neuguinea-Compagnie«. Zusammen mit den ersten deutschen Kolonialbestrebungen Anfang der achtziger Jahre faßte er den Plan, die melanesische Inselwelt für Deutschland zu erwerben.*

Linke Seite: *Verwaltungs- und Verkehrskarte der deutschen Südsee-Schutzgebiete aus dem Jahr 1910.*

»Große Entfernung zum Mutterlande, schwache Besiedlung, wirtschaftliche Rückständigkeit und große Zersplitterung und Zerstreuung über sehr weite Räume haben die deutschen Schutzgebiete in der Südsee weit zurückbleiben lassen gegenüber unseren afrikanischen Kolonien und auch gegen Kiautschou.«

Wie in Afrika, so waren es auch in der Südsee hanseatische Kaufleute, die um die Mitte des 19. Jahrhunderts auf dem Wege der Ausdehnung ihrer Handelsbeziehungen in Richtung Südsee die Voraussetzungen späterer kolonialer Beziehungen schufen. Das (1765 gegründete) Hamburger Haus »Johann Cesar Godeffroy und Sohn« hatte zunächst auf den Tuamotu-Inseln, anschließend auf Tahiti und wenig später auf Samoa *Handelsstationen* eingerichtet und schließlich nach Ankauf eines Teils der Samoa-Hauptinsel Upolu dort »allmählich . . . seinen Mittelpunkt« gefunden Der 1860 aufgenommene Koprahandel ermutigte fünf Jahre später zur Anlage erster eigener Kokosplantagen. Bald schon konnte das Haus Godeffroy seine Tätigkeit auf weitere Gebiete Ozeaniens, Mikronesien und Melanesien, ausdehnen und »auf diese Weise die Besitzergreifung durch das Reich« vorbereiten – ein Jahrzehnt, bevor in Deutschland der Gedanke an kolonialen Besitz in der Südsee Gestalt annahm. Handelsstationen entstanden (und vergingen teilweise wieder) u. a. auf Jap (westliche Karolinen), auf den Tonga-Inseln, auf Fotuna, Uëa und den Neuen Hebriden. 1873 folgten Niederlassungen auf den Marshall-Inseln. In den folgenden beiden Jahren faßte das Haus Godeffroy Fuß im Gebiet des Bismarck-Archipels und in Neupommern.

Zur gleichen Zeit dehnte ein anderes Handelsunternehmen, Hernsheim und Komp., seine Tätigkeit auf die Karolinen, die Marshall- und Gilbert-Inseln und, wenig später, auch auf Makada, eine Insel der Neulauenburg-Gruppe, aus. Der Zusammenbruch des Hauses Godeffroy im Jahre 1878 und der »an der einsichtslosen Haltung des deutschen Reichstages« gescheiterte Versuch Bismarcks, das Unternehmen »durch Erklärung der Schutzherrschaft über Samoa« (sog. Samoa-Vorlage) zu stützen, unterbrachen die »erfreuliche Entwicklung« im ozeanischen Raum. Immerhin hatte Godeffroy die Genugtuung, daß es sein Haus gewesen war, dessen »wissenschaftliche Reisende« um die Jahrhundertmitte wesentliche Erkenntnisse über die Samoa-Inseln gesammelt und im Museum Godeffroy bzw. dessen »Journalen« gespeichert hatten. Mit seinem Tode (1885) und der nachfolgenden Auflösung des Museums endete die Zeit des Zusammenwirkens von kaufmännischer und wissenschaftlicher Tätigkeit.

Auf den Trümmern des Hamburger Handelshauses erstand die »Deutsche Handels- und Plantagengesellschaft« der Südseeinseln. Bereits 1880 war in Berlin unter Führung des Geheimen Kommerzienrates v. Hansemann eine Gesellschaft gegründet worden, deren Aufgabe es sein sollte, in der Südsee ein großes Kolonialunternehmen aufzubauen. Bismarck, von dem Vorhaben unterrichtet und mit entsprechenden Plänen bedacht, ließ – wohl noch immer die Ablehnung der Samoa-Vorlage im Gedächtnis – erwidern, man müsse es Privatunternehmungen überlassen, »auf eigene Hand vorzugehen«. Allerdings

bestünde die Bereitschaft, den Unternehmen »Marine-und Konsularschutz angedeihen zu lassen«.

Hansemann läßt sich durch diese halbherzige Zusage nicht entmutigen, sondern verfolgt seine Pläne unbeirrt weiter, wobei er seitens eines Teils der deutschen Presse, »welcher die Besitzergreifung und Kolonisation Neuguineas durch die Reichsregierung aufs wärmste befürwortet«, unterstützt wird. (Ein am 27. November 1882 in der ›Augsburger Allgemeinen Zeitung‹ zu diesem Thema erscheinender Artikel beunruhigt Australien und England derart, daß sich beide Länder veranlaßt sehen, »sich in die deutschen Wirtschaftsinteressen in der Südsee stärker als bisher offiziell einzumischen«, was »zu ernsten Notenwechseln zwischen Berlin und London« führt.) So entstehen 1882 u. a. die Niederlassungen Ralum des Hauses Forsayth auf der Gazellehalbinsel und Nusa auf Neumecklenburg, während gleichzeitig der deutsche Gelehrte Dr. Otto Finsch seine erfolgreichen Forschungsfahrten in Mikronesien beendet.

Am 26. Mai 1884 konstituiert sich die vier Jahre zuvor von v. Hansemann ins Leben gerufene Gesellschaft »nach den Bestimmungen des preußischen Landrechtes unter dem Namen ›Neuguinea-Compagnie‹ zu Berlin mit dem Zweck, in der Südsee ein Staatswesen mit eigenen Hoheitsrechten, jedoch unter dem Schutze des Deutschen Reiches, zu errichten«. Für die Leitung des von der Deutschen Handels- und Plantagen-Gesellschaft durchzuführenden Unternehmens wird der Forschungsreisende Dr. Finsch gewonnen.

Bismarck persönlich ist es, der nun die Weichen für eine deutsche Kolonialpolitik in der Südsee stellt. Am 19. August 1884 informiert er den deutschen Generalkonsul in Sydney und den Kaiserlichen Kommissar in Neupommern (Neubritannien) telegrafisch über die Absicht, »zunächst im Archipel von Neubritannien und dem außerhalb der berechtigten Interessensphäre der Niederlande und Englands liegenden Teile der Nordostküste von Neuguinea, überall, wo deutsche Niederlassungen bereits beständen oder in Ausführung begriffen seien, alsbald die deutsche Flagge zu hissen«. Am folgenden Tag läßt der Kanzler der Neuguinea-Compagnie mitteilen, daß er bereit sei, dem Ersuchen der Gesellschaft zu entsprechen und deren beabsichtigte Erwerbungen, »soweit die Unabhängigkeit der Gebiete feststeht«, zu schützen.

Wie an den Küsten der späteren deutsch-afrikanischen Kolonien, sind es auch in der Südsee Schiffe der Kaiserlichen Marine, unter deren Schutz die Flaggenhissungen, erste Schritte zur *Besitzergreifung*, vollzogen werden. Im November

Oben: *1884 nahm Kapitän zur See Schering, Kommandant der Korvette »Elisabeth«, den Bismarck-Archipel für das Reich in Besitz.*

Unten: *Der Forscher I. S. Kubary, Beauftragter der Firma Joh. Cesar Godeffroy, bei einer Verhandlung mit Häuptlingen einer Palau-Insel im Jahre 1870.*

Oben: *Am 4. November 1884 hißt Kapitän zur See Schering in Mioko die Reichsflagge und nimmt den Bismarck-Archipel in Besitz.*

Unten: *Dr. Otto Finsch (1839–1917) erforschte in fünf ausgedehnten Reisen die Küste Neu-Guineas und erwarb weite Gebiete für Deutschland.*

1884 laufen die Kriegsschiffe »Elisabeth« und »Hyäne« Matupi, Mioko, Finsch-Hafen und Friedrich-Wilhelms-Hafen an: auf Neupommern, Neulauenburg und Neuguinea weht nun stolz die Flagge Schwarz-Weiß-Rot, auf Neuguinea übrigens »gerade noch zur rechten Zeit, um der Besitzergreifung durch England zuvorzukommen, das soeben über den Südosten Neuguineas den britischen Schutz erklärt hatte«. Im Mai 1885 erhält die Neuguinea-Compagnie vom Deutschen Reich den ersehnten Kaiserlichen Schutzbrief. Wenig später kann der deutsche Teil gegen den der Niederländer, die am westlichen Ende der Insel seit Beginn des 19. Jahrhunderts ansässig sind, abgegrenzt werden. Nachdem auch mit Großbritannien 1886 Einigung erzielt werden kann, ist Neuguinea unter die drei Mächte aufgeteilt.

Auf den Bismarck-Archipel wird »von keiner anderen Macht Anspruch erhoben« – er bleibt weiterhin unter deutschem Schutz, weht doch auf der kleinen Insel Matupi ohnehin seit 1884 die Reichsflagge. Dem Deutschen Reich werden des weiteren die Salomonen-Inseln Buka, Bougainville, Choiseul und Isabel zugestanden, während England den Rest dieser Inselgruppe erhält.

1885 hat Deutschland in Mikronesien die bislang »herrenlosen« Marshall-Inseln unter seinen Schutz gestellt. Der Versuch, auch Marianen und Karolinen »für Deutschland zu gewinnen«, mißlingt. Spanien macht ältere, wohlbegründete Rechte geltend und erhält die Inselgruppe 1886 »durch Schiedsspruch des Papstes Leo XIII.« zuerkannt. (Erst am 30. Juni 1899 werden die Spanier nach ihrer Niederlage gegen die Vereinigten Staaten die Marianen – ohne die an Amerika gefallene Insel Guam – sowie die Karolinen und die Palau-Inseln an das Deutsche Reich verkaufen.) Dagegen kann Deutschland 1888 auch die östlich der britischen Gilbert-Inselgruppe gelegene Insel Nauru (»Pleasant Island«) in die Reihe seiner Südseebesitzungen einbeziehen.

Eine besondere Rolle spielte bis zur Jahrhundertwende die Samoagruppe. In dem Königreich waren »schon vor dem Zusammenbruch des Hauses Godeffroy . . . wegen der planmäßigen Gegenarbeit der Engländer und Amerikaner gegen die Deutschen der deutsche Handel (zurückgegangen) und auch der politische Einfluß Deutschlands« gesunken. Obwohl der größere Teil des Plantagenlandes Deutschen gehörte, »schienen die Samoa-Inseln dem britischen Einfluß vollkommen verfallen zu sein«. Nicht nur die drei beteiligten Mächte stritten sich um tatsächliche oder vermeintliche Rechte, auch die

Oben: *S.M.S. »Elisabeth« und
S.M. Kanonenboot »Hyäne« in der
Bucht von Friedrich-Wilhelms-
Hafen auf Neu-Guinea.*

Unten: *Der samoanische Häuptling
Tamasese.*

Samoaner selbst spalteten sich in eine deutsche, eine britische und eine amerikanische Partei. Zwar legte 1879 der Kapitän z. S. v. Werner »Beschlag« auf die Häfen Saluafata und Falealili, doch »das deutsche Ansehen und mit ihm der deutsche Handel (sanken) immer mehr«. Um der Besitzergreifung der Insel Upolu durch die Engländer zuvorzukommen, ließ der deutsche Generalkonsul Dr. Stübel 1884 die Hafenstadt Apia von deutschen Marinesoldaten besetzen. 1887 konnte ein britischer Zugriff nur durch Gefangennahme und Verbannung des Führers der deutschfeindlichen Partei, König Malietoa, verhindert werden. 1888 brachen zwischen dem deutschfreundlichen Parteiführer Tamasese und seinem Gegenspieler Mataafa »neue, schwere Wirren« aus, die mit dem Sieg Mataafas endeten, dessen Kräfte zudem gegen Jahresende den deutschen Marinetruppen schwere Verluste zufügen konnten. Anfang 1889 brannten Samoaner das deutsche Konsulat nieder. Der deutsche Konsul mußte abberufen werden. Und am 16. März verlor die Kriegsmarine während eines Taifuns ihre Kanonenboote »Adler« und »Eber«.

Ein im selben Jahr zwischen England, Amerika und Deutschland geschlossener Vertrag sah, bei Gleichberechtigung der drei Partner, die Belassung Samoas als Königreich vor, an dessen Spitze wieder der 1887 verbannte Malietoa berufen wurde, der seine »Gunst« erneut den Engländern schenkte. Die Streitigkeiten zwischen Malietoa, Mataafa und Tamasese dauerten an »und zogen die Europäer in Mitleidenschaft«. Die Lage wurde immer verworrener: Mataafas vorübergehende Deportation auf die Marshall-Inseln, der Tod Tamaseses, die erbitterte Gegnerschaft des Tamasese-Sohnes gegenüber Malietoa, dessen Rückholung von den Marshall-Inseln, verbunden mit seiner Wahl zum König, die Aufstellung eines Malietoa-Sohnes als Gegenkönig und die nicht ausbleibenden »ernsten Gegensätze« zwischen den Deutschen einerseits, Briten und Amerikanern andererseits schienen um so unlösbarere Probleme zu schaffen, als sich auch die Samoaner untereinander blutige Kämpfe lieferten. Erst am 21. April 1899 »wurden die Feindseligkeiten eingestellt, da die Nachricht kam, daß die drei Mächte zur Beendigung der Wirren eine Kommission entsandt hätten«. Als »Folge ihrer Untersuchungen« wurde von den drei beteiligten Nationen am 16. Februar 1900 ein Vertrag geschlossen, aufgrund dessen Samoa zwischen dem Deutschen Reich und den Vereinigten Staaten geteilt wurde: Deutschland erhielt die beiden großen Inseln Upolu und Sawaii, die USA die kleineren, östlich von Upolu gelegenen Inseln. England wurde mit Tonga und zwei Salomonen-Inseln, Choiseul und Isabel, entschädigt.

Mit den Flaggenhissungen auf Upolu (1. März 1900) und Sawaii (8. Juni) endete

Oben: *König Malietoa Laupepa (mit Gattin) wurde 1889 nach langen Stammesfehden die altsamoanische Königswürde verliehen.*

Oben rechts: *Häuptling Mataafa von Samoa.*

Unten: *Mit der Flaggenhissung am 1. März 1900 in Apia wird Samoa deutsch.*

Deutschlands Einzug in die Südsee. Und so setzten sich die deutschen Schutzgebiete in diesem Raum zusammen:
Mikronesien (2481 qkm/62000 Einwohner), bestehend aus den Marianen (ohne Guam), den Palau-Inseln und Karolinen, und den Marshall-Inseln mit Nauru.
Melanesien (238750 qkm/360000 Einwohner), bestehend aus dem Bismarck-Archipel, den Salomonen-Inseln Buka und Bougainville und dem Kaiser-Wilhelms-Land auf Neuguinea, und
Samoa (2588 qkm/37000 Einwohner).
Die Fläche der gesamten Südseekolonien war damit »etwas größer als zwei Drittel Preußens«, seine Einwohnerzahl aber erreichte »noch nicht die des Herzogtums Braunschweig oder der Stadt Köln«.

Oben: *Pavillon am Strand von Apia, Samoa.*

Unten: *Kapitän Dallmann, Begleiter von Dr. Otto Finsch und gründlicher Kenner der Südsee.*

Allgemeines über Geographie und Topographie

Die deutschen Besitzungen im Stillen (Großen) Ozean wurden seinerzeit in zwei räumlich voneinander entfernte Gebiete geteilt: ein westlich und ein östlich gelegenes. Zum westlichen Gebiet zählten Kaiser-Wilhelms-Land (Neuguinea), der Bismarck-Archipel, die beiden nördlichsten Salomonen-Inseln Buka und Bougainville, die Marshall-Inseln, die Karolinen und die Marianen (außer Guam), während Deutsch-Samoa das östliche Gebiet darstellte. Die Gesamtfläche von insgesamt rund 244000 qkm entsprach etwa der halben Größe Kameruns (1910: 495000 qkm). Das westliche Gebiet erstreckte sich in Nordsüd-Richtung vom nördlichen Wendekreis (Wendekreis des Krebses) bis zum 8. südlichen Breitengrad, in Ostwest-Richtung vom 130. bis zum 173. östlichen Längengrad. Das östliche Gebiet (Samoa) war eingebettet zwischen dem 13. und 14. Grad südlicher Breite und den Meridianen (Längengraden) 187 und 189. Um von Samoa nach Jaluit (Marshall-Archipel) zu gelangen, mußten 2800 km, bis Bougainville sogar 3500 km zurückgelegt werden. Und die Reise Deutschland-Samoa nahm sechs bis sieben Wochen in Anspruch.

Nach der landläufigen topographischen Einteilung jener Tage wurden die in der Südsee gelegenen deutschen Schutzgebiete anfänglich dem australisch-ozeanischen Inselland zugerechnet: Samoa zu Polynesien, Kaiser-Wilhelms-Land, Bismarck-Archipel und Salomonen zu Melanesien. Die Marshall-Inseln, die Karolinen und die Marianen mit den Gilbert-Inseln dagegen bildeten gemeinsam Mikronesien. Diese Zuteilung erfuhr später mehrere Korrekturen, die sich, vereinfacht, so darstellten: Zunächst wurde die Grenze zwischen Australien-Ozeanien und Asien in den Marianen(Karolinen-)graben verlegt, in dem 1898 eine Tiefe von 9636 m gelotet worden war. Die Entdeckung neuer, in fast nördlicher Richtung verlaufender Gräben zwischen Celebes und Guam mit größten Tiefen zwischen 7200 und mehr als 9600 m bewies ein staffelförmiges Absinken des Ostrandes von Asien bis zum 150. Längengrad. Deshalb waren nun auch die westlichsten Teile des Karolinengebietes – Palau-Inseln und Jap – »anstatt der australisch-ozeanischen der asiatischen Inselwelt anzugliedern«. Die Karolinen von Jap an ostwärts, die Marshall- und die gesamten melanesischen Inseln (»natürlich auch Samoa«) wurden dagegen »vorläufig auch weiterhin zum australisch-ozeanischen Gebiet« gerechnet.

(Kurze Anmerkungen zur Geologie finden sich in den Beschreibungen der einzelnen Inseln.)

Klima, Tier- und Pflanzenwelt

»Das Klima an der Küste ist fürchterlich; selbst die chinesischen Kulis sterben weg. Es ist heiß und feucht; es fallen 3000–6000 Millimeter Regen, eine unglaubliche Menge. Der Pflanzenwuchs ist unter diesen Umständen – abgesehen von einigen Teilen der Küste – natürlich sehr üppig; von tropischen Pflanzen gedeihen Kakao, Vanille, Pfeffer, Tabak, Teakholz. Die Neu-Guinea-Kompagnie hat ausgedehnte Kautschuk- und Kokospalmen-Pflanzungen angelegt, die alle vorzüglich gedeihen.«

Unten: *Eingeborener auf der Paradiesvogeljagd in Neu-Guinea.*

Die deutschen Südseekolonien lagen sämtlich zwischen dem 14. südlichen und dem 19. nördlichen Breitengrad. Dementsprechend herrschte aufgrund ihrer ozeanischen Umgebung ein tropisches, teilweise äquatoriales Seeklima mit mäßigen Temperaturextremen, eingebettet in Jahresisothermen von 25 und 27,5°C. Die jährlichen Temperaturschwankungen betrugen in Mikronesien höchstens 1°, in Samoa und Melanesien maximal 2°C. Auch der Luftdruck unterlag keinen nennenswerten Schwankungen. Beobachtungen ergaben, daß die Luftdruckverteilung der Wanderung der Sonne oder der des thermischen Äquators folgte. Dementsprechend war er im Nordwinter über dem Kaiser-Wilhelms-Land, dem südlichsten Teil des Schutzgebietes, mit 755 mm (1007 mb) am niedrigsten, über den nördlichen Marianen lag er um 6 mm höher. Im Nordsommer dagegen wanderte das Gebiet tiefsten Luftdrucks über den Äquator nach Norden und erreichte über der Breite von Karolinen und Nauru 756 mm (1008 mb).

Niederschläge fielen überall in tropischer Fülle und überstiegen fast ausnahmslos 2000 mm im Jahr. Trockenste Gebiete waren die Marianen und nördlichen Marshall-Inseln (1900–2500 mm) sowie Teile des Bismarck-Archipels und die Nordküste Neuguineas (2100–2500 mm). Die Karolinen, Bougainville, das südliche Neupommern sowie Teile des inneren Kaiser-Wilhelms-Landes und einiger Küstengebiete empfingen jährlich 2500–3500 mm Regen. Größere Regenmengen wurden in zwei Gebieten gemessen: auf den östlichen Karolinen und den südlichen Marshallinseln, außerdem in einer schmalen Zone im Inneren des Kaiser-Wilhelms-Landes (über 5500 mm). Sonst erreichte nur die hohe Karolineninsel Kusaie als »vorzüglicher Regenfänger« Jahreswerte bis zu 6500 mm. Im größten Teil Samoas wurden 3500–5500 mm gemessen.

Gesundheitlich zeigte sich das *Klima* in den Schutzgebieten sehr verschieden. Während die Malaria auf manchen Inseln überhaupt nicht auftrat, hatten andere Gebiete, wie z.B. die Küste von Kaiser-Wilhelms-Land, »sehr unter ihr zu leiden«. Dysenterie und Elefantiasis traten auf einigen Inseln endemisch auf. Unter den Eingeborenen der Ostkarolinen wurden zahlreiche Todesfälle als Folge der Blattern beobachtet. »Im ganzen aber können die deutschen Schutzgebiete der Südsee, mit alleiniger Ausnahme von Kaiser-Wilhelms-Land, für ein tropisches Klima als gesund bezeichnet werden.«

Regenfülle und Beschaffenheit des Bodens bestimmten in hohem Maße die Üppigkeit und den Reichtum der *Pflanzenwelt.* So zeigten die Samoa-Inseln als östlichste der deutschen Besitzungen dank großen Regenreichtums und fruchtbaren vulkanischen Bodens eine »weit üppigere Vegetation« und eine »weit reichere Flora« als viele Koralleninseln Mikronesiens. Alle Südseeinseln, ausgenommen die aus Korallenkalk bestehenden, wiesen als »ursprüngliche Vegetationsformation« den Wald auf, wobei in den äquatorialen Gebieten (Melanesien und Neuguinea) und auf Samoa der Hochwald mit seinen Palmenarten dominierte: Kokos-, Areka-, Sago- und Kletterpalmen. Auch fanden sich Brotfruchtbäume, Hibiskus, Farne, Schlingpflanzen und Orchideen »als wichtiger Bestandteil des Waldes«. Grasland fand sich in einem Teil der westlichen

Hinsichtlich der *Vegetation*, die nach Herkunft und Zusammensetzung besonders Professor *Dr. Volkens* erforscht hat, ist von vornherein zwischen den hohen Inseln und den Atollen zu unterscheiden. Außerdem vermindert sich auch der Artenreichtum von Westen nach Osten sehr merklich. Das Pflanzenkleid Palaus schließt sich demjenigen der Philippinen noch vollständig an. Man bemerkt Arekapalmen, grasblätterige Schlinggewächse, Dracänen, Pandanus, Bambus, wilde Ananas, Brotfruchtbäume, Bananen und einzelne Farne. An den Gehängen und in den Tälern grünt stattlicher Hochwald. Dieser kommt, allerdings artenärmer, auch in Ponape und Kusaie vor, nicht aber in Jap und Truk. Um die feuchten, zum Teil versumpften Küsten legt sich überall ein dichter Mangrovengürtel. Darauf folgt die Kulturzone der Eingeborenen mit Taro, Yams, Brotfruchtbäumen, Melonen, Kürbissen, Feigen, Gemüsen und anderen, häufig erst eingeführten Nutzpflanzen. Für die Ernährung der Atollbewohner ist hauptsächlich die Kokospalme wichtig, ohne welche manche Eilande gar nicht besiedlungsfähig wären. Die Mortlockinsulaner z. B. sind fast neun Monate im Jahre vorwiegend auf Kokosnüsse angewiesen. Als Exportgut erscheint neben der Kopra auch die Steinnuß. Sie entstammt der Coelococcuspalme, die in der Südsee in mehreren Arten vorkommt, von denen C. carolinensis und C. salomonensis ihrer harten umfänglichen Samen halber in der Knopffabrikation begehrt sind, namentlich für größere Knöpfe, für welche die Samen der amerikanischen Elfenbein- oder Steinnußpalme, Phytelephas macrocarpa, nicht ausreichen.

mikronesischen Inseln (Jap und Marianen), darüber hinaus bedeckte es die im Regenschatten liegenden Gebirgsteile des Kaiser-Wilhelms-Landes und des Inneren Neupommerns. Es bestand vorwiegend aus hohen Gräsern und bildete, wie etwa auf Jap, zusammen mit Baumgruppen die Baumsavanne. Die Höhenzüge Neuguineas waren mit Nadelhölzern und Rhododendren bedeckt, an den Küsten fanden sich dichte Mangrovensäume. Auf den meisten kleinen Koralleninseln wuchsen als hohe Bäume lediglich Kokospalmen, schmalblättrige Schraubenbäume und Brotfruchtbäume.

Die wichtigsten *pflanzlichen Erzeugnisse* der deutschen Südsee-Inseln waren die Knollenfrüchte Taro, Yams und Batate, hinzu kamen als Baumfrüchte die Brotfrucht und die Banane. Das Zuckerrohr, obwohl von den Eingeborenen in mehreren Spielarten angepflanzt, hatte ernährungsmäßig kaum Bedeutung. Unter den Palmen stand als wichtigste Nutzpflanze die Kokospalme an erster Stelle – »umso mehr, da sie gerade auf den Koralleninseln wächst und diese vielfach erst besiedlungsfähig macht«. Sie lieferte Kokosmilch, den eßbaren Nußkern und Öl. Aus den Schalen fertigten die Eingeborenen Trinkgeschirre, Schmuck und sogar Geld. Die faserige Fruchthülle wurde u. a. zu Stricken verarbeitet, die jungen Herzblätter lieferten ein schmackhaftes Gemüse. Von größtem Wert für den Europäer war der zerschnittene und getrocknete fettreiche Kokoskern, »der als Kopra fast den einzigen wichtigen Ausfuhrgegenstand unserer Südseekolonien bildet«.

Obwohl die Eingeborenen mancherorts Tabak anpflanzten, blieben entsprechende von Europäern unternommene Plantagenversuche erfolglos. Von großer Bedeutung für die Eingeborenen war wegen seiner vielseitigen Verwendbarkeit der Bambus, der zum Bau von Häusern und Hängebrücken ebenso verwendet wurde wie etwa zur Herstellung von Waffen, Trommeln und Reusen. Überhaupt erstaunte die Geschicklichkeit, mit der die Insulaner auch andere einheimische Pflanzen zu verarbeiten verstanden. Aus Nüssen gewannen sie Bootskitt, aus Fasern fertigten sie Zwirn für Netze, mächtige tauartige Palmenstämme wurden zu Ankerseilen.

Rechts: *Kokospalmen.*

Papua.

Zu den *ein*geführten Nutzpflanzen zählten tropische Fruchtbäume (Melone, Mango, Tamarinde, Limone, Ananas u. a.) und Pflanzen gemäßigterer Klimate (Wassermelone, Kürbis, zahlreiche Gemüsesorten, Baumwolle, der Seidenbaumwolle liefernde Kapokbaum sowie Kautschuk- und Kakaobäume und Sisalhanf).

Als Hauptmerkmal der *Fauna* wurde die Armut an Säugetieren hervorgehoben. In Melanesien fanden sich Beuteltiere und Flugeichhörnchen, eine Ameisenigelart, Fledermäuse und Nagetiere, daneben wohnten als »Einwanderer aus dem malaiischen Tierkreis« in Flußmündungen und der offenen See Leistenkrokodile und Schlangen. Den nur wenig vertretenen Säugetieren stand ein um so größerer Reichtum an Vögeln und Insekten gegenüber, so etwa ganze Vogelgruppen wie die auf Neuguinea heimischen Paradiesvögel und Spechtpapageien. Auch auf den Inseln Mikronesiens spielten die Vögel eine besondere Rolle, wobei jedoch die Landvögel (u. a. Mähnentaube, Großfußhuhn, Stare, Ziegenmelker, Reiher und Honigvögel) gegenüber den Seevögeln (am bekanntesten: Fregattvogel und Tropikvogel) zurücktraten. Der Mensch brachte Haus- und Nutztiere mit: Schwein, Hund, Rind und einige indische Hirscharten. Reicher als die Land- zeigte sich die Meeresfauna. Dementsprechend ergiebig war die von den Fischern eingeholte Beute.

Papuamädchen.

Bemerkungen zur Ethnographie

»Das Klima und die natürliche Fruchtbarkeit des Bodens auf den meisten Inseln erleichtern es den Eingeborenen, ihr Leben ohne allzuviel Arbeit zu fristen. Am paradiesischsten sind die Zustände in dieser Beziehung auf Samoa. Die Samoaner sind ein begabter und heiterer Menschenschlag, tapfer und mit viel Sinn für die anmutigen Seiten des Lebens. Gefällige Körperformen, Blumenschmuck, Geschmack in der Kleidung und im Hausbau, Gastfreiheit und ritterliche Gesinnung, die sich bei ihnen finden, haben manchen Reisenden zum Lobe veranlaßt.«

Die *Bevölkerung* der deutschen Schutzgebiete in der Südsee umfaßte »Vertreter der vier hauptsächlichen Menschenstämme des Großen Ozeans«: reine Polynesier auf den Samoa-Inseln, Melanesier auf den Inseln des Bismarck-Archipels und an den Küsten des Kaiser-Wilhelms-Landes, Papua im Innern Neuguineas und auf Neumecklenburg, Mikronesier auf den kleinen Inseln nördlich des Äquators. Die Herkunft dieser Unterabteilungen der Südseebevölkerung und deren Beziehungen zueinander waren seinerzeit noch kaum geklärt. Eine »Analyse der übereinander lagernden Kulturschichten«, verbunden mit einer Aufstellung bestimmter Kulturkreise, unternahm 1905 F. Gräbner und brachte damit »etwas Licht« in das Dunkel dieser Beziehungen.

Er unterschied als ältesten den *negritischen Kulturkreis,* so benannt nach seinen Beziehungen zu den dunklen Stämmen Südasiens und Afrikas und vorwiegend von primitiver australischer Kultur geprägt. Dem Alter nach folgte der negritischen die *papuanische Kultur* mit einem west- und einem ostpapuanischen Kulturkreis. (Westlich: südliches Neuguinea, westliches Mikronesien, Neukaledonien, östliche Salomonen. Kennzeichen: männlich beherrschte Familiengemeinschaft im Süden Neuguineas, »Weiberorganisation«, »Weiberboote« und

Oben: *Samoanisches Paar in Hoch-zeitstracht.*

Oben rechts: *Maskenträger von der Insel Neumecklenburg.*

»Weiberhäuser« auf den Palau-Inseln und in Nordguinea, Trennung der Geschlechter in besonderen Wohnungen auf den Admiralitätsinseln und im westlichen Guinea. Östlich: Neumecklenburg, Salomonen, Neupommern und Ostneuguinea. Besondere Kennzeichen: »Zweiklassensystem der Bevölkerung mit Weibersippen«, Maskentänze, Morgensternkeulen, Schilde, Steinschleu-dern, Baumhäuser und, als Musikinstrumente, Panpfeife und Klangbrett.) Dritter in Gräbners Reihe war der *melanesische Kulturkreis* mit seinen Kennzei-chen: Pfeil und Bogen, Trommel, Bambuskamm, Löffel, Blättermatten und ein charakteristisch gestaltetes Haus mit gewölbtem, bis auf den Boden reichendem Giebeldach und den längsseitig angeordneten Schlafpritschen.

Während die melanesische Kultur als »deutlich ausgesprochene Landkultur« galt, war die *frühpolynesische Kultur* »unzweifelhaft eine Seekultur«. Sie beherrschte bis zur Ankunft der Europäer den größten Teil Ozeaniens. Ihre charakteristischen Kennzeichen waren Fischereigeräte, Angelhaken, Dreiecks-segel, Netze, Reusen und verschiedenartige Auslegerboote. Als nicht weniger typisch jedoch zeigten sich Geräte wie der Drillbohrer, das aus dem Gehäuse der Tritonschnecke gefertigte Signalhorn, der Feuerpflug als Feuerzeug, der Kokus-nußschaber und ein besonders gestaltetes Beil. Im sozialen Bereich waren, anders als in Melanesien, ein »stark hervortretendes Häuptlingswesen«, die Einteilung des Volkes in Stände und die Sitte des Tabu bemerkenswert. Aus der frühpolynesischen entwickelte sich dann fließend die *neupolynesische Kultur* mit entsprechenden Rückwirkungen auf Melanesien und Mikronesien.

Eingeborene der Insel Buka,
links *beim Musizieren und*
rechts *auf der Jagd.*

Die deutschen Schutzgebiete

»Die deutschen Besitzungen in der Südsee unterscheiden sich dadurch von allen anderen kolonialen Erwerbungen des Deutschen Reiches, daß sie zwar ein gewaltiges Gebiet umspannen, das einen Flächenraum von respektabler Größe deckt, daß sie sich aber trotzdem zu einem großen, zusammenhängenden Kolonialgebiet zusammenschließen, wenn auch die einzelnen Inseln und Inselchen, die über diese gewaltige Meeresstrecke verstreut liegen, wiederum in sich kleine Einheiten bilden.«

Melanesien

Den Hauptteil des deutschen Südsee-Schutzgebietes bildete mit seinen insgesamt knapp 240000 qkm Melanesien, bestehend aus Deutsch-Neuguinea, dem Bismarck-Archipel und den Salomonen-Inseln Buka und Bougainville. Neuguinea, nur durch die Torresstraße (sie wurde 1792 vom Kapitän der »Bounty«, Bligh, durchfahren, nachdem ihn die meuternde Crew mit einem Boot ausgesetzt hatte) vom australischen Festland getrennt, ist 1526 von dem Portugiesen Jorge de Menesis als erstem Europäer betreten worden. Er gab der Insel den

Oben: *Hugo Zöller, einer der zahlreichen Erforscher Deutsch-Guineas.*

Namen Papua. Dann erschienen Missionare aus verschiedenen Ländern, ohne daß jedoch eine eigentliche Inbesitznahme erfolgt wäre. Als jedoch 1883 die englisch-australische Kolonie Queensland Neuguinea kurzerhand zu annektieren versuchte, wurden in Deutschland »Befürchtungen« wach, die ganzen deutschen Interessen in der Südsee könnten »auffliegen«. 1885/86 konnte sich das Deutsche Reich dann »von dem Hauptkörper der Insel . . . einen Ausschnitt an der Nordostseite« sichern und als »Kaiser-Wilhelms-Land« vertraglich gegen die niederländischen und britischen Teile Neuguineas abgrenzen.

Die Erforschung *Deutsch-Guineas* bereitete außerordentliche Schwierigkeiten. Nach ersten Versuchen in den 80er Jahren (v. Schleinitz, Dr. Schrader, Hollrung, Graf Pfeil, Hugo Zöller u.v.a.) »erlahmte der Erforschungseifer . . . leider für einige Zeit«. Erst 1895 setzte wieder »eine frischere Tätigkeit« ein, wenngleich der erste neuerliche Versuch mißlang: Otto E. Ehlers, der die Insel vom Huon-Golf aus durchqueren wollte, wurde von den eigenen Leuten ermordet. Dagegen gelang Forschern wie Lauterbach, Tappenbeck und Kersting der Vorstoß ins Landesinnere, wobei sie » einen großen Fluß« (den Ramu) entdeckten.

Das *Küstengebiet* bestand aus der westlich gelegenen Finsch-Küste und der nach Osten anschließenden Hansemann-Küste, die mit dem Kap della Torre endete. Landeinwärts erhoben sich zahlreiche Gebirgszüge teilweise, wie das »alpenartige« Bismarck-Gebirge, bis in Höhen von mehr als 4 000 m.

Die 800 km lange Küste zeigte sich im einzelnen »reich gegliedert« und umschloß »eine ganze Reihe ausgezeichneter Reeden« wie etwa den landschaftlich reizvollen Huon-Golf. An seinem nördlichen Ausgang lag der Finschhafen, von dem Hugo Zöller 1891 blumig schrieb, er dürfe »zu jenen auserlesenen Lieblingsorten der Menschheit gezählt werden, bei deren Schmuck Natur und Kunst sich die Hand gereicht haben«, wenn nicht »im Hintergrund all dieses Zaubers das bleiche Gespenst des Fiebers seine die kühnste Energie nach fruchtloser Gegenwehr umklammernden Arme« reckte. In nordwestlicher Richtung folgte dann die Astrolabe-Bai, umgeben von ausgedehnten Pflanzungen und als »Kulturcentrum des Kaiser-Wilhelms-Landes« gelobt. Zu ihren zahlreichen Wasserbecken gehörte der Friedrich-Wilhelmshafen mit seinen Lade- und Löscheinrichtungen auch für große Schiffe. Eine blühende Plantagenwirtschaft hatte sich auch um die Nachbarstationen Erimahafen, Konstantinhafen und Stephansort entwickelt. Noch weiter westlich lagen der Potsdam- und der Berlin-Hafen.

Die eingeborene *Bevölkerung* setzte sich aus den im Landesinnern wohnenden Papua und den an der Küste lebenden Melanesiern zusammen, jene kurz und untersetzt, diese schlank und hager. Eine einheitliche Charakteristik der Eingeborenen bereitete jedoch erhebliche Schwierigkeiten: wegen, wie Meyer schrieb, »der großen Zersplitterung und der lokalen Verschiedenheiten«, die nirgends auf der Welt so ausgeprägt seien wie in Neuguinea und sich »namentlich in den zahllosen verschiedenen Sprachen« ausdrückte. Die Zahl der eingeborenen Farbigen wurde (sicherlich ungenau) auf 110000 geschätzt. Dagegen war bekannt, daß 1909 in Kaiser-Wilhelms-Land etwa 200 Weiße (136 männliche, 61 weibliche) lebten, unter ihnen 185 Deutsche. An Berufen waren unter den Weißen außer Missionsangehörigen vertreten: Ansiedler und Pflanzer (21), Seeleute (9), Regierungsbeamte (9), Techniker (2) und 1 Arzt.

Die *wirtschaftlichen Verhältnisse* der Kolonie sind aus dem Anfangsstadium der Entwicklung kaum herausgekommen. Wichtigstes Erzeugnis Deutsch-Neuguineas waren die getrockneten Samenkerne der Kokospalme: Kopra. Die Gesamtfläche der Kokospalmenanpflanzungen betrug 1908 etwa 3 600 Hektar mit knapp 400 000 Bäumen, von denen etwa ein Viertel Frucht trug. Der Kopra folgten in weitem Abstand Kautschuk und Guttapercha.

Eine Zweiglinie des Norddeutschen Lloyd stellte via Hongkong und Sydney einmal monatlich die Verbindung mit Europa her. Insgesamt liefen alljährlich noch keine 75 Schiffe den Hauptort der Kolonie, Friedrich-Wilhelms-Hafen, den einzigen Hafen »mit regelmäßigem Dampferverkehr«, an. An der Berlin-Reede (Finschküste) entstand ein zweites Verkehrs- und Handelszentrum, nachdem die Inseln Tumleo und Seleo für Kopragewinnung und Fischerei

Bedeutung gewonnen hatten und in der Kolonie Finschhafen die Folgen der schweren Malariaepidemie des Jahres 1891 überwunden worden waren.

Unter dem Namen *Bismarck-Archipel* wurde seit 1885 die Inselwelt zwischen Neuguinea, den Salomonen und dem Äquator zusammengefaßt, bestehend aus »nahezu zweihundert Inseln jeder Größe, die sich zu einem Kranze vereinigen«. Die Gesamtfläche des Archipels betrug »nach offizieller Angabe« 47 000 qkm, von denen mehr als zwei Drittel auf die beiden Hauptinseln *Neupommern* und *Neumecklenburg* entfielen. Den Rest bildeten viele kleinere Inseln, u. a. das von Neumecklenburg abgetrennte Neuhannover, die Admiralitätsgruppe, die Französischen Inseln (Witu) und zahlreiche andere Gruppen. Auf Neupommern wurden, wie auf Neuguinea, im Landesinnern Papua, im Küstenbereich Melanesier angetroffen. Papua fanden sich auch auf Neumecklenburg, während sich »an der Peripherie (des Inselbereichs) . . . mikronesische Beimischung« bemerkbar machte. Offiziell, jedoch ohne »irgendwelchen Anspruch auf Genauigkeit, ja kaum auf Wahrscheinlichkeit«, wurde die *Einwohnerzahl* des Bismarck-Archipels mit 190 000 angegeben. Bekannt waren jedoch die Zahlen der weißen Bevölkerung, die 1909 im Archipel lebte: 474 (369 männlichen, 105 weiblichen Geschlechts), gebildet von Regierungsbeamten, Geistlichen und Missionaren, Pflanzern und Farmern, Seeleuten und Fischern, Kaufleuten und Gastwirten, Ingenieuren und Technikern sowie zwei Ärzten. Nahezu ein Viertel der männlichen Bevölkerung war in der Mission tätig. Gegenüber den Pflanzern und Kaufleuten, die 37 % der erwachsenen weißen Männer stellten, war die Zahl der Regierungsbeamten »mit fast 15 Prozent der weißen männlichen Bevölkerung bei weitem zu hoch«, wie Meyer respektlos bemerkte. Auch im Bismarck-Archipel stellten die Deutschen mit einer Kopfzahl von 364 den weitaus größten Teil der Weißen.

Auch im Bismarckarchipel stand Kopra an der Spitze der ausgeführten vegetabilischen Produkte, gefolgt von Kaffee, Steinnüssen (einer elfenbeinartigen, harten Frucht der Steinnußpalme) und Holz. Zu den exportierten Fischereierzeugnissen gehörten Perl- und andere Muscheln, Trepang (getrocknete Seegurke) und Schildpatt. Der *Handel* entwickelte sich im Archipel weitaus günstiger als in Deutsch-Neuguinea. Er lag bereits 1907 bei über 4 Millionen Mark, wobei das Verhältnis Ausfuhr zu Einfuhr mit 5,5 zu 9 besser war als in Kaiser-Wilhelms-Land. Den *Schiffsverkehr* versah auch in diesem Gebiet der Norddeutsche Lloyd, dessen Schiffe vierwöchentlich den auf der Gazelle-Halbinsel gelegenen Hafen Herbertshöhe, später den an der inneren Blanchebucht geschaffenen neuen Simpson-Hafen (Rabaul, gesprochen: Rabául) anliefen, während zwischen den übrigen Häfen Küstendampfer verkehrten. *Verwaltungssitz* war bis 1909 Herbertshöhe, das dann von Rabaul abgelöst wurde, wohin fast alle im Archipel tätigen Unternehmen ihre Geschäftssitze verlegten. Regierungsstationen gab es auch auf Neumecklenburg und Bougainville.

Zu Deutsch-Melanesien gehörten auch die beiden nördlichsten Inseln der Salomonengruppe, Buka und Bougainville, Glieder einer von den Neuen Hebriden über die Südsee nach Neumecklenburg reichenden Inselkette. Besondere Merkmale der Insel Bougainville waren zwei große Gebirge, deren »große Höhe, malerische Formen und ein dichtes Waldkleid« gleichermaßen beeindruckten: das Kronprinzengebirge (1 500 bis 3 000 m hoch) und die bis zu 3 100 m aufragende Kette des Kaisergebirges. Nördlich von Bougainville lag die wesentlich kleinere Insel Buka mit dem im Norden gelegenen, gut geschützten Carolahafen und guten Hafenplätzen auch an der Südküste. Wirtschaftlich waren die Salomoninseln erst ganz wenig entwickelt, obwohl Bukas Ostküste ebenso wie die Westküste von Bougainville als reiche Kopragebiete galten. Trepang dagegen hatte sich infolge Raubbaus schnell erschöpft. Auf Kiëta, der nördlichen Halbinsel Bougainvilles, gedieh Baumwolle und berechtigte zu der Hoffnung, daß »die Salomonen wegen ihres üppigen Pflanzenwuchses in Zukunft wohl als tropische Pflanzungskolonie in Betracht kommen« könnten.

Mikronesien

Während sich die Inseln Deutsch-Melanesiens südlich des Äquators in engerem Bogen um Kaiser-Wilhelms-Land gruppierten, war die »Inselwolke Deutsch-

Oben: *Prof. Dr. Robert Koch auf der Malaria-Expedition 1900.*

Oben: *Die Schutztruppe der Süd-*
see-Gebiete bestand aus kaum be-
waffneten Eingeborenen. Hier die
Polizeitruppe von Deutsch-Neu-
guinea.

Unten: *Männer-Gemeindehaus auf*
der Insel Jap.

Mikronesiens« über einen »ungeheuren Meeresraum ausgebreitet«. Obwohl
sich diese Inselwelt jedoch vom Äquator bis zum 20. nördlichen Breitengrad
erstreckte und vom 130. bis zum 173. östlichen Längengrad reichte, betrug ihr
gesamter Flächeninhalt noch nicht einmal 2500 qkm, soviel wie das damalige
Herzogtum Anhalt oder, im Bilde unserer Tage, ein knappes Viertel des
heutigen Groß-New York. Mikronesien wurde damals in drei Inselgruppen
unterteilt: Im Mittelpunkt die *Karolinen* mit den an ihrer Westseite gelegenen
Palau- (auch Pelau-) Inseln, die »wie an einer Schnur aufgereiht« liegenden
Marianen (auch Ladronen oder Diebesinseln genannt) im Norden und, als
östlicher Flügel Deutsch-Mikronesiens, die *Marschallinseln,* zu denen auch die
auf halbem Wege Richtung Salomonen liegende Insel Kauru gerechnet wurde.
Die Erwerbung der einzelnen Inselgruppen ging nicht gleichzeitig vor sich. Die
erste Hissung der deutschen Flagge auf den Karolinen (1527 von de Rocha
entdeckt) führte zu heftigen spanischen Protesten, die schließlich den als
Unparteiischen berufenen Papst Leo XIII. veranlaßten, den Streitigkeiten (in
deren Verlauf sogar die deutsche Botschaft in Madrid angegriffen wurde) mit
jenem Schiedsspruch zu beenden, der die Karolinen den Spaniern zusprach,
Deutschland aber das Recht einräumte, dort eine Flotten- und Kohlenstation
anzulegen und auf sämtlichen Inseln Handelsgeschäfte zu tätigen, während die
Spanier zum Schutze des Lebens und Eigentums der europäischen Händler
verpflichtet wurden. (1899 konnte Deutschland dann die Karolinen, die Palauin-
seln und den größten Teil der Marianen für 16 Millionen Mark endgültig
erwerben.) Ohne Zwischenfälle dagegen verlief 1885 die Inbesitznahme der
»herrenlosen« Marschallinseln.

Nur vier Inseln der Karolinen hatten »eine gewisse Größe«: Ponape (347 qkm),
Jap (207), Truk (132) und Kusaie (110), während sich in den Rest (insgesamt nur
200 qkm groß) etwa 700 Koralleninseln teilten. Die gewaltige Ausdehnung der
Inselgruppe wurde an der Entfernung von 3000 km sichtbar, die Jap im Westen
von Kusaie im Osten trennte. Und nicht weniger aufschlußreich war eine andere
Relation: Auf je 57000 qkm Wasser 1 qkm Land.

Bewohner der Karolinen waren die Mikronesier, ein als »einheitliche Unterab-
teilung der Südseevölker« einzuordnendes Mischvolk, das als gemeinsame
Merkmale Webekunst, Körperbemalung, Standeswesen, hochentwickelten
Haus- und Bootsbau aufwies. Die im Laufe der Jahrzehnte zahlenmäßig immer
wieder sehr unterschiedlich eingeschätzte Bevölkerung wurde schließlich 1907
mit 40000 Farbigen und 137 Weißen (darunter 83 Deutsche) ermittelt.

Die *wirtschaftlichen Verhältnisse* waren nur ungenau erfaßt. 1908 nahmen
Kokospalmen fast die gesamte kultivierte Fläche ein (mehr als 60000 Bäume auf
350 Hektar). Insgesamt wurden auf den Ostkarolinen 6 Pflanzungsbetriebe
bewirtschaftet. Die Einfuhr (Lebensmittel, Industrieerzeugnisse verschiedenster
Art, Brennstoffe, Kleider, Tabak, Eisenwaren, Holz und Baumaterial) überwog

Oben: *Mitglieder der Ramu-Expedition: von links nach rechts, Hans Klink, Dr. Lauterbach, Hans Rodatz und Robert Phillip.*

Oben rechts: *Papua beim Trommelbau.*

Unten: *Die letzte Seite des Kaufvertrags vom 30. Juni 1899. Mit seiner Unterzeichnung erwarb Deutschland von Spanien die Karolinen und Marianen.*

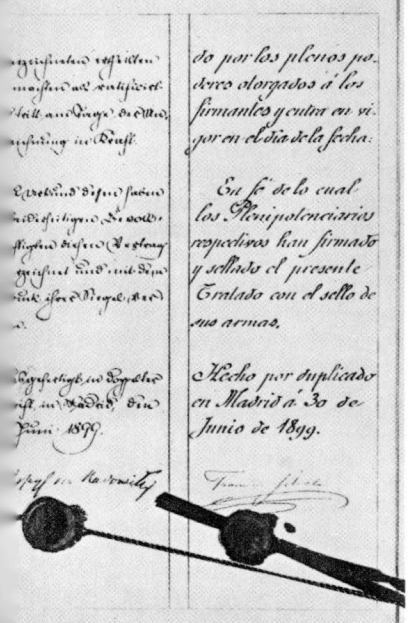

die Ausfuhr (an erster Stelle Kopra, daneben Trepang, Muscheln und Schildpatt) erheblich.

Die Palau-Gruppe mit ihren etwa 3000 Einwohnern (darunter 70 Weiße) hatte »von seiten des Mutterlandes bisher weniger Berücksichtigung gefunden, als sie verdiente«. Dementsprechend schwach war das deutsche Element vertreten. Und größere wirtschaftliche Unternehmungen fehlten noch, abgesehen von dem Phosphatabbau auf Angaur. Der Grund: Die Bevölkerung bereitete Schwierigkeiten, »weil die Zauberer die Eingeborenen gegen die Weißen aufzuregen« versuchten. Die üppige Vegetation schien den Ackerbau aussichtsreich zu machen, gut tragende Kokospalmenbestände und weite, fruchtbare Strecken grasigen Landes, nicht zuletzt die bedeutende Gesamtfläche von 450 qkm (fast die Hälfte der Karolinen) boten günstige Voraussetzungen.

Zu den Erstentdeckungen im Südseeraum gehören die *Marianen* (Fernão de Magalhães, 6. März 1521). Ihren endgültigen Namen erhielten sie 1668 mit der Besitzergreifung durch die Spanier, die sie nach der Witwe Philipps IV., Königin Maria Ana de Austria, ›Islas Marianas‹ nannten. Die 1899 erworbenen ›deutschen‹ Marianen (das 514 qkm große Guam, die südlichste Insel der Gruppe, behielten die USA für sich) bestanden aus, der Größe nach geordnet, Saipan, Tinian, Rota, Pagan und zahlreichen kleineren Inseln. Die *Bevölkerung* setzte sich überwiegend aus Chamorro (Ureinwohnern), Karoliniern und Mischlingen zusammen. Die Zahl der Weißen (Regierungsbeamte, Geistliche, Pflanzer) belief sich auf nur 26. Drei deutsche und zwei japanische Handelsgesellschaften betrieben Kopragewinnung, Fischerei und Seevögelfang. Der Gesamtausfuhr in Höhe von 55000 Mark standen Einfuhren im Werte von fast fünffacher Höhe entgegen. Der Verkehr mit Europa war verhältnismäßig gut entwickelt: Viermal jährlich wurde Saipan angelaufen. Für die »Entwicklung der geistigen Kultur« war »zur Zeit genügend gesorgt«, insbesondere, nachdem 1905 auf Saipan eine Schule eröffnet werden konnte (Schülerzahl 1908: 255).

Die *Marshallinseln,* so benannt nach einem ihrer Entdecker (1788), im östlichen Bereich des deutschen Südsee-Schutzgebietes gelegen, bestanden aus 32 Atollen, »deren zahlreiche kleine Inselchen und Riffe zusammen nur eine Fläche von etwa 400 qkm« bedeckten. Von Südosten nach Nordwesten verlaufend, wurden sie in zwei 200 km voneinander entfernt gelegene Reihen unterteilt, die östliche Ratakgruppe und die westliche Rälikgruppe. Auf den insgesamt 30 bewohnbaren Eilanden beider Inselreihen lebten um 1910 knapp 10000 Eingeborene und 83 Weiße, von denen der größte Teil auf der Insel Jaluit ansässig war, darunter »erfreulicherweise . . . nur 4 Regierungsbeamte«.

Die *wirtschaftlichen Verhältnisse* auf den Marshallinseln »waren schon seit längerer Zeit gefestigter als auf den übrigen deutschen Besitzungen in der Südsee«, ausgenommen Samoa. Um die fünfziger Jahre des 19. Jahrhunderts bereits hatte Palmöl amerikanische Schiffe angelockt, 1864 war der erste

deutsche Händler tätig geworden, 1873 begannen die Marshallinseln, an Bedeutung zu gewinnen, als das Haus Godeffroy Jaluit zum Handelsmittelpunkt für Mikronesien machte und auf mehreren anderen Inseln Stationen einrichtete. Nach dem Zusammenbruch des Hauses Godeffroy, dessen Hinterlassenschaft die Deutsche Handels- und Plantagengesellschaft übernimmt, geht der ›deutsche‹ Handel zurück, der britisch-amerikanische dagegen blüht auf. Das ändert sich erst, nachdem sich die Deutsche Handels- und Plantagengesellschaft und die Firma Hernsheim zur Deutschen Jaluitgesellschaft vereinigt haben, die schon bald wieder »den Handel fast vollständig in Händen hat«, gründet sie doch auf zehn Inseln ebenso viele Handelsstationen.

Größere europäische Siedlungen gab es auf den Marshallinseln nicht. Deutscher *Verwaltungssitz* war die Insel Jabor (Djabor). Zu den Baulichkeiten gehörten neben Regierungsgebäuden, Wohn- und Lagerhäusern »ein Lepraheim, zwei Eingeborenen-Krankenhäuser und eine Poliklinik«. Außerdem hatte die ›Katholische Mission vom Heiligsten Herzen Jesu‹ auf Jaluit eine Kirche erbaut und unterhielt auf insgesamt drei Inseln Schulen. Aufgrund von Streitigkeiten mit der australischen Regierung über Lizenzgebühren von Schiffen und Firmen, die keine eigenen Häuser auf den Inseln hatten, hob die Reichsregierung 1905 die Selbstverwaltung der Jaluitgesellschaft auf, wodurch sich die für die Kolonie aufzubringenden Kosten erhöhten. Den Einnahmen der drei mikronesischen Kolonien in Höhe von 777 000 Mark (1908) standen Ausgaben in fast gleicher Höhe gegenüber (760 000 Mark). Verwaltungsmäßig einbezogen in den Bereich der Marshallinseln war auch die seit 1888 zum Deutschen Reich »gekommene« Insel *Nauru,* 20 qkm groß und südlich von den Marshallinseln genau unter dem Äquator gelegen. Dort lebten neben den knapp 1 000 Eingeborenen 1908 etwa 80 Weiße. Dieser verhältnismäßig hohe Anteil an der Gesamtbevölkerung hatte seinen Grund in dem stark erweiterten Abbau der nicht unbeträchtlichen Phosphatlagerstätten. Dementsprechend günstig entwickelten sich die wirtschaftlichen Verhältnisse. 1908 wurde Phosphat im Werte von 3,3 Millionen Mark ausgeführt.

Deutsch-Samoa

Auf Deutsch-Samoa, im wesentlichen aus den Inseln *Upolu* und *Sawaii* bestehend, wehte die deutsche Reichsflagge erst seit 1900, dem Jahre des Vertragsab-

Oben links: *Das Dorf Toboröi auf der Insel Bougainville.*

Mitte: *Stationsgebäude der »Handels- und Plantagengesellschaft« in Mioko, Bismarck-Archipel.*

Rechts: *Landeshauptmann Krätke in einem Dorf auf der Insel Buka, Deutsche Salomon-Inseln.*

schlusses zwischen Deutschen, Briten und Amerikanern über die Interessenaufteilung in jenem Gebiet. Upolu, 73 km lang und 10 bis 20 km breit, war die östlicher gelegene, kleinere der beiden Inseln. Bergketten im Innern erreichten Höhen bis zu 1 000 m. In der Mitte ihrer Nordküste lag der Hauptort Apia mit seinem gleichnamigen Hafen und etwa 1 300 Einwohnern (darunter 350 Weiße). Dort standen noch immer das große Geschäftshaus, das Beamtenwohnhaus und das Verkaufshaus der Deutschen Handels- und Plantagengesellschaft (der Nachfolgerin des Hauses Godeffroy), das Baumwollhaus, mehrere Kopraschuppen, eine Kohlenstation, die chirurgische Klinik, ein Schwesternheim und die deutsche Schule, jetzt fast ausschließlich von Mischlingskindern besucht. Überall zeigte sich gehobener Standard: in den Hotels und Gasthäusern, den Geschäften, der Post, dem deutschen, dem britischen und dem amerikanischen Konsulat, mehreren Kirchen, einer »Public Hall«, dem Gebäude der Londoner Missionsgesellschaft, der Lotsenstation und den eindrucksvollen Privathäusern. Die Zahl der eingeborenen Samoaner betrug knapp 34000. Dazu kamen mehr als 500 fremde Südsee-Insulaner, etwa 1 100 (ausschließlich männliche) Chinesen und 1000 Mischlinge. Von den 1908 erfaßten 468 Weißen waren 270 deutscher Staatsangehörigkeit.

Die *wirtschaftlichen Verhältnisse* stützten sich seit den Zeiten des Hauses Godeffroy »im wesentlichen auf die Kokospalme«. Die großenteils aus Kopra bestehende Ausfuhr stieg von 400000 Mark (1861) auf knapp 3 Millionen Mark (1906). Die Zahl der Pflanzungen auf Deutsch-Samoa betrug 46, die bebaute Fläche 6 500 Hektar, wobei sich die Kulturen zu drei Fünfteln auf Kokospalmen, einem Viertel auf Kakao, mit dem Rest auf Kautschuk, Bananen, Kaffee, Kawa (ein Pfeffergewächs), Kola, Tabak, Gemüse, Früchte und Weideland verteilten. In steigendem Maße wurde auch Viehzucht betrieben. Der Schiffsverkehr konzentrierte sich auf den Hafen Apia (1908: 114 Schiffe). Auffallend war, daß die deutsche Flagge »hauptsächlich nur von den Kriegsschiffen gezeigt« wurde, während »die Handelsschiffe . . . meist die englische, die amerikanische und die norwegische Flagge« führten. Der Grund lag in dem »Fehlen einer deutschen Postdampferlinie«. Der Norddeutsche Lloyd hatte seine Zweiglinie Sydney – Samoa bereits 1893 eingestellt. Der spärliche Ersatz durch amerikanische bzw. australische Schiffe verlangsamte die Postverbindung mit der übrigen Welt erheblich. Briefe und andere Postsachen nach Europa brauchten über Kanada 41, über Sydney 47 Tage.

Oben: *Der deutschfreundliche Häuptling Mataafa mit seinen Ratsleuten.*

Unten: *Theodor Weber, erster deutscher Konsul in Samoa und Leiter der Hauptagentur des Handelshauses Godeffroy in Apia. Langjährige geschickte Politik trug ihm bei den Engländern den Spitznamen »Südseekönig« ein.*

Bilanz der Kolonialwirtschaft
in den deutschen Südsee-Schutzgebieten

»In wirtschaftlicher Hinsicht«, so stellte Meyer 1910 fest, »stehen die deutschen Südseekolonien noch ganz am Anfang ihrer Entwicklung.« Das *Gesamthandelsvolumen* von 16,3 Millionen Mark verteilte sich (1908) zu 6 % auf Kaiser-Wilhelms-Land, 23 % auf den Bismarck-Archipel, 33 % auf die Marshallinseln und Nauru, 6 % auf Karolinen, Palau-Inseln und Marianen und 32 % auf Samoa. Die Einfuhr bestand überall »im wesentlichen aus Lebensmitteln, Kleidern, Eisenwaren, Baumaterial und Industrieartikeln verschiedenster Art« und kam hauptsächlich aus Deutschland und Australien, zu einem geringeren Teil aus Asien und Amerika.

Die im Südsee-Schutzbereich gewonnenen *Erzeugnisse* bestanden – von Phosphat und einigen Fischprodukten (Perl- und anderen Muscheln, Trepang, Schildpatt und Haifischflossen) abgesehen – fast ausschließlich aus Pflanzungs- und Waldprodukten, überwiegend Kopra. Daneben hatte die Kultur des Kakao einen beachtenswerten Aufschwung nehmen können. Hinzu kamen Gummi und Kautschuk. Auch die Wurzeln der Kawapflanze waren, wenigstens für Samoa, von einiger Bedeutung, ebenso die Ananas. Im Bismarck-Archipel gediehen Kaffeebäume. Der Baumwollanbau dagegen scheiterte am Fehlen »eigentlicher Trockenzeiten«. Insgesamt standen auf einer Fläche von 300 qkm rund 5 Millionen nutzbarer Bäume, Sträucher und Stauden, »von denen 1½ Millionen Ertrag geben«. In den verschiedenen Teilen des Schutzgebietes wurden Versuchsgärten mit fremden tropischen Nutzpflanzen (Zuckerrohr, Reis, Bataten, verschiedene Obstarten, Erdnüsse, Baumwolle, Ölpalmen, Perubalsambäume, Wachspalmen, Kampfer- und Teakholzbäume, Hanf, Mais und verschiedene Zitrusarten) angelegt.

Die *Arbeiterfrage* galt als besonderes Problem, das den Pflanzungsbetrieb »wesentlich« erschwerte. Auf Samoa etwa seien die Arbeiter »trotz physischer Kraft« und »langjähriger Bemühungen« nicht zu schwerer Arbeit zu bewegen gewesen, so daß Arbeitskräfte »von auswärts eingeführt« werden mußten, wozu jedoch nur die Deutsche Plantagengesellschaft berechtigt gewesen sei. Die »übrigen Pflanzer (konnten also) nicht aus dieser Bezugsquelle schöpfen«. Als

![Verwaltungsgebäude der »Handels- und Plantagengesellschaft« in Rabaul]

Oben: *Verwaltungsgebäude der »Handels- und Plantagengesell-schaft« in Rabaul.*

Unten: *Poststation in Finschhafen, Neu-Guinea, im Jahre 1888.*

Arbeiter für die meisten Pflanzungen auf Samoa kamen praktisch nur Chinesen in Betracht, »deren Einführung an sich nicht erwünscht« war. Da sie jedoch im Schutzgebiet ohne Genehmigung des Gouverneurs weder Land erwerben noch ein Handwerk betreiben oder Handelsniederlassungen gründen durften, »war der schädlichen Wirkung der chinesischen Einwanderung einigermaßen vorgebeugt«. Am 1. Januar 1909 lebten in den deutschen Südsee-Schutzgebieten 450 000 Eingeborene, 7400 Eingeborene anderer Südsee-Inseln, 1150 Mischlinge, 2140 Chinesen, 72 Japaner, 162 Malaien und Tagalen und 1534 Weiße.

Die Beziehungen zwischen *Weißen* und *Eingeborenen* wurden als »im allgemeinen nicht ungünstig« bezeichnet. Trotzdem habe es da Unterschiede zwischen den älteren, schon länger von Europäern besiedelten Kolonien – Mikronesien und Samoa – und den »neueren Schutzgebieten« – Kaiser-Wilhelms-Land und Bismarck-Archipel – gegeben. Die Spanier hätten während ihrer 200jährigen »Herrschaft und Missionstätigkeit« so »mangelhaft« regiert, »daß einerseits keine ernstlichen Fortschritte in der Kultur der Eingeborenen zu erkennen waren«, andererseits kurz vor Ende der spanischen Herrschaft auf Ponape sogar noch ein gefährlicher Aufstand ausgebrochen sei. Demgegenüber hätten »unter der deutschen Ära . . . die Bewohner der Inselgruppen die Segnungen der Kultur in höherem Maße kennengelernt, obwohl sie erst seit 12 Jahren unter deutschen Schutz gestellt sind«. (Wohl aber kämen gelegentlich noch innere Streitigkeiten der Stämme an die Oberfläche, wie etwa 1908 auf Ponape, die dann nur »durch das Eingreifen deutscher Kriegsschiffe« beizulegen gewesen seien.) »Etwas anders« allerdings lägen die Dinge in Melanesien, wo besonders kräftige, kriegerische und leider auch »oftmals hinterlistige Stämme« dem Eindringen der Weißen mit »unbändiger Kraft« größere Hindernisse in den Weg legten als in Mikronesien und Polynesien. Allerdings, so wurde zugegeben, seien in früheren Jahren »Habgier und Rücksichtslosigkeit . . . die eigentliche Ursache für das feindliche Verhalten der melanesischen Eingeborenen gewesen«.

Das *Nachrichtenwesen* hielt keinem Vergleich mit dem der anderen Kolonien stand. Doch hatte Apia bereits 1887 eine deutsche Postagentur erhalten, zu einer Zeit also, da Samoa noch souveränes Königreich war (übrigens mit einem eigenen Postamt). Und in demselben Jahr war Neuguinea dem Weltpostverein

285

angegliedert worden. Die Neuguinea-Compagnie hatte sogar eine Dampferver-
bindung zwischen Finschhafen und Australien eingerichtet, diese Linie zwei
Jahre später allerdings aufgegeben und durch eine Verbindung Neuguinea –
Java – Singapore ersetzt. 1888 nahm auch in Finschhafen eine deutsche
Postagentur ihren Betrieb auf, der von Angestellten der Neuguinea-Compagnie
versehen wurde, jedoch »allmählich so in Unordnung geriet«, daß die Reichs-
postverwaltung Berlin einen »Postfachbeamten« in Marsch setzte. 1898 erhalten
die bislang verwendeten deutschen Marken den Aufdruck »Deutsch-Neuguinea«, 1900 erscheinen neue Marken mit dem Bild der Kaiseryacht »Hohenzollern«. 1906 wird auf Kaiser-Wilhelms-Land die erste Fernsprechanlage Neuguineas, wenig später eine weitere in Rabaul, dem Gouverneurssitz, errichtet. 1913
nimmt die Großstation Nauru ihren Funkbetrieb auf. Trotz der bereits 1912
erfolgten Gründung der Deutschen Gesellschaft für drahtlose Telegraphie in
Neuguinea bleibt dieser Teil des Südsee-Schutzgebietes als einziger ohne
Anschluß an das Weltkabelnetz. Erst im Juli 1914 kann die Funkstation in
Bitapaka ihren Betrieb behelfsmäßig aufnehmen, immerhin noch rechtzeitig
genug für den Empfang der Nachricht vom Ausbruch des Ersten Weltkrieges.
Die *Verwaltung* der deutschen Südsee-Schutzgebiete gliederte sich in die
Abteilungen Deutsch-Neuguinea und Samoa, (was Meyer für nur teilweise
korrekt hielt, da der Name Deutsch-Neuguinea fälschlicherweise auch für alle
melanesischen und sogar für die mikronesischen Inseln gebraucht werde). Die
Schutzgebiete unterstanden zwei Gouverneuren, einem in Apia auf Upolu
residierenden, der für die Samoa-Gruppe zuständig war, und einem zweiten, der
von Rabaul (Simpsonhafen) aus Deutsch-Neuguinea verwaltete. Eine wichtige
Stellung unter den Weißen nahmen die Angehörigen der insgesamt 14 verschiedenen *Missionen* ein, deren Tätigkeit teilweise bereits mit Errichtung der
spanischen Herrschaft begonnen hatte. Gemeinsam war ihnen, daß sie neben
der Seelsorge auch Ackerbau betrieben, so insbesondere auf Kaiser-Wilhelms-
Land und im Bismarck-Archipel, wo »ihre Pflanzungen und Sägewerke bereits
gut gedeihen«.

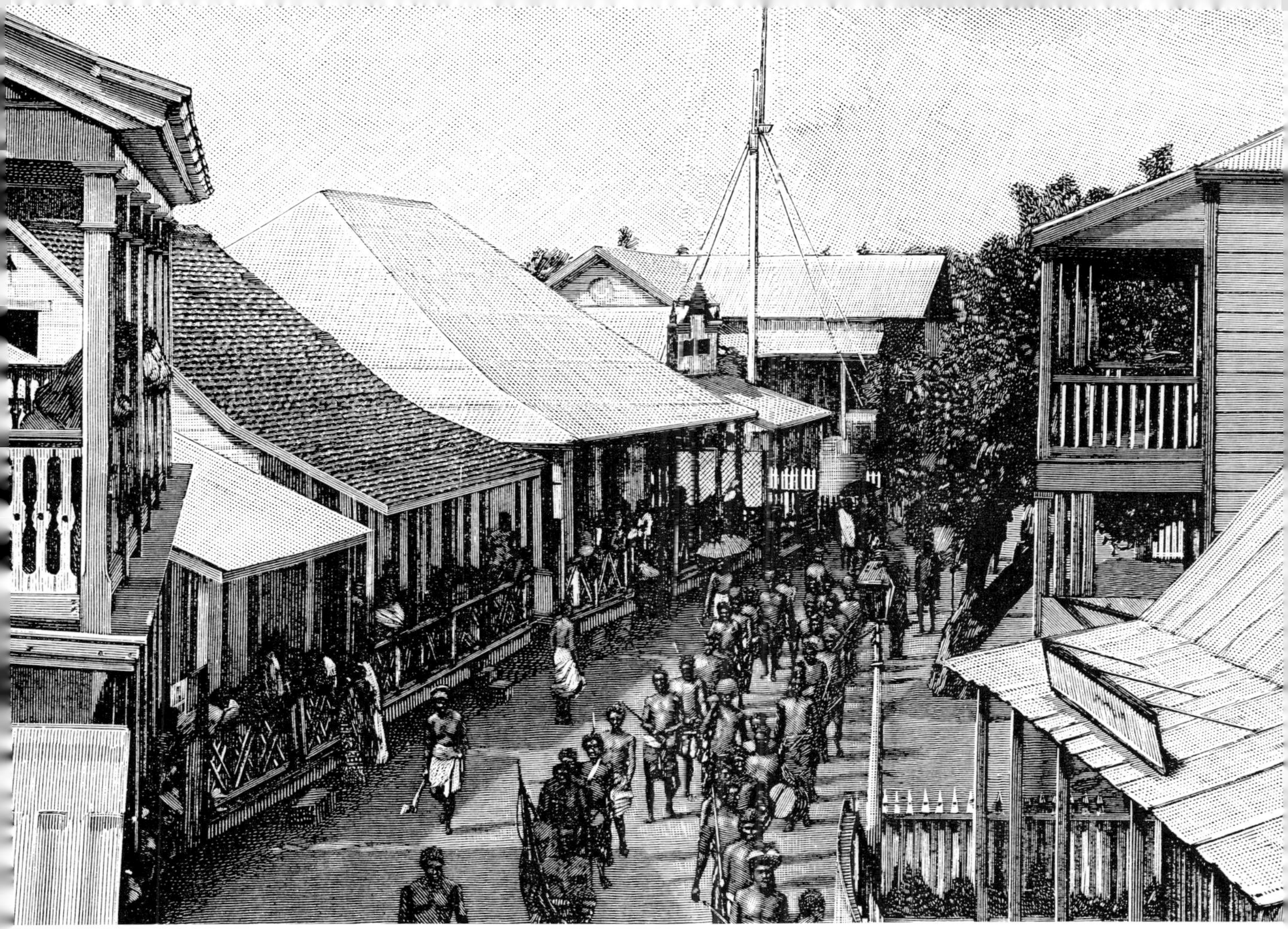

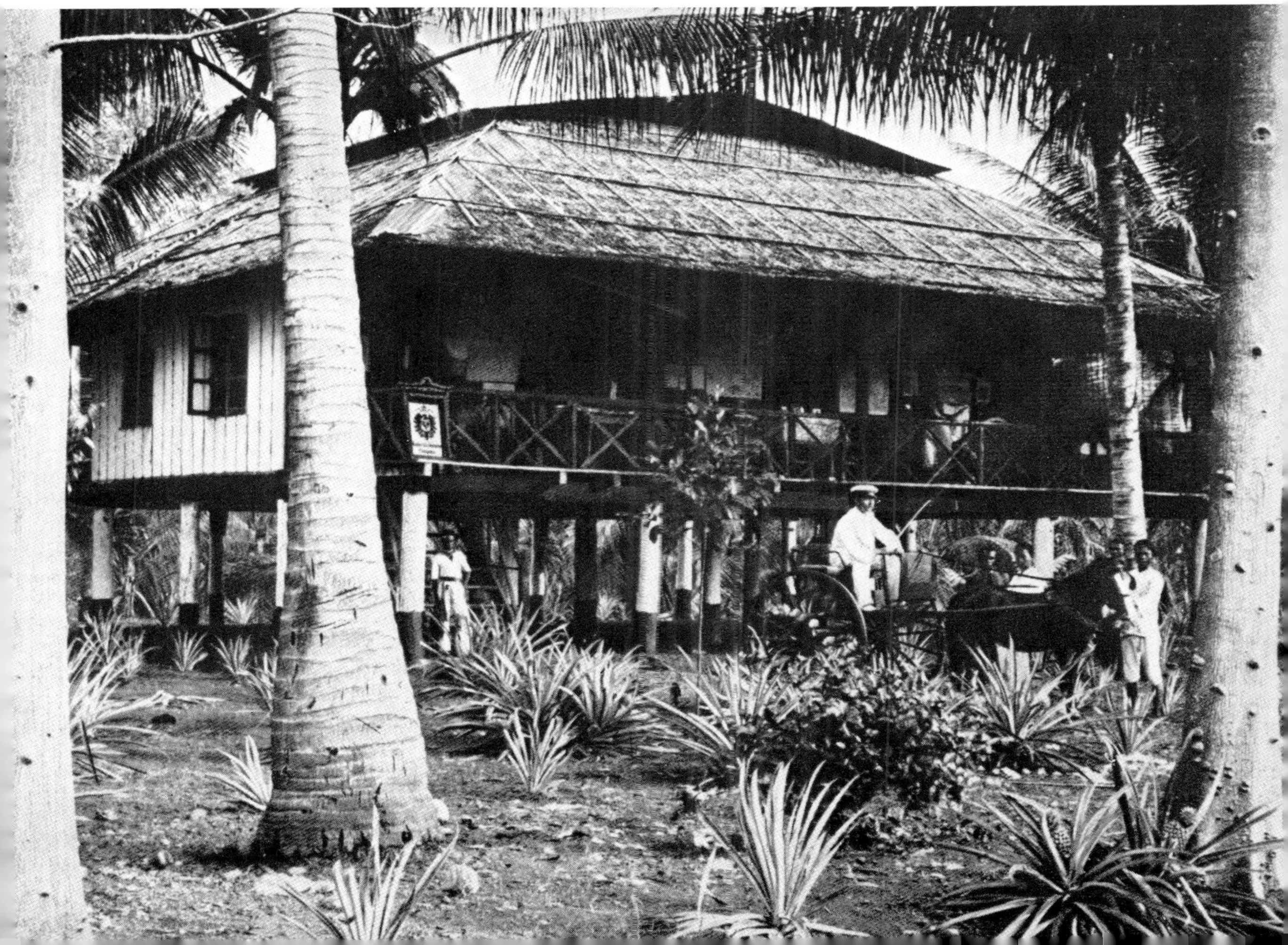

Oben: *Hotel »Deutscher Hof« in Herbertshöhe.*

Der Erste Weltkrieg

»Immer wieder konnte, allgemein gesprochen, die Wahrnehmung gemacht werden, daß das Zeigen der deutschen Flagge, das Erscheinen unserer Kriegsschiffe an der Küste auf die Eingeborenen großen Eindruck machte, und – als Kuriosum sei es erwähnt – hatten die Schiffe recht viele und dicke Schornsteine, dann war gleich leichteres Arbeiten mit den schwarzen Krausköpfen festzustellen. Ein so großes Schiff machte Aufsehen und verfehlte seine Wirkung nicht.«

Es hat der Marinebehörde viel Kopfzerbrechen bereitet, »den Wünschen unserer Kolonien nach Entsendung von Seestreitkräften gerecht zu werden«, etwa, weil »dieser oder jener Häuptling wieder bodenlos frech geworden war«, weil sich in Kamerun »schon lange kein deutsches Kriegsschiff gezeigt« hätte, weil in Südwest »das Zeigen der deutschen Flagge unbedingt erforderlich« sei oder weil in den Gewässern der Karolinen »auf die Anwesenheit von Flotteneinheiten nicht verzichtet werden« könne. Doch für Großadmiral v. Tirpitz, unter dessen Leitung »der Ausbau unserer Flotte mit Weitblick und Großzügigkeit in die Hand genommen« worden war, »kam die Heimatflotte zuerst; die heimische Küste, vor der ein Seegegner schon am Tage nach der Kriegserklärung erscheinen konnte, bedurfte in erster Linie eines kräftigen Bollwerkes«. Die Erkenntnis, »daß unsere Kolonien in noch ausgiebigerem Maße des Schutzes durch die schwimmende Macht bedurften«, und die Bereitschaft, »dem Gedanken näherzutreten«, kam (wenn sie denn überhaupt einen Sinn gehabt haben sollte) zu spät – der Weltkrieg brach aus.

Die in Tsingtau stationierten deutschen Kanonen- und Torpedoboote sowie ein österreichisch-ungarisches Kriegsschiff waren bereits wenige Wochen nach Kriegsausbruch von ihren Besatzungen versenkt worden. Das unter Admiral Graf Spee vor der chinesischen Küste operierende Kreuzergeschwader (zwei Panzer-, zwei leichte Kreuzer, mehrere »Troßschiffe«) befand sich, da es »das Schicksal Kiautschous« ohnehin nicht hätte wenden können, auf der »Heimfahrt um Südamerika«. (Nachdem es nahe der chilenischen Hafenstadt Coronal zunächst einen britischen Schiffsverband geschlagen hatte, wurde es am

Rechte Seite oben: *Lagune und Kirche von Safune auf der Insel Savaii, Samoa.*

Unten: *Im Bau befindliche Wohnhäuser auf der Insel Jabob, Kaiser-Wilhelms-Land.*

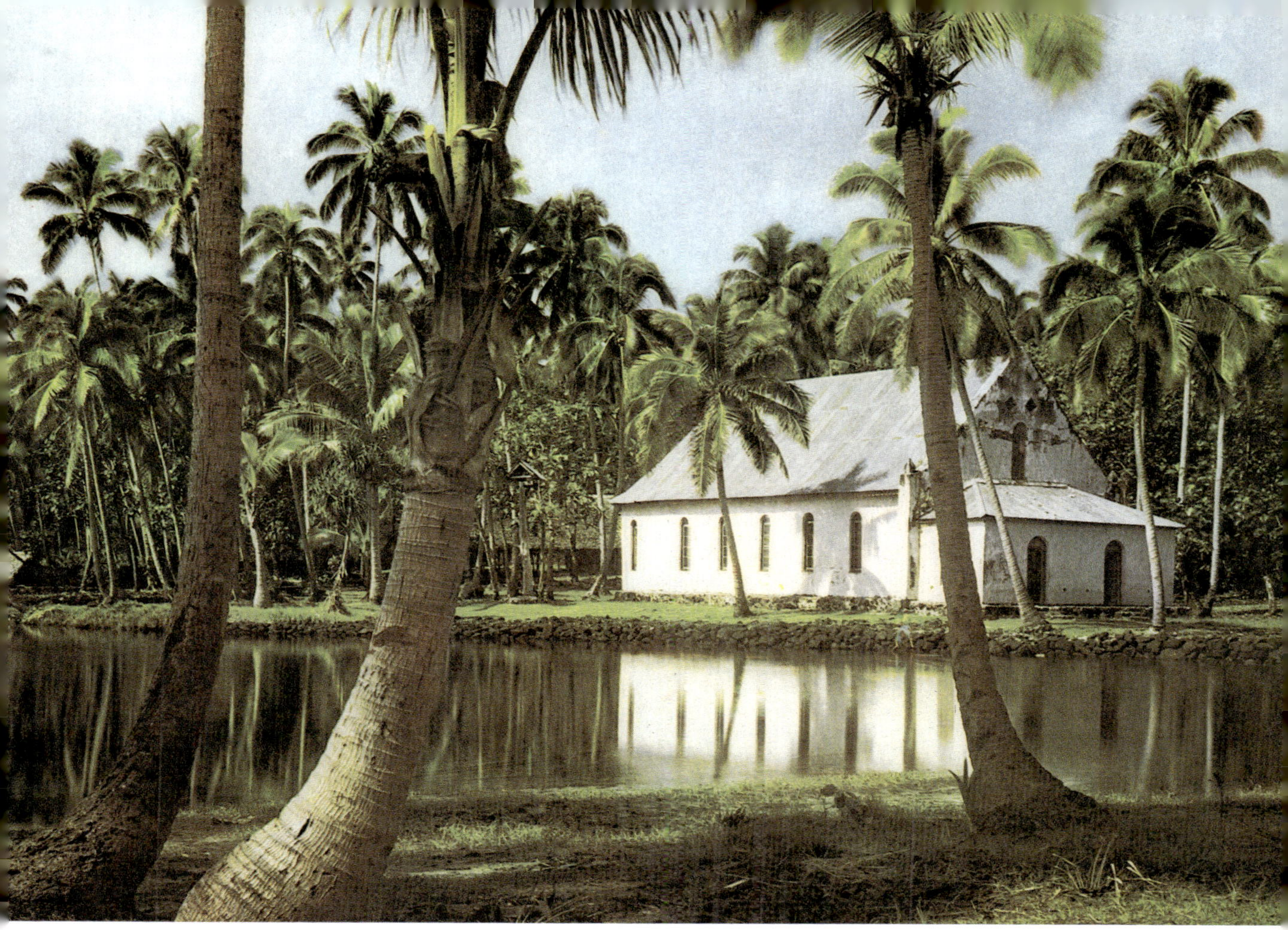

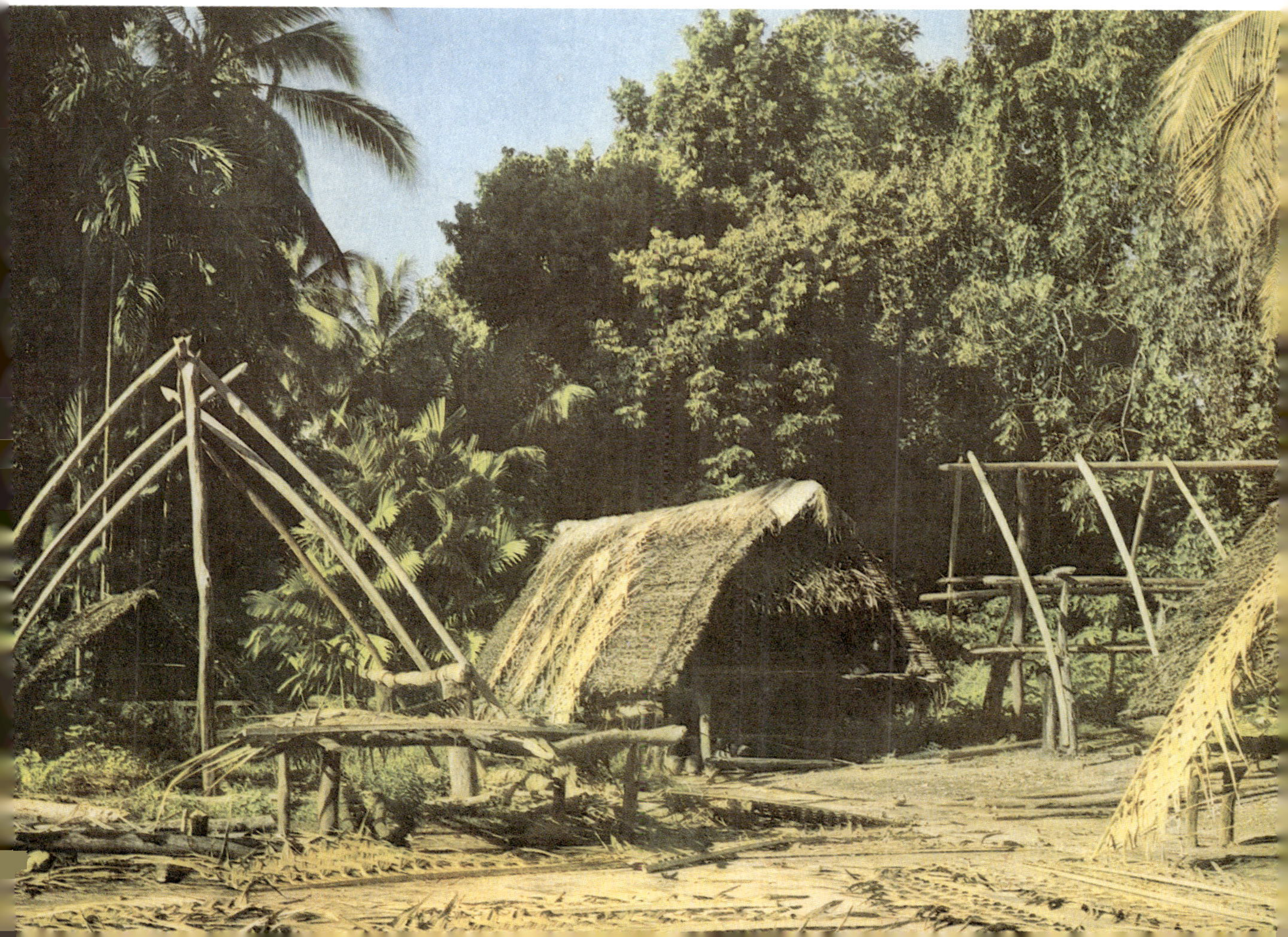

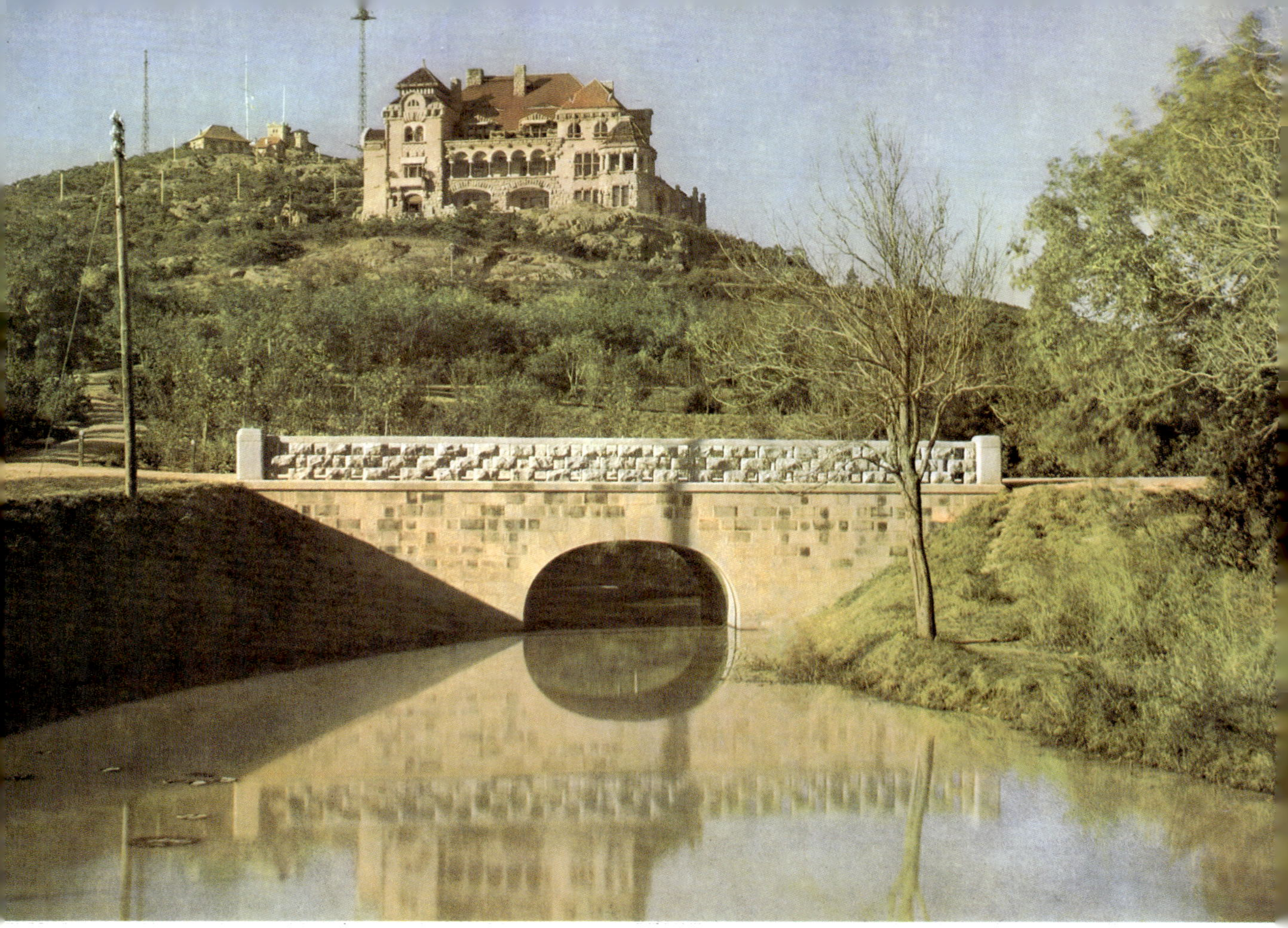

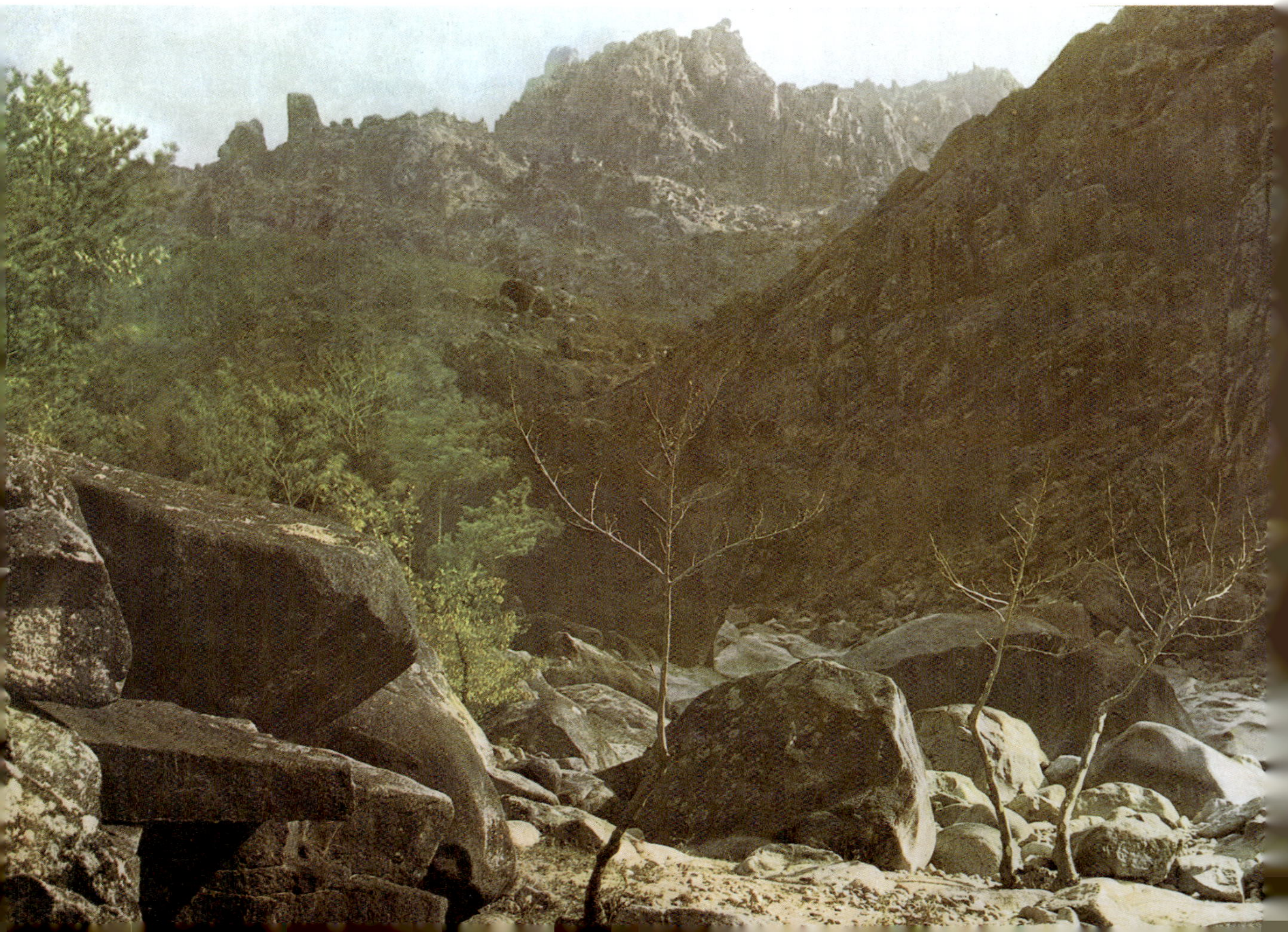

Linke Seite oben: *Die Dienstwoh-
nung des Gouverneurs in Tsingtau,
Kiautschou.*

Unten: *Schlucht im Lauschan-
Gebirge, Kiautschou.*

8. Dezember 1914 bei den Falklandinseln im Südatlantik nahezu vollständig
vernichtet.) Der Verlust des deutschen Kolonialbesitzes in der Südsee konnte
nur eine Frage von Wochen sein, standen doch die praktisch weder durch
Seestreitkräfte noch durch Truppen geschützten und zudem so gut wie unbefestigten deutschen Plätze dem teils vereint, teils getrennt operierenden englisch-
französisch-australisch-neuseeländisch-japanischen Gegner hilflos gegenüber.
Und dementsprechend liefen denn auch die Ereignisse in dem fast 250 000 qkm
großen Schutzgebiet ab.

Am 12. August 1914 läuft ein australischer Flottenverband die Reede von
Herbertshöhe und den Hafen von *Rabaul* (Neu-Pommern, zu Neuguinea
gehörig) an, ein Landungskommando zerstört »die Telegraphenanlagen in den
Postämtern«. Dann zieht sich der Gegner wieder zurück. Der (inzwischen von
einer Dienstreise zurückgekehrte) »Gouverneurs-Stellvertreter« Haber verlegt
den Gouvernementssitz in das landeinwärts gelegene Toma und »begründet
. . . in Anlehnung an das Kriegsleistungsgesetz . . . eine bewaffnete Macht«
(etwa 50 Weiße und 250 eingeborene Polizeisoldaten), verteilt auf sechs Plätze.
(»Indessen zeigte sich, daß die in allen Berufs- und Rangklassen des Zivillebens
stehenden Personen des Beurlaubtenstandes auch bei der größten Opferfreudig-
keit des einzelnen für sich allein als bewaffnete Macht kaum verwendet werden
können, wenn es an festgefügten Kadres für ihre militärische Einreihung fehlt.«)
Ebenfalls am 12. August 1914 erscheinen vor der *Insel Jap* (Karolinen) zwei
englische Kreuzer und zerstören (nach vorheriger, per Funkspruch gegebener
Warnung) durch Artilleriebeschuß die dortige Funkstation. Wenig später
beginnen die Japaner, die *Karolinen* einschließlich der *Palau-Inseln,* die *Marianen* und die *Marshallinseln* zu besetzen. Nach Abschluß der Operation (Oktober) steht das gesamte deutsche Schutzgebiet *Mikronesien* unter japanischer
Verwaltung.

Im Morgengrauen des 11. September suchen zwei australische Torpedoboote
den Hafen von Rabaul nach Minen ab, anschließend läuft eine ganze Armada
ein: 1 Schlachtschiff, 3 Kreuzer, 1 Kanonenboot, 2 U-Boote, 4 Torpedobootzer-
störer, 1 Transportschiff, 1 Lazarettschiff und mehrere Kohlendampfer. Gleichzeitig setzen englische Schiffe in Herbertshöhe und Kabakaul Landungseinhei-

Unten: *Das Haus des Landeshauptmanns in Finschhafen auf der
Halbinsel Salankaua.*

289

Oben: *Dr. Albert Hahl, Gouverneur von Neu-Guinea (1902–1914), zu Gast bei Eingeborenen in Ponape, Karolinen.*

»Unter allen deutschen Schutzgebieten hatten die in der *Südsee* gelegenen die geringsten Verteidigungsmöglichkeiten. Australien und Neuseeland stürzten sich sofort auf die deutschen Besitzungen. Am 12. August 1914 zerstörte ein großer englischer Kreuzer die Kabelstation auf Jap. Am gleichen Tage landeten englische Kriegsschiffe australische Milizen auf *Kaiser-Wilhelms-Land*, das völlig wehrlos war. Major *Detzner*, der auf einer Forschungsreise im Innern war, hielt sich dort mit seiner farbigen Polizeitruppe bis Kriegsende. Die *Karolinen, Marianen, Palau-* und *Marshall*-Inseln wurden ohne Widerstand von den Japanern besetzt. Auch *Samoa* konnte keinen Widerstand leisten und wurde von britischen Streitkräften besetzt (29. August 1914). Die Verwaltung übernahm Neuseeland.«

ten ab. Am 14. September wird der deutsche Gouverneurs-Stellvertreter Haber nach Herbertshöhe beordert, wo ihm der britische »Oberstkommandierende der Okkupationstruppen«, Brigadekommandeur Holmes, die Kapitulationsbedingungen vorlegt. Haber erbittet Bedenkzeit bis zum 17. September. Doch die »Beurteilung der militärischen Lage« fällt nicht schwer: Auf dem Truppentransporter sowie in Herbertshöhe und Rabaul warten »mehrere tausend australische Milizsoldaten«, in China und Südafrika bereits kampferprobt, auf ihren Einsatz. Die australische Flotte und das inzwischen eingetroffene französische Flaggschiff »Montcalm« haben ebenfalls »beträchtliche Landungskorps« bereitgestellt. Und den Truppen stehen zudem »Schnellfeuergeschütze und Maschinengewehre in beliebiger Anzahl zur Verfügung«. Am 17. September 1914 unterzeichnen in Herbertshöhe, Neupommern, »Oberst William Holmes, D. S. O. V. D., Brigade-Kommandeur, Befehlshaber der australischen Expeditionstruppe von kombinierten Marine- und Landtruppen, namens Seiner Allergnädigsten Majestät König Georg V.« und »E. Haber, stellvertretender Gouverneur der deutschen Besitzungen, bekannt als Deutsch-Neuguinea, namens der Kaiserlich deutschen Regierung« die Kapitulationsurkunde, deren § 1 lautet: »Der Name Deutsch-Guinea umfaßt die gesamten deutschen Besitzungen im Stillen Ozean, welche bisher von Rabaul aus durch den genannten stellvertretenden Gouverneur namens der Kaiserlich deutschen Regierung verwaltet worden sind. Die gedachten Besitzungen werden hiernach als ›die Kolonie‹ bezeichnet.«
(Zu den im großen und ganzen moderaten Kapitulationsbedingungen gehören die Entlassung weißer Reserveoffiziere und -unteroffiziere »gegen Leistung des Neutralitätseides« und die Genehmigung zu deren Rückkehr in den Zivilberuf sowie die Zahlung eines dreimonatigen Gehalts und eines Reisekostenvorschusses an Zivilbeamte. Schließlich wird noch in einem »Zusatz« vereinbart, wie »die Übergabe der deutschen an die britischen Streitkräfte in Herbertshöhe am 21. September 1914 um 10 Uhr vormittags« zu erfolgen habe: »Die deutschen Truppen kommen in Parade an und werden empfangen unter präsentiertem Gewehr von 100 [einhundert] britischen Truppen, befehligt von dem Major Martin, 1. Inf. Regt. . . .«) Am 29. August 1914 erscheint vor der Hafenstadt' *Apia* (auf der Samoa-Insel Upolu gelegen) ein aus acht Schiffen bestehendes neuseeländisches Geschwader, dem auch ein französischer Panzerkreuzer zugeordnet ist. Zwei britische Offiziere gehen an Land und übermitteln die Forderung nach Übergabe des (unbefestigten) Platzes innerhalb von 30 Minuten, was abgelehnt wird. Auf Upolu lebende Engländer fordern den Oberbefehlshaber des Landungskorps in einer Petition auf, »die Deutschen während der Okkupation durch die Engländer genau so ›fair‹ zu behandeln, wie sie selbst seit Ausbruch des Krieges von den Deutschen behandelt worden seien«. Nachdem gegen Mittag 1 400 neuseeländische ›Volunteers‹ als Besatzungstruppen an Land gegangen sind, beginnen wenige Stunden später die Verhandlungen über die Bedingungen der »Besitzergreifung«. Der deutsche Gouverneur lehnt die Verwendung des Terminus ›Übergabe‹ strikt ab. Die Engländer erkennen schließlich an, »daß Samoa vorläufig deutsches Gebiet (German Territory) bleibe unter provisorischer englischer Verwaltung« und stellen den Beamten frei, in ihren Ämtern zu bleiben. Der Gouverneur habe »als Kriegsgefangener nach Fiji (zu) gehen«. Alle deutschen Beamten legen am 7. September ihre Ämter nieder, erklären sich jedoch bereit, »die laufenden Arbeiten noch aufzuarbeiten und abzuliefern«. Fünf Tage später erhalten sie den Befehl, sich an Bord des kleinen Dampfers »Palmer« – »ein ganz ungebührliches Fahrzeug« – zu begeben, der sie nach Fiji bringt.
Am 14. September erscheint das deutsche Südseegeschwader vor Apia, dampft jedoch schon bald weiter, ohne die Stadt beschossen zu haben (vermutlich, um deutschen Besitz zu schonen). Im Mai 1915 berichtet der Korrespondent des »Sydney Daily Telegraph«: »Die Deutschen haben Samoa seit mehr als 14 Jahren verwaltet, wie man sagen kann, in einer mustergültigen Art, und infolge davon betrachten die Eingeborenen mit großer Achtung die meisten der Regierungsbeamten. Im Falle irgendwelcher Unruhen wird es schwer sein, vorauszusagen, welche Partei die Eingeborenen ergreifen würden. Es unterliegt keinem Zweifel, daß alle solche, welche in der Nähe der deutschen Plantagen wohnen, in dem

Oben: *Dr. Albert Hahl, der letzte Gouverneur von Deutsch-Neuguinea. Die Aufnahme stammt aus den dreißiger Jahren.*

unerschütterlichen Glauben leben, daß die augenblickliche Zurückweisung Deutschlands nur von vorübergehender Natur ist und daß Deutschland sehr bald Samoa wieder einnehmen und besetzen wird. Es gibt keinen Deutschen in Samoa, welcher glaubt, daß Deutschland untergeht; sie alle glauben, daß Großbritannien und deren Verbündete entscheidend geschlagen werden und daß sie ganz ungeheuere Kriegsentschädigung an Deutschland werden zahlen müssen.«

Das Reichs-Kolonial-Amt vermerkt in seiner vorletzten (8.) Mitteilung (Januar 1917), daß die aus Samoa vorliegenden Nachrichten »leider wenig günstig« seien, obwohl »durchaus friedliche Verhältnisse« herrschten und »zu irgendwelchen Besorgnissen wegen des Schicksals der dort verbliebenen Deutschen kein Grund besteht«. Was dagegen große Sorge bereite, sei die Tatsache, daß »auch dieses Schutzgebiet von dem Vernichtungskampf, den England gegen alle deutschen Unternehmungen in Übersee führt, nicht länger verschont« bleibe. Tatsächlich haben die Briten aufgrund einer im April 1916 erlassenen neuen Verordnung unverzüglich »alle deutschen Handelsgeschäfte in Samoa geschlossen und liquidiert«, wogegen der Betrieb auf den Pflanzungen weiterging und die Pflanzer ihre Erzeugnisse weiterhin absetzen konnten. Die bis Juni 1916 erschienene »Samoanische Zeitung« (später »Samoa Times«) teilt mit, daß sie »sich zu ihrem Bedauern genötigt sehe, den Druck der deutschen Beilage zu der ›Samoa Times‹ . . . einzustellen«.

1920 erhält Neuseeland Deutsch-Samoa als Völkerbundsmandat, 1947 erklären die Vereinten Nationen das Inselgebiet zum Treuhandgebiet »unter neuseeländischer Verwaltungshoheit«. 1962 erhält Samoa volle Unabhängigkeit.

Die ehemals deutsche Südsee heute: Isolierte Inselwelten

> »Die Zersplitterung des Raumes in isolierte Inselwelten kann sicher als eine Voraussetzung für die Fortdauer politischer und wirtschaftlicher Abhängigkeiten angesehen werden – heutzutage wahrscheinlich zum Wohle der betreffenden Bevölkerungen.«
> *Ulrich Schweinfurth*

Der einstmals deutsche Besitz Neuguinea einschließlich der Inseln des Bismarck-Archipels und der Salomonen-Inseln Buka und Bougainville ist heute Bestandteil des »Unabhängigen Staates Papua-Neuguinea« *(Papua New Guinea)*, Mitglied des Commonwealth und »parlamentarische Demokratie mit Mehrparteiensystem«, seit dem 16. September 1975 »voll unabhängig«. Papua-Neuguinea entstand durch Zusammenlegung Papuas – seit 1884 britisches Protektorat und seit 1906 von Australien verwaltetes ›auswärtiges Territorium‹ – mit dem ebenfalls unter australischer Kontrolle stehenden ehemaligen Deutsch-Guinea. Premierminister ist Paias Wingti, Governor General (der Vertreter der britischen Königin) Wiwa Korowi.

Die Gesamt(land)fläche beträgt 462 840 qkm, die Gesamtbevölkerung beläuft sich auf 4,05 Millionen (darunter 60 000 Europäer). In Papua-Neuguinea werden nicht weniger als 700–800 Eingeborenensprachen gesprochen, unter anderem Pidgin (28 %), Englisch (4 %), ›Police Motu‹, eine Lingua franca in Papua (3 %), und in der Gegend von Rabaul, der früheren deutschen Kolonialhauptstadt, ein »z. T. verstümmeltes« Deutsch. Nach einer Statistik von 1990 sind mehr als 90 % der Eingeborenen *Christen*. Die öffentliche *Gesundheitspolitik* konzentriert sich in Stadt und Land auf »Ausweitung der Präventivmedizin, Verbesserung der medizinischen Ausbildung und Aufbau von Gesundheitszentren«. Auf diesen Wegen soll »das größte gesundheitspolitische Problem«, die

Zwischen den Weltkriegen – Meldungen und Meinungen

1920 Australien enteignet alle Deutschen;

1922–1924 Eingeborenenunruhen auf Kaiser-Wilhelms-Land und Neupommern;

1925 Wiederzulassung deutscher Missionare auf Neu-Guinea.

»Der Marktverkehr, den die verschiedenen Papuastämme untereinander pflegen, bewegt sich . . . innerhalb bestimmter Ordnungen, die fast an moderne Handelsverträge europäischer Kulturstaaten erinnern. Offenbar hat diese papuanische Handelsordnung den Zweck, daß sich unter den verschiedenen Papuastämmen nicht eine zu große Konkurrenz entwickele, die den Wert der Waren herabdrückt. Eifersüchtig wird darüber gewacht, daß niemand sich in ein fremdes Handelsgebiet eindrängt. So nahmen die in der Nähe unserer Missionsstationen ansässigen Papua es auch uns Missionaren übel, wenn wir mit Papuadorfschaften, womit sie in Handelsverkehr standen, in direkte Berührung traten.«

hohe Morbidität an Malaria, Tuberkulose, Lepra, Pneumonie, Ruhr und Gastroenteritis, bekämpft werden. Das *Bildungswesen* hat sich mit der Tatsache auseinanderzusetzen, daß 52% der Bevölkerung im Alter von 10 Jahren und darüber Analphabeten sind (1992). Die Zahl der Grund-, weiterführenden, technischen und Berufsschulen, dazu Ausbildungsstätten für Lehrer, liegt bei knapp 2000. Innerhalb eines Jahrzehnts konnte die Gesamtzahl der an den genannten Schultypen registrierten eingeborenen Schüler um 150% gesteigert werden. Neuerdings liegt der Ausbildungsschwerpunkt in technisch-fachlichen Bereichen. Dementsprechend hat sich in den städtischen Zentren die Zahl der technischen Fach- und der Berufsschulen erhöht. 1970 haben die ersten Absolventen der Universitäten Port Moresby (Papua) und Lae (Neuguinea) ihre Studien beendet. Die »Hauptmasse der ›Erwerbspersonen‹ (1,57 Millionen) sorgte (1992) für ihren *Lebensunterhalt* in subsistenzwirtschaftlicher Weise, ohne daß ihre Tätigkeit einen monetären Erwerbshintergrund aufwies«. Die *Landwirtschaft* bildet die Lebensgrundlage der meisten Einwohner, wobei die Verwaltung bemüht ist, »den Einheimischen moderne Wirtschaftsformen zugänglich zu machen«. In einigen Bereichen Neuguineas als auch Papuas wird in größerem Umfang Plantagenwirtschaft betrieben. Was jedoch die rentable Bewirtschaftung in Frage stellt, ist das Transportproblem: Einziges Verkehrsmittel zwischen Anbaugebieten und Küstenhäfen ist das Flugzeug. Die vier wichtigsten landwirtschaftlichen Produkte sind Kaffee, Kokosnußerzeugnisse, Kakao und Rohgummi.

Im Bereich des *Bergbaus* hat sich die Bougainville Copper Pty. Ltd. zu einer der größten Kupferminen der Welt entwickelt. Für die Prospektierung von Erdöl- und Naturgasvorkommen sind bislang Dutzende von »Off-Shore-Permits« erteilt worden. Die Energieversorgung liegt in Händen der Papua New Guinea Electricity Commission, die zahlreiche Elektrizitätsversorgungsunternehmen betreibt und im Auftrag der Regierung Kraftwerke betreut. Die geschätzten Reserven des Landes an Wasserkraft belaufen sich auf etwa 18 000 Megawatt. Entsprechende Wasserkraftwerksbauten sind in Angriff genommen worden. Der »noch verhältnismäßig schmale *industrielle Sektor* befindet sich . . . in einer schnellen Aufwärtsentwicklung«. Der (beispielsweise Holz zu Spanplatten oder Kokosnüsse zu Kopra) verarbeitenden Industrie ist in jüngerer Zeit die Steigerung der Industrialisierungsrate durch Errichtung von Fabriken für die Herstellung von Fertigwaren gefolgt. Obwohl Papua-Neuguinea für die weitere Industrialisierung Auslandskapital und -Know-how braucht, »soll eine wirtschaftliche Überfremdung und Ausbeutung des Landes . . . vermieden werden«. Die *Verkehrsverhältnisse* sind noch ziemlich rückständig. Es gibt keine Eisenbahnen, noch immer spielt der Trägerverkehr eine Rolle, da auch die Straßenverbindungen zwischen den Häfen und dem Landesinnern mangelhaft sind. Die Flüsse sind kaum schiffbar, nur der Bootsverkehr hat eine gewisse Bedeutung. Gut ausgebaut dagegen ist das *Luftverkehrsnetz*, dem insgesamt an die 402 Flugplätze (davon etwa 120 für »geregelten Personenverkehr« geeignet) zur Verfügung stehen. Seit 1973 gibt es die landeseigene Fluggesellschaft Air Niugini. Die Einbeziehung der Hafenstadt Port Moresby in den internationalen Luftverkehr hat den *Fremdenverkehr* ständig ansteigen lassen. Als *Währung* löste 1975 der Kina (K) = 100 Toea (t) den Dollar bzw. Australischen Dollar ab.

Der Inselstaat *Mikronesien* hat nach Beendigung des Ersten Weltkrieges erhebliche politische Veränderungen erfahren. Zunächst übergab der Völkerbund 1920 die *Karolinen* den Japanern als Treuhandgebiet. 1935 verläßt Japan den Völkerbund und unterbindet jeden Verkehr des Inselreiches mit der Außenwelt. Im Zweiten Weltkrieg greifen im Zuge der konzentrierten militärischen Aktivitäten Amerikas innerhalb des pazifischen Raumes US-Verbände außer den Marshall- und den Admiralitätsinseln, dem Bismarckarchipel und Neuguinea auch die Inselgruppe der West-Karolinen an. 1947 übernehmen die USA von den Vereinten Nationen das ›Trust Territory of the Pacific Islands‹ (bestehend aus Karolinen, Marianen und Marshallinseln) in Treuhandverwaltung (bis 1981 befristet). Im Januar des Jahres 1981 sind die einstmals deutschen Palau-Inseln als Republik Belau selbständig geworden – mit Koror als administrativem und kommerziellem Zentrum. Auf den 26 größeren und über 300 kleinen bis

292

1926 Nachdem die Eingeborenen Samoas bereits 1921 gemeinsam mit den weißen Siedlern gegen Neuseeland protestiert hatten, beginnen die Samoaner in der »Mau«-Bewegung erneut mit passivem Widerstand gegen die neuseeländische Regierung, was diese veranlaßt, zwecks Bekämpfung der Unruhen Kriegsschiffe zu entsenden.

1932 Auf Samoa wird der Deutsche Klub »Concordia« wiedereröffnet.

1933 Selbstverwaltung für die auf Neu-Guinea ansässigen Weißen. Die lutherische Mission errichtet in Finschhafen ein neues Hospital.
Der deutsche Kreuzer »Köln«, in Rabaul (Simpsonhafen) von den Eingeborenen »stürmisch« begrüßt, darf Samoa nicht anlaufen.

1937 Ein Vulkanausbruch zerstört Rabaul.

1939 Internierung aller Reichsdeutschen nach Ausbruch des Zweiten Weltkrieges.

kleinsten Inseln leben 16 000 Menschen (1992), überwiegend Mikronesier, »die von West nach Ost typische, graduelle, ethnologische Unterschiedlichkeiten« zeigen. In den fünf getrennten Distrikten werden verschiedene Sprachen gesprochen. Offizielle Sprache ist das amerikanische Englisch. (Einige wenige alte Leute sprechen noch Deutsch.) An der »exekutiven Spitze« der Karolinen steht ein »dem US-Department unterstellter High Commissioner«.
Auch die *Marianen* waren von 1920 bis zur Landung der US-Truppen im Juni 1944 japanisches Mandatsgebiet und wurden dann US-Treuhandgebiet. 1978 entschied sich die Bevölkerung (heute 47 000) für die Zugehörigkeit zum US-Commonwealth. Als ökonomisch bedeutend gelten heute, im Gegensatz zur Zeit der japanischen Herrschaft, »nur noch die strategische Lage und der Tourismus«. Die *Marshallinseln* (etwa 30 Atolle, 5 einzelne Inseln, 35 000 Einwohner) sind ebenfalls aus der UNO-Treuhandschaft ausgeschieden und unabhängig geworden. *Verwaltungssitz* ist Majuro, »das am einfachsten erreichbare Atoll der Erde«. Es bietet seinen Besuchern »die einmalige Chance, das Atollgefühl zu erleben«. Die früher zu den Marshalls gezählte ehemalige deutsche Kolonie *Nauru* (›Dogorin Naoero‹) mit ihren 10 000 Bewohnern ist seit 1968 unabhängige Republik und gleichzeitig der kleinste souveräne Inselstaat der Welt (und dem Prokopfeinkommen nach zugleich der reichste), trotzdem jedoch ein Knotenpunkt im pazifischen Flugnetz. Der Wohlstand gründet sich auf Phosphat, das etwa 80 % der Insel bedeckt und in einem Umfang von etwa 50 Millionen t nachgewiesen ist, so daß es wohl noch 25 Jahre lang abgebaut werden kann.
Ende Oktober 1981 berichtete Volker Zielke im ›Weltspiegel‹ des WDR über seine in diesem sozialen Wohlfahrtsstaat kürzlich gewonnenen Eindrücke, einem Staat, dessen Ureinwohner nicht zu arbeiten brauchen, sind sie doch an den aus dem Phosphatabbau gewonnenen Erträgen mit 80 000 DM pro Kopf und Jahr beteiligt. Sie zahlen keine Steuern; Wohnung, Erziehung und gesundheitliche Betreuung sind kostenlos. Die Arbeit verrichten andere, Gastarbeiter von den Nachbarinseln und Hongkong-Chinesen (die allerdings an dem Wohlstand keinen Anteil haben und zudem in sozialer Isolierung leben). Die von Australien beratene Regierung ist überzeugt, für zwei Generationen vorgesorgt zu haben. Was sie »auf die hohe Kante gelegt« hat, wird im Jahr 2000 jedem Nauruaner ein zusätzliches Vermögen von zwei Millionen DM bescheren. Und doch gilt Nauru vereinzelt bereits als Beispiel dafür, wie Reichtum – noch dazu vergänglicher – falsch genutzt wird. Das »soziale Überversorgtsein« aller Insulaner hat bereits Spuren hinterlassen: Vernachlässigung der Palmenwälder und des Gemüseanbaus, Deckung des Nahrungsmittelbedarfs ausschließlich durch Importe, vergeblicher Kampf gegen die Gleichgültigkeit gegenüber der Schule, deren Besuch zurückgeht, »weil die jungen Menschen nicht einsehen, wofür sie etwas lernen sollen«. Und so fürchtet beispielsweise ein in Hongkong erscheinendes Wirtschaftsmagazin, das Versiegen der Rohstoffquelle Phosphat könne eines Tages »ein Lumpenproletariat« entstehen lassen – »mit etwas Bargeld, jedoch ohne Bildung, ohne Tradition und ohne Willenskraft«. Der Engländer Roger Perry fand für Nauru-Island kürzlich die treffende Charakteristik: ›A Finite Fairy-Tale‹ (etwa: Ein Märchen auf Zeit).
Die ehemals deutsche Kolonie *West-Samoa* (Western Samoa) war zunächst (ab 1920) ein von Neuseeland verwaltetes Mandatsgebiet, wurde 1946 Treuhandgebiet und erhielt am 1. Januar 1962 die völlige Unabhängigkeit. Die Inseln Upolu und Savai'i haben 110 000 bzw. 42 000 Einwohner, überwiegend reinrassige Polynesier (nur etwa 13 000 sind Euronesier, rund 800 Europäer). Zu den *Hauptanbau- und Ausfuhrprodukten* gehören Kakao, Bananen und Kopra. In jüngster Zeit werden in verstärktem Umfange auch die Holzreserven des Landesinneren genutzt. Der Inselstaat ist ein unabhängiges konstitutionelles *Königreich*, ›Samoa i Sisifo‹, an dessen Spitze als Staatsoberhaupt und Chef der Exekutive gegenwärtig S. H. Malietoa Tanumafili II. (auf Lebenszeit gewählt) steht. Ihr »assistieren« Ministerpräsident Tofilau Etin Alesana und eine achtköpfige Regierung. Die Samoaner, zu 75 % protestantisch und 22 % katholisch, sprechen Samoanisch und Englisch. Währung ist der Tala.

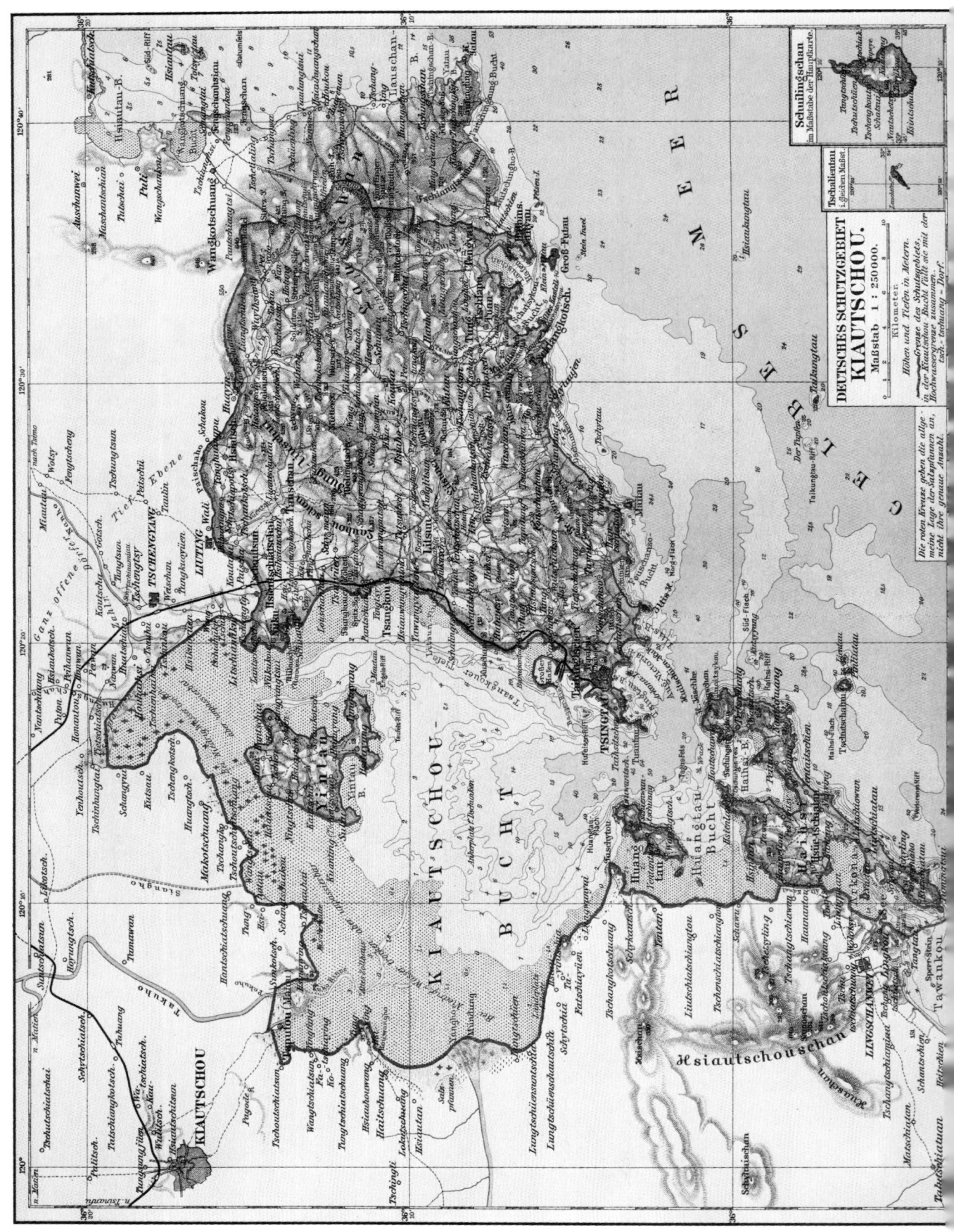

DEUTSCHES SCHUTZGEBIET
KIAUTSCHOU.
Maßstab 1 : 250000.

Das Pachtgebiet Kiautschou

Die Besitzergreifung

»Wenn der stolze Dampfer gegen Ende der Reise in die Kiautschou-Bucht einlief, leuchtete ihm zum erstenmal nach sechs langen Wochen, seit dem Verlassen von Hamburg oder Bremen, von der Signalstation Tsingtaus die deutsche Flagge entgegen. Hier war man endlich zu Hause! Wie oft ist mir von Reisender aller Klassen und Berufe dieses erhebende Gefühl geschildert worden, endlich wieder einmal, weit im fernen Osten, ein Stück Heimat zu finden; einen Platz, wo unser Handel und unsere Industrie, unser Verkehr und unsere Kulturarbeit nicht nur geduldet waren, sondern sich unter dem Schutz der eigenen Flagge betätigen konnte.«

Im Jahre 1860 liefen drei deutsche Kriegsschiffe – »Arcona«, »Thetis« und »Frauenlob« – zu einer Expeditionsreise nach Ostasien aus, »um Handelsverträge mit China, Japan und Siam (seit 1939 Thailand) abzuschließen«. Zu den Teilnehmern dieses von Graf Friedrich zu Eulenburg geleiteten Unternehmens gehörte der Geologe Ferdinand Freiherr von Richthofen. (Er unternahm später noch weitere sieben Reisen in das Reich der Mitte und sollte einer der besten Chinakenner seiner Zeit werden.) Aufgrund seiner Berichte über die Eignung der Kiautschou-Bucht (sprich: Kiautschó-u) als Handelsstützpunkt hatte Bismarck schon vor 1870 deren Nutzung beabsichtigt. Sie wurde, so vermuten Historiker, »durch den Krieg (1870/71) in den Hintergrund gedrängt«. Bereits 1861 war zwischen China und dem Königreich Preußen ein Vertrag geschlossen worden, der diesem (und den Ländern des Zollvereins) den Handel mit China in gleicher Weise erschloß wie den Engländern und anderen. Damit gewann der deutsche Handel rasch eine »gewaltige Bedeutung, um schon bald nach der Jahrhundertwende den zweiten Platz in Ostasien einzunehmen«. Deutschen Waren bot sich ein »reiches Absatzgebiet«, und China hatte eine »große Anzahl wertvoller Güter anzubieten«.

In den 90er Jahren hatte die chinesische Regierung den Deutschen gestattet, in den Vertragshäfen Tientsin und Hankou eigene Niederlassungen einzurichten. Doch »schon bald zeigte sich, daß der deutsche Handel seiner Bedeutung entsprechend höhere Ansprüche zu stellen berechtigt war«. Und so glaubte Deutschland, einen Platz beanspruchen zu können, »der in erster Linie deutsch war und unter deutscher Verwaltung stand . . .«.

Die Kiautschou-Bucht entsprach, wie bereits v. Richthofen erkannt hatte, allen an einen *Handelsstützpunkt* zu stellenden Anforderungen. Sie lag vor einem für Ein- und Ausfuhr gleichermaßen interessanten Hinterland, konnte auch von tiefgehenden Schiffen angelaufen werden und eröffnete die Möglichkeit, »die zum Schutze des Handels nötigen maritimen Anlagen zu schaffen und der im Interesse des Deutschtums in Ostasien stationierten Flotte einen Stützpunkt für etwaige Operationen zu geben«, denn mit der Abtretung einer Militärstation in den Vertragshäfen Tientsin und Hankou zögerten die Chinesen noch immer. (1915 wird Dr. W. Schrameier, Geheimer Admiralitätsrat und Ehemaliger Kaiserlicher Kommissar des Kiautschou-Gebietes, rückblickend bemerken: »Es mußte dem Zufall überlassen bleiben, daß Deutschland sich selbst einen Platz wählte und eine feste Tatsache schuf, mit der die chinesische Regierung sich nachträglich abfinden konnte.«)

Der chinesische Text der Proklamation über die Besitzergreifung von Kiautschou und über die Vertragsschließung mit dem Kaiser von China, vom 6. März 1898, wonach Deutschland das Gebiet auf 99 Jahre pachtet.

Links: *Verwaltungs- und Verkehrskarte des Pachtgebietes Kiautschou aus dem Jahre 1910.*

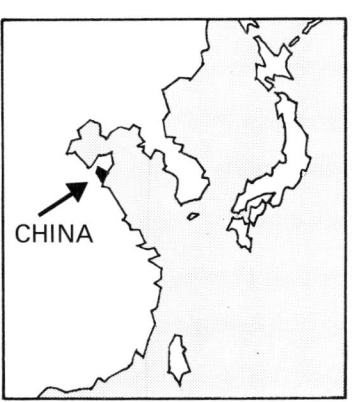

CHINA

Oben: *Die erste Parade vor dem Geschwaderchef, Admiral v. Diederichs, am 27. Januar 1898 in dem neuerworbenen Pachtgebiet.*

Darunter: *Am 14. November 1897 besetzte Konteradmiral v. Diederichs, Chef des ostasiatischen Kreuzergeschwaders, die Bucht von Kiautschou und Tsingtau.*

Den äußeren Anlaß zur *Besetzung* der Bucht bot der deutschen Regierung die Ermordung der deutschen Missionare Nies und Henle (1. November 1897). Der Chef des Kreuzergeschwaders, Admiral v. Diederichs, besetzte »als Bürgschaft für die zu erfüllenden Sühneforderungen« das Kiautschou-Gebiet. Das Unternehmen ging ohne Blutvergießen, »ja, ohne die geringste Gewaltsamkeit« vonstatten. Der deutschen Forderung nach »Abzug binnen 3 Stunden« fügte sich der chinesische Kommandant, ohne auch nur seine Lager zu räumen. Eine Proklamation des deutschen Admirals »erklärte die Besetzung als eine keineswegs gegen China gerichtete Handlung (und) versprach, friedliche Bürger in Handel und Wandel zu schützen und die Ruhe aufrecht zu erhalten«. Die nachfolgenden diplomatischen Verhandlungen wurden von dem damaligen Gesandten in Peking, Freiherr v. Heyking, »mit großer Festigkeit« geführt. Sie endeten mit dem Abschluß des *Kiautschou-Vertrages* vom 6. März 1898, einem aus späterer Sicht »Meisterstück diplomatischer Arbeit«, das sich in zweifacher Hinsicht auszeichnete: zum einen durch die »Forderungen, die Deutschland aufgrund seiner politischen und Handels-Bedeutung erheben zu müssen glaubte, und die Leistungen, die es China in Aussicht stellte«, zum anderen durch die »peinliche Rücksichtnahme auf Chinas Selbstgefühl und (eventuelle) Mißdeutungsversuche eifersüchtiger Nationen«.

Von den deutschen Kolonien im afrikanischen und im Südseeraum unterschied sich das Kiautschou-Gebiet in mehrfacher Hinsicht: Es war keine eigentliche Kolonie, was sich äußerlich schon dadurch ausdrückte, daß es nicht dem Reichs-Kolonial-Amt, sondern der Reichsmarineverwaltung unterstellt wurde. Den Dienst des Gouverneurs versah ein höherer Marineoffizier. In einer an den Reichstag gerichteten Denkschrift zur Entwicklung dieses Gebietes hieß es 1907/08 denn auch: »Das Kiautschougebiet stellt, im Gegensatz zu den übrigen deutschen Kolonien, den reinen Typus einer Handelskolonie dar, d. h. eines räumlich eng begrenzten Gebietes, dessen wirtschaftliche Hauptfunktion in der Vermittlung des Güteraustausches zwischen zwei großen Wirtschaftsgebieten liegt.« Mit dem auf die Dauer von 99 Jahren geschlossenen Pachtvertrag »nahm sich (das Deutsche Reich) etwas, was die übrigen kolonisierenden Staaten Europas in China längst besaßen«.

Lage, Klima, Bevölkerung

Das deutsche Pachtgebiet lag in jenem Winkel, den der 120. östliche Längengrad mit dem 36. nördlichen Breitengrad bildet. Geographisch war es ein Teil der chinesischen *Provinz Schantung* und gehörte zu der Präfektur Laitschufu mit den Amtsbezirken Kiautschou und Tsimo. *Kiautschou*, ein Platz, der sowohl der Bucht als auch dem angrenzenden Schutzgebiet seinen Namen gab, hatte sich jahrhundertelang als blühende Handelsstadt mit ansehnlichem Schiffsverkehr behaupten können – bis der nördliche Teil des Meeresbeckens versandete. Tsimo dagegen dürfte trotz seiner hohen zinnengekrönten Mauern nie mehr als ein Bauerndorf gewesen sein.

Das Schutzgebiet umfaßte zwei Halbinseln, deren nördliche mit der im Entstehen begriffenen Stadt Tsingtau 462 qkm groß war, während die südliche, Haihsi, 47 qkm Flächeninhalt hatte. Hinzu kamen die Hochwassergrenze um die Bucht, die Inseln in der Bucht – Yintau und Huangtau – sowie mehrere der Bucht vorgelagerte Inseln unterschiedlicher Größe. Die Inselgruppe maß insgesamt 44 qkm, die Bucht selbst (bei Hochwasser) 560 qkm. Ihre größte Breite betrug 38 km, die Eingangspforte zwischen den Landspitzen Tuantau und Kap Jaeschke war 3 km breit.

Auf der *östlichen Halbinsel* erhob sich das Gebirge des Lauschan mit Höhen über 1 000 m, weiter nördlich, nur durch einen Fluß getrennt, die Gebirgskette Tungliuschiu. Während sich dieser Bergzug als wild zerklüftet und unwegsam zeigte, erwies sich der Lauschan als zugänglicher und offenbarte »mannigfache Naturschönheiten«, saftige Wiesen und »an besonders schön und günstig gelegenen Orten . . . größere Tempelbauten«, umgeben von mächtigen Nadel- und Laubholzbäumen, zuweilen auch von kleineren Bambushainen. Der Lauschan war Quellgebiet mehrerer größerer Flüsse. Die *südliche Halbinsel* hatte infolge ihres wenig fruchtbaren Bodens und entsprechend geringer Bevölkerungsdichte für die Entwicklung des Schutzgebietes keine Bedeutung.

Das *Klima* im Kiautschou-Gebiet wurde vornehmlich durch die Monsune bestimmt. Vier Jahreszeiten ließen sich deutlich unterscheiden: Ein nicht sonderlich kalter Winter mit rauhen Nordwestwinden und plötzlich auftreten-

Oben Mitte: *Der Kommandant S.M.S. »Kaiser« und Kommandeur der Landungstruppen, Kapitän zur See Zeye, mit seinen Offizieren im Ostfort von Tsingtau im Dezember 1897.*

Oben rechts: *Offiziere des Landungskorps S.M.S. »Kaiser« waren die ersten Deutschen, die in Tsingtau Fuß faßten.*

Die Gesamtansicht von Tsingtau vom Gouvernementsberg aus. Das obere Foto zeigt den Ausblick nach Nordwesten, das untere den Blick nach Süden. Beide Aufnahmen stammen aus dem Jahr 1904.

den, mehrtägigen Sandstürmen, ein »sehr angenehmer Frühling«, ein feuchter, regen- und nebelreicher Sommer mit Durchschnittstemperaturen von 25–28° C und ein »äußerst angenehmer Herbst« mit dem Oktober als schönstem Monat. So wurde das Klima in diesem Gebiet »als das angenehmste an der ganzen chinesischen Küste« bezeichnet. »Umfassende hygienische Vorkehrungen und die natürliche Schönheit des Platzes in ihrer eigenartigen Verbindung von Meer und bewaldeten Bergen« machten Tsingtau zu einer »gut besuchten Sommerfrische«. Die *Bevölkerung* zählte im Zeitpunkt der Besitzergreifung 84000 Köpfe, überstieg aber schon bald die Zahl 100000. Sie verteilte sich auf 284 Ortschaften. In Tsingtau, einem ehedem unbedeutenden Dorf mit etwa 1000 Einwohnern, wohnten 1902 neben 688 Europäern knapp 15000 Chinesen, ein Jahr später waren es bereits 928 Weiße und mehr als 26000 Eingeborene. 1907 lauteten die entsprechenden Zahlen: 1184 Weiße (unter ihnen 412 Deutsche), 31500 Chinesen und 200 Japaner. Richthofen bezeichnete die Bevölkerung »nach Körperbau und Charakter . . . als ein recht brauchbares Menschenmaterial . . . , kräftig, ordentlich, fleißig und ausdauernd«. Meyer fand »die Geschwindigkeit, mit der sich diese Chinesen die schwierige deutsche Sprache aneignen, bemerkens-

wert«. Gleichzeitig lobte er die Zuverlässigkeit im Handelsverkehr, wie sie den chinesischen Kaufmann in der Regel auszeichne. Und: »Der Arbeiter ist geschickt und anstellig, doch stets auf intelligente Leitung angewiesen.«

Die in der Regel an Wasserläufen angelegten *Siedlungen* wurden von einem rechtwinklig verlaufenden Straßennetz durchzogen. Die Dörfer nicht nur des Kiautschou-Gebietes, sondern der gesamten Provinz Schantung machten »äußerlich einen sauberen und gefälligen Eindruck, der entschieden vorteilhafter ist als der der dörflichen Ansiedlungen in manchen Teilen unseres Vaterlandes«. Zu dieser Entwicklung haben die »hygienischen Bestrebungen« entscheidend beigetragen. Als Deutschland das Pachtgebiet übernahm, »war es eine höchst ungesunde Gegend, namentlich infolge des Schmutzes in den Wohnstätten und der Verseuchung des Bodenwassers«. Beides führte zu überdurchschnittlich starkem Auftreten von Darmtyphus- und Malariaerkrankungen. Gesundheitspolizeiliche Maßnahmen – Säuberung der Stadt, »Absonderung der Chinesen«, Krankenhausbau, Bau von Kanalisations- und Wasserleitungssystemen u. ä. – ließen Tsingtau nach der Jahrhundertwende zum »gesündesten Europäerplatz der chinesischen Küste« werden.

Oben: *Der Baumbestand der Kolonie umfaßte hauptsächlich Weiden, Pappeln, Kiefern, Eichen, Pfefferbäume und Weißdorn. Hier eine vierjährige Kiefernkultur.*

Landwirtschaft, Flora, Fauna

Die »sachliche, gartenartige Behandlung des Bodens« ermöglichte in Verbindung mit zweckmäßiger Auswahl der Saat jährlich zwei Ernten. Angepflanzt wurden sowohl *Feldfrüchte* (Weizen, Gerste, Hirse, Sesamum, Sorghum, Bohnen, Mais, Erdnuß, Zwiebeln, Lauch, Melonen, süße Kartoffeln und Kohl) als auch *Obst* (Äpfel, Birnen, Aprikosen, Kirschen, Pfirsiche, Datteln, Kastanien, Pflaumen, Walnüsse, Trauben u. a.).

Eigentliche *Viehzucht* gab es im Pachtgebiet nur insoweit, wie Haustiere (Rinder, Esel, Maultiere) für Feldarbeiten oder als Düngerlieferanten (Schweine) benötigt wurden. Als Nebengewerbe betrieben die Bauern gelegentlich *Fischfang*. Erstaunlicherweise spielte die in anderen Regionen Schantungs so erfolgreiche Seidenraupenzucht im Schutzgebiet keine Rolle. In dem zentral gelegenen Ort Litsun fand regelmäßig der Hauptmarkt statt, der häufig von 8000 bis 10000 Menschen besucht wurde.

Der *Baumbestand* umfaßte Weiden, Pappeln, Kiefern, Zypressen, Eichen, Pfefferbäume und Weißdorn.

Die »ursprüngliche höhere *Tierwelt*« des Schutzgebietes soll »noch ärmer als die wildwachsende Pflanzenwelt« gewesen sein. Die Gründe: starke Besiedlung und Mangel an Wald und Busch. Eine Jagdschutzverordnung von 1909 nannte als jagdbare Tiere: Hasen, Ottern, Wölfe, Füchse, Dachse, Wildkatzen, Edelmarder, Steinhühner, Wachteln, Fasanen, Wildtauben, Drosseln, Schnepfen, Trappen, Brachvögel, Kraniche, mehrere Adlerarten, Wildschwäne, -gänse und -enten und andere Sumpfvögel. Und in den Zugzeiten fielen im Wattenbereich der Bucht neben »massenhaftem Wassergeflügel« Schnepfen, Bekassinen, Wachteln und Kraniche ein. Insektenfressern (Elster, Kuckuck, Drossel) wurde »im Interesse der Forstverwaltung« größtmöglicher Schutz gewährt.

Nach der Besetzung

»Durch einige militärische Expeditionen, die friedlich verliefen, wurde der Bevölkerung klar gemacht, daß sie von nun an unter deutscher Hoheit stände. Um der Ausübung des Hoheitsrechtes dauernden Nachdruck zu verleihen, sowie um für alle Eventualitäten gesichert zu sein, wurde sogleich die dauernde Stationierung von Truppen in Tsingtau erforderlich.«

Im April 1898, einen Monat nach Abschluß des Kiautschou-Vertrages, »wurde das Gebiet einem der Kriegsmarine angehörigen Gouverneur (Kapitän z. See Rosendahl) anvertraut, der weitgehende Freiheit gegenüber der Heimat« erhielt und in seiner Person »die höchste Militär- und Zivilgewalt innerhalb des Gebietes« vereinigte. Als oberster Befehlshaber der *Besatzungstruppen* führte er das Kommando über insgesamt 55 Offiziere und 2274 Mann, unter letzteren 84 Nichtweiße. Die *Zivilverwaltung* gliederte sich in die eigentliche Landesverwaltung mit einem Zivilkommissar an der Spitze und einem »besondern Kommissar« für chinesische Angelegenheiten, ferner in die Justiz-, die Bau- und die Hafenverwaltung, der zugleich die meteorologisch-astronomische Station unterstand. Die Leiter der Verwaltungszweige bildeten den Gouvernementsrat. Zur Lösung von Fragen, die für die einheimische Bevölkerung von Bedeutung waren, wurde ein aus »ansässigen angesehenen Chinesen« bestehendes Komitee gebildet, das, wie die anderen Körperschaften auch, dem Gouverneur beratend zur Seite stand. Auch wenn »die Kiautschou-Bucht unserer Kriegsflotte als Stützpunkt in Ostasien dienen sollte«, so stand für die Verwaltung doch der Ausbau dieses Platzes zu einem »Sitz und Ausgangspunkt des deutschen Handels« im Vordergrund. Dazu bedurfte es: der Gründung einer Stadt, die europäischen Bedürfnissen genügte, der Erstellung großzügiger Hafeneinrichtungen und der Schaffung guter Verkehrsverbindungen mit dem Hinterland. Die Wahl des Platzes für die Gründung einer *Hafenstadt* fiel auf die Südwestspitze der östlichen Halbinsel, wobei sowohl nautische und klimatische als auch militärische Überlegungen eine Rolle spielten. (Mit den zu errichtenden »notwendigen militärischen Verteidigungsanlagen . . . wollte man keine Festung im Sinne von Port Arthur, Hongkong oder Singapore schaffen, sondern nur die nötige Sicherheit gegen einen etwaigen feindlichen Handstreich«.) Die Stadt begann ihre Entwicklung an der Südseite, nahe dem Dorf Tsingtau, wo bereits früher eine Landungsbrücke errichtet worden war. Die neuen Hafenanlagen entstanden jedoch auf der Nordwestseite der Halbinsel. Die geographische Anordnung der wachsenden Stadt war deutlich von einem »von vornherein festgehaltenen Grundsatz« beeinflußt: die Wohnsitze von Europäern und Chinesen örtlich zu trennen.

Nach zehnjähriger Entwicklung ließ Tsingtau zwei große Wohngebiete erkennen: Einmal die an der Tsingtau- und der Auguste-Viktoria-Bucht gelegene *Europäerwohnstadt* mit Villenviertel, Seebad, Hotels, Stadtpark, Wohn- und Geschäftshäusern, Bank-, Post- und Bürogebäuden und Ladengeschäften. Das einstige Dorf Tsingtau war verschwunden, den ›Yamen‹ jedoch, ehemals Wohnsitz des chinesischen Befehlshabers, hatte man, ebenso wie eine taoistische Tempelanlage, erhalten. Auf der Nordseite der Halbinsel lag die *Chinesenwohnstadt* Tapautau, noch immer den Namen eines ehemaligen Dorfes tragend, das jedoch seinen ursprünglichen Charakter völlig verloren hatte und zu einer »sauberen Stadt mit geraden Straßen und soliden steinernen Häusern geworden (war), in deren Architektur man europäische und chinesische Formen zu vermählen gesucht hat«. Hier wohnten die chinesischen Kaufleute und Unternehmer. Zwei weitere, »mit schachbrettartiger Regelmäßigkeit angelegte Siedlungen« waren für die massenhaft herbeigezogenen Tagearbeiter (Kulis) errichtet worden (»sauber und gesund gebaut«). Die »militärische Besatzung« war in verschiedenen Lagern und »Kasernements« untergebracht. Da »die Brunnen in der Nähe Tsingtaus . . . infolge der langen Verunreinigung des Bodens durch

Unten: *Der Diederichsstein wurde zum Andenken an die Besitzergreifung des Pachtgebietes errichtet.*

301

Szenen aus Tsingtau: oben links *Geschäftshäuser der Chinesen, in der* Mitte *Marktplatz mit der -halle im Hintergrund, und* ganz rechts *Geschäftshäuser der Europäer.*

die Chinesen kein gesundheitlich einwandfreies Wasser« lieferten, entnahm die Verwaltung das Wasser aus dem unterirdischen Strom im Sandbett des Litsunflusses nördlich von Tsingtau, leitete es zu einem Wasserturm und versorgte von dort aus die Stadt mit einem »völlig tadellosen Trinkwasser«. (»Ein Umstand, der die günstigsten Folgen für die sanitären Verhältnisse gehabt hat.«)

Nachdem Tsingtau am 2. September 1898 allen Völkern als Freihafen zugänglich gemacht worden war, wurde ein »umfassender Hafenbau« in Angriff genommen, gestützt auf »sorgfältige Vorstudien«. Ein dicht bei dem Stadtteil Tapatau gelegener kleiner Hafen war ausschließlich für den Dschunkenverkehr vorgesehen. Weitaus größere Bedeutung hatte der anderthalb Kilometer weiter nördlich gelegene große Hafen mit seinem durch einen 5 km langen Steindamm sturm- und wellengeschützten Becken von 293 Hektar Größe. Sein Bau begann 1899, die erste Anlegemole konnte 1904, die zweite vier Jahre später in Betrieb genommen werden. Mit einer Wassertiefe von neuneinhalb Metern bot dieser Hafen auch den tiefstgehenden Schiffen jener Tage ausreichende Lade- und Löschmöglichkeiten.

Verkehrs- und Nachrichtenwesen, Handel und Gewerbe

»Nächst Hafenanlagen und Werft war der möglichst baldige Bau einer Eisenbahn Haupterfordernis für die Kolonie zur Erschließung des Hinterlandes der Provinz Schantung mit seinen fruchtbaren Ebenen und seinen reichen Kohlen- und Mineralschätzen im Gebirge. Mit Ausnahme der primitiven Chinesenkarren gab es keine Verkehrsmittel. In der Regenzeit waren die mangelhaft befestigten Wege unpassierbar. Schiffbare Flüsse oder Kanäle waren nicht vorhanden.«

Zunächst bot das Gebiet nur wenig. Sein Wert lag, anders als in den übrigen deutschen Kolonien, nicht in den »Erträgnissen des Bodens . . ., sondern in der Geeignetheit der Bucht zur Anlage eines völlig sicheren Hafens, der Möglich-

Unten: *Alfred von Tirpitz (1849–1930), der Schöpfer der deutschen Kriegsflotte und Chef des Ostasiengeschwaders, erkannte die Bedeutung der Kiautschou-Bucht für das Reich als Eingangstor zum chinesischen Absatzmarkt.*

keit der Erschließung eines an Kohlen und Erzen reichen Hinterlandes, der Schaffung einer neuen selbständigen Industrie und eines Absatzgebietes für deutsche Waren«. Das Schutzgebiet Kiautschou sollte, neben seiner militärisch-maritimen Bedeutung, in erster Linie als Eingangs- und Ausfuhrpforte der Provinz Schantung dienen, »in ähnlicher Weise wie dies die englische Kolonie Hongkong für das südliche China tut«.

Dem Deutschen Reich stand aufgrund des Kiautschou-Vertrages das Recht zu, Konzessionen sowohl zum Bau einer Eisenbahn als auch der Errichtung von Bergwerksanlagen innerhalb eines 15 km breiten Streifens beiderseits einer solchen Bahnlinie zu vergeben. So wurde im Juni 1899 unter dem Namen Schantung-Eisenbahngesellschaft eine mit 54 Millionen Mark Grundkapital ausgestattete deutsch-chinesische Aktiengesellschaft gegründet. Die mit Hilfe einer Bahn zu schaffenden guten Verbindungen zum Hinterland des Kiautschou-Gebietes sollten nicht zuletzt »den Gesichtskreis und die Bedeutung unserer Kolonie über ihre engen politischen Grenzen hinaus« erweitern. Zudem hatten »Mangelhaftigkeit der Straßen« und »Urtümlichkeit und Kostspieligkeit des bisherigen Binnenverkehrs der Provinz Schantung einen solchen Bahnbau von vornherein in sehr günstigem Licht erscheinen« lassen.

Nachdem bereits drei Monate nach Gesellschaftsgründung der damalige Chef des deutschen Kreuzergeschwaders, Prinz Heinrich von Preußen, den ersten Spatenstich getan hatte, wurde das erste Teilstück Tsingtau – Kiautschou »gleich von beiden Seiten in Angriff genommen«. Es konnte am 8. April 1901 seiner Bestimmung übergeben werden. 1904, also nur drei Jahre später, war die gesamte, 395 km lange Strecke zwischen Tsingtau und der Provinzhauptstadt Tsinanfu in Normalspurweite eingleisig fertiggestellt (wobei man die Möglichkeit doppelter Gleisführung berücksichtigt hatte). »Den ersten Vorteil des Bahnbaus« konnte sich die deutsche Industrie zunutze machen: sie verschiffte Eisenbahnmaterial für nicht weniger als 25 Millionen Mark nach Tsingtau. In Tsinanfu traf die Schantungbahn auf die Tientsin-Pukau-Bahn, Verbindung zwischen den Hauptstädten Peking und Nanking, womit der Anschluß an das chinesische Eisenbahnnetz gegeben war. So konnten 1914 Personen und Post (unter Mitbenutzung der sibirischen Eisenbahn) in 12 Tagen von Berlin nach Tsingtau befördert werden, wofür auf dem Seeweg vier Wochen erforderlich gewesen wären.

Der Beginn des Bahnbaus fiel in die Zeit der *Boxerunruhen,* eines Aufstandes jenes Geheimbundes, dessen Mitglieder, von glühendem Fremdenhaß beflügelt, »mit der Faust« gegen »alles Ausländische« kämpften. Selbst die christlichen Missionare wurden überfallen und unvorstellbaren Martern ausgesetzt.

Oben: *Zur Tötung der Europäer auffordernder Maueranschlag der Boxer.*

Rechte Seite oben: *Einrädriger Segelkarren.*

Unten: *Das alte Postamt von Tsingtau, welches bis 1904 in Betrieb war.*

Unten: *Chinesischer Telegrammbote, 1901.*

2000 Jahre lang hatten sich die politische und die soziale Grundordnung Chinas, allen Fremdeinflüssen zum Trotz, unverändert erhalten können. Das änderte sich erst mit der militärischen Niederlage Chinas gegen England im *Opiumkrieg* der Jahre 1839–1842, nach dessen Beendigung England »für ewige Zeiten« die Insel Hongkong erhielt. In den Augen der Boxer waren Christen »untauglich, der Spezies Mensch anzugehören«, galt Jesus, »der alte Barbar, (als) Ursache allen Übels«. Der Bahnbau heizte den Fremdenhaß zusätzlich an, der chinesische Aberglaube bäumte sich gegen dieses »Teufelswerk«, das die Ruhe der Toten störte, auf. Vor den Augen der einst so mächtigen Mandarine erhoben sich die *Boxer,* wobei »die chinesische Armee nur zögernd dem Befehl (gehorchte), Leben und Besitz der Fremden zu schützen«. Doch diese bedurften schon bald keiner Hilfe mehr. Als nicht nur Peking besetzt und das Ausländerviertel belagert wurde, als sich Freischaren anschickten, die Hauptstadt von den Fremden zu säubern »wie einen Pelz von Läusen«, als die Baubüros geplündert und die Angestellten verjagt wurden, traf ein unter dem Oberbefehl des preußischen Generalfeldmarschalls Graf v. Waldersee stehendes englisch-französisch-deutsches Expeditionskorps ein und schlug den Aufstand blutig nieder.

(Was hatte doch Kaiser Wilhelm II. seinen Soldaten anläßlich ihrer Einschiffung nach China zugerufen: »Gefangene werden nicht gemacht. Wer euch in die Hände fällt, sei euch verfallen. Wie vor tausend Jahren die Hunnen unter ihrem König Etzel sich einen Namen gemacht haben, der sie noch jetzt in Überlieferungen und Märchen gewaltig erscheinen läßt, so möge der Name *Deutscher* auf 1000 Jahre durch euch in der Weise bestätigt werden, daß niemals wieder ein Chinese wagt, einen Deutschen auch nur scheel anzusehen!«

Und das schrieb Graf Waldersee damals in sein Tagebuch: »Was soll ein Befehlshaber tun, wenn er sieht, wie ringsum Soldaten jeder Nationalität rauben und plündern unter Zustimmung ihrer Offiziere, wenn diese sogar das Beste für sich vorweg nehmen? Seit dem 30jährigen Kriege und den Raubzügen Ludwigs XIV. in Deutschland ist ähnliches an Verwüstungen nicht vorgekommen.«)

Nachdem alles vorüber war, sorgte der »energische« neue Gouverneur von Schantung, Yuanschikai, dafür, daß vom Herbst 1900 an die Bahnarbeiten ohne Störung zu Ende geführt werden konnten.

Die Bahn verband nicht nur die beiden wichtigen Endpunkte Tsingtau und Tsinanfu miteinander, vielmehr durchzog sie Gegenden, die zu den fruchtbarsten und dichtest besiedelten der Provinz gehörten. Vor allem aber schuf sie eine Verbindung mit den Kohlenfeldern von Weihsien und (mittels einer bei Tschantien abgehenden Zweigbahn) Poschan sowie den Seidendistrikten am Nordrand des Gebirges. Am 1. Februar 1906 konnten die Städte Weihsien, Tschoutsun und die Provinzhauptstadt Tsinanfu »dem Fremdenhandel offiziell erschlossen« werden.

Eigentlich hatte beim Bau der Bahn die »Zuführung der Schantungkohle nach Tsingtau« im Vordergrund der Überlegungen gestanden, doch schon bald sollte sich aus dem Transport- auch ein *Verkehrsmittel* entwickeln. 1908/09 wurden 715 000 Personen und 650 000 Tonnen Güter befördert, was der Gesellschaft einen Gesamtüberschuß von 1,8 Millionen Dollar einbrachte. »Die praktischen Chinesen« erkannten denn auch sehr schnell die Vorteile verbilligter Bahntransporte, so daß sich dem neuen Verkehrsmittel in steigendem Maße auch entfernter liegende Gegenden zuwendeten. Schon bald entwickelte sich auf den Straßen »eine Art regelmäßigen Omnibusverkehrs im Anschluß an die Züge«. Ein großer Teil Schantungs konnte nun von Tsingtau aus per Bahn »mit Industrieartikeln wie Baumwollgarnen und -geweben, Tuch, Maschinen, Ackergeräten, Eisenwaren, Papier, Streichhölzern, Farben, Petroleum, Zukker, Bau- und Grubenholz versorgt« werden. Ebenso diente die Bahn der Ausfuhr von Ackerbauprodukten, die »bisher immer nur in nächster Nähe des Erzeugnisortes verbraucht wurden«. Das Obst und Gemüse der Provinz, dazu Walnüsse, Bohnen und Bohnenöl, Hanf, Tabak, Häute, Vieh gelangten mit der Bahn über Tsingtau auf See. »Weitaus den Löwenanteil am Güterverkehr« hatte jedoch die Steinkohle, von der im Berichtsjahr 1908/09 etwa 340 000 Tonnen verfrachtet wurden.

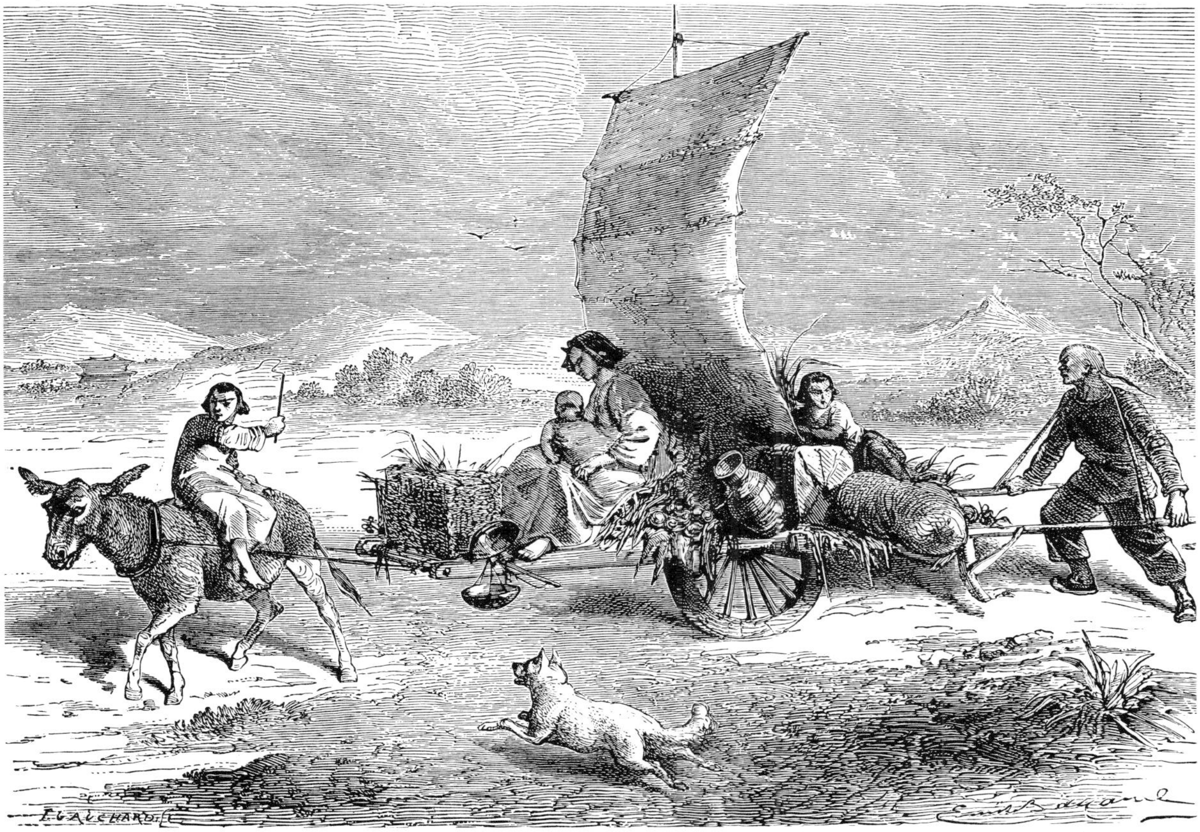

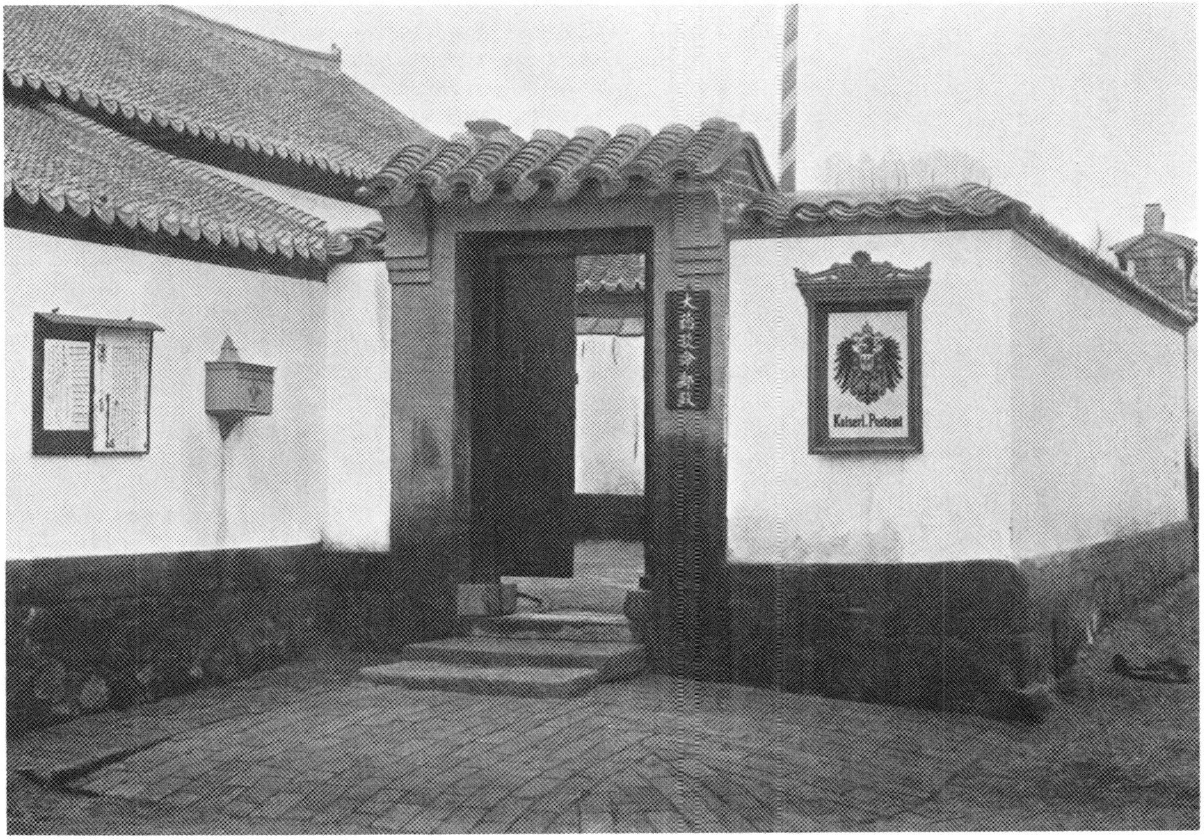
Kaiserl. Postamt

Oben: *Die Verlängerung der Seekabel Tsingtau-Schanghai und Tsingtau-Tschifu, 1912.*

Unten: *Der taoistische Hauptpriester des Landes wird von dem Gouverneur des Kiautschou-Gebietes, Admiral Meyer-Waldeck, dem Prinzen Heinrich von Preußen (Mitte) vorgestellt.*

Gleichzeitig mit der Eisenbahngesellschaft war 1899 von derselben deutschen Finanzgruppe auch die *Schantung-Bergbaugesellschaft* (Kapital 12 Millionen Mark) gegründet worden, die zunächst das 170 km von Tsingtau an der Bahnlinie gelegene Fangtse-Kohlenfeld erschloß, indem sie drei Schächte (387 m, 177 m und 252 m) abteufte. (Die Chinesen waren über 40 m nicht hinausgekommen.) Die ab 1902 in Fangtse geförderte Kohle, eine Gaskohle, war zwar als Heizmaterial für Schiffe nur beschränkt verwendbar, fand jedoch als Industrie- wie auch als Hausbrandkohle sehr guten Absatz. Anders die Fettkohle des bei Poschan erschlossenen Feldes, eine vorzügliche Schiffskohle, die bevorzugt nicht nur vom deutschen Kreuzergeschwader, sondern auch von den verschiedenen großen Dampferlinien gebunkert wurde. Im Bergbau waren neben etwa 100 Deutschen gut 8000 chinesische Arbeiter beschäftigt. Die Anlagen und Einrichtungen galten als mustergültig. »Die deutschen Beamten wohnten in freundlichen Kolonien mit villenartigen Wohnhäusern; auch für die chinesischen Arbeiter war nach jeder Richtung hin aufs beste gesorgt.«

Mit dem Handel entwickelte sich in Tsingtau »ein überaus reger Postverkehr«. Das 1898 in Betrieb genommene deutsche Postamt versah den gesamten, im Schutzgebiet erforderlichen *Post-, Telefon- und Telegrafendienst.* Daneben gab es, »lediglich als Auswechslungspostamt zur Verbindung mit dem Innern Chinas«, ein chinesisches Post- und ein chinesisches Telegrafenamt. Der jährlich abgewickelte Post- und Telegrafenverkehr hatte zwischen 1898 und 1908 einen beträchtlichen Umfang erreicht. Er belief sich im Berichtsjahr 1908/09 bei dem deutschen Postamt auf 1,8 Millionen Briefsendungen, fast 15 000 Postanweisungen, mehr als 16 000 Pakete und 51 000 Telegramme. (Das chinesische Amt beförderte in diesem Zeitraum 3,1 Millionen Briefsendungen und 66 000 Pakete.) Eindrucksvoll war auch die Steigerung des *Schiffsverkehrs.* Die Zahl der Schiffe, die Tsingtau anliefen, stieg von 182 Dampfern (und 10 Segelschiffen) im Jahre 1900 auf 509 Dampfer (2 Segelschiffe) im Jahre 1909, von denen 266 unter deutscher, 113 unter englischer, 68 unter japanischer, 36 unter chinesischer und 22 unter norwegischer Flagge fuhren. Sowohl die Hamburg-Amerika-Linie als auch der Norddeutsche Lloyd liefen Tsingtau von Europa aus direkt an.

Die *Handelsstatistik* wies während des ersten Jahrzehnts nach der Gründung des Schutzgebietes ebenfalls einen beträchtlichen Aufstieg aus: Die Einfuhr »nichtchinesischen Ursprungs« stieg von 945 000 ›mex. Dollars‹ (der mex. Dollar schwankte zwischen 1,63 und 2,39 Mark) im Jahre 1900 auf 25,5 Millionen im Jahre 1909, die Einfuhr »chinesischen Ursprungs« von 3,33 Millionen (1900) auf 13 Millionen (1909), die Ausfuhr von 1,65 Millionen auf 26,5 Millionen, der Gesamthandel von knapp 6 auf mehr als 65 Millionen mex. Dollars. Diese Statistik ermöglichte auch eine Beurteilung des Fortschritts in der Erschließung des Hinterlandes. Zu den ersten Ausfuhrartikeln (Strohborten, Seide, Bohnen und Bohnenöl, Kuhhäuten und Hundefellen) kamen Datteln, Glaswaren, Ziegenfelle, Erdnüsse, Walnüsse und frische Eier. An der Spitze in der Einfuhr nichtchinesischer Waren standen Baumwollerzeugnisse und Petroleum.

»Alle diese wissenschaftlichen Bestrebungen und Leistungen sollen aufgehen und Verwertung finden in einer 1909 eröffneten *höheren Unterrichtsanstalt für Chinesen*. Nach dem Vorgange anderer Kulturstaaten, namentlich Japans, Englands und Amerikas, entschloß sich das Reich, eine Hochschule in Tsingtau für studierende Chinesen zu gründen. Für Tsingtau als Platz sprach der Umstand, daß wohl an keiner anderen Stelle der chinesischen Küste ein so reiches Anschauungsmaterial in den vorhandenen Einrichtungen gegeben ist. Die Anstalt zerfällt in eine Unterstufe nach Art einer Realschule mit Deutsch und Chinesisch, Rechnen, Geographie, Physik, Botanik usw. und einer Oberstufe mit einer rechtswissenschaftlich-staatswissenschaftlichen und einer naturwissenschaftlich-technischen Fakultät. Der Kursus an der Hochschule ist zunächst auf vier Jahre berechnet. Zweckentsprechend ist der chinesischen Regierung ein Einfluß auf diese Anstalt eingeräumt. Mit der Anstalt ist ein Übersetzungsbureau verbunden, dessen Tätigkeit allgemeinen wissenschaftlichen Zielen, auch über die Bedürfnisse der Schulen hinaus, dienen soll. Indem das Reich diese Organisation durchführte, um dem modernen China deutsches Geistesleben und Wissen nahe zu bringen, hat es nicht nur einer vornehmen Pflicht gegen seine Schutzgenossen in Asien entsprochen, sondern auch den Boden zu einer weitreichenden Verständigung mit China bereitet, die sich sicherlich in den wirtschaftlichen Beziehungen der beiden Völker betätigen wird.«

Deutschland lieferte vornehmlich Anilinfarben, Metalle und natürlich »viele Millionen betragendes Eisenbahn- und Bergbaumaterial«.

Auch die *gewerbliche Wirtschaft* blieb dank zunehmender Bautätigkeit »nicht im Rückstande«. Zahlreiche Ziegeleien, unter ihnen drei große Dampfziegeleien, Kalkbrennereien, Maschinenschlossereien, Baugeschäfte, Buchdruckereien, eine Seifenfabrik, eine Brauerei, eine Baumwollweberei, eine Seidenspinnerei und nicht zuletzt mehrere Schiffsbauanstalten prägten das Bild.

Erziehungs-, Bildungs- und Missionswesen

> »Das treffende Wort, Tsingtau sei gewissermaßen eine dauernde Ausstellung für deutsche Leistungen in China geworden, bezieht sich nicht nur auf industrielle und kommerzielle Dinge, sondern auch auf rein geistige. Die Tätigkeit unserer Ärzte, unserer Forstverwaltung, unserer Lehrer hat sich bereits weit über die Grenzen des Pachtgebietes Anerkennung errungen, und die Chinesen bemühen sich, sie nachzuahmen.«

In zahlreichen Rückblicken auf die Entwicklung des Pachtgebietes Kiautschou ist immer wieder darauf hingewiesen worden, daß sich die Tätigkeit der Deutschen »nicht nur auf die materiellen Gewinn versprechenden Gebiete . . ., sondern auch auf Arbeiten, die idealen Zwecken dienten«, erstreckt habe. Bereits ein Jahr nach der Besitzergreifung wurde eine *deutsche Schule* gegründet, die in ihrem Aufbau etwa einem Realgymnasium jener Tage vergleichbar war und 1908 »die Berechtigung zur Ausstellung von Zeugnissen für die wissenschaftliche Befähigung zum einjährig-freiwilligen Dienste« zuerkannt erhielt. Den im Schutzgebiet tätigen *vier Missionsgesellschaften* habe das Verdienst gebührt, in weitem Maße »auch für die kulturellen Bedürfnisse der chinesischen Bevölkerung Sorge getragen« zu haben.

Zu den nach der Erwerbung in Angriff genommenen wissenschaftlichen Arbeiten gehörte auch die Vermessung des Schutzgebietes, die dann als Grundlage des Stadt- und Hafenplanes ebenso wie als Material für die Erstellung genauer Land- und Seekarten diente. Der meteorologische Dienst hatte beachtliches Niveau. Ihm standen Nebenstationen im Schutzgebiet selbst und auf einigen Plätzen im Innern der Provinz zur Verfügung. Ein ständiger Austausch von Beobachtungsergebnissen mit Schanghai und Tokio (telegrafisch) sowie mit den Schiffen der Kaiserlichen Marine (per Funkspruch) ermöglichten die Einrichtung eines Sturmwarnungsdienstes.

Der »durchaus gut zu nennende« *Gesundheitszustand* innerhalb der Kolonie war vornehmlich den der Anlage Tsingtaus vorangegangenen Untersuchungen der gesundheitlichen Verhältnisse, verbunden mit bakteriologischen Forschungsarbeiten, zu verdanken. Gleiche Sorgfalt war auf die Bestimmung der Flora ebenso wie auf eingehende geologische Untersuchungen verwendet worden.

»Alle diese wissenschaftlichen Bestrebungen und Leistungen sollen aufgehen und Verwertung finden in einer 1909 eröffneten höheren Unterrichtsanstalt für Chinesen.« Dem Beispiel Englands, Japans und Amerikas folgend, entschloß sich das Reich, für studierwillige Chinesen in Tsingtau eine *Hochschule* zu gründen. Die Anstalt war in eine realschulähnliche Unterstufe (Deutsch, Chinesisch, Rechnen, Geographie, Physik, Botanik usw.) und eine Oberstufe (mit einer rechts- und staatswissenschaftlichen und einer naturwissenschaftlich-technischen Fakultät) gegliedert. Diese am 25. Oktober 1909 feierlich eröffnete deutsch-chinesische Universität wurde »mit Mitteln des Deutschen Reiches unterhalten, von der chinesischen Regierung unterstützt und von dieser mit den Rechten einer Kaiserlich-chinesischen Hochschule ausgestattet«.

Der Erste Weltkrig

»Unser Flottenstützpunkt im fernen Osten Tsingtau war als solcher gegen einen Angriff von der See her gut gesichert, aber mit einem Landangriff hatte man bis dahin nicht gerechnet, die wenigen Batterien und Infanteriewerke, die sich, durch Drahtverhaue verstärkt, über die Berge der Halbinsel zur Kiautschou-Bucht hinzogen, konnten einem einigermaßen stark auftretenden Feinde nicht widerstehen.«

Nachdem im Frühjahr 1914 mit der chinesischen Regierung Einigung über den weiteren Ausbau des Eisenbahnnetzes erzielt worden war, schien Kiautschou »die auf seine Entwicklung gesetzten Hoffnungen in weitgehendem Maße erfüllen zu wollen«. Da brach der Weltkrieg aus und stellte die Kolonie »vor die letzte schwere Aufgabe, die Selbstverteidigung«. Die *Friedensbesatzungsstärke* des Schutzgebietes betrug 2400 Mann (bestehend aus dem III. Seebataillon Cuxhaven und der »Matrosenartillerie«). Hinzu kam das etwa 500 Mann starke, in Peking und Tsientsin stationierte ostasiatische Marinedetachement. Schließlich wollte »alles, was sich an wehrfähigen Deutschen im fernen Osten befand, . . . es sich nicht nehmen lassen, das Stückchen deutscher Erde dort verteidigen zu helfen«. Zusammen mit den »zum Teil nach Überwindung der größten Schwierigkeiten« aus verschiedenen Gegenden Ost- und Südasiens herbeigeeilten Freiwilligen gebot der Gouverneur, Kapitän z. See Meyer-Waldeck, über insgesamt etwa 4000 Mann. Die »blühende Kolonie« war »in ein großes Heerlager verwandelt worden«. Um die »Armierung mit Geschützen und Munition« war es jedoch schlecht bestellt: »Tsingtau war kein Port Arthur und sollte auch keines werden«. In einem Abstand von 5–6 km legten sich im Nordosten fünf »Infanteriewerke« um das Stadtgebiet, ursprünglich nur »gegen chinesische Unruhen gedacht«. Doch glaubte man, sich mit ihrer Hilfe auch gegen jede europäische Macht so lange halten zu können, »bis zu Hause die Entscheidung gefallen war«. Lediglich Japan, so die Überlegungen, konnte gefährlich werden, »und Japan dem Schutzgebiet vom Halse zu halten, wäre Aufgabe der Diplomatie gewesen«.

Am 15. August 1914 erscheint vor der Kiautschoubucht die japanische Blockadeflotte. 24 Stunden später stellt Japan das »berüchtigte Ultimatum«, wonach ihm das gesamte Pachtgebiet »bedingungslos und ohne Entschädigung bis zum 15. September« zu übergeben sei. Diese »nach Form und Inhalt gleich uner-

Oben: *Kapitän zur See Meyer-Waldeck, letzter Gouverneur (1911–1914) des Pachtgebietes.*

Unten: *Deutsche Infanterie in Erwartung des feindlichen Angriffs.*

Oben: *Batterie reitender Feldartillerie auf dem Marsch.*

»Im September 1914 drangen japanische Truppen von der Nordküste von Schantung und der Lauschanbucht auf dem Landwege gegen Tsingtau vor. Gleichzeitig blockierten japanische Kriegsschiffe die Stadt von der Seeseite her. Am 7. November erfolgte nach heldenmütiger Verteidigung und schwerer Beschießung die Übergabe. Die Verteidigung von Tsingtau war der einzige Festungskampf, der während des Weltkrieges auf deutscher Seite geführt wurde.«

hörte Zumutung« löst einen »Sturm der Entrüstung« aus, wäre doch »die kampflose Preisgabe Tsingtaus . . . das Grab unserer Ehre im fernen Osten gewesen«. Andererseits bestehen keine Zweifel hinsichtlich der Unmöglichkeit, die Stadt auf die Dauer gegen Japan »mit seinen Tsingtau gegenüber unerschöpflichen Hilfsquellen« zu halten. Das Ultimatum der Japaner bleibt unbeantwortet. Den 4000 Soldaten des von See her hermetisch abgeriegelten Kiautschou-Gebietes steht eine japanische Landarmee von 65000 Mann gegenüber.

Am 2. September landen die Japaner an der Nordküste Schantungs. Am 28. September ist die Kolonie auch von Land her eingeschlossen. Vom 29. Oktober an wird das Gebiet von See und Land her nahezu neun Tage lang ohne Unterbrechung beschossen. In der Nacht vom 6. zum 7. November sprengen die Deutschen, nachdem sie ihre letzten Granaten verschossen haben, die Geschütze und ergeben sich den eindringenden Japanern. Die Besatzung wird »in japanische Kriegsgefangenschaft abtransportiert und ist dort über fünf Jahre lang in verschiedenen Lagern der Willkür untergeordneter Stellen ausgesetzt . . . «.

Der Versailler Vertrag (1919) bestimmt in seinen Artikeln 156 bis 158, daß Deutschland auf seine gesamten, von China gemäß Kiautschou-Vertrag erworbenen Rechte zugunsten Japans zu verzichten habe und alles deutsche »Staatseigentum im Kiautschou-Gebiet, ebenso Eisenbahn und Bergwerke und die Unterseekabel« in japanischen Besitz zu überführen sei. Chinas Protest gegen diesen »Schantung-Paragraphen« zwingt Japan 1922 zur »kostenlosen Rückgabe . . . des früheren deutschen Schutzgebietes Kiautschou einschließlich allen früheren deutschen Eigentums an China«, das nur für die Übernahme der Schantungbahn eine Entschädigung an Japan zahlt. Die Bergwerke, so wird beschlossen, sollen künftig durch eine gemischte japanisch-chinesische Gesellschaft genutzt werden. In Deutschland maß man dem japanisch-chinesischen

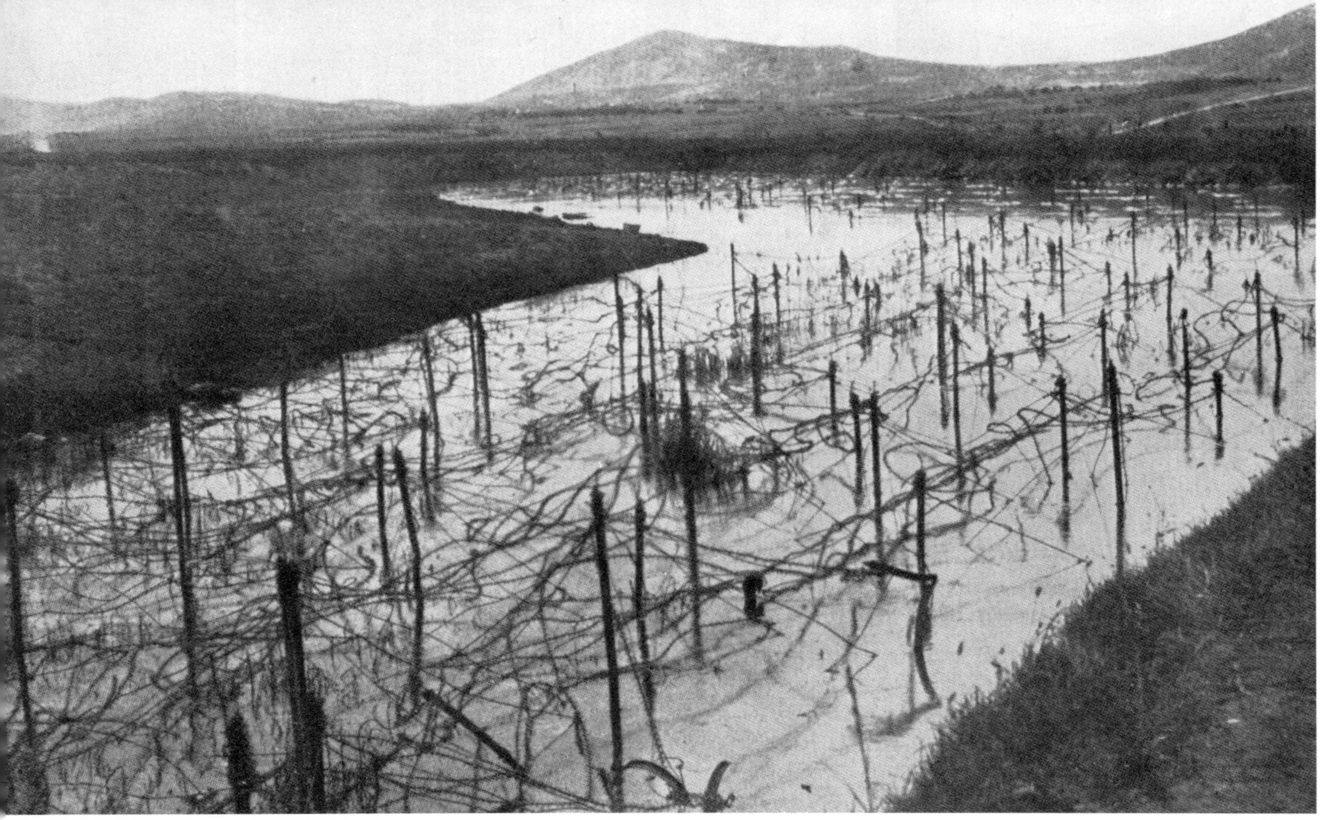

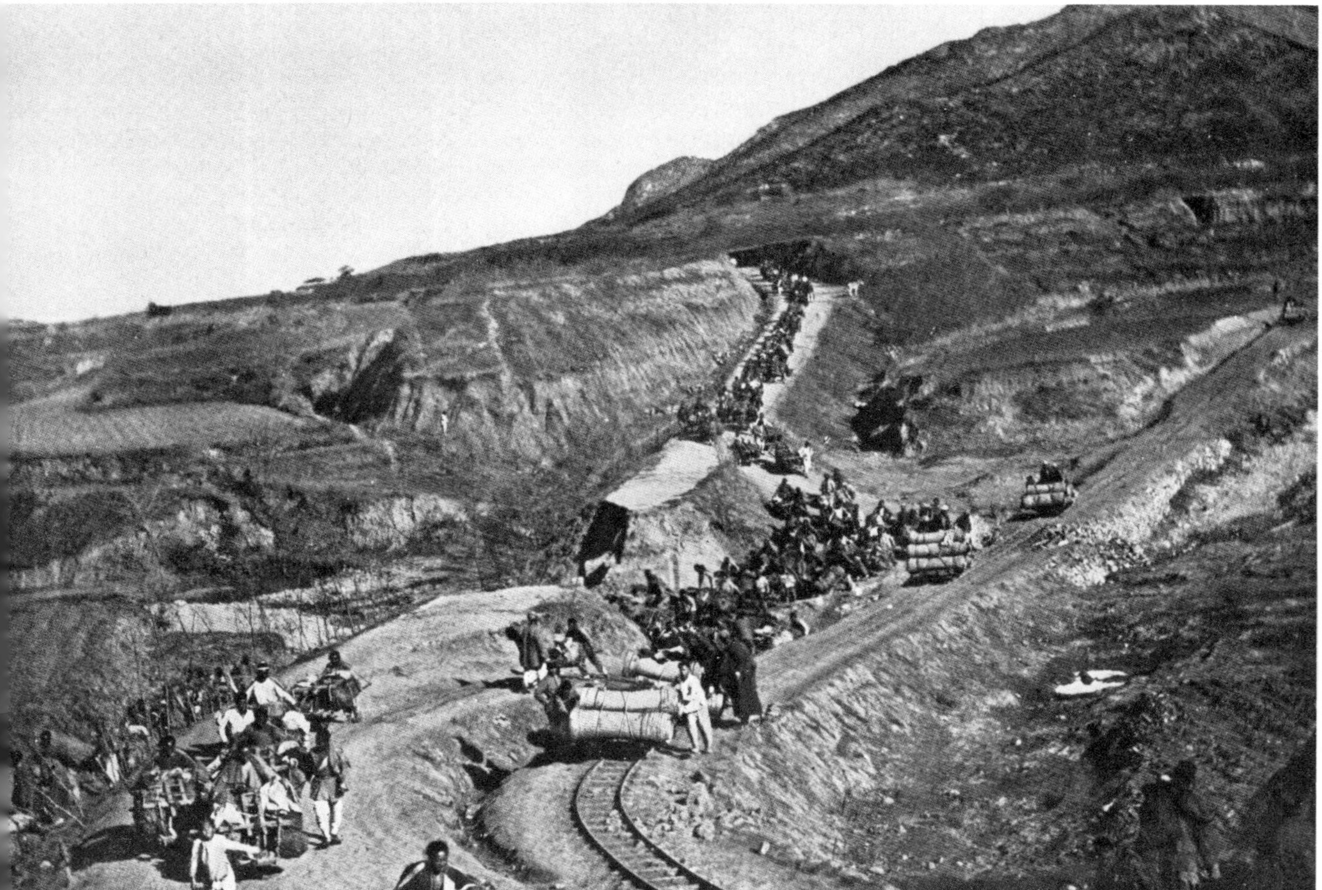

»Vertrag über Schantung« große Bedeutung bei, »weil er wieder die Tätigkeit Deutscher in Tsingtau ermöglicht, sei es in selbständiger Betätigung, sei es im Dienste der chinesischen Verwaltung . . . «, denn zweifellos habe China »im Schutzgebiet kennen gelernt, was Deutschland auf allen Gebieten zu leisten imstande ist; es hat auch den Beweis gesehen, daß die Interessen Chinas und Deutschlands Hand in Hand gehen. Und das ist der bleibende Wert unserer Arbeit im Schutzgebiet Kiautschou, die ihre reichen Früchte tragen wird, denn das Riesenreich China ist das Land der noch unbegrenzten Handels- und Wirtschaftsmöglichkeiten«.

Schantung und Tsingtau heute: Gewerbe- und Industriezentren

»Von Japan nahm mich ein schmuckes deutsches Schiff mit, die ›Hannover‹. Unterwegs liefen wir Tsingtao an. Es war ein eigenartiges Wiedersehen: Von der See her meint man, sich einer deutschen Küstenstadt zu nähern, aber in den Straßen der Stadt, die unter Kaiser Wilhelm II. als Hafen des deutschen Pachtgebietes von Kiaotschao errichtet worden war, sieht man heute nur Chinesen. Auch die russischen Emigranten sind verschwunden, die dort noch zwischen den Weltkriegen in großer Zahl lebten.«
Klaus Mehnert

Zwischen den Weltkriegen – Meldungen und Meinungen

1922   Japan gibt aufgrund des Washingtoner Abkommens das von den Deutschen bei Kriegsende übernommene Kiautschou an China zurück.

1923   Deutschland tritt »im Interesse eines dauernden Freundschaftsverhältnisses seine Pachtrechte an China freiwillig ab«.

1938   Japaner besetzen Tsingtau.

»Als die Deutschen, von den Japanern besiegt, nach 16 Jahren aus Schantung abzogen, hinterließen sie ihre Ex-Kolonie Tsingtau, das beste, in China nach wie vor unerreichte Beispiel moderner Städteplanung. Sie hinterließen einen Hafen, der auch heute noch benutzt wird, sowie erste Industriebetriebe (Bier, Seide, Stickerei), die immer noch arbeiten, und ein Eisenbahnnetz, das heute noch das größte der Region ist.«
Tiziano Terzani im Spiegel 3/81

Die am Gelben Meer gelegene Provinz Schantung (Shandong), 153 000 qkm großer Teil der dichtbesiedelten Großen Ebene, wird von 77,8 Millionen Menschen bewohnt (1991) und steht damit an zweiter Stelle der insgesamt 21 chinesischen Provinzen. (Neben ihnen gibt es noch fünf autonome Regionen, beispielsweise die Innere Mongolei.) Die buchtenreichen Küsten sind noch immer ein hafenarmes Gebiet, das im Spätsommer und Herbst häufig von Wirbelstürmen (Taifunen) bedroht wird, die mit reichlichen Niederschlägen einhergehen. Wasserbauliche Maßnahmen haben in jüngerer Zeit die Auswirkungen der Hochwasserkatastrophen in Grenzen halten können.
Im Bereich des produzierenden Gewerbes spielt der Provinzbezirk Schengli als einer der *erdölindustriellen* Schwerpunkte eine bedeutende Rolle. Chinas *Goldförderung* konzentriert sich auf den Ausbau der Minen in Schantung, wo im nördlichen Bereich mit einer Tagesförderung von 24 Kilogramm gerechnet wird (lt. Angabe des Statistischen Bundesamtes Wiesbaden, 1980). Insgesamt jedoch sind die zahlreichen, bislang ermittelten Vorkommen mineralischer Bodenschätze erst unvollständig erforscht. Generelle wirtschaftliche Charakteristika der Halbinsel-Provinz Schantung sind heute neben ausgedehnten Bewässerungsanlagen und weitläufigen Anbaugebieten für Sojabohnen (2,5 Millionen Jahrestonnen = 25 % der gesamten chinesischen Ernte), Weizen, Erdnüsse, Baumwolle, Obst und Wein insbesondere die Steinkohlen-, Eisenerz-, Erdöl- und Bauxitförderung. (Das Bergland ist das drittgrößte Steinkohlen-Fördergebiet Chinas.) Am bekanntesten jedoch dürfte der Name Schantung in Verbindung mit dem Erzeugnis Seide sein, deren Gewinnungszentren auf der Halbinsel liegen.
Die Hafenstadt Tsingtau (Tsingtao, Quingdao, japanisch Seito) zählt heute etwa 1,3 Millionen Einwohner. Ihrer 1909 von den Deutschen gegründeten und 1926 von den Chinesen erweiterten Universität wurde inzwischen eine Technische Hochschule angegliedert, von Bedeutung nicht zuletzt für den ortsansässigen Maschinen- und Schiffbau, die Textilindustrie und andere Industriezweige.

311

*Heimkehr der deutschen Afrika-
kämpfer unter Lettow-Vorbeck
in Berlin.*

Schlußbemerkungen

»Die Welt ist von Menschen unserer Art dynamisiert
worden, sowohl positiv durch Befreiung von zahllosen
uralten Bindungen und durch Wohlstandsschaffung,
wie negativ durch Auflösung haltgebender Ordnungen
und Schaffung von internationalem Chaos. Deshalb ist
es an uns, Ansätze und Initiativen zu einer neuen
Ordnung zu bieten, die weltweit sein muß, um überhaupt Ordnung zu sein.« Richard F. Behrendt, 1965

Das letzte Kapitel der deutschen Kolonialgeschichte
wurde dort geschrieben, wo das erste begonnen hatte:
in Berlin. Am 2. März 1919 ziehen, von den Berlinern
jubelnd begrüßt, die nach Deutschland verbrachten
Reste der ehemaligen deutsch-ostafrikanischen
Schutztruppen mit klingendem Spiel durch das Brandenburger Tor. An der Spitze, zu Pferde, Dr. Heinrich
Schnee, letzter Gouverneur des Schutzgebietes, Generalmajor Paul v. Lettow-Vorbeck, ›Held von Deutsch-
Ost‹ (s. Abb.), und Kapitän zur See Looff, ehemaliger
Kommandant des Kreuzers »Königsberg«, gefolgt von
30 Offizieren und etwa 125 Unteroffizieren und Mannschaften – Soldaten, die ›ihr‹ Kolonialgebiet noch
verteidigt hatten, als es bereits verloren war, Besiegte,
die sich dennoch moralisch als Sieger fühlten und stolz
darauf gewesen sein mögen, ihrem Vaterland auch
noch in aussichtsloser Lage treu gedient zu haben.
Seit jenem 24. April 1884, an dem Bismarck die nördlich des Oranjeflusses gelegenen südwestafrikanischen
Erwerbungen des Bremer Kaufmanns Adolf Lüderitz
telegrafisch unter deutschen Schutz gestellt und damit
Deutschland auf den Weg zur ›Kolonialmacht der
dritten Stunde‹ geführt hatte, sind 35 Jahre vergangen.
Die Truppe symbolisiert das Ende des deutschen Trau-
mes von überseeischer Macht, doch die Träumer blei-

ben, obwohl inzwischen jedem Einsichtigen klar geworden sein muß, daß sich der amerikanische Präsident Woodrow Wilson mit seinem (für die Deutschen)
großzügigen 14-Punkte-Programm (am 8. Januar 1918
als Grundlage einer Friedensvereinbarung vor dem
Senat verkündet) nicht durchsetzen kann und die Hoffnungen Deutschlands auf Erhaltung wenigstens eines
Teils seiner afrikanischen Kolonien damit zunichte
geworden sind.
Bereits vor dem Marsch durch das Brandenburger Tor
hatte die Nationalversammlung in Weimar Einspruch
gegen den »Raub der Kolonien« erhoben. Am 24. Februar 1920 verkündet dann Hitler im Münchner Hof-
bräuhaus das Programm der NSDAP, in dessen Punkt
drei »zur Ernährung unseres Volkes (und) Ansiedlung
unseres Bevölkerungsüberschusses« Land und Boden,
sprich: Kolonien, gefordert werden.
In den folgenden Jahren wird auf breiter Basis für die
Erneuerung des kolonialen Gedankens geworben, und
es sind keineswegs nur rechte Kreise, die entsprechende Bekenntnisse ablegen. In weit über einhundert
Vereinen, Bünden und Organisationen wird das Bewußtsein deutscher Kolonialherrlichkeit weiterhin
sorgsam gepflegt. Da werden Kolonialkongresse abgehalten, eine neue deutsche Kolonialpresse entsteht,

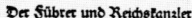

selbst in Österreich wird ein ›Bund deutscher Kolonial-
freunde‹ ins Leben gerufen, und der Koloniale Frauen-
bund entwickelt eine Vielzahl »segensreicher Tätigkeiten«. Zahlreiche Institutionen machen sich die Pflege
der »kolonialen Wissenschaften« zur Aufgabe, Hoch-
schulen gliedern sich kolonialbezogene Fakultäten an.
Besondere Aufmerksamkeit erfährt die koloniale Ju-
gendbewegung, bei der es sich »nicht um koloniale
Spielerei (handelt), sondern darum, uns eine Existenz-
möglichkeit zu schaffen und die Nachkommen deutscher Eltern dem Deutschtum zu erhalten«, wie Lettow-Vorbeck als ehemaliger Ehrenvorsitzender des
Kolonialbundes Deutscher Pfadfinder schreibt.

Mit der Machtübernahme durch die Nationalsozia-
listen im Jahre 1933 und dem mit ihr verbundenen
erneuten Streben Deutschlands nach einem Platz unter
den Weltmächten erhält die Kolonialbewegung zusätzlichen Auftrieb. Als »Dachorganisation der kolonialen
Verbände« konstituiert sich der Reichskolonialbund.
Innerhalb der NSDAP entsteht ein kolonialpolitisches
Referat, aus dem wenig später das Kolonialpolitische
Amt wird. Das Olympiajahr 1936 ist durch drei kolonialpolitische Schritte gekennzeichnet: Unter Führung
des »Reichsstatthalters« General Ritter von Epp wird
ein neuer Reichskolonialbund gegründet. Hitler
nimmt die 50. Wiederkehr des Gründungstages der
»Deutschen Kolonialgesellschaft« zum Anlaß, den
Aufbau einer »neuen kolonialen Front« zu fordern (s.
Abb.). Unverzüglich erläßt der Bundesführer des
Reichskolonialbundes einen entsprechenden Aufruf
(s. Abb.) und verspricht dem Führer im Namen aller
Mitglieder des Reichskolonialbundes, »uneigennützig
und energisch wie unsere historischen Vorbilder, alles
daran zu setzen, daß das von ihnen erkämpfte koloniale Gut zurückgewonnen und damit auch unsere nationale Herabsetzung beseitigt wird«.

Siebzehn Jahre, nachdem Deutschland aufgehört hatte, Kolonialmacht zu sein, galt noch immer – und schon
wieder –, was einer der zahlreichen Kolonialkalender
bereits 1927 triumphierend verkündet hatte: »Durch
unser koloniales Leben geht ein neuer frischer Zug!«
Nach Vorbildern und Rechtfertigungen für neuerliche
Kolonialpolitik freilich hatten weder Politiker noch
Kolonialisten lange suchen müssen: Noch immer hielten die traditionellen Kolonialmächte, allen voran die
Europäer, ihre Kolonien besetzt. Bei Ausbruch des
Zweiten Weltkriegs, 1939, belief sich der britische
Kolonialbesitz auf 14 Millionen Quadratkilometer mit
einer Bevölkerung von nahezu 450 Millionen Men-
schen, die Franzosen besaßen rund 12 Millionen Qua-
dratkilometer (68 Millionen Bewohner). Es folgten
Italien (3,5 Mio. qkm/14 Mio. Menschen), Belgien (2,4
Mio. qkm/15 Mio. Menschen), die Niederlande, Portugal. »Insgesamt standen«, so Ansprenger, »zu Beginn
des Zweiten Weltkriegs demnach fast 39,7 Millionen
qkm und fast 710 Millionen Menschen unter kolonialer
Herrschaft.« Erst 1981, mehr als sechs Jahrzehnte nach
Beendigung der deutschen Kolonialherrschaft, wurde
mit Belize die letzte Kolonie in die Unabhängigkeit
entlassen.

Für die Geschichte der Kolonien, und nicht nur für die
der ehemals deutschen Besitzungen, mag dabei gegolten haben, was einst Albert Schweitzer fragte: »Wer
beschreibt die Ungerechtigkeiten und Grausamkeiten,
die die Farbigen im Laufe der Jahrhunderte von den
Völkern Europas erduldet haben? ... Würde die
Geschichte alles dessen, was zwischen den Weißen und
den farbigen Völkern vorging, in einem Buche aufge-
zeichnet werden, es wären aus älterer wie aus neuerer
Zeit massenhaft Seiten darin, die man, weil zu grausi-
gen Inhaltes, ungelesen umwenden müßte. Eine große
Schuld lastet auf uns und unserer Kultur.«

Stichwortverzeichnis der wichtigsten Namen und geographischen Begriffe

Die kursiv gesetzten Ziffern weisen auf Bildlegenden hin.

Literatur- und Quellenverzeichnis

Abs, P. Jos. Maria: Der Kampf um unsere Schutzgebiete. Düsseldorf 1926
Afrika – Handbuch der praktischen Kolonialwissenschaften, 3 Bde. Berlin 1942
Afrikanischer Heimatkalender. Windhoek, Jge. 1957–1978
Angebauer, Karl: Ovambo. Berlin 1927
Ansprenger, Franz: Die Auflösung der Kolonialreiche. München 1966
Baning/Bräuer: Namibia Kolonialzeit, Widerstand, Befreiungskampf heute. Köln 1980
Banse, Ewald: Unsere großen Afrikaner. Berlin 1942
Barth, Chr, G.: Unsere Schutzgebiete nach ihren wirtschaftlichen Verhältnissen. Leipzig 1909
Barth, Paul: Südwest-Afrika. Windhoek 1926
Barthold, F.: Die Geschichte der deutschen Hansa. Hamburg 1889
Bartsch, Ernst: Koloniale Welt im Aufbruch. Berlin(Ost) 1960
Bauer, H. W.: Kolonien im Dritten Reich, 2 Bde. Köln 1936
Bauerfeld, Erich: Verordnungsgewalt in den deutschen Schutzgebieten. Leipzig 1917
Bayer, M.: Mit dem Hauptquartier in Südwestafrika. Leipzig 1909
Beelitz, O.: Deutsche Kolonisation an der Westküste Afrikas. Köln 1885
Belloni du Chaillu, Paul: Die neuesten Entdeckungsreisen an der Westküste Afrikas. Leipzig 1863
Berger, Arthur: Kampf um Afrika. Berlin 1938
Bernatzki, Hugo Adolf: Der dunke Erdteil Afrika. Berlin 1930
–: Afrika. Handbuch der angewandten Völkerkunde, 2 Bde. Innsbruck 1947
Bertelsmann Lexikon. Gütersloh 1975
Beta, Ottomar: Das Buch von unseren Kolonien. Leipzig 1908
Blenck, H. und E.: Afrika in Farben. München 1941
Bley, Helmut: Kolonialherrschaft und Sozialstruktur in Deutsch-Südwestafrika. Hamburg 1968
Blumhagen, H.: Südwestafrika einst und jetzt. Berlin 1934
Bolsinger, Willy/Rauschnabel, Hans: Jambo Watu! Das Kolonialbuch der Deutschen. Stuttgart 1926
Bömer, Karl: Deutsche Saat in fremder Erde. Berlin 1936
Bongard, Oskar: Staatssekretär Dernburg in Britisch- und Deutsch-Süd-Afrika. Berlin 1909
Brüning/Lehmann: Asien. München 1971
Brünsch, W.: Afrika braucht Großdeutschland. Berlin 1940
Bülow, von: Deutsche Politik. Berlin 1926
Burchard, Hans: Die früheren deutschen afrikanischen Schutzgebiete. Berlin 1925
Busch, Moritz: Graf Bismarck und seine Leute. Leipzig 1879
Büttner, Kurt: Die Anfänge der deutschen Kolonialpolitik in Ostafrika. Berlin(Ost) 1959
Centralbureau der Nationalliberalen Partei: Die Kolonialpolitik seit der Reichstagsauflösung von 1906. Berlin 1909
Chéradame, A.: La colonisation et les colonies allemandes. Paris 1905
Christensen, Jans: Gegen unsere Kolonialpolitik. Zürich 1885
Claus, W.: Ludwig Krapf. Basel 1882
Das Buch der deutschen Kolonien. Leipzig 1937
Das überseeische Deutschland. Stuttgart 1911
Deppe, Ludwig: Um Ostafrika. Dresden 1925
Dernburg, Bernhard: Koloniale Erziehung. Vortrag gehalten 1907
–: Zielpunkte des deutschen Kolonialwesens. Berlin 1907

Detzner, H.: Vier Jahre unter Kannibalen. Berlin 1921
Deuerlein, Ernst: Deutsche Kanzler. München 1968
Deutsche Jugend und deutsche Kolonien. Aachen 1932
Deutsche Kolonien, Zigarettenbilderalbum. Dresden 1936
Deutscher Kolonialatlas. Berlin 1896
Deutsche Ruhmeshalle. Stuttgart um 1915
Deutsches Kolonial-Lexikon, 3 Bde. Leipzig 1920
Deutschland in den Kolonien. Berlin um 1922
Diel, Ludwig: Die Kolonien warten! Leipzig 1939
Dincklage-Campe, von: Deutsche Reiter in Südwest. Berlin 1910
Dinglreiter, Senta: Wann kommen die Deutschen endlich wieder? Leipzig 1935
Dix, Arthur: Was geht uns Afrika an? Berlin 1931
–: Weltkrise und Kolonialpolitik. Berlin 1932
Doerr, Friedrich: Deutsches Kolonialzivilprozeßrecht. Leipzig 1914
Dollinger, Hans: Schwarzbuch der Weltgeschichte. München 1973
Eckenbrecher, Margarethe von: Was Afrika mir gab und nahm. Berlin 1913
Ehrendenkmal der deutschen Armee und Marine 1871–1918. Berlin um 1925
Eine Reise durch die Deutschen Kolonien, 6 Bde. Berlin 1911
Einwald, August: Zwanzig Jahre in Südafrika. Hannover 1901
Emin Pascha/Falkenhorst, C.: Emin Paschas Vorläufer im Sudan. Stuttgart 1890
Epp, Ritter von: Deutschlands koloniale Forderung. München 1939
Erffa, Burkhart: Reise- und Kriegsbilder in Deutsch-Südwestafrika. Halle 1904
Escherich, Georg: Kamerun. Berlin 1938
–: Quer durch den Urwald von Kamerun. Berlin 1923
Fabri, F.: Angra Pequena und Südwestafrika. Berlin 1884
–: Bedarf Deutschland der Kolonien? Gotha 1879
–: Fünf Jahre deutscher Kolonialpolitik. Gotha 1889
Falkenhorst, C.: Jung-Deutschland in Afrika.
Falkenstein, J.: Afrikas Westküste. Leipzig 1885
Fischer, Karl: Kolonien auf dem grünen Tisch. Berlin 1938
Flegel, Eduard Robert: Drei Briefe an die Freunde deutscher Afrikaforschung. Hamburg 1885
Florack, F.: Die Schutzgebiete, ihre Organisation in Verfassung und Verwaltung. Tübingen 1905
Fonck, H.: Farbige Hilfsvölker. Berlin 1917
–: Deutsch-Ost-Afrika. Berlin 1908
Franzius, Albrecht: Deutschlands Kolonien. Bremen 1884
Fredrich, J. K. Julius: Kolonialpolitik als Wissenschaft. Berlin 1909
Frenssen, Gustav: Peter Moors Fahrt nach Südwest. Berlin 1912
Fritsch, G.: Südafrika bis zum Sambesi. Leipzig 1885
Fuhrmann, Ernst: Neu-Guinea. Hagen 1922
Gareis, R.: Geschichte der evangelischen Heidenmission. Konstanz 1901
Gedat, G. A.: Was wird aus diesem Afrika? Stuttgart 1938
Gesellschaft für technische Zusammenarbeit: Kamerun, Möglichkeiten industrieller Kooperation. Köln 1978
Gottberg, O. von: Die Helden von Tsingtau. Berlin 1915
Götzen, G. A. von: Durch Afrika von Ost nach West. Berlin 1895
Gramberg, G.: Auf weiter Fahrt. Berlin um 1930
Grimm, Hans: Afrikafahrt West. Frankfurt 1913
–: Die dreizehn Briefe aus Deutsch-Südwest-Afrika. München 1928

Großer Generalstab: Die Kämpfe der deutschen Truppen in Südwestafrika, 2 Bde. Berlin 1907

Grotewold, Chr.: Unser Kolonialwesen und seine wirtschaftliche Bedeutung. Stuttgart 1907

Haebler, K.: Die überseeischen Unternehmungen der Welser. Leipzig 1903

Haffner, Sebastian: Preußen ohne Legende. Hamburg 1979

Hagen, M. von: Bismarcks koloniale Politik. Stuttgart 1923

Hammer, Karl: Weltmission und Kolonialismus. München 1978

Hassell, Ulrich von: Brauchen wir eine Kolonial-Reform? Stuttgart 1906

Hassert, Kurt: Deutschlands Kolonien. Leipzig 1899

Heichen, Paul: Afrika Hand-Lexikon. Leipzig um 1886

Heilborn, Adolf: Die deutschen Kolonien. Leipzig 1906

Hellgrewe, Rudolf: Aus Deutsch-Ost-Afrika Wanderbilder. Berlin 1888

Herrfuth, Kurt: Fürst Bismarck und die Kolonialpolitik. Berlin 1917

Heydt, A. von der: Kolonial-Handbuch. Berlin 1913

Hidayatullah, M.: The South West Africa Case. London 1967

Hoffmann, E.: Verwaltung und Gerichtsverfassung der deutschen Schutzgebiete. Leipzig 1908

Hoffmann, H. von: Deutsches Kolonialrecht. Leipzig 1907

–: Einführung in das Kolonialrecht. Leipzig 1911

Hoffmann, M. D.: Meine Kolonien! Windischleuba 1927

Holst, Meno: Lüderitz erkämpft Südwest. Berlin 1941

Holub, E.: Sieben Jahre in Süd-Afrika, 2 Bde. Wien 1881

Hübbe-Schleiden: Warum Weltmacht? Vortrag gehalten 1906

Italiaander, Rolf: Wann reist du ab, weißer Mann? München 1958

Jacob, Ernst Gerhard: Deutsche Kolonialkunde. Leipzig 1934

–: Deutsche Kolonialpolitik in Dokumenten – Gedanken und Gestalten aus den letzten 100 Jahren. Leipzig 1938

Jameson, J. S.: Forschungen und Erlebnisse im »Dunkelsten Afrika«. Hamburg 1891

Jephson, A. J. M./Stanley, H. M.: Emin Pascha und die Meuterei in Aequatoria. Leipzig 1890

Jung, Kurt M.: Weltgeschichte in einem Griff. Berlin 1979

Kaiser, Erich: Die Diamantenwüste Südwest Afrikas. Berlin 1926

Karstedt, Oskar: Deutschland in Afrika. Berlin 1938

–: Hermann von Wissmann. Berlin 1933

Keysser, Christian: Missionar: Eine Papua-Gemeinde. Kassel 1929

Kienitz, Ernst: Zeittafel zur deutschen Kolonialgeschichte. Berlin 1934

Klampen, E. zu: Carl Peters. Berlin 1940

Koenig, Harry: »Heiß Flagge«. Leipzig 1934

Köhlers Kolonial-Kalender 1937–1941, Minden

»40 Jahre Deutsche Kolonialpolitik – Gedenkschrift . . . 1924«, Berlin 1924

Koloniale Rundschau, Berlin 1911

Koloniales Jahrbuch 1926, 1928 und 1897, Berlin

Koloniale Wende – Das deutsche koloniale Jahrbuch 1942, Berlin

Kolonialprobleme der Gegenwart in Beiträgen, Berlin 1939

Kolonie und Heimat, 4. Jahrgang 1910/11, 5. Jahrgang 1911/12, 6. Jahrgang 1912/13, Berlin

Korff, Emanuel: Weltreise-Tagebuch 1895/96. Um Afrika

Krieger, Ursula: Hugo Zöller. Würzburg 1940

Kugler, Bernhard: Kaiser Wilhelm der Große und seine Zeit. Leipzig 1897

Kuhn, D.: Die deutschen Kolonien. Berlin 1913

Kuhnert, Wilhelm: Im Lande meiner Modelle. Leipzig 1918

Kulz, L.: Grundzüge der kolonialen Eingeborenen-Hygiene. Kolonialzeitung 1912 Berlin

Kuntze, P. H.: Das Volksbuch unserer Kolonien. Leipzig 1941

Kunze, G.: Aus dem Leben der Papua. Barmen 1926

Das Kurbrandenburgische Fort Groß-Friedrichsburg. Berlin 1889

Lachenmann, G.: Entkolonisierung der Gesundheit. CH Diessenhofen 1982

Langheld, Wilhelm: Die Helden Afrikas. Berlin 1912

Langsdorff, Werner von: Deutsche Flagge über Sand und Palmen. Gütersloh 1936

Leistner/Esterhuysen/Malan: Namibia/SWA prospektus. Pretoria 1980

Lenssen, H. E.: Chronik von Südwestafrika. Windhoek 1966

Lessner: Was müssen wir von unseren Kolonien wissen? Leipzig 1935

Lettow-Vorbeck, von: Heia Safari! Leipzig 1920

–: Meine Erinnerungen aus Ostafrika. Leipzig 1921

Leue, A.: Die Besiedlungsfähigkeit Deutsch-Ostafrikas. Leipzig 1904

Leutwein, Paul: Dreißig Jahre Deutsche Kolonien. Berlin 1914

–: »Du weitest deine Brust, der Blick wird freier«. Berlin 1909

–: Elf Jahre Gouverneur. Berlin 1906

Lexikothek: Länder – Völker – Kontinente I–III. Gütersloh 1974

–: Panorama der deutschen Geschichte. Gütersloh 1973

–: Panorama der Weltgeschichte I–III. Gütersloh 1976

Lindau, Georg: Stanley's sämtliche Reisen in Afrika. Berlin um 1892

Lindquist, von: Deutsch-Ostafrika als Siedlungsgebiet für Europäer. München 1912

Loesch, Karl E. von: Deutsche Züge im Antlitz der Erde. München 1935

MacLean, Eva: Unser Kamerun von heute. München 1940

Mattenklodt, W.: Verlorene Heimat. Berlin 1928

Mecklenburg, Adolf Friedrich Herzog zu: Vom Kongo zum Niger und Nil, 2 Bde. Leipzig 1912

Mehnert, Klaus: Asien, Moskau und wir. Stuttgart 1959

Metger, O. F.: Unsere alte Kolonie Togo. Neudamm 1941

Methner, Wilhelm: Unter drei Gouverneuren. Breslau 1938

Meyer, Hans: Das Deutsche Kolonialreich, 2 Bde. Leipzig 1910

Meyers Konversations-Lexikon, 5. Auflage, Leipzig 1893–97

Neu Guinea Compagnie. Nachrichten über Kaiser Wilhelms Land und den Bismarck Archipel. Berlin 1897

Noske, Gustav: Kolonialpolitik und Sozialdemokratie. Stuttgart 1914

Obst, E.: Die Landschaften Issansu und Iramba. Hamburg 1912

Oelhafen, H. von: Der Feldzug in Südwest 1914/15. Berlin 1923

Olpp, Johannes: Angra Pequena und Groß-Nama-Land. Berlin 1884

Ortlepp, Gunar: Die lange Nacht der Kinder Afrikas. Spiegel-Serie Hamburg 1981

Paasche, Hans: Im Morgenlicht. Neudamm 1907

Paczensky, Gert von: Die Weißen kommen. Hamburg 1970

Pahl, Rudolf: Das völkerrechtliche Kolonial-Mandat. Kiel 1928

Patera, Herbert: Der weiße Herr Ohnefurcht. Berlin 1939

Pauli, Carl. Der Kolonist in den Tropen als Häuser-, Wege- und Brückenbauer. Berlin 1911

Perry, Roger: Nauru Island, in the Pacific. London 1980

Peters, Carl: Die deutsche Emin-Pascha-Expedition. Berlin 1910

–: Afrikanische Köpfe. Berlin 1915

–: Die deutsch-ostafrikanische Kolonie. Berlin 1889

–: Die Gründung von Deutsch-Ostafrika. Berlin 1906

–: Gesammelte Schriften, 2 Bde. München 1943

–: Wie Deutsch-Ostafrika entstand. Leipzig 1912

Pfalz, Richard: Hydrologie der deutschen Kolonien in Afrika. Berlin 1944

Pfohl, Ernst: Rohstoff- und Kolonialatlas. Berlin 1938

Plieninger, G.: David Livingstone. Stuttgart 1885

Polyglott, China. München 1981

Poschinger, Heinrich von: Koloniale und politische Aufsätze und Reden von Dr. Scharlach. Berlin 1903

Prince, Magdalene: Eine deutsche Frau im Innern Deutsch-Ostafrikas. Berlin 1903

Reichs-Kolonial-Amt: Der Krieg in den deutschen Schutzgebieten, 2 Bde. Berlin 1914 und 1918

Reichspostministerium: Geschichte der Deutschen Post in den Kolonien und im Ausland. Leipzig 1939

Reiner, Otto: Achtzehn Jahre Farmer in Afrika. Leipzig 1924

Richter, H.: Geschichte der evangelischen Mission in Afrika. Gütersloh 1922

Richthofen, Ferdinand von: Schantung und seine Eingangspforte Kiautchou. Berlin 1898

Riedel, Otto: Der Kampf um Deutsch-Samoa. Berlin 1938

Ritter, K.: Neu-Kamerun, Veröffentlichungen des Reichskolonialamtes. Berlin 1912

Rohrbach, Paul: Deutsch-Afrika. Ende oder Anfang? Berlin 1935

–: Deutsche Kolonialwirtschaft. Berlin 1907

–: Die deutschen Kolonien. Dachau 1914

–: Die Kolonie. Leipzig 1907

Rudolf, Elmar V. von: Heldenkämpfe in unseren Kolonien. Leipzig 1939

Rust, Conrad: Krieg und Frieden im Hererolande. Berlin 1905

Sabersky, Fritz: Die kolonialen Inlands- und Auslandsbegriffe. Berlin 1907

Salzmann, Erich von: Im Kampfe gegen die Herero. Berlin 1905

Sander, L.: Die deutschen Kolonien in Wort und Bild. Leipzig 1906

Schäfer, Dietrich: Kolonialgeschichte. Leipzig 1910

Scheel, Willy: Deutsche Kolonien. Berlin 1907

–: Deutschlands Kolonien. Berlin 1907

Scheibert, J.: Der Krieg in China 1900–1901. Berlin 1909

Scheurmann, Erich: Samoa. Konstanz 1927

Schiel, Adolf: Dreiundzwanzig Jahre Sturm und Sonnenschein in Südafrika. Leipzig 1902

Schiffers Heinrich: Afrika. München 1973

–: Afrika, als die Weißen kamen. Düsseldorf 1967

Schilling C. G.: Mit Blitzlicht und Büchse im Zauber des Elelescho. Leipzig um 1905

Schindler, H. M.: SWA-Handbuch. Windhoek 1971

Schlieper: Kolonie und Flotte. Berlin 1918

Schmid, Max: Aus unserem Kriegsleben in Südwest-Afrika. Berlin 1907

Schmidt, Rochus: Aus kolonialer Frühzeit. Berlin 1924

–: Deutschlands Kolonien, ihre Gestaltung, Entwicklung und Hilfsquellen. Berlin 1894

–: Geschichte des Araberaufstandes in Ost-Afrika. Frankfurt 1892

–: Hermann Wissmann und Deutschlands koloniales Wirken. Berlin 1905

Schnee, Heinrich: Deutsches Kolonial-Lexikon. Leipzig 1920

–: Deutsch-Ostafrika im Weltkrieg. Leipzig 1919

–: Die koloniale Schuldlüge. München 1927

–: Die deutschen Kolonien vor, in und nach dem Weltkrieg. Leipzig 1939

–: German Colonization Past and Future. London 1926

–: Kolonialmacht Deutschland. Berlin 1940

–: Meine Erlebnisse während der Kriegszeit in Deutschostafrika. Leipzig 1918

Schoen, Ludwig: Deutsche Schutzgebiete unter Mandatsherrschaft. Berlin 1933

Schoen, Walter von: Deutschlands Kolonialweg. Berlin 1939

–: Auf Vorposten für Deutschland. Berlin 1935

Schrameier, W.: Kiautchou, seine Entwicklung und Bedeutung. Berlin 1915

Schröder-Stranz: Südwest, Kriegs- und Jagdfahrten. Berlin 1910

Schultz-Ewerth, E.: Deutschlands Weg zur Kolonialmacht. Berlin 1934
Schüssler, W.: Adolf Lüderitz. Bremen 1936
Schwabe, Kurd: Die deutschen Kolonien, 2 Bde. Berlin um 1910
–: Die deutschen Kolonien, Jubiläumsausgabe. Berlin 1924
–: Der Krieg in Deutsch Südwestafrika 1904–1906. Berlin 1907
–: Im deutschen Diamantenland. Berlin 1901
Schweinfurth, Georg: Im Herzen von Afrika. Leipzig 1922
Schweitzer, G.: Emin Pascha. Berlin 1898
Seidel, A.: Die Aussichten des Plantagenbaus in den deutschen Schutzgebieten. Wismar 1905
Seitz, Theodor: Vom Aufstieg und Niederbruch deutscher Kolonialmacht. Karlsruhe 1927
Sievers/Hahn: Afrika. Leipzig 1901
Simonsfeld, H.: Die Deutschen als Kolonisatoren in der Geschichte. Hamburg 1885
Solf, W. H.: Kolonialpolitik. Berlin 1919
Solomon Islands: Modern pressures on traditional life. Solomon Islands 1981
Spahn, Martin: Der große Kurfürst. Mainz 1902
Spillmann, Joseph: Rund um Afrika. Freiburg 1897
Stanley, Henry Morton: Der Kongo. Leipzig 1887
–: Die Eroberung von Zentralafrika. Leipzig 1937
–: Im dunkelsten Afrika. Leipzig 1908
–: Mein Leben. Basel 1916
–: Reise durch den dunklen Weltteil. Leipzig 1888
–: Wie ich Livingstone fand. Leipzig 1891
Statistisches Bundesamt Wiesbaden: Burundi Länderkurzbericht. Stuttgart 1979
–: Kamerun Länderkurzbericht. Stuttgart 1977
–: Ruanda Länderkurzbericht. Stuttgart 1980
–: Tansania Länderkurzbericht. Stuttgart 1980
–: Togo Länderkurzbericht. Stuttgart 1979
–: Volksrepublik China Länderkurzbericht. Stuttgart 1980
Strecker, C. Chr.: Auf den Diamanten- und Goldfeldern Südafrikas. Freiburg 1901
Streitwolf: Der Caprivizipfel. Berlin 1911
Student, Erich: Kolonien! Aufgrund authentischer Unterlagen und Dokumente. Berlin 1937
Stuhlmacher, W.: Bismarcks Kolonialpolitik. Halle 1927
Stuhlmann, F.: Die Tagebücher Emin Paschas. Hamburg 1916
Suren, Hans: Kampf um Kamerun. Berlin 1934
Thurnwald, Richard: Koloniale Gestaltung. Hamburg 1939
Timm, Uwe: Morenga. München 1978
Townsend, Mary: European Colonial Expansion since 1870. Philadelphia 1941

–: Macht und Ende des Deutschen Kolonialreiches. Leipzig 1926
–: Origins of modern German Colonialism. New York 1921
–: The Rise and Fall of Germany's Colonial Empire. New York 1930
Trotha, von: Deutsch-Süd-West-Afrika. Berlin 1907
Über Land und Meer. Allgemeine Illustrierte Zeitung, Jahrgänge 1884, 1885, 1886, 1890
Uhl, Gustav: Deutsch-Südwestafrika. Leipzig 1911
Umlauft, Friedrich: Deutsche Rundschau. Leipzig 1886
Unsere Welt gestern heute morgen. Gütersloh 1968
Unvergessenes Heldentum. Berlin 1924
Vedder, Heinrich: Das alte Südwest-Afrika. Berlin 1934
»40 Jahre Deutsche Kolonialarbeit – Gedenkschrift . . . 1924«, Berlin 1924
Voigt, Bernhard: Cecil Rhodes. Berlin 1939
Volkmann, E. O.: Der Krieg in den Kolonien. Leipzig 1935
Vom Niemandsland zum Ordnungsstaat. Berlin 1930
Voskamp, C. J.: Aus dem belagerten Tsingtau. Berlin 1915
Wagner, Hermann: Dr. E. Vogel – Reisen und Entdeckungen in Central-Afrika. Leipzig 1860
Waibel, Leo: Urwald, Veld, Wüste. Breslau 1921
Waller, Horace: Dernier Journal du docteur David Livingstone, 2 Bde. Paris 1876
Ward, Herbert: Fünf Jahre unter den Stämmen des Kongo-Staates. Leipzig 1891
Wegener, Georg: Deutschland im Stillen Ozean. Leipzig 1903
Weichert, Ludwig: Maybuye i Afrika – Kehre wieder Afrika! Berlin 1927
Wendland, Wilhelm: Im Wunderland der Papuas. Berlin 1939
Weule, Karl: Negerleben in Ostafrika. Leipzig 1909
Wissmann, Hermann von: Deutschlands größter Afrikaner. Berlin 1907
–: Im Innern Afrikas. Die Erforschung des Kassai 1883–85. Leipzig 1888
–: Unter deutscher Flagge quer durch Afrika von West nach Ost. Berlin 1890
Wohltmann, F.: Kultur- und Vegetationsbilder aus unseren deutschen Kolonien. Berlin 1904.
Zache, Hans: Das deutsche Kolonialbuch. Berlin 1925
Zadow, F.: Brauchen wir Kolonien? Stettin 1919
Zentner, Christian: Deutschland 1870 bis heute. München 1970
–: Illustrierte Weltgeschichte. München 1979
Zimmermann, Alfred: Kolonialpolitik. Leipzig 1905
–: Geschichte der deutschen Kolonialpolitik. Berlin 1914
Zimmermann, Emil: Unsere Kolonien. Berlin 1912
Zöller, Hugo: Als Journalist und Forscher in Deutschlands großer Kolonialzeit. Leipzig 1930
–: Deutsch-Neuguinea. Stuttgart 1891
Zöllner, Reinhard: Der schwarze Erdteil. Bielefeld 1887

Bildnachweis

Archives, Windhoek.
Nachlaß Franz Scholz, Hamburg.
Archive des Autoren.

Aus folgenden Zeitschriften:
Amtsblätter des Deutschen Reichstag
Über Land und Meer
Kolonie und Heimat
Deutsche Kolonialzeitung
Ein Jahrhundert Deutscher Geschichte
Ein Teil des Bildmaterials wurde aus historischen Bänden entnommen.
Für die Genehmigung der Afrikakarte nach Seite 16 danken wir dem Aldus-Verlag, London

Deutsch-Südwestafrika

1884 Bismarck stellt die Lüderitz'-schen Besitzungen unter deutschen Schutz. Hissung der deutschen Flagge in Angra Pequena.

1885 Gründung der »Deutschen Kolonialgesellschaft für Südwestafrika«.

1886 Grenzziehung zu Angola.

1889 Erste Schutztruppe: 20 Soldaten unter Hptm. v. François.

1890 v. François wird Reichskommissar und gründet Windhuk.

1893/ Hottentottenaufstand unter
1894 Hendrik Witbooi. Sturm auf Hoornkrans. Witbooi ergibt sich.

1896 Aufstand der Khauashottentotten und der Osthereros.

1897 Rinderpest dezimiert Viehbestände.

1898 Swartbooihottentotten erheben sich.

1899 Swakopmund Telegrafenstation.

1902 Eisenbahnlinie Swakopmund-Windhuk (382 km) eröffnet.

1903/ ›Strafexpedition‹ der Schutz-
1904 truppe gegen Bondelzwarts führt zum Aufstand der Hereros und deren Niederlage am Waterberg.

1904– Hottentottenaufstand. ›Ruhm-
1908 reicher Zug‹ des Hauptmanns Erckert.

1906 Schulpflicht für weiße Kinder. Unterwerfung der Bondelzwarts.

1907 ›Aufstandgeschädigte‹ Siedler erhalten 5 Millionen Mark. Aufnahme der Verschiffung von Kupfererzen aus Swakopmund. Eisenbahnstrecke Lüderitzbucht – Aus eröffnet. Einrichtung einer Landespolizei.

1908 Erste Diamantfunde. Eisenbahn Lüderitzbucht-Kalkfontein (545 km) fertiggestellt.

1911 Eisenbahnverbindung/Keetmanshoop-Windhuk (697 km) in Betrieb genommen.

1912 Indienststellung der Funkstationen Swakopmund und Lüderitzbucht.

1914 Allgemeine Mobilmachung im Schutzgebiet (7. August). Mit dem Angriff der Unionstruppen auf Ramansdrift beginnen die militärischen Auseinandersetzungen.

1915 Unterzeichnung des Waffenstillstandsvertrages durch Dr. Seitz und Oberstleutnant Franke auf deutscher, General Botha auf Unionsseite.

Deutsch-Ostafrika

1884 Gründung der »Gesellschaft für deutsche Kolonisation« durch Carl Peters, der beauftragt wird, »in Afrika Land für die Gesellschaft zu erwerben«, und mit zwei Begleitern abreist.

1885 Kaiser Wilhelm I. unterzeichnet einen Schutzbrief für diese ostafrikanischen »Erwerbungen«. Ein Geschwader demonstriert vor Sansibar die Stärke des Reiches.

1886 Deutschland und England grenzen ihre gegenseitigen Interessen ab.
Festlegung der deutsch-portugiesischen Grenze.

1887 Peters läßt sich von Sultan Said Bargasch das gesamte Küstengebiet vom Umba bis zum Rowuma übertragen und gibt die erworbenen »Rechte« an die DOAG weiter.

1888 Die DOAG pachtet vom Sultan von Sansibar einen 10 Meilen breiten Küstenstreifen. Beginn des Araber-Aufstandes.
Deutschland und England blockieren gemeinsam die ostafrikanische Küste gegen Waffeneinfuhr und Sklavenausfuhr.

1889 Hermann Wissmann wird Reichskommissar und wirbt eine 1000 Mann starke Polizeitruppe an. Beginn der militärischen Operationen gegen die von Buschiri und Bana Heri geführten Aufständischen.

1890 Nach der Hinrichtung Buschiris und der Einnahme Lindis ist der Aufstand beendet. Abschluß des Sansibarvertrages.

1891 Die »Wissmanntruppe« wird Kaiserliche Schutztruppe.

1892 Telegrafenlinie Bagamoyo – Sadani.
Eröffnung einer Regierungsschule in Tanga.
Allmählich erlischt die seit 1890 wütende Rinderpest.

1893 Ein Inder stiftet in Daressalam ein Krankenhaus für Eingeborene und Inder.

1893/ Gouverneur v. Scheele
1894 unterwirft Wahehe und Wadschagga.

1899 Einführung des allgemeinen Schulunterrichts für eingeborene Knaben.

1900– Einführung der Kautschukkul-
1902 tur und des Baumwollanbaus.

1904 Aufhebung der Sklaverei. »Hausssklaverei« soll 1920 »völlig aufhören«.

1905/ Eingeborenenaufstand (Maji-
1906 Maji-Aufstand) im Süden.

1907 Eröffnung der Bahnlinie Daressalam-Morogoro.

1909/ Pockenepidemie im Norden
1910 und im Zentralbahngebiet.

1911 Kiwusee und Russissilauf bestimmen Grenze zwischen deutschem und belgischem Schutzgebiet.

1912/ Seuchenforschungsinstitut in
1913 Daressalam gegründet. Bis 1913 ist fast die Hälfte der Eingeborenen geimpft.
Funktelegrafenstation in Daressalam in Betrieb genommen. Oberstleutnant v. Lettow-Vorbeck wird Kommandeur der Schutztruppe von Deutsch-Ost.

1914 Ausrufung des Kriegszustandes in der Kolonie (5. August).

1914– Die deutschen Truppen können
1916 sich nahezu im gesamten Schutzgebiet behaupten.

1915 Angesichts drückender Übermacht der britischen Seestreitkräfte entschließt sich Kommandant Looff, seinen Kreuzer »Königsberg« in der Kikunjamündung des Rufidjiflusses zu sprengen, die Besatzung den Truppen Lettow-Vorbecks zuzuteilen.

1916 Die gegnerische Überlegenheit führt zum Verlust des größten Teils der Kolonie.
Vormarsch der englischen Haupttruppen auf Taveta. Große belgische Offensive am Kiwusee. Engländer rücken gegen Tabora vor.
Besetzung Panganis und Sadanis durch englische Marinetruppen, wenig später (4. 9.) auch Daressalam.

1917 Großoffensive der Engländer. Viertägige Schlacht bei Mahiwa. Am 25. November überschreitet die Schutztruppe den Rowuma und dringt auf portugiesisches Gebiet vor.

1918 Im April »beginnt ein ständiges Wanderleben der Truppe«. Am Timbaniberg erleiden die Deutschen gegen die Engländer schwere Verluste.
Am 14. November stellt Lettow-Vorbeck auf Befehl aus Berlin den Kampf ein und übergibt die Truppe am 25. November bei Abercorn (Rhodesien) an den englischen General Edwards.